首都经济贸易大学财政税务学院资助项目

新质生产力与税收治理现代化

国家税收法律研究基地论文集与中国税务师行业发展报告 2024

国家税收法律研究基地（哲学社会科学基地）编著

首都经济贸易大学出版社
Capital University of Economics and Business Press
·北京·

图书在版编目（CIP）数据

新质生产力与税收治理现代化：国家税收法律研究基地论文集与中国税务师行业发展报告：2024 / 国家税收法律研究基地（哲学社会科学基地）编著. -- 北京：首都经济贸易大学出版社，2025.3. -- ISBN 978-7-5638-3858-5

Ⅰ. F812.42

中国国家版本馆 CIP 数据核字第 2025UJ1226 号

新质生产力与税收治理现代化
——国家税收法律研究基地论文集与中国税务师行业发展报告 2024
XINZHI SHENGCHANLI YU SHUISHOU ZHILI XIANDAIHUA
——GUOJIA SHUISHOU FALÜ YANJIU JIDI LUNWENJI
YU ZHONGGUO SHUIWUSHI HANGYE FAZHAN BAOGAO 2024
国家税收法律研究基地（哲学社会科学基地）　编著

责任编辑	王　猛
封面设计	风得信·阿东 FondesyDesign
出版发行	首都经济贸易大学出版社
地　　址	北京市朝阳区红庙（邮编 100026）
电　　话	（010）65976483　65065761　65071505（传真）
网　　址	https://sjmcb.cueb.edu.cn
经　　销	全国新华书店
照　　排	北京砚祥志远激光照排技术有限公司
印　　刷	北京建宏印刷有限公司
成品尺寸	170 毫米×240 毫米　1/16
字　　数	735 千字
印　　张	37.25
版　　次	2025 年 3 月第 1 版
印　　次	2025 年 3 月第 1 次印刷
书　　号	ISBN 978-7-5638-3858-5
定　　价	158.00 元

图书印装若有质量问题，本社负责调换

版权所有　侵权必究

序　言

当今世界正经历百年未有之大变局，新一轮科技革命和产业变革加速演进，以创新驱动为核心的新质生产力已成为推动经济高质量发展的核心动能。在此背景下，税收作为国家治理的重要支柱，既是资源配置的调节器，也是社会公平的稳定器，其治理能力与现代化水平直接关系着新质生产力的培育与释放。如何通过税收制度优化和政策创新，助力科技创新、产业升级与绿色转型，同时构建公平高效、法治化、数字化的税收治理体系，已成为新时代财税领域亟待回答的重大课题。本书正是立足这一时代命题，形成集理论探索与实践洞察于一体的研究成果。不但凝聚了税收领域专家学者和实践工作者的学术智慧，而且结合税务师行业的前沿实践，力求为税收治理现代化提供兼具理论深度与现实价值的参考。本书主要包含两方面内容：

一是国家税收法律研究基地论文集。这里收录了来自全国高校、税务机关、涉税服务机构等领域专家学者的40余篇文章。2024年论文集聚两个主题：其一，"税收促进新质生产力发展"专题。本部分以"新质生产力"为核心脉络，从税收政策设计、产业实践、创新激励等多维度展开系统性研究。深入探讨了税收制度如何适应并促进新质生产力发展，阐明了税收在优化资源配置、促进公平竞争、加速科技成果转化等方面的重要作用，并提出了针对性的政策建议，为税收政策制定提供科学依据和实践指导。其二，"税收治理现代化与涉税实务"专题。本部分直面数字经济崛起、全国统一大市场建设、税收法治深化等现实挑战，以"治理现代化"为主线，探索制度创新与实务优化的协同路径。研究内容涵盖税收治理和涉税实务的法治化、数字化、人本化实践等议题。强调以技术创新驱动治理效能提升，以法治思维平衡征纳权益，实现税收治理现代化进程中公平与效率的辩证统一，为构建智慧税务生态提供理论支撑。

二是2024年中国税务师行业发展报告。在国家治理现代化与市场经济高质量发展的双重驱动下，税务师行业作为连接税收法治与市场主体不可或缺的专业纽带，正经历着历史性变革。当前，全球税收规则重构、数字经济深化发展、新质生产力加速孕育，既为税务师行业带来前所未有的机遇，也对其专业化、法治化、数字化能力提出了更高要求。本报告以"行业高质量发展"为统领，系统呈现税务师行业在服务国家战略中的功能跃迁和税收治理现代化中的角色升级，全面梳理了行业发展脉络，提炼英、美、日、韩、德、澳等典型国家的税务师行业的发展经验，并结合国内实际情况，深入剖析当前的现实挑战。在新形势下，完善法律体系是税务师行业发展的根基,明确业务范围是涉税服务深化的关键,建设人才梯队是行业可持续发展的保障,健全惩戒机制是涉税服务公信力的来源。在此基础上,本报告探索了税务师行业未来发展路径,力求为行业高质量发展提供理论与实践的双重指引,并彰显行业服务国家战略的实践价值。

国家税收法律研究基地副主任丁芸教授负责了全书的总纂工作,并且编著了中国税务师年度报告。得益于中国注册税务师协会的指导和一线税务从业者提供的实践案例,本书研究始终紧扣时代脉搏。期望本书能为政策制定者、学术领域及实务界提供有益启示,共同探索税收治理现代化的中国路径,以制度创新护航新质生产力,以共治思维绘就高质量发展的宏伟蓝图。

本书是首都经济贸易大学财政税务学院资助项目,得到财政税务学院的大力支持,在此,谨向财税学院致以诚挚的谢意!

国家税收法律研究基地(哲学社会科学基地)

2025 年 3 月

目 录

第一部分 税收促进新质生产力发展

全面提升北京"两区"建设水平的财税政策探析……………… 曹静韬 郝如玉 / 3

税收支持科技创新与制造业发展研究………… 丁 芸 刘志芳 赵晶晶 杨雪慧 / 7

发展新质生产力背景下的税收征管改革研究 …………………………… 麦正华 / 22

新质生产力视角下推动战略性新兴产业发展的税收政策完善
　　——以新能源汽车产业为例 …………………………… 李为人 彭丞麒 / 31

新质生产力对税收收入的影响效应研究
　　——基于省级面板数据的实证分析 …………………… 李永海 邱一哲 / 46

税收促进新质生产力的逻辑机理、国际经验及对我国的启示 ……………………
　　………………………………………………………… 王婷婷 刘 祯 / 66

助力新质生产力发展的税收优惠政策研究 ……………… 马 军 赵 玉 / 86

研发费用加计扣除政策助力新质生产力发展
　　——以软件和信息技术服务业为例 ………………………………… 杨雪慧 / 98

新质生产力背景下涉税舆情治理：内涵特征、生成逻辑、实践路径 ……………
　　………………………………………………………… 王彦平 王雪佳 / 112

完善税收制度助力我国厚植新质生产力 ………………… 严亚雯 姚东旭 / 124

税务师事务所促进新质生产力发展 ………………………………… 王 京 / 130

税收制度完善与新质生产力协同发展 …………………… 胡山竹 姚 鲁 / 137

减税降费对企业新质生产力的影响研究……李永海　刘　悦　庞琼海 / 145

科技创新与新质生产力背景下的税收挑战……陈　情 / 161

促进新质生产力发展的税收政策探析……伍云峰 / 169

我国环境税法律体系构建研究……王　淼 / 176

构建促进新质生产力发展的税制体系……蔡　昌　孙　睿 / 184

完善税收政策，推动新质生产力的形成和发展……王拴拴 / 197

税收优惠政策推动新质生产力发展……程　含 / 203

第二部分　税收治理现代化与涉税实务

海南省税务师立法的若干关键问题……郝如玉　曹静韬 / 211

资本所得个人所得税制度的优化探讨……马蔡琛　黄少舍 / 215

北京中轴线文化遗产保护：资金来源与财税政策……王　洁　胥力伟 / 228

减税激励与稳就业……邓　琨 / 244

税收优惠政策对零售业企业供应链韧性的影响研究……刘彦龙　南林汐 / 258

财税激励政策对新能源汽车产业创新效率的影响研究……
　　……杨　峥　邓　丽　李　治 / 271

企业集团视角下税务合法性合规性合理性问题分析……
　　……张春平　张宇轩　左宜轩 / 288

数字化转型对企业纳税遵从的影响分析……赵晶晶 / 298

企业股权架构选择的税收策划
　　——基于创始人视角……林　颖　曾亚鹏　张　锐 / 315

数字经济背景下税收治理模式创新的思考 ………………………………………
　　　　　　　　　　　　　　　　　尚可文　张曼棋　蒋馥声　罗梦蝶 / 323

利益平衡视角下我国涉税信息共享制度的完善
　——基于《税收征管法》修订之背景 ………………………… 王　鸣 / 331

关于消费税改革的探讨 …………………………………………… 刘　荣 / 343

数字经济对地区间税收分配的影响研究
　——基于空间计量模型的实证分析 ………………… 刘彦龙　廉　旭 / 351

大数据背景下，中国需要何种税务司法审判模式？ …… 李　新　罗　敏 / 371

研发费用加计扣除对企业人力资本结构的影响研究 …… 马　军　王晓雯 / 377

"以人民为中心"的税务师行业立法探析 ………………… 宋尚恒　赵秀秀 / 397

新经济新业态下有关税收结构优化的研究 ……………………… 薛欣怡 / 406

税法赋能：资本市场高质量发展的基石与引擎 …………… 李为人　张海馨 / 418

智慧税务背景下核定征税何去何从 ……………………… 王京梁　王艳清 / 432

灵活用工平台全链条涉税风险探究 ……………… 贾宜正　陈惠祥　刘人庆 / 440

不动产司法拍卖税费缴纳问题研究 ……………………………… 王瑞琳 / 454

海南自由贸易港税制改革的影响、定位与展望
　——基于自由与税收法定相协调的设计思路 …………… 郝琳琳　汤思源 / 460

全国统一大市场建设中的税收思考 …… 石德山　魏　民　耿　超　李　晶 / 470

医药企业减税降费政策梳理与纳税分析 ………………………… 陈子安 / 478

盈余管理在税务策划中的应用探讨 ……………………………… 王思媛 / 483

税收抵免政策创新及其对中国的启示 …………………………… 朱永兴 / 495

税收策划视角下收入递延策略浅析 ……………………………… 李欣慧 / 508

第三部分 中国税务师行业发展报告 2024

引言 ·· 521

第一章 税务师行业发展概览 ·· 522

第二章 部分国家税务师发展情况及经验借鉴 ·· 543

第三章 国内税务师行业现状分析 ··· 554

第四章 新发展格局下税务师行业机遇、挑战与高质量发展 ···························· 558

参考文献 ·· 587

第一部分

税收促进新质生产力发展

全面提升北京"两区"建设水平的财税政策探析

曹静韬　郝如玉①

摘　要：经过4年的发展，北京市"两区"建设成绩斐然。然而，鉴于更加复杂的国际环境和更为艰巨的国内改革发展任务，北京市在发展进程中仍面临着诸多困难和压力。为此，北京市2024年政府工作报告提出，要全面提升"两区"建设水平，在更高起点上推进改革开放。作为"两区"建设的关键支持要素，财税激励政策在北京市的经济社会发展中一直发挥着重要的作用。北京市全面提升"两区"建设水平的发展战略对财税政策提出了更高的要求。因此，北京市应进一步优化财税激励政策，使其在北京"两区"建设中协同推进，精准发力。

关键词：北京"两区"建设　财税政策激励　创新支持

一、财税政策在"两区"建设中的重要作用

在北京市推进"两区"建设的四年中，财税政策发挥了重要的作用。截至2024年6月底，支持北京"两区"建设的财税政策文件出台110余项。这些政策聚焦重点产业和特色领域，以推动企业创新为主要目标，通过在全国首创技术转让所得税优惠、高新技术企业认定"报备即批准"、支持外资研发中心发展等政策措施，有效推动了"两区"建设。2024年第一季度，北京自贸试验区实际利用外资占全市比重28.5%，较上年底提升9.2个百分点。2024年1—4月，"两区"招商引资累计新增储备项目3 098个，累计落地项目1 936个，涉及资金8 409亿元。② 在财税政策的有力推动下，"两区"建设已经成为北京市经济社会发展的重要引擎。

财税政策对北京市"两区"建设的推动作用可以从企业对各类政策的反映中得到直观的体现。

在"两区"建设中，财税政策发挥作用的重点是支持企业创新。例如，对在中关村开展技术转让所得的企业所得税免征额由500万元提高至2 000万元，促进了

---

① 曹静韬，首都经济贸易大学教授、博导，国家税收法律研究基地主任；郝如玉，第十一、十二届全国人大财经委副主任委员，中央统战部党外知识分子建言献策财金组组长，国家税收法律研究基地首席专家。
② 参见：中国新闻网：今年前4个月北京"两区"招商引资累计新增储备项目3 098个，https://www.chinanews.com.cn/cj/2024/05-22/10221243.shtml。

企业的技术转让与成果转化；针对中关村的公司型创投企业的所得税优惠政策，促进了企业投资和创新活动。到 2022 年 6 月，仅上述两项政策就减免企业所得税 6.43 亿元。① 同时，根据北京市统计局 2024 年 4 月发布的调查数据，在过去 4 年中，企业享受最多的"两区"政策就是创新支持政策（见图 1），②这正是财税激励政策发挥作用的主要领域。正因如此，北京市在 2023 年 2 月召开的市政府常务会议上才指出，强化财政、税收、通关等要素支持，提升政府支撑度，推动"两区"建设迈向更高水平。③

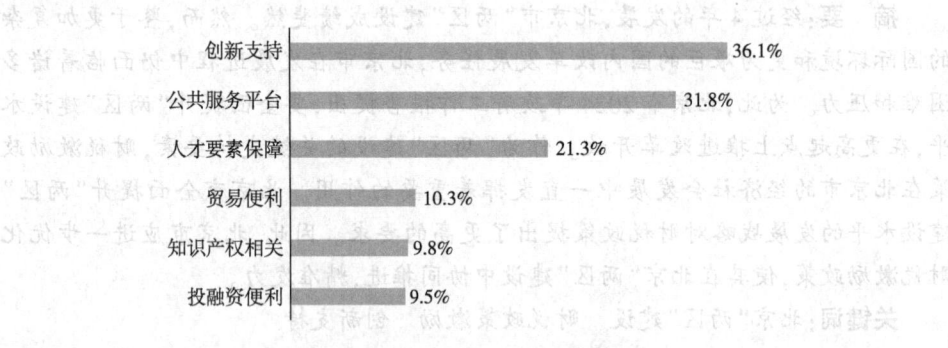

类别	比例
创新支持	36.1%
公共服务平台	31.8%
人才要素保障	21.3%
贸易便利	10.3%
知识产权相关	9.8%
投融资便利	9.5%

图 1　企业享受"两区"政策情况

二、全面提升"两区"建设水平对财税政策提出了更高要求

在新的形势下，北京市全面提升"两区"建设水平意味着：要更好地发挥"两区"建设的引领作用，更好地带动首都经济社会的高质量发展。为此，北京市政府 2024 年政府工作报告明确指出，要以高水平开放为引领、以制度创新为核心，加强改革整体谋划和系统集成，更好激发各类经营主体信心和活力。这就对"两区"建设中的财税政策提出了更高的要求。

一方面，全面提升"两区"建设水平要求进一步加大财税政策支持的力度。财税政策直接关系着企业的负担，因而最为企业所关注，是影响各类经营主体信心与

---

① 参见：北京市税务局网站：北京"两区"建设以来，税收优惠政策已为企业减税超 6 亿元，http://beijing.chinatax.gov.cn/bjswj/c104276/202209/48e41181f76d47309b98d196e3cca4bd.shtml#:~:text=%E5%9C%A8%E6%9C%8B9%E6%97%A5%E4%B8%8A%E5%8C%E7%9A%84,%E7%A8%8E6.43%E4%BA%BF%E5%85%83%E3%80%82

② 参见：北京市统计局网站：政策红利持续释放 开放发展稳步推进，https://tjj.beijing.gov.cn/tjsj_31433/sjjd_31444/202404/t20240417_3620616.html.

③ 参见：北京市政府网站：政府常务会议：研究"两区"建设 2023 年工作要点，https://www.beijing.gov.cn/ywdt/tujie/szfcwhy/202302/t20230202_2910656.html#:~:text=%E5%8A%A0%E5%BC%BA%E6%95%B0%E5%AD%97%E7%BB%8F%E6%B5%8E%E5%92%8C%E7%BB%BF%E8%89%B2%E5%8F%91%E5%B1%95%E3%80%82

活力的主要因素。过去4年中,财税政策对激发企业活力发挥了重要作用。但从全面提升"两区"建设水平的现实要求来看,财税政策的作用仍需进一步加强。根据北京市统计局2024年4月发布的调查报告,在"两区"建设的各类政策中,企业需求最为迫切的就是"减税降费"(见图2)①。这直观而有力地表明,财税政策对企业仍有着强大的吸引力,要全面提升"两区"建设水平,财税政策的支持力度应进一步加大。

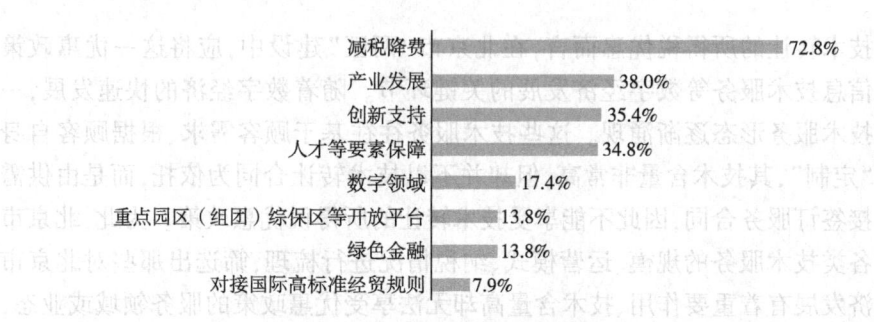

减税降费	72.8%
产业发展	38.0%
创新支持	35.4%
人才等要素保障	34.8%
数字领域	17.4%
重点园区(组团)综保区等开放平台	13.8%
绿色金融	13.8%
对接国际高标准经贸规则	7.9%

图2 企业对"两区"政策需求情况

另一方面,全面提升"两区"建设水平要求财税政策更加注重精准有效。北京市2024年政府工作报告提出要"加强改革整体谋划和系统集成"。这意味着各类政策的目标要协调一致。这就要求各类财政税收政策不仅要与北京市经济社会发展的总体目标保持一致,而且要围绕总体目标和主要任务精准发力。因此,要全面提升"两区"建设水平,应聚焦首都发展的总体目标、依据首都发展的主要工作任务,对各类财税政策进行总体布局和精心设计。

三、全面提升"两区"建设水平的财税政策建议

根据北京市经济社会发展的主要目标和全面提升"两区"建设水平的现实要求,一方面,应以首都经济发展的现实需求和各类财税政策的实施效果为基础,优化现有的财税政策,加大政策支持力度;另一方面,应聚焦首都发展目标和重点任务,实施精准的财税激励政策。为此,提出如下具体建议:

(一)以加计扣除政策和技术转让优惠激励为重点,加大促进科技创新的财税政策支持力度

就企业所得税研发费用加计扣除政策而言,在北京市"两区"建设中,应将更

---

① 参见:北京市统计局网站:政策红利持续释放 开放发展稳步推进,https://tjj.beijing.gov.cn/tjsj_31433/sjjd_31444/202404/t20240417_3620616.html。

多行业的数字经济研发费用纳入这一优惠政策适用范围。具体可首先考虑以下几项措施：一是将网络平台研发投入较大且网络交易规模较大的批发和零售企业纳入其中，允许其网络平台等产业数字化研发费用享受加计扣除政策；二是将技术含量高、研发投入多、经营规模大的部分机械设备经营租赁服务（例如以数字经济为基础的计算机及通信设备租赁服务等）企业和部分商务服务（例如互联网广告服务、安全系统监控等安保服务）企业的数字经济研发费投入纳入研发费用加计扣除的范围。

就技术转让的所得税优惠而言，在北京市"两区"建设中，应将这一优惠政策延伸到信息技术服务等数字经济发展的关键环节。随着数字经济的快速发展，一些新的技术服务形态逐渐涌现。这些技术服务往往基于顾客需求、根据顾客自身数据而"定制"，其技术含量非常高，但却并不以技术转让合同为依托，而是由供需双方直接签订服务合同，因此不能享受技术转让的所得税优惠政策。为此，北京市需要对各类技术服务的规模、运营模式、纳税情况进行梳理，筛选出那些对北京市数字经济发展有着重要作用、技术含量高却无法享受优惠政策的服务领域或业态，将其逐步纳入技术转让所得税优惠政策的适用范围。

（二）以个税补贴与投资优惠为重点，优化激励个人的财税政策

就个税补贴政策而言，北京市应将"两区"建设个人所得税补贴政策适用范围的表述拓展为"境外高端人才和紧缺人才"。在"两区"建设的财税政策中，"对境外高端人才个人所得税实际税负超过15%的部分给予补贴"政策很好地发挥了"留住人才"的作用，但对"吸引新的人才"的效果并不明显。为此，北京市可参照粤港澳大湾区的个人所得税补贴政策，将个人所得税补贴政策适用范围表述为"境外高端人才和紧缺人才"，以尽量拓展这一政策的适用范围，更好吸引人才。

就投资优惠政策而言，北京市应适当拓展个人取得投资收益、股权转让收益的个人所得税优惠政策适用范围。具体包括：

（1）对于投资人取得的股息、分红，将差异化个人所得税政策的范围适当扩大至符合北京市"两区"建设要求的关键领域或高科技行业的企业投资人。

（2）对于公司型创业投资企业的股权转让税收优惠政策，应更注重北京市"两区"建设的"行业"需求（注重北京市"两区"建设需要的关键领域或高科技行业），相应放松其对公司类型的需求（我国个人所得税对不同类型企业，特别是合伙制企业的股权转让规定仍未完全理顺）。这既是推动北京市"两区"建设的要求，也是理顺我国不同类型企业股权转让个人所得税制度的现实需求。

税收支持科技创新与制造业发展研究

丁 芸 刘志芳 赵晶晶 杨雪慧[①]

摘 要:本文阐述了科技创新与制造业发展在中国式现代化进程中的战略意义,强调"专精特新"企业在稳定就业市场、助力经济增长、强化技术创新力及推动绿色化转型等方面的深远影响。在分析税收优惠政策助力科技创新与制造业发展的政策效应基础上,从完善法律法规体系、推进税制改革与税收优惠政策优化、加大科技创新投资的税收优惠力度、完善税务监管制度和持续优化营商环境的角度提出对策建议,对我国发展新质生产力与先进制造业具有一定参考意义。

关键词:专精特新 税收优惠政策 科技创新

制造业是立国之本,科技是国之利器。科技的现代化是我国实现工业现代化的重要动能,也是中国式现代化不可或缺的一部分。它既是推动力量,也是可靠保障,是我国"专精特新"企业的灵魂所在。审视国内形势,中国正经历着高端化、智能化、绿色化新型支柱产业的快速崛起,特别是电动汽车、锂电池、光伏产品这"新三样"表现突出,展现出在支撑中国实现高质量发展方面的强大潜力。从全球视角来看,新一轮科技革命和产业变革正在深刻改变全球创新格局和经济结构。中国既面临前所未有的历史机遇,也面临技术攻关的重大挑战。"专精特新"企业具有"专业化、精细化、特色化、新颖化"的特点,在推动先进制造业发展,充分释放新生产力,打造创新发展新格局中发挥重要作用。

自2022年"专精特新"被首次写入政府工作报告起,各地不断推进"专精特新"企业培育,积极调动中小企业创新活力。工业和信息化部赛迪研究院的数据显示,截至2024年第一季度,我国已累计培育"专精特新"中小企业12.4万家,专精特新"小巨人"企业1.2万家,其中制造业企业超1万家,超四成"小巨人"企业聚集在新材料、新一代信息技术、新能源及智能网联汽车等领域,超六成深耕工业基础领域。"专精特新"企业之所以能在各自领域拥有独特的核心竞争力,即形成所谓的"独门绝技",主要得益于它们对持续创新和精益求精的坚持,也同样离不开

[①] 丁芸,首都经济贸易大学教授;刘志芳,国家开放大学教授;赵晶晶,中国社会科学院研究生;杨雪慧,中国社会科学院研究生。

政策支持和帮扶。作为推进新型工业化、发展先进制造业与新质生产力的重要力量，持续提高"专精特新"中小企业的科技创新能力，是走中国式现代化道路的必然要求。

一、科技创新、制造业与"专精特新"企业发展在中国式现代化中的战略意义

科技创新在中国式现代化进程中扮演着至关重要的角色，通过促进科技成果转化为现实生产力，可以充分释放和激活科技作为首要生产力的巨大潜力。同时，制造业的进步也是中国式现代化的核心内容之一。科技创新引领制造业向高端化、智能化和绿色化转变，显著提升其竞争力和可持续发展能力。制造业的繁荣也为科技创新提供了丰富的应用场景和市场空间，进一步促进了科技与经济的紧密结合。二者相辅相成，相互融合，为中国式现代化发展共同添砖加瓦。

"专精特新"企业作为先进制造业的"领头羊"，中小企业技术创新的"模范标兵"，对于我国稳定就业市场、增加财富资本、优化技术升级、跨越"中等收入陷阱"，以及推动经济社会持续健康发展具有深远的战略意义。

（一）稳定就业市场，优化人才结构

"专精特新"企业通常具有较高的成长性和发展潜力，在其不断发展壮大过程中，会给我国就业市场创造更多的机会，充分激发我国就业市场需求。"专精特新"企业注重技术和创新，它们以高附加值和高技术含量的产品和服务为主导，对人才的需求也往往更高，尤其需要更多具备专业技能的人才，对我国就业市场的多样化和人才结构的优化产生巨大推力。在"专精特新"企业中工作，员工也可以获得更多的技能培训和职业发展机会，提升自身的就业质量。同时，"专精特新"企业通常具有更加完善的薪酬福利体系和员工激励机制，能够吸引和留住更多优秀人才，形成良性循环。

2023年10月，人力资源社会保障部发布的创业扬帆计划通知中明确提到，将"专精特新"中小企业全部纳入重点企业用工范围，指定人社服务专员，确保企业能够得到个性化的用工指导和服务，同时在"10+N"公共就业服务活动中设立"专精特新"中小企业招聘专区，强化招聘对接，深化劳务协作机制并探索用工余缺调剂机制。这些措施旨在通过精准的服务和有效的协作，确保"专精特新"中小企业能够获得稳定、高质量的用工支持，促进企业的持续健康发展。① 北京市发布的旨

---

① 参见：人力资源社会保障部、工业和信息化部《关于实施"专精特新"中小企业就业创业扬帆计划的通知》。

在推动"专精特新"中小企业高质量发展的措施通知中,也着重提到了人才问题,并明确表示将支持这些企业引进和培养创新人才。为此,北京市积极鼓励市属高校和职业院校根据产业需求设立相关专业和课程,构建"高校-企业"联合实训基地,以扩大高水平工程师和高技能人才的队伍,授权给重点用人主体在人才引进、培养、评价、激励等方面的权限,并对列入重点用人主体目录且符合条件的企业提供综合资助等支持措施。

(二)助力经济增长,引领行业方向

助力"专精特新"企业的发展,对于我国的经济体系来说也具有举足轻重的意义。"专精特新"企业的发展不仅有助于稳定就业市场,还能为经济增长注入新的动力,是推动科技创新、加快制造业经济发展的重要着力点。

在当前复杂多变的经济环境下,我国经济发展正面临着需求收缩、供给冲击、预期转弱等多重压力,制造业也难逃发展趋势放缓、创新链与产业链衔接不足、缺少参与全球高端制造领域顶级博弈的核心竞争力的问题。在这样的背景下,"专精特新"企业所展现出的韧性和活力,成为推动我国制造业发展和经济稳定增长的关键力量。实践证明,每当经济面临挑战和困难,那些市场主体众多、发展势头良好的地区,往往是"专精特新"企业茁壮成长的地方。北京市的"专精特新"企业近六成集中在新一代信息技术、人工智能、生物医药、智能制造等"高精尖"产业领域,超七成属于制造强国和网络强国领域,这些企业总体上经营表现优异、创新能力显著,以其独特的经营模式、强大的创新能力以及敏锐的市场洞察力,在困境中不仅保持了稳定的发展,还不断为经济注入新的活力,为强化产业链供应链韧性提供了有力支撑,在产业基础高级化、产业链现代化方面发挥着重要作用。

要支持制造业企业创新升级、中小企业纾困解难,发展"专精特新"创新型中小企业是经济发展行之有效的重要措施。"专精特新"企业以其专业化、精细化、特色化和创新能力强的特点,能够捕捉市场需求和机遇,通过持续创新推出更具竞争力的产品和服务,在推动产业升级和结构调整方面发挥着重要作用。通过提供创新产品和服务,满足了市场对高质量、高性能产品的需求,"专精特新"企业推动整个产业的升级和转型,还带动了相关产业链和价值链的发展,有助于衔接生产链的断点、增强产业链韧性、提高经济抗风险能力,促进产业链的协同和共赢。

此外,在经济全球化的背景下,发展"专精特新"企业对于提升国家的竞争力和影响力具有重要意义。中小企业竞争力是国家产业竞争力的重要组成部分,提升中小企业的竞争力,就是要增强中小企业的内生动力、创新能力和发展活力,进而发挥其战略支撑作用。"专精特新"企业不仅在国内市场上具有强大的竞争力,还能够拓展国际市场,扩大出口,增加外汇收入。通过参与全球竞争,"专精特新"企业能够不断提升自身的实力和水平,为国家的经济发展作出更大的贡献。

(三)强化技术创新力,推动绿色化转型

在新时代,世界经济正经历前所未有的大变革,全球产业的分工与转移展现了新的发展态势。在这个过程中,科技创新正逐渐成为推动产业发展的核心力量,社会经济也在加速向数字化转型。我国经济正由过去的高速增长阶段,逐步转向高质量发展的新阶段。其中,中小企业作为国家经济和社会发展的重要力量,其数量众多,对产业发展的贡献显著。然而,这些企业仍面临如创新能力相对不足、抗风险能力偏低,以及经营管理和专业化水平需要进一步提升等诸多挑战。中小企业迫切需要向更加专业化、精细化、特色化和新颖化的方向发展,即大力推动和发展"专精特新"企业,倒逼我国中小企业科技自立自强能力快速提升,为中国式现代化发展发挥更大推力和作用。

相关数据显示,"专精特新"企业在过去的几年中,在研发投入、专利申请、新产品开发等方面都取得了显著的成绩。截至 2022 年底,专精特新"小巨人"企业的已授权专利中,发明专利占 20.63%。在同年新增的授权专利中,发明专利的比例上升到了 27.24%。截至 2023 年 12 月,北京市 2 000 余家"专精特新"企业中,共获取专利个数约 11.5 万,单个企业最多获取专利个数约 1 900 个,这些企业在各自领域内不断突破,推动了相关技术的进步和产业的升级①。此项数据不仅凸显了"专精特新"企业在技术创新领域的核心地位,还强调了突破性技术创新已成为企业生存发展的关键驱动力,并对国家层面的技术创新战略实现起到了重要的推动作用。

此外,"专精特新"企业也是加快我国绿色可持续发展的重要依托。"专精特新"企业在中国广大中小企业中承担着创新发展的排头兵责任。绿色低碳、保护环境发展是必须完成的任务,国家在认定和发布支持措施中,都把绿色发展作为必要前提条件予以强调,而"专精特新"企业的行动将向全世界展示实现全球可持续发展目标的中国担当。"专精特新"企业通过引进先进技术、创新生产方式和优化产品设计,不断降低能耗、减少排放,推动产业向绿色、低碳方向转型。以北京为首的城市,将绿色能源与节能环保产业发展列入"专精特新"重点扶持领域,支持企业数字化、智能化、绿色化转型,支持企业申请智能化、数字化和绿色化技术改造项目,对符合条件的项目给予最高资金奖励,积极建立智能化、绿色化评估诊断体系,为企业免费开展智能、绿色诊断评估等。发展数字化、绿色化"专精特新"企业不仅在国内产生了深远影响,更向全世界传递了中国在可持续发展方面的决心,以实际行动践行绿色发展理念,为全球环境治理和可持续发展提供了有益借鉴和示范。在未来的发展中,"专精特新"企业应继续发挥引领作用,推动中国乃至全球的可

---

① 资料来源:CSMAR 数据库。

持续发展事业不断前进。

二、税收服务科技创新、制造业及"专精特新"企业发展的现状

（一）我国税收服务科技创新、制造业及"专精特新"企业发展政策

为了促进制造业向高端化转型，我国积极实施并优化针对高新技术企业和"专精特新"企业的税收减免政策，以及针对制造业关键领域新购置固定资产的加速折旧等扶持措施。同时，充分利用研发费用加计扣除和技术转让税收优惠等政策工具，加速制造业的数字化转型进程，促进数字技术与生产运营深度融合，持续提高智能化水平。此外，为了推动制造业绿色化发展，我国还积极落实环境保护、节能节水等专用设备投资可抵免企业所得税，以及资源综合利用等方面的税收优惠政策，以此激励制造企业减少碳排放、降低污染、增加绿色元素，从而推动我国制造业向绿色、低碳的高质量发展方向迈进。目前，我国税收服务科技创新、制造业及"专精特新"企业发展政策分为如下几类：

1. 以增值税为主的税收优惠

1）软件产品增值税超税负即征即退

根据财税〔2011〕100号文件，财政部和国家税务总局对软件产品的增值税政策明确规定：增值税一般纳税人销售其自行开发生产的软件产品，按13%税率征收增值税后，对实际税负超过3%的部分实行即征即退政策。

通过实施这一增值税优惠政策，国家不仅展现了对软件产业的高度重视和扶持态度，也促进了软件行业的健康快速发展，推动了我国信息技术产业的整体进步，为构建创新型国家奠定了坚实的基础。

2）增值税期末留抵税额退税政策

自2019年4月1日起，同时符合条件的增值税一般纳税人，可以向主管税务机关申请退还增量留抵税额。该政策标志着我国在优化税收营商环境、减轻企业税负方面迈出了坚实的一步，为企业特别是那些处于成长期、需要大量资金投入以支持日常运营与扩大再生产的企业提供了重要的财务支持。

自2022年4月1日起，"制造业""科学研究和技术服务业""电力、热力、燃气及水生产和供应业""软件和信息技术服务业""生态保护和环境治理业""交通运输、仓储和邮政业"六行业符合条件的纳税人，可以自2022年4月纳税申报期起向主管税务机关申请退还增量留抵税额。此项政策的调整，不仅体现了国家对上述关键领域发展的高度重视，也通过精准施策的方式，有效缓解了这些行业企业在经营过程中可能遇到的资金流动性问题，为其加大研发投入、提升技术创新能力、扩

大市场份额提供了强有力的资金支持。同时,这也将进一步激发市场活力,促进相关产业链的协同发展,为我国经济的高质量发展注入新的动力。

3) 科技企业孵化器(国家级、省级)、众创空间取得的孵化收入免征增值税

根据财税〔2018〕120号文,自2019年1月1日至2021年12月31日(延期至2023年12月31日),对国家级、省级科技企业孵化器、大学科技园和国家备案众创空间自用以及无偿或通过出租等方式提供给在孵对象使用的房产、土地,免征房产税和城镇土地使用税;对其向在孵对象提供孵化服务取得的收入,免征增值税。

此规定极大地降低了这些孵化载体的运营成本,不仅鼓励了孵化载体积极投身于创业孵化事业,提升其服务质量和效率,同时也降低了在孵企业的运营成本,使其能够更专注于为在孵企业提供优质的服务与资源,为初创企业提供了更加广阔的发展空间与机遇。

2. 研发费用加计扣除政策

近年来,国家多次提高研发费用加计扣除比例,优惠力度迭代升级,为支持企业加大研发投入发挥了很好的政策导向作用。

2008年,国家将研发费用加计扣除政策以法律形式确认。2015年,国家大幅放宽享受优惠的研发活动及研发费用范围,并首次明确负面清单制度。2017年,国家将科技型中小企业的加计扣除比例由50%提高到75%。2018年,国家将所有符合条件行业的企业加计扣除比例由50%提高到75%,并允许企业委托境外研发费用按规定在税前加计扣除。2021年,国家将制造业企业加计扣除比例从75%提高到100%,优化简化辅助账样式,首次允许企业10月预缴时提前对前三季度研发费用进行加计扣除。2022年,国家对科技型中小企业加计扣除比例从75%提高到100%,将其他企业第四季度加计扣除比例从75%提高到100%,并允许企业在每年10月的申报期,就可以提前申报享受前三季度研发费用加计扣除的优惠。企业开展研发活动中实际发生的研发费用,未形成无形资产计入当期损益的,在按规定据实扣除的基础上,自2023年1月1日起,再按照实际发生额的100%在税前加计扣除;形成无形资产的,自2023年1月1日起,按照无形资产成本的200%在税前摊销。

作为一项制度性安排长期实施,这项政策主要有以下两个亮点:一是稳定企业政策预期,有利于企业更加科学合理安排研发活动和资金投入,提高科技创新效率。二是统一所有企业适用政策。在2023年7号公告之前,制造业企业、科技型中小企业、除此之外的其他企业适用不同的研发费用加计扣除政策。而7号公告发布以后,所有企业统一适用同样的政策,无需再对企业的"身份"进行判断,这不仅简化了政策口径,更有利于推动政策精准落地。

3. 加速固定资产折旧

符合条件的新购进设备、器具一次性扣除新购进设备、器具的企业纳税人,在 2018 年 1 月 1 日至 2023 年 12 月 31 日期间,新购进的设备、器具,单位价值不超过 500 万元的,允许一次性计入当期成本费用在计算应纳税所得额时扣除,不再分年度计算折旧。

这样的处理方式不仅简化了企业的税务处理流程,减轻了企业的税务负担,还鼓励了企业更加积极地引进先进设备和技术,加速产业升级和转型。此外,该政策还具有一定的灵活性和普适性,覆盖了众多行业和企业类型,为那些有意愿和能力进行设备更新和技术改造的企业提供了有力的政策支持和激励。通过这一政策的实施,我国政府旨在进一步激发市场活力,推动经济高质量发展,实现更加繁荣和可持续的发展目标。

4. 加大降费力度

在全国范围内,各行业减税政策的力度显著增强,其广度和深度均达到了前所未有的水平。

国税发〔2009〕87 号文件明确指出,为了鼓励创业投资企业积极支持中小高新技术企业的发展,对于采用股权投资方式并持续投资于未上市中小高新技术企业超过两年(24 个月)的创业投资企业,在满足特定条件的前提下,可将其对中小高新技术企业投资额的 70% 作为抵扣项,在股权持有满 2 年的当年直接冲减其应纳税所得额。若当年未能完全抵扣,剩余部分可在后续纳税年度中继续结转抵扣,这一政策极大地缓解了创业投资企业的资金压力,促进了资金向高新技术领域的有效流动。与此同时,财税〔2018〕76 号文件的出台,更是为高新技术企业和科技型中小企业带来了重大利好。自 2018 年 1 月 1 日起,这些企业在获得资格认定后,其之前五年内尚未得到弥补的亏损,被允许结转至后续年度进行弥补,且结转年限从原有的 5 年大幅延长至 10 年,为企业提供了更为宽裕的财务调整空间,有助于企业更好地规划长期发展路径。此外,《中华人民共和国企业所得税法》针对高新技术企业和技术先进型服务企业设定了 15% 的优惠税率,相比标准税率有了显著降低,进一步减轻了这些企业的税收负担,激励其加大研发投入,加速技术创新。

国家税务总局总会计师罗天舒的介绍揭示了这一系列支持科技创新的税费优惠政策所取得的显著成效:2018 年至 2022 年间,相关税费优惠政策的减免金额持续增长,年均增幅高达 28.8%,2022 年全年更是实现了 1.3 万亿元的减负规模,有效激发了社会创新活力,推动了经济的高质量发展。在此背景下,企业研发费用的投入快速增长,年均增长率达到 25.1%,显示出企业对技术创新的重视与投入。同时,高技术产业涉税经营主体的数量和高技术产业的销售收入也均实现了年均两位数的增长,分别达到了 9.1% 和 16.1%,彰显了减税降费政策对产业升级和经济增长的强大驱动力①。

减税降费不仅帮助众多中小微企业成功渡过了难关,还促进了它们的成长壮大,部分企业更是成长为"专精特新"企业,成为行业内的佼佼者。随着一系列税费优惠政策的延续与优化,政策的连续性和稳定性得以保持,进一步稳定了企业预期,增强了企业的发展信心。同时,这也促使社会各界继续加大对科技创新的投入,激励企业不断增加研发支出,为经济的高质量发展注入了源源不断的动力。

(二)"专精特新"企业税收优惠政策的特点

1. 税收优惠政策普适性较强

当前,关于企业创新的税收优惠政策具有广泛的覆盖范围,它惠及了各类高新技术企业与科技型企业,确保这些符合资格的企业能够享受到相应的税收减免。其中,"专精特新"企业由于其科技型企业的特质,同样能够享受到众多税收优惠政策带来的好处。为了全面支持企业的创新活动,我国还制定了一系列丰富的税收优惠政策,这些政策覆盖了创新活动的多个方面。如上文所述,对于专门投入研究和开发的固定资产可以享受加速折旧的优惠政策;对满足要求的技术转让获利,提供减少企业所得税政策等等。

2. 税收优惠能够有效鼓励企业进行研发创新活动

税收优惠作为一种政策手段,旨在激励"专精特新"企业加大投资力度并推动创新活动。为了促进企业的研发创新,税收优惠采取了多样化的形式。如研发费用加计扣除允许企业在计算所得税时将研发费用额外计入,从而减少企业所得税的缴纳;折旧加速政策则针对用于研发的固定资产,允许企业提高折旧率,提前减少税前利润,进而降低企业所得税负担;企业取得的专利、技术成果等也可在计算所得税前进行扣除;对于满足特定条件的企业,更可享受企业所得税、增值税等税费的减免或免征。

这些税收优惠政策不仅为企业提供了资金上的支持和财务上的保障,还激发了企业增加研发投入的积极性,推动了技术创新和产业升级的步伐。同时,这些优惠政策也吸引了更多企业投身于研发创新领域,增强了市场竞争活力,促进了经济的持续发展。

3. 税收优惠利于企业缓解资金压力

"专精特新"企业能够借助税收优惠政策来减轻自身的税收负担,这一举措有效缓解了企业的资金压力,并增强了其资金的流动性。在当前经济环境充满挑战,许多企业遭遇经营困境和资金短缺的背景下,税收优惠成为一种重要的支持手段,

---

① 资料来源:国家税务总局政策资料库。

它能够在一定程度上为企业减负,拓宽其经营空间。实施税收优惠政策不仅激励了企业加大有效投资力度,还促进了企业的自主创新能力培养,提升了企业的技术实力,进而增强了其核心竞争力,确保这些企业在竞争激烈的市场环境中能够保持领先地位。

三、税收服务科技创新、制造业及"专精特新"企业发展的不足

(一)税收立法相对滞后

尽管我国的税收体系在近年来不断完善,取得了显著的进步,但在面对快速变化的科技创新和制造业发展态势时,税收立法的步伐仍显得相对滞后。这种滞后性主要体现在现行税法对于新兴技术、新业态的适应性不强,未能及时跟上科技创新和制造业转型升级的步伐。

目前,税法中缺乏针对这些新领域、新模式的专项税收优惠条款,这使得税收政策在激发企业创新活力方面的作用大打折扣。在科技创新日新月异的今天,企业面临着巨大的研发成本和市场风险,而缺乏相应的税收优惠支持,无疑会增加企业的负担,降低其进行科技创新和产业升级的积极性。为了更好地推动科技创新和制造业的发展,我国税收立法需要加快步伐,增强对新兴技术和新业态的适应性,并制定出更加具有针对性和激励性的税收优惠政策。

(二)增值税税档依然较多

我国增值税制度中税档设置较多的问题,是一个值得深入探讨的议题。增值税作为我国税收体系的重要组成部分,其制度的完善与否直接关系到企业的税负公平以及资金的有效流动。然而,当前增值税制度中税档设置过多的现状,不仅增加了税收管理的复杂性,给税务部门带来了更大的工作压力,而且也可能导致科技创新和制造业企业在不同发展阶段面临税负不公的问题。

这种税负不公主要体现在,不同税档下的企业可能承担着截然不同的税负水平,进而影响到它们的竞争力和发展动力。对于科技创新和制造业企业而言,它们在不同的发展阶段往往需要大量的资金投入,包括研发、设备更新、市场拓展等多个方面。过多的税档可能使得这些企业在资金流动上遭遇障碍,无法有效地进行资金调配和使用,从而影响到企业研发投入和产业升级的积极性。

增值税税档设置过多还可能引发一些企业为了避税而进行的不合理行为,如虚构交易、隐瞒收入等,这不仅损害了税收的公平性,也破坏了市场的正常竞争秩序。因此,对于增值税制度的改革和完善,已经成为一个亟待解决的问题。

为了更好地支持科技创新和制造业的发展,我国需要对增值税制度进行深入

的改革。一方面,可以考虑简化税档设置,减少不必要的税档,以降低税收管理的复杂性,并提高税负的公平性;另一方面,也可以针对科技创新和制造业企业的特点,制定出更加具有针对性和激励性的税收优惠政策,以鼓励这些企业进行更多的研发投入和产业升级。通过这样可以更好地激发企业的创新活力,推动我国的科技创新和制造业实现更高质量的发展。

(三)研发抵扣不能体现差别竞争,风险投资力量发挥不够

当前的研发费用加计扣除政策,作为鼓励企业创新的一项重要举措,确实在一定程度上激发了企业的研发活力,推动了技术创新和产业升级。但这一政策在实施过程中也暴露出一些不足之处,其中最为显著的就是未能充分体现不同行业、不同技术领域的差别化竞争需求。不同行业和技术领域的企业在研发创新方面面临着不同的挑战和机遇,对于研发费用的加计扣除政策也应当具有一定的灵活性和针对性。当前的政策未能充分考虑到这一点,导致一些特定行业或技术领域的企业在享受政策优惠时面临不公平的情况,这无疑会挫伤其研发创新的积极性。

此外,风险投资在科技创新中的作用也尚未得到充分发挥。风险投资作为创新资本的重要组成部分,对于推动科技创新和产业发展具有不可替代的作用。当前的税收政策对于风险投资的激励机制尚不够健全,导致风险投资在科技创新领域的投入相对不足,影响了创新资本的聚集和有效配置。

为了更好地发挥研发费用加计扣除政策和风险投资在科技创新中的作用,需要对相关政策进行进一步的完善和优化。一方面,应当根据不同行业和技术领域的实际情况,制定更具针对性和灵活性的研发费用加计扣除政策,以充分激发各类企业的创新活力;另一方面,也应当加强对风险投资的税收激励,鼓励更多的社会资本投向科技创新领域,推动创新资本的聚集和有效配置。通过政策的不断调整和完善,进一步激发企业的创新活力,推动我国的科技创新事业实现更高质量的发展。

(四)减税降费政策落实仍需加力

近年来,为了积极应对经济下行压力,支持实体经济发展,国家出台了一系列减税降费政策。这些政策旨在通过减轻企业税负、降低运营成本,从而激发市场活力,推动经济高质量发展。然而,在政策执行过程中,仍存在一些问题,导致部分企业未能充分享受政策红利。其中,政策宣传普及不够广泛是一个重要原因。尽管政府部门通过各种渠道对减税降费政策进行了宣传,但仍有部分企业,特别是中小企业和初创科技企业,由于信息渠道有限、对政策理解不足等原因,未能及时了解到相关政策,或者对政策的具体内容和实施方式存在误解,从而错过了享受政策优惠的机会。此外,执行标准不一也是影响政策效果的一个重要因素。由于不同地区、不同部门对政策的理解和执行力度存在差异,企业在享受政策优惠时面临不同

的标准和要求。这种不一致性不仅增加了企业的遵从成本，还可能引发不公平竞争，进一步削弱了政策的效果。

为了充分发挥减税降费政策对实体经济的支持作用，需要采取一系列措施加以改进。首先，应加大政策宣传普及力度，通过多种渠道、多种方式将政策信息传达给每一家企业，确保它们能够充分了解并享受到政策优惠。其次，应统一执行标准，加强对政策执行的监督和指导，确保各地区、各部门都能够按照统一的标准和要求执行政策。最后，还应关注中小企业和初创科技企业的特殊需求，为它们提供更多的政策支持和帮助，推动它们实现更好的发展。

（五）优化营商环境任重道远

良好的营商环境是科技创新和制造业发展的基石，对于激发市场活力、提升国际竞争力具有重要意义。我国当前在优化营商环境方面已经取得了一定进展，特别是在简化行政审批、保护知识产权、促进公平竞争等方面，推出了一系列有力举措，为科技创新和制造业的发展提供了有力支持。

然而，我们也应清醒地认识到，我国在优化营商环境方面仍面临诸多挑战。首先，行政审批流程繁琐就是一个亟待解决的问题。尽管我国已经在推进行政审批制度改革，但在实际操作中，仍然存在审批环节多、时间长、效率低等问题，这不仅增加了企业的运营成本，也挫伤了企业进行科技创新和产业升级的积极性。其次，知识产权保护力度不够也是制约科技创新和制造业发展的重要因素。在知识经济时代，知识产权是企业核心竞争力的重要体现。然而，我国当前在知识产权保护方面还存在一些薄弱环节，如执法不严、侵权成本低等，这导致一些企业不愿意进行研发投入，影响了科技创新的持续发展。最后，市场准入壁垒的存在也是优化营商环境需要关注的重要问题。在一些行业和领域，由于市场准入门槛过高、审批程序复杂等原因，一些有潜力、有创新力的企业难以进入市场，这无疑制约了市场的竞争活力和制造业的多元化发展。

为了更好地支持科技创新和制造业的发展，我们需要继续深化行政审批制度改革，加大知识产权保护力度，降低市场准入门槛，为科技创新和制造业的发展创造更加良好的环境。

四、优化相关税收政策助力科技创新、制造业高质量发展的对策建议

（一）完善相关法律法规体系

健全的法律法规体系能够为税收政策对企业创新发挥积极作用提供制度保障。在激励企业创新的税收优惠政策上，虽然有部分税种以法律的形式明确了一

部分政策,但其他优惠政策大多以行政法规和部门规章形式出现,我国激励企业创新的税收政策并未形成政策体系,应从立法、政策导向以及环境营造三个方面加以完善。首先,梳理各项税收优惠政策的目标导向、规范性以及可操作性并进行优化改善,进而加快立法进程,将税收优惠政策提升到立法层次,保证税收优惠政策的权威性和稳定性。其次,对现有税收优惠政策的主体、程序、内容进行详细说明,保证税收优惠政策的规范性和目标导向明确性。最后,扩大税收优惠政策的覆盖范围,降低高新技术企业的认定标准,将技术服务企业、符合创新研发条件的传统企业等纳入税收优惠范围内。完善创新研发领域的认定标准,将生产方式创新等纳入创新研发领域并给予税收优惠,延长税收优惠期限,创造良好的创新激励环境让政策实施能够做到有法可依,避免寻租行为,保证政策的连续性和稳定性,更好地发挥税收政策对企业创新的激励作用,实现高质量发展。

(二)推进税制改革,完善税收优惠政策

推进税制改革助力科技创新,促进企业高质量发展。在深化增值税改革方面,简并增值税税率档次。目前推行的旨在激励研发活动的税收优惠政策,其适用范围仅限于企业所得税范畴,这一措施虽然在一定程度上减轻了企业在进行研发活动时的负担,但未能补偿企业在研发过程中因增值税而产生的直接成本负担。因此,对于那些在研发领域投入大量资源的企业而言,增值税是一个不可忽视的问题,简并增值税税率档次更符合当前减税降费的政策导向,减少因税率差异造成的市场扭曲,为各类市场主体提供更加公平的发展环境。在优化个人所得税方面,为了充分激发科研人员的创新创造活力,加大对科技人员取得职务科技成果转化现金奖励的力度,这不仅体现出对科研人员付出的认可与尊重,更通过直接的经济激励,鼓励科研人员积极投身于科技成果的转化与应用。

多维度的税收优惠政策助力科技创新,促进企业高质量发展:第一,提高研发费用税收扣除标准。借鉴国际通行做法,进一步提高研发费用税收扣除率,并考虑对中小型科技企业及已形成无形资产的研发项目给予更高比例的扣除优惠。第二,实施研发成果税收激励,对转让专利技术的企业,应给予一定额度的企业所得税抵免优惠;对取得重大研发成果并转化为产品收入的企业,给予延长企业所得税免征期的优惠,以加速研发成果的市场化进程。第三,通过借鉴别国做法,建立研发准备金制度。为增强企业应对研发不确定性的能力,建议设立研发准备金提取制度,允许企业将不超过销售收入一定比例的资金作为研发准备金进行税前扣除。此制度将为企业提供稳定的研发资金来源,促进其长期研发战略规划的实施。第四,扩大加速折旧优惠范围。将加速折旧税收优惠政策的适用范围扩大至传统行业在生产工艺、产品服务等方面的创新升级活动,鼓励企业加大对固定资产更新换代的投资,推动产业升级与技术进步。第五,放宽专用研发费用加计扣除限制,进

一步放宽研发费用加计扣除的条件,只要企业购置的设备实际用于创新研发活动,即可享受相应的税收优惠。第六,企业支出的研发费用也应纳入加计扣除范畴,以鼓励企业加强与高校、科研机构等外部创新资源的合作,共同推动技术创新与发展。

(三)加大科技创新投资的税收优惠力度

从企业发展周期角度来看,对于初创期的企业,积极构建多元化投融资体系,激发市场活力与促进技术创新。提高投资额抵扣比例,鼓励创业投资企业、天使投资个人等加大对初创科技型企业的投资力度,不仅有利于降低投资者的税负成本,还能够提升其投资初创企业的意愿与信心。同时,打造科技企业孵化器、大学科技园和众创空间等创新平台,并配套以税收减免、租金补贴等优惠政策,促进初创科技企业发展壮大。对于成长期的中小型企业,通过延长中小企业亏损结转年限,为企业提供更长的缓冲期来弥补初创阶段的亏损,稳定企业的资金链。对于成熟期的企业,采取更加精准和深入的税收优惠政策。针对技术先进型服务业、高新技术企业、集成电路企业等特定领域,制定更为精准的税收优惠政策,以持续推动这些行业的技术进步与产业升级。此外,进一步扩展和完善研发费用加计扣除政策的覆盖范围,确保更多符合条件的企业能够享受到政策红利,加速研发创新步伐。优化固定资产加速折旧政策,继续扩大其适用范围,使企业能够更快地将资金投入到新的研发与生产中,进一步促进研发创新与产业升级的良性循环。

此外,完善的税收激励创新政策应当覆盖到所有涉及科创投资的参与主体及主要的投资参与方式,以便充分调动各方参与者的积极性,切实激活投资市场。对科创投资专业服务机构给予税收支持,出台针对相关专业服务机构的税收支持政策,对其取得的与科创投资项目相关的收入,以优惠税率、税收返还、免征增值税等方式给予支持;对投资项目的判定,可与已有的税收支持政策中的被投资企业标准相衔接,以保证对科创投资专业服务机构的激励效果能有效传导至投资企业,进而刺激科技创新实现高质量发展。

(四)完善监管制度,持续优化营商环境

完善监管制度,持续优化营商环境是一个多维度、系统性的工程,旨在通过建立健全的监管体系,提升市场环境的公平性、透明度和可预见性,进而激发市场主体的活力和创造力。而营商环境的优劣直接关系到企业的创新活力与市场竞争能力,这已成为推动我国发展水平跃升、促进经济发展模式转型升级的关键驱动力之一。加大税务监管力度,加强多部门协作,保障政策实施的稳定性和预期性,提高税务管理的信息化、网络化水平,有助于维护税收公平。税务部门应秉持开放合作、协同共进的理念,积极与市场监管部门、金融监管部门等职能机构建立并深化全方位、多层次的合作机制。合作不仅限于日常的信息交流与政策协调,更应着眼

于构建一套高效、智能的合作平台,以科技赋能税务管理,促进信息共享的无缝对接与实时更新。监管部门在评估与认定企业资质的过程中,应进一步借助当前信息技术在数据分析等方面的专业优势,将企业的财务状况、研发投入比例、技术创新成果、资金流动、融资状况及风险防控等核心数据,通过安全、便捷的信息共享渠道,打造线上沟通平台,及时、准确地传送给税务部门。通过跨部门的数据比对与分析,税务部门便能基于更加全面、细致的企业画像,及时发现并纠正潜在的税收违规行为,精准施策,确保符合条件的企业能够享受到税收优惠政策,有效激发其创新活力与市场竞争力。

此外,为了持续优化营商环境,推动企业的持续健康发展,税务部门不仅要强化税收征管确保税收优惠政策精准落地,还要在服务水平上不断提升,为企业提供更加便捷、高效的税务服务体验。积极引入智能化技术,融合个性化服务策略,通过大数据分析、人工智能等手段,精准识别纳税人的个性化需求,提升服务的效率与精准度。如简化办税流程、推广电子税务局、提供个性化税务咨询等。加强部门间的沟通协调,形成工作合力,共同解决企业在发展过程中遇到的实际困难,为企业的高质量发展提供全方位、强有力的支持,构建起政府、企业、社会共治的良好生态。

参考文献

[1]陈爱霞,袁始烨.税收优惠政策激励效应及优化:以江苏省中小企业为例[J].湖南税务高等专科学校学报,2023,36(4):42-49.

[2]陈赟.我国"专精特新"政策实施情况分析[J].科学发展,2022(6):21-28.

[3]韩洪灵,彭瑶,刘强.技术进步与就业增长并存?:基于专精特新"小巨人"企业认定政策的研究[J].科学学研究,2024(10).

[4]李香菊,贺娜.激励企业研发创新的税制研究:国际经验借鉴[J].中国科技论坛,2019(4):174-180.

[5]李香梅,李琳,李猛.税收激励政策对"专精特新"中小企业创新绩效的影响[J].商业会计,2024(12):9-15.

[6]刘芳芳.澎湃发展新动能:国家电网有限公司全面实施科技创新"新跨越行动计划"[J].国家电网,2020(10):14-19.

[7]刘芳雄,汪一林.税收优惠支持科技创新:经验、问题与建议[J].税务研究,2023(9):120-125.

[8]刘宏.创新激励税收优惠政策国际借鉴[J].商业会计,2021(24):

91-93.

[9]刘洋,李浩源.新质生产力赋能高质量发展的逻辑理路、关键着力点与实践路径[J].经济问题,2024(8):11-18,129.

[10]孙建平,张昱,胡雯,等.欧洲国家专利盒政策介绍及对我国的启示[J].国际税收,2020(6):33-38.

[11]万敏.税收优惠政策、政府补助对企业研发投入的激励效应分析:基于信息服务业的实证研究[J].商业会计,2023(3):96-100.

[12]我国专精特新"小巨人"企业数量已达1.2万家[J].铸造工程,2023,47(5):75.

[13]谢菁,关伟.北京市"专精特新"企业支持政策现状、问题及建议[J].北京社会科学,2023(4):25-39.

[14]周旭,陈铄.金融支持专精特新企业发展研究[J].金融纵横,2024(1):27-36.

[15]朱萃.落实减税降费,为专精特新企业营造更好环境[J].新理财(政府理财),2023(8):17-19.

发展新质生产力背景下的税收征管改革研究

麦正华[①]

摘　要：新质生产力是马克思主义生产力理论的中国创新和实践，新质生产力的发展对税收治理现代化提出了新的要求和挑战。党的二十届三中全会指出，要健全因地制宜发展新质生产力的体制机制，深化财税体制改革，其中深化税收征管改革是重要内容。新质生产力的发展，给税收征管带来了管理对象、管理事项和管理结果等方面的新挑战。但是，现行征管仍存在基础管理缺乏整体性、事中事后监管缺乏针对性、数据管理缺乏联动性、行业管理缺乏专业性等管理疲软问题，一定程度上制约了征管质效的突破性提升。为了适应新质生产力的发展，必须坚持有为政府、坚持以人为本、坚持有效传承的原则开展税收征管改革，把强化管理作为变革重点，在基础管理、风险管理、数据管理、运转管理上实现税收征管业务流程、制度规范、信息技术、数据要素、岗责体系的一体化融合升级和税收征管现代化。

关键词：新质生产力　税收　征管　改革

2023年9月6—8日，习近平总书记在黑龙江考察时强调，"要整合科技创新资源，引领发展战略性新兴产业和未来产业，加快形成新质生产力"[②]。这是新质生产力作为一个全新的概念被首次提出。在随后召开的中央经济工作会议、全国两会、党的二十届三中全会、中央政治局会议等重要会议中，发展新质生产力多次被提到。党的二十届三中全会通过的《中共中央关于进一步全面深化改革推进中国式现代化的决定》（以下简称《决定》）更是以一个部分的篇章内容，对健全推动经济高质量发展体制机制、促进新质生产力发展作出部署。可见，发展新质生产力既是2024年经济工作的重要任务，也是培育高质量发展新动能的长期任务。在发展新质生产力的时代大背景下，税收作为一种国家治理方式，主动适应形势发展需要，着力改革完善征收管理核心工作，是积极发挥税收职能作用、服务改革发展的内在需要和应有之义。

---

① 麦正华，海南省人大常委会预算工作委员会主任，国家税收法律研究基地研究员。
② 《习近平在黑龙江考察时强调 牢牢把握在国家发展大局中的战略定位 奋力开创黑龙江高质量发展新局面》，《新华每日电讯》2023年9月9日。

一、新质生产力的内涵外延

（一）从理论演进上看，新质生产力是马克思主义生产力理论的丰富发展

生产力概念最早由法国医生魁奈提出，随后，经济学家亚当·斯密、大卫·李嘉图、弗里德里希·李斯特等对生产力作了广泛而深入的研究。马克思、恩格斯在《资本论》中指出："生产力，即生产能力及其要素的发展。"马克思、恩格斯纠正了前人研究生产力的不足，不再孤立地考察生产力，而是把生产力作为决定生产关系的原因；同时，建立了经济基础的概念，把经济基础作为决定上层建筑的原因。由此，揭示了社会问题最根本的规律。

"新质生产力"由习近平总书记创造性地提出。2023年12月召开的中央经济工作会议指出，要以科技创新推动产业创新，特别是以颠覆性技术和前沿技术催生新产业、新模式、新动能，发展新质生产力。其后，中央财办有关负责人在解读中央经济工作会议精神时指出，"新质生产力是由技术革命性突破、生产要素创新性配置、产业深度转型升级而催生的当代先进生产力，它以劳动者、劳动资料、劳动对象及其优化组合的质变为基本内涵，以全要素生产率提升为核心标志"①。劳动者、劳动资料、劳动对象和科学技术、管理等，都是生产力形成过程中不可或缺的要素。只有生产力诸要素实现高效协同，才能迸发出更强大的生产力。新质生产力有别于传统生产力，是推动技术革命性突破、生产要素创新性配置、产业深度转型升级，推动劳动者、劳动资料、劳动对象优化组合和更新跃升，催生新产业、新模式、新动能，发展以高技术、高效能、高质量为特征的生产力。这是对马克思主义生产力理论的继承和创新，深化了对生产力发展规律的认识，进一步丰富了习近平经济思想的内涵，为社会生产方式变革与生产关系改革提供了新方向、提出了新要求。

（二）从现实意义上看，新质生产力是推动中国式现代化的必然选择

近年来，以美国为首的西方国家加速推进产业链的"去中国化"转移与重构，降低对中国出口的依赖；持续通过加息决议，以高利率差对中国发起收割。而内需市场随着收入增速的放缓遭遇瓶颈，人口老龄化程度加深，适龄劳动人口规模逐渐缩小等等，导致我国经济高质量发展受阻，一定程度上影响了中国式现代化的进程。

党的二十大报告在擘画新时代新征程的宏伟蓝图时，概括提出并深入阐述中国式现代化理论，中国式现代化追求共同富裕，倡导协调绿色，主张和平发展，而新

---

① 《中央财办有关负责同志详解中央经济工作会议精神》，《新华每日电讯》2023年12月18日。

质生产力具有高度适配性,能够为中国式现代化提供充分的新动能。有学者指出,一是就动力来源而言,新质生产力的发展推力通常源自科技创新。二是就发展速度而言,随着现代科学技术的进步速度远超摩尔定律的想象与定义,新质生产力能够在其驱动下实现跳跃式、跨越式发展。三是就发展模式而言,新质生产力以科技创新为支撑,能够防止对资源和能源的过度使用,减少对生态环境的过度干扰,避免对后代利益的提前预支,沿循资源能源节约型、环境友好型、代际和谐型的可持续发展道路。四是就目标旨归而言,新质生产力服务于有助于实现当前利益与长远利益相协调,经济效益、社会效益和生态效益相统一的高质量发展。生产力是综合国力的基础。唯有以新质生产力赋能经济建设,才能在经济发展的多重困境中成功突围,从而向政治、国防、文化、民生、生态文明等领域的发展提供充足的物质支持,以此保障社会主义现代化强国建设和实现中华民族伟大复兴[①]。

(三)从实现路径上看,新质生产力是多方作用的综合结果

马克思指出,"哲学家们只是用不同的方式解释世界,问题在于改变世界"。新质生产力是新的高水平现代化生产力。我国具有社会主义市场经济的体制优势、超大规模市场的需求优势、制造业体系配套完整的供给优势、大量高素质劳动者和企业家的人才优势,需要很好地释放红利,加快发展新质生产力。

加快培育新质生产力既是发展命题,也是改革命题,要把握好以下三点。一是打造新型劳动者队伍。畅通教育、科技、人才的良性循环,弘扬科学家精神和企业家精神,营造鼓励大胆创新的良好氛围,着力培养新质生产力的战略人才和能够熟练掌握新质生产资料的应用型人才。二是用好新型生产工具。健全新型举国体制,发挥好政府战略导向作用,让企业真正成为创新主体,让人才、资金等各类要素向企业聚集,抓好关键核心技术攻关,赋能发展新兴产业。技术层面要补短板、筑长板、重视通用技术。产业层面要巩固战略性新兴产业、提前布局未来产业、改造提升传统产业。三是塑造适应新质生产力的生产关系。通过改革开放着力打通束缚新质生产力发展的堵点卡点,优化体制机制建设,加快建设全国统一大市场,发挥市场在资源配置中的决定性作用,注重发挥政府作用营造良好营商环境,让各类先进优质生产要素向发展新质生产力顺畅流动和高效配置。

二、发展新质生产力给税收征管带来的新变化

(一)管理的对象——纳税人更加全新

发展新质生产力,培育新产业是重点任务。《中华人民共和国国民经济和社会

---

① 蒲清平,向往. 新质生产力的内涵特征、内在逻辑和实现途径:推进中国式现代化的新动能[J]. 新疆师范大学学报(哲学社会科学版),2024(1).

发展第十四个五年规划和2035年远景目标纲要》指出,要聚焦新一代信息技术、生物技术、新能源、新材料、高端装备、新能源汽车、绿色环保以及航空航天、海洋装备等战略性新兴产业,加快关键核心技术创新应用;在类脑智能、量子信息、基因技术、未来网络、深海空天开发、氢能与储能等前沿科技和产业变革领域,组织实施未来产业孵化与加速计划,谋划布局一批未来产业。

但是,仅仅从数量上来看,目前战略性新兴产业还远未形成气候。《中国统计年鉴2023》数据显示,截至2022年底,单位法人数量最多的是批发和零售业,占比近30%,其次是制造业、租赁和商务服务业等,分别占比12.2%和11.9%。而作为战略性新兴产业的信息传输、软件和信息技术服务业、科学研究和技术服务业的单位法人数量合计占比仅为11.3%。当然,制造业中还有一定的战略性新兴产业的单位法人,可想而知数量也不会太多。随着新质生产力的形成和发展,可以预计,不久的将来,战略性新兴产业包括未来产业的单位法人数量将会显著增加,届时税务部门管理服务的一部分对象在一定程度上与传统产业截然不同,将会是前所未有的新领域、新类型,而且专业性极强。为此,对于毫无相关知识背景的大部分税务人员来说,深入了解掌握这些企业的生产经营链条和情况,毫无疑问是一项烧脑的工作。

(二)管理的内容——涉税事项更加复杂

新质生产力的提出,不仅意味着以科技创新推动产业创新,更体现了以产业升级构筑新竞争优势、赢得发展主动权。而且,随着科技创新的驱动,我国必将加强关键核心技术攻关,加快建设世界一流企业和科技领军企业,发展壮大制造业单项冠军企业和高新技术企业,激发涌现更多的瞪羚企业和独角兽企业。相比传统生产力,这是前所未有的生产力种类和结构。

作为新质生产力主阵地的战略性新兴产业和未来产业,大都涉及制造业、现代服务业等,随着其逐步得到发展巩固,在税收上主要体现为增值税、企业所得税、个人所得税等的增长。众所周知,增值税、所得税本就是比较复杂的税种,加上战略性新兴产业和未来产业本身的创新性和复杂性,不可避免涉及股权转让、跨区域经营和国际税收等,这将使本就复杂的增值税抵扣、企业所得税成本费用确认、个人所得税税前扣除等事项变得难度更大。而且,这些企业中的劳动者,不仅具备高度的专业技能和知识水平,而且能够灵活运用新技术、新方法解决生产、分配、流通、消费中的复杂问题,在劳动能力中体现出综合性、创造性能力的全面发展。而他们对税收政策的研究可能比一般的税务人员更加全面、更加深入,作出的税收策划将会更加综合、灵活、多变。在当前实行纳税人自行申报、税务机关事中事后监督的征管模式下,税务人员想要分析并查找出新领域新赛道复杂涉税事项的风险点,将会是不小的挑战。

(三)管理的结果——收入结构更加多元

组织收入是税收征管的最终目的和结果。近年来,经济形势复杂严峻,体现当期经济活动的税种收入不同程度受到影响。比如国内增值税,打破了自1985年全国实施以来的逐年增长态势,自2020年起出现负增长、2021年略高于疫情前2019年水平后,2022年又大幅下滑,达到30.4%的降幅,当然其中有很大一部分是留抵退税所致,尽管2023年相比疫情前2019年又实现了增长,但是与1985—2019年间19.5%的年均增长率相比,仍有不小差距。为了更好地组织收入,各地将堵漏增收的重点逐步转向了与基础建设、房地产业相关的税种,而且重在挖掘历史欠税。比如,房产税2023年收入3 994亿元,相比疫情前2019年收入增长了33.7%。除此之外,各地堵漏增收的措施显得黔驴技穷、疲软乏力,这与传统产业的发展后劲不足大为相关,而且在挖掘、培植新增税源上效果亦不佳。

经济决定税收。随着新质生产力的形成和发展,这种窘境将会逐步打破。《中华人民共和国国民经济和社会发展第十四个五年规划和2035年远景目标纲要》指出,战略性新兴产业增加值占GDP比重超过17%。完全可以肯定的是,战略性新兴产业是新质生产力的主阵地。《中国统计年鉴2023》数据显示,作为战略性新兴产业的信息传输、软件和信息技术服务业、科学研究和技术服务业等的增加值合计数都不及房地产一个行业,占GDP比重不到7%。当然,制造业中还有一定数量的战略性新兴产业,即便加上这部分距离17%的目标仍有很大差距。而要实现既定的规划目标,战略性新兴产业提升空间很大,其释放的发展新动能将会拉动税收收入实现新增长,成为继传统产业后新的税收增长点。

三、当前税收征收管理面临的瓶颈

(一)基础管理缺乏整体性

随着转变征管方式的推进和税源分类分级管理的铺开,税管员不再按照管户进行分工,而是按事项的复杂程度进行分工,负责处理不固定纳税人涉税事项中的某个环节,比如基础管理、纳税评估、风险应对等。由此,税管员和固定的纳税人脱钩,不再一户统管,只是负责其中某一方面涉税事项的应对,虽然提高了税收征管的专业化和精细化水平,但是对纳税人的实际经营地址、经营情况、财务状况、税收来源等基本情况没有充分了解,特别是对一些新成立的企业更是知之甚少,其有限的情况零星散布在不同的税管员之间,没有有效整合,难以形成对纳税人整体情况的把控,在挖掘税源、预测收入、差异化服务等方面均存在不同程度的障碍。

(二)风险管理缺乏针对性

实行纳税人自主申报后,税务机关逐渐还权还责于纳税人,纳税人必须对申报事项的真实性和完整性负责,税务机关主要做好事中事后的风险分析和应对。当前,省一级税务机关主要负责风险疑点的查找和推送,基层税务机关主要负责风险应对。在这种模式下,省一级税务机关主要从征管系统提取相关数据进行案头分析比对,对纳税人的具体情况基本不了解;市一级税务机关实际上成为二传手,仅仅负责风险应对任务的上传下达;而真正负责管户的基层税务机关,其主要任务是按照上级机关下发的风险应对任务进行核实整改。这样一来,风险应对任务的一般化,掩盖了不同纳税人风险的差异化。税务人员对纳税人自主申报、留存备案的材料很少在日常管理中进行事后的抽检,放任了一些应享未享、不应享优惠政策问题时常被审计发现等等。这种征管模式还在一定程度上了诱发了基层税务人员的惰性,导致他们满足于仅仅完成上级下发的任务,形成了管理环节的空位和断层,在一定程度上造成了底数不清、税源不明、监控不力、漏征漏管,甚至放纵了一些比如虚开发票、空壳企业等风险的发生。

(三)数据管理缺乏联动性

尽管各省市都建立了综合治税工作机制,搭建了数据信息共享平台,但是从实际工作中来看,相关的涉税信息并没有按照文件规定的频率和要素上传到数据共享平台,还是需要税务部门一对一地协调相关部门获取,涉税信息共享基本上成为一纸空文。特别是一些地方性税种,需要相关部门提供的土地、房产、车船、资源使用等信息从源头进行管控。但是,相关部门数据的滞后、分散并未能实现共享,一定程度上造成了征管漏洞。而且,征管系统中的大量数据没有得到充分有效的分析比对,加上一些垃圾数据的存在,直接影响了风险分析和挖潜堵漏的及时性和准确性。这些管理上的疲软和无序,如果得不到有效解决,将会始终制约税收征管的现代化建设。

(四)行业管理缺乏专业性

税收贯穿经济活动的方方面面,涉及各行各业。税务人员既要当好税务专家,对于税收涉及的经济事项也不能外行。否则,对于纳税人的管理和服务就容易浮于表面。特别是随着"费改税"的推进和非税收入的划转,税务人员亟须了解掌握环境保护、水资源、行政事业性收费等知识,但是因专业背景的差异性,难以有效掌握和融会贯通。根据近年来税务系统招录公务员的专业背景来看,大部分还是集中在经济类、法学类、汉语言文学类、信息技术类等,当然也招收诸如环境工程类、自动化类、能源动力类等专业的人员。但是,这些专业的考生并不是单独招收,而是和其他专业考生一起参与同一个职位的竞争,从公务员考试内容来看,似乎更有利于文科类考生,可想而知最后能够顺利考上的人员应该不太多。不难分析,如果继续当前的招录模式,今后具备战略性新兴产业和未来产业知识背景的税务人员可能少之又少,那么对这些行业开展精细化和差异化管理很可能会沦为一纸空文。

四、深化税收征管改革适应新质生产力发展的意见建议

(一)理论支撑

马克思主义政治经济学认为,生产力发展到一定阶段便与其现存的生产关系发生矛盾,当现有生产关系构成生产力发展的制约时,生产关系的变革成为必然,这种变革又反过来促进生产力的发展,二者的辩证统一推动社会进步。2024年2月,习近平总书记在中共中央政治局第十一次集体学习时指出,"生产关系必须与生产力发展要求相适应。发展新质生产力,必须进一步全面深化改革,形成与之相适应的新型生产关系"。这深刻揭示了新质生产力发展的内在逻辑,指明了全面深化改革的重要性。

要充分把握发展新质生产力与构建新型生产关系的辩证统一性,认识到进一步全面深化改革是新发展阶段构建新型生产关系以适应新质生产力发展的内在要求和主要抓手,着力打通束缚新质生产力发展的堵点卡点,包括对现有生产关系中不适应先进生产力发展要求的部分进行变革,也包括构建先进生产关系反作用于未来生产力的发展。党的二十届三中全会指出,要深化税收征管改革[1]。具体而言,就是建立更加灵活、弹性、高效的税收征收管理体制和运行机制,营造良好税收营商环境,让劳动、知识、技术、管理、资本和数据等各类先进优质生产要素在发展新质生产力中充分发挥活力。

(二)秉持原则

1. 坚持有为政府原则

新质生产力的发展以科技创新为核心动力。有为政府体现在营造良好创新生态,激发创新主体活力方面。作为经济执法部门,税务机关除了认真落实促进科技创新的各项税收优惠政策之外,应在着力营造法治化、国际化、便利化的一流税收营商环境上着力,找准税收征管改革顶层设计的"最先一公里",打通税收征管改革执行落地中的"最后一公里",从而让执法更加精确、服务更加精细、监管更加精准、共治更加精诚,让各类先进优质生产要素向发展新质生产力集聚。

2. 坚持以人为本原则

习近平总书记在党的二十大报告中指出,"问题是时代的声音,回答并指导解决问题是理论的根本任务"[2]。《决定》指出,"坚持以人民为中心,尊重人民主体地

---

[1] 《中共中央关于进一步全面深化改革 推进中国式现代化的决定》,2024年7月18日。
[2] 习近平:《高举中国特色社会主义伟大旗帜 为全面建设社会主义现代化国家而团结奋斗:在中国共产党第二十次全国代表大会上的报告》,2022年10月16日。

位和首创精神,人民有所呼、改革有所应,做到改革为了人民、改革依靠人民、改革成果由人民共享"[①]。税务部门是与人民群众打交道最多、频度最高、联系最紧密的公共服务窗口单位之一,服务着几千万企业纳税人、数亿自然人纳税人和十亿多缴费人。税收征收管理与纳税人缴费人的切身利益息息相关,应顺应纳税人缴费人期盼和关切,从纳税人缴费人最关心的问题改起,同时多听取税务干部的意见建议,贴近征管工作实际,着力补短板强弱项,切实解决税收征管中的突出问题,才能让税收征收管理的变革符合实际,得到认同。

3. 坚持有效传承原则

2021年3月,中共中央办公厅、国务院办公厅印发出台了《关于进一步深化税收征管改革的意见》(以下简称《意见》),为高质量推进新时代税收现代化指明了前进方向和根本遵循。新质生产力本身就是高质量的先进生产力,是实现中国式现代化的必由之路。因此,按照《意见》要求加强税收征收管理的变革,与发展新质生产力具有相当高的适配性。当前和今后相当长一段时间内,深化税收征管改革要紧紧围绕把握新发展阶段、贯彻新发展理念、构建新发展格局,着力建设以服务纳税人缴费人为中心、以发票电子化改革为突破口、以税收大数据为驱动力的具有高集成功能、高安全性能、高应用效能的智慧税务,实现税收征管业务流程、制度规范、信息技术、数据要素、岗责体系的一体化融合升级,促进税收更好服务国家治理现代化和发展新质生产力的需要。

(三)变革重点

1. 做实基础管理

进一步明确和简化税源管理人员基础管理的事项内容和工作职责,让税源管理人员心中有数、易于掌握。日常工作中,在符合规定情况下,深入代表新质生产力的企业了解掌握生产经营情况,同时,加强对纳税人纳税申报表、财务会计报表、发票领用等相关资料的案头分析,切实掌握纳税人的税务登记增减变化情况、发票使用情况、生产经营情况、纳税情况、减免缓退情况、违章处罚等全部涉税事项的全过程,并能通过管理及时而准确地收集整理、传递各种涉税信息、资料,建立健全纳税人"一户式"档案,真正做到底数清,税源明。

2. 做强风险管理

加强风险管理的前提是做好风险分析。风险分析离不开案头分析,但不能仅仅是案头分析,否则就是纸上谈兵。比如,作为新质生产力的战略性新兴产业和未来产业具有科技创新的特点,享受科技创新优惠政策方面可能存在较大风险点。

[①] 《中共中央关于进一步全面深化改革 推进中国式现代化的决定》,2024年7月18日。

建议对具有行业特点的特殊风险事项,鼓励基层税务机关在上级机关的指导下积极发现线索,有条件的可自主开展风险分析和应对;对普遍性的风险事项,定期开展风险分析、识别、推送和应对,作为常态性工作开展实施,从而形成对一般性和特殊性风险事项的全覆盖。

3. 深化数据管理

以数治税既是应对税源急剧增长的手段,也是新时代税收现代化的应有之义。基础数据质量差、外部涉税数据不共享的问题仍然制约税收监管的精准度。建议在持续清理垃圾数据的基础上,加强数据钩稽关系的联动,做到实时更新数据。省市级税务机关应主动加强向政府的工作汇报和与外部门的沟通联系,协调推动相关部门落实好综合治税相关文件的规定,定期提供符合规定要素的涉税信息,并加强数据的分析、比对和利用,堵塞征管漏洞。同时,利用开票信息等税收数据分析相关产业的上下游链条,帮助战略性新兴产业的企业快速寻找合适的原材料来源地和打开产品市场。

4. 优化运转管理

理顺风险管理层级和职责,合理划分省、市级税务机关的风险管理职责,省局主要负责一般性风险管理事项,市局主攻具有属地特点的特殊性风险事项,基层局主要负责应对和提供风险点线索,各自分工负责,形成合力;加强各税源管理部门的协调,建立定期磋商机制,减少各自为政、多头指挥、相互扯皮、互相推诿的发生;改进公务员招录机制,单独招收具有战略性新兴产业和未来产业知识背景的职位,做好人才储备,同时定期聘请专家开展税务人员集中培训,讲授相关产业知识,帮助税务人员掌握基本概念;人力资源向一线倾斜,选拔优秀的年轻干部充实到征管一线,加强日常培训和实战训练,提高税源管理能力,促进税收征收管理全过程的顺畅高效运转。

新质生产力视角下推动战略性新兴产业发展的税收政策完善
——以新能源汽车产业为例

李为人　彭丞麒[①]

摘　要：新质生产力代表着生产力的进化方向，战略性新兴产业是新质生产力的支柱产业，新能源汽车产业是战略性新兴产业的代表产业。虽然新能源汽车产业发展向好，但新质生产力的发展对它提出新的要求，新能源汽车企业面对传统汽车原有市场占有率，难以依靠自己力量快速成长，需要税收政策的支持，打破技术瓶颈，突破市场压力，完善产业链、供应链，实现绿色可持续发展。当前我国的新能源汽车产业适用的税收政策还存在一定的局限性，缺乏针对性，应从生产环节、购置环节、运营适用环节以及与其他政策的协同角度，制定适应新质生产力发展的新能源汽车税收优惠政策。

关键词：新质生产力　新能源汽车　税收政策

一、引言

（一）研究背景及意义

1. 新质生产力的兴起与战略性新兴产业的重要性

随着全球经济、政治出现前所未有之大变局，习近平总书记于2023年9月提出："要整合科技创新资源，引领发展战略性新兴产业和未来产业，加快形成新质生产力。"[②]新质生产力是着眼于中国经济现状而提出的，切合经济发展的实际，符合经济社会演进规律。新质生产力以科技为支撑，以创新为驱动力，代表着生产力的进化方向，催生新业态、新产业、新动能，引领中国经济高质量发展腾飞。

战略性新兴产业是未来科技和产业发展的导向，拥有颠覆式的创新力量和经济

[①] 李为人，中国社会科学院大学应用经济学院副院长、税收政策与治理研究中心主任；彭丞麒，中国社会科学院大学税务硕士研究生。

[②] 习近平总书记首次提到"新质生产力"[EB/OL].（2023-09-12）[2023-10-15]. 第一观察. https://news.cctv.com/2023/09/12/ARTI2UtkZgvRiYkI72atSWXH230912.shtml.

革新的强劲动力,关乎国家安全以及国际竞争力,对实现我国经济现代化有举足轻重的作用。战略性新兴产业为新质生产力的发展提供人才储备、技术创新、组织革新、创新驱动和质量牵引,对实现高水平科技自立自强和中国经济高质量发展有重要意义。

2. 新能源汽车产业在战略性新兴产业中的地位

新能源汽车产业在战略性新兴产业中有举足轻重的地位,是未来汽车发展的导向,是我国汽车产业转型升级、高质量发展的一步有力布局,是成为汽车强国的战略选择。党中央、国务院高度重视新能源汽车产业发展。习近平总书记强调:"发展新能源汽车是我国从汽车大国迈向汽车强国的必由之路,要深化新能源汽车产业交流合作,让创新科技发展成果更好造福世界各国人民。"

3. 税收政策在助力新能源汽车产业发展中的独特作用

党和政府相继出台政策促进新能源汽车的发展,对新能源汽车未来发展进行规划指导。随着《新能源汽车产业发展规划(2021—2035 年)》深入实施,仍旧存在新能源汽车市场发展不均衡、不充分,受到环境温度限制大,产品技术质量相对传统汽车较为不稳定等问题。需要借助国家力量,运用税收优惠手段调节新能源汽车市场,提高新能源汽车价格竞争力,支持新能源汽车创新,扶持新能源汽车产业可持续发展。

(二)文献综述

1. 战略性新兴产业在新质生产力中的地位研究

新质生产力是一个集合复杂概念,它对经济发展提出高质量、创新驱动、绿色发展等要求。谢芬、杨颖(2024)在文章中提到新质生产力代表一种生产力的跃迁,是科技创新发挥主导作用的生产力,是以高新技术应用为主要特征、以新产业新业态为主要支撑、正在创造新的社会生产时代的生产力。前沿知识与高端技术等生产要素结合并经由生产和产业化转化为新质生产力①。

战略性新兴产业在国民经济产业中具有重大的影响力,以其所具有的创新性、正外部性、高质量发展等特质成为新质生产力发展不可或缺的一大行业。国家发布的文件中对战略性新兴产业作出阐述:新兴产业是以重大技术突破和重大发展需求为基础,对经济社会全局和长远发展具有重大引领带动作用,知识技术密集、物质资源消耗少、成长潜力大、综合效益好的产业②。在新的科技革命和产业转型中,通过战略性新兴产业实现产业转型升级,解决科技"卡脖子"技术,实现颠覆性

---

① 谢芬,杨颖. 促进新质生产力形成的税收政策探析[J]. 税务研究,2024(2):120-125.
② 国务院关于加快培育和发展战略性新兴产业的决定[EB/OL]. (2010-10-18)[2024-04-07]. 中国政府网. https://www.gov.cn/gongbao/content/2010/content_1730695.htm.

的技术突破,极大提高生产要素利用率和生产效率,为培育中国经济的新动能和迈向科技强国奠定坚实基础。

2. 新能源汽车产业发展现状研究

部分学者认为我国新能源汽车发展前景乐观。目前,我国新能源汽车发展已取得较好的成绩:新能源汽车产销量自2015年以来连续九年世界第一,2023年汽车出口量超越日本成为全球第一。白玫(2020)认为新能源汽车具有较好的发展前景,相比其他国家,我国在政策支持力度、产业规模、市场规模、产业配套、政策综合效果等方面优势显著[1]。王震坡等人(2020)认为新能源汽车产业会随着技术的不断发展打破行业边界,多产业融合与变革是大势所趋:不同类型的企业不断汇聚,形成了汽车与能源、机械、交通、电力、电子、通信、软件、大数据等多产业融合与变革的新局面[2]。

但有些学者认为新能源汽车发展中依旧存在着问题。郑舒允(2022)指出技术创新能力仍然不足,对于核心技术的掌控也存在不足。且中国的新能源汽车产业目前仍未形成规模优势,各大新能源汽车企业均处于独立发展状态,未形成协同发展的合力[3]。金永花(2022)认为我国新能源汽车产业还存在关键零部件和核心技术未实现自主可控、产业链上下游企业协同不足、市场整合控制力不足等问题。

3. 关于新能源汽车产业税收政策的研究

由于税收具有宏观调控和调节资源配置的作用,它对新能源汽车产业发展具有重要影响,有学者认为税收优惠促进新能源汽车发展。于颖哲等(2015)通过中美日对新能源汽车产业的税收优惠政策对比,发现税收优惠对新能源汽车发展的重要性,但目前仍存在新能源汽车税负较重、税收优惠形式单一等问题[4]。周振等(2024)认为税收优惠对新能源汽车研发有激励作用,且不同税种优惠对不同地区的企业影响不同[5]。

但税收优惠也存在一定的问题。张婉苏(2022)表示税收政策有效性与合法性不适配:政策制定及时灵活,但执行存在不统一、过程不规范的问题[6]。方东霖

---

[1] 白玫. 全球新能源汽车产业竞争格局研究[J]. 价格理论与实践,2020(1):25-31.
[2] 王震坡,黎小慧,孙逢春. 产业融合背景下的新能源汽车技术发展趋势[J]. 北京理工大学学报,2020,40(1):1-10.
[3] 郑舒允. 高质量绿色发展下中国新能源汽车产业发展现状及其问题分析[J]. 科技和产业,2022,22(3):132-137.
[4] 于颖哲,吕洪涛,李明磊. 新能源汽车产业税收政策的选择[J]. 国际税收,2015(11):73-76.
[5] 周振,陶欣然,应望江. 财税政策对新能源汽车产业研发效率的影响分析[J]. 华东经济管理,2024,38(6):12-20.
[6] 张婉苏. 依法治税视角下新兴产业税收政策的制度化调试:以新能源汽车产业为例[J]. 江淮论坛,2022(4):132-141.

(2022)指出我国税收优惠政策缺乏针对性,税收优惠范围狭窄且优惠力度不够,针对配套设施建设和配套产业发展的税收优惠政策滞后[①]。

4. 文献评述

战略性新兴产业是新质生产力的战略支撑产业,其中新能源汽车是典型代表。学者研究发现新质生产力不仅依赖于高新技术的应用,还依赖于前沿知识和高端技术的结合,通过生产和产业化转化为实际生产力。国家文件中对战略性新兴产业的定义进一步强调了其在经济社会发展中的引领作用,突出了其知识技术密集、资源消耗少、成长潜力大等特点。研究新能源汽车的文献从不同角度分析了新能源汽车产业的现状和挑战,提供了全面的视角。同时,文献中对新能源汽车产业的乐观预期与存在的问题并存,这表明需要在政策制定和实施中平衡发展与挑战。

当前,学者们对于如何通过政策手段培育和孵化新动能,促进新质生产力的生成,尚缺少全面而系统的研究。此外,对于税收政策在具体行业应用中的实施效果,以及如何与其他政策工具相结合形成对新能源汽车产业的有力支撑,也亟待进一步深入探讨。在现有文献的基础上,通过综合分析税收政策对新能源汽车产业发展的影响机制,探讨如何构建一个更加有效的政策环境,以促进新质生产力的形成和新能源汽车产业的可持续发展。

(三)研究内容、方法、可能贡献

1. 研究内容

在新质生产力的视角下,本文深入探讨了新能源汽车产业税收政策的优化,明确了新质生产力对新能源汽车产业的具体要求,并分析了税收政策在促进新能源汽车发展中的作用机制。本文对新能源汽车产业的发展现状进行了全面的分析,指出了现有税收优惠政策的不足,并基于这些分析提出了具体的完善意见。

2. 研究方法

本文采用文献研究法,通过广泛搜集和深入分析来自国家税务总局、国家统计局等官方网站以及多个学术期刊的公开资料,全面掌握了新能源汽车及其产业税收政策的理论支撑、发展历程和最新动态。这些详尽的信息为本文的研究奠定了坚实的基础。

3. 可能贡献

本研究的贡献在于将新质生产力的理念融入税务研究之中,为传统税收政策分析提供了一个创新的视角。在新质生产力的框架下,本文细致探讨了新能源汽车产业税收政策的优化,从理论和实践两个维度,分析了税收政策如何更有效地激

---

① 方东霖.促进新能源汽车产业发展的税收优惠政策分析[J].税务研究,2022(12):99-104.

发产业创新、引导绿色发展,并促进经济结构的转型升级。通过这种跨学科的研究方法,展现新质生产力在现代税收政策制定中的重要性和应用潜力。

二、新质生产力视角下完善新能源汽车产业税收政策的理论分析

(一)新质生产力对税收政策的要求

1. 鼓励创新的税收政策需求

科技创新能力是推动新质生产力发展的核心动力,而关键核心技术的掌握则是实现科技突破的关键路径。在新能源汽车产业中,尽管我国已在某些技术领域取得显著进展,但关键核心技术仍多由发达国家掌握。当前,我国新能源汽车产业面临研发投入不足、科技创新水平有待提升以及配套基础设施不完善等挑战。

为了有效应对这些挑战,要充分发挥税收政策的宏观调控和资源合理配置作用。通过税收优惠政策,如减免企业所得税、研发费用加计扣除等,显著降低新能源汽车企业的研发成本,提高企业的研发效率和投资回报率,吸引更多的投资进入该领域。通过税收优惠,吸引高端人才、资金和技术等关键生产要素向新能源汽车产业集聚。这种集聚效应有助于形成产业集群,推动产业链的完善和升级。

2. 促进绿色发展的税收政策导向

新质生产力的兴起标志着生产方式的一次革命性转变,它以绿色、节约、高效为核心特征,引领着产业向环境友好型和社会可持续性的方向发展。新能源汽车作为绿色产业发展的代表性产业,通过电池技术突破,如高能量密度、长寿命的电池系统,实现能源存储的高效与环保;搭载互联网技术,通过实时数据交换,优化行车路线,减少能源浪费,提高交通效率,从而降低碳足迹;新能源汽车产业正积极探索与太阳能、风能等可再生能源的结合,通过建设光储充放一体化站点,推动能源的清洁生产和使用,加速低碳经济的发展。

税收政策应该朝着绿色低碳的方向努力,通过环境税、碳税等手段,引导产业减少对环境的负面影响,促进经济结构的绿色转型。通过对碳排放征税,可以促使企业减少化石燃料的使用,转而采用清洁能源,从而降低整体的碳足迹。对于新能源汽车企业,税收政策可以提供减免税等优惠措施,鼓励更多的传统汽车企业投身绿色汽车产业,减少对传统能源的依赖和破坏,鼓励传统汽车产业转型升级。税收政策可以通过研发税收抵免等方式,鼓励企业在清洁技术、可再生能源等领域进行创新。有效的税收政策会引导新能源产业结构向绿色低碳方向转型,促进经济的可持续发展,同时保护和改善环境质量,实现可持续发展。

3. 推动融合发展的税收政策思路

在新质生产力的背景下,新能源汽车产业不仅是技术创新的前沿领域,更是推动经济转型升级的关键力量。为了实现新能源汽车产业的规模化发展,关键在于推动产业集聚,形成产业链的集群效应,从而提升整体竞争力和市场影响力。这种集群效应有助于提高产业链的效率,降低成本,增强产业的整体竞争力。推动新能源汽车产业链的整合和优化,从原材料供应、零部件制造到整车组装,形成完整的产业链条。产业链的整合有助于提升资源配置效率,降低生产成本,提高产品质量,从整体上提高新能源汽车的竞争力。通过政策引导和市场机制,促进新能源汽车产业链上下游企业的集聚,形成协同创新、资源共享的产业集群。

我国政府对新能源汽车产业的扶持策略,通过延长车辆购置税免税政策至2027年。免税政策直接减轻了消费者的经济负担,使得新能源汽车成为更多家庭和个人的首选,从而刺激了市场需求的增长;随着消费者对新能源汽车的接受度提高,市场规模的扩大带动了整体销量的上升,为产业提供了更广阔的发展空间;销量的增加促使企业扩大生产规模,进而推动产业链的完善和升级,提高了生产效率和产品质量。产生的规模化联动效应,推动了产业的整体升级和可持续发展。培育新能源汽车产业集群,加速新质生产力的规模化进程。

(二)税收政策影响新能源汽车产业发展的作用机制

1. 对企业成本与利润的影响

通过实施税收优惠政策,政府为新能源汽车行业注入了新的活力。在投资方面,政府征收企业所得税,会导致投资者的投资收益相对减少,投资意愿降低;如果对新能源汽车企业降低企业所得税,将会提高投资的吸引力,增加投资者的净收益。这不仅增强了投资者的信心,也促进了资本向新能源汽车领域的流动,为产业的技术研发和科技创新提供了坚实的资金支持。税收优惠所释放的资金,使企业能够加大对新能源汽车相关技术的研发投入,推动电池技术的升级和产品性能的优化。同时,这也为企业扩大生产规模,提高生产效率和市场竞争力提供了可能。从增值税角度来看,实行增值税留抵退税制度,减少了重复征税和资金垫付。税收优惠使得企业在财务上有更多的灵活性,提高了利润水平,增强了企业的盈利能力和再投资能力。

2. 对市场供需关系的调节

税收优惠对市场供需关系进行有力调节,对新能源汽车降低消费税,免征车辆购置税,直接降低消费者的购买成本,刺激新能源汽车的市场需求,增加消费者的购买意愿,提高新能源汽车的市场吸引力;在供给端,税收优惠降低了汽车的生产成本,提高新能源汽车的利润空间,这种增加的利润为企业提供了更多的资金用于研发和扩大生产,推动供应链升级,从而增加了市场供给。新能源汽车和传统汽车间的差异化税收优惠使得新能源汽车的价格相对较低,尤其在税收优惠期间,极大地提升了新能源汽车的性价比,同时期限化的税收优惠政策创造了一种紧迫感,刺激消费者尽早购买享受减免政策,从而快速提升新能源汽车的销量。

3. 对产业结构优化的引导

税收优惠政策对于促进新能源汽车企业发展和产业结构优化有着积极意义。税收政策对研发投入允许加计扣除,鼓励研发和技术创新,使得更多资金流向卡脖子技术的解决,将极大地提高核心生产力,促进产业结构向更高端、更环保的方向发展。通过差异化税收政策,对高污染、高能耗的产能征收更高的税费,淘汰落后产能,为新能源汽车产业的发展腾出空间。税收优惠政策可以促进上下游产业链的整合,从原材料供应、零部件制造到整车组装,形成完整的产业链条。产业链的整合有助于提升资源配置效率,促进新能源汽车产业链上下游企业的集聚,形成协同创新、资源共享的产业集群。

三、新能源汽车产业发展现状及面临的挑战

(一)新能源汽车产业的发展现状

1. 市场规模与增长趋势

中国新能源汽车市场近年来经历了显著的增长。根据艾媒咨询的数据,2023年中国新能源汽车市场规模达到了11 500亿元人民币,同比增长65.0%,并预计在2025年将增长至23 100亿元人民币。这一增长得益于政策支持、市场需求的强劲以及技术的进步。同时,中国汽车工业协会的数据显示,2022年全年中国新能源汽车产量为705.8万辆,同比增长96.9%,销量为688.7万辆,同比增长93.4%,呈现了爆发式增长。

2. 技术创新与产品类型

新能源汽车产业在技术创新方面取得了显著成就。技术路线图2.0强调了新能源汽车发展战略,预计到2025年,混动新车占传统燃油乘用车的比例将达到50%,到2035年,新能源汽车占总销量的50%以上。产品类型方面,纯电动汽车(BEV)、插电式混合动力汽车(PHEV)和燃料电池汽车(FCEV)是新能源汽车的主要类型。其中,纯电动汽车因其零排放特性,在市场上占据主导地位。技术创新还涵盖了电池技术、电机和电控系统,以及智能网联技术,后者包括车联网、大数据和人工智能的应用,旨在提升车辆的性能、续航里程和安全性。

(二)新质生产力对新能源汽车产业的要求

1. 技术创新方面的要求

培育和形成新质生产力的关键在于创新驱动和质量牵引。对新能源汽车产业而言,需要持续研发,不断投入研发资源,瞄准新能源汽车的关键环节,集中资源进行核心技术突破,解决制约生产力发展的技术瓶颈。努力推动电池技术、电机和电控系统的创新,以提高能源效率和整车性能。注重智能化发展,利用大数据、人工智能等技术,发展智能驾驶、智能网联等智能化功能,提升用户体验和车辆的智能化水平。同时鼓励汽车产业与其他行业如信息技术、通信、能源等进行深度融合,形成新的技术解决方案。构建开放、协同、创新的新能源汽车生态系统,促进不同领域和行业相互交流的产业融合创新,共同推动新质生产力的成长。

2. 产业升级方面的要求

在新质生产力的浪潮下,新能源汽车产业正面临着转型升级的历史性机遇。产业升级不仅关乎技术的进步和产品的创新,更是对产业结构优化、供应链整合和市场导向的全面要求。产业升级首先体现在对产业结构的优化上。通过技术创新和流程再造,新能源汽车产业能够淘汰落后产能,实现生产结构的合理化和高效化。产业升级同样要求对供应链进行有效整合。在全球化的背景下,供应链的稳定性和协同效率直接影响到产业的竞争力。新质生产力要求新能源汽车产业加强供应链管理,优化上下游企业的合作模式,稳定电池等核心原材料的供应,提升整个产业链的响应速度和市场适应性。产业升级还需紧密围绕市场需求展开。新能源汽车企业必须深入研究市场动态和消费者偏好,以此为依据调整产品策略。开发多样化、个性化的产品,满足不同消费者群体的需求,是提升市场占有率和品牌影响力的关键。

3. 绿色与可持续发展方面的要求

在新质生产力的框架下,绿色发展和可持续性成为关键要素。新能源汽车产业以其低碳出行和节能减排为代表性特征,充电次数提高,实现资源的有效利用、循环利用,减少对环境的影响。电池作为新能源汽车的核心组件,新能源汽车产业需要进一步提高电能的利用效率。通过技术创新,优化电池管理系统和电机效率,可以显著增加电动汽车的续航里程,减少能源消耗;电池的生命周期管理对于实现产业的绿色发展至关重要。推动电池的再回收和循环利用,减少废弃电池对环境的影响;提高电池的充电次数,延长其使用寿命,需要新能源汽车产业创新材料和电池技术,提升电池的耐用性和可靠性,减少电池的更换频率。同时新能源汽车产业从原材料的采集、加工到产品的制造、使用,再到最终的回收处理,每一个环节都应遵循高效、环保的原则。

（三）新能源汽车产业发展面临的挑战

1. 技术瓶颈

电池是新能源汽车的核心技术。尽管电池技术已取得显著进步，但在高比能量、高安全性和长寿命电池的研发上仍需突破。电池成本占整车成本的较大比例，电池成本的下降速度慢于市场增长速度，影响整车价格的竞争力。汽车核心芯片依赖进口，存在断供风险，影响产能和市场供应。

2. 市场竞争压力

相对传统汽车而言，新能源汽车的技术优势需要被消费者认知和接受，当前消费者对新能源车型的认知度不高，影响销量和市场占有率。虽然有财税政策支持新能源汽车的发展，但政策的不确定性和变化也会对新能源汽车市场产生影响。对新能源汽车企业而言，为争夺市场份额，众多新能源汽车企业纷纷降价或提供优惠，这不仅影响利润空间，也对品牌定位和产品价值造成挑战。行业市场集中度较高，龙头企业占据较大市场份额，新进入者或中小企业面临较大的市场竞争压力。

3. 基础设施不完善

当前，我国在新能源汽车充电桩等基础设施建设方面取得了显著进展，形成了数量庞大的充电网络。然而，这些设施在不同地区的分布并不均衡，人均保有量相对较低。随着环保意识的增强，越来越多的消费者倾向于选择新能源汽车。但充电设施的不足，尤其是"充电难"的问题，不仅影响了新能源汽车的使用体验，也制约了消费者的购买意愿。现有的充电基础设施难以满足快速增长的新能源汽车销量需求，亟需进一步提升和优化。此外，公共充电设施的建设成本较高，包括基础设施本身的成本、配电设施成本、运营成本以及土地购置成本等。这些复合成本因素增加了充电基础设施建设的难度，影响了新能源汽车的普及和推广。

四、现行税收政策对新能源汽车产业的支持与存在的不足

（一）现行税收政策对新能源汽车产业的支持措施

1. 购置环节的税收优惠

在购置环节，税收优惠政策对消费者的消费选择具有显著影响。新能源汽车作为新兴的环保型交通工具，其市场接受度和销量在很大程度上受到税收优惠政策的驱动。

对购置日期在 2024 年 1 月 1 日至 2025 年 12 月 31 日期间的新能源汽车免征车辆购置税，其中，每辆新能源乘用车免税额不超过 3 万元；对购置日期在 2026 年 1 月 1 日至 2027 年 12 月 31 日期间的新能源汽车减半征收车辆购置税，其中，每辆

新能源乘用车减税额不超过1.5万元①。

政府逐步增加免征车船税的新能源汽车车型,并对燃料消耗、技术标准进行规定②。免征车船税的新能源汽车是指纯电动商用车、插电式(含增程式)混合动力汽车、燃料电池商用车。纯电动乘用车和燃料电池乘用车属于车船税征税范围,对其不征车船税③。

2. 生产研发环节的税收激励

企业所得税优惠可直接降低新能源汽车的研发成本。虽然国家并没有专门针对新能源汽车产业的税收优惠,但对在国家重点扶持的高新技术企业减按15%的税率征收企业所得税。对于企业在研发活动中产生的费用,税收优惠政策有助于降低其研发成本。

对研发费用实施税收优惠政策直接降低研发成本,对企业研发费用进行税前加计扣除:企业开展研发活动中实际发生的研发费用,未形成无形资产计入当期损益的,在按规定据实扣除的基础上,自2023年1月1日起,再按照实际发生额的100%在税前加计扣除;形成无形资产的,自2023年1月1日起,按照无形资产成本的200%税前摊销④。

对企业的专利收费进行减免:停征专利收费中的专利登记费、公告印刷费、著录事项变更费、PCT(《专利合作条件》)专利申请收费中的传送费。同时专利年费的减缴期限由自授权当年起6年内,延长至10年内⑤。

对于新购入的设备和器具,单位价值不超过500万元的,允许一次性计入当期成本费用在计算应纳税所得额时扣除,不再分年度计算折旧⑥。

研发人员、科技人才是新能源汽车解决卡脖子问题的核心。对于高科技研发人才,实施个人所得税优惠:《中华人民共和国个人所得税法》规定由国家级、省部级以及国际组织对科技人员颁发的科技奖金免征个人所得税政策。高新技术企业技术人员股权奖励分期缴纳个人所得税政策⑦。

3. 运营使用环节的税收政策

考虑到新能源汽车产业中的固定资产损耗,对新能源汽车产业的固定资产折

---

① 财政部、税务总局、工业和信息化部公告2023年第10号。
② 工业和信息化部、财政部、税务总局2024年第10号。
③ 财政部、国家税务总局公告2018年第74号。
④ 财政部、税务总局关于进一步完善研发费用税前加计扣除政策的公告(财政部税务总局公告2023年第7号)。
⑤ 关于停征和调整部分专利收费的公告(国家知识产权局公告2018年第272号)。
⑥ 财政部、税务总局关于设备、器具扣除有关企业所得税政策的公告(财政部 税务总局公告2023年第37号)。
⑦ 关于将国家自主创新示范区有关税收试点政策推广到全国范围实施的通知(财税〔2015〕116号)。

旧进行税收优惠,可以显著减轻企业的财务负担,促进产业的健康发展:制造业和信息传输、软件和信息技术服务业新购进的固定资产可缩短折旧年限或采取加速折旧的方法[①]。

电池系统作为新能源汽车的核心动力源,对于确保车辆的安全性、动力性能和续航里程具有至关重要的作用。在消费税方面,财税〔2015〕16号文件规定:对无汞原电池、金属氢化物镍蓄电池(又称"氢镍蓄电池"或"镍氢蓄电池")、钾原电池、钾离子蓄电池、太阳能电池、燃料电池和全钒液流电池免征消费税。

(二)现行税收政策存在的不足

1. 政策覆盖范围的局限性

当前的税收优惠政策在覆盖面上存在局限。在研发生产方面,税收优惠政策并非专门针对新能源汽车产业,而是通过高新技术企业认定来实施,这导致新能源汽车产业与传统汽车企业在税收优惠上差异不大,未能突出对新能源汽车的特别扶持。税收政策忽视流通环节,在二手车市场,新能源汽车的税收优惠政策与传统汽车相同,没有考虑到新能源汽车的特殊性,如续航里程和保值能力等问题,影响了消费者对新能源汽车的初次购买决策。充电基础设施的建设和运营缺乏足够的税收优惠政策支持,导致充电桩分布不均,特别是在经济欠发达地区,限制了新能源汽车的普及和应用。

2. 政策力度与精准度的欠缺

税收优惠政策在力度和精准度上存在不足。在销售环节,虽然实施了免征车辆购置税和车船税等措施,但随着免税政策的扩展,现有的税收优惠力度显得不足,未能完全覆盖生产成本,影响消费者的购买意愿。研发融资存在限制,研发活动需要大量资金,但目前融资渠道在税收优惠政策方面缺乏系统性支持,限制了企业的融资能力,对研发活动资金保障构成挑战。整体而言,税收优惠政策在针对性和激励性方面不足,未能有效激发研发团队的创新动力,推动产业的持续创新和快速发展。

3. 税收政策与其他政策的协同问题

税收优惠政策应与产业政策、技术创新政策等形成系统性的激励机制,但目前缺乏有效的协调和配合,导致政策效果不明显。在基础设施建设方面存在协同缺失,充电基础设施建设需要政府引导和税收优惠政策的双重支持,但目前税收优惠政策尚未充分覆盖到充电基础设施的建设和运营,限制了新能源汽车产业的发展。

---

① 《财政部、税务总局关于扩大固定资产加速折旧优惠政策适用范围的公告》(财政部、税务总局公告2019年第66号)。

从研发到销售再到流通环节,税收优惠政策的连贯性不足,未能形成全链条的激励和支持,影响了新能源汽车产业的整体竞争力。

五、新质生产力视角下完善新能源汽车产业税收政策的建议

(一)生产环节税收政策的改进

1. 加大企业研发投入的税收优惠力度

企业所得税是企业负担的主要税负,在研发费用加计扣除时对于新能源的研发和突破可以提高加计扣除的比例,减轻企业负担的同时降低研发成本。对于依靠进口的零部件,关键部件可以适当降低关税,支持车企进口模仿学习,降低研发投入的成本,同时增强国内市场的竞争,提高企业的危机感,鼓励企业自主研发,实现科技独立。在研发成果变现方面,支持出口退税,提高关键技术的销路,同时对该专利进行税收减免,鼓励企业研发,加速成果转化,将其变为生产力。

2. 促进产业集聚与供应链优化的税收措施

鼓励新能源汽车产业集聚,对于新能源汽车产业聚集区的企业实施特定的税收减免政策,可以提高费用加计扣除的比率,给予额外的税收抵扣;为新入驻的企业提供初期的企业所得税全免或减半征收,为期若干年,帮助企业在初创阶段减轻财务压力;在增值税方面,对产业集聚区内新能源汽车企业销售的产品或提供的服务实行较低的增值税率,或在一定期限内免征增值税;适当采取简易征收的方法,对符合条件的小型新能源汽车企业实行简易征收办法,降低其增值税的征收率和管理成本。同时鼓励创建新的集聚园区,对在产业集聚区内进行固定资产投资的企业,允许其投资额在一定比例内抵扣当年的应纳税所得额。

对供应链协同项目给予支持,对参与供应链协同和整合项目的企业给予税收抵免,鼓励企业之间建立更紧密的合作关系,实现资源共享和优势互补;为供应链中的物流和仓储环节提供税收减免,降低物流成本,提高整个供应链的运转效率;对生产新能源汽车所需的关键零部件企业提供税收优惠,降低零部件成本,增强供应链的稳定性和竞争力。供应链金融税收优惠不可或缺,降低供应链金融成本,提高资金流动性,支持供应链上下游企业的发展。

(二)购置环节税收政策的优化

1. 调整购置补贴政策的方式与力度

进行差异化的补贴机制,对于新能源汽车的不同类型、续航能力实行差异化的购置补贴,对更加环保、高效的车精准补贴。持续的补贴是不可取的,易导致补贴

的依赖性,需要设立补贴逐步减少的时间表,鼓励消费者和企业在初期享受政策优惠,同时为补贴政策的最终退出提供平稳过渡。同时加强对购置补贴资金使用情况的监管,确保补贴资金真正用于促进新能源汽车的购买,防止滥用和欺诈行为。

2. 探索消费税等相关税种的改革

在现有的新能源汽车产业的税收优惠中,涉及的税种较少。建议完善税种优惠的布局,尽快推出实施范围广、涉及税种多、覆盖链条长的税收优惠政策。

在消费税改革方面,可以考虑将新能源汽车移出消费税的征税范围。随着人民生活品质的提升,汽车不再是奢侈品,而成为生活必需品,消费税抑制购物的功能不再适用于汽车,不再征收消费税,以降低消费者的购置成本。

在环保税制创新方面,研究开征环保税或者绿色税,对高排放、高污染的传统燃油车征收额外税费,同时减免新能源汽车的相关税费。

（三）运营与使用环节税收政策的完善

1. 制定差异化的税收政策,鼓励新能源汽车的使用

税收政策优惠不拘泥于新能源汽车本身,可以在使用场景中和传统汽车产生差异,通过使用的便捷和高性价比打动消费者,提高新能源汽车的市场占有率。电能消耗是新能源汽车的日常主要花销,对新能源汽车充电时使用的电能给予税收减免,降低运营成本。在公共停车场所为新能源汽车提供免费或优惠的停车服务,增加新能源汽车的使用便利性。对新能源汽车的路桥通行费给予减免,减轻车主的长期使用成本。考虑与保险公司合作,为新能源汽车提供保险费率优惠,降低车主的保险成本。

2. 加强基础设施建设的税收支持

国家通过提供税收抵免政策,减轻企业在充电基础设施建设中的经济负担,激励企业增加对充电基础设施的投资,促进充电网络的扩展和完善。对于参与充电基础设施建设的企业,可以给予企业所得税的减免,增加企业的净利润,提高其再投资的能力,从而推动更多的充电设施建设和升级。在充电基础设施建设中,土地成本是一个重要的组成部分。通过减免土地使用税,可以降低充电设施的建设成本,特别是对于那些需要在城市中心或其他土地成本较高的地区建设充电站的企业来说,这种税收优惠尤为重要。

（四）税收政策与其他政策的协同配合

1. 与财政政策、金融政策的协同

政府实施财政补贴和税收优惠的双重激励,为新能源汽车产业提供更大的支持,降低企业成本,提高产业竞争力。在政府采购方面,政府在采购时优先选择新能源汽车,并通过税收政策对参与政府采购的新能源汽车企业给予优惠。引入金

融机制,扩大对新能源汽车产业的资金支持,对金融机构提供的绿色信贷,特别是针对新能源汽车及其相关产业的贷款,给予税收减免,鼓励金融机构增加对新能源汽车产业的信贷投放。鉴于金融机构在支持新能源汽车产业时可能面临的信贷风险,建议政府建立财政风险补偿机制。通过税收减免或其他形式的补偿,降低金融机构的风险负担,确保其对新能源汽车产业的持续金融支持。

2. 与产业政策、环保政策的衔接

对于新能源汽车产业的产业化项目,尤其是那些能够实现技术突破并带动产业升级的项目,提供企业所得税减免,加速项目的资金回流和再投资。

将税收优惠政策与环保标准挂钩,对达到更高环保标准的新能源汽车给予更多的税收减免,激励企业提高产品的环保性能。在实施碳排放交易制度的同时,对参与碳交易的企业给予税收优惠,鼓励企业通过减少碳排放来享受税收减免。对新能源汽车废旧电池的回收和再利用给予税收优惠,推动建立循环经济,减少环境污染。

参考文献

[1]第一观察|习近平总书记首次提到"新质生产力"[EB/OL].(2023-09-12)[2023-10-15].https://news.cctv.com/2023/09/12/ARTI2UtkZgvRiYkI72atSWXH230912.shtml.

[2]谢芬,杨颖.促进新质生产力形成的税收政策探析[J].税务研究,2024(2):120-125.

[3]黄洁.新质生产力推动战略新兴产业发展[J].服务外包,2024(3):28-35.

[4]白玫.全球新能源汽车产业竞争格局研究[J].价格理论与实践,2020(1):25-31.

[5]王震坡,黎小慧,孙逢春.产业融合背景下的新能源汽车技术发展趋势[J].北京理工大学学报,2020,40(1):1-10.

[6]郑舒允.高质量绿色发展下中国新能源汽车产业发展现状及其问题分析[J].科技和产业,2022,22(3):132-137.

[7]金永花.新发展机遇期我国新能源汽车产业链水平提升研究[J].经济纵横,2022(1):83-90.

[8]张业佳.中国新能源汽车的"优"与"忧":中国新能源汽车产业发展现状与建议[J].智能网联汽车,2023(5):64-67.

[9]于颖哲,吕洪涛,李明磊.新能源汽车产业税收政策的选择[J].国际税

收,2015(11):73-76.

[10]周振,陶欣然,应望江.财税政策对新能源汽车产业研发效率的影响分析[J].华东经济管理,2024,38(6):12-20.

[11]霍潞露,马伊晨,刘斌.新能源汽车推广目标下的中日汽车税制对比分析[J].中国汽车,2024(3):19-25.

[12]张婉苏.依法治税视角下新兴产业税收政策的制度化调试:以新能源汽车产业为例[J].江淮论坛,2022(4):132-141.

[13]方东霖.促进新能源汽车产业发展的税收优惠政策分析[J].税务研究,2022(12):99-104.

[14]崔元惠.财税政策对新能源汽车企业的影响:以上汽集团为例[J].江苏商论,2023(1):91-94.

新质生产力对税收收入的影响效应研究
——基于省级面板数据的实证分析

李永海 邱一哲[①]

摘 要：党的二十大报告指出：高质量发展是全面建设社会主义现代化国家的首要任务。而新质生产力是高质量发展的核心驱动力，合理的财税制度是高质量发展的关键支撑和重要保障，因此新质生产力的不断发展必然推动税收收入的增长。本文通过选取2010—2022年的省级面板数据，利用双向固定效应、面板分位数回归等模型检验了新质生产力对税收收入的影响效应。研究发现：新质生产力对于税收收入具有显著的正向促进作用；新质生产力对于税收收入的促进作用随着新质生产力水平的变化而不同；新质生产力对税收收入的影响效应具有地区异质性。因此，政府应加大科技创新，推动数字化、绿色化发展，培育新产业、新模式，大力发展新质生产力，促使税收收入规模稳步提升。

关键词：新质生产力 税收收入 双向固定效应模型

一、引言

生产力的发展是社会发展的根本动力。人类社会的发展离不开生产力和生产关系的矛盾运动，生产力决定生产关系，而经济基础是生产关系的组合，经济基础又决定政治等上层建筑。所以，一旦生产力发生改变，则必然会导致生产关系乃至经济基础和上层建筑关系的改变。从远古时代到当今社会，生产力一直处于新质化的过程中。人类社会不断进步的过程，就是生产力不断发展、革新的过程。2023年9月7日，习近平总书记在新时代推动东北全面振兴座谈会上提出要加快形成新质生产力，增强发展新动能，由此拉开了我国关于新质生产力研究的序幕。2024年1月31日，习近平总书记在中共中央政治局第十一次集体学习中全面阐述了新质生产力的内涵特征和发展路径，并指明新质生产力就是符合中国实际的先进生产力。因此，实事求是、因地制宜地发展新质生产力是我国目前发展阶段的重要任

---

① 李永海，兰州财经大学财政与税务学院院长、副教授；邱一哲，兰州财经大学财政与税务学院硕士研究生。

务。党的二十届三中全会指出,要健全新质生产力发展的体制与机制,完善新兴产业发展政策与治理体系,同时以新技术引领传统行业优化升级,对新质生产力的发展提出了更高要求。

党的十八届三中全会提出财政是国家治理的基础和重要支柱,强调了财政的重要作用。而税收收入又是财政收入的主要来源,因此构建有效的税收制度,保持税收收入良性增长有利于国家的可持续发展。自1994年分税制改革后,我国已经建立起一套兼顾效率与公平的现代税收制度。党的二十届三中全会提出要加快形成同新质生产力更相适应的生产关系。税收作为一种特殊的再分配方式,与社会经济具有紧密的联系。不断发展的经济是税收的来源,税收同样具有多种机制反作用于经济,可以通过各种税收手段来影响资源配置,引导个人、企业的投资消费行为,助力经济平稳发展。

二、文献综述

(一)关于新质生产力的研究

习近平总书记指出:"新质生产力是创新起主导作用,摆脱传统经济增长方式、生产力发展路径,具有高科技、高效能、高质量特征,符合新发展理念的先进生产力质态,它是由技术革命性突破、生产要素创新性配置、产业深度转型升级而催生,以劳动者、劳动资料、劳动对象及其优化组合的跃升为基本内涵,以全要素生产率大幅提升为核心标志,特点是创新,关键在质优,本质是先进生产力。"[①]自习近平总书记在2023年9月提出"新质生产力"的概念后,国内对于新质生产力的理论研究如雨后春笋般涌现。蒋永穆(2024)认为新质生产力,新在新技术、新要素、新产业,质在高质量、多质性、双质效。卢江等(2024)认为新质生产力至少涵盖科技、绿色、数字生产力三大方面,并以此建立新质生产力指标体系来测算我国各地新质生产力水平。张夏恒(2024)提出数字生产力可以助力我国新质生产力发展,通过建立广泛有效的数字基础设施,不断学习积累数字管理经验,逐渐促进生产方式向数字化方向进行变革,实现技术、管理、模式创新助力战略新兴企业、高科技企业,为孕育新质生产力发展提供了优质土壤,驱动生产力在此过程中完成质变。马克思也曾提出"生产力中也包括科学"。同时习近平总书记提出牢牢把握高质量发展这个首要任务,因地制宜地发展新生产力,而绿色生产力是高质量发展的底色。宋月虹(2024)提出将绿色底蕴融入新质生产力,助力新质生产力发展。习近平总书记指出:"要加快实现高水平科技自强自立,打好关键核心技术攻坚战,使原创性、颠

---

① 摘自习近平总书记在中央政治局第十一次集体学习上的讲话。

覆性科技创新成果竞相涌现,从而培育发展新质生产力的新动能。"①蒋永穆(2024)认为创新是引领发展的首要动力,科技创新是发展新质生产力的核心要素,创新性是新质生产力的本质特征。张新宁(2024)认为科技创新具有产业变革、模式塑造、动能提升等功能,助力新质生产力发展,有利于在社会生产事件中催生新产业新动能。

(二)关于税收收入规模的影响因素研究

目前,学术界关于税收收入影响因素的研究颇多,大多以某一地区为研究范围。税收制度作为国家调控社会经济运行的重要手段和方式,经济、文化、国家政策安排等众多因素都会影响税收收入规模,其中最为重要、影响程度最显著的则是经济因素。税收与经济发展是相互影响、相互制衡的关系。由于税收具有稳定作用机制,故当经济处于高速发展时,会产生大量的税收收入,而适当的增税政策会避免经济过热,当经济处于低迷状态时,税收收入规模降低,适当的减税政策可以刺激个人消费、企业投资,从而提振经济,反作用于税收。在当前经济高质量发展的背景下,深入研究影响税收的因素具有重要意义,可以巩固和完善我国现行的税收制度。田昭、付粉玲等(2020)通过多元回归的方法建立模型,认为国内生产总值、财政支出水平、物价水平、进出口总额是影响税收收入的重要因素。梁丽通过主成分分析法,得出全社会固定资产投资额、第三产业增加值、货币供应量也是影响税收收入的关键变量的结论。李娜、杨惠茹(2022)通过建立面板分位数模型,检验了财政赤字率、财政自给率、产业结构和就业水平对于税收收入影响的显著程度。

(三)关于新质生产力和税收收入规模的研究

学术界关于新质生产力与税收收入规模的研究较少,目前较多聚焦和集中在助力新质生产力发展的税收政策研究,因为生产关系反作用于生产力,根据我国发展现状,实事求是、因地制宜制定税收政策有利于减轻企业税负、合理配置资源、促进资金流通,从而助力新质生产力发展。刘明慧(2024)认为通过实施各类税收激励、税收优惠等政策可以促进创新、产业、资金、人才四方面融合,从而推动产业向高端化、数字化、绿色化转型升级,激发市场主体的创新活力和投资意愿。而新质生产力的发展必然会推动税收制度的发展,从而促进税收收入规模的增长。曾平军(2023)则认为,对战略新兴产业等实施偏向性的税收优惠政策具有局限性,不利于新质生产力的形成,应以建设公平税制为目标,培育公平的税收环境,从而创新精神便会逐渐产生,新质生产力也会逐渐发展,税收制度也会随之得到不断完善。陶然等(2023)认为要助力新质生产力的发展,就要加强税收治理工作,不断完善税

---

① 摘自习近平总书记在中央政治局第十一次集体学习上的讲话。

收征管体系,持续推进执法、服务、管控、协作等,为新质生产力的发展提供良好的税收环境,从而推动新质生产力的发展。在绿色发展方面,马蔡琛(2021)提出面对"碳达峰"与"碳中和"目标,应完善促进低碳发展的税收优惠政策,助力生产力发展。艾华(2021)、王怡婷等(2023)运用省际面板数据实证证明了数字生产力的发展对税收收入规模具有推动作用。

三、理论机制与研究假说

根据习近平总书记的众多关键论断和国内学者的前沿研究,可以总结归纳出,科技创新、绿色发展、数字生产力是目前推动税收收入增长的三大关键新质生产力特征。

(一)科技创新推动税收收入规模增长的理论机制

习近平总书记指出:"新质生产力是创新起主导作用、科技创新作为核心要素的先进生产力质态。"①发展新质生产力就是要实现技术革命性突破和生产要素创新型配置以推动生产力发展,助力生产关系变革升级,从而实现高质量发展。科技是第一生产力,创新是第一动力,数字化是重要领域和关键平台。

从远古时期到信息革命时代,科技创新一直是推动生产力发展和时代变革的关键因素。科技创新可以创造出新产品、新产业、新模式,开拓新业态、新领域,开放新市场,带动新一轮社会化生产,降低成本,实现巨额的社会产出,扩大了税基、丰富了税源。

为验证上述理论,本文构建以下模型:

$$X = TL^{\alpha}K^{\beta} \tag{1}$$

根据道格拉斯生产函数可以得知,社会的生产水平 X 由技术水平 T(T_1 为受科技创新影响的技术水平,T_2 为未受科技创新影响的技术水平)、劳动力数量 L 和资本投入程度 K 组成,其中,α 代表劳动力产出的弹性系数,β 代表资本产出的弹性系数。而将社会总税收收入由产品销售数量、价格、税率、征税成本四部分构成,如式(2)表示。税率统一用 t 表示,社会生产出的商品价格为 P,销售数量为 Q,受到科技创新的影响,虽然是同一产品、同一产业,其生产工艺得到精细化,生产成本降低,延长了产业链,增加了附加值,从而导致销售价格相对于受科技创新影响前大幅提高,故将受影响前后的产品销售价格分别记为 P_1 和 P_2,且 $P_1 > P_2$。将征税成本分为受科技创新影响的成本 C_1 和未受科技创新影响的成本 C_2,且 $C_1 < C_2$,假定受科技创新前后的产品销售数量和税率保持不变。

---

① 摘自习近平总书记在中央政治局第十一次集体学习上的讲话。

将全社会的税收收入记作 TR，TR_1 为受科技创新影响的税收收入总额，TR_2 为未受科技创新影响的税收收入总额，将二者差额记作 D。

$$D = TR_1 - TR_2 = (1 - C_1)(P_1 Qt) - (1 - C_2)(P_2 Qt) \quad (2)$$

$$D = Qt(P_1 - P_2)(C_2 - C_1) \quad (3)$$

将公式进行整理可得 $D > 0$。

因此可以得出结论，科技创新推动了税收收入规模增长。

（二）绿色生产力推动税收收入规模增长的理论机制

习近平总书记指出绿色发展是高质量发展的底色，"绿水青山就是金山银山"等重要理论，多次强调了绿色发展的重要性。传统生产力以经济利益为衡量生产力的唯一目标，但消耗了大量资源，造成不可逆的环境污染，不符合先进生产力的内涵。新质生产力发展应包含经济效益和生态保护在内的双重路径，新质生产力本身就是绿色生产力。要加快发展方式向绿色低碳方向转变，做大做强做好绿色制造业，发展绿色服务业，不断发展绿色能源产业，打通绿色低碳产业链和供应链，构建绿色低碳循环经济体系，打造生态绿色产业集群，要有系统思维，做到可持续发展。

首先，绿色科技创新作为绿色生产力的核心要素，在高质量发展中发挥着关键作用。绿色科技创新推动企业生产模式变革，运用企业绿色技术降低和减少生产过程中的资源浪费和环境污染，做到生产全程低碳化、无害化，提高了企业效益，从而实现利润增加，导致社会税收收入增加。

其次，发展绿色生产力，可以培育新产业、新业态，逐步摆脱对高污染、高耗能产业的依赖。比如"退耕还湿"等既保护了生态环境，又推动了绿色旅游业、生态农业等相关新型产业，同时有助于实现共同富裕，提高低收入人群可支配收入，导致全社会产出增加，从而实现税收收入规模的扩大。

（三）数字生产力推动税收收入增长的理论机制

数字生产力以数字化信息和技术为主要生产要素，以现代互联网技术为核心驱动力，将数字生产力与实体经济深度融合。根据中国信通院发布的 2023 年中国数字生产力研究报告可以得出，我国目前数字生产力发展的四大领域分别为数字产业化、产业数字化、数字化治理、数字价值化。截至 2022 年，我国数字生产力规模已达到 50.2 万亿元[①]，占 GDP 的比重达到 39.82%，数字生产力在中国经济发展过程中扮演越来越重要的角色。

近年来，党和国家十分重视数字生产力的发展，习近平总书记多次指出要加快发展数字生产力，加快推动数字产业化，依靠信息技术创新驱动，不断催生新产业

---

① 资料来源：《中国数字经济发展研究报告（2023）》。

新业态新模式,用新动能推动新发展。政府工作报告中"数字生产力"的身影也越来越多。

数字生产力作为一种新型生产力,与实体经济相融合,具有强大的推动力。本文将从当前我国数字生产力发展的四个主要领域来分析其对税收收入的影响。首先是数字产业化。通过发展邮电业、软件业等数字技术服务业,创造经济发展新模式,成倍地扩大了税基、丰富了税源。其次是产业数字化,即赋予传统产业数字化技术。例如工业互联网合作平台、财务共享中心等,提高了传统产业的生产效率,降低了生产成本,扩大了生产规模,提升了产出效果,为税收收入的提升提供基础。再次是数字化治理,即各级监管部门将传统监管模式与数字化相结合。在税收领域,我国税务机关在"金税工程"的推动下,逐渐将税务工作智能化、数字化。数电票、网上办税平台等的出现提高了税务机关的行政效率,降低了税务管理成本,提高了税收收入规模。最后是数字价值化。例如数据采集、数字分享、数字交易等,将数据、信息作为一种新型商品在市场中流通,丰富了商品交易形式,促进了税收收入的提升。

故本文提出以下研究假设:

H_1:新质生产力的不断发展可以促进税收收入规模的提升。

四、模型、变量设定与数据来源

(一)模型设定

为分析新质生产力与我国地区税收收入之间的关系,本文采用双向固定效应模型,如下:

$$\ln tax_{i,t} = \alpha_0 + \beta_0 np_{i,t} + \gamma_0 control_{i,t} + \mu_i + \lambda_t + \varepsilon_{i,t} \tag{4}$$

其中,$\ln tax_{i,t}$为被解释变量,表示i地区t年份的税收收入规模;$np_{i,t}$为核心解释变量,表示i年t年份的新质生产力水平。α_0表示常数项;β_0、γ_0表示系数矩阵;μ_i为省份i的固定效应;λ_t为年份t的固定效应;$\varepsilon_{i,t}$表示随机扰动项。

(二)变量选择

1. 被解释变量

(1)税收收入,本文选择地区一般公共预算收入中的税收收入($\ln tax$)来作为一项被解释变量。

(2)增值税税收收入,本文选择各地区税收收入中的增值税税收收入($\ln vat$)作为一项被解释变量。

(3)企业所得税收入,本文选择各地区税收收入中的企业所得税收入($\ln cit$)作为一项被解释变量。

(4)个人所得税收收入,本文选择各地区税收收入中的个人所得税收收入($lniit$)作为一项被解释变量。

本文的被解释变量均来自国家统计局数据,且均作对数处理。

2. 核心解释变量

1)解释变量

本文的核心解释变量为新质生产力水平(np),这一指标借鉴卢江等(2024)所构建的新质生产力评价指标体系,如表1所示。卢江等构建的新质生产力指标体系包含了科技、绿色、数字三大新质生产力的主要特征,且指标构建合理,具有较强的权威性。

表1 新质生产力评价指标体系

一级指标	二级指标	三级指标	解释	单位	属性
科技生产力	创新生产力	创新研发	国内专利授予数	个	+
		创新产业	高技术产业业务	万元	+
		创新产品	规模以上工业企业产业创新经费	万元	+
		技术研发	规模以上工业企业R&D人员全时当量	小时	+
绿色生产力	资源节约型生产力	能源强度	能源消费量/GDP	%	-
		用水强度	工业用水量/GDP	%	-
		废物利用	工业固体废物综合利用量/产生量	%	+
	环境友好型生产力	废水排放	工业废水排放/GDP	%	-
		废气排放	工业二氧化硫排放量/GDP	%	-
数字生产力	数字产业生产力	电信业务总量	电信业务总量	万元	+
		网络普及率	物联网宽带接入端口数	个	+
		软件服务	软件业务收入	人	+
	产业数字生产力	数字信息	光缆线路长度/地区面积	m/m²	+
		电子商务	电子商务销售额	万元	+

2)测算结果

根据前文的新质生产力指标体系,本文测算了我国31个省(自治区、直辖市)2010—2022的新质生产力水平均值,如图1所示。通过观察我国历年新质生产力水平可以得出:从演进过程来看,无论是全国还是地区,我国新质生产力水平总体处于上升趋势;分地区观察,各地区新质生产力虽均在不断增长,但地区差异较为明显,全国由2012年的0.163增长到2022年的0.205,西部由0.07增长至0.108,

中部发展较为稳定,东部由 0.286 上升至 0.384,东部新质生产力呈现领先态势,而中西部的新质生产力均低于全国水平。

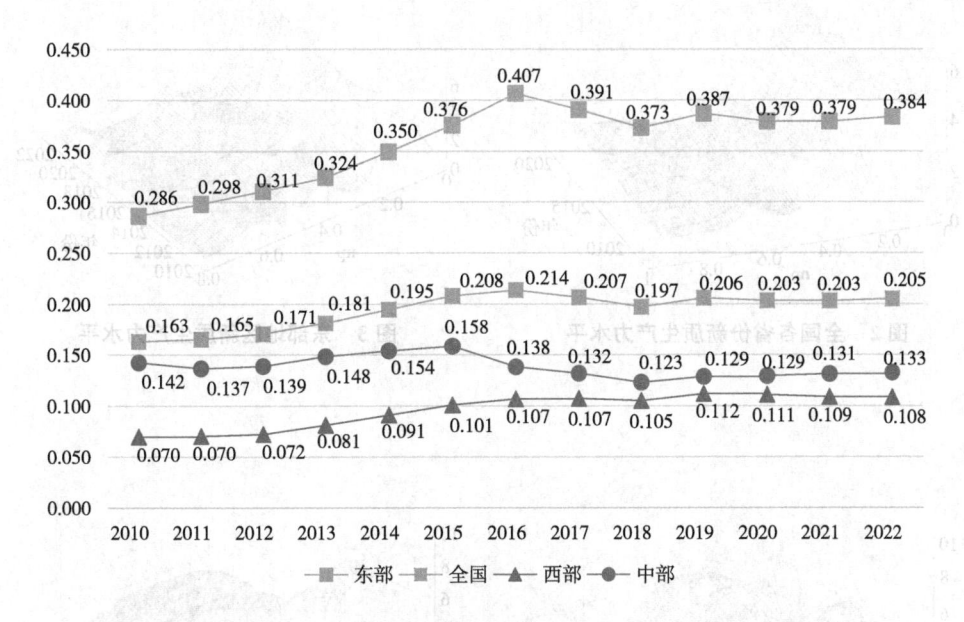

图 1　我国各地区历年新质生产力水平

3)Kernel 核密度分布

本文参照沈丽等(2013)的做法,运用高斯核密度函数得到核密度分布,来测算我国各省份 2010—2022 年新质生产力水平的分布及动态演进过程,计算公式如下:

$$f(x) = \frac{1}{Nh} \sum_{i=1}^{N} K\left(\frac{X_i - \bar{x}}{h}\right) \tag{5}$$

$$K(x) = \frac{1}{\sqrt{2\pi}} \exp\left(-\frac{x^2}{2}\right) \tag{6}$$

其中,$f(x)$ 为密度函数,$K(x)$ 为核函数;h 为带宽;X_i 为样本数;N 为观测数量。

通过测算我国各省份及地区的新质生产力水平的三维整体分布情况,有助于更好地研究各地区新质生产力发展动态进程。结果如图2、图3、图4和图5所示。

从全国新质生产力水平 Kernel 核密度分布图来观察,各省新质生产力水平较低,但在不断提升。从东中西地区分别来看,东部地区的主峰相对于中部和西部地区更为偏右,说明东部地区的新质生产力水平明显高于中西部地区;中部和西部地区的波峰数量高于东部,说明中西部地区的极化现象较为明显,各地新质生产力发展水平差距较大。

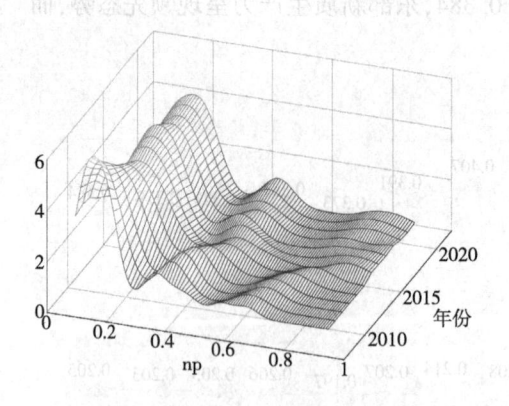

图 2　全国各省份新质生产力水平

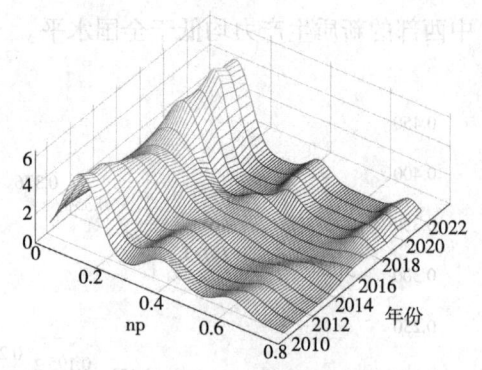

图 3　东部地区新质生产力水平

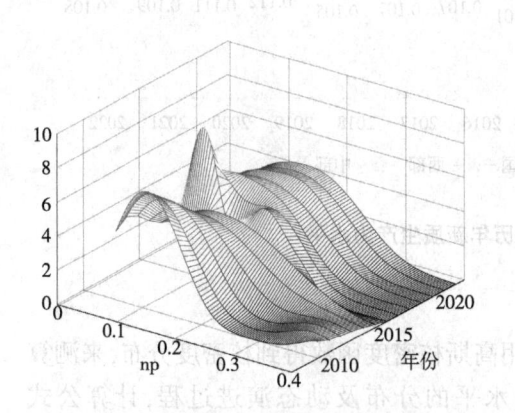

图 4　中部地区新质生产力水平

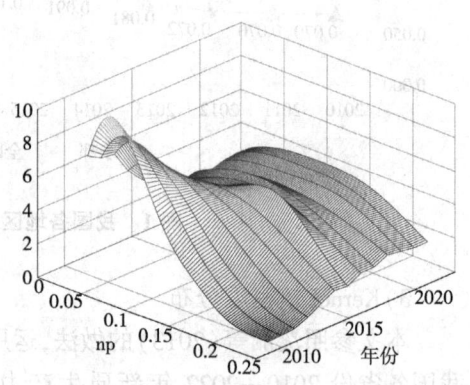

图 5　西部地区新质生产力水平

3. 控制变量

我们在研究新质生产力对地区税收收入规模的影响效应时,不应忽略其他因素对地区税收收入规模的影响。为避免遗漏变量,本文在参考相关文献后,选取以下控制变量:①人均国民生产总值($\ln pgdp$)。②财政自给率($Czzjl$)。本文采用一般公共预算收入与一般公共预算支出的比值来衡量这一指标。③社会消费零售总额比例($Shxf$),本文采用社会消费零售总额与国民生产总值的比值来衡量这一指标。④第三产业增加值比例($Dscy$)。本文采用第三产业增加值与国民生产总值的比值来衡量这一指标。⑤政府支持力度(Gov),本文采用一般公共预算支出与国民生产总值的比值来衡量这一指标(见表2)。

表2 控制变量及说明

控制变量	变量符号	变量说明
人均地区生产总值	lnpgdp	(GDP/地区总人数)取对数处理
财政自给率	Czzjl	一般公共预算收入/一般公共预算支出
社会消费零售总额比例	Shxf	社会消费零售总额/国民生产总值
第三产业增加值比例	Dscy	第三产业增加值/国民生产总值
政府支出力度	Gov	财政支出/国民生产总值

(三)数据来源

本文使用的数据来源于《中国税务年鉴》《中国统计年鉴》和各省历年统计年鉴及统计公报等,时间跨度为2010—2022年,最终实证样本为我国31个省(自治区、直辖市)(不包括香港、澳门、台湾地区)的数据。表3为主要变量的描述性统计结果。

表3 主要变量的描述性统计结果

变量	样本数	平均值	标准差	最小值	中位数	最大值
np	403	0.193 7	0.177	0.03	0.14	0.88
lntax	403	7.189 3	1.012	3.23	7.28	9.29
lnvat	403	5.772 1	1.200	1.25	5.78	8.32
lncit	403	5.248 2	1.173	1.51	5.31	7.66
lniit	403	4.158 0	1.137	0.68	4.06	6.89
lnpgdp	403	10.808 8	0.489	9.46	10.79	12.15
Gov	403	0.288 3	0.204	0.11	0.23	1.35
Czzjl	403	0.479 2	0.199	0.07	0.44	0.93
Shxf	403	0.391 1	0.065	0.18	0.39	0.61
Dscy	403	0.494 4	0.090	0.32	0.49	0.84
lntax2	403	7.944 1	1.037	3.91	7.96	10.18
lnvat2	403	6.886 4	1.135	2.67	6.86	9.39
lncit2	403	6.411 6	1.398	1.81	6.20	9.52
lniit2	403	5.286 4	1.506	1.60	4.98	11.84

五、实证分析

（一）基准回归结果

首先对本模型进行 Hausman 检验,结果表明适用固定效应模型。为了避免模型受到时间和个体等不确定因素影响,本文使用双向固定效应,具体结果见表4。

在表4中(1)(3)(5)(7)列分别为未加入控制变量情况下,新质生产力对各税收收入规模的影响效应。结果显示,各列模型的估计效果较好,新质生产力每增加1个单位,相应的税收收入规模、增值税收入规模、企业所得税收入规模、个人所得税收入规模分别增加 0.442、0.955、0.988、1.550 个单位。(2)(4)(6)(8)列分别为对各被解释变量加入所有控制变量后的回归结果,结果显示新质生产力仍对各税收收入规模具有正向的促进作用,符合预期。新质生产力每增加一个单位,税收收入规模、增值税收入规模、企业所得税收入规模、个人所得税收入规模分别增加 0.324、0.681、0.955、1.396 个单位。

表4 新质生产力对税收收入规模的影响回归结果

变量	(1) lntax	(2) lntax	(3) lnvat	(4) lnvat	(5) lncit	(6) lncit	(7) lniit	(8) lniit
np	0.422*** (2.628)	0.324*** (2.953)	0.955*** (4.261)	0.681*** (3.529)	0.988*** (4.465)	0.955*** (4.541)	1.550*** (6.681)	1.396*** (6.164)
lnpgdp		0.733*** (7.403)		0.892*** (5.127)		1.096*** (5.776)		0.414** (2.026)
Gov		1.559*** (8.902)		1.072*** (3.482)		0.090 (0.270)		1.162*** (3.218)
Czzjl		1.818*** (11.792)		0.978*** (3.611)		0.973*** (3.294)		0.812** (2.556)
Shxf		0.135 (1.171)		0.590*** (2.903)		−0.432* (−1.950)		0.564** (2.363)
Dscy		−0.551** (−2.413)		−1.065*** (−2.657)		1.483*** (3.393)		0.224 (0.476)
_cons	6.464*** (188.286)	−2.129** (−2.059)	4.533*** (94.744)	−5.072*** (−2.791)	4.353*** (92.182)	−7.842*** (−3.957)	3.303*** (66.661)	−1.916 (−0.898)
N	403	403	403	403	403	403	403	403

续表

变量	(1) lntax	(2) lntax	(3) lnvat	(4) lnvat	(5) lncit	(6) lncit	(7) lniit	(8) lniit
R^2	0.841	0.931	0.949	0.965	0.804	0.835	0.787	0.812
地区固定效应	是	是	是	是	是	是	是	是
时间固定效应	是	是	是	是	是	是	是	是

注：***、**、*分别表示在1%、5%、10%水平上显著，括号内数值为t值。下同。

（二）内生性检验

本文模型中可能存在选取变量偏差、双向因果等导致的内生性问题，因此采用工具变量法进行内生性检验。具体而言，本文选用滞后一期的新质生产力发展水平（$L.np$）作为工具变量，以期更为准确地分析相关问题。如表5中（1）列所示：第一阶段结果显示，工具变量在1%的水平上对新质生产力具有正向的显著影响，F统计量为423.26，远大于10，满足相关性要求；同时，Kleibergen-Paap rk LM 检验显著，拒绝了不可识别的原假设，且 Cragg-Donald Wald F 和 Kleibergen-Paap rk Wald F 统计量16.38均大于10%的临界值，因此不存在弱工具变量问题。以上检验结果均拒绝了原假设，表明本文工具变量的选择是合理的。第二阶段回归结果列于表5中（2）至（5）列：结果表明，采用工具变量（$L.np$）对可能内生性问题加以控制后，新质生产力对各税种税收收入的促进作用仍在1%的水平上显著为正。

表5 内生性检验结果

变量	(1) 第一阶段 np	(2) 第二阶段 lntax	(3) 第二阶段 lnvat	(4) 第二阶段 lncit	(5) 第二阶段 lniit
$L.np$	0.811*** (20.57)				
np		0.356* (1.83)	0.540** (2.36)	0.974*** (3.80)	1.650*** (8.20)
_cons	−0.625*** (−2.03)	−2.929** (−2.12)	−6.348*** (−2.77)	−8.234*** (−3.02)	0.390 (0.15)
F统计量	423.26				
Kleibergen-Paap rk LM 统计量			26.499***		

57

续表

	(1) 第一阶段	(2) 第二阶段	(3) 第二阶段	(4) 第二阶段	(5) 第二阶段
$Cragg\text{-}Donald\ Wald\ F$ 统计量			1 181.504 (16.38)		
$Kleibergen\text{-}Paap\ rk\ Wald\ F$ 统计量			423.257 (16.38)		
N	372	372	372	372	372
R^2	0.992	0.994	0.988	0.983	0.983
控制变量	是	是	是	是	是
地区固定效应	是	是	是	是	是
时间固定效应	是	是	是	是	是

（三）稳健性检验

1. 缩尾处理

为了进一步验证基准回归结果，本文分别对被解释变量和核心解释变量及控制变量进行前后1%的缩尾处理，结果如表6中（1）至（4）列所示。稳健性检验结果显示，新质生产力对缩尾后的被解释变量仍存在正向促进作用，至少在1%的水平上显著为正。

表6 缩尾处理后的稳健性检验结果

变量	(1) $lntax$	(2) $lnvat$	(3) $lncit$	(4) $lniit$
np	0.454*** (3.731)	0.930*** (5.271)	0.980*** (5.196)	1.504*** (7.050)
控制变量	是	是	是	是
$\_cons$	0.616 (0.549)	-2.839* (-1.745)	-5.827*** (-3.349)	-2.360 (-1.200)
N	403	403	403	403
R^2	0.911	0.970	0.864	0.828
地区固定效应	是	是	是	是
时间固定效应	是	是	是	是

2. 去除直辖市

由于直辖市具有特殊性和政策倾斜,故本文将剔除直辖市后的27个省、自治区的数据重新进行回归,回归结果如表7中(1)至(4)列所示。稳健性检验结果显示,新质生产力对剔除直辖市后的被解释变量仍存在正向促进作用,至少在1%的水平上显著为正。

表7 去直辖市后的稳健性检验结果

变量	(1) lntax	(2) lnvat	(3) lncit	(4) lniit
np	0.337*** (2.838)	0.623*** (3.160)	0.987*** (4.250)	1.399*** (5.688)
控制变量	是	是	是	是
N	351	351	351	351
R^2	0.931	0.967	0.827	0.798
地区固定效应	是	是	是	是
时间固定效应	是	是	是	是

3. 替换被解释变量

为了进一步验证基准回归结果,本文使用各地区税务部门组织的税收收入(lntax2)、增值税收入(lnvat2)、企业所得税收入(lncit2)、个人所得税收入(lniit2)作为被解释变量进行稳健性检验,结果如表8中(1)至(4)列所示。可以看出,在替换被解释变量后,新质生产力仍存在正向促进作用。

表8 替换被解释变量后的稳健性检验结果

变量	(1) lntax2	(2) lnvat2	(3) lncit2	(4) lniit2
np	0.415*** (3.742)	0.383** (2.096)	0.127 (0.336)	1.593** (2.397)
控制变量	是	是	是	是
_cons	-3.232*** (-3.090)	-8.055*** (-4.682)	-13.973*** (-3.934)	-17.363*** (-2.773)
N	403	403	403	403

续表

变量	(1) ln$tax2$	(2) ln$vat2$	(3) ln$cit2$	(4) ln$iit2$
R^2	0.927	0.912	0.584	0.287
地区固定效应	是	是	是	是
时间固定效应	是	是	是	是

(四)异质性检验

1. 新质生产力水平异质性

由于我国地区间的新质生产力发展水平、税收收入等存在差异,本文运用各地区历年新质生产力水平的均值进行测算,将我国31个省、自治区、直辖市分为高新质生产力水平地区和低新质生产力水平地区①,进一步检验新质生产力对税收收入规模的异质性,回归结果如表9所示。从回归结果来看,高新质生产力水平地区的新质生产力对税收收入规模具有显著的促进作用,在10%的水平上显著为正,低新质生产力水平地区的新质生产力对税收收入的回归结果在1%的水平上显著为正。

表9 新质生产力异质性检验结果

	(1) 高新质生产力水平地区	(2) 低新质生产力水平地区
	lntax	
np	0.112* (1.710)	0.832** (2.490)
控制变量	是	是
_cons	−5.058*** (−3.448)	−3.877*** (−3.185)
N	117	286
R^2	0.985	0.937
地区固定效应	是	是
时间固定效应	是	是

① 高新质生产力水平地区为北京、上海、广东、浙江、江苏、山东、河南、四川、山西9个省份,其余省、自治区、直辖市划分为低新质生产力水平地区。

2. 分位数回归

为全面考察不同条件下新质生产力对税收收入规模的影响作用，本文使用面板分位数回归方程，分析在不同分位数下新质生产力对税收收入规模影响的异质性，结果如表10所示。根据回归结果可知，新质生产力在不同分位数下均对税收收入规模具有正向的促进作用。

表10 分位数回归结果

	Q10	Q25	Q50	Q75	Q90
			lntax		
np	2.498*** (17.230)	2.311*** (12.160)	1.986*** (12.400)	1.804*** (13.923)	1.975*** (6.446)
控制变量	是	是	是	是	是
_cons	0.547 (0.511)	1.236 (0.832)	1.110 (1.076)	1.068 (1.086)	1.926** (2.580)
N	403	403	403	403	403

3. 其他异质性

除地区和分位数异质性之外，本文为增强回归结果的说服力，将税收收入规模分为中央税①、地方税②和第一、二、三产业税收收入③分别进行异质性检验，结果如表11所示。回归结果显示，无论是否加入控制变量，新质生产力对中央税和地方税均具有促进作用，至少在10%的水平上显著为正。在未加入控制变量时，新质生产力对第一、二、三产业税收收入均具有促进作用，至少在10%的水平上显著为正；在加入控制变量后，新质生产力对第一、三产业的税收收入仍具有显著的正向作用。

---

① 中央税包括消费税，车辆购置税，关税，50%的国内增值税，100%的进口环节增值税，海洋石油、中国铁路总公司、银行总行缴纳的企业所得税，60%的企业、个人所得税，海洋石油缴纳的资源税，证券交易印花税，铁路总公司、各银行总行、保险总公司集中缴纳的城市维护建设税。

② 地方税包括城镇土地使用税，耕地占用税，土地增值税，房产税，契税，车船税，环境保护税，烟叶税，50%的增值税，40%的个人所得税，除中国国家铁路集团、各银行总行、海洋石油企业缴纳的之外的40%企业所得税，除中国铁路总公司、各银行总行、保险总公司缴纳外的城市维护建设税，除海洋石油企业缴纳之外的资源税，除证券交易之外的印花税。

③ 资料来源：《中国税务年鉴》，2011—2023年。

表 11　其他异质性

变量	(1) lnzys	(2) lndfs	(3) dycys	(4) lndecys	(5) lndscys
np	0.573*** (3.911)	0.375* (1.941)	1.286*** (2.931)	0.251 (1.203)	0.447*** (2.650)
控制变量	是	是	是	是	是
_cons	-4.843*** (-3.581)	-0.606 (-0.339)	-1.643 (-0.406)	-0.623 (-0.324)	-4.476*** (-2.879)
N	403	403	403	403	403
R^2	0.760	0.844	0.236	0.753	0.898
地区固定效应	是	是	是	是	是
时间固定效应	是	是	是	是	是

六、研究结论及建议

（一）研究结论

本文在分析新质生产力对税收收入影响机制的基础上，以我国 2010—2022 年 31 个省（自治区、直辖市）的数据为研究对象，利用双向固定效应模型、面板分位数回归模型等具体研究了新质生产力对我国税收收入的影响，得出以下结论：首先，我国新质生产力发展仍较为缓慢，且存在地区差异性，东部地区新质生产力水平明显高于中西部地区。其次，新质生产力水平对税收收入具有显著的正向促进作用，新质生产力的发展可以扩大税收收入的规模；再次，新质生产力发展对税收收入的正向促进作用具有地区异质性，东部地区效果更为明显；最后，不同的税收收入水平上，新质生产力对税收收入的促进效应有差异。

（二）政策建议

新质生产力可以释放出巨大的能量，要加快新质生产力的培育和推进。科技创新、数字技术、绿色发展是新质生产力发展的三大关键杠杆和相关领域。

1. 培育科技创新潜力与动能，发挥科技创新引领作用

新质生产力发展以创新为关键引擎，以产业升级为动力，以人才培育为基础。科技创新是新质生产力发展的核心要素，科技创新在产业结构转型升级和新型人才培育方面均有较强的推动作用。社会经济和综合国力的发展和提升需要战略性

新兴产业的发展,战略性新兴产业具有较强的渗透性和影响力,与传统产业联系较为紧密,从其中衍生、发展、再创造,是目前发展新质生产力的一个关键抓手。首先,要做好战略性新兴产业发展的总体规划和布局,因地制宜,利用当地优势资源,有侧重点地培育新兴产业,弥补之前发展中的漏洞和不足;积极推动传统产业和新兴产业的融合发展,以新促旧,在更多传统行业中输入"新血液"。其次,要加快完善成果培育和转化。目前我国科技发展投入与产出严重不成正比,研发经费巨大但社会生产率提升效果不明显(叶初升,2022),所以要推动科技创新有效落地并应用,建立专业的科技成果转化平台,避免创新成果"无人管"等现象的出现。要加快推动"数字农业""智能物流""机器人制造""纳米医疗"等领域关键成果,不能只是昙花一现,要做到百花齐放。再次,要建立健全科技创新和新兴、未来产业发展的法律法规,重视相关制度建设,破除发展壁垒。政府要合理建立准入机制,择优选择,避免良莠不齐、管理不到位等乱象。最后,要培育新兴人才,要继续贯彻落实人才强国战略。习近平总书记指出:"人才是第一资源,完善人才培养、引进、使用、合理流动的工作机制,为发展新质生产力、推动高质量发展培养急需人才。……要明确人才培养的方向,创新培养模式,培育青少年的创新意识和兴趣;同时创新人才引进及培育制度,激发新型人才创新潜能与活力。"

  2. 完善数字经济发展体制机制,促进数字与实体经济有机融合

  数字生产力作为目前十分重要的生产力技术,通过互联网和大数据等新型技术赋能于传统产业。数字技术拥有较为广阔的发展和应用空间,将数字技术应用于社会生产的各个环节和流程,实现各类生产要素的有机结合,提高社会劳动生产效率,降本增效,推动产业结构转型升级,提高生产价值。因此,要不断发展数字技术,通过产业数字化和数字产业化,释放数字生产力的巨大能量;建立数据共享平台等,利用数字算力实现数据、生产要素的不断融合、共享,形成数字产业集群,发现新的经济增长点,将数字技术进一步融入生活,以提高生产、生活效率,推动社会经济高质量发展。

  3. 构建绿色发展框架,释放绿色经济潜力

  要贯彻"节约资源"和"保护环境"的基本国策,不断推进生态文明建设,释放绿色生产力,促进绿色发展。习近平总书记指出,"绿水青山就是金山银山",绿色发展是高质量发展的底色,新质生产力从本质上讲就是绿色生产力。因此,在发展中要重视绿色生产力的作用,实现生态价值和经济价值的统一,要不断推动产业化绿色和绿色产业化,释放绿色发展的潜能和动力。第一,要在传统行业、产业的生产过程中增添更多绿色元素,例如循环生产、无害化生产等,既改良了生产工艺、提高了生产效率,又减少了污染排放,实现了双赢。第二,要发展绿色产业,培育绿色产业的新动能。政府要制定更多支持绿色产业发展的产业、税收政策;推广和研发

更多绿色技术,如使用清洁能源等推动循环经济发展,形成绿色产业链,增加附加值;要增强公众的节能环保意识,加大绿色宣传力度,鼓励公众更多使用绿色资源、实现绿色消费,从而推动绿色产品不断发展。

4. 提高税收征管水平,建立新型税收管理体制

生产力的提升需要新的上层建筑进行支撑,随着科技创新和数字技术的不断发展和提高,在税收征管制度方面,税务管理部门要在当前征管体制的基础上,推动监督、执法方式向数字化、智能化转变;税务部门要加强与其他行政部门的联系、信息共享、征管协同,提高税收征管效率,打通税收征管中的堵点;加强税务人才队伍建设,培养高素质的新型税收执法队伍,提升税务工作人员的专业能力和服务水平。在税收征管具体问题实施过程中,首先,税务部门要规范各类主体的交易事项和过程,明确收入来源及归属,要通过算法等大数据技术规范企业的各类经济活动,监控其资金去向,有效避免偷税、漏税行为。同时,要建立自动报税、办税平台,一方面起到了控制税源的作用,保证企业交易的合规性;另一方面与企业建立较强的联系,为企业提供更多税务咨询和税务服务,推动企业良性发展。其次,在数字经济时代,税务部门要更加重视互联网经济、数据交易等新兴行业,面对数字经济监管难的现状,要加强"数字税务"平台的建设,继续推行"金税工程",以适应迅速发展的经济形势和收入方式,建立现代化税收征管制度。最后,要加强税收征管的国际合作。鉴于目前跨国公司林立,业务较多,偷税漏税问题较多,要加强国家税收交流合作,建立共同反避税联盟,巩固我国的税收征管体制。

参考文献

[1]卢江,郭子昂,王煜萍.新质生产力发展水平、区域差异与提升路径[J].重庆大学学报(社会科学版),2024,30(3):1-16.

[2]张夏恒.数字生产力加速新质生产力生成的内在逻辑与实现路径[J].西南大学学报(社会科学版),2024,50(3):1-15.

[3]宋月红.新质生产力本身就是绿色生产力[J].新湘评论,2024(6):16-17.

[4]张新宁.科技创新是发展新质生产力的核心要素论析[J].思想理论教育,2024(4):20-26.

[5]张莉,马蔡琛.碳达峰、碳中和目标下的绿色税制优化研究[J].税务研究,2021(8):12-17.

[6]刘明慧,李秋.财税政策何以驱动新质生产力发展?[J].上海经济研究,2024(3):31-41.

[7]陶然,柳华平,周可芝.税收助力新质生产力形成与发展的思考[J].税务研究,2023(12):16-21.

[8]曾军平.税收该如何助推形成新质生产力?[J].税务研究,2023(12):12-15.

[9]王怡婷,李永海,周之浩,等.数字生产力对税收收入的影响:理论机制与实证检验[J].财会研究,2023(9):16-27.

[10]习近平.加快发展新质生产力 扎实推进高质量发展[J].领导科学,2024(3):2.

[11]李永海,陆胤.财政透明度对共同富裕的影响效应:基于地级市数据的实证研究[J].湖北经济学院学报,2023,21(3):54-65.

[12]蒋永穆,乔张媛.新质生产力:逻辑、内涵及路径[J].社会科学研究,2024(1):10-18,211.

[13]习近平关于科技创新论述摘编[J].理论学习,2016(5):64.

[14]习近平关于社会主义生态文明建设论述摘编(一)[J].林业与生态,2022(7):4-5.

[15]王怡婷.数字生产力对地区税收收入的影响效应研究[D].兰州:兰州财经大学,2023.

[16]庄忠正.政治经济学批判[M].北京:人民出版社,2018.

[17]叶初升,孙薇.中国"科技创新困境"再审视:技术创新质量的新视角[J].世界经济,2023,46(8):80-107.

[18]贾康.新质生产力的概念、内涵与体系:以"创新"促"质变"[J].东北财经大学学报,2024(4):19-26.

[19]习近平.发展新质生产力是推动高质量发展的内在要求和重要着力点[J].共产党员(河北),2024(12):1,4-5.

税收促进新质生产力的逻辑机理、国际经验及对我国的启示①

王婷婷 刘 祯②

摘 要：税收作为国家治理的基石，通过合理的制度设计与执行，能够有效促进新质生产力的发展和健康成长。从税收与新质生产力的关系出发，互动机制、激励机制和协调机制是税收促进新质生产力发展的三大逻辑机理。观察实践可知，域外一些国家在引导科技创新、激励数据要素投入、推动绿色生态产业发展方面搭建了多维税收制度体系，在促进先进生产力发展领域提供了丰富经验。相比之下，我国在税收促进新质生产力的制度建设、过程激励、要素赋能以及公平指引方面仍面临诸多挑战。未来，我国应从以下方面多措并举，助力税收促进新质生产力的体系完善：一是坚持税收法治创新与制度优化相结合，为新质生产力的发展提供制度保障；二是坚持税收过程激励与结果激励相结合，为新质生产力的发展提供外部动能；三是坚持赋能产业与赋能要素的联动，为新质生产力的发展提供内在驱动；四是坚持税收公平与税收效率的统一，为新质生产力的发展利益提供协调机制。

关键词：新质生产力 科技创新 数据要素 绿色产业 税收激励

一、引言

自党的十八大以来，我国经济迈入了新常态阶段，高质量发展成为国家经济社会发展战略的核心导向。面对这一深刻转型，习近平总书记高度重视发挥先进生产力的作用，创造性地提出"新质生产力"概念，多次指明发展新质生产力与促进高质量发展之间的辩证关系。2024年1月31日，习近平总书记在二十届中共中央政治局第十一次集体学习时指出，"发展新质生产力是推动高质量发展的内在要求和重要着力点"。2024年3月5日，习近平总书记在十四届全国人大二次会议江苏代表团审议时再次强调，"要牢牢把握高质量发展这个首要任务，因地制宜发展新质生产力"。党的二十届三中全会更是明确提出，"健全因地制宜发展新质生产

---

① 基金项目：国家社会科学基金一般项目"新发展阶段促进共同富裕的税法保障研究"（22BFX090）的阶段性研究成果。

② 王婷婷，西南政法大学经济法学院副教授；刘祯，西南政法大学商学院硕士研究生。

力体制机制"。这些富有前瞻性的论述,为我们在新发展阶段打造经济发展新引擎、增强发展新动能和构筑国家新的竞争优势提供了重要指引。

作为科技进步与产业升级的集中体现,新质生产力的内在驱动在于科技创新,诸如新能源、新材料及元宇宙等前沿领域,均是推动经济向更高质量转型的关键力量。税收在国家治理中发挥着基础性、支柱性、保障性作用,其不仅是维持国家机器正常运转的血液,更是引导和促进新质生产力健康成长、推动经济社会高质量发展的战略工具,对于促进新质生产力形成、推动经济社会高质量发展意义重大。一方面,税收政策的制定与执行,能够通过把握公平与效率原则的平衡,构建一个既非过度依赖税收优惠又能以公平税制框架促进新质生产力发展的环境。另一方面,合理的税收激励能够实现与新质生产力的特性精准对接,通过税收杠杆的灵活运用,有效促进生产要素的优化配置与新兴产业集群的快速发展。正因如此,揭示税收促进新质生产力的逻辑机理,探索税收服务新质生产力的路径方向成为重要课题。

综观当前研究,已有学者对新质生产力进行了较为广泛的理论溯源、本质内核解析,并对税收制度如何更有效地催化新质生产力的成长、更好地激发社会财富创造潜能等议题予以了一定的关注。现有研究主要体现在以下几个方面:一是对税收促进新质生产力发展的机理分析。陶然、柳华平、周可芝(2023)站在税收功能的角度,指出税收具有"授能"环境和"去能"环境的双重性,既可为新质生产力形成与发展"授能",又可为新质生产力形成与发展"去能"。谢芬、杨颖(2024)分析了税收促进新质生产力形成的作用机理,揭示了税收政策对新质生产力的回应与制约因素,并在此基础上提出了相应完善建议。曾军平(2023)则认为,新质生产力的形成更需要公平税收来形成作用空间,进而通过优化税制来形成新质生产力。国家税务总局深圳市税务局课题组等(2023)基于元宇宙的新型技术视角,认为汇聚诸多前沿技术发展构建虚拟空间的元宇宙,能在新质生产力推动税制变迁的进程中发挥着基础性作用。二是对税收促进新质生产力的政策路径进行研究。针对以新产业、新业态、新模式为代表的"三新"经济,李旭红(2024)提出应当加快税收对科技创新的扶持力度,以培育更高素质劳动者、发展更高技术含量劳动资料、激活更广泛的劳动对象,推动传统生产力向新质生产力转型。刘剑文(2024)重点站在税法规范的视角,提出应当结合财政性规范与调节性规范的特点,在精细落实税收法定原则的基础上优化税制,通过预算控制的方式以税式支出的定位发挥税法力量助推新质生产力的发展。刘明慧、李秋(2024)站在财税政策一体化的视角,提出可以通过税收优惠、补贴、税收减免等财税政策影响企业的研发和投资决策,促进技术创新和产业升级。

尽管上述研究都已关注到税收力量对新质生产力的作用机制并提出了相应建议,但由于新质生产力的概念提出较新,相关研究仍处于起步阶段,主要存在以下几个方面的不足:一是研究基础理论较为薄弱。现有研究对税收如何促进新质生产力的作用机理和路径解构探讨不足,未能明确税收在促进新质生产力形成和发展中的具体作用点和路径,对该问题的揭示与相关政策建议较为局限且分散,未能形成系统化的解决方案。二是研究对象范围较窄。既有研究主要关注科技创新与新兴产业的发展与新质生产力的良性互动关系,而对税收助力绿色产业与数字经济的政策建议相对较少。三是研究视角有待拓宽。现有研究往往只基于国内的税制与政策进行分析并提出相关政策建议,而缺乏立足国际视角,对税收促进类似于新质生产力的先进生产力的发展路径提供参考经验。因此,本文拟从新质生产力的内涵与税收促进其发展的逻辑机理入手,以税收促进科技创新、数据要素投入与绿色发展的三维路径为主要方向,结合国外先进制度经验,以期为我国税收政策促进新质生产力的路径提供思路与建议。

二、税收促进新质生产力的逻辑机理

(一)新质生产力的内涵界定和主要特征

新质生产力是一种以创新为主导作用,摆脱传统经济增长方式、生产力发展路径,具有高科技、高效能、高质量特征,符合新发展理念的先进生产力质态。它由技术革命性突破、生产要素创新性配置、产业深度转型升级而催生,以劳动者、劳动资料、劳动对象及其优化组合的跃升为基本内涵,以全要素生产率大幅提升为核心标志,特点是创新,关键在质优,本质是先进生产力(习近平,2024)。与传统生产力相比,新质生产力在不同生产要素优化融合的基础上具备了新的动能,为科技成果的转化提供了动力,为产业的转型升级提供了空间,也为绿色发展提供了基础条件。解构其内涵可以发现,新质生产力具有以下特征:

1. 新质生产力的发展动力源自科学技术的创新突破

新质生产力有别于传统生产力,其中"新"更侧重领域的"新",以新技术、新业态、新经济为主要表现,而科技创新是推动新产业、新模式和新动能诞生的关键力量,是发展先进生产力的核心要素。科技的发展促进了劳动力、生产工具及原材料的持续革新和转型升级,反过来这种革新又为技术变革注入了新的创新动力,两者的良性互动合力驱动了生产力的革命性跨越,激发科技创新作为其发展新动能的策略至关重要。

2. 新质生产力的发展效能旨在体现引领产业创新

在新一轮科技革命和产业变革背景下,新质生产力的发展成为构建现代化产业体系的强劲动能。一方面,科技创新直接催生新兴产业,如以数据为核心的数字经济以及数字经济与实体经济的深度融合,是新质生产力效能的具体展现。通过深度整合数字经济与实体经济，不仅能够催生一批具有全球竞争力的数字产业集群，还能促进数据、技术、人才等创新要素的高效流动，加速经济数字化转型进程。另一方面，科技成果的快速转化和应用，对于改造提升传统产业至关重要。借助智能技术、信息技术等现代科技手段，可以实现传统产业的智能化、绿色化升级，延长产业链，提升价值链，形成传统产业与新兴产业协同发展的良好态势。同时，通过补链、延链、升链和建链，能够构建更加完善的现代产业体系，增强产业链供应链的稳定性和竞争力，确保国家产业安全。

3. 新质生产力的发展内核以绿色发展为本质要求

绿色发展是高质量发展的底色，新质生产力本身就是绿色生产力。加速绿色科技创新及其成果的广泛运用，是强化绿色制造业、拓展绿色服务业、壮大绿色能源业、推进绿色低碳产业与供应链体系构建的关键。通过强化绿色制造业、拓展绿色服务业、壮大绿色能源业，以及构建绿色低碳供应链体系，可以有效促进经济社会的全面绿色转型，实现高质量、可持续的发展目标。

（二）税收促进新质生产力的发展逻辑

税收既是国家获取财政收入的主要来源，也是政府进行宏观调控的重要手段，其兼具筹集财政资金、调节经济和稳定社会等多重职能，在加快形成新质生产力过程中，以税收治理为核心的制度建设是其坚实保障。税收作为链接政府与市场的重要纽带，主要通过以下机制促进新质生产力的发展。

1. 互动机制：生产关系对生产力的反向推动

在马克思主义经济学的理论框架下，生产力与生产关系之间的动态互动构成了社会经济发展的根本驱动力（刘明慧、李秋，2024）。生产力代表创造物质财富的能力，涵盖劳动力的效能、技术装备的进步以及自然资源的有效利用。生产关系则是在生产实践的土壤中萌芽的社会结构，涉及所有权模式、劳动组织结构、产品分配机制及交换系统。这一对基本矛盾通过生产力的跃进引发生产关系的变迁，当生产关系顺应了生产力的需求时，就会成为进一步推动生产力发展的催化剂。当生产力的增长超出了既定生产关系的承载边界时，革新生产关系以匹配新的生产力水平便成为必然趋势。

新质生产力的诞生是科技进步与持续创新的直接产物，不仅蕴含着崭新的生产技术和方法，还涉及革命性的组织架构、管理策略及配套的劳动力技能。新质生产力的兴起在加速社会经济发展的同时，也对现存生产关系施加了变革的压力，呼唤着动态演进的"新质生产关系"。税收政策作为宏观经济调控的核心杠杆，扮演着推动生产关系转型与生产力飞跃的关键角色，具体体现在：第一，税收政策通过促进所有制结构的多元化与市场活力的释放，为新质生产力的发展铺平道路。例如，减轻小微企业和初创企业的税收负担以激活创业创新的源泉，深化市场机制以增强经济主体的竞争活力。第二,税收政策助力劳动关系的现代化,以适应新质生产力对劳动力技能提升和灵活就业模式的需求。随着远程工作、弹性工时和项目化工作等新兴劳动形态的兴起,税收政策通过减税优惠、简化征管程序、赋予平台涉税信息提供义务等措施,积极鼓励自由职业者和远程工作者的参与,有望减轻新业态从业者的经济负担,加强该群体的合规意识,促进劳动市场的现代化转型。

2. 激励机制:税收对新质生产力的促进作用

税收对新质生产力的激励机制主要可以通过作用于优化资源配置来实现。税收作为政府调控经济活动和实现公共政策目标的关键工具,在优化资源配置方面发挥着重要作用,能够通过影响资源的分配和使用效率,有效引导投资变动、产业结构升级和经济高质量发展,体现税收对新质生产力的激励支撑。第一,税收激励科技创新投入。通过对个人和企业的研发支出给予税收减免或抵扣,可以降低创新成本,鼓励企业增加研发投资,促进新技术、新工艺的研发和应用,为新质生产力的发展提供直接动力。第二,税收引导投资流向。在科技创新快速迭代发展的背景下,通过差别化的税收政策对战略性新兴产业给予税收优惠,可以吸引更多的社会资本投入这些领域,进一步加速新技术、新产业的成长,进而优化产业结构。第三,税收为促进环境发展助力。新质生产力为绿色产业的发展提供了可能性,在政策的激励机制设计过程中,可以考虑对高污染、高能耗产业征收环保税,而对绿色低碳产业给予税收优惠,这种"胡萝卜加大棒"的政策能有效推动资源向环境友好型产业流动,为新质生产力的发展创造清洁、可持续的生态环境。第四,税收为基础设施建设赋能。税收收入是基础设施建设的重要资金来源。良好的基础设施不仅能直接提升生产效率,还能为新质生产力提供必要的物理和社会基础设施,如高速互联网、科研基地等,以此为创新活动提供支撑平台。第五,税收还能够加大社会保障和人力资本的投资。税收支持的社会保障体系能够减少民众对未来风险的担忧,增加对教育和技能培训的投资意愿,从而提升全社会的人力资本水平,为新质生产力提供人才支撑。

3. 协调机制:市场机制与政府作用的协同

在探讨新质生产力的发展过程中,市场机制与政府作用的协同显得尤为重要。为了促进新质生产力的形成,公平税制架构视角下的政府活动应当是有边界的,政府不应将其活动放在对经济具体事务的指导上,而应放在包括公平税制建设在内的具有普遍性的规则构建层面,具体的经济事务则交由市场去完成(曾军平,2023)。市场以其高效的信息处理能力和资源配置机制,自下而上地驱动创新和技术进步,是推动新质生产力发展的首要动力。然而,市场配置不可避免地会导致信息不对称、外部性、公共物品供给不足等市场失灵问题,此时应当由政府通过制定合理的税法和实施有效的税收政策,在不干扰市场机制正常运行的前提下,纠正市场失灵,为新质生产力的健康成长创造条件。这主要体现为:第一,通过税收的收入再分配效应发挥对促进新质生产力发展的协调作用。税收的收入再分配效应是指税收制度和政策在调整社会成员之间收入分配方面所发挥的作用,税收政策在调节收入分配的同时,往往可以间接或直接地促进技术创新、新业态发展、社会公平与经济稳定,推动新质生产力的发展。例如通过累进税制的设计与转移支付等手段以缩小收入差距,减少贫富分化,为更多人提供参与创新活动的机会(谢芬、杨颖,2024)。同时,公平的收入分配有助于扩大消费群体,增加市场需求,为新技术、新产品提供广阔的市场空间。第二,借助公平竞争审查机制来防止违规的税收优惠、财政奖补制度对市场竞争带来不良影响。新质生产力既包括技术和业态模式层面的创新,也包括管理和制度层面的创新。当政府以财政奖补、税收优惠对某些经营主体给予特殊照顾,使得其他市场经营主体在发展过程中难以平等使用生产要素时,可以借助公平竞争审查机制的合理运用,以维护新质生产力发展所需要的公平竞争环境。

三、税收促进新质生产力的国际经验及有益实践

尽管"新质生产力"的概念是马克思主义生产力理论的中国创新和实践,但从经济社会的发展变革路径来看,世界各国均通过科技发展、绿色赋能来寻求经济社会的可持续发展,并重视通过发挥税收政策的激励和调节作用来释放生产力的发展动能和潜力。相比而言,各国在通过税收政策的制定以助力科技创新、激励数据要素投入与赋能绿色发展方面与我国促进新质生产力发展的税收政策逻辑具有一定共通性。因此,深入分析探讨域外对于扶持科技创新、数据要素培育及绿色产业发展的有益实践和制度经验,有助于为构建符合中国特色的新质生产力发展战略提供借鉴与参考。

(一)税收引导科技创新的国际制度经验

税收作为国家财政体系的中枢,其角色远超简单的财源筹措,更是撬动科技创新、塑造新发展格局的关键杠杆(杨志勇,2021)。税收政策的精准施策,对于激发科技创新潜能、催化新质生产力的形成以及推动经济向更高质量跃升具有不容忽视的战略意义。国外在税法中常常通过制定优惠政策来激励企业增加研发投资、推动科技创新,主要包括以下几种路径:

1. 通过税收激励措施促进科研设备的加速折旧及摊销

美国、英国和日本均采取了一系列税收激励措施来促进企业对科研设备的投资,助力企业加快科技创新步伐。美国自1986年起实施加速成本回收制度,并在2017年的税收减免与就业法案(TCJA)中调整了研发费用的处理方式,且美国国会

近期仍在探讨恢复研发支出的即时费用化,允许企业在发生研发成本的当年即行全额扣除而非分期摊销。由此能够通过税收优惠的直接途径减轻企业研发的财务负担,激发私营部门的研发活力。英国对企业采取了提供资本津贴的方式,允许企业主体对包括研发设备在内的特定资本支出享有税收减免,同时可通过加速折旧或一次性扣除来减轻税负。日本为鼓励企业进行研发,允许企业研发投资的一定比率在法人税中进行扣除。2021年经日本国会审议通过的财政年度税制改革规划对利用数字化技术进行业务转型的企业,允许其将购置成本的5%或3%进行税收抵免,或者提取30%的特别折旧,将软件研发费用纳入研发类税收抵免范围(葛敬书、毕凌波、邱晓峰,2021)。上述国家的税收政策均通过减轻企业负担,促进了对科研的投入和技术创新,展现了税收推动新质生产力发展的国际实践。

2. 采取研发费用税前扣除或抵免的策略

例如,英国中小企业研发税减免政策除了允许企业享受正常的年度利润100%扣除之外,再扣除其合格成本的86%。当公司出现亏损时,企业还可以额外选择申请应付信贷,如果企业以前没有申请过研发项目的税收减免,则可以享受申请预先担保。对于从事研发税收减免支持类型的科技创新项目的大公司,无论是否盈利,部分或全部支出抵免均可用于结算公司或其他集团公司的公司税负债。日本企业可以依据《法人税法》中关于研发支出的规定享受税收优惠,符合条件的研发支出可以在计算企业所得税时予以扣除。对于研发费用增加的企业,法人税应纳税额扣除上限从25%提高至30%(葛敬书、毕凌波、邱晓峰,2021)。韩国更是直接将一部分研发支出从应纳税额中直接减免,以此大力度鼓励企业增加研发投资,加快推动技术进步与产业升级。由此可见,通过实施研发费用税前扣除和抵免政策,各国政府旨在利用税收政策的杠杆作用以刺激企业对研发活动的投入与技术革新发展。

3. 专利盒的特别优惠税率制度安排

专利盒制度作为一种税收激励策略在欧洲及部分其他国家得到广泛应用,旨在促进企业研发与知识产权的产出与商业化。英国实施的专利盒政策自2013年至2017年间逐步推行,核心内容是允许企业对其专利盈利按10%的优惠公司税率征税。以色列则对高新技术企业采取了分层的专利盒税率,即依据企业规模和所在地区的不同提供6%至12%不等的所得税优惠(杜雨烟,2023)。土耳其的专利盒激励措施与地理位置紧密相关,规定在特定的技术开发区内的企业可以享受IP资产所得税的全免,而其他区域的企业则享有一半减免(杜雨烟,2023)。综上,这些国家的专利盒制度虽各有侧重,但共同目标在于通过税收优惠促进技术创新和经济增长。

(二)税收激励数据要素投入的国际制度经验

随着经济社会的快速发展与变革,数据要素凭借其促进多维度创新、提高生产效率、优化资源配置以及推动产业融合等显著特点,成为新质生产力发展的重要驱动力(张斌、李亮,2024)。近年来,随着互联网、人工智能等前沿科技领域的迅速崛起,数据要素已然跃升为驱动全球经济高速前行的关键引擎,其价值创造与增值效应日益凸显。数据要素,涵盖数字化技术、数据资源、网络平台、数字人才以及与之相关的商业模式和创新活动,以其无界互联、智能驱动与高效协同的特性深度重塑着各行各业的生产方式、商业模式乃至社会治理模式。在这一背景下,各国政府敏锐捕捉到数据要素对于经济增长的巨大潜力,纷纷调整税收政策,通过一系列税收优惠措施,积极引导和激励数据要素投入。

1. 加大对数字产业发展的税收支出投入

在全球数字经济蓬勃发展的背景下,德国与英国作为先行者,通过创新税收政策有效激发了数据要素在生产中的深度融合与高效利用。德国联邦经济和能源部于2021年大幅提升了数字化项目"数字·现在"的投资,该预算从5 700万欧元增至1.14亿欧元,旨在加强对中小企业数字化的支持。该项目于2020年启动,重点为拥有3至50名员工的中小企业提供最高5万欧元的资助,用于数字技术投资和员工数字化技能培训,以提升其竞争力和创新能力,该项目计划至2024年资助总额预计将进一步增至2.5亿欧元。

2. 为数字产业初创发展提供税收优惠支持

英国政府早在2013年度就推出了英国种子企业投资计划(SEIS),该计划旨在通过提供个人所得税抵扣、资本利得税豁免、亏损救济及遗产税豁免等税收优惠,鼓励投资者支持早期创新型数字企业以减轻其融资压力,助力本国数字经济的发展。一方面,SEIS计划有效吸引了私人资本流向高成长潜力但融资困难的数字初创企业,以解决初创企业早期发展的资金瓶颈与技术研发、市场拓展和团队建设难题,促进了数字经济新业态、新模式的涌现,为数字经济发展注入了活力。另一方面,SEIS计划还通过降低投资者风险、提高投资回报预期来激发风险投资市场的活跃度,优化数字经济领域的资源配置。通过形成良性的投资循环,吸引更多不同类型的投资人参与数字企业投资,进一步拓宽了数字企业的融资渠道,为数字企业长期、稳健发展提供了稳定的资金保障。

3. 建立与数据资产课税相适配的税收制度

数字经济的发展对税收征管和纳税服务提出了新的要求,各个国家和地区都在积极探索新的行之有效的措施。2014年开始,美国国内收入署(IRS)对比特币等数字货币的应税资产征税。相应地,英国税务及海关总署(HMRC)则将加密货币视为资产,对加密货币交易所得征收资本利得税。澳大利亚将加密货币视为财产,对投资的利润征税,按年申报。新加坡则对数字资产采取了相对优惠的税收待遇,新加坡税务局 2020 年发布的《数字代币所得税指南》明确,矿商、ICO 发行人、企业和个人持有的代币的价值波动,除非实现,否则不应纳税或扣除(杨志勇,2020)。从中可知,各国通过这些措施能够鼓励数字技术和数据在经济中的应用,还有助于提高税收征管效率、降低征纳成本,引导与支持数据要素在国际间的投入和流动。

(三)税收助力构建绿色生态产业的国际制度经验

绿色发展是高质量发展的底色。新质生产力与绿色产业的深度融合是推动高质量发展的内在要求(韩文龙、董鑫玮、唐湘,2024)。从税收领域对于绿色产业的适时革新与精准施策,将成为驱动这一转型进程的关键动力。综观国际社会,以美国和欧盟为代表的一些国家和地区在构建绿色税收体系方面的税收政策相对成熟,具体表现如下:

1. 为绿色产业的发展提供必要的税收减免

美国国会 2022 年通过的《通胀削减法案》中有大量有关环境保护和绿色发展的修改。例如,在清洁电力与碳排放削减方面,法案延长了利用可再生资源(特别是风能、生物质、地热和太阳能、填埋气、垃圾、合格水电以及海洋和水动力资源)发电的税收抵免至 2024 年。除此之外,法案还允许满足某些钢铁和制造业项目要求的设施以及位于能源社区的设施(布朗菲尔德场地或与石油、天然气或煤炭活动有关的有大量就业的地区)获得奖金信贷金额。在使用清洁燃料方面,该法案将用作燃料的生物柴油和可再生柴油的所得税抵免、生物柴油消费税抵免、替代燃料税收抵免和第二代生物燃料生产者税收抵免延长至 2024 年,旨在为相关产业提供稳定的政策预期以鼓励企业持续投资并扩大产能,推动生物基燃料市场的稳健发展。同时,该法案还为在指定的 10 年期间生产合格的清洁氢创造了新的税收抵免,这一举措不仅响应了全球范围内对低碳能源转型的需求,也顺应了美国政府对于构建多元化、低碳化能源体系的战略规划。

2. 通过税收制度的绿化发展引领经济的绿色化转型

欧盟通过"欧洲学期"框架鼓励成员国进行税收结构的调整,将税收重心从劳动和公司利润税转移到环境税上,以提高资源效率、能源效率,促进回收利用,减少对能源进口的依赖(Dalia S. et al.,2018)。例如,通过提高对能源产品的税收,尤其是对化石燃料的税收,来促进对可再生能源的使用。2018 年,加拿大各省开始探索实施碳税或碳排放权交易体系,建立了联邦碳定价支持体系。而根据捷克 2007 年的《稳定国家预算法》,该国对清洁能源生产的电力免税,该国还于 2021 年引入太阳能税,通过税制的绿化来推动节能环保(何代欣、周赞婕,2024)。这些国家都致力于通过绿色税收政策引导资源合理配置,加速经济绿色化转型,为全球可持续发展提供了范例。

四、我国税收政策促进新质生产力的主要难题

在推动经济高质量发展的进程中,科技创新作为核心引擎,通过持续的技术革新与跨界融合激发产业变革与市场潜力;数据要素作为数字经济时代的关键资产,通过精准匹配与优化资源配置提升经济发展的整体效能;绿色发展通过推行低碳技术与循环经济模式确保新质生产力的生态底色与长期韧性。由此,科技创新赋能,数据要素催化,绿色发展护航,三者相互交织形成了一个创新驱动、数据智能、绿色包容的新质生产力格局。但综观我国,税收政策在促进新质生产力的发展中仍面临不少难题,难以为科技创新、数据要素投入和绿色发展等方面提供充分的制度激励。

(一)我国在促进科技创新领域面临的税收难题

1. 我国企业研发环节的税收优惠力度相对较小

一国在研发环节的税收优惠力度可以综合运用税收优惠在整个创新激励政策体系(财政政策与税收政策)中的占比来进行衡量。以2016年的数据为例,我国激励企业研发的税收优惠力度为0.07%,税收优惠在整个激励政策体系中所占的比重为52%。与比利时、爱尔兰、匈牙利、奥地利、挪威、加拿大、荷兰、葡萄牙、日本等国相比,无论是激励企业研发的税收优惠占GDP的比重还是税收政策体系中税收优惠的比重均不够突出(赵书博、王秀哲、曹越,2019),体现出我国税收政策可能存在着对创新研发激励不足的现状。

2. 我国科技成果转化环节的税收优惠呈现出"优惠主体偏离"与"重投入轻产出"的双重问题

一方面,目前我国的高新技术企业税收优惠采用的是"门槛法",即企业一旦被认定为高新技术企业,其所有所得都可以享受税收优惠,而不必与具体的研发活动直接挂钩。相比之下,许多发达国家采取的是"关联法",这意味着税收优惠仅适用于那些与研发活动直接相关的收入,通常通过计算符合条件的研发支出占总研发支出的比例来确定。2015年,国际组织有害税收实践论坛(Forum on Harmful Tax Practices, FHTP)对中国包括对高新技术企业的税收优惠和对技术转让所得的税收减免政策的若干税收优惠政策进行了审议,其中FHTP及其成员国就曾表达了对这些政策可能构成有害税收实践的担忧,并将其视为对跨国企业转移利润至低税负地区的诱导,从而导致全球税收公平性的扭曲。另一方面,尽管我国建立了以研发费用加计扣除为核心的投入端税收优惠体系,旨在鼓励企业增加研发支出以提升整体科技水平,但其核心目标集中于研发投入量的提升而非产出质的保证

(寇韵楳,2024)。然而,近年来随着我国经济的快速增长和科技实力的显著增强,单纯依赖投入端激励虽能在短期内撬动研发活动的增加,却难以确保研发投入转化为实质性的科技成果。科技成果作为衡量科技创新能力和市场竞争优势的关键指标,其数量与质量直接关乎国家在全球价值链中的位置。因此,目前我国税收优惠政策在促进研发投入的同时,未能有效激励高质量科技产出成果的创造与运用,在国际竞争日益激烈的背景下,这一短板越发凸显。

(二)我国在促进数据要素投入领域面临的税收难题

数字经济的发展要求我国优化税收结构,构建适配数字经济发展的税制体系,但就我国来看,现行税收制度与数字经济的适配性还有待提升,以税收支持数据要素的发展为例,仍存在以下几个突出问题:

1. 税收制度体系与数字经济之间的适应性有待加强

伴随数字产业化和产业数字化发展,我国不断涌现出新经济形态和新商业模式,很多新型交易中的税源、税基都需要作新的界定。以数据要素为例,我国中央文件将数据确立为与资本、土地、劳动力一样的生产要素。数据要素作为一种新型生产要素对传统税制体系产生了深远影响,特别是在税源识别、征税对象界定以及税基侵蚀等方面对税制设计提出了前所未有的挑战。首先,数据要素的融入打破了传统生产要素配置的固有模式,加之实践中对数据要素的价值量化及其归属的认定困难重重,进一步增加了税源识别与计量的复杂程度。其次,数据要素从原始形态到形成数字产品的转变过程中伴随着产权和经济价值的动态变化,这不仅对纳税主体和征税对象的界定提出了新的思考要求,还对现行税制的灵活性和适应性提出了考验。尤其值得关注的是,由数据为主要驱动的数字经济活动(如跨国公司的全球布局优化)可能进一步加剧税基侵蚀和利润转移现象并对国际税收秩序造成冲击,这也意味着对税制体系提出了更高的要求以适应数据要素时代的冲击(李夏旭,2023)。

2. 税收征管立法与数字时代的发展存在一定程度的不兼容,给税务管理与执法层面带来现实挑战

当前税收法律体系的构建基础主要源于实体经济背景,而缺乏对数据作为新型生产要素特性的考量以及其在数字经济中所扮演的核心角色的深刻理解(杨磊,2020)。实践中,数字经济的发展对征管产生了负向冲击,税务机关的征管难度加大,尤其是一些经济活动的交易性质、纳税人、纳税地难以确定,税收管辖权更加模糊,给税收征管带来了极大的挑战。一方面,数据要素的流动性特征使得企业可以轻松跨越地理界限开展业务,传统的以实体为基础的纳税地点判定标准不再适用,从而增加了税务管理的复杂性。另一方面,数据要素的迅猛发展对税务人员的专业技能提出了更高要求,例如精细的数字分析技能和法律解读能力,以应对数字经

济环境下错综复杂的税务合规问题。加之数据要素收益分配机制尚未成熟,如何确保其产生的经济价值得到公平有效的分配也成为影响数字经济市场公平竞争与效率的关键所在。

(三)我国在促进绿色发展领域面临的税收难题

目前,我国已经在多个领域通过绿色税收制度的发展为新质生产力提供有力的税收优惠支撑,助力新质生产力跃迁升级,但仍面临着多重难题。

1. 促进企业绿色转型的税收支持面临多重挑战

现有的税收优惠和补贴政策往往覆盖范围有限,且缺乏针对性,难以精准对接企业绿色转型的实际需求。尤其对于前沿绿色技术企业与可再生能源、循环经济、清洁生产领域的探索者,现有政策的财政支持往往难以弥补其高额的研发与初期投资成本,财务压力成为阻碍企业绿色创新的绊脚石。此外,税收优惠复杂的申请程序与漫长的审核周期也降低了绿色税收政策的吸引力与实施效率(李华,2019)。

2. 绿色税收体系的完整度与创新性仍显不足

一方面,绿色税收体系的覆盖范围有待拓宽,例如现行的环境保护税尚未延伸至碳排放和垃圾处理等关键领域,资源税亦主要锁定在矿产与水资源而忽略了森林、草原、湿地等其他生态资源的重要性。这种局限性导致绿色税收体系在调控资源使用和环境保护方面的作用受限,亦未能充分调动各行业在节能减排和资源节约上的积极性。另一方面,我国绿色税收政策工具的创新性、多样性与层次性亟待加强。当前,我国过度依赖环境保护税与资源税等直接税种,缺乏多元化的税收激励和约束机制(徐会超、张晓杰,2018)。有关绿色创新与低碳技术研发的税收优惠力度尚显不足,高污染、高能耗行业也缺乏强有力的税收惩罚措施。

3. 绿色税收政策面临技术与制度双重挑战

一方面,在技术上,绿色税收政策的实施,特别是对环境影响的准确监测和评估均需要依托先进的科技手段和方法(徐会超、张晓杰,2018)。然而,当前我国的技术水平和监测能力尚不能完全满足这一需求,从而导致政策执行的精确度和效率受限。另一方面,在监管上,我国绿色税收监管体系同样不够完善,信息共享机制的缺乏、绩效评估体系的不健全以及违规处罚制度的不足等问题共同构成了绿色税收政策执行的瓶颈,不仅影响了税收政策的执行效率,也削弱了政策的执行力与公正性(马海涛,2022)。

五、推动税收赋能新质生产力的路径及建议

构建与优化税收体系以服务新质生产力的发展,不仅是推动高质量发展的必

由之路，也是深化改革的关键议题。面对我国发展新质生产力的时代诉求和日益加剧的国际竞争，我国应当在回应我国税收促进新质生产力发展难题、适当吸收国际经验的基础上，从以下层面精准施策，寻求税收制度促进新质生产力发展的最优解，营造有利于新质生产力茁壮成长的税收环境。

（一）坚持法治创新与税制优化相结合，为新质生产力提供制度保障

目前，我国的税收政策之所以与新质生产力发展呈现出不匹配、不充分的问题，在很大程度上源自法治和制度的不完善，具体表现为税收法律层级不高以及税收制度的完善性和创新性不足。一方面，与新质生产力紧密相关的税收优惠措施大多是以行政法规或部门规章形式存在的，如企业研发费用加计扣除政策实施细则和高新技术企业税收优惠等，这些政策并非由全国人大或其常委会制定为法律，因此在稳定性与权威性上存在不足，可能影响市场的稳定预期和投资者的信心。另一方面，在税收制度的完善与创新方面，现行税制体系难以适应数字经济时代的数据要素特点。如前所述，我国税收法律体系主要针对实体经济设计，未能充分反映数据要素在经济活动中扮演的新角色，这可能导致税收政策与数字时代生产方式之间的脱节。在绿色税收体系方面，环境保护税与资源税的覆盖范围有限且政策工具较为单一，限制了其在促进绿色发展方面的效能。因此，要有效促进新质生产力的发展，需要通过提升税收法律层级和完善创新税收制度来形成有力的生产关系制度。

1. 逐步提高相关政策法规的法律层级

目前我国与科技创新、绿色发展相关的税收优惠政策工具主要散见于各种规范性文件之中，主要由规范性文件主导，缺乏法律规制，反映出法律供给严重不足的问题。对此，有必要通过逐渐推动相关税收优惠政策的法定化，如研发费用加计扣除、高新技术企业税收优惠、环境保护税及绿色税收优惠等中的部分细则与政策应当逐步提升至由全国人大或其常委会制定的法律层面①。这不仅是优化税收制度、激发市场活力的关键一步，也是优化营商环境的重要保障。通过提升税收政策的法律地位，有望构建更加稳定、权威的税收体系，以确保税收优惠措施的固定性

---

① 以研发费用加计扣除等税收优惠规范为例，虽然基本的研发费用加计扣除政策已经在《中华人民共和国企业所得税法》中有所体现，但具体的实施细则和操作指引通常是通过财政部、税务总局等部门发布的通知来明确的。例如：取消企业委托境外研发费用不得加计扣除的限制的政策是通过财政部、税务总局、科技部联合发布的《关于企业委托境外研究开发费用税前加计扣除有关政策问题的通知》（财税〔2024〕64号）来实施的。高新技术企业和科技型中小企业亏损结转年限由5年延长至10年的规定是通过财政部、税务总局联合发布的《关于延长高新技术企业和科技型中小企业亏损结转年限的通知》（财税〔2024〕76号）来实施的。企业购置并实际使用环境保护专用设备的，该专用设备的投资额的10%可以从企业当年的企业所得税应纳税所得额中抵免的优惠政策的具体适用范围和条件在《环境保护专用设备企业所得税优惠目录》等文件中详细列出，而这些文件是由财政部、税务总局等部门联合发布的。

和明确性。

2. 增强税收制度的适配性与创新性

面对数据要素作为新型生产要素所带来的税源识别与计量复杂化以及征税对象界定模糊的挑战，税收政策的优化和完善显得尤为重要。对此，一方面应当在税收制度中明确数据要素的价值量化与归属界定，例如通过开发一套基于市场价值、成本、受益于替代品分析的数据估值方法，建立数据估值框架，以量化数据要素的商业价值，明确数据的产权归属，区分个人数据、企业数据与公共数据的不同处理原则，为识别税源与征税主体及对象的确认提供标准。另一方面，面对数字平台经济的发展与数据要素驱动的商业模式创新，可以考虑针对数据交易和服务的不同形式，制定灵活的税收分类和税率结构，鼓励创新的同时保障税收收入。例如，对于数据订阅服务，可以采用类似于服务税的征收方式并要求数字平台对其生态系统内的交易活动负责，包括代扣代缴相关税费，以及提供必要的交易信息供税务机关审查。针对我国绿色税收体系存在的不足，一是应当在环境保护税层面适当扩大其覆盖范围至碳排放和垃圾处理领域，例如增设碳税与垃圾处理税费，将碳排放和垃圾处理纳入环境保护税的征收范围。对于主动减排、采用低碳技术的绿色企业，可适当提供碳税减免或返还政策，鼓励企业自主减排，推动绿色低碳技术的应用与推广。为保障环境保护税的有效征收，应当建立全国统一的碳排放监测和报告系统，利用物联网、大数据和人工智能等技术，实时监测重点排放单位的碳排放情况，提高数据的准确性和透明度。同时还应制定统一的碳排放报告标准，要求企业定期提交碳排放报告，作为碳税征收的依据。二是在资源税税制改革领域，有必要运用现代信息技术手段开展全国范围内的生态资源普查，包括森林、草原、湿地等，建立生态资源数据库。通过专业评估，根据生态资源的稀缺程度和环境承载能力，制定合理的税率并建立动态调整机制，定期评估生态资源状况，适时调整税率，以适应生态环境保护的需要。此外，还可制定生态补偿政策，确保资源税收入的一部分用于生态修复和保护项目，如植树造林、草原恢复、湿地保护等。

（二）坚持过程激励与结果激励相结合，为新质生产力提供外部动能

尽管税收优惠是激励企业创新、促进新质生产力发展的重要杠杆之一，但其效果并非毫无局限，过度依赖不当设计的税收优惠体系可能引发导致市场扭曲、影响资源的最优配置等一系列问题（谢芬、杨颖，2024）。长期以来，我国在促进科技研发创新过程中的税收优惠政策体系存在着"优惠主体偏离"与"重投入轻产出"的结构性问题，导致对科技研发创新的相关税收激励体系出现"重投入、轻商业化"的不平衡状态。因此，鉴于高质量发展的战略目标，有必要调整税收优惠政策的供给思路，坚持过程激励与结果激励相结合的原则，以实现更高质量的科技创新。

第一，引入研发成果转化专项税收减免的解决思路，鼓励企业从研发到商业化

全链条的创新活动,确保税收优惠与研发活动紧密挂钩,促进科技成果的高效转化。对于企业成功将研发成果转化为产品或服务,并在市场上取得收益的,可以提供一定比例的税收抵免,鼓励企业将研发成果推向市场。在调整税收优惠政策方向时,考虑建立研发与商业化联动机制,督促企业不仅要考虑研发阶段的投入,还要考虑成果转化和商业化的成效,例如对成功实现商业化的产品或服务的销售收入,提供额外的税收减免或抵免。针对技术研发费用占比较大的科创企业,可以允许企业将未转化成商业成果的研发费用暂时挂账,在未来成功转化后再将这部分费用用于抵减税收,以此激励企业持续进行研发活动。

第二,对科技创新的税收优惠认定标准从"门槛法"转向"关联法",确保税收优惠仅适用于与研发活动直接相关的收入,提高税收优惠的精准度和效能,促进科技成果转化的质量和效率。首先可考虑细化科技研发活动的分类,具体界定哪些类型的支出可被视为直接与研发活动相关,例如直接材料采购、人力资源成本、实验设备租赁费等,确保税收优惠精准覆盖研发活动的核心环节,避免资源错配。其次是引入活动关联度评估体系,衡量企业申报的税收优惠是否真正与研发活动紧密关联。例如,基于项目报告、专家评审等方式确保只有真正符合标准的支出才能享受税收优惠。除此之外,还应当根据行业特性、技术发展趋势和企业规模等因素设置动态调整机制,定期调整关联度评估标准,保障税收优惠政策能够适应科技创新的快速变化,提高政策的灵活性和适应性。

第三,推广以"专利盒"为代表的产出端税收优惠措施。当前,我国高新技术企业税收优惠主要采用的"门槛法"可能导致税收优惠与企业的实际研发活动和科技成果产出脱节,不利于精准激励。与此同时,虽然我国优先构建了以研发费用加计扣除为核心的投入端税收优惠体系,但这种做法侧重于研发投入量的提升,而忽略了产出质量和效果的重要性。考虑到我国经济的快速发展和科技实力的显著增强,税收优惠政策应更加注重产出质量和国际竞争力的提升,而非仅仅关注研发投入量,如对高质量专利、原创性技术创新成果给予额外税收减免,鼓励企业追求高价值创新,加速知识产权成果的商业化进程,提升科技成果的国际影响力。在此基础上,可以建立科学准确的科技成果转化评估体系,以定期评估税收优惠政策的执行效果,及时调整政策导向,确保税收优惠真正服务于高质量科技产出的创造与运用,助力我国在全球价值链中占据更加有利的位置。

(三)坚持赋能产业与赋能要素的联动,为新质生产力提供内在驱动

坚持赋能产业与赋能要素的结合,构建适应新质生产力的税收政策体系,是我国税收现代化进程中的重要课题。这要求税收精准施策,把握好新兴产业与数据要素的脉搏,致力于为新质生产力的持续培育和经济产业结构的深度转型构建一个稳健且充满活力的税收制度环境,为高质量发展的大局奠定坚实基础。

1. 坚持税法赋能产业,助推新质生产力的发展

新质生产力关注的是通过新兴技术和产业实践来强化经济基础,同时坚持人与自然和谐共存的原则。这一过程中,现代化产业体系的构建和经济结构的优化升级是基础支撑,目标在于提升效率与和谐度,保障发展的持续性。一方面,绿色产业作为其核心组成部分追求高效、环保、可持续的发展目标,与新质生产力要素结合后将进一步加速经济向绿色低碳、集约高效的模式转变,为高质量发展奠定坚实基础。因此,在赋能绿色产业方面,对于从事绿色产业研发、生产和销售的企业,建议延长其企业所得税的减免期限,例如可以从现有的三年免税、三年减半调整为五年免税、五年减半,以增强企业长期投资的信心。设立绿色产业税收优惠专项基金,对符合条件的尤其是初创期和高风险绿色项目提供直接的资金补助或税收抵免。同时,建议为绿色技术的孵化与加速项目提供场地租金减免、运营成本补贴等税收优惠,打造绿色技术的创新生态系统,促进绿色技术的集群式发展。另一方面,对于数据密集型产业,如大数据、云计算、人工智能等领域,同样可考虑通过税收减免、研发费用加计扣除等措施,降低企业创新成本,激发数据产业的创新活力。同时加强对数据安全与隐私保护的税收激励,鼓励企业投入更多资源用于数据安全技术的研发与应用,提升数字产业的整体安全水平。

2. 坚持税法赋能要素,助推新质生产力的发展

在数字化时代背景下,经济活动展现出前所未有的特征,数据要素成为推动经济社会发展的关键驱动力。为了顺应这一趋势,我国应着力优化税收政策,以促进数据要素的高效利用与价值释放,赋能数字经济与实体经济的深度融合。这不仅需要有关部门系统性地探究与设计涵盖数据资源化、资产化和市场化的全链条税收政策,通过税收激励机制引导数据生产要素的优化配置,加速其价值实现,更要密切关注数据特性带来的企业模式变革及利润流动性的新挑战,适时调整税收政策,确保税收公平与效率的双重目标得以实现。具体来说,一是在数据资源化阶段,应当针对数据要素的特殊性积极探索相关的税收优惠,例如对数据采集、清洗、标注等前期工作的税收减免,鼓励企业积极参与数据资源的积累与优化。同时,鼓励企业与科研机构合作,对数据预处理技术的研发给予税收激励,推动数据质量与价值的提升。二是在数据资产化阶段,应加快建立标准化的数据资产评估与登记中心,明确数据资产的法律地位与评估标准,对数据资产化过程中的增值环节,如数据产品开发与服务创新,实施所得税优惠,如设立研发费用加计扣除政策,促进数据资产的市场转化与价值实现。针对数据资产的交易,可考虑实行增值税差额征税,仅对增值部分征税,减轻企业负担,鼓励数据资产的流通与利用。三是在数据市场化阶段,主要考虑建立健全数据交易税收制度。一方面,对数据交易平台给予增值税减免以降低交易成本,促进数据要素市场的活跃;另一方面,对高附加值

的数据产品和服务实行较低的税率,鼓励数据创新与应用,形成良性循环。四是面对数据流动性的特征带来的跨境税收挑战,我国应积极参与国际税收规则的制定,推动建立全球数据税收协作机制,防止跨国企业通过数据转移规避税收。同时建立数据利润归属判定机制,确保数据产生的利润在相关国家或地区得到合理分配,以更好地维护国家税收主权。

(四)坚持税收公平与税收效率的统一,为新质生产力提供协调机制

在新质生产力的发展过程中,税收政策在扮演重要角色的同时,也面临着可能导致违反公平和效率问题的挑战。例如,在新业态发展中,劳动者面临的税负问题也值得关注:税负过高可能抑制劳动者的积极性和创造力,税负过低可能导致政府收入减少和社会保障体系资金不足,需要进行平衡协调。再如,涉税信息供给难题也日益凸显,特别是在数字经济和平台经济领域,由于数据的分散性和复杂性,涉税信息的准确收集和处理变得尤为困难,这对税收征管效率构成了挑战。因此,税收政策在促进新质生产力的发展同时也要兼顾税收公平和效率。

1. 提升税收制度适应性发展中的公平与效率

一是在优化税收激励措施层面,应当确保税收优惠与研发活动紧密挂钩,促进科技成果的高效转化,而不是简单地偏向投入而忽视商业化进程,提高税收优惠的精准度和效能,避免资源浪费,提高科技成果转化的质量和效率。二是应当把握好税收优惠待遇的尺度。在数字经济和绿色经济领域,我国在制定相关的税收政策法规过程中应当关注政策实施的限度与精准性,避免出现对数字经济与绿色产业的优惠失衡或限制过重的不公平情况。例如,考虑到数字企业容易形成的经营垄断以及税收转移问题,应当清理现行税收政策中的违规税收优惠和财政奖补,并根据法律的规定启动公平竞争审查,以有效维护市场公平竞争。三是应当加快研究制定与新业态新模式相适应的税收制度,实行对劳动性所得的统一征税,为新业态新模式下的纳税人进行合规经营和纳税遵从提供稳定预期。

2. 保障税收征管数字化中的公平与效率

加快税收征管数字化进程,不仅是顺应"数字中国"战略的必然要求,更是提升税收征管公平与效率的关键路径。根据《数字中国建设整体布局规划》,数字中国建设将按照"2522"的整体框架进行布局,为促进新质生产力发展,税收征管数字化有必要紧跟"2522"框架的指导思想[①],以数字基础设施和数据资源体系为基石,

---

① 中共中央、国务院于2023年发布的《数字中国建设整体布局规划》明确,数字中国建设按照"2522"的整体框架进行布局,即夯实数字基础设施和数据资源体系"两大基础",推进数字技术与经济、政治、文化、社会、生态文明建设"五位一体"深度融合,强化数字技术创新体系和数字安全屏障"两大能力",优化数字化发展国内国际"两个环境"。

推动数字技术与经济社会各领域深度融合,强化数字创新与安全,优化内外部发展环境,以此驱动治理方式的革新,实现从传统模式向智能化、数字化征管体系的转型升级。例如,为确保数字经济时代税收征管的公平与效率,应当赋予平台企业定期向税务机关报告涉税数据的责任,明确报告的时间、方式和信息标准等细节,以保证税务机关能够及时且准确地获取所需信息。再如,在征管技术层面,税收征管体系应当加快 API 接口的部署,实现税企数据的直联互通,强化线上服务的能效,构建起一个由税务机关、纳税人与社会各界共同参与的多元化税收生态系统,提升服务便捷性与用户体验。此外,我国还应加强税收征管与智能技术的深度融合,通过强化数字技术智能算法的应用,构建智能化征管基础,促进税务执法、服务与监管的高度协同,形成集约化、智能化、精细化的征管新格局。

参考文献

[1]习近平经济思想研究中心.新质生产力的内涵特征和发展重点[N].人民日报,2024-03-01(09).

[2]黄庆畅,金正波,刘博通,等.因地制宜发展新质生产力[N].人民日报,2024-03-07(05).

[3]中国共产党第二十届中央委员会第三次全体会议公报[EB/OL].(2024-08-01).https://www.gov.cn/yaowen/liebiao/202407/content_6963409.htm.

[4]陶然,柳华平,周可芝.税收助力新质生产力形成与发展的思考[J].税务研究,2023(12):16-21.

[5]谢芬,杨颖.促进新质生产力形成的税收政策探析[J].税务研究,2024(2):120-125.

[6]曾军平.税收该如何助推形成新质生产力?[J].税务研究,2023(12):12-15.

[7]国家税务总局深圳市税务局课题组,等.新质生产力与税制变迁:元宇宙的视角[J].税务研究,2023(12):5-11.

[8]李旭红.税助科技创新 推动新质生产力加快发展[J].中国税务,2024(5):12-14.

[9]刘剑文.发挥税法力量 助推新质生产力发展[J].税务研究,2024(5):24-28.

[10]刘明慧,李秋.财税政策何以驱动新质生产力发展?[J].上海经济研究,2024(3):31-41.

[11]习近平.发展新质生产力是推动高质量发展的内在要求和重要着力点

[J].创造,2024(6):1-3.

[12]曾军平.税收该如何助推形成新质生产力?[J].税务研究,2023(12):12-15.

[13]杨志勇.促进科技创新税收大有可为[J].中国税务,2021(9):11-13.

[14]CONGRESS.GOV.Tax Reform Act of 1986,Title II:Provisions Relating to Capital Cost-Subtitle A:Depreciation Provisions[EB/OL].(2024-04-08).https://www.congress.gov/bill/99th-congress/house-bill/3838.

[15]TAX FOUNDATION.Tax Cuts and Jobs Act(TCJA)[EB/OL].(2024-04-08).https://taxfoundation.org/taxedu/glossary/tax-cuts-and-jobs-act/.

[16]GOV.UK.The Company Tax Return guide-Information about capital allowances and balancing charges or disposal values,691 and 692 Machinery and plant—super-deduction.[EB/OL].(2024-04-08).https://www.gov.uk/government/publications/corporation-tax-company-tax-return-guide-ct600-guide-2008-version-2.

[17]葛敬书,毕凌波,邱晓峰.日本税制改革新动向及对我国的启示[J].国际税收,2021(5):30-35.

[18]GOV.UK.R&D tax relief for small and medium-sized enterprises(SMEs)[EB/OL].(2024-04-08).https://www.gov.uk/government/collections/research-and-development-rd-tax-relief#r&d-tax-relief-for-small-and-medium-sized-enterprises-(smes).

[19]GOV.UK.Research and Development(R&D)expenditure credit[EB/OL].(2024-04-08).https://www.gov.uk/guidance/corporation-tax-research-and-development-tax-relief-for-large-companies.

[20]韩国国税厅.研究及人力开发费税额控除事前审查事务处理规定修正(案)行政预告[EB/OL].(2024-04-08).https://www.nts.go.kr/nts/na/ntt/selectNttInfo.do?mi=6420&nttSn=1303939.

[21]GOV.UK.Use the Patent Box to reduce your Corporation Tax on profits,[EB/OL].(2024-06-08).https://www.gov.uk/guidance/corporation-tax-the-patent-box.

[22]杜雨烟.研发费用加计扣除与专利盒制度的国际比较与借鉴[D].上海:上海财经大学,2023.

[23]张斌,李亮."数据要素×"驱动新质生产力:内在逻辑与实现路径[J].当代经济管理,2024(8):1-10.

[24]施显松.德国增加面向中小企业的数字化资助[N].人民邮电报,2021-

11-24(03).

[25] HMRC. SeedEnterprise Investment Scheme[EB/OL].（2024-06-18）. http://www.hmrc.gov.uk/manuals/vcmmanual/VCM30100.htm.

[26] 杨志勇. 数字资产税征收的国际实践与我国的政策建议[J]. 经济纵横, 2020(11):102-110.

[27] 韩文龙,董鑫玮,唐湘. 新质生产力与绿色发展的辩证关系与实践路径[J]. 电子科技大学学报(社科版),2024(3):12-21.

[28] CONGRESS.GOV. Inflation Reduction Act of 2022, Part 2--Clean Fuels, [EB/OL].（2024-04-08）. https://www.congress.gov/event/118th-congress/senate-event/333941?q=%7B%22search%22%3A%22Inflation+Reduction+Act+of+2022%2CPart+2--Clean+Fuels%22%7D&s=1&r=1.

[29] DALIA S, INDRE S, EDMUNDAS K Z, FAUSTO C, et al. The Impact of Greening Tax Systems on Sustainable Energy Development in the Baltic States[J]. Energies,2018(5):2-5.

[30] 何代欣,周赟媞. 面向绿色发展的税制结构优化[J]. 税务研究,2024(7):26-31.

[31] 赵书博,王秀哲,曹越. 我国激励企业创新的税收政策研究[J]. 税务研究,2019(8):20-26.

[32] 寇韵楳. 论知识产权税收优惠政策的产出端扩展[J]. 税务与经济,2024(1):32-40.

[33] 李夏旭. 论数据要素的分层课税机制[J]. 税务研究,2023(3):112-118.

[34] 杨磊. 强化数据要素驱动推进智慧税务建设的思考[J]. 税务研究, 2020(11):130-134.

[35] 杨昭,杨杨. 数据要素影响税制体系的机理、表现和应对[J]. 税务研究, 2023(3):105-111.

[36] 李华. 高质量发展目标下税收体系构建与减税降费再推进[J]. 税务研究,2019(5):25-29.

[37] 徐会超,张晓杰. 完善我国绿色税收制度的探讨[J]. 税务研究,2018(9):101-104.

[38] 马海涛. 完善绿色税收体系推进绿色低碳发展[J]. 中国税务,2022(6):16-18.

助力新质生产力发展的税收优惠政策研究

马 军 赵 玉[①]

摘 要：新质生产力的发展是建立现代化产业体系和实现高质量发展的必由之路，税收优惠对促进新质生产力发展有着重要的影响。本文首先分析了新质生产力的现状和特征，基于此，分析当前我国相关税收优惠政策存在的问题，提出税收优惠政策在促进新质生产力发展时，要注重研发产出的质量、通过供给与需求的协同作用促进绿色发展以及要促进数字经济结构优化与地区均衡发展等的建议，以此促进相关税收优惠政策的完善，推动新质生产力发展。

关键词：税收优惠 新质生产力 科技创新 绿色发展 数字经济

一、引言

生产力是推动社会发展和人类进步的根本动力。在工业智能化的背景下，新质生产力的发展被视为新的需求，是一种由创新推动、满足高质量发展标准的新型生产力。从本质上讲，新质生产力是一种先进的生产关系与生产方式，是对传统生产力形态的超越和变革。2023年9月，习近平总书记在黑龙江考察调研时首次提出新质生产力，要求"整合科技创新资源，引领发展战略性新兴产业和未来产业，加快形成新质生产力"。新质生产力是在新的历史背景下，以战略性新兴产业、未来产业发展为路径，以科技创新为核心要素的新型生产力。2024年3月5日召开的两会提到要综合考虑发展需要和财政可持续，用好财政政策空间，优化政策工具组合；强调要落实好结构性减税降费政策，重点支持科技创新和制造业发展。由此可以看出，国家十分重视新质生产力的发展，并不断提出战略层面的指导意见，这为新质生产力的进一步发展指明了方向。

从税收政策角度来看，新质生产力的发展得益于税收优惠政策的不断完善，通过税收优惠政策可以引导市场要素向特定行业流动，支持特定产业、行业的发展。通过不断的积极探索，税收政策在促进新质生产力发展方面形成了包含多个税种的税收体系。但现行税收优惠政策仍然有许多需要改进的地方，完善助

---

① 马军，兰州财经大学财政与税务学院副院长、教授；赵玉，兰州财经大学财政与税务学院硕士研究生。

力新质生产力发展的税收优惠政策尤为重要。本文通过分析新质生产力的发展现状和特征，根据税收优惠政策现存的问题，提出完善其税收优惠政策的建议，为税收优惠政策的制定和实施提供更为科学、合理的理论依据，以此助力新质生产力发展。

税收政策与经济发展有着紧密的关系。Krasniqi Malush(2013)通过对不同国家的财税政策进行比较，发现无论是发达国家还是发展中国家，都采用以税收为导向的财税政策来发展经济，税收政策通过吸引外国直接投资、促进就业、鼓励企业发展等促进经济发展。董丽娟(2021)和白晓妍(2022)从财税政策与经济结构关系角度论述了财税政策具有调整经济发展结构、优化资源配置等功能，通过从需求和供给两端发挥作用，激发市场活力和经济发展的内生动力，推动经济结构优化升级，促进经济高质量发展。王国平(2021)和史姝(2021)针对绿色财税政策进行了分析，提出绿色财税政策是推行绿色发展的重要政策选择，其对提高资源循环利用效率、促进循环经济发展有着重要的作用。李亚光和李芳芳(2022)、贺丹(2023)、张青等(2024)从制造业出发，认为财税政策是促进制造业高质量发展的必要保障。刘桂荣(2024)认为优化税收体系是实现地区经济均衡、全面发展的关键。

马克思在《资本论》中深刻阐明，生产力是由劳动资料、劳动对象和劳动者等要素构成的有机系统，是"生产能力及其要素的发展"。王金平(2014)提出生产力由物质要素、能量要素和信息要素三大类形态各异的要素构成，它们在生产力体系内部发挥的作用各不相同，但不可或缺，构成一个完整的体系。Kumar T. Sampath 和 Pradeep V. (2019)利用实证分析证明发达和熟练的劳动力，加上技术的提升，将导致制造业在总体水平和部门水平上的生产率提高。Franz Haider 等(2020)使用 Malmquist 指数将全要素生产率增长分解为追赶和创新两个不同的指标，研究发现追赶效应在统计上很重要，而随着与前沿距离的增加，前沿转移往往较小，部门和国家之间存在并持续存在巨大差异。新质生产力是传统生产力的发展和丰富，我国许多学者对新质生产力的内涵和特征进行了研究。王瑜聪和刘华初(2024)、肖巍(2024)从马克思主义视野分析了生产力的理论内涵并研究其发展路径。张旭和于蒙蒙(2024)、郭朝先和方澳(2024)、乔倩和白暴力(2024)认为新质生产力是劳动者、劳动资料和劳动对象三要素的组合发展。周宏春(2024)和罗铭杰(2024)从生态视角介绍了新质生产力的生态内涵、属性，分析其生态禀赋、生态互动，认为新质生产力本身就是绿色生产力。

关于新质生产力的发展路径，许多学者给出了自己的见解。李军鹏(2024)、丁华锋(2024)、梁圣蓉和罗良文(2024)各自从科技创新视角分析了发展新质生产力的措施，认为科技创新为新质生产力进一步发展提供新动能，发挥创新主导作用是发展新质生产力的必然要求，要聚焦科技创新驱动，要深化科技体制改革。罗爽和肖韵（2024）、刘海军和翟云（2024）将新质生产力发展与数字经济联系起来，从数字经济与实体经济融合发展、数字经济核心产业集聚方面分析发展新质生产力的路径。张杰（2024）、储祥银（2024）分别从完善现代金融体系、利用会展介质传播功能等方面提出促进新质生产力发展的措施。魏登峰（2024）侧重于农业发展视角，认为要促进农业高科技产业化应用，以此激活农业新质生产力。李松霞和吴福象（2024）通过构建指标体系，阐述了经济发展水平、城镇化水平等是影响新质生产力发展的因素。

通过对现有文献的梳理归纳，可以看出，国内外学者们从不同角度研究了税收政策与经济发展的关系，对税收政策能促进社会经济发展达成共识。对于生产力构成和发展的论述，虽然学者们侧重的角度有所不同，但相关理论仍然适用于当下生产力的发展。在新质生产力的研究中，学者们从不同视角分析了新质生产力的内涵、特征，同时从不同方面介绍了发展新质生产力的路径。学者们的研究为本文提供了理论基础。本文将根据当前新质生产力的发展现状和特征，细致分析税收优惠政策在促进新质生产力发展时的不足，并提出优化税收优惠政策的建议。

二、新质生产力的发展现状及特征

（一）新质生产力的发展现状

1. 新质生产力的"新"

新质生产力首先在"新"。科技创新作为核心要素，是推动新质生产力发展的关键因素。企业在研发过程中需要承担很大的风险，税收优惠在推动企业进行研发活动时起着关键的作用。税收优惠政策为企业提供了资金上的支持，缓解了研发活动中的资金压力。在满足规定条件的情况下，研发主体可以根据税收优惠政策规定享受多种税种、多种形式的优惠，降低企业的研发成本，从而有更多的资金投入到研发活动中，同时也提高了企业的研发意愿和投入力度。2018—2023年，我国研究与试验发展投入经费逐年递增，增速保持在8%以上，2023年投入经费总额达到33 278亿元（见图1）。近五年专利申请数一直处于上升趋势，但其中发明专利申请数呈现出波动态势且占比较低（见表1）。2015—2022年，中国创新指数逐年上升，但增速缓慢，创新投入指数和创新成效指数相较于其他指数一直处于落后水平（见图2）。

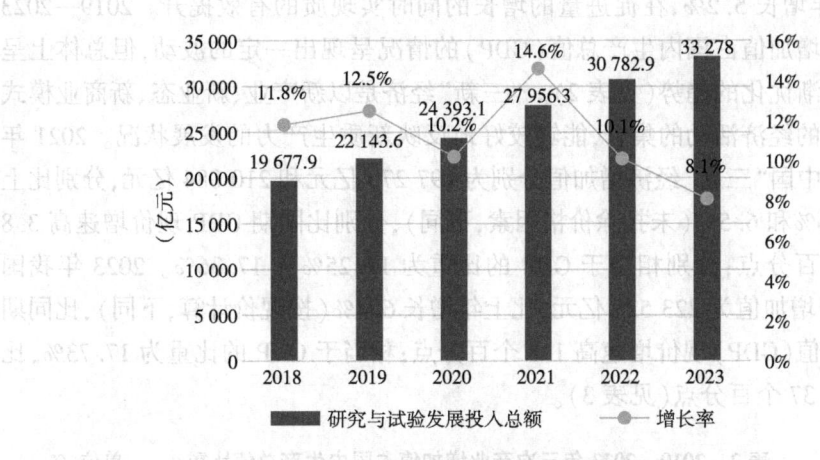

图 1　研究与试验发展投入情况

表 1　2018—2022 年中国专利申请规模

	2018 年	2019 年	2020 年	2021 年	2022 年
专利申请数(项)	4 323 112	4 380 468	5 194 154	5 243 592	5 364 639
发明专利申请数(项)	1 542 002	1 400 661	1 497 159	1 585 663	1 619 268

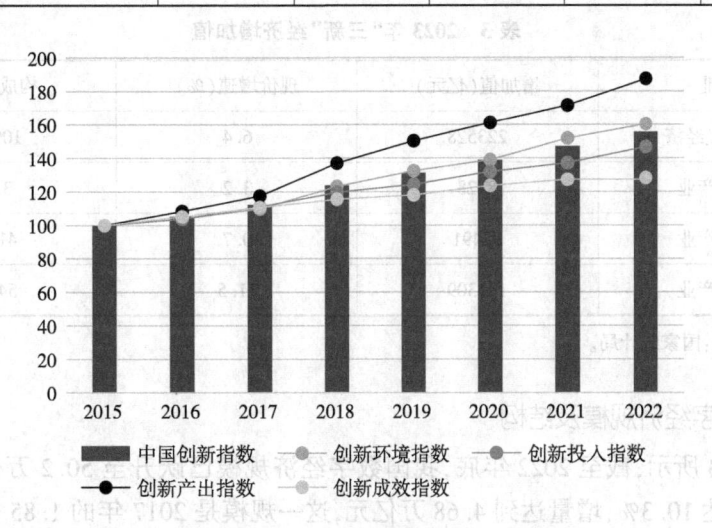

图 2　2015—2022 年中国创新指数及分领域指数

资料来源：国家统计局。

2. 新质生产力的"质"

新质生产力发展的核心在于"质"的提升。2023 年国内生产总值达 1 260 582

亿元,比上年增长 5.2%,在促进量的增长的同时实现质的有效提升。2019—2023 年三次产业增加值占国内生产总值(GDP)的情况呈现出一定的波动,但总体上呈现出结构逐渐优化的趋势(见表2)。"三新"经济是以新产业、新业态、新商业模式为核心内容的经济活动的集合,能够较好地反映新质生产力的发展状况。2021 年和 2022 年,中国"三新"经济增加值分别为 197 270 亿元和 210 084 亿元,分别比上年增长 16.6%和 6.5%(未扣除价格因素,下同),分别比同期 GDP 现价增速高 3.8 个和 1.2 个百分点;分别相当于 GDP 的比重为 17.25%和 17.36%。2023 年我国"三新"经济增加值为 223 528 亿元,比上年增长 6.4%(按现价计算,下同),比同期国内生产总值(GDP)现价增速高 1.8 个百分点;相当于 GDP 的比重为 17.73%,比上年提高 0.37 个百分点(见表3)。

表 2　2019—2023 年三次产业增加值占国内生产总值比重　　单位:%

产业	2019 年	2020 年	2021 年	2022 年	2023 年
第一产业	7.1	7.7	7.2	7.3	7.1
第二产业	38.6	37.8	39.3	39.3	38.3
第三产业	54.3	54.5	53.5	53.4	54.6

表 3　2023 年"三新"经济增加值

产业	增加值(亿元)	现价增速(%)	构成(%)
"三新"经济	223528	6.4	100.0
第一产业	8728	3.2	3.9
第二产业	93491	0.7	41.8
第三产业	121309	11.5	54.3

资料来源:国家统计局。

3. 数字经济规模及结构

如图 3 所示,截至 2022 年底,我国数字经济规模已跃升至 50.2 万亿元,同比增长率高达 10.3%,增量达到 4.68 万亿元,这一规模是 2017 年的 1.85 倍,实现了跨越式发展。与此同时,数字经济在国民经济中的地位越发重要,其占 GDP 的比重从 2017 年的 32.7%稳步提升至 2022 年的 41.5%。同时,数字经济结构显著优化(如图 4 所示),2017 年至 2022 年间,数字产业化规模实现了从 6.2 万亿元到 9.2 万亿元的稳步增长,展现了其持续稳定的扩张态势。随着数字技术的不断进步,以及互联网、大数据、人工智能等与实体经济的融合,产业数字化蓬勃发展,总

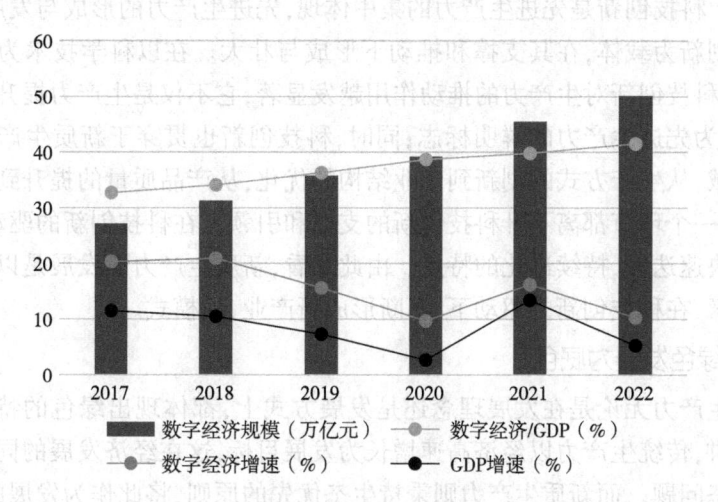

体规模呈现快速上升趋势,由 2017 年的 21 万亿元增长到 2022 年的 41 万亿元。

图 3　我国数字经济规模发展情况

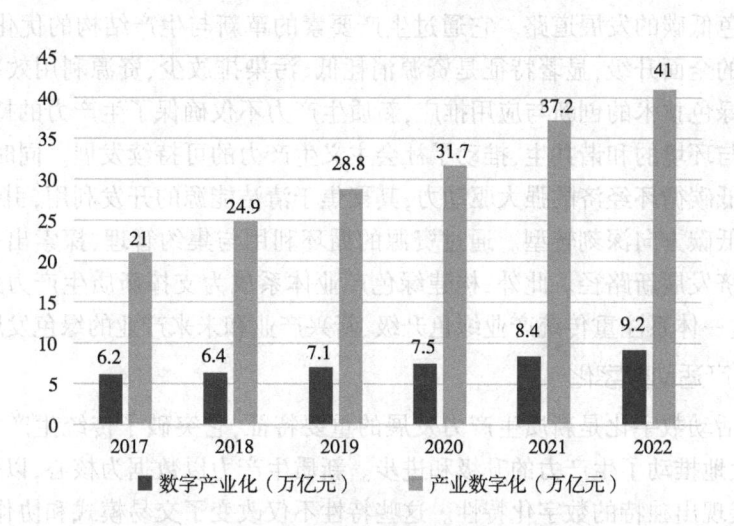

图 4　我国数字产业化和产业数字化规模

资料来源:中国数字经济发展研究报告(2023 年)。

(二)新质生产力的特征

1. 以科技创新为动力

"科学技术是第一生产力"的论断深刻揭示了科技进步与生产力的紧密联系,将科学技术在生产力中的重要作用上升到一个新的历史高度,强调了科技进步对于推动生产力发展的核心作用,指出科学技术在推动社会进步和经济发展中的重要地位。科学技术的革命性突破,往往能够催生新的生产力形态,推动生产力的飞跃式发展。科技创新是先进生产力的集中体现,先进生产力的形成与发展,首先要求以科技创新为载体,在其支撑和推动下形成与壮大。在以科学技术为核心竞争力的时代,科技创新对生产力的推动作用越发显著,它不仅是生产力提升的核心驱动,而且成为先进生产力的鲜明标志;同时,科技创新也贯穿于新质生产力的全过程和全领域,从生产方式的创新到产业结构的优化,从产品质量的提升到服务模式的革新,每一个环节都离不开科技创新的支撑和引领。在科技创新的驱动下,生产力呈现出快速迭代、持续进化的特点。由此来看,新质生产力的发展是以科技创新为核心要素,在科技创新的驱动下,不断形成新产业、新模式。

2. 以绿色发展为底色

新质生产力无论是在发展理念还是发展方式上,都体现出绿色的特点。就发展理念来讲,传统生产力以经济高速增长为发展目标,这在经济发展的同时造成了严重的生态问题。而新质生产力则秉持生态优先的原则,将此作为发展的前提,这为生产力提升提供了更加科学的发展理念。就发展方式而言,新质生产力坚定不移地走绿色低碳的发展道路。它通过生产要素的革新与生产结构的优化,激发了生产功能的全面升级,显著特征是资源消耗低、污染排放少、资源利用效率显著提升。借助绿色技术的创新与应用推广,新质生产力不仅确保了生产力的持续增长,更实现了与环境的和谐共生,推动了社会主义生产力的可持续发展。同时,新质生产力还是低碳循环经济的强大驱动力,其聚焦于清洁能源的开发利用,引领经济社会向绿色低碳方向深刻转型。通过资源的循环利用与集约管理,探索出一条低碳循环的经济发展新路径。此外,构建绿色产业体系成为支撑新质生产力蓬勃发展的关键,这一体系注重传统产业绿色升级、新兴产业和未来产业的绿色发展。

3. 生产活动数字化

生产活动数字化是新质生产力发展的重要特征,它突破了传统生产力的时空局限,极大地推动了生产力的升级和进步。新质生产力以数据为核心,以信息技术为动力,展现出独特的数字化特性。这些特性不仅改变了交易模式和协作模式,还实现了资源配置的链条化,从而显著提升了资源配置效率。发展新质生产力的生产活动具有数字化特征可以从三个方面进行阐述。首先,新质生产力的发展是以高度信息化为手段。无论是生产过程的自动化控制,还是产品设计的数字化模拟,都离不开大量的数据和信息。这些数据通过高效的信息处理系统被迅速分析和处理,使得资源能够得到更加合理的配置,生产效率得到大幅提升。其次,新质生产力具有极强的互联性。通过互联网、物联网等技术,各个生产环节、各种生产设备都可以实现实时连接和互动。最后,通过大数据、人工智能等技术,生产系统可以不断积累和分析生产数据,发现生产过程中的规律和问题,从而进行智能化的决策和控制。

三、现行税收优惠政策存在的问题

(一)忽略了研发产出的质量

税收优惠对创新产出效率具有一定的促进作用,但忽略了创新的质量。当前,我国税收优惠政策只是从专利的申请总体情况来界定,并没有区分发明型专利与策略性创新,难以引导社会和企业的实质性创新行为。从近五年我国专利情况来看,专利申请数一直处于上升趋势,但其中发明专利申请数呈现出波动态势且占比较低。因为发明型专利具有更高的价值,这也就需要企业进行持续的高投入,企业也将面临更高的创新失败风险。作为理性经济人,企业在制定创新策略时,通过权衡风险与收益,一般都会倾向利益较大、风险较小的策略性创新,但实质性创新具有更高的价值,能对企业技术的进步起到实质性的推动作用。研发人才是产出质量的保障,而当前我国与科技创新相关的税收优惠政策侧重于企业,对个人的激励较少,并且只在粤港澳大湾区、横琴粤澳深度合作区和海南自由贸易港等极少数地区制定了吸引和培养科技创新人才的税收优惠政策,由此产生的效益有限。

(二)绿色税收体系仍有待优化

当前我国绿色税收体系以环保税为核心,资源税为重点,辅以车船税、车辆购置税、消费税等,虽然随着社会经济情况的变化,绿色税收体系在不断调整,但仍然存在许多问题。首先,绿色税收占比偏低,难以充分支撑"碳达峰、碳中和"目标,因税率较低,企业减排治污动力不足。其次,税制结构在促进绿色发展方面缺乏高效的市场机制支撑,税价联动不足。在供给端,能源资源产品价格机制尚未实现全产业链市场化;而在消费端,普惠性定价普遍,节能环保工作不能通过成本变化体现,不能有效激励节能环保行为。这种现状制约了绿色税收在推动绿色转型中的潜力,影响了绿色发展目标的有效实现。因此,需进一步优化绿色税收体系,提升绿色税收比重,调整税率以激励企业减排,并建立健全市场机制,确保税价联动,有效传递绿色成本信号,助力经济社会绿色可持续发展。

(三)对数字经济的促进作用有限

首先,当前我国在关键技术领域发展仍不足,数字核心技术对外依存度高,如高端芯片、工业控制软件、核心元器件、基本算法等仍受制于人,对外依存度较高;同时,在操作系统、工业软件等关键领域,技术研发和工艺制造水平落后于国际先进水平,限制了我国数字经济的竞争力,这与税收政策对关键技术领域的支持不够有关。其次,数字经济发展不平衡。在行业方面,不同行业在数字化转型的进度和成效上存在不平衡,一些传统行业在数字化转型时面临较大困难,其税收原因主要是由于税收优惠对全产业链的促进作用有限；在地区方面，数字经济存在地区发展不平衡，一些地区由于技术、人才、资金等资源匮乏，难以充分享受数字经济发展的红利，就拿人才来说，我国目前只对某些特定地区实施了吸引研发人才的个人所得税优惠措施，政策具有很强的地域性，税收优惠政策的区域协调性不足。这造成数字经济人才供需不平衡，数字经济领域的高端人才和技术人才供不应求，特别是中小企业普遍缺乏专职的信息化和数字化人员，区域发展不平衡，部分欠发达地区难以吸引和留住数字经济人才。

四、优化税收优惠政策的建议

（一）注重研发产出的质量

企业为了获得政策优惠，往往会采取策略性创新的手段，然而，发明型专利更能代表企业在技术、产品或服务上的重大突破，具有较高的创新价值。截至2023年末，我国有效发明专利499.1万件，比上年末增长18.5%，我国在发明专利数量上有显著成果，如果注重发明型专利，将显著提高专利水平。在制定税收优惠政策时，应突出对发明型专利的激励。可以通过给予发明型专利更多的税收优惠种类、更大的税收优惠力度，而这首先需要在区别专利类别上付出更多精力。税收优惠政策还应注重对企业创新方向的引导。政府可以针对关键技术领域、符合国家战略发展的领域制定特定的税收优惠政策，促进关键、战略领域的发展。这样不仅能够提高创新成果的针对性和实用性，还能够推动产业结构升级和现代化产业体系的健全，促进我国的高质量发展。此外，税收优惠要更为精细化和个性化，完善关于研发活动的个人所得税政策；同时，扩大科技创新人才个人所得税优惠政策的覆盖范围，促进区域科技创新的协调发展。

（二）通过供给与需求的协同作用促进绿色发展

促进新质生产力发展的本质就是促进绿色生产力发展。促进绿色发展，关键在于有效运用现有税种的复合税制优势，通过供给与需求两侧的协同作用，构建"高低搭配、前后配合"的税收调控机制。这一机制旨在通过差异化税率设计，在供给端激励绿色生产与环保投资，同时在需求端引导绿色消费，抑制高污染、高能耗产品的消费，从而全面促进经济社会的绿色转型。具体来说，在供给端，加大企业所得税对环保的支持力度，提高污染品和资源品税率，内化环境成本。深化资源税改革，扩大征税范围至森林、草原等，调高水资源及污染物税率，助力低碳转型。完善环保税，纳入更多污染物，增强优惠政策引导。在需求端，优化消费税，扩大征收范围至高耗能、污染产品，依据污染排放征税。实施差别税率，高排放燃油车等采用累进税，抑制高消费，促进绿色消费。通过以上措施，促进绿色税收发展，进而促进绿色生产力发展。

（三）促进数字经济结构优化与地区均衡发展

核心关键技术是数字经济的核心竞争力。应加大对高端芯片、云计算、核心算法等关键领域的税收优惠与政府补助，强化创新激励。鼓励企业主导的新型研发机构和创新联合体发展，促进学科交叉与协同创新平台建设。发挥领军企业引领作用，构建开放合作的数字产业创新生态，增强关键技术研发实力。设计全产业链的税收优惠政策，鼓励上下游企业协同推进数字化转型，形成产业集群效应；同时，针对不同行业的数字化转型特点，制定差异化的税收优惠政策，解决传统行业在数字化转型中面临的困难。为了促进地区间数字经济发展的均衡，要加大对中西部地区数字经济的支持力度，解决东部地区数字经济产业高度集中的问题，加强税收优惠政策的区域协调性，对数字经济欠发达地区给予更多的税收支持。首先，对在中西部新设立的数字经济企业，给予减免所得税或提供创业初始阶段的资金补贴；其次，为中西部地区制定符合地区发展的吸引人才的税收优惠政策，给予不同地区差异化的人才培养补助；最后，加强薄弱地区基础设施建设，特别是高速网络和数据中心的建设，提升地区数字服务能力。

参考文献

［1］MALUSH K. Fiscal Policy, Taxes and Their Impact on Economic Development[J]. Academic Journal of Interdisciplinary Studies, 2013, 2(8).

［2］董丽娟. 财政政策助推双循环新发展格局的着力点[J]. 财政科学, 2021(4): 93-98.

［3］白晓妍. 数字经济发展背景下促进产业结构升级的税收政策优化研究[D]. 呼和浩特: 内蒙古财经大学, 2022.

［4］王国平. 完善支持绿色发展的财税政策体系推动经济高质量发展[J]. 北方经济, 2021(7): 77-80.

［5］史姝. 促进循环经济发展的税收政策选择[J]. 全国流通经济, 2021(32): 151-153.

［6］李亚光, 李芳芳. 保障制造业高质量发展的财税政策传导机制研究[J]. 工信财经科技, 2022(1): 38-50.

［7］贺丹. 税制结构对制造业高质量发展的影响研究[D]. 兰州: 兰州财经大学, 2023.

［8］张青, 李溪, 周振. 创新要素集聚、财税激励与制造业高质量发展[J]. 西安交通大学学报(社会科学版), 2024, 44(5): 105-117.

[9]刘桂荣．财政税收政策对地方经济发展的影响研究[J]．财经界,2024(12):9-11.

[10]王金平．生产力要素问题论析[J]．辽宁行政学院学报,2014,16(6):70-72,79.

[11]SAMPATHKUMAR T,PRADEEP V. Estimating Total Factor Productivity and its components: Evidence from Manufacturing Sector of Tamilnadu,INDIA[J]. Indian Journal of Applied Research,2016,6(8):615-620.

[12]HAIDER F,KUNST R,WIRL F. Total Factor Productivity, Its Components and Drivers[J]. Empirica,2020,48(2):1-45.

[13]王瑜聪,刘华初．论新质生产力的理论内涵、现实功能及其发展路径[J]．晋阳学刊,2024(2):65-70.

[14]肖巍．从马克思主义视野看发展新质生产力[J]．思想理论教育,2024(4):12-19.

[15]张旭,于蒙蒙．新质生产力的逻辑基点、内涵辨析与学理探究[J]．扬州大学学报(人文社会科学版),2024,28(4):38-49.

[16]郭朝先,方澳．要素视角下新质生产力的内涵机理与跃升路径[J]．广西社会科学,2024(3):1-20.

[17]乔倩,白暴力．新质生产力的生成背景、构成要素与实践理路[J]．世界社会主义研究,2024,9(5):17-27,125.

[18]周宏春．"新质生产力就是绿色生产力"的内涵特征与产业载体[J]．生态经济,2024,40(7):13-19.

[19]罗铭杰．新质生产力的生态内涵论析[J]．河北经贸大学学报,2024,45(2):11-19.

[20]李军鹏．发展新质生产力是创新命题也是改革命题[J]．人民论坛,2024(6):14-17.

[21]丁华锋．科技创新推动产业创新加快形成新质生产力[J]．中国科技产业,2024(3):24-25.

[22]梁圣蓉,罗良文．新时代加快形成新质生产力的焦点难点与关键路径[J]．当代经济管理,2024,46(7):10-17.

[23]罗爽,肖韵．数字经济核心产业集聚赋能新质生产力发展:理论机制与实证检验[J]．新疆社会科学,2024(2):29-40,148.

[24]刘海军,瞿云．数字时代的新质生产力:现实挑战、变革逻辑与实践方略[J]．党政研究,2024(3):45-56,125.

[25]张杰．新质生产力理论创新与中国实践路径[J]．河北学刊,2024,44

(3):127-134.

[26]储祥银.发挥会展介质传播功能加快发展新质生产力[J].中国会展,2024(7):44-47.

[27]魏登峰.科技革命+产业变革激活农业新质生产力[J].农村工作通讯,2024(6):37-38.

[28]李松霞,吴福象.我国新质生产力发展潜力及驱动因素[J].技术经济与管理研究,2024(3):7-12.

[29]谢美林.税收优惠对高新技术企业创新效率的影响研究[J].营销界,2024(4):38-40.

[30]蒋永穆,乔张媛.新质生产力:符合新发展理念的先进生产力质态[J].东南学术,2024(2):52-63,246.

[31]刘明慧,李秋.财税政策何以驱动新质生产力发展?[J].上海经济研究,2024(3):31-41.

[32]赵晓宇,张丽.新质生产力的绿色阐释[J].晋阳学刊,2024(4):87-93.

[33]齐承水.如何理解"新质生产力本身就是绿色生产力"[J].经济学家,2024(7):15-23.

[34]何哲.新质生产力:概念本质、重点方向与关键机制[J].科学观察,2024(2):8-13.

[35]吴敏.税收优惠对高新技术企业创新活动的影响研究[D].南京:南京邮电大学,2023.

[36]刘丹,万依云,王培.绿色税收助力绿色发展的现状及对策研究[J].国际商务财会,2023(20):74-79.

[37]何代欣,周赟媞.面向绿色发展的税制结构优化[J].税务研究,2024(7):26-31.

[38]陈秀英,刘胜,沈鸿.以数字化转型赋能提升新质生产力[J].新疆社会科学,2024(2):41-45.

[39]王双彦.税收政策助推新质生产力高质量发展的挑战及对策研究[J].产业创新研究,2024(8):1-3.

[40]张敬文,童锦瑶.数字经济产业政策、市场竞争与企业创新质量[J].北京工业大学学报(社会科学版),2023,23(1):125-136.

[41]鞠铭.激励科技创新人才的个人所得税政策研析[J].税务研究,2023(10):36-41.

研发费用加计扣除政策助力新质生产力发展
——以软件和信息技术服务业为例

杨雪慧[①]

摘　要：智能技术驱动科技与产业革新，我国把握科技革命机遇，致力于高质量发展。软件和信息技术服务业作为战略性新兴产业，对税收优惠政策需求较为迫切。研发费用加计扣除政策作为税收激励企业创新的重要政策之一，通过减税、增资、降成本等方式，为该行业注入发展动力，促进产业长远发展，符合当前促进新质生产力发展的要求。本文聚焦于软件和信息技术服务业，通过实证分析研发费用加计扣除政策对该行业企业创新的影响，探讨该政策是否能有效提升企业的创新能力。研究旨在为国家通过税收优惠政策鼓励企业创新提供定性定量的实证依据，对国家以税收政策促进企业创新进而推动新质生产力发展的路径提供参考。

关键词：研发费用加计扣除　软件和信息技术服务企业　创新　新质生产力

一、引言

随着智能技术的发展与应用，科技与产业均面临着更深层次的革新，新技术、新业态、新产业层出不穷。人类正经历以移动互联与智能制造为核心的第四次工业革命，我国把握科技革命契机，在新发展阶段下，致力于解放与发展生产力，以达成高质量发展和民族复兴。习近平总书记强调，要整合科技创新资源，引领新兴产业，加速新质生产力形成，其特点为高科技、高效能、高质量，基于技术突破、要素创新配置与产业升级。培育新质生产力的关键在于科技创新，需提升劳动者素质、发展高技术劳动资料、激活广泛劳动对象、激发社会创新活力。税收政策作为宏观调控工具，优化资源配置，促进新质生产力形成；同时，深化税收改革，释放新质生产力潜能，推动经济社会新发展。

税收政策对作为战略性新兴产业之一的软件和信息技术服务行业的发展尤为重要。相较于其他行业，这类行业对优惠政策的需求度更高，原因在于其具有高技术含量、高研发投入、高风险、高收益的特点，发展过程中往往需要大量的资金支持

---

① 杨雪慧，中国社会科学院大学应用经济学院硕士。

且具有不确定性。税收优惠政策通过减轻企业税负、增加资金支持、降低创新成本等方式,为战略性新兴产业提供了发展动力。同时,通过税收激励政府还能引导社会资本向这些战略性新兴产业流动,进一步推动产业规模的扩大以及产业链的完善。鉴于此,本文将研究视角聚焦于软件和信息技术服务业这一战略性新兴产业,通过实证分析研发费用加计扣除政策对我国软件和信息技术服务企业创新的影响,研究研发费用加计扣除政策能否充分发挥作用提升我国软件和信息技术服务企业的创新能力,为国家通过税收优惠政策鼓励企业创新提供定性定量的实证依据,为减税对宏观经济的促进作用提供微观基础,同时对国家以税收政策助推新质生产力发展的路径也具有一定参考价值。

二、理论分析与研究假设

税收优惠政策如何作用于企业创新一直受到学者们的普遍关注。从理论层面分析,创新成果的公共属性导致其具有显著的外部性,导致企业在创新活动中获得的私人收益常低于社会收益,因此企业可能选择积累资本和技术的意愿更高,以降低不必要的创新风险(Howell,2015)。而税收优惠政策能够弥补私人收益与社会收益之间的外溢差距(Mansfield,1986),矫正企业研发经费投入的外部性、降低研发成本、分担投资风险,进而激励企业研发投入和创新产出(戴晨和刘怡,2008;Duguet,2012;王玺和张嘉怡,2015;Kao,2018)。

另外,研发人员作为企业创新的核心驱动力,其重要性不言而喻。研发人员不仅负责获取前沿知识,学习并掌握新技术,更重要的是能将这些宝贵的知识与技术转化为实际生产力,直接应用于企业的生产经营活动中,从而显著提升企业的创新能力与竞争力。因此,全面审视并重视研发人员的投入,对于深入理解研发费用加计扣除政策对企业创新的促进作用具有重要意义。

基于此,本文提出以下假设:

假设1:研发费用加计扣除政策能够显著促进软件和信息技术服务企业创新。

假设2:研发费用加计扣除政策通过增加研发人员投入促进软件和信息技术服务企业创新。

三、研究设计

(一)数据来源与样本选择

根据证监会2012年版企业分类标准,选取软件和信息技术服务业一共316家上市公司2013—2023年的数据。为了使实证结果更加可靠,在样本选取过程中剔除以下不符合条件的样本数据:①ST 和 ST* 上市公司。②未开展研发活动的软件和信息技术服务企业。这类企业的研发投入为 0,无法享受研发费用加计扣除政策,因此需要剔除。③缺失重要相关指标的企业数据。经过剔除和筛选,最终选定 316 家软件和信息技术服务业上市公司 2015—2020 年总共 2 089 个观测值。本文所用数据来源于国泰安数据库(CSMAR),使用 Excel 和 Stata 17.0 软件对数据进行处理分析。

(二)变量选择与模型构建

1. 变量选择

1)被解释变量

本文采用企业当年的专利申请数量的对数来衡量企业创新,参考林志帆与刘诗源(2022)、石绍宾与李敏(2021)等学者的研究,将专利(包括发明专利、实用新型专利及外观设计专利)申请数量的对数作为衡量创新成效的替代指标。

2)解释变量

本文选定的解释变量为研发费用加计扣除强度。参考薛钢等(2019)、郭健等(2020)、姚维保等(2020)的做法,将(研发费用×加计扣除率×企业所得税税率)/总资产作为指标来衡量企业享受到的研发费用加计扣除优惠强度。该公式括号里面的计算表示企业因研发费用加计扣除所享受的企业所得税减免额,本文将加计扣除比例按三档进行计算,对 2015—2017 年的样本数据按照 50% 的加计扣除比例计算,而在 2018—2020 年的数据样本中,以 75% 为扣除比例,2021 年的数据样本中扣除比例为 100%,所得税税率为企业当年名义税率。

3)控制变量

本文根据已有文献的研究,选取了固定资产比率、企业规模、净资产收益率、资产净利润率、流动比率和托宾 Q 值作为控制变量。

固定资产比率($Fixed$)。企业固定资产净额与总资产的比率。通常情况下,企业固定资产比率低,说明企业资产的流动性快,运营能力好,这也会影响企业技术创新。

企业规模($Size$)。用企业总资产的自然对数来表示。该指标越大,则企业拥有更加充足的资金以及人力资本投入企业的研发活动中,同时也说明企业有更加完善的硬件、软件设施开展创新活动,开展技术创新的成功率越高。

净资产收益率(Roe)。该变量是衡量公司经营效益的一个指标,可以用来评估公司在一定时期内利用资产实现利润的能力。因此,该指标越高,企业的经营状况越好,资金越充裕,企业进行研发所面临的资金压力越小。

资产净利润率(Roa)。这是一个反映盈利能力的指数,通过比较企业净利润与总资产余额来表示企业的收益能力。该指标高,说明企业拥有充足的资金来投入研发活动,从而提升企业的市场竞争力。

流动比率(Cr)。流动比率是衡量企业短期偿债能力的一个重要指标,它反映了企业在面临短期债务到期时,其流动资产能够迅速转化为现金以偿付这些债务的能力。较高的流动比率通常表明企业拥有更强的资产流动性,但过度偏高的流动比率也可能意味着企业流动资产占用资金过多,这可能限制了这些资金在经营活动中的有效周转,进而影响到企业的运营效率和盈利能力。

托宾 Q 值($Tobin\ Q$)。当托宾 Q 值较高时,意味着企业资产的市场价值显著高于其重置成本,这通常反映出产业投资的高回报率,企业可能会倾向于利用市场对其资产的高估值,通过发行新股或利用现有股票进行融资,并将获得的金融资本投入到扩大生产等产业活动中,以实现资本增值。相反,当托宾 Q 值较低时,表明企业资产的市场价值低于其重置成本,此时企业可能会考虑将部分产业资本转化为金融资本,即保留或增持股票,以避免在不利的市场条件下进行扩张或重置资产。

2. 模型设计

由于企业研发创新活动涉及的影响因素众多,实际操作过程中往往难以将所有潜在的变量全部纳入模型之中,这种局限性导致模型回归结果存在一定偏差或不足。为了尽可能减少因遗漏重要变量而对回归结果产生干扰,本文采取了构建固定效应模型的方法,在一定程度上降低遗漏变量所带来的偏差风险,提高回归分析的准确性和可靠性,从而更精确地评估研发费用加计扣除政策对我国软件和信息技术服务企业创新的影响。

$$Innovation_{i,t} = \alpha_0 + \alpha_1 Incen_{i,t} + \alpha_2 Control_{i,t} + \mu_i + \varphi_t + \varepsilon_{i,t} \tag{1}$$

式中,以专利申请数量的对数($Innovation_{i,t}$)为被解释变量,i 表示个体,t 表示时间,$Control_{i,t}$ 表示一系列控制变量,μ_i 表示个体固定效应,φ_t 表示时间固定效应,α_0 表示常数项,$\varepsilon_{i,t}$ 表示随机误差项,以此来检验前文提出的假设。

3. 描述性统计分析

首先,对样本 2013—2023 年的专利申请数对数($Innovation$)、研发费用加计扣除强度($Incen$)、企业规模($Size$)、净资产收益率(Roe)、托宾 Q 值($Tobin\ Q$)、流动比率(Cr)、固定资产比率($Fixed$)、资产净利润率(Roa)全部变量进行描述性统计分析,结果如表 1 所示。

表 1 描述性统计结果

变量	观测值	平均值	标准差	最小值	最大值
Innovation	2 089	1.779	1.528	0	6.845
Incen	2 089	0.007	0.006	0	0.04

续表

变量	观测值	平均值	标准差	最小值	最大值
Size	2 089	21.587	0.913	19.629	25.179
Roe	2 089	0.033	0.159	−1.779	0.723
Tobin Q	2 089	2.639	1.648	0	19.115
Cr	2 089	3.995	4.376	0.403	43.446
Fixed	2 089	0.074	0.075	0	0.756
Roa	2 089	0.02	0.095	−1.358	0.343

在专利申请方面，数据显示最大值为 6.845，而平均值为 1.779，标准差为 1.528，说明软件和信息技术服务行业内，不同企业在研发投入上存在显著的差异性。这种差异表明，尽管同处一个行业，但各企业在技术创新和专利申请上的投入力度并不均衡。同时，在研发费用加计扣除强度方面，最大值为 0.04，平均值仅为 0.007，标准差为 0.006，这些数据进一步说明了企业在享受税收优惠政策的程度上也存在明显的不一致，部分企业能够相对较多地享受到研发费用加计扣除带来的税收减免，而另一些企业获得的优惠则较为有限，这种差异会影响到企业的研发投入能力和积极性，进而对不同企业的创新能力产生不同的激励效果。

4. 基准回归分析

本文采用双向固定效应模型进行回归，其结果如表 2 所示。回归结果共两列，其中列(1)为未纳入任何控制变量的基准回归结果。结果显示，研发费用加计扣除政策对软件和信息技术服务业企业的创新活动产生了显著的正向影响，其系数为正且在 1% 置信水平上显著，表明研发费用加计扣除政策对于激励企业技术创新具有积极的推动作用，也证实了本文所作的假设 1。为研究控制变量对回归结果的影响，在自变量的基础上加入控制变量企业规模、净资产收益率、托宾 Q 值、流动比率、固定资产比率以及资产净利润率，进行二次回归。回归结果显示，研发费用加计扣除对于企业创新有正向的促进作用，而且在 1% 置信水平上显著。因此，可以得出研发费用加计扣除政策提高了企业的创新能力的结论。

表 2　回归结果

变量	(1) Innovation	(2) Innovation
Incen	0.400 9 ***	0.480 2 ***
	(0.150)	(0.150)

续表

变量	(1) Innovation	(2) Innovation
Size		0.459 4***
		(0.101)
Roe		0.481 0**
		(0.244)
Tobin Q		0.029 3
		(0.019)
Cr		0.013 1*
		(0.008)
Fixed		1.395 6**
		(0.567)
Roa		−0.715 9*
		(0.387)
Constant	1.339 0***	−8.477 2***
	(0.144)	(2.164)
时间固定效应	YES	YES
个体固定效应	YES	YES
Observations	2 089	2 089
R^2	0.038	0.072

注：***、**、*分别表示在1%、5%和10%水平上显著。下同。

5. 稳健性检验分析

1) 替换被解释变量

本文的被解释变量为专利申请数的自然对数。为了进一步增强结论的稳健性和可靠性，将被解释变量替换为研发投入，结果显示替换后的回归系数仍保持显著为正，且与基准回归结果的显著性一致，再次说明研发费用加计扣除政策能提升企业创新能力的结论依然成立。

2) 剔除特殊年份

本文研究的年份区间为2013年至2023年，其中2020年及2021年为疫情期间，宏观经济环境受到了较大冲击，各行业的经济活动受到了很大影响。为了排除这一影响，本文选择剔除2020年、2021年两年的特殊样本进行稳健性检验以验证核心结论的稳健性，再次对被解释变量进行回归。结果显示，研发费用加计扣除政策对企业创新仍具有正向激励作用,且在1%水平上显著,又一次证明了基准回归结果的可靠性。

3)增加控制变量

本文增加了第一大股东持股比例($Top1$)和前五大股东持股比例($Herfindahl5$)两个控制变量。由表3列(3)可知,加入控制变量后,估计系数在1%水平上显著为正,检验结果保持稳健。

表3 稳健性检验结果

变量	(1) 替换被解释变量 Innovation	(2) 剔除特殊年份 Innovation	(3) 增加控制变量 Innovation
Incen	0.147 9***	0.520 0***	0.483 3***
	(0.021)	(0.155)	(0.148)
Constant	-0.417 1***	-7.788 8***	-8.975 8***
	(0.159)	(2.230)	(2.170)
控制变量	YES	YES	YES
时间固定效应	YES	YES	YES
个体固定效应	YES	YES	YES
Observations	2 089	1 574	2 089
R^2	316	316	316

6. 研发人员投入的机制检验

$$Innovation_{i,t} = \beta_0 + \beta_1 Rdpr_{i,t} + \beta_2 Control_{i,t} + \mu_i + \varphi_t + \varepsilon_i, t \quad (2)$$

$$Rdpr_{i,t} = \lambda_0 + \lambda_1 Incen_{i,s} + \lambda_2 Control_{i,t} + \mu_i + \varphi_i + \varepsilon_i, t \quad (3)$$

模型(2)是以$Rdpr_{i,t}$为机制变量,其余变量与模型(1)一致。模型(3)中重点关注的回归系数是λ_1,若λ_1显著为正,则说明研发人员投入正向促进企业创新;若λ_1显著为负,则说明研发费用加计扣除政策能够激励企业增加研发人员的投入。当β_1、λ_1均显著为正时,说明传导机制存在。

结果如表4所示,$Rdpr_{i,t}$系数7.606 2在1%水平上显著,说明研发费用加计扣除政策对企业的研发人员投入起到激励作用。而增加研发人员投入能显著提升创新产出,技能型劳动力对创新产出有显著促进作用(戴天仕和赵琦,2022)。综上,研发费用加计扣除政策能够激励企业增加研发人员投入,促进软件和信息技术服务企业的创新,验证了假设2。

表4 研发投入的机制检验结果

变量	Rdpr
Incen	7.606 2***
	(2.007)
Constant	−36.166 4
	(23.815)
控制变量	YES
时间固定效应	YES
个体固定效应	YES
Observations	2 079
R^2	0.616

7. 异质性检验

1)产权异质性分析

根据企业的产权性质,将样本分为国有企业和非国有企业,探究在不同产权性质的情况下,政策的实施效果是否存在差异,并且考察对不同产权性质企业创新的影响。通过对这两类企业进行分别研究,可以更精确地理解政策对不同产权性质企业创新活动的激励作用及其机制。

由表5可知,在研发产出的影响方面,非国有企业的回归系数在1%水平上显著,而国有企业的回归系数不显著,说明该政策在激励国有企业创新方面的效果并不明显。尽管国有企业可能因其规模和市场地位而拥有更多的资源来转化研发成果,但非国有企业往往更加关注研发项目的直接经济效益和市场竞争优势,能够更灵活地选择那些具有高风险但同时也可能带来高回报的研发项目。

表5 异质性检验(一)

变量	(1) 非国有企业 Innovation	(2) 国有企业 Innovation
Incen	0.490 7***	−0.251 4
	(0.158)	(0.489)

105

续表

变量	(1) 非国有企业 Innovation	(2) 国有企业 Innovation
Constant	-8.975 7***	4.369 7
	(2.211)	(10.381)
控制变量	YES	YES
时间固定效应	YES	YES
个体固定效应	YES	YES
Observations	1 801	288
R^2	0.072	0.133

2)区域异质性分析

根据企业所处地区,将样本分为东部、中部和西部地区,探究在不同区域的情况下,研发费用加计扣除政策对所处不同地区的软件和信息技术服务企业创新的影响。

根据表6的结果可知,研发费用加计扣除政策在东部、中部、西部地区都起到了正向激励作用,东部更显著。东部地区具备更为成熟的市场、高度集聚的创新资源和完善的产业链配套,政策实施效果更为充分。东部地区的市场环境相对更为开放和活跃,企业间的竞争与合作促进了技术创新的快速迭代与扩散。同时,无论是资金投入、人才储备还是信息资源,东部地区都明显优于中西部地区,为研发创新活动提供了坚实的物质基础。此外,东部地区政府在政策的制定与执行上也更加灵活高效,能够更快地适应市场变化,为科技创新提供有力的政策支持和资金保障,进一步加速科技成果的转化与应用。

表6 异质性检验(二)

变量	(1) 东部 Innovation	(2) 中部 Innovation	(3) 西部 Innovation
Incen	0.511 8***	0.441 0	0.390 8
	(0.152)	(1.104)	(0.651)
Constant	-9.181 0***	-5.773 7	-13.925 0
	(2.210)	(7.389)	(12.367)

续表

变量	（1） 东部 Innovation	（2） 中部 Innovation	（3） 西部 Innovation
控制变量	YES	YES	YES
时间固定效应	YES	YES	YES
个体固定效应	YES	YES	YES
Observations	1 811	142	136
R^2	0.085	0.165	0.235

四、结论与政策建议

（一）主要研究结论

首先,要基于基准回归的结果,研发费用加计扣除政策对软件和信息技术服务企业的创新能力产生了显著的激励效应,其显著性水平至少达到了5%,充分表明该政策是促进企业技术创新的有效手段。

其次,基于异质性分析的结果,不同产权性质和区域性差异使政策作用效果产生显著的差别。一方面,就产权性质而言,非国有企业的政策优惠强度系数为0.490 7,并在1%水平上显著;而国有企业的政策优惠强度系数虽然为正,但并不显著。其中的原因可能在于,非国有企业受到的政府干预程度相对较低,具有更大的自主决策权,能够更灵活地选择那些具有高风险但同时也可能带来高回报的研发项目,这种灵活性使得非国有企业在面对市场变化和技术革新时,能够迅速调整策略。并且非国有企业往往面临着更为激烈的市场竞争压力。为了在市场中稳固地位并寻求发展,它们必须不断推陈出新,提升产品或服务的竞争力。这种压力转化为了强烈的创新动力,促使非国有企业加大研发投入,积极探索新技术、新工艺和新模式。另一方面,就区域性差异而言,东部地区经济更发达,市场环境更完善,政策实施效果更好。东部地区的市场环境相对更为开放和活跃,无论是资金投入、人才储备还是信息资源,都明显优于中西部地区,为研发创新活动提供了坚实基础。

最后,基于中介效应分析的结果,研发人员的投入在政策的激励下,对企业创新起到了关键的传导作用。研发费用加计扣除政策不仅具有直接推动企业创新的效能,还通过促进研发人员的投入,间接地放大了其对企业创新的积极影响。这说明企业应当高度重视研发经费的投入,加大人才培养的战略性投资,以便在市场竞争中保持领先地位,提高整体竞争力。

(二)政策建议

1. 加大税收优惠政策力度

加大税收优惠力度,增强企业核心竞争力,激发新质生产力发展潜力。软件和信息技术服务企业是较为依赖创新促进发展的主体,其研发人员的创新能力和技术水平直接决定了企业的创新能力和市场竞争力。高素质的研发团队能够更快地吸收新技术、新知识,并将其应用于实际研发项目中,从而加速科技成果的转化和应用。将研发人员的培训费用纳入研发费用加计扣除范围,可以激励企业加大对研发人员的培训投入,提升其专业能力和创新素养。由此企业能够开发出更多具有自主知识产权的核心技术和产品,从而增强企业的核心竞争力,成为推动新质生产力发展的重要动力。

2. 推进税收治理能力现代化

完善资格审查认定相关制度,推进税收治理现代化,为新质生产力发展提供制度保障。首先,政策执行部门需对申请享受研发费用加计扣除的企业进行严格的资格认定,包括企业的行业属性、研发活动的真实性、研发费用的合理性等,确保只有真正符合政策规定条件的企业才能享受此项优惠。对于企业的研发费用申报,需进行详尽的明细审查,通过逐一核对预算报告、费用支出凭证等支撑性材料,保证企业所申报的研发费用确实用于技术研发活动,而非其他非研发性支出。在审查过程中,政策执行部门还需关注企业是否存在关联交易、资金回流等可能影响研发费用真实性的情况。对于发现的问题线索,应及时进行深入调查与核实,确保政策优惠的精准性与公平性。其次,完善政策实施效果评估体系。构建税收优惠政策的定期评估制度,以此来提升政策决策的精准性,同时建立对政策执行成效进行跟踪和评估的机制,及时公开发布政策执行情况和政策评估报告,为新质生产力的发展营造良好环境。

3. 构建现代化的税收共治体系

税务机关应加强跨部门的协同共治,构建现代化税收共治体系,为新质生产力发展打造良好的税收环境。首先,由税务机关牵头,与企业合作打造信息共享通道,通过信息交流共享加强对企业经营行为的监控,提高对企业的监管,包括但不限于资金、账户等方面信息。除了与企业构建税收数据共享平台外,税务机关可与市场监管、公安等部门联合,实行多部门的协同监管,坚持系统观念、协同治理、依法治理,建立跨部门、跨行业、跨地区的新型监管共治体系。其次,企业要加强自身建设,共同助力营造良好的税收环境。企业要充分发挥自身的大数据处理能力,保证上报信息的准确性、真实性、可追溯性,在必要时可以及时调出必要的信息,能够做到对其信息的真实性负责。

参考文献

[1]陈经伟,姜能鹏.中国OFDI技术创新效应的传导机制:基于资本要素市场扭曲视角的分析[J].金融研究,2020(8):74-92.

[2] DUGUET E. The Effect of the R&D Tax Credit on the Private Funding of R&D: An Econometric Evaluation on French Firm Level Data[J]. Revue Déconomie Politique, 2012(3).

[3] KAO W C. Innovation Quality of Firms with the Research and Development Tax Credit[J]. Review of Quantitative Finance and Accounting,2018,51(1):43-78.

[4] JULIAN ATANASSOV, XIAODING LIU. Can corporate income tax cuts stimulate innovation?[J]. Journal of Financial and Quantitative Analysis, 2020, 55(5): 1415-1465.

[5]戴晨,刘怡.税收优惠与财政补贴对企业R&D影响的比较分析[J].经济科学,2008(3):58-71.

[6]冯泽,陈凯华,戴小勇.研发费用加计扣除是否提升了企业创新能力?:创新链全视角[J].科研管理,2019,40(10):73-86.

[7]甘小武,曹国庆.研发费用加计扣除政策对高新技术企业研发投入的影响分析[J].税务研究,2020(10):100-106.

[8]高正斌,张开志,倪志良.减税能促进企业创新吗?:基于所得税分享改革的准自然实验[J].财政研究,2020(8):86-100.

[9]龚辉文.支持科技创新的税收政策研究[J].税务研究,2018(9):5-10.

[10]韩冬青.浅谈高新技术企业研发费用加计扣除的风险和完善[J].财会学习,2020(9):31-33.

[11]韩仁月,马海涛.税收优惠方式与企业研发投入:基于双重差分模型的实证检验[J].中央财经大学学报,2019(3):3-10.

[12]何晴,刘净然,范庆泉.企业研发风险与补贴政策优化研究[J].经济研究,2022,57(5):192-208.

[13]胡海波,曹鑫钰.企业社会资本与企业高质量发展:基于融资约束和代理成本的中介效应[J].会计之友,2024(12):82-91.

[14]胡凯,吴清.税收激励、制度环境与企业研发支出[J].财贸经济,2018,39(1):38-53.

[15]黄惠丹,吴松彬.R&D税收激励效应评估:挤出还是挤入?[J].中央财经大学学报,2019(4):16-26,128.

[16]靳卫东,任西振,何丽.研发费用加计扣除政策的创新激励效应[J].上海财经大学学报,2022,24(2):108-121.

[17]李静祎.研发费用加计扣除与高新技术企业创新投入:基于税收征管的调节效应[J].财会通讯,2020(12):58-61,70.

[18]李丽青.税收激励对企业R&D投资的影响[J].科学学与科学技术管理,2007(4).

[19]李林木,郭存芝.巨额减免税是否有效促进中国高新技术产业发展[J].财贸经济,2014(5):14-26.

[20]李梦雅,严太华.风险投资、引致创新投入与企业创新产出:地区制度环境的调节作用[J].研究与发展管理,2019,31(6):61-69.

[21]李香菊,王洋.完善我国激励企业科技创新的税收政策研究[J].税务研究,2021(7):39-43.

[22]李宜航,许英杰,郭晓,等.研发费用加计扣除政策对制造业企业研发投入的影响分析[J].税务研究,2022(4):121-129.

[23]梁俊娇,贾昱晴.企业所得税税收优惠对企业创新的影响:基于上市公司面板数据的实证分析[J].中央财经大学学报,2019(9):13-23.

[24]梁富山.加计扣除税收优惠对企业研发投入的异质性效应研究[J].税务研究,2021(3):134-143.

[25]梁双陆,白云翠.研发费用加计扣除政策对企业异质性创新的影响研究[J].产经评论,2023,14(5):82-99.

[26]刘行,陈澈.中国研发加计扣除政策的评估:基于微观企业研发加计扣除数据的视角[J].管理世界,2023,39(6):34-55.

[27]刘圻,何钰,杨德伟.研发支出加计扣除的实施效果:基于深市中小板上市公司的实证研究[J].宏观经济研究,2012(9):87-92.

[28]刘诗源,林志帆,冷志鹏.税收激励提高企业创新水平了吗?:基于企业生命周期理论的检验[J].经济研究,2020,55(6):105-121.

[29]彭华涛,吴瑶.研发费用加计扣除、融资约束与创业企业研发投入强度:基于中国新能源行业的研究[J].科技进步与对策,2021,38(15):100-108.

[30]石绍宾,李敏.研发费用加计扣除政策调整对企业创新的影响:基于2013—2019年上市公司数据[J].公共财政研究,2021(3):4-28.

[31]孙莹,顾晓敏.税收激励与企业创新:述评与展望[J].会计与经济研究,2020,34(3):114-128.

[32]汤颖梅,谢萌. 税收优惠政策、产品市场竞争与企业创新:以技术密集型产业为例[J]. 会计之友,2019(19).

[33]田彬彬,林超,冯晨,等. 制度性交易成本影响税收优惠落地吗?:基于税收遵从的视角[J]. 管理世界,2024(8):1-22.

新质生产力背景下涉税舆情治理：
内涵特征、生成逻辑、实践路径

王彦平　王雪佳[①]

摘　要：涉税舆情作为与税收相关的公众认知和意见的综合体现，具有传播速度快、热度高、高度低等特点，主要通过互联网和社交媒体传播。新质生产力作为以创新为主导、高科技、高效能、高质量的先进生产力质态，为涉税舆情治理提供了大数据、人工智能、区块链等技术支持，提高了治理效率和精准性。本文探讨了新质生产力背景下涉税舆情治理的内涵特征、生成逻辑及实践路径。涉税舆情的生成逻辑主要源于社会环境诱发、互联网新媒体推动及网民积极参与互动。在新质生产力背景下，涉税舆情治理仍面临治理体系缺位、多元治理主体协同性欠缺及专业技术人才缺乏等困境。针对这些问题，本文提出了构建完善的涉税舆情治理体系、加强多元治理主体协同合作、培养专业技术人才等实践路径，旨在促进涉税舆情治理的现代化和高效化，优化税收服务，提升税收征管效能，进而为经济社会高质量发展贡献力量。

关键词：新质生产力　涉税舆情　涉税舆情治理

一、引言

随着信息技术的迅猛发展和新质生产力的不断崛起，税收作为国家财政的重要支柱，其管理和征收过程日益受到公众和媒体的广泛关注。涉税舆情作为社会舆情的重要组成部分，不仅反映了公众对税收政策的认知、态度与情感，还直接关联到税收工作的顺利开展和社会稳定。然而，在互联网和新媒体的推动下，涉税舆情呈现出传播速度快、热度高、传播门槛低等特点，给税务部门的舆情治理工作带来了前所未有的挑战。本文旨在探讨新质生产力背景下涉税舆情治理的内涵特征、生成逻辑及实践路径。首先，通过分析涉税舆情的内涵及特征，揭示其在新质生产力环境下的新挑战；其次，从社会环境、互联网新媒体及网民互动等多个维度

[①] 王彦平，兰州财经大学财政与税务学院硕士副教授；王雪佳，兰州财经大学财政与税务学院硕士研究生。

剖析涉税舆情的生成逻辑,深入剖析其背后的成因和机制;最后,针对当前涉税舆情治理中存在的困境,提出一系列切实可行的实践路径,包括坚持信息公开回应、政府领导与多元主体协同合作、加强人才队伍建设及提升纳税服务效能等,以期为税务部门在新质生产力背景下有效治理涉税舆情提供理论参考和实践指导。通过本文的研究,期望能够增强税务部门对涉税舆情的认识和把握能力,促进税收工作的顺利开展和社会稳定,推动新质生产力的高质量发展。

二、相关内涵特征

(一)涉税舆情内涵特征

"涉税"是"涉及税收"的简称,也就是与"税收"相关联。涉税舆情指的是与税务部门或税收相关的舆情,主要通过互联网、新闻媒体或社会群体传播,是针对税收的群体性认知、态度、情感和意见等的综合体现。本文所研究的涉税舆情是指网络媒体涉税舆情,并不包括传统媒体涉税舆情。而涉税舆情治理是以税务部门为主导的治理主体,通过整合各种管理资源,采用监测研判、有效回应、控制干预、正面引导等手段,全面管理与税收相关的网络舆情,以营造积极的税收工作舆论氛围,促进税收工作的顺利开展。涉税舆情具有传播速度快、热度高以及传播高度低等特征。通过分析涉税舆情特征,可以帮助税务部门快速识别公众关注的焦点和热点问题,及时发现涉税舆情治理中的问题并提出相应的解决措施,优化税收服务,促进税收公平与效率,进而为税务工作作出贡献。

1. 速度快:传播迅速且突发性强

习近平总书记指出:"一张图、一段视频经由媒体几个小时就能形成爆发式传播,对舆论造成很大影响。"① 在全媒体时代,任何舆情都有可能迅速升温,借助网络媒介平台成为公众关注的焦点。涉税舆情事件一旦在网上出现,便迅速传播。互联网的一大特性就是不受时间和空间的限制,重大舆论事件在网络上成为关注焦点,也能迅速成为舆情热点。目前涉税网络舆情一般是由传统媒体发布,再由网络媒体转发。网络媒体一经转发,迅速引起网民的高度关注形成网络舆情。一般典型涉税网络舆情事件从开始到结束会经历五个阶段,即孕育萌发期、散播聚集期、热议爆发期、沉淀期和影响消退期。在移动网络的覆盖范围内,信息可以通过移动终端、手机、电脑等电子设备传播,通过在微信、抖音、快手、微博和论坛等 App 上转载信息发表评论。随着互联网和社交媒体的普及和发展,网络的即时性和便捷性越来越强,信息一经发布便广泛传播,公众通过手机、电脑等多种设备在各大

---

① 习近平. 加快推动媒体融合发展构建全媒体传播格局[J]. 求是,2019(6).

媒体平台如微博、抖音、快手和知乎上获取信息,快速形成民间的舆论场,引发大量的关注和讨论。而涉税舆情信息相较于其他类热点信息,与公众自身的利益息息相关,传播速度更快,影响范围更广。

涉税舆情事件的突发性还表现为信息发布难以预测。除了官方发布的信息,非官方发布的部分信息往往是在非工作时间,而自媒体时代信息更是无时无刻不在,即便是微不足道的碎片化信息,也能在互联网的作用下,多渠道、多方面、多路径快速扩散。由于涉税舆情的形成和传播不仅会受到发布者方面的影响,也会受到接收者观点、情绪和利益需求等多种因素的影响,这些不可控和不确定性因素造成了涉税舆情事件的突发性和不可预测性,税务部门无法精准预测涉税舆情的发生时间与演变趋势,也对涉税舆情治理工作带来了阻碍。此外,非工作时间发布的舆情税务部门难以及时监控应对,不能及时回应公众消息是否真实并提出相应解决措施。如果舆情不能在发布初期及时应对,经迅速扩散和发酵之后更加难以控制。

2. 热度高:全员传播且互动性强

涉税舆情信息在传播过程中关注度较高,能引起公众广泛的参与和讨论,互动性较强,甚至可以做到全员传播。热点事件一旦被曝光,官方机构、各大媒体以及网民都会关注,而且涉税舆情极易引发连锁反应,看似微小的事件也可能会变成难以治理的舆情危机。舆情信息在传播的过程中会被扩大,容易出现"滚雪球"效应。信息在传播过程中可能会被夸大,容易出现虚假信息,引发广泛的关注和讨论,进而形成不可控的舆论压力。如果税务部门在舆情治理的过程中,没有及时有效地应对,就可能使舆情演变成危机。如 2018 年邓伦偷逃税被追缴并罚款 1.06 亿元在网络平台大"爆",迅速引发全网关注和热议,掀起全民参与狂欢的舆论浪潮,造成了极大的负面社会影响。明星网红本身关注度较高,加上负面舆论更能引起公众反响,短时间内就能引发舆论震荡,成为社会舆论关注的热点,这也使税务部门陷入舆情治理的危险地带。

3. 高度低:信息多元化且传播门槛低

涉税舆情所包含的内容较多,不仅有税收政策、征收缴纳、宏观税负,还包括征收管理、纳税服务和工作质效方面的问题。例如 2013 年上海羊绒制品公司骗税案,2016 年纳税人办税跑五趟未果,2018 年范冰冰逃税案。网络社会具有匿名性、即时交互性,涉税网络舆情内容的多元,使得信息在传播时所传递的价值观多元、利益需求多元、评论多元。不但涌现各种文化类型,不同的思想意识和价值观念,有积极健康上进爱国的舆论,也有愤世嫉俗的恶意谩骂。网民隐藏身份在屏幕背后发表评论,多元化的交流为民众提供了宣泄的空间,也给税务部门舆情治理造成了更大的挑战。而且近年我国网民大幅增长,手机覆盖率很高,成年人基本人手一部手机,老人和小孩也逐渐开始接触智能手机。多元且碎片化的信息大量涌入,网民可以第一时间看到信息并且发表评论,信息传达高效且畅通。网络舆情还提供了各种无限次实时传播的便利,在手机App上,只要点击"分享"或"转发"就可以轻松快速将内容同时分享给多人阅读。而涉税信息和民众的利益息息相关,容易成为社会舆论热点和公众情绪的宣泄点。由于网络空间的虚拟性,电子信息的传播只需要借助互联网,与传统媒体传播的有限性相比,涉税网络舆情更具有广泛传播性。

(二)新质生产力内涵特征

新质生产力是创新起主导作用,摆脱传统经济增长方式、生产力发展路径,具有高科技、高效能、高质量特征,符合新发展理念的先进生产力质态[①]。习近平总书记指出:"整合科技创新资源,引领发展战略性新兴产业和未来产业,加快形成新质生产力。"[②]技术的革命性突破、生产要素的创新性配置和产业逐步转型升级催生了新质生产力,它以劳动者、劳动资料和劳动对象三者及其优化组合的跃升为基本内涵,其核心标志是全要素生产率大幅提升。

1. 创新性与高效性

新质生产力即有别于传统生产力的新型生产力,是以科技创新为主的生产力,是摆脱传统增长路径、符合高质量发展要求的新型生产力。新质生产力强调原创性,并不是对现有技术的简单模仿或者改进,而是从基础科学研究中获取新的知识和技术。新质生产力的快速发展也为涉税舆情治理提供了更多大数据、人工智能、区块链等技术手段和工具支持,不仅能够帮助税务部门实现舆情信息的快速收集、智能分析与精准推送,还能够优化税收征管流程,提高税收征管的效率和准确性,推动了舆情治理模式的现代化。而新质生产力的高效性体现在生产流程的优化、资源利用率的提升以及决策效率的提高等多个方面。新质生产力采用先进的生产技术和管理手段,能大幅度提高生产效率和质量,同时降低成本和资源消耗,为企业和社会带来更多的经济效益。在涉税舆情治理工作中,税务部门需要对庞杂的涉税信息进行快速收集、整理并分析,而大数据和云计算等信息技术的加入,提升了信息处理的质效,优化了舆情治理流程程序,使税务部门决策的科学性和可行性更强,新质生产力的高效性大大提高了涉税舆情治理效率和精准性。

2. 数字化与智能化

步入数字化时代,生产力要素和生产过程从传统处理逐渐趋向数字化处理。

---

① 习近平在中共中央政治局第十一次集体学习时强调 加快发展新质生产力 扎实推进高质量展, https://china.huanqiu.com/article/4GPOPjOdn9r.

② 习近平在黑龙江考察时强调 牢牢把握在国家发展大局中的战略定位 奋力开创黑龙江高质量发展新局面[N]. 中国证券报,2023-09-09(A01-A02).

在新质生产力的驱动下,借助数字技术进行生产和运营能使数据处理更加规范、可控,提高了数据处理效率和决策的科学规范性,为精细化管理提供大力支持。税务部门通过构建数字化平台,将涉税舆情信息的检索收集、分析研判、监测反馈等各个环节纳入,实现数据信息的互联互通和资源共享。数字化技术提供了大量的涉税信息,提高了数据分析的科学性和精准性,使涉税舆情治理工作更透明可控。随着人工智能、物联网等技术的不断成熟和普及,智能化已经成为新质生产力的重要组成部分。随着智能机器人、智能控制系统等技术的介入,新质生产力实现了生产过程的自动化、智能化,提高了生产的效率和质量稳定性,减少了对人工的依赖,降低了人力成本,使得生产过程更加灵活、高效。税务部门从纳税人需求出发,利用人工智能、互联网、5G 等先进技术,全面推进"互联网+税务"服务模式,大力推广电子税务局、移动办税 App 等线上平台,提高了办税效率和纳税服务满意度。

3. 精准性与融合性

精准性是新质生产力的重要特征。通过大数据分析和人工智能技术,新质生产力能够精准把握市场需求、消费者行为等信息,实现精细化运营和精准管理,提供定制化、个性化的产品和服务。这种精准性不仅提高了客户满意度和忠诚度,也满足了消费者日益增长的个性化需求。

在新质生产力的推动下,税务部门借助大数据分析和人工智能技术,能够深入挖掘网民的需求和行为特征,实现精准管理和个性化服务。同时,税务部门还能够对舆情信息进行精细化管理和优化调整,确保舆情治理工作的稳定性和高效性。这种精准性不仅从源头上提高了舆情治理工作的效率,还为税收征管提供了更加优质和便捷的途径和方法。此外,融合性是新质生产力的内在要求。新质生产力实现了跨地区、跨行业的资源共享和优化配置,提高了资源利用效率。在全球化和信息化的背景下,不同产业、不同领域之间的融合发展成为必然趋势。新质生产力具有很强的融合性,能够与其他产业进行深度融合,形成新的业态和模式。这种融合性不仅促进了产业结构的优化和升级,还推动了产业链的延伸和拓展。通过跨界合作和资源共享,新质生产力实现了不同产业之间的协同发展,为经济社会的高质量发展提供了有力支持。通过跨部门合作和资源共享,税务部门内部各部门之间,与其他政府部门、媒体、社会组织等建立良好合作关系,分享信息形成共识,实现资源的最大化利用,共同推动涉税舆情治理工作的进行,为社会带来更多的经济效益。

三、涉税舆情生成逻辑

(一)社会环境诱发舆情

涉税舆情是社会舆情的映射,是社会舆情的组成部分。一方面,随着我国经济高质量发展,产业结构、收入分配、民生保障、生态环境等方面的不足容易引发潜在的社会风险,进而直接诱发舆情。而税收作为一个国家财政收入的主要来源,与民生息息相关,税务部门作为政府重要的经济职能部门,税收征管是其重要职能。由于税收征管直接面对全体纳税人,其中税源管理、税务稽查和纳税服务等直接与纳税人利益相关,税收的个体无偿性增加了税收征缴的难度,加之税收通过公共产品或者公共服务间接返还给纳税人的整体有偿性并不为大众所知,因此税收征纳过程最容易引发舆情。公众作为纳税人在承担纳税责任时,若其获得的公共产品和服务没有达到预期,关注焦点就容易从收入分配、民生保障转移到税收缴纳问题上。当这些和民众利益有关的问题无法及时有效地解决时,就容易引发涉税舆情。

另一方面,突发性和破坏性强的自然灾害和公共事件也是涉税舆情产生的原因。暴雨、暴雪、干旱、地震、水灾、泥石流、台风等多种自然灾害频发,极易给公众的人身价值和财产价值带来不可逆的损害,也容易变成舆情传播的焦点。当与税收有关的网红明星偷逃税、企业虚开增值税发票等公共事件发生时,公众无法及时看到官方发布的信息,许多媒体发布的内容不及时、不完整,只能在网络上制造焦虑。而"网络水军"的谣言也进一步推动了恶性舆情事件的传播,舆情走向会从灾难事故转向对政府救灾防灾工作的不满,很容易引发公众对政府工作和税收用途的怀疑,导致政府部门的公信力下降,最终促成舆情的生成。

(二)互联网新媒体推动

科技是社会发展的第一生产力,互联网和新媒体的快速发展推动涉税舆情的生成。首先,互联网广泛的连接性为涉税舆情的产生创造了条件,新媒体的传播优势在互联网中被进一步放大,加速了舆情的传播。互联网因其开放性和互动性,为涉税舆情的生成提供了物质空间,而匿名性为公众意见的自由发表提供了表达平台,网民借助互联网表达自己的观点、意见以及评论,宣泄情绪。开放的网络空间给多元群体提供了表达的机会,官方、媒体以及民众均可发布信息表达意见,微不足道的小事件被互联网和新媒体推动迅速爆发,进而快速扩散与传播。互联网作为民众消息的集散地和社会舆情的推动器,对涉税舆情治理起着不可忽视的作用。其次,从微信、微博到抖音、快手、今日头条等社交媒体,新媒体成为公众获取信息的主要渠道,也加速了涉税舆情的生成。随着新媒体平台功能性、便捷性逐渐加强,舆情的参与主体越来越多,更多的人开始在网络上互动。新媒体是公众使用最频繁的平台,人们利用碎片化的时间就能在短时间内获取大量信息,并转发传播。借助互联网,公众传播的内容形式多样,情感丰富,个性化较强,可以通过点赞、评论、私信等多种方式发布内容,与大量网友进行互动。但传播过程中也会夹杂很多虚假信息,产生谣言,损害公众的人身价值或者财产价值,由此加剧舆情危机的爆发。

(三)网民积极参与互动

当集中在网络平台上的网民意见和情感表达与社会矛盾越来越多,又得不到及时解决时,舆情便会爆发。舆情产生的源头便是线上线下的热点事件,网民利用手机、电脑等设备积极参与,获取信息并进行传播,随着信息不断扩散,传播热度和讨论量达到一定高度后,便会引发舆情。在群体效应的影响下,大量网民参与到与税收有关的话题讨论中,个人的情绪和观点容易被团体所主导,从而产生思想与行动的趋同。网民在讨论的过程中,并不完全是按照自己的想法和判断看待问题,更容易被团体所影响产生从众心理,对一些特定的问题及言论跟风发表评论。涉税事件发生后,公众会在社交媒体上积极互动,发表自己的看法和意见,经过快速传播与扩散,更多的人参与话题的讨论,但评论良莠不齐,部分网民缺乏独立的判断标准和批判性思维,容易被情绪影响进而丧失理智,对当事人发表一些人身攻击的言论,甚至做出过激的行为。此外,信息在传播与扩散的过程中容易失真。虚假信息更容易引起网民的关注,一些媒体为了获取流量,不断揭露和炒作信息,编耸人听闻的标题,扣行为不正的帽子,使得谣言在网上遍布。网民并没有分辨信息真假的能力,再加上"团体影响",谣言在他们眼中也变成了事实,加剧了舆情危机的生成。由于税收与个人利益息息相关,涉税事件更容易引发网民的关注,他们积极参与讨论,阐述自己的立场和观点,共同推动话题的进程和热度,最终形成较为统一的舆论趋势。公众参与意识的增强使人们勇于发言,在主张税收公平的同时表达自己的观点,经过各群体协同互动,与税收有关的热点事件便容易成为涉税舆情甚至舆情危机。

四、新质生产力背景下涉税舆情治理困境

(一)涉税舆情治理体系缺位

习近平总书记明确指出,"新质生产力已经在实践中形成并展示出对高质量发展的强劲推动力、支撑力"。但目前新质生产力背景下,我国涉税舆情治理分散化的现象仍然存在,碎片化的治理机制是涉税舆情治理的一大挑战。税收是国家筹集收入、调控经济、调节分配的重要手段,税务部门更加重视税收征管方面的制度建设和执行细则,对于舆情治理工作缺乏重视,导致缺乏完整的舆情治理体系制度,致使治理工作中职责分工不明确,舆情发生前的预防性措施不到位,舆情发生时无法及时有效应对,舆情危机结束后评估与反馈机制不完善。经过不断地发展与完善,相较于传统舆情治理模式,在新质生产力的推动下,税务部门在舆情信息的收集、分析研判、监测预警、评估与反馈等方面已有了明显的进步。税务部门与公安、网络监管等相关部门合作,通过数据分析与挖掘,筛选能够引发涉税舆情危

机的信息,并给出相应的对策建议。但在涉及涉税舆情时,大部分税务部门并没有一套完善的政策依据作为参考,不能构建起一套权威的涉税舆情治理系统。面临着网友们的热议和反馈,工作人员都不知该如何正确处理数据和信息,缺乏科学有效的舆情应对计划,延误了舆情处置的最佳时机。

(二)多元治理主体协同性欠缺

由政府主导的传统管理模式下,税务部门对所有舆情治理工作负责。在这种惯性思维模式下,舆情治理工作由政府部门全力承担,社会力量不参与或者只参与非核心工作,治理效果完全取决于税务部门。一是参与治理工作的各主体职责界定不明确。权限界定不清,又有交叉现象存在,这导致在涉税舆情治理工作中,税务部门与其他部门虽然能积极响应,但缺乏高效通畅的沟通渠道和规范的协调合作机制,各部门"多头并进",并未达成预期的治理效果,反而容易增加舆情的复杂性,造成负面影响。二是政府部门只关注行政部门之间的协同合作,忽视了与媒体和公众等非官方群体的合作。税务部门在治理舆情时未能充分动员和发挥社会力量的积极作用,与社会组织、广大网民之间的合作协同机制尚不健全,彼此间缺乏有效衔接,使得资源并未达到最优化配置。并且官方媒体仍以传统方式发布消息,内容形式老套缺乏创新,无法吸引公众的注意力,而自媒体则在网络上占据主导地位,以各种新奇的方式传播信息,干扰舆情信息的正常传播。三是信息共享渠道不畅。新质生产力以劳动者、劳动资料、劳动对象及其优化组合的跃升为基本内涵,数据作为新型生产要素成为重要劳动对象,既直接创造社会价值,又通过与其他生产要素的结合、融合进一步放大价值创造效应。但目前各部门存在数据信息壁垒,政府与社会力量之间的信息流动不畅,新媒体平台并没有起到连接作用,未能构建起跨越双方鸿沟的协调机制与互动平台,合作治理的潜力未能得到充分挖掘,无法实现真正意义上的协同治理。

(三)专业技术人才缺乏

发展新质生产力要求畅通教育、科技、人才的良性循环,完善人才培养、引进、使用、合理流动的工作机制。要根据科技发展新趋势,优化高等学校学科设置、人才培养模式,为发展新质生产力、推动高质量发展培养急需人才。涉税舆情治理作为现代税收体系的重要组成部分,对于维护税收秩序、保障税收安全、促进社会稳定具有不可替代的作用。推动新质生产力加快发展,涉税舆情治理对专业技术人才的需求和重要性越发凸显。专业的税务知识、数据信息和舆情分析能力以及危机应对能力不可或缺,税务人才的综合能力是提高涉税舆情治理工作质效的关键。然而,涉税舆情治理专业人才的短缺,不仅给涉税舆情治理工作造成困难,也影响了社会公众对税收问题及其重要性的准确认知与深入理解。一是人才数量不足。涉税舆情治理需要有综合素质较高的人员执行,既要具备专业的税务知识,还需要有数据分析和应对突发事件等能力。但目前税务部门的专业技术人员稀缺，不能满足涉税舆情治理工作的要求，一些工作人员在面对舆情危机时，由于心理素质或专业能力不足，不能及时应对或应对不当。二是人才培养机制不健全。涉税舆情治理对于人才的培养和引进仍缺乏完善的机制，高校及培训机构在培养涉税舆情治理人才方面显得力不从心，课程设置与培训项目匮乏，难以满足市场日益增长的需求。政府部门在吸纳舆情治理专业人才时，应秉持人尽其才的原则，利用科学合理的激励机制，充分调动工作积极性，为涉税舆情治理工作作出贡献。

（四）舆情治理技术专业化与智能化欠缺

科技创新能够催生新产业、新模式、新动能，是发展新质生产力的核心要素。信息技术已在我国税收实践中广泛应用，借助智能化技术，税务部门实现了税收数据的精准分析和管理，提升了征管效率。但在涉税舆情治理工作中，对于科技专业化与智能化的应用仍需进一步优化和完善。从技术层面来说，大数据、AI、区块链、云计算等网络科学技术的发展，使得涉税舆情数据能够摆脱传统数据处理方式，利用专业技术进行全面的数字化处理。但现有的舆情分析系统无法对大量数据进行深度挖掘和分析，难以准确判断舆情的发展趋势和潜在风险，并且税务部门掌握的数据无法共享，使舆情信息片面化。从人员层面来说，参与涉税舆情治理工作的专业人员较少，精通大数据和人工智能技术的人员更是稀缺，这使得他们在工作过程中技术运用能力较为薄弱。另外，目前税务部门还缺乏完善系统的智能化的预测预警机制，无法提前发现并预警潜在的涉税舆情风险，导致在舆情发生后往往需要被动应对。

五、新质生产力背景下涉税舆情治理实践路径

（一）治理原则：坚持信息及时公开回应、实事求是

涉税舆情治理应坚持信息公开和实事求是的原则，即向公众提供真实、准确、全面的信息，并遵循客观、公正、透明的原则进行舆情治理和资源配置。一方面，透明度和信息公开是前提。对于涉税舆情事件，税务部门应提供明确、简洁和及时的税收政策和程序信息，包括税收政策、涉税事件的事实和情况、税务部门的回应和处理措施等，让纳税人清楚了解应缴税款的计算方法、申报和缴纳程序等。透明度和信息公开可以增强纳税人的信任和理解，促使他们更主动、准确地履行纳税义务，建立公众对税收政策的信任和支持。另一方面，涉税舆情治理要实事求是。税务部门在处理涉税舆情时应以客观、公正的态度对待，基于事实进行分析和解决。不论是涉税事件的调查和核实，还是涉税政策的解释和调整，都应以事实为基础，依法依规进行。税务部门还应积极采集、整理和核实相关数据和信息，确保所提供

的信息和解释的准确性和可信度。

（二）根本保证：政府领导、多元主体协同合作

新质生产力的融合性是指通过跨界合作和资源共享，共同推动涉税舆情治理工作的进行。因此，政府领导多元主体协同合作是涉税舆情治理工作的内在要求。

1. 加强各级政府间合作

涉税网络舆情治理不是自上而下的管理，而是多元主体共同治理，税务机关不仅自身要全力投入舆情治理中，还要促进各级政府间的合作。一方面，要加强上下级之间的互动。上级部门制定规则要求并下达命令，下级部门要随时沟通，但下级部门要有自己的创新思维，不能唯命是从。既要有较高的层次，也要有较大的创造性，领导机关要加强网络主流意识形态话语权的建设，基层单位要努力营造良好的网络生态。另一方面，平级政府之间的协调合作也必不可少。宣传部门、研究部门和监督部门要互通有无，及时共享消息，加强信息交流和日常互动，共同参与涉税舆情治理。

2. 发挥媒体辅助作用

税务部门在网络舆情治理中发挥主导作用，在税务部门无法管控和发现的地方，媒体作为辅助力量也不容忽视。一方面，部分平台为了保障网络秩序，对不遵守网络平台规定的用户进行惩罚，如违反微博社区公约用户会受到内容处理和账号处理两种处理方式。其中，内容处理包括但不限于删除、屏蔽、禁止被转发、禁止被评论、限制展示和标注等。账号处理包括禁止发布微博和评论、禁止被关注、禁止修改账号信息、限制访问直至关闭、注销账号等。当涉税舆情事件发生时，由于官方不及时回应以及当事人模棱两可的态度，网友们众说纷纭，极易引发支持的一方和反对的一方"混战"，如果没有社区公约的限制，那么整个网络环境乌烟瘴气，便会增加舆情治理的难度。另一方面，媒体本身作为传递信息的一种媒介，官方政府可以借助媒体引导甚至控制舆论。媒体不仅可以提供信息和解答疑惑，还可以通过客观、公正的报道和评论，引导公众正确理解和看待税收政策，提高公众的认知和理解水平。此外，媒体的报道和评论还能提高公众的税收意识和法治观念，使公众更加清楚地认识到偷逃税的危害，从而自觉抵制这种行为，维护国家税收秩序。

（三）主要任务：加强人才队伍建设，提升纳税服务效能

新质生产力的特点是技术创新，难点在技术突破，而核心技术突破的关键在人。构建研究人才培养与资助制度是财政连通国家创新体系与新质生产力增长之间的重要纽带①。高水平、专业化人才对涉税舆情治理起着至关重要的作用，只有

---

① 马海涛. 财政政策精准发力，助力培育新质生产力[J]. 财政研究，2024(3)：3-6.

组建一支专业涉税网络舆情治理队伍,才能有效治理网络舆情。一个优秀的团队需要不同领域的人才相互配合,领导管理者需要有较强的组织协调能力,眼光长远善于谋划;宣传引导者需要有较强的文字撰写能力,掌握新闻报道相关知识并且熟悉互联网;舆论回应者需要有强大的心态,掌握回应媒体及公众的方式方法,并且需要有一定的语言表达能力;舆论风向管控者需要掌握互联网基础操作并且熟悉各大媒体或网络平台,能够收集舆情数据和信息,准确分析舆情事件;网络技术人员需要精通互联网,及时掌控舆情事件的发展情况,监测舆情和突发事件。一方面,从原有的税务工作人员中,选取综合素质高、税法知识扎实、文字编辑能力强并且熟悉互联网技术的工作人员,负责监测舆情事件、及时发布舆情信息等治理工作。另一方面,通过学习网络知识、网络公关技巧以及请求专家意见,提升网络涉税舆情治理队伍的整体能力。

(四)主攻方向:提升涉税舆情治理的科技含量

新质生产力是以创新为第一动力,形成高科技的生产力。对于涉税舆情的监测与应对,高科技与大数据思维的应用尤为关键。

1. 利用大数据进行舆情监测

在当今全媒体和数字经济快速发展的时代,涉税舆情数据和信息也是一种新型的生产要素,具有区别于其他生产要素的高价值,在税务管理和涉税舆情治理中起着无法替代的作用。公众或各大媒体平台对涉税舆情信息的态度和观点,税务部门对舆情趋势的判断分析,以及涉税舆情治理结果的成效和反馈,都会体现在数据这一生产要素中,从而为社会创造价值。通过大数据对涉税数据进行智能化监测和分析,事前模拟舆情应对措施及可能会出现的结果,税务部门在面对涉税舆情事件时,能更及时干预并制定更精准有效的措施。

2. 优化网络舆论监测体系

税务部门应加强对网上舆论的监控与分析,了解社会舆论对税务工作的意见、态度、舆论的热点与动向。在此基础上,构建一支专业的网络舆情分析队伍,利用先进的技术与分析方法,对网络舆情进行深入的挖掘与分析,为政府部门制定相关政策提供科学依据。一方面,以税收为主导,建立全方位的社会舆论监控网络。在监督问题上,除了要把注意力集中在国内和国际上引发网友热烈讨论的涉税问题上,还需要借助专业的舆论监控系统,针对税务管理领域开展专门的舆论采集和分析,构建立体的舆论监控系统。另一方面,税务机关要组建专职的网络舆论管理队伍,加强对网络舆论的监控与判断,及时提出有效的应对措施,并组织实施。基层税务部门可以根据自己的实际情况,通过采购和委托第三方机构进行舆论监控。

参考文献

[1]刘明慧,李秋.财税政策何以驱动新质生产力发展？[J].上海经济研究,2024(3):31-41.

[2]马海涛.财政政策精准发力,助力培育新质生产力[J].财政研究,2024(3):3-6.

[3]曾军平.税收该如何助推形成新质生产力？[J].税务研究,2023(12):12-15.

[4]陶然,柳华平,周可芝.税收助力新质生产力形成与发展的思考[J].税务研究,2023(12):16-21.

[5]张林.习近平关于发展新质生产力的几个重要论断[J].党的文献,2024(3):25-34.

[6]保虎.新质生产力赋能中国式现代化：理论逻辑、价值意蕴及实践路径[J].西北民族大学学报(哲学社会科学版),2024(4):1-10.

[7]许正中.加快构建催生新质生产力的税收激励机制[J].税务研究,2024(7):5-10.

[8]习近平.加快推动媒体融合发展构建全媒体传播格局[J].求是,2019(6).

完善税收制度助力我国厚植新质生产力

严亚雯　姚东旭[①]

摘　要：作为我国未来生产力发展的主要方向，新质生产力已经在实践中形成并展示出对高质量发展的强劲推动力与支撑力。当前，完善税收制度，着力为发展新质生产力蓄势赋能具有重要的现实意义。通过深入探讨新质生产力的内涵与实践要求，明确税收制度与发展新质生产力实践要求的协调关系，进而就完善税收制度助力我国厚植新质生产力提出建议：加强对科技创新行为的税收支持、完善税收政策助推新质生产力赋能产业体系智能化、制定区域特色与差异化税收政策以及建立跨区域的税收协调机制。

关键词：税收制度　新质生产力　未来新兴产业　科技创新

一、引言

2023年9月，习近平总书记在黑龙江考察期间和主持召开新时代推动东北全面振兴座谈会时，强调"加快形成新质生产力"，12月中央经济工作会议提出要"发展新质生产力"，从"加快形成"到"发展"，这一变化体现了党中央对于推动新质生产力发展的决心和力度的提升，是我国对未来经济结构调整、产业升级以及创新驱动发展的高度重视和战略考量，更是对未来税制完善的重要指引。

首先，新质生产力代表先进生产力的演进方向，是由技术革命性突破、生产要素创新性配置、产业深度转型升级而催生的先进生产力质态，强调创新的主导作用，并注重高质量发展。因此，推动新质生产力的发展需要税收制度的支持和引导，未来税制需要更具灵活性、激励性和前瞻性，以支持技术创新、产业升级和高质量发展，为新质生产力的发展提供良好的税收环境。其次，从"加快形成"到"发展"的转变，也意味着对新质生产力的培养和引进需要从速度和深度上进行双重推进，这意味着税制改革需要更加深入、细致，不仅要加快改革的步伐，还要注重改革的实效性和可持续性，以确保新质生产力能够得到有效的发展和壮大。最后，税制

---

① 严亚雯，首都经济贸易大学财政税务学院博士研究生；姚东旭，管理学博士，首都经济贸易大学财政税务学院教授、博士生导师。

完善还需要考虑到区域协调发展的需要。传统生产力主要通过地理空间对区域协调发展产生影响，新质生产力则能够利用新技术在"虚拟空间和地理空间"双空间下重塑各维度要素及其关系，因此将重塑区域协调发展格局。在此背景下，完善税收制度须注重各地区协调发展，进而实现全国范围内的经济均衡发展。

新质生产力的提出是对我国目前经济发展实践的指导和启示，为我国在新时代推动经济高质量发展提供了有力的理论支撑和实践路径。税收制度的完善与新质生产力协同发展是相互促进的，完善的税收制度为新质生产力的发展提供了良好的制度环境，而新质生产力的发展又为税收制度的优化提供了新的动能。通过二者的有机结合，可实现经济的高质量发展和社会的全面进步。

二、新质生产力的内涵与实践要求

（一）新质生产力的内涵

新质生产力是由技术革命性突破、生产要素创新性配置、产业深度转型升级而催生的先进生产力，通过劳动者、劳动资料、劳动对象及其优化组合的质变实现全要素生产率的提升。新质生产力这一概念是对马克思主义生产力理论的创新和发展，进一步丰富了习近平经济思想的内涵。同时，新质生产力也是实体经济高质量发展的新方向。

生产力作为马克思主义理论的核心范畴，是人类历史的物质基础，也是对一个国家或经济体物质生产能力和水平的理论抽象和精准概括。以第三次和第四次科技革命和产业革命为基础的新质生产力提出以后，生产力的三要素都发生了质变，生产力本身自然会跃升到新质阶段，这类内在新性质决定了新质生产力具有更高水平的创新性、虚拟性、流动性、渗透性和协同性。纵观历史，人类社会先后经历了农业革命、工业革命、信息革命，形成了农业生产力、工业生产力，以及信息生产力。在此过程中，生产要素也从农业时代的土地拓展到工业时代的土地、劳动和资本，再发展为信息时代的土地、劳动、资本、技术和数据等。新质生产力是习近平总书记在敏锐洞察第四次全球工业革命趋势和推进区域协调发展时代要求基础上提出的原创性概念，是以劳动者、劳动资料和劳动对象及其组合优化的跃升为基本内涵，以全要素生产率大幅提升为核心标志，特点是创新，关键在质优，本质是先进生产力。与传统生产力相比，新质生产力具有智能化、融合化和绿色化等特点。

（二）发展新质生产力的实践要求

深刻把握新质生产力的实践要求需要明确新质生产力的主要特征，根据主要特征，可以确保在推动新质生产力发展的过程中，采取更加精准有效的政策措施。

一是以创新为首要动力，打造高科技生产力。新质生产力与传统生产力最主要的区别在于,创新在新质生产力中扮演着无可替代的第一动力角色。新质生产力是摆脱了传统经济增长方式、生产力发展路径的先进生产力,具有高科技、高效能、高质量特征。以创新为第一动力,形成高科技的生产力。因此,发展新质生产力的实践要求之一就是要围绕核心技术攻关,完善教育、科技与人才之间的良性互动与循环机制,形成高科技的生产力。

二是加速布局战略性新兴产业和未来产业,以产业为载体形成高效能的生产力。产业作为生产力变革的生动实践与具体表现,是推动经济发展的关键力量。其中,主导产业与支柱产业的持续迭代升级为生产力的飞跃性发展提供了坚实的支撑与动力。作为引领产业升级和未来经济社会发展的新支柱、新赛道,战略性新兴产业和未来产业的效能更高,展现出创新活跃、技术密集、价值高端、前景广阔等鲜明特征,为新质生产力发展壮大提供了巨大空间。未来,我国须在高技术领域抢占世界的制高点,在世界舞台上占有一席之地。

三是要加快建设全国统一的大市场,促进区域协调发展。新质生产力在劳动者、劳动资料和劳动对象方面发生了质的变化,新型生产要素与传统要素通过"地理空间+虚拟空间"复杂交互形成新集聚与新分散,从而改变影响区域协调发展的因素。一方面,人才和资本存量等传统要素集聚的地区具有发展新质生产力的先发优势,一定程度上会拉大区域差距;另一方面,数据和智能技术等新型要素也能一定程度上克服时空限制和地理约束,重塑区域在"虚拟空间"中的连接形式,促进区域一体化。因此,发展新质生产力,既会对建设全国统一大市场和区域协调发展带来新机遇,也会带来新的新挑战。

三、税收制度与发展新质生产力实践要求的协调关系

(一)税费政策激发技术创新活力,构建新质生产力的创新策源地

马克思曾指出,生产力也包括科学。在这一视角下,传统生产力三要素——劳动者、劳动资料以及劳动对象,虽仍为新质生产力的基石,但科学技术已成为其中不可或缺的、极具变革性的组成部分。换言之,新质生产力的构建不仅依赖于高素质的劳动者、先进的生产工具和丰富的自然资源,更关键在于技术的应用与融合。科学技术不仅提升了劳动者的技能与效率,还不断革新着劳动资料,使其更加智能化、自动化,同时也拓宽了劳动对象的范围与利用深度。因此,在新时代的生产力发展中,科学技术不仅是推动力量,更是引领未来方向的关键因素。正如习近平总书记指出的,新质生产力核心首先是科学技术的迅猛发展所催生的。

落实完善税费政策在助力科技创新和制造业发展方面起到了至关重要的作用。一是稳步推进税费制度改革,包括深化增值税制度改革,推进社保费征收体制

改革,逐步下调养老、医疗等社保缴费费率,降低养老保险单位缴费比例,阶段性降低失业保险、工伤保险费率,大幅降低了企业社会保险缴费负担。二是不断加大税收优惠力度,包括研发费用加计扣除、高新技术企业所得税优惠、企业投入基础研究支出税前扣除,有力推动了传统产业加快转型升级。三是不断优化税收征管服务,包括税务部门联合相关部门编发支持制造业发展、科技创新的税费优惠政策指引,系统梳理相关政策及税收征管规定,详细列明享受条件、办理材料等,使企业更加全面知悉并便捷享受政策红利。同时,数据赋能,实现税费政策精准送达企业。税务部门连续多年开展"便民办税春风行动",围绕支持创新驱动、赋能智造升级等目标,推出系列惠民利企服务举措,提高办税缴费便利度。

(二)税收助力超前布局未来产业或战略性新兴产业

生产力的基本载体和基本承载结构就是产业,把科学技术转化成生产力,由新的颠覆性技术催生新的产业、未来产业、战略性新兴产业,使得整个产业结构发生迅速迭代。智能制造作为高阶制造业态和新型生产方式,代表了数字技术与先进制造技术深度融合的先进生产方式,是新质生产力的重要载体,已然成为新一轮工业革命的核心驱动力。当前,我国制造业正处于转型升级和提质增效的关键期,战略性新兴产业和未来产业需要通过富有竞争力的制造模式抢占全球制高点,智能制造高质量发展成为我国制造业嵌入全球价值链高端的关键支撑。税收如何助力我国紧跟智能制造的新科技革命浪潮,超前布局未来产业,着力打造自主可控的产业链、供应链,推动制造业高端化、智能化发展是值得思考的问题。

当前,我国通过一系列有针对性的税收政策,如减税、免税、加速折旧、税前扣除、延期纳税和税收抵免等措施,有效减轻了战略性新兴产业的税收负担,降低了投资风险,增加了研发投入,激励了创新,优化了营商环境,更重要的是激发了企业的创新活力与发展动力,为战略性新兴产业的蓬勃发展提供了坚实的税收支持。同时,税收政策通过直接影响企业的成本和投资回报率,能够有效地引导资源配置,激励创新和投资,从而助力超前布局未来产业或战略性新兴产业的发展。

(三)税收制度的逐步完善需要与区域协调发展相适应

促进区域协同创新、资源共享和优势互补等,是新质生产力渗透和扩散的应有之义,也是实现区域协调发展所需要的牵引力量。发展新质生产力,既会对区域协调发展带来新机遇,也会为区域协调发展提出新挑战。在此背景下,税收制度的完善就需要与区域协调发展相适应,实现"新质生产力"与"区域协调发展"两大重要目标的共契性发展。同时,西部地区、欠发达地区更应主动作为、因势利导推动生产力变革,通过提升改革牵引力、强化开放支撑力、加大创新驱动力,创造良好的营商环境,在开放中增活力,促进新质生产力更快更好发展,努力缩小差距。

四、完善税收制度助力我国厚植新质生产力的建议

（一）加强对科技创新行为的税收支持

为进一步激发新质生产力的活力，政府需要不断优化和完善政策体系，提供全方位的政策支持。其中，税收优惠支持政策对新质生产力的发展具有不可替代的作用。首先，我国可以考虑进一步加大对于研发费用的加计扣除比例，有针对性地对新一代信息技术、AI、生物医药、智能制造等高端行业企业和科技型中小企业给予更大力度的税收优惠。其次，为吸引企业研发人才对于研发活动的投入，可增强对人力资本的激励效应，允许企业将研发人员的绩效奖金按一定比例在个人所得税前进行扣除，同时提高研发人员教育培训费用的税前扣除比例。最后，税务部门应持续加强相关税收政策的宣传和解读工作，确保政策的有效落地和实施效果，以此为新质生产力的发展创造更加良好的政策环境和社会氛围。

（二）完善税收政策，助推新质生产力赋能产业体系智能化

未来我国需要聚焦于量子信息、人工智能等未来产业、新兴产业的谋划布局，优化现代化产业体系的组成结构。因此，应该充分发挥有为政府作用，加大政府支持的力度，完善税收政策，助力新质生产力赋能产业体系智能化建设，优化适配未来产业、新兴产业发展的税收政策。这类企业发展的关键在于提升研发能力，因此企业研发投资是其关注的重点。相应的税收政策应重点支持核心技术研发领域，特别是前期研发活动。首先，应加大对这类产业研发创新的支持力度。例如：提高研发费用的扣除比例，以鼓励企业自主进行研发；加大后期研发成果转化政策的力度，促使企业将创新成果有效地转化为实际生产力。其次，考虑到这类产业因不确定性引发的高投资风险，可赋予其建立创新风险准备金，允许税前扣除。最后，积极引导风险资本增加对其投入，延长亏损弥补期。

（三）完善税收制度以精准发挥作用，进一步促进区域协调发展

一是考虑制定区域特色与差异化税收政策。于东部地区而言，为加快新质生产力的发展，税收政策应更加注重创新驱动和高质量发展，加大对高新技术企业、研发机构和创新型企业的税收减免力度，创新减免方式，形成持续的创新生态体系。同时，积极发挥辐射带动作用，引导东部地区企业向中西部转移部分产能，促进产业链上下游协同发展。于中部地区而言，税收政策应聚焦于传统产业的升级和新兴产业的超前布局。于西部地区而言，税收政策应积极鼓励绿色发展，推动新质生产力加快成势。我国西北地区风/光资源丰富、分布广泛，截至2023年9月，陕西、甘肃、宁夏、青海、新疆五省区光伏总装机量占全国装机总量的20.02%，因此可以考虑发挥西北优势，推动分布式新能源就地开发利用，促进新能源多领域跨界

融合发展。

二是建立跨区域的税收协调机制,加强地方政府间的沟通与协作,共同应对区域发展不平衡问题。通过税收信息共享、联合稽查、跨区域税收争议解决等机制,提高税收征管效率,防止税收流失。同时,鼓励区域间开展税收优惠政策的互认与衔接,促进资源要素在区域间的自由流动和优化配置,可以进一步激活新质生产力发展的"新引擎",推动我国经济实现更高质量、更有效率、更加公平、更可持续的发展。

参考文献

[1]李建军,吴周易. 机器人使用的税收红利:基于新质生产力视角[J]. 管理世界,2024,40(6):1-15,30,16-19.

[2]张林. 习近平关于发展新质生产力的几个重要论断[J]. 党的文献,2024(3):25-34.

[3]徐芳,李秉远. 新质人才赋能新质生产力的理论逻辑与现实路径[J]. 人口与经济,2024(4):1-6,18.

[4]夏天添,王慧. 定向财政激励助力形成新质生产力:基于探索性案例的组态研究[J]. 技术经济与管理研究,2024(7):7-13.

[5]许正中. 加快构建催生新质生产力的税收激励机制[J]. 税务研究,2024(7):5-10.

[6]刘明慧,李秋. 财税政策何以驱动新质生产力发展?[J]. 上海经济研究,2024(3):31-41.

[7]马海涛. 财政政策精准发力,助力培育新质生产力[J]. 财政研究,2024(3):3-6.

[8]谢芬,杨颖. 促进新质生产力形成的税收政策探析[J]. 税务研究,2024(2):120-125.

[9]任保平,巩羽浩. 数字新质生产力推动传统产业新质化的机制与路径[J]. 兰州大学学报(社会科学版),2024,52(3):13-22.

[10]范从来,祝思民. 新质生产力与发展范式变革:以人工智能为例[J]. 学海,2024(4):45-56,214.

税务师事务所促进新质生产力发展

王 京[①]

摘 要：2024年政府工作报告中提出："大力推进现代化产业体系建设，加快发展新质生产力。充分发挥创新主导作用，以科技创新推动产业创新，加快推进新型工业化，提高全要素生产率，不断塑造发展新动能新优势，促进社会生产力实现新的跃升。"党的二十届三中全会进一步强调，要健全因地制宜发展新质生产力体制机制。税收在国民经济体系中起到重要作用，税务师事务所作为税务机关与企业间的有效桥梁，可以帮助企业发展新质生产力。

关键词：新质生产力　税收　税务师事务所

一、何为新质生产力

"新质生产力"一词最早是由习近平总书记在黑龙江调研考察时提出的。2024年3月，李强总理在政府工作报告中也明确要"大力推进现代化产业体系建设，加快发展新质生产力"。可见，学习新质生产力、发展新质生产力是未来经济社会的主基调。新质生产力是生产力现代化的具体体现，其核心是提高全要素生产率，特点是创新驱动。

形成新质生产力需要壮大战略性新兴产业，积极发展未来产业。战略性新兴产业包括新一代信息技术、生物技术、新能源、新材料、高端装备、新能源汽车、绿色环保以及天空海洋产业等。2022年，我国战略性新兴产业增加值占国内生产总值比重超过13%，其中规模以上工业战略性新兴产业增加值增速快于规模以上工业增加值增速。2024年5月，国家集成电路产业投资基金三期股份有限公司成立，注册资本3 440亿元，其主要目的就是通过私募基金公司，投资集成电路、半导体企业，支持相关短板行业的发展，力求新质生产力发展。

二、税收影响新质生产力发展

众所周知，税收是调节全社会收入二次分配的有效手段，更是国家财政资金的

[①] 王京，北京鑫税广通税务师事务所有限公司咨询部项目经理，注册会计师、税务师。

重要来源。富兰克林曾说过,"世界上只有两件事是不可避免的,那就是税收和死亡"。税收对企业发展有以下三点影响。

一是直接影响企业的成本和效益。企业的日常经营成本中,税收成本其实占据了一定比例,高税负意味着企业可分配利润减少。而如果能享受税收优惠,一定程度上可以减轻企业的成本负担,为企业投身科技创新提供资金支持。

二是税收优惠促进企业创新发展。崔也光、王京于2020年的研究显示,研发费用加计扣除政策对于企业研发投入具有显著的促进效果。张双娇等2021年的研究发现,生产、生活服务业增值税加计抵减政策对上市公司固定资产投资具有正向影响,且对于小型企业作用更明显。战略性新兴产业需要大量的资金投入研发,固定资产投资能力的提高能让企业购买到国外先进的机器设备,对发展我国自主技术、材料等大有裨益。

三是税收发挥宏观调控作用,引领民间资本布局技术创新产业。税收政策具有指导性的作用,也体现了国家对于部分产业的扶持。对于集成电路、工业母机、先进制造业企业,有相应的增值税加计抵减政策,进项税额直接可以抵减应纳增值税税额,从而大幅度降低企业的增值税税负,鼓励其他公司进入相关领域。

三、税务师事务所在经济社会中的作用

根据国家税务总局发布的《涉税专业服务基本准则(试行)》,涉税专业服务机构包含了税务师事务所和从事涉税专业服务的会计师事务所、律师事务所、代理记账机构、税务代理公司、财税类咨询公司等机构。税务师事务所拥有最专业的知识储备以及相关人才,专注于税务咨询顾问和税务审计等工作,相比于会计师事务所和律师事务所在税收政策理解、适用上更有优势。因此,本文重点讨论税务师事务所在经济社会中的重要作用。

首先,税务师事务所帮助科技型企业充分利用税收政策。高新技术企业认定、研发费用加计扣除专项审计等业务都是税务师事务所可以为企业提供的服务,这些服务通过第三方认定的方式为企业申请相关税收优惠政策提供了有力支持。在实践过程中,很多公司由于自身对于税收优惠政策的把握不准确,导致错用、未用税收优惠,增加了企业的纳税风险和税收遵从成本。税务师事务所可以给企业进行相关辅导,协助企业依法依规享受税收优惠,同时缴纳该交的税费,以降低相关风险。

其次,税务师事务所帮助税务机关进行税款的组织与征收。在2024年召开的全国税收工作会议上,国家税务总局党委书记、局长胡静林指出,一些地方通过不规范的税费优惠政策来吸引企业入驻,比如税收先征后返等,实质造成"税收洼

地",有违公平,破坏全国统一大市场。同时,2024年国家统计局公布的经济数据也显示,税收收入较以前年度有所下降。上述情况均表明当下税务机关整体的组织与征收压力较大,税款征收有较大的缺口要补。税务师事务所可以通过参与税务局政府采购的方式,帮助税务机关审查企业账簿资料以及应纳税情况,在土地增值税清算、重大资产重组、研发费用加计扣除等方面发挥重要作用。

最后,税务师事务所是企业与税务机关之间的纽带与桥梁。随着金税四期和智慧税务的不断推行,企业面临的税务风控情况越来越多。面对系统比对出的问题,企业自身可能无法快速有效地进行处理,税务师事务所作为涉税专业服务机构,可以起到辅导作用,在保证国家税款不流失的情况下降低科技型企业的纳税风险。此外,由于税务师事务所的介入,很多有冲突的纳税征管关系也能得到一定的缓解,税务师作为第三方审查机构,可以提供客观的企业纳税义务情况,帮助税务机关了解企业的切实困难。

四、税务师事务所如何帮助企业发展新质生产力

首先,任务是加强企业的科技创新。科技创新是发展新质生产力的核心驱动力。需要加大研发投入,鼓励企业创新,推动科技成果转化和产业化。税务师事务所可以帮助企业合理利用税收优惠政策,降低税负,从而有更多资金用于研发投入,促进企业的创新发展。

其次,培养高素质人才。企业发展新质生产力需要有大量掌握前沿技术能力和较高科技文化素养的人才。聘请税务师事务所作为咨询顾问可以减少企业在财税人才方面的投入,把更多资源用于科技人才的培养、引进和使用。

最后,政策扶持对于新质生产力发展也非常关键。税务机关对于战略性新兴产业出台了一系列的优惠政策,税务师事务所在解读和使用政策上具有更大专业优势,可以协助企业用好、用足政策。

五、税务师事务所发展面临的问题

通过上述分析可以发现,税务师事务所对于科技企业发展新质生产力具有重要的影响。但目前由于宏观经济形势的不确定性,税务师事务所行业发展也存在一些问题和困境。

(一)同业低价竞争现象严重

税务师事务所可以开展税务审计、咨询顾问、税务检查、纳税策划等一系列的工作。注册税务师协会对于不同业务的收费都有一个指导性的标准,然而目前北

京市注册税务师行业涉税服务市场标准仍然沿用的是2013年制定的版本,显然很多收费标准过低,不符合经济社会发展的需要。在实际承接客户过程中,对于企业所得税汇算清缴以及其他涉税鉴证业务,甚至出现了比收费标准更低的情况,这是由于目前很多公司采用询价方式招投标,很多税务师事务所以明显不合理的低价格来追求中标。任何鉴证工作都会涉及凭证查看、数据核对、整理以及形成报告的过程,体量越大的公司其涉及的财务资料、发票情况就越复杂,一味降低价格显然不能让税务师执行足够的工作来确保报告是无误的。在涉税专业服务领域,不可能存在低价高值的产品,报告可信赖程度与税务师付出的时间和精力以及取得的回报是成正比的。

(二)行业曝光度不够,缺乏正面宣传

很多人并不了解税务师事务所是做什么的,他们的第一反应是税务师事务所是帮助企业报税、填申报表的,相比会计师事务所和律师事务所,税务师事务所在公众视野中的曝光度显然不够。众所周知,会计师事务所是资本市场的守门人,律师事务所为大众提供法律援助,而普罗大众对税务师事务所却没有一个正确的认识。甚至有人听到税务中介,首先想到的是帮助企业偷逃税款,提供恶意税收策划,比如范冰冰、薇娅等人偷逃税案,都涉及不法中介的身影。税务师行业中有很多优秀的同仁,在不断坚持提供高质量的涉税专业服务,为广大纳税人答疑解惑,但这些正面、积极的形象并未深入人心。

(三)税务师行业潜在市场巨大,但企业需求仍需开拓

据不完全统计,目前全国聘请税务师事务所的企业数量占比不超过8%,意味着相当多的公司并未聘请税务师事务所为它们提供涉税服务。一方面,这说明行业的发展潜力很大。但另一方面,也说明企业只在遇到税务风险问题时才会寻求税务师事务所的帮助。在一个公司中,财务或税务负责人等中层领导对企业的财税情况比较了解,往往更明白税务师事务所所能发挥的作用。对于企业的总经理或者董事长,他们不会重视税务合规方面的问题,因为一个固有思想是:税收是国家强制行为,按规定交税即可,无需进行鉴证或者策划。很多财务总监想寻求涉税专业机构帮助,为企业税务问题把关、出建议,但有时被大领导予以否定。当前我国经济形势不容乐观,企业能存活下来已是不易,再想让其支付额外的费用聘请税务中介机构显然是有难度的。不被重视并不等于没有问题,很多公司自以为按规定缴纳了税款就没有了税务风险,这种理解是片面的。错误享受税收优惠、超出规定缴纳税款都是不正常的。税务师事务所的一个重要作用在于协助纳税人合法、合理地缴纳税款,既不多缴,也不漏缴。

(四)税务师行业立法工作亟待推行

目前我国税务师行业的发展主要依赖于国家税务总局出台的《涉税专业服

监管办法(试行)》(国家税务总局公告 2017 年第 13 号)以及其他监管制度,其对于税务师行业服务内容、监管要求、信用评价有一定的规范。注册会计师行业有《注册会计师法》作为法律制度约束,律师行业有《律师法》作为执业依据,被取消职业资格许可和认定的资产评估行业也在 2016 年通过了《资产评估法》。而作为保障和维护国家与社会公众利益的涉税专业服务力量,税务师行业却尚未立法,显然不利于行业健康有序发展。税务师行业未立法的弊端体现在以下几个方面:

1. 不利于业务承接

没有立法保障,也就缺乏了提供服务的必要性。注册会计师按照企业股东要求出具财务审计报告,发表独立第三方审计意见,增强财务报表的预期信赖程度。资本市场对于上市公司更是要求强制披露年报、半年报,因此注册会计师行业自然就有相应的市场和需求。税务师行业没有立法作为保障,其服务仅被那些认同或有急迫税收问题的企业所接受,业务承接自然就受到限制。

2. 不利于涉税专业服务质量的提高

法律的目的就是规范行为人的举止。税务师行业没有法律的约束和规范,各税务师事务所的执业标准也就无法得到真正统一,最终导致提供的涉税服务良莠不齐。更有一些无良事务所,通过简单粗暴的违法税收策划获取短期利益,使得税务师行业风评受损,同时也给自身带来行政、刑事方面的责任风险。

3. 不利于协助税务机关解决涉企纳税争议

税务师事务所的立场问题一直都是行业发展过程中需要明确的,税务师事务所作为第三方涉税专业机构,既要保障国家税款的有序征收,又要维护纳税人的合法权益。对于税务机关来说,税务师事务所的身份很微妙。一些地方税务局对于涉税专业机构并不认可,也存在一定的偏见,认为税务师事务所就是帮助企业偷逃税款的,在当下税务组织和征收压力倍增的背景下,对于税务师事务所更没有太好的印象。据了解,由于财政经费紧张,北京地区税务机关政府采购已经叫停,对于很多税务师事务所而言,又减少了一大部分收入来源。上述情况都是因为税务师行业没有法律的支持,导致税务机关对于税务师事务所的态度是模糊甚至负面的。

六、税务师事务所破局的关键

面对税务师事务所目前发展中遇到的困境与难题,笔者认为可以从以下几个方面来进行改进:

(一)钻研业务,提升专业能力与执业素养

随着税收征管手段的不断发展,企业面临的税务风控会越来越多,作为税务师

事务所,如果不能很好地辅导企业合法合理地纳税也将面临很大的执业风险。2024年7月22日,中国注册税务师协会在北京召开全国税务师行业警示教育大会。会议通报了3起涉税中介违法违规典型案例,这对于我们税务师从业者是一个警醒。违法违规的背后是对政策掌握不到位和专业判断失误。未来提高服务质量和风险控制能力要求我们不断钻研业务,做到诚信执业、合规经营。只有业务能力实际提高,我们才能识别和发现工作中的风险点并给客户进行提示,提供更优质的服务并将自身执业风险降到最低。

(二)制定新的行业收费标准,净化竞争环境

现有的北京市注册税务师行业涉税服务市场标准已然过时,行业需要一个新的收费标准以规范乱收费、低价竞争的"劣币驱逐良币"现象。因此,税务师协会应该担起责任,重新制定收费标准,禁止行业内低价竞争。未来在企业招投标过程中,可以由税务师协会作为乙方与企业签订协议,再由协会委托相关事务所进行具体工作执行。这样做的好处包括:①可以有效避免税务师事务所由于直接受托、取费于企业而为其出具虚假报告或恶意筹划的可能;②税务师协会的介入,能够让税务师事务所更关注于业务本质,而非受到企业的影响,有利于提高服务质量;③税务师协会的参与和背书,也能够为事务所正常收费提供依据和支持。但这个方式的主要问题是协会如何把业务分配给成员所,如何防止厚此薄彼,在实操上具有一定难度。此外,税务师协会作为第三方参与企业和事务所的业务承接环节,确保收费水平满足行业标准,维护广大会员单位的利益,同时在业务提供过程中监督提供服务的独立性和公允性。如何确定一个科学、合理的方式杜绝税务师行业内部低价竞争仍有继续研究的价值。

(三)完善、推进税务师行业立法

税务师行业由于没有立法,在很多重大资产交易以及资本市场交易中都很难发挥专业涉税服务机构的作用。会计师事务所与律师事务所之所以在经济社会中享有较高声誉和地位,正是因为它们有法律的规范和保护。对于税务师事务所,应该鼓励员工报考税务师职业资格考试。随着执业税务师规模的扩大,税务师行业的立法基础才能更坚实。对于税务师协会,应当发挥其协调、桥梁作用,向税务机关积极建言献策,助力行业立法过程。目前已经在海南试点进行税务师行业的立法工作,未来我们要进一步推进立法的进程。只有完善税务师行业的法律制度,税务师事务所的执业质量才能得到保障,同时税务师在公众视野中才能形成正面形象。

参考文献

[1]崔也光,王京.基于我国三大经济区的所得税研发费用加计扣除政策实施效果研究[J].税务研究,2020(2):92-98.

[2]张双娇,胡海生.增值税加计抵减政策对企业固定资产投资影响的研究[J].经济研究导刊,2021(36):4.

[3]蓝逢辉.推进税务师行业立法的紧迫性和必要性[J].注册税务师,2022(12):5-8.

税收制度完善与新质生产力协同发展

胡山竹　姚　鲁①

摘　要：本文探讨了税收制度完善与新质生产力协同发展的关系。税收制度对于保证国家财政收入和预算收入、维护国家权益具有重要意义。新质生产力的发展有助于推动经济转型升级、提升国家竞争力、促进可持续发展以及深化理论创新和实践。因此，税收制度完善与新质生产力协同发展对于实现高质量发展具有重要意义。新质生产力的发展对税收制度提出了新的要求。税收制度需要通过完善税制结构、促进税收公平与效率、支持科技创新和产业升级、加强国际合作、提升税收治理能力以及营造公平竞争环境等方式，为新质生产力的发展提供有力的支持。同时，新质生产力也对税收制度产生了影响，推动了税收制度的创新和优化。

关键词：税收制度　新质生产力　协同发展

一、新质生产力的定义

（一）提出

2023年9月，习近平总书记在黑龙江考察调研时首次提出新质生产力。此后，新质生产力被正式写入中央文件。在2024年1月中央政治局集体学习时，习近平总书记对其作出了系统全面阐释：新质生产力是创新起主导作用，摆脱传统经济增长方式、生产力发展路径，具有高科技、高效能、高质量特征，符合新发展理念的先进生产力质态。新质生产力是我国对马克思主义生产力理论的创新与实践，是科技创新融合突破的根本性成果，凝聚了党领导推动经济社会发展的深邃理论洞见和丰富实践经验。

（二）产生背景

2023年9月7日下午，习近平总书记在哈尔滨主持召开新时代推动东北全面振兴座谈会时指出："积极培育新能源、新材料、先进制造、电子信息等战略性新兴产业，积极培育未来产业，加快形成新质生产力，增强发展新动能。"2023年9月8日

---

① 胡山竹，江西洪宸税务师事务所有限公司董事长、注册会计师；姚鲁，江西洪宸智慧财税咨询有限公司税务研究中心副主任。

上午,习近平总书记在听取黑龙江省委省政府工作汇报时强调,"整合科技创新资源,引领发展战略性新兴产业和未来产业,加快形成新质生产力"。两次表述都提及了战略性新兴产业和未来产业。2023年12月11日至12日中央经济工作会议提出要以科技创新推动产业创新,引领现代化经济体系建设,以颠覆性技术和前沿技术催生新产业、新模式、新动能,发展新质生产力。

新质生产力是新时代党领导下先进生产力的具体表现形式。从"十四五"蓝图到党的二十大精神,"创新"都是其中要义。党的二十大报告提出,必须坚持科技是第一生产力、人才是第一资源、创新是第一动力,深入实施科教兴国战略、人才强国战略、创新驱动发展战略,开辟发展新领域新赛道,不断塑造发展新动能新优势,科技创新推动生产力发展,孕育先进生产力。

(三)重要意义

1. 促进我国经济社会高质量发展

要实现经济社会高质量发展,进一步解决不平衡不充分的发展问题,需要用创新驱动引领,逐步摆脱传统的人力和资源能源驱动型增长模式,实现低成本优势向创新优势的转变,创造新产业、培育新动能、形成新优势。与高速增长相比,高质量发展的要素条件、组合方式、配置机制、发展模式等都发生了根本性改变,这就要求大力推动动力变革、效率变革、质量变革,提升全要素生产率,实现创新驱动发展,这就为新质生产力的形成和发展创造了条件。

新质生产力对我国经济社会高质量发展的意义在于推动经济转型升级、提升国家竞争力、促进可持续发展以及深化理论创新和实践。

推动经济转型升级:新质生产力具有高科技、高效能、高质量的特征,通过引入和创新先进的技术手段,如信息技术、智能制造、生物科技等,能够极大地提高传统产业的技术水平和生产效率,同时促进新产业的形成和发展。这有助于我国经济从传统的劳动密集型和资源密集型产业向高技术、高附加值产业转型,实现经济结构的优化升级和经济增长方式的根本转变。

提升国家竞争力:新质生产力的发展有助于提升我国的综合国力和国际竞争力。在全球科技革命和产业变革加速演进的背景下,我国正处于由大变革中赢得主动的关键时期。通过加强基础研究,加大科技研发投入,培养高素质创新人才,以及建立更加开放包容的创新体系和机制,可以有效提升国家的自主创新能力和科技创新水平。这不仅意味着可以在人工智能、量子信息、生物科技等前沿科技领域取得突破,实现关键核心技术的突破和掌握,还能够促进知识的创造、应用和传播,形成连续不断的创新链条,从而为经济发展注入强大的动力。

促进可持续发展:新质生产力重视资源的优化配置和高效利用,能够大幅提高生产效率和经济效益。这符合我国实现经济的可持续发展要求,能降低对自然资源的过度依赖和环境的破坏。同时,新质生产力的发展还能够推动经济向更加绿色、智能、服务化方向发展,进一步提高产业在全球价值链中的地位,增强经济的内生增长动力和抗风险能力。

深化理论创新和实践:新质生产力是马克思主义生产力理论在中国丰富实践基础上的创新和发展,是符合高质量发展内在要求的生产力。通过发展新质生产力,我们能够加强对生产力发展规律的认识,进一步丰富和发展马克思主义生产力理论。同时,这也为我们在新时代背景下做好经济工作提供了新的理论支撑和实践指导。

2. 加强现代化产业体系建设

通过创新发展理念、优化产业结构、整合产业链资源、推动可持续发展以及拓展发展新领域新赛道等方式,新质生产力为现代化产业体系的发展提供了强大的动力和支持。

新质生产力以创新为主导,通过技术革命性突破、生产要素创新性配置、产业深度转型升级等方式,推动现代化产业体系向更高层次发展。科技创新作为发展新质生产力的核心要素,能够催生新产业、新模式、新动能,为现代化产业体系提供源源不断的创新动力。新质生产力的发展促进了传统产业向高附加值、高效益的新兴产业转型,优化了产业结构,提高了产业的整体竞争力。通过数字化赋能和技术升级,新质生产力促进传统产业改进技术,提高劳动生产率,推动经济从粗放式发展模式逐步转向集约式发展模式。新质生产力强调产业融合、区域融合、跨界融合,有助于实现资源优化配置和产业链高效整合,提升整个产业体系的效率和竞争力。通过推动人工智能、大数据、物联网等技术在生产领域的广泛应用,新质生产力进一步促进了产业链上下游的紧密协作和资源共享。新质生产力注重可持续发展,推动绿色生产和消费,实现经济增长与生态环境的和谐共生。这对于现代化产业体系建设具有重要意义,有助于推动产业向绿色、低碳、循环方向发展,提高资源利用效率,减少环境污染。新质生产力不断开辟发展新领域新赛道,塑造发展新动能新优势,为现代化产业体系注入新的活力。通过推动科技创新和产业创新深度融合,新质生产力促进了新产业、新业态、新模式的不断涌现,为现代化产业体系提供了广阔的发展空间。

二、税收制度的作用

(一)保证国家财政收入和预算收入

我国财政收入的主要来源包括税收收入、非税收入、债务收入和其他收入。我国财政收入的主要来源是多元化的,其中税收收入占据主导地位。根据 2024 年

2月1日财政部国库司发布的2023年财政收支情况,2023年,全国一般公共预算收入216 784亿元,同比增长6.4%。其中,税收收入181 129亿元,同比增长8.7%;非税收入35 655亿元,同比下降3.7%。税收制度的合理设计和有效执行能够确保国家财政收入的稳定和增长。

(二)作为向纳税人征税的法律依据

税收制度是指国家(政府)以法律或法规的形式确定的各种课税方法的总称,属于上层建筑范畴,是政府税务机关向纳税人征税的法律依据,也是纳税人履行纳税义务的法律规范。税收制度为国家的税收征收活动提供了明确的法律依据,确保了税收征收的合法性和公正性。通过税收制度,纳税人能够明确自己的纳税义务和权利,为税收的征收和缴纳提供了制度化的保障。

(三)国家经济政策的重要表达

税收制度是国家经济政策的重要体现,通过税收制度的调整可以反映出国家在不同时期的经济发展战略和政策导向。为了鼓励某些产业的发展或扶持某些地区的经济发展,国家可以通过实施税收优惠政策来引导资本的流向和资源的配置。例如,高新技术企业减按15%的税率征收企业所得税、研发费用加计扣除等政策,降低了企业的税负,鼓励了企业加大研发投入,推动了高新技术产业的发展。

(四)维护国家权益的重要保障

税收制度对于维护国家权益具有重要意义。税收权益原则中的独立自主征税权是国家主权的重要组成部分,这一原则确保了国家在不受他国控制的情况下,自主决定税收政策和税收制度的权利。我国始终坚持独立自主的征税权,通过制定和实施符合自身国情的税收法律法规,维护国家的税收利益。通过税收的征收和使用,国家能够有效地维护国家的安全和稳定,保障国家的核心利益;通过不断完善税收制度,优化税种结构,调整税率水平,确保税收征管的科学性和有效性;通过加强税务机关的内部管理,建立健全税收征管监督机制,有效防止了违法行为和不当征税的发生。同时,税收制度也是国家与其他国家进行经济合作和竞争的重要工具,通过合理的税收制度设计可以吸引外国投资、促进国际贸易的发展。有关税收及贸易互惠协定和避免双重征税协定的签订,不仅加强了国际税收合作,也有效维护了国家的税收权益。税收是国家财政收入的主要来源之一,对经济发展具有重要影响。通过优化税收制度,合理调整税收政策,可以有效促进经济发展,增强国家的经济实力。随着税收收入的增加和国家经济实力的提升,国家在国际舞台上的地位和声望也会相应提高,从而更好地维护国家的权益和利益。

三、新质生产力与税收制度的促进关系

（一）新质生产力促进税收制度的完善

1. 推动税制结构优化

新质生产力的发展通常伴随着技术创新和产业结构的升级，这要求税收制度能够与之相适应，实现税制结构的优化。

通过降低对传统产业的税收依赖，增加对高新技术产业和现代服务业的税收支持，有助于引导资本、技术和人才等资源向新兴产业集聚，促进经济的高质量发展。

2. 促进税收公平与效率

新质生产力强调创新和高效，这要求税收制度在公平与效率之间寻求更好的平衡。

通过实施更加科学、合理的税收政策，如降低中小企业税负、提高个人所得税起征点等，可以进一步减轻企业税收负担，激发市场活力，提高税收征收的效率和公平性。

3. 支持科技创新和产业升级

新质生产力的发展离不开科技创新和产业升级的支撑。税收制度可以通过实施税收优惠政策，如研发费用加计扣除、高新技术企业所得税优惠等，鼓励企业加大研发投入，推动技术创新和产业升级。

同时，通过优化税收征管服务，如推广电子税务局、简化办税流程等，降低企业办税成本，提高税收征管的效率和服务质量。

（二）税收制度完善对新质生产力形成的促进

1. 提供良好营商环境

税收制度的完善为新质生产力的形成和发展提供了良好的营商环境。通过降低税负、优化税收征管服务等措施，企业能够更专注于技术创新和产业升级，从而推动新质生产力的形成。

2. 鼓励科技创新

税收优惠政策是新质生产力形成和发展的重要加速器。例如，研发费用加计扣除政策能够激励企业加大研发投入，加快科技创新步伐。此外，对高新技术企业和战略性新兴产业实施优惠税率，也有助于激发这些产业的创新活力。

3. 促进产业升级和转型

通过实施差别化的税率和税收优惠，税收制度能够引导企业向高新技术产业、

现代服务业等新兴产业转型。这有助于推动产业结构的优化升级，为新质生产力的形成提供有力支持。

4. 优化资源配置

税收制度的完善有助于优化资源配置，促进生产要素向新质生产力领域集聚。通过税收政策的调整，可以引导资本、技术、人才等资源向创新型企业、高技术产业等领域流动，推动新质生产力的快速发展。

5. 加强国际税收合作与协调

在全球化背景下，新质生产力的形成需要国际间的合作与协调。税收制度的完善有助于加强与其他国家在税收信息交换、税收征管协助等方面的合作，共同打击跨境避税行为，为新质生产力的全球发展提供更加公平、透明的税收环境。

6. 提升税收治理能力

税收征管改革和信息化建设有助于提升税收治理能力，提高税收征收的效率和准确性。这不仅可以降低企业的税收遵从成本，还有助于减少税收流失，为新质生产力的发展提供更加稳定的税收支持。

7. 营造公平竞争环境

税收制度的完善有助于营造公平竞争的市场环境。通过实施公平的税收政策，可以防止企业间的恶性竞争和偷逃税行为，确保新质生产力在公平竞争的环境下茁壮成长。

四、新质生产力与税收制度的约束

（一）税收制度对新质生产力的约束

税收政策影响企业研发投入：税收政策中的研发费用加计扣除、高新技术企业所得税优惠等政策，直接影响了企业的研发投入。如果税收政策不利于企业研发，将制约新质生产力的发展。

税收制度影响产业转型升级：税收制度中的税目、税率等要素，会影响不同产业的发展。如果税收政策不利于新兴产业的发展，将制约新质生产力在产业层面的体现。

税收征管影响企业运营效率：税收征管的效率和公正性，直接影响企业的运营效率。如果税收征管存在问题，将增加企业的运营成本，制约新质生产力的发展。

（二）新质生产力对税收制度的约束

推动税收制度创新：新质生产力的发展需要税收制度不断创新以适应其独特的发展需求。例如，随着数字经济的发展，税收制度需要调整以应对数字经济的挑战。

优化税收征管：新质生产力的发展对税收征管的效率和公正性提出了更高的要求。税收征管应更加便捷、高效，以降低企业的运营成本和时间成本。

促进税收公平：新质生产力的发展要求税收制度更加公平，避免给新兴产业和高技术产业带来不合理的税收负担，同时确保传统产业能够公平参与市场竞争。

五、协同发展

（一）新质生产力推动税收制度的完善

新质生产力以科技创新为核心，其快速发展对税收制度提出了更高的创新要求。为了激励企业加大研发投入，推动技术创新，税收制度需要不断完善，提供更多的税收优惠和激励政策，如研发费用加计扣除、高新技术企业所得税优惠等。

新质生产力的发展推动了产业结构的转型升级，新兴产业和高技术产业成为经济增长的新动力。为了适应这一变化，税收制度需要调整税目、税率等要素，引导资源向新兴产业和高技术产业流动，推动产业结构的优化升级。

新质生产力的发展离不开大数据、人工智能等先进技术的应用。税收制度也需要加强数据应用，通过税收大数据的挖掘和分析，了解企业的经营状况和发展趋势，为税收政策的制定和调整提供科学依据。

（二）税收制度的完善促进新质生产力的发展

通过实施研发费用加计扣除、高新技术企业所得税优惠等税收政策，激励企业加大研发投入，推动技术创新和产业升级。这些政策有助于降低企业的创新成本，提高创新效率，为新质生产力的发展提供有力支持。

税收制度通过调整不同产业的税收政策，引导资源向新兴产业和高技术产业流动，有助于优化资源配置，提高资源利用效率，为新质生产力的发展提供充足的资源保障。

通过降低企业税负、优化税收征管等方式，降低企业的运营成本和时间成本，有助于提高企业的竞争力和盈利能力，为新质生产力的发展创造更加宽松的环境。

参考文献

[1]王羽.新型工业化是形成新质生产力的关键任务[EB/OL].(2023-10-08)[2025-03-04].https://www.163.com/dy/article/IGI9NM1F05198BGI.html.

[2]戴小河,胡喆,吴慧珺.坚持科技创新引领发展：加快形成新质生产力系列述评之一[EB/OL].(2023-09-18)[2025-03-04].https://www.news.cn/tech/

20230919/ce5e634ecb704ec1907963c36e2fa126/c.html.

［3］王海涵,王磊,宁迪.向"新质生产力"发力[EB/OL].(2023-12-19)[2025-03-04]. https://zqb.cyol.com/html/2023-12/19/nw.D110000zgqnb_20231219_1-05.htm.

［4］吴晓微,赵金玉,李海绒.中国税制[M].北京:中国科学技术出版社,2009.

［5］熊湾.促进大学生就业的税收政策研究[D].成都:西南财经大学,2015.

减税降费对企业新质生产力的影响研究

李永海 刘 悦 庞琼海[①]

摘 要:新质生产力是我国经济发展的新动能,而企业作为市场经济主体在推动经济增长过程中发挥着不可替代的作用。我国出台的多轮减税降费政策有效激发了企业发展活力,这对企业新质生产力的影响也值得进一步探讨。文章基于2013—2022年上市公司财务报表数据,利用固定效应模型实证检验减税降费政策对企业新质生产力发展的影响。研究发现,减税降费对企业新质生产力的发展具有显著促进作用。进一步研究发现,减税降费主要通过提高企业创新水平进而影响企业新质生产力。从行业类型来看,减税降费对制造业企业新质生产力的促进作用更为显著。文章的研究结论为减税降费促进企业新质生产力的形成提供了经验证据。

关键词:减税降费 企业新质生产力 高质量发展 创新水平

一、引言

2023年9月,习近平总书记在黑龙江考察时首次提出新质生产力。2024年1月,习近平总书记在中共中央政治局第十一次集体学习中进一步指出,新质生产力是创新起主导作用,摆脱传统经济增长方式、生产力发展路径,具有高科技、高效能、高质量特征,符合新发展理念的先进生产力质态。新质生产力的特点是创新,现阶段我国经济发展过程中还存在粗放扩张、低效发展的现象,一些关键核心技术还受制于人,新旧动能转换也需要加速。要进一步促进我国经济向高质量发展,就要坚持科学技术是第一生产力,大力发展新质生产力。2024年政府工作报告指出,谋划新一轮财税体制改革,加大对高质量发展的财税金融支持。落实好结构性减税降费政策,重点支持科技创新和制造业发展。减税降费具体包括税收减免、取消或停征行政事业性收费以及社保基金减免,是当前我国推动供给侧结构性改革的重要途径。根据国家税务总局公布的数据可知,2013年至2023年全国新增减税

---

① 李永海,兰州财经大学财政与税务学院院长、副教授;刘悦,兰州财经大学财政与税务学院硕士研究生;庞琼海,兰州财经大学财政与税务学院硕士研究生。

降费及退税缓税缓费超过 16.2 万亿元①。大规模的减税降费为企业带来了现金流,激发了企业发展活力,且研发费用加计扣除、增值税留抵退税、企业投入基础研究税前扣除等优惠政策对企业的科技创新能力提升也具有重要作用。党的二十届三中全会指出,健全相关规则和政策,加快形成同新质生产力更相适应的生产关系。科学的财税体制是推进高质量发展的重要支撑,而企业在科技创新中居于主体地位,是发展新质生产力的有力推动者,精准高效的减税降费政策将不断推动我国企业成长发展。因此,要继续优化我国减税降费措施,大力提升企业科技创新实力,促进企业新质生产力的增长。

虽然目前学界关于减税降费的研究非常丰富,但有关企业新质生产力的研究还处于初步阶段,且主要集中在新质生产力理论层面的讨论,缺乏必要的实证检验。在新一轮财税体制改革的大背景下,要继续发挥减税降费对企业发展的积极作用。那么从企业生产力角度来讲,减税降费是否可以促进企业新质生产力的提升?其具体的影响路径如何?该效应在不同企业之间又是否存在差异性?这些问题的回答有助于深刻理解减税降费助力新质生产力发展的底层逻辑,为进一步完善减税降费政策提供有益参考,对于推动企业新质生产力发展具有重要的现实意义。本文可能的边际贡献有:第一,现有研究多集中于减税降费与企业全要素生产率和创新水平的探讨,本文系统考察减税降费对企业新质生产力的影响,丰富了减税降费的经济效应研究,有利于减税降费政策的优化完善。第二,目前文献对于新质生产力的探讨大多处于理论分析层面,且有关企业新质生产力的研究相对较少,本文在减税降费和企业新质生产力之间搭建新的"桥梁",进一步丰富企业新质生产力的研究内容。

二、文献综述与研究假说

(一)文献综述

1. 关于减税降费的研究

关于减税降费的研究,主要从理论层面和经济效应层面进行梳理。在探究减税降费的理论基础方面,杨广莉和孙慧卿(2020)认为凯恩斯有效需求理论主要通过政府宏观调控来降低税负从而应对有效需求不足。与凯恩斯主义注重有效需求不同,供给学派认为应该通过减少税收、鼓励创新来提高生产率。如方福前(2020)指出供给学派主张税制改革,降低所得税的边际税率。供给侧结构性改革是我国经济发展的主线,减税降费作为其重要组成部分,将伴随供给侧结构性改革的推进

---

① 资料来源:https://www.chinatax.gov.cn。

而不断完善。胡怡建和周静虹（2022）指出，传统意义上的结构性减税主要从宏观经济政策层面入手，而大规模、实质性减税降费主要解决长期性和结构性平衡问题。减税降费的经济效应可从宏观和微观两方面进行梳理，从宏观经济效应看，减税降费有效促进了产业协同发展和税制改革。吴潇航等（2024）认为减税降费对产业结构的合理化和高级化存在较强的推动作用。Ghiaie 等（2019）研究发现降低公司税率等减税措施有利于推动税制改革，主张提高税制的累进性并进一步减少税收扭曲。从微观经济效应看，减税降费有利于提高企业投资水平和缓解企业融资约束。Crawford（2024）通过研究美国 2017 年出台的《减税与就业法案》发现，企业的投资活动在减税措施落地生效后有所增加，该效应对资本密集型企业更为突出。陈海宇等（2023）认为减税降费有利于企业融资纾困，且通过增加企业发展的内源资金来推动企业发展。

2. 关于企业新质生产力的研究

关于企业新质生产力的研究，主要集中在理论研究、测度方法以及影响因素等方面。在企业新质生产力理论研究方面，王树斌等（2024）认为要通过加快数据要素与科技创新的融合来促进产业体系形成新动能，而这种融合创新也将成为企业创新驱动高质量发展的重要力量。郭菊娥和陈辰（2024）认为革命性技术突破、生产要素创新性配置和产业深度转型升级是促进新质生产力形成的三大核心要素，而数字科技将有效地促进企业新质生产力发展。在企业新质生产力测度方面，宋佳等（2024）基于生产力二要素理论，考虑劳动对象在生产过程中的作用和价值，采用熵值法测度新质生产力。王珏和王荣基（2024）同样利用熵值法，分别从劳动者、劳动对象和生产资料三大维度构建新质生产力评价指标。在企业新质生产力的影响因素方面，现阶段已有大量文献研究数字化对于企业新质生产力的影响，如企业数字化转型、数字普惠金融和政府数字化治理等角度。金鑫等（2024）认为企业数字化转型有利于提升企业新质生产力，这对企业的创新绩效水平也有明显的积极作用。而张慧智和李犀尧（2024）研究发现数字化转型主要通过技术创新与管理创新两个渠道推动企业新质生产力的发展。孙献贞等（2024）研究发现数字普惠金融发展有助于推动企业新质生产力，且该效应对于国有企业和年轻上市公司更为明显。赵斌等（2024）认为政府数字化治理通过降低企业交易成本、推动企业数字化转型等途径促进企业新质生产力的提升。

3. 关于减税降费对企业成长发展的研究

关于减税降费对企业成长发展的研究，主要集中在企业的高质量发展、全要素生产率提高以及创新技术提升等方面。在减税降费对企业高质量发展的影响方面，周宇和王小龙（2024）实证分析了减税降费对中小制造业企业高质量具有明显的促进作用，且该种效应对国有企业、非高技术企业的高质量发展作用更明显。陈海宇等(2023)认为减税降费将通过为企业融资纾困,增加企业发展的内源资金来促进企业高质量发展。在减税降费对企业全要素生产率提升方面,陈旭东和鹿洪源(2023)的研究发现,当政府干预程度低于门限值时,减税降费对企业绿色全要素生产率的促进效应将更加显著。在减税降费对企业创新技术提升方面,陈安和巩鑫(2024)认为减税降费对企业实质性创新和策略式创新均具有促进作用。而王满四(2023)等认为减税降费主要通过增加企业长期贷款规模和比重,通过更有效地缓解融资约束来促进企业创新。薛菁(2022)研究发现减税降费对制造业企业节能耗、重创新具有正向的影响。

通过对现有研究进行梳理可以发现,已有研究大多探讨了减税降费对企业高质量发展和提升全要素生产率的影响,但鲜有文献探讨减税降费对企业新质生产力的影响。在探究企业新质生产力影响因素方面,部分文献集中在数字化转型方面,而从财政税收角度探讨对企业新质生产力的影响大多停留在理论分析层面,缺乏实证研究。本文尝试分析减税降费影响企业新质生产力发展的机理,并基于我国上市公司2013—2022年的相关数据进行实证研究,为进一步优化减税降费政策从而提升企业新质生产力提供经验借鉴。

(二)研究假说

1. 减税降费与企业新质生产力

党的十八大以来,我国持续实施大规模减税降费政策,这有效地减轻了企业主体的经营负担,促进经济的恢复性增长。现阶段的减税降费政策将重点支持科技创新和制造业的发展。而新质生产力正是对传统生产力的转变,是由科技创新驱动,以新兴产业和未来产业为载体,以高质量发展为目标的现代新型生产力。武普照(2024)认为财税政策是调节国民经济的重要手段,而财税政策的灵活应用将为新质生产力的发展提供必要的条件与环境。新兴产业企业大多投入大量的研发经费以实现关键核心技术的突破,而包括研发费用加计扣除政策在内的减税降费政策可以有效降低企业的税负压力,为其提供更多资金用于技术研发、产品创新以及人才引进与培养等方面的投入,从而推动企业新质生产力发展。新质生产力由劳动者、劳动对象及其优化组合的跃升为基本内涵,减税降费的实施也极大促进了劳动要素的升级。从劳动主体来看,减税降费为企业带来了现金流,激发了企业经营主体和劳动者的生产积极性,加强了企业对科技创新的重视和投入,提高劳动者的生产效率,有利于培养更高素质的劳动者。从劳动资料来看,我国实施减税降费促进了企业的设备更新,如高新技术企业新购置设备器具允许税前加计扣除等优惠政策,有利于企业加快向智能化和高端化转型升级,从而改进劳动者的生产方式,优化企业劳动者和劳动对象的组合配置。从劳动对象来看,减税降费有效促进了知识密集型企业发展,如对集成电路和软件企业实行企业所得税的低税率,通过减税降费等税收优惠政策可以推动更多的企业提升对数据和信息的应用能力,从而推动企业新质生产力的进一步提升。基于此,本文提出假说 H_1:

H_1:减税降费能够提高企业新质生产力。

2. 创新水平的中介作用

减税降费对企业新质生产力的影响可能与企业的创新水平有关。因此,本文将进一步探讨创新水平在其中发挥的中介作用。就创新而言,减税降费可以有效地缓解企业在经营过程中遇到的现金流压力和税收负担,通过增值税留抵退税、先进制造业加计抵减等政策将加快企业资金周转速度,促进企业及时增加对研发创新的资金投入,从而不断提升自身的科技创新水平。杨志勇(2024)认为,综合运用包括减税降费在内的财政收支政策工具,可以促进资金资源向创新企业集聚,并且现阶段我国已初步形成支持企业创新发展的政策体系。由于高质量的创新需要大量的资金和高水平研发人员的支持,减税降费政策的引导可以有效推动企业更多地采用新工艺、新技术和新材料,不断提升劳动者的知识技能,加大企业的研发投入和产品服务质量,从而有利于推动企业的转型升级。从历次工业革命的历程来看,每次生产力的质变发展都是以重大科技创新为引导,颠覆性的科技革新带来了生产力的进一步解放,而科技、人才和创新又通过产业结合在一起形成新质生产力。企业作为我国产业发展的主体和突破口,在自主创新的过程中具有重要地位,特别是在促进市场经济高质量发展过程中,企业将成为新质生产力快速形成发展的有力推动者。综上所述,探讨减税降费通过提升企业创新水平进而影响企业新质生产力具有重要意义。因此,本文提出假说 H_2:

H_2:减税降费能够提高企业的创新水平,从而提升企业新质生产力。

三、研究设计

(一)样本选择与数据来源

基于研究内容和数据的可得性,本文选取了2013—2022年A股上市公司的财务报表数据,并对相关数据进行如下处理:①剔除ST、*ST上市公司样本;②剔除变量缺失的样本;③剔除金融行业和房地产行业的样本;④对所有连续变量执行1%和99%分位数下的缩尾处理。最终,经过筛选共获得28100家A股上市公司的样本观测值,并利用Stata 17.0软件进行数据处理。所有数据均来源于国泰安数据库。

(二)变量设定

被解释变量:企业新质生产力(Np)。本文参考宋佳等(2024)的测算方法,基于生产力二要素理论,同时考虑劳动对象在生产过程中的作用和价值,采用熵值法测算企业层面的新质生产力指标。

解释变量:减税降费(Tb)。现有文献在衡量减税降费指标时多采用企业实际负担的税费水平来反映减税降费实施力度。本文借鉴李传宪和周筱易(2020)、王治和任孜杨(2022)的方法,用税费净支付(支付的税费与收到的税费返还之差)与营业收入的比值来衡量减税降费力度,Tb值越大则减税降费力度越小,反之则越大。为更好地阐述文章实证分析结果,本文对Tb值取相反数。

中介变量:企业创新水平(Rdp)。本文采用研发人员占企业员工的比重来衡量企业创新水平。

控制变量:本文参考晏国菀(2023)等相关文献,控制了影响企业利用资源的企业规模($Size$)以及其他财务指标,包括资产报酬率(Roa)、营业利润率(Opm)、投资收益率(Roi)、资产负债率(Lev)、总资产周转率(Tat)、速动比率(Qr)和产权比率(Er)。

表1列出了本文变量的描述性统计结果。其中,企业新质生产力(Np)的最大值为15.208,最小值为1.091,表明各企业新质生产力水平差异较大;减税降费(Tb)的最大值为0.066,最小值为-0.247,最大值与最小值差别明显,表明本次选择的样本覆盖范围较广,进一步增强研究结论的代表性。其余控制变量的描述性统计结果与现有文献基本一致。

表1 描述性统计

变量	观测值	均值	标准差	最小值	最大值
Np	28 100	5.390	2.498	1.091	15.208
Tb	28 100	-0.050	0.052	-0.247	0.066
Roa	28 100	0.050	0.068	-0.243	0.237
Opm	28 100	0.075	0.185	-0.879	0.564
Roi	28 100	0.370	1.659	-1.155	13.723
Lev	28 100	0.412	0.197	0.059	0.888
$Size$	28 100	22.252	1.264	19.996	26.186
Tat	28 100	0.615	0.404	0.088	2.494
Qr	28 100	1.981	2.084	0.208	12.975
Er	28 100	1.004	1.101	0.058	7.040
$TFPop$	26 990	8.416	1.032	6.307	11.243
$TFPlp$	26 990	7.782	0.927	5.937	10.340
Rdp	25 352	14.116	13.746	0	68.600

(三)模型构建

为进一步考察减税降费对企业新质生产力的影响,本文构建如下双向固定效应模型:

$$Np_{i,t} = \alpha + \beta Tb_{i,t} + \gamma Control_{i,t} + \mu_i + \delta_t + \varepsilon_{i,t} \tag{1}$$

其中，下标 i,t 分别表示企业和年份。$Np_{i,t}$ 为被解释变量，表示企业新质生产力水平；$Tb_{i,t}$ 为核心解释变量，表示企业减税降费水平；$Control_{i,t}$ 为影响企业新质生产力的一组控制变量。μ_i 为企业固定效应，δ_t 是年份固定效应，$\varepsilon_{i,t}$ 为随机扰动项。

四、实证分析

（一）基准回归

本文通过采用双向固定效应模型考察减税降费对企业新质生产力的影响，实证分析结果如表2所示。根据表2可知，减税降费对企业新质生产力具有明显的促进作用。其中，(1)列为核心解释变量对被解释变量的回归结果，在不控制企业和年份的情况下，减税降费对企业新质生产力的影响在1%置信水平上显著为正，系数为4.944。(2)列显示，在控制企业和年份情况下，减税降费对企业新质生产力的影响在1%置信水平上显著为正，系数为3.038。(3)列显示，在加入一系列控制变量且控制企业和年份的情况下，减税降费对企业新质生产力的影响在1%置信水平上仍显著为正，系数为1.177。该结果表明减税降费是推动企业新质生产力的有效路径，假说 H_1 成立。从控制变量的回归结果看，企业规模增加对企业新质生产力具有显著的正向影响。

表 2 基准回归结果

	(1) Np	(2) Np	(3) Np
Tb	4.944***	3.038***	1.177***
	(18.31)	(10.82)	(4.12)
Roa			−1.125***
			(−4.63)
Opm			−0.509***
			(−5.86)
Roi			0.013***
			(2.81)
Lev			−0.688***
			(−5.30)

续表

	(1) Np	(2) Np	(3) Np
Size			0.084***
			(4.00)
Tat			0.375***
			(9.25)
Qr			−0.181***
			(−24.57)
Er			−0.064***
			(−3.91)
_Cons	5.745***	4.672***	3.430***
	(143.77)	(15.82)	(6.41)
Year	—	控制	控制
Industry	—	控制	控制
N	28 100	28 100	28 100
R^2	0.014	0.158	0.195

注:括号内为 t 统计量;***、**、* 分别表示统计量在 0.01、0.05、0.1 水平上显著。下同。

(二)稳健性检验

1. 替换被解释变量

新质生产力以全要素生产率(Total Factor Productivity,TFP)的大幅提升为基本内涵,企业全要素生产率能够在一定程度上反映企业的发展水平。本文参考宋佳等(2024)的处理方法,选取全要素生产率作为替换被解释变量来衡量企业新质生产力。目前学界关于全要素生产率衡量方法有多种,而 OP 法和 LP 法在国内外普遍使用。参考张慧智和李犀尧(2024)的做法,选取以上两种方法测算下的全要素生产率来进行稳健性检验。其中,OP 法以投资额作为可观测全要素生产率的代理变量,较好解决了同时性选择偏差和样本选择偏差问题,本文用 TFPop 来表示;LP 法在 OP 法基础上通过替换变量的方式解决了样本损失的问题,主要通过对企业生产函数进行估计来计算全要素生产率,本文用 TFPlp 来表示。稳健性检验的回归结果如表 3 中(1)至(4)列所示。实证发现,减税降费对 OP 法和 LP 法计算后的企业全要素生产率均呈现显著的正向影响,假说 H_1 得到验证。

2. 缩短时间窗口

在基准回归的样本期间内,2020—2022年发生的新冠疫情对企业发展产生了巨大影响。为了避免外部事件冲击导致的结果不确定性,剔除2020—2022年这三年的数据后再进行回归,结果如表3中(5)(6)列所示。研究发现,无论是否加入控制变量,减税降费对企业新质生产力的影响均显著为正,与基准回归结果相比未发生显著变化,假说H_1进一步得到验证。

表3 稳健性检验

	(1) TFPop	(2) TFPop	(3) TFPlp	(4) TFPlp	(5) Np	(6) Np
Tb	1.226***	0.341***	1.328***	0.563***	2.702***	0.899**
	(12.78)	(6.97)	(15.08)	(11.58)	(6.67)	(2.20)
Roa		0.473***		0.498***		-1.297***
		(11.37)		(12.04)		(-3.69)
Opm		0.202***		0.198***		-0.495***
		(13.10)		(12.96)		(-3.83)
Roi		-0.002***		-0.003***		0.018***
		(-3.26)		(-3.74)		(3.08)
Lev		0.148***		0.112***		-0.666***
		(6.56)		(4.99)		(-3.67)
$Size$		0.631***		0.541***		0.117***
		(179.88)		(155.23)		(3.79)
Tat		1.203***		1.095***		0.293***
		(178.74)		(163.81)		(5.01)
Qr		0.009***		0.006***		-0.201***
		(6.76)		(5.07)		(-19.95)
Er		-0.007**		-0.006*		-0.047*
		(-2.18)		(-1.84)		(-1.94)
_Cons	8.076***	-6.627***	7.409***	-5.239***	4.227***	2.408***
	(83.71)	(-74.33)	(83.75)	(-59.14)	(9.49)	(3.03)

续表

	(1) $TFPop$	(2) $TFPop$	(3) $TFPlp$	(4) $TFPlp$	(5) Np	(6) Np
Year	控制	控制	控制	控制	控制	控制
Industry	控制	控制	控制	控制	控制	控制
N	26 990	26 990	26 990	26 990	16 396	16 396
R^2	0.285	0.828	0.327	0.810	0.202	0.240

(三)异质性分析

为了进一步验证减税降费对企业新质生产力的促进效应,将全样本分为制造业和非制造业两组,分组回归结果如表4所示。由表4中(1)(2)(3)列可知,减税降费对制造业企业新质生产力的影响均在1%置信水平上显著为正;由表4中(4)(5)(6)列可知,减税降费对非制造业企业的回归系数虽然均为正,但明显小于制造业企业。此外,在控制行业和年份并加入控制变量后,非制造业企业的显著性较制造业企业明显降低。因此,可以得出减税降费对制造业企业新质生产力的促进作用更加明显。

表 4　异质性回归结果

	(1) Npz	(2) Npz	(3) Npz	(4) Npf	(5) Npf	(6) Npf
Tb	5.677***	3.692***	1.477***	4.100***	2.738***	0.913*
	(18.41)	(11.34)	(4.44)	(8.07)	(5.23)	(1.72)
Roa			−1.179***			−0.154
			(−4.12)			(−0.35)
Opm			−0.598***			−0.653***
			(−5.33)			(−4.70)
Roi			0.011***			0.013
			(2.86)			(0.83)
Lev			−0.554***			−0.807***
			(−3.74)			(−3.06)
$Size$			0.033			0.104**
			(1.39)			(2.43)

续表

	(1) Npz	(2) Npz	(3) Npz	(4) Npf	(5) Npf	(6) Npf
Tat			0.211***			0.691***
			(4.04)			(10.50)
Qr			−0.156***			−0.208***
			(−20.10)			(−12.89)
Er			−0.034			−0.069***
			(−1.51)			(−2.62)
_Cons	5.530***	4.323***	4.094***	6.189***	4.471***	2.636**
	(139.11)	(134.35)	(7.99)	(67.39)	(8.16)	(2.46)
Year	—	控制	控制	—	控制	控制
Industry	—	控制	控制	—	控制	控制
N	19 214	19 214	19 214	8 886	8 886	8 886
R^2	0.009	0.191	0.227	0.009	0.108	0.152

(四)机制检验

本文认为减税降费可以有效缓解企业现金流,为企业带来更多的可支配资金,激励企业创新投入,提高企业的创新产出,从而促进企业新质生产力的提升,即减税降费政策通过提升企业创新水平这一中介变量影响企业的新质生产力。因此,以减税降费(Tb)为解释变量,企业新质生产力(Np)为被解释变量,验证减税降费是否通过中介变量企业创新水平(Rdp)来影响企业的新质生产力发展,用研发人员占企业总员工比重作为企业创新水平的衡量指标,机制检验回归结果如表5所示。由表5可知,减税降费政策有效促进了企业创新水平的提升,在固定年份和行业并加入控制变量后,显著性有所降低,但仍在10%置信水平上显著为正;而企业创新水平也对新质生产力具有显著的促进作用,且均在1%置信水平上显著为正。因此,假说H_2成立。

表5 机制检验回归结果

	(1) Rdp	(2) Rdp	(3) Np	(4) Np
Tb	7.130***	3.386*		
	(4.12)	(1.91)		

续表

	(1) Rdp	(2) Rdp	(3) Np	(4) Np
Rdp			0.100***	0.098***
			(95.83)	(95.05)
Roa		−4.490***		−0.672***
		(−3.08)		(−3.09)
Opm		−0.451		−0.477***
		(−0.81)		(−5.75)
Roi		0.041		0.005
		(1.61)		(1.29)
Lev		−5.090***		−0.205*
		(−6.42)		(−1.73)
Size		1.277***		−0.093***
		(10.30)		(−5.01)
Tat		−0.137		0.211***
		(−0.54)		(5.61)
Qr		−0.530***		−0.122***
		(−12.31)		(−18.95)
Er		0.201*		−0.074***
		(1.77)		(−4.34)
_Cons	2.118	−22.222***	4.274***	6.647***
	(1.20)	(−6.95)	(15.97)	(13.88)
Year	控制	控制	控制	控制
Industry	控制	控制	控制	控制
N	25 352	25 352	25 352	25 352
R^2	0.469	0.476	0.441	0.462

五、研究结论与对策建议

(一)研究结论

本文选取 2013—2022 年沪深 A 股的上市公司数据,运用双向固定效应模型研究减税降费对企业新质生产力的影响效应。研究表明：①在控制其他因素的情况下，减税降费与企业新质生产力存在明显的正相关关系，减税降费有效降低了企业的税收负担，促进了企业新质生产力的显著提升。②由于微观经济主体的差异化以及宏观政策的不断调整，减税降费对企业新质生产力的促进效应具有明显的异质性，相较于非制造业企业，其促进激励作用对制造业企业表现得更为显著。③根据机制检验的研究结论可知，减税降费有利于增加企业在科技创新方面的资金投入，主要通过提升企业创新水平这一中介变量来促进企业新质生产力的发展。

（二）对策建议

1. 推动结构性减税降费，提高政策精准性

随着减税降费政策的全面实施，可进一步挖掘的政策空间逐渐变小，要更加注重提升减税降费政策的精准性和针对性。首先，要不断增强减税降费的绿色属性，从低碳环保角度去提高减税降费的精准性，建立完善的奖惩机制，奖励企业绿色技术创新，鼓励低碳行业发展。其次，制造业是实体经济的基础，要继续加大减税降费对制造业的支持力度，在人才引进、设备更新、产业转型升级等方面出台更多的优惠政策，从而推动企业将更多的资金运用到智能化和数字化方向中。最后，将阶段性减税降费向制度化转型，更加注重服从于完善税费制度的需要，坚持税收法定原则，对已有减税降费政策进行评估和优化，从而不断推动企业新质生产力的提升。

2. 加大减税降费对科技创新的支持力度

企业是科技创新的主体，加大减税降费对科技创新的支持力度，有利于更好地实施创新驱动发展战略，建设创新型国家。一方面，要继续对"卡脖子"领域的相关企业实施更加有针对性的税费优惠政策，用真金白银减轻企业的经营负担，从而推动关键核心技术的新突破和企业科技竞争力的提升。同时，根据税费优惠政策的实施效果，可进一步加大增值税加计抵减、研发费用加计扣除、阶段性税费缓缴等优惠力度，不断完善现阶段支持企业技术创新的减税降费政策。另一方面，要重视对研发人员和技术人才的税收优惠，对于科研人才形成统一的认定标准，增加税收优惠政策，如可在个人所得税专项附加扣除增加一定金额的扣除金额，降低科研人才的税收负担，提升全社会科研工作者的创新积极性，形成人人热爱科学、尊重创新的良好社会环境。

3. 进一步深化税制改革，优化税制结构

减税降费对于推动我国税制结构改革具有重要意义，不断完善减税降费措施，进一步优化税制结构可从以下三个方面实现突破。一是提升我国直接税的占比，有选择地扩大个人所得税综合所得的征收范围，探索财产税的征免范围，降低半导

体、高端装备制造等行业的间接税税负。二是改善商品税的结构,更好地发挥增值税在调节经济方面的作用,不断完善增值税的留抵退税和减免税等制度,同时拓展消费税的调节空间,突出对特定消费行为的鼓励和限制。三是健全所得税体系,不断完善企业所得税制度,进一步降低科技型初创企业和中小企业的所得税的税负。

4. 改善税收营商环境,提升税法遵从度

要持续优化我国税收营商环境,努力提升税收服务实体企业发展新质生产力的效能。第一,依托大数据技术支撑,提高税收征管效率。通过大数据分析实现"政策找企",发挥科技和数据的赋能作用,不断简化办税流程,促进广大纳税人实现"云端"办税。第二,严格落实税收优惠政策,激发市场主体活力。通过借助电子税务局等平台促使相关税收优惠政策直达企业,针对不同的企业实现个性化和差异化的服务,加强税收优惠政策的宣传和落实,不断提升税法遵从度和企业获得感。第三,增强税务工作人员本领,提高涉税服务水平。加强对税务机关工作人员在政策法规学习、智慧税务运用等方面的培训,提升税收征管部门对涉税数据分析处理的能力,进一步增强税收优惠政策的决策科学性和落实有效性。

参考文献

［1］CRAWFORD S,MARKARIAN G.The effect of the Tax Cuts and Jobs Act of 2017 on corporate investment［J］.Journal of Corporate Finance,2024,87.

［2］GHIAIE H,AUCLAIR G,NTSAMA N N F J.Macroeconomic and welfare effects of tax reforms in emerging economies:A case study of Morocco［J］.Journal of Policy Modeling,2019,41(4):666-699.

［3］陈安,巩鑫.减税降费对企业双元创新的影响研究:基于经济政策不确定性的调节作用［J］.会计之友,2024(5):116-124.

［4］陈海宇,杜丽,张晓颖.减税降费、融资纾困与企业高质量发展［J］.国际税收,2023(9):40-52.

［5］陈旭东,鹿洪源.减税降费、政府干预与绿色全要素生产率:基于动态面板门限模型的分析［J］.商业研究,2023(2):49-56.

［6］段钢,刘贤铤,黄悦.数字基础设施建设如何影响企业新质生产力发展［J］.金融与经济,2024(11):1-13.

［7］方福前.供给侧结构性改革、供给学派和里根经济学［J］.中国人民大学学报,2020,34(43):72-81.

［8］郭菊娥,陈辰.数字科技何以驱动新质生产力发展:以专精特新企业为实现主体［J］.西安交通大学学报(社会科学版),2024(4):1-12.

[9]胡怡建,周静虹.我国大规模、实质性减税降费的历史动因、现实逻辑和未来路径[J].税务研究,2022(7):16-23.

[10]金鑫,孙群力,金荣学.数字化转型、新质生产力与企业创新绩效[J].海南大学学报(人文社会科学版),2025(1):1-11.

[11]李传宪,周筱易.减税降费降低了企业债务融资成本吗[J].财会月刊,2020(24):26-31.

[12]刘明慧,李秋.财税政策何以驱动新质生产力发展?[J].上海经济研究,2024(3):31-41.

[13]宋佳,张金昌,潘艺.ESG发展对企业新质生产力影响的研究:来自中国A股上市企业的经验证据[J].当代经济管理,2024,46(6):1-11.

[14]孙献贞,李言,高雨晨.数字普惠金融发展与企业新质生产力[J].兰州学刊,2024(7):1-13.

[15]王珏,王荣基.新质生产力:指标构建与时空演进[J].西安财经大学学报,2024,37(1):31-47.

[16]王满四,付奕衡,洪馨仪.减税降费、长期贷款撬动与企业创新[J].会计研究,2023(8):88-102.

[17]王树斌,侯博文,李彦昭.新质生产力要素机制、创新逻辑与路径突破:基于系统论视角[J].当代经济科学,2024,6(2):1-14.

[18]王治,任孜杨.减税降费对企业投资效率的影响研究[J].管理现代化,2024,44(1):22-29.

[19]吴潇航,周鹏飞,龙小燕.减税降费促进产业结构升级了吗?:基于中国省级面板数据的实证分析[J].财政科学,2024(3):32-43.

[20]武普照,吕凯迪,王格格.发展新质生产力助力中国式现代化的财税对策[J].财政监督,2024(8):19-21.

[21]薛菁.新一轮减税降费、创新促进与制造业高质量发展[J].财经论丛,2022(6):15-28.

[22]晏国菀,夏雪.减税降费与企业高质量发展:来自全要素生产率的证据[J].当代经济科学学,2023,45(2):119-130.

[23]杨广莉,孙慧卿.宏观税负与经济增长关系研究:兼析新冠疫情下的减税降费政策效应[J].价格理论与实践,2020(8):84-87.

[24]杨志勇.加快发展新质生产力的财政力量[J].中央财经大学学报,2024(6):3-9.

[25]张慧智,李犀尧.数字化转型对企业新质生产力的影响[J].工业技术经济,2024,43(6):12-19.

[26]赵斌,汪克亮,刘家民.政府数字化治理与企业新质生产力:基于信息惠民国家试点政策的证据[J].电子政务,2024(9):1-12.

[27]周宇,王小龙.减税降费对中小制造业企业高质量发展的影响效应分析[J].西安财经大学学报,2024(6):1-16.

科技创新与新质生产力背景下的税收挑战

陈 情①

摘 要：本文聚焦于科技创新与新质生产力背景下的税收挑战，旨在探讨税收政策如何适应和促进新质生产力的发展。以中国中车股份有限公司为例，研究发现税收政策在激励科技创新和新质生产力发展方面发挥着重要作用，但也存在一些限制和挑战。例如，研发投入的税收优惠限制、高新技术企业税收优惠的门槛限制、西部大开发战略的税收优惠政策限制等。针对这些问题，可以考虑构建全面的研发税收激励机制，扩大研发税收抵免范围，建立研发投资准备金制度，提供税收优惠的差异化政策；制定有针对性的税收优惠政策，实施特别折旧和税收减免，鼓励企业间的研发合作，建立税收优惠政策的定期评估机制；实现税收优惠与财政可持续性的平衡，强化税收政策的执行与监督等。

关键词：科技创新 新质生产力 税收政策 财政可持续性

一、引言

随着科技的飞速发展，"新质生产力"这一概念逐渐成为学术界和实务界关注的焦点。2023年9月，习近平总书记在黑龙江考察调研期间首次提出新质生产力，将其视为先进生产力的具体表现形式，这是马克思主义生产力理论在中国的创新和实践。新质生产力不仅是科技创新交叉融合突破的根本性成果，而且对税收治理现代化提出了新的要求和挑战。

税收作为国家治理的重要工具，对于新质生产力的发展具有不可忽视的作用。一方面，税收政策可以直接影响企业的创新活动，从而推动新质生产力的发展；另一方面，税收征管现代化程度的提高，可以为新质生产力的发展提供有力的支持和保障。然而，随着新质生产力的快速发展，税收制度和征管体制也面临着前所未有的挑战。

本文旨在探讨科技创新与新质生产力背景下税收所面临的挑战。首先，从理论层面分析新质生产力的特征及其对税收的影响，探讨税收在新质生产力发展中

---

① 陈情，湖北经济学院硕士研究生。

的作用机制；其次，通过案例分析，具体阐述新质生产力背景下税收挑战的实际情况；最后，提出针对性的政策建议，以促进税收支持新质生产力的发展。

通过本文的研究，期望能够为税收政策的制定和完善提供理论依据和实践参考，为新质生产力的发展创造良好的税收环境。同时，也希望能够引起更多学者和实践者对于税收与新质生产力关系的研究和探讨，共同推动我国税收治理现代化的进程。

二、科技创新与新质生产力对税收制度的挑战

（一）新质生产力的定义与特征

新质生产力，是在特定的历史时期，由于科技革新、生产关系变革以及生产组织创新等因素的共同作用，生产力水平实现质的飞跃，从而推动社会经济形态向更高层次发展的生产力形态。新质生产力的出现，不仅极大地提高了生产效率，改变了生产方式，还推动了产业结构的优化升级。

新质生产力具有创新性、集约性、知识性、网络化、可持续性和动态性等特征，其核心在于创新，包括科技创新、制度创新和管理创新，这些创新能够极大地提高生产效率，改变生产方式，推动产业升级。新质生产力强调资源的优化配置和高效利用，通过提高生产要素的质量和使用效率，实现经济增长的质量和效益。新质生产力以知识和信息为核心，而知识和技术的创新和应用是推动生产力发展的关键因素（彭忠益，2008）。新质生产力的发展离不开全球化和信息化背景下的网络化协作，生产组织和社会分工呈现更加紧密和复杂的网络结构。同时，新质生产力注重经济发展与环境保护的协调，追求经济、社会和环境的可持续发展。新质生产力不是静止不变的，而是随着科技进步和社会发展的不断演进，具有动态性和历史性。

新质生产力的出现和发展，标志着生产力质的飞跃，对经济发展模式、产业结构、社会结构和人类生活方式产生深远影响。它不仅推动了经济的快速发展，还促进了社会的进步和人类生活水平的提高。因此，新质生产力是推动社会经济发展的关键因素，也是实现可持续发展的重要保障。

（二）科技创新对新质生产力的影响

科技创新是一个多维度的过程，包括科学研究、技术开发、管理革新和制度变革。它不仅涉及新技术的发明，还包括将这些技术转化为实际应用，并带来经济和社会效益的提升。科技创新涵盖技术创新、管理创新、制度创新和市场创新等多个层面。技术创新是其核心，可以带来新产品、新工艺，提升产品和服务的质量；管理创新和制度创新则分别涉及组织管理、商业模式、运营流程、政策、法规和标准的变

革,以提高效率、降低成本,为科技创新提供良好的环境;市场创新通过市场研究和营销策略的创新,开拓新市场或满足现有市场需求,促进科技成果的商业化。科技创新是推动经济发展和社会进步的关键因素,能够提高生产力,促进产业升级,改善人们的生活质量,并在全球范围内促进国际合作与竞争。在当今世界,科技创新已成为国家综合实力的重要体现,各国纷纷将科技创新作为发展战略的核心。

科技创新对新质生产力的影响深远而广泛。它通过引入新的技术、方法和理念,从根本上改变了生产过程的效率和效能,为新质生产力的发展提供了强大的动力。科技创新提高生产效率,降低生产成本,增强产品的市场竞争力。例如,自动化、智能化技术的应用,使得生产过程更加灵活,能够快速响应市场变化,满足消费者的需求。科技创新推动了产业结构的优化和升级。新的科技革命和产业变革,如信息技术、生物技术、新能源技术等,都在推动传统产业的升级和新兴产业的崛起,成为经济增长的新动力,推动经济向更高水平发展。

科技创新能够改变生产方式,推动经济模式的转变。例如,互联网技术的应用,推动了电子商务、共享经济等新型经济模式的发展,这些新型经济模式正在改变传统的生产方式和消费方式。科技创新能够提高资源的利用效率,推动可持续发展。例如,新能源技术的应用,可以减少对传统化石能源的依赖,减少环境污染,推动经济向绿色、低碳方向发展。

总的来说,科技创新是新质生产力发展的重要推动力量,它能够提高生产效率,推动产业结构优化,改变生产方式,提高资源利用效率,从而推动经济向更高水平、更可持续的方向发展。

(三)科技创新与新质生产力背景下的税收挑战

服务新质生产力的形成与发展,从而有机地融入和服务高质量发展,是税收现代化服务中国式现代化的题中应有之义(陶然、柳华平、周可芝,2023)。然而,由于我国国情的原因,国家在经济政策的优惠方面更加倾向于大型企业,创新激励优惠税收政策在支持创新上缺乏系统性,还没有形成完全成熟的政策体系,税收优惠政策缺少行业多样性(李江宇,2018),当前税收政策在推动新质生产力形成方面面临着税收政策繁多企业难以全面掌握、当前普惠性优惠政策难以精准针对新质生产力创新者的挑战(王双彦,2017)。

科技创新的快速发展和新质生产力的提升,可能导致现有的税收法规和体系无法适应新的经济结构和商业模式。例如,数字经济的崛起,使得传统的基于物理存在和交易的税收模式面临挑战,需要探索新的税收途径,如数字税、电子服务税等。数字化和全球化进程的加速,可能导致税基的侵蚀和转移。跨国公司利用科技创新,如数字化、全球化等,可以更容易地进行利润转移和避税,这对国家的税收主权和财政收入构成挑战。税收政策需要更加精准和灵活,以鼓励创新,同时确保公平和效率。例如，研发税收抵免、创新券等政策工具，可以激励企业进行科技创新，但同时也需要避免滥用和漏洞。税收征管也需要适应新的经济形态，提升税务信息化水平，加强与其他国家的税收合作，以有效应对税收挑战。

三、案例分析

（一）案例公司背景介绍

中国中车股份有限公司于2015年6月1日由中国北车和中国南车合并而成，旨在整合资源、提高国际竞争力。自成立以来，中国中车迅速成为全球规模最大、品种最全、技术领先的轨道交通装备供应商。

在技术创新方面，中国中车坚持走科技创新的道路，成功研发了高速列车、城市轨道交通车辆、新能源客车等一系列产品，并在全球范围内建立了研发中心，以保持其在技术上的领先地位。同时，公司积极拓展国际市场，其产品和服务已覆盖全球多个国家和地区，成为中国高端装备走出去的"金名片"。除了传统的轨道交通装备业务，中国中车还涉足了风电装备、新材料、现代服务业务等领域，形成了多元化的业务结构。展望未来，中国中车提出了"两步走"发展战略，即到2025年成为以轨道交通装备为核心的世界一流高端装备制造商和系统解决方案提供商，到2035年成为受人尊敬的世界一流企业。

（二）科技创新与新质生产力发展

中国中车在科技创新和新质生产力方面的成就颇丰，包括但不限于高速列车技术、城市轨道交通车辆、新能源客车、风电机组智能控制系统等。中国中车还在数字化转型方面取得了重要进展，建立了数字化工厂和智能化生产线，提高了生产效率和产品质量。总的来说，中国中车通过不断的科技创新，不仅提高了自身的竞争力，也为推动新质生产力的发展作出了重要贡献。

中国中车在科技创新和新质生产力方面的发展，不仅凸显了中国轨道交通装备制造业的强大实力，而且为全球轨道交通装备制造业树立了新的标杆。通过不断的科技创新和市场拓展，中国中车已成为全球轨道交通装备制造业的领导者，并朝着更加多元化的方向发展。这种发展模式为中国企业提供了在科技创新和新质生产力背景下的税收挑战和机遇方面的宝贵经验，特别是在如何利用税收政策激励科技创新、促进新质生产力发展方面，中国中车提供了重要的案例和启示。

（三）税收挑战

1. 研发投入的税收优惠限制

中国中车作为一家高科技企业，研发投入是推动其科技创新和新质生产力发展的关键因素。然而,在现有税收政策框架下,研发投入的税收优惠存在一定限制,这对企业的科技创新活动产生了一定的影响。

具体来说,政策对研发费用的定义较为严格,只有符合特定条件的研发支出才能享受加计扣除的优惠。这可能导致企业在实际操作中难以准确判断哪些支出可以享受税收优惠,从而影响税收优惠的实际效果。此外,研发费用加计扣除的比例也有所限制,这可能导致企业在研发投入方面的积极性受到影响,从而影响科技创新和新质生产力的发展。

2. 高新技术企业税收优惠的门槛限制

我国税收政策规定高新技术企业可享受减按15%的税率缴纳企业所得税的优惠政策。此外,企业研发费用加计扣除政策允许企业按照一定比例加计扣除研发费用,以降低税负。在高新技术企业认定标准中,对研发费用占销售收入的比例有硬性要求,可能导致企业为了满足税收优惠条件而采取策略性创新,如将一些非研发支出归入研发费用,或者在研发投入方面进行短期行为,以满足税收优惠条件。这不是真正的技术创新,并且从长远来看,这可能会影响企业的技术创新能力和持续发展,导致企业资源的错配,影响企业的长期发展。

3. 西部大开发战略的税收优惠政策限制

西部大开发战略旨在促进西部地区的经济发展和民族团结,其中包括了一系列税收优惠政策。然而,西部大开发战略的税收优惠政策在实施过程中可能存在区域差异,不同地区在税收优惠政策的执行力度和范围上可能存在差异,这可能导致企业享受税收优惠的效果不一。此外,税收优惠政策可能更多地集中在基础设施建设等领域,而对于科技创新和新质生产力发展的支持力度可能不够。

与此同时,西部大开发战略的税收优惠政策可能对企业的税收策划和经营决策产生一定影响。企业在享受税收优惠政策时,可能需要对自身的业务结构和财务状况进行调整,以满足政策要求。这可能导致企业在经营决策上面临一定的限制,影响企业的长期发展。

(四)税收策略与优化

1. 加大研发投入

中国中车在科技创新方面的投入力度逐年加大,公司对研发的重视程度在不断提升。如表1所示,2019—2023年,中国中车研发投入金额及其占营业收入比例逐年上升,从2019年的5.36%增加到2023年的6.32%,研发费用也呈现增长趋势,与研发投入的增长保持一致。这反映出公司在研发活动上的实际投入不断增加,这对于科技创新和新产品开发至关重要。研发投入资本化的比重在2023年显著增加至3.04%,比重大幅提升,表明公司正有效地将研发投入转化为有形资产,从而提高公司的整体价值。研发投入的持续增加有助于公司在市场竞争中保持技术领先地位,推动新质生产力的形成。

表1 中国中车研发投入情况　　　　　　　　　　　单位:千元

	2019年	2020年	2021年	2022年	2023年
研发投入	12 264 632	13 579 237	13 204 887	13 292 456	14 813 392
研发费用	12 017 162	13 349 896	13 085 219	13 129 748	14 363 696
费用化研发投入	12 033 365	13 349 896	13 085 219	13 129 748	14 363 696
研发投入金额及其占营业收入比例(%)	5.36	5.96	5.85	5.96	6.32
研发投入资本化的比重(%)	1.89	—	0.91	1.22	3.04

资料来源:根据中国中车年报整理。

2. 合理利用税收优惠政策

中国中车根据自身的实际情况和政策导向,合理利用加计扣除政策,实现了财务和业务的双重效益。中国中车作为全球领先的轨道交通装备供应商,拥有庞大的研发投入,加计扣除的税收优惠可以显著降低其税负,提高净利润。由于研发投入通常需要大量的资金支持,加计扣除可以为中国中车提供额外的资金来源,促进其在科技创新方面的持续投入,帮助其在轨道交通装备领域保持技术领先地位,增强市场竞争力。而作为国家重点支持的高新技术企业,中国中车在享受加计扣除的同时,也承担着推动国家科技创新和产业升级的责任。因此,合理的加计扣除比例有助于公司长期发展。如表2所示,2019—2023年,中国中车的研发投入和加计扣除金额均呈现逐年增长趋势,表明公司在科技创新方面的投入力度不断加大。在加计扣除政策的助力下,税收优惠政策对公司研发活动产生了积极影响,中国中车的净利润也从2019年的13 823 701千元增加到2023年的14 569 647千元。中国中车充分利用加计扣除政策进行税收策划,优化其财务结构,从而实现税负的最优化。

表2 中国中车所得税费用与其他税收优惠情况　　　　单位:千元

	2019年	2020年	2021年	2022年	2023年
所得税费用	2 784 624	2 168 030	1 337 277	1 767 493	1 803 354
其他税收优惠	1 548 086	1 704 544	1 876 589	1 798 925	1 450 995

注:其他税收优惠主要是研发费用加计扣除。
资料来源:根据中国中车年报整理。

3. 积极申请高新技术企业认证

中国中车高度重视科技创新和高新技术企业认证，通过不断申请和维持高新技术企业认证，公司得以享受多项税收优惠政策，包括西部大开发税收优惠、减按15%的税率缴纳企业所得税，以及增值税实际税负超过3%的部分实行即征即退。这些政策降低了公司的税负，提高了净利润，从而有助于公司更好地投入研发和创新。如表3所示，中国中车在2019年至2023年期间的研发项目数量呈现显著增长趋势。

表3　中国中车研发项目数量历年统计　　　　　　　　单位：个

	2019年	2020年	2021年	2022年	2023年
研发项目数量	2	302	346	363	480

资料来源：根据中国中车年报整理。

如表4所示，从2017年至2023年，中国中车每年都有多家子公司获得高新技术企业认证，这反映出公司在科技创新方面的持续投入和重视程度。中国中车通过高新技术企业认证，享受了税收优惠政策的扶持，提升了企业的技术创新能力，同时也承担着推动国家科技创新和产业升级的责任。

表4　中国中车高新技术企业认证历年统计　　　　　　　　单位：个

	2017年	2018年	2019年	2020年	2021年	2022年	2023年
每年取得高新技术企业证书的公司数量	10	5	1	9	3	2	9

资料来源：根据中国中车年报整理。

四、政策建议

（一）构建全面的研发税收激励机制

首先，扩大研发税收抵免范围，包括对购买国产研发设备和软件的费用给予税收抵免，以及对研发成果转化应用的投资给予税收优惠。在此基础上建立研发投资准备金制度，允许企业根据营业收入的一定比例提取研发投资准备金，用于未来的研发活动，并在税前扣除。其次，针对不同规模和类型的企业，提供差异化的税收优惠政策，如对初创科技企业实施税收减免。最后，优化研发成果的转化机制，通过税收优惠，鼓励企业将研发成果转化为实际生产力，构建一个更加全面和有效的研发税收激励机制，促进科技创新和新质生产力的发展。

（二）制定有针对性的税收优惠政策

在制定有针对性的税收优惠政策时，可以实施特别折旧和税收减免，刺激企业投资于技术研发，对小型和中型科技企业给予更高的研发税收抵免比例，以支持其早期发展；鼓励企业间的研发合作，尤其是与高校和研究机构的合作，通过税收优惠促进产学研的紧密结合。对于将研发成果应用于生产的企业，提供税收减免，以促进科技成果的商业化。此外，建立税收优惠政策的定期评估机制，确保其与国家科技创新战略保持一致，并可根据评估结果进行调整，以提高政策的精准性和有效性，促进科技创新和新质生产力的发展。

（三）实现税收优惠与财政可持续性的平衡

推出税收优惠政策时，需充分考虑其对财政收入的长期影响，谨慎平衡税收优惠与财政可持续性。建议建立税收优惠效果的定期评估机制，确保税收政策的精准性和有效性。通过优化税收结构，提高税收征管能力，以及探索新的财政收入来源，如发展绿色金融和碳交易市场，可以缓解税收优惠对财政收入的影响。通过这些措施，可以实现在支持科技创新的同时，保持财政的稳定和可持续性。

（四）强化税收政策的执行与监督

为确保税收优惠政策的有效实施，应加强对税收政策执行的监督和评估。这就需要建立健全税收征管体系，提高税收征管能力，确保税收优惠政策能够真正惠及科技创新企业；加强对税收优惠政策的宣传和解读与对税收优惠政策的监督和评估，提高企业的政策认知度和遵从度，防止税收漏洞和优惠滥用，确保税收政策的公平性和有效性。此外，建立税收优惠政策的反馈机制，及时了解企业的需求和问题，为政策调整提供依据。通过这些措施可以确保税收优惠政策的有效执行，促进科技创新和新质生产力的发展。

参考文献

[1] 李江宇. 我国创新激励税收优惠政策存在的问题与对策研究：以中小型国有企业为例[J]. 中国市场, 2023(32).

[2] 彭忠益. 公共组织视角下政府领导力研究[D]. 长沙：中南大学, 2008.

[3] 陶然, 柳华平, 周可芝. 税收助力新质生产力形成与发展的思考[J]. 税务研究, 2023(12).

[4] 王双彦. 税收政策助推新质生产力高质量发展的挑战及对策研究[J]. 产业创新研究, 2024(8).

促进新质生产力发展的税收政策探析

伍云峰[①]

摘　要：新质生产力作为新时代经济发展的重要推动力，具有独特的内涵和特征。本文从新质生产力的定义及其特征入手，探讨税收政策在推动新质生产力发展中的作用机理，并提出优化税收优惠政策、完善配套法律法规、加强政策协同配合等政策建议。

关键词：新质生产力　税收政策　创新研发　产业升级

习近平总书记从新的实际出发，把马克思主义政治经济学基本原理同新时代经济发展实践相结合，对高质量发展底层逻辑进行深邃思考而创造性地提出了"新质生产力"这一概念。新质生产力概念的提出发展和创新了马克思主义生产力理论，是马克思主义中国化时代化的创新成果。税收政策作为国家宏观调控的重要手段，能够为新质生产力的发展提供多层次、多角度的支持，成为推动经济高质量发展的重要保障。

一、新质生产力的内涵与特征

（一）新质生产力的内涵

在新时代的经济环境下，新质生产力作为一种新兴的生产力形式，逐渐受到学术界和政策制定者的关注和重视。新质生产力不仅是经济增长的重要驱动因素，也是推动社会全面进步的必要条件。

新质生产力是指依托现代科技，特别是信息技术、人工智能、大数据等高新技术，带动经济转型升级的一种全新的生产力形态。它不仅包括技术的创新和应用，还涵盖了生产方式的变革、产业结构的优化以及创新资源的有效配置。新质生产力强调在生产过程中，通过高效、智能化、绿色化的手段，最大限度地提升生产效率和质量，实现可持续发展。同时，通过促进技术创新和转化应用，推动高端化、智能化、绿色化转型，产业升级态势持续。

---

① 伍云峰，江西财经大学财税与公共管理学院副教授、硕士生导师。

相比传统生产力,新质生产力具有几个显著特点。首先是创新性,新质生产力依赖于持续的技术进步和创新,不断推动生产方式和管理模式的变革。其次是智能化,通过大数据、人工智能等技术手段实现生产过程和管理决策的智能化,提高资源利用效率和生产效率。再者是绿色化,新质生产力强调环境保护和资源的可持续利用,致力于构建生态友好的生产体系。最后是综合集成,新质生产力具有高度的综合集成性,通过跨界融合和协同创新,实现多领域、多产业的联合发展。

综上所述,新质生产力不仅仅是技术层面的提升,更是生产方式和经济运行模式的深刻变革。它为经济社会的发展带来了新的机遇,也提出了新的挑战,需要从政策、法律、市场等多个方面协同发力,以促进其健康发展,为经济的高质量发展提供动力。

(二)新质生产力的特征

首先,新质生产力具有高科技含量。新质生产力的核心在于知识和技术的持续创新及应用,其基础是以高科技为主导的产业和技术体系。特别是在信息技术、生物技术、新能源技术、新材料技术等前沿领域,新质生产力表现出了突出的优势。这些技术不仅改变了传统的生产方式,极大提升了生产效率,也催生了大量新兴产业,显著推动了经济结构的优化升级。新质生产力重视科技创新特别是原创性、颠覆性科技创新,并将科技创新成果融入生产的全过程。

其次,新质生产力呈现出高度的网络化和智能化。信息互联网、大数据、人工智能等新技术的发展,使得生产过程更加智能化和精细化。在这种新型生产模式下,企业通过网络化平台实现资源的高效配置和优化组合,生产和服务的各个环节将更加紧密地衔接在一起,形成协同效应,提高整体生产效率。数字化、网络化、智能化是新质生产力的显著特征,这些特征不仅颠覆了传统的生产方式,还推动了整体生产效率的提升。

再次,新质生产力还具有强大的融合性和互动性。其发展不仅依赖单一技术的突破,更强调多种技术、多种产业之间的交叉融合。新质生产力的形成往往需要信息技术与制造业、生物技术与制药业等不同领域的深度融合,以实现更高层次和更大范围的创新。同时,互动性表现在不同领域、行业之间的频繁交流和合作,通过知识和技术的共享,实现更高效的资源利用和共同进步。以产业智能化、绿色化、融合化形成的新型生产方式促进新质生产力的发展。

最后,新质生产力具有人力资本驱动的特征。与传统生产力以物质资本为主体不同,新质生产力的发展更依赖高素质人力资本。教育水平、创新能力、专业技能成为决定新质生产力竞争力的关键因素。各国在提升教育质量、培养创新人才方面的投入,直接影响新质生产力的发展水平。人是新质生产力的创造者和使用者,没有人力资本跃升就没有新质生产力。

总的来说，高科技含量、网络化智能化融合、产业融合性强、人力资本驱动等特征共同表征了现代经济发展中生产力的崭新形态。为了有效促进新质生产力的发展，需要从政策和制度层面提供强有力的支持和保障。

二、税收政策助力新质生产力发展的作用机理

在新质生产力发展的进程中，税收政策作为政府调控经济的重要手段，发挥着至关重要的作用。为了更好地理解税收政策如何助力新质生产力的发展，有必要探讨其关键的作用机理。

税收政策助力新质生产力的首要作用机理在于激励创新和投资。政府通过税收优惠政策，例如研发费用加计扣除、高新技术企业所得税优惠等，有效降低了创新和投资的成本风险，使企业更愿意将资源投入到技术研发和新产品的开发中。这类政策不仅能够直接鼓励企业的创新活动，还可以大幅提升新质生产力的整体水平。例如，一些国家在实施研发费用加计扣除政策后，企业的研发投入显著增加，创新成果层出不穷，为经济发展注入了强劲的动力。

其次，税收政策在促进产业升级和结构调整方面同样发挥了重要作用。通过对战略性新兴产业、绿色环保产业等新质生产力领域实施税收减免，政府能够引导资源流向这些有助于经济转型升级的领域。在这一过程中，税收政策不仅能直接增加这些领域的资金投入，还能间接推动传统产业向高附加值、高技术含量的方向转变，使得整个产业结构更加合理和优化。例如，落实好"专精特新"中小企业财政支持政策，增强行业领军企业的引领力，强化产业链上下游协作、带动大中小企业协同发展，牵引新质生产力产业链集群发展。

再次，税收政策还能够有效扶持中小企业发展，为新质生产力的形成提供广泛的基础支撑。中小企业在技术创新和市场应变能力方面具有显著优势，但同时也面临资金不足、技术力量薄弱等问题。通过针对中小企业的税收优惠政策，如减免增值税、所得税等，政府可以实质性地减轻这些企业的税负压力，增强其在市场中的竞争力和创新力，从而为新质生产力的发展创造更加有利的环境。特别是"专精特新"中小企业是培育新质生产力、增强发展新动能的重要基础。通过不断加大科技型中小企业科技优惠税收政策落实力度，可以激励企业加大研发投入，有力推动科技型中小企业以创新引领发展。

最后，税收政策在促进国际技术合作与交流、吸引海外高端人才方面发挥着不可忽视的作用。通过给予在华外资企业同类减税优惠，或针对引进的高级技术人员提供个人所得税减免的政策安排，政府可以有效吸引全球范围内的先进技术和高素质人才，从而提升本国的科技水平和创新能力。这不仅能够直接增强国内新

质生产力的国际竞争力,还能通过国际技术合作,进一步推动新质生产力的全球化发展。

综上所述,税收政策在助力新质生产力发展的关键作用机理主要体现在激励创新与投资、促进产业升级与结构调整、扶持中小企业发展,以及推动国际技术合作与交流等四个方面。这些作用机理不仅为新质生产力的发展提供了坚实的政策保障,也从多个角度切实促进了经济的高质量发展和转型升级。

三、促进新质生产力发展的税收政策建议

(一)优化税收优惠政策

税收优惠政策对新质生产力的发展具有重要作用,具体体现在促进创新企业的成长、激励企业研发投入及优化资源配置等方面。首先,税收优惠政策通过降低税负,为创新企业提供更多的资金支持。例如,设立高新技术企业所得税优惠政策,可以直接减轻高科技公司的税收负担,释放更多的资金投入研发和市场扩展中。特别是在初创期,这些企业往往面临资金短缺的困境,税收优惠就成为其生存与发展的关键助力。

其次,税收优惠政策在激励企业研发投入上起到了不可忽视的作用。通过研发费用加计扣除等措施,企业在税前可以扣除更多的研发费用,这样不仅降低了企业的实际税负,还大大提高了企业加大研发投入的积极性。以中国为例,自从实行研发费用加计扣除政策以来,企业尤其是中小型科技企业以及制造业在研发方面的投入持续增加,有助于推动技术进步和新质生产力的发展。

最后,税收优惠政策还有助于优化资源配置。合理的税收优惠政策通过引导资金流向新兴产业和科学技术领域,促使高效资源配置,实现产业结构的优化调整。例如,针对绿色能源、新材料、生物医药等新兴产业,实行专项税收优惠政策,可以吸引更多资本和人才进入这些领域,推动其快速发展。

从国际经验来看,完善税收优惠政策是许多国家推动新质生产力发展的重要措施。例如,美国的研发税收优惠政策(R&D Tax Credit)不仅为企业节省了大量资金,还促进了企业技术创新和经济增长。因此,其他国家和地区在制定和优化相关政策时,可以借鉴这些成功的经验,结合自身经济发展特点和新质生产力发展需要,逐步完善税收优惠政策体系。

总之,需要深刻把握新质生产力发展的需求,结合具体的经济发展状况,制定切实可行、作用显著的税收优惠措施。通过科学合理的政策设计,不仅可以减轻企业的税收负担,还能有效激励企业提升自主创新能力,从而不断增强国家整体经济竞争力。

(二)完善配套法律法规

税收政策的有效实施,离不开完备的法律和制度保障。针对新质生产力发展的需求,构建完善的配套法律法规体系显得尤为重要。贯彻落实税收实体性法律法规和税收征管法等程序性法律法规,保障正确执法、规范执法,这为新质生产力的发展提供了坚实的法律基础。

首先,针对新质生产力的不同特征和阶段性要求,税收法律法规需要进行相应的修改和调整。例如,对于初创科技企业,可以制定灵活的税收减免政策,而对于已经进入商业化并具备一定市场规模的企业,则应适时调整税率结构,确保优势公平。从实践出发,落实税收减免政策全力支持实体经济发展。通过法律条文的明确规定,保障不同类型的新质生产力企业在其生命周期内能够获得相应的税收支持。

其次,完善的配套法律法规还需注重税收征管的科学性和公平性。在税收征管过程中,依法执行时应确保信息透明,减少税收征管过程中的人为干预和不公平现象,确保税收政策的贯彻落地。要依托现代信息技术,转变税收征管方式,优化征管资源配置,加快税收征管信息化进程,提高税收征管质量和效率。例如,实行电子化税收管理系统,通过大数据的方式对企业进行全面评估和监控,减少征管漏洞和腐败行为,提升整个税收体系的公信力。

再次,法律法规的完善还应包括对违规行为的明确界定及惩治措施。对于企图逃税、避税的行为,法律法规应有严明的处理措施,保障合法纳税企业权益的同时,促使企业自觉遵从税收法律法规,形成良好的征管环境和诚信纳税氛围。检查和处理违反税收法律、法规的行为,依法惩治危害税收征管典型刑事案例。应在广泛调研的基础上,结合实际操作中可能遇到的问题,灵活制定和调整相应的政策,如结合税务专家、法律专家和行业代表的建议出台更具操作性的法律条款。

最后,金融技术对配套法律法规的完善同样具有重要推动作用。通过数字技术与区块链等创新金融工具,可以大幅提升税收征收和监管的效能,显著降低人为干预的可能性。区块链技术的不可篡改性与透明性,确保了每一笔税款的透明度和可追溯性,从而减少税收漏洞和违法行为。积极运用区块链等技术加强对污染源、碳足迹的精准追溯,搭建统一涉税信息共享平台,强化相关部门提供绿色税收信息义务,增强税收征管的科学性和效率性。这样,不仅提升了税收管理的效率,也增强了新质生产力发展的信心和动力。

通过不断优化和健全法律法规体系,不仅能有效保障税收政策的顺利施行,还能激励企业进行创新,推动经济的高质量发展。最终,将形成促进新质生产力发展的良性机制,助力经济的可持续增长。

(三)加强政策协同配合

在推进新质生产力发展的过程中,税收政策不仅单独发挥其作用,还需要与其他相关政策形成有机联动,从而实现整体效果的最大化。这一联动过程,具体可以从以下几个方面展开：

首先,必须加强不同层级政府间的协同。地方政府和中央政府应共同制定和实施税收政策,使得政策在执行过程中能够上下贯通,形成一体化的政策合力。一些地方经验表明,中央和地方在税收优惠政策的实施以及配套措施的协同上,效果明显优于单方面施策。例如,某些地区通过地方政府减免部分地方税款,同时申请中央财政转移支付补助,成功吸引高新技术企业落户,并有力推动了当地经济的转型升级。此外,积极联动相关部委和地方政府,可以搭建平台、发挥合力,将金融服务与产业政策、科技政策、社会政策深度结合,更好发挥支持高质量发展的效能。

其次,要加强税收政策与产业政策的协同。税收政策应当充分体现国家产业政策的导向,支持符合国家产业政策的企业发展,尤其是高科技、环保节能等新质生产力领域的企业。具体而言,税收优惠应向已经获得创新型企业认定的企业倾斜,同时对这些企业的研发费用给予更高比例的税前扣除。有很多实践案例表明,这种政策协调能够有效激励企业加大研发投入,提升自主创新能力。而从宏观角度看,产业政策要打破以往相关部门各自为政的政策组织模式,形成包括智能制造、数字化转型等重点领域在内的跨部门协同和跨领域产业政策协作。

再次,要加强税收政策与金融政策的协同。为解决新质生产力企业在初创期和成长期的融资难问题,税收政策可以与金融政策结合,探索通过金融工具间接实施税收激励的有效路径。例如,与银行合作,提供税收抵扣票据或投资抵扣券预融资,帮助企业降低融资成本。此外,政府可以鼓励社会资本投资新质生产力企业,并给予投资者税收减免或推迟纳税优惠,以吸引更多社会资本进入新质生产力领域。针对这种政策方面的互动,积极的财政政策加力提效,产业政策要发展和安全并举,一起形成促进高质量发展的合力。

最后,在税收政策执行过程中,各相关部门之间的协同同样重要。税务部门应与科技、工业和信息化等部门密切合作,及时交流和分享企业信息,实现政策宣导的一致性和执行的协调性。同时,建立和完善政策协调机制,确保税收政策能够有效落地并发挥预期的促进效应。为了更好实现这一点,各部门需要加强协同联动,实现财政政策、货币政策、产业政策等的协同配合,推动经济社会高质量发展。

总之,税收政策是助力新质生产力发展的重要保障,通过多部门和各层级政府的紧密合作,可以实现政策优势叠加,进一步推动经济高质量发展。

参考文献

[1]杜传忠,疏爽,李泽浩.新质生产力促进经济高质量发展的机制分析与实现路径[J].经济纵横,2023(12).

[2]蒋震,张斌.2023年税制改革与税收政策研究综述[J].税务研究,2024(3).

[3]马海涛.财政政策精准发力,助力培育新质生产力[J].财政研究,2024(3).

[4]谢芬,杨颖.促进新质生产力形成的税收政策探析[J].税务研究,2024(2).

[5]周文,许凌云.论新质生产力:内涵特征与重要着力点[J].改革,2023(10).

[6]曾军平.税收该如何助推形成新质生产力?[J].税务研究,2023(12).

我国环境税法律体系构建研究[①]

王 淼[②]

摘 要：环境问题无国界和不可逆的核心特征决定了其需要在"共同但有区别的责任"原则下开展全球治理。本文结合国际层面对环境问题的理解，发现作为环境治理的第二代机制，我国环境税制存在法律体系分散、监测执法成本高、国际协作不足等问题。但为构建完整的现代化环境税收法律体系，目前我国尚不宜实施碳税立法，而应重点关注矿产税制的设计，同时构建数字治理驱动的现代化税收征管模式。

关键词：环境税 法律体系 矿产税制 数字治理

一、引言

环境问题具有两大核心特征：一为无国界；二为不可逆。环境问题无国界决定了研究环境法、解决环境问题，必然突破国界，实行全球治理。例如，气候变化需要发达国家和发展中国家基于"共同但有区别的责任"原则共同治理，形成与国际环境治理相关的新学科和新部门法。环境科学证据表明，二氧化硫的自然消化周期以"星期"为单位，而二氧化碳则以"百年"为单位完成循环。根据"污染者付费"原则，基于历史排放周期和现实国情考量，我国的环境保护税未将二氧化碳纳入征税范围。在全球减排问题上，我国作为发展中大国坚持"共同但有区别"的治理逻辑：既主动承担应对气候变化的共同责任，提出"双碳"战略，又强调工业化国家作为历史排放主体的区别责任。此外，在经济高质量发展和环境治理的双重压力下，我国需要一定的宽限期来践行减排承诺。因此，面对欧盟从碳税到碳边境调节机制（CBAM）的国际压力，我国于2018年施行《中华人民共和国环境保护税法》，截至目前，我国有关碳税的立法动向尚不明确。从某种角度来看，这是在"双碳"战略目标下，我国对环境税立法的审慎边界。

环境问题不可逆是其天然属性。环境问题的法律治理推崇风险预防原则而非

[①] 本文系辽宁省社会科学规划基金一般项目"辽宁省高新技术税法问题研究"（L23BFX005）阶段性研究成果。

[②] 王淼，东北大学文法学院国际税法硕士生导师。

科学证据原则。从 WTO 例外条款到多边环境协定,再到国内环境法,前端的风险预防原则始终处于优先地位。这源于环境损害后果的不可承受性——生态系统修复的时间成本远超科学证据收集周期。而后端的法律责任设计,也因环境问题的不可逆,决定了环境污染的责任承担形式不能完全等同于民事损害赔偿。这是环境法与民法在法律责任形式上的本质区别,即从法理角度(即部门法)进行价值判断之差异:民法着眼于个体权益的恢复原状,而环境法则致力于生态系统的整体保护,体现了法律体系应对新型社会关系的调适能力。

本文所强调的"环境"一词,接近于国际上广义的"环境",不仅包括传统的不可再生资源,还包括国际社会普遍认同的观念——即使是可再生资源,如果不以可持续发展的理念管理和保护,也会慢慢枯竭。因此,环境应包括人类及其他物种赖以生存的所有资源。

二、环境税的原理及我国现行环境保护税法律体系

(一)环境税的原理

在环境治理的三代机制[①]中,环境税属于第二代机制,呈现出"宏观调控赋能市场机制"的复合特性。传统的市场供需机制无法自主内化环境成本,因此需要宏观调控手段,通过环境税的设计重构价格形成机制:将产品生产过程的环境成本以税收的形式内化到产品价格中,以确保含环境税的污染性产品与不含环境税的环境友好型产品能够在市场上公平竞争。此时,市场供需机制作用于价格高低不同的产品,使污染性产品因缺乏价格竞争力而逐渐退出市场。

环境税本质上是对第一代"命令强制型"治理模式的革新:既避免了直接关停企业导致的治理僵化,又弥补了单纯市场调节的滞后性缺陷。国际实践表明,早期直接调控手段(如渔业补贴)易诱发权力寻租与资金滥用,导致环境治理效果不佳。而环境税机制通过"宏观调控—环境成本内化—市场机制"的模式发挥作用,在保留市场效率的同时融入政策理性,形成更具韧性的治理结构。

第三代治理机制是在环境税基础上的范式跃迁,构建了需求侧驱动环境治理的逆向调节模式。例如,2009 年前后,很多发达国家的超市(如沃尔玛等)的产品将其从原材料到生产、加工、包装、分销、运输直至最终成为垃圾被处理的整个生命周期的碳含量,与食品的营养成分表一样,标注在包装袋上。而环保偏好者会主动

---

① 环境治理的三代机制包括第一代的命令强制机制;第二代的市场机制,但不是市场自发机制,而是通过补贴、贷款、税收等"政府机制+市场机制"运作;第三代是自愿性的贴标签机制,通过消费者对环保信息透明度高、显性标注的产品偏好,倒逼高污染的生产企业退出市场。参见王淼.WTO 对低碳经济的约束与激励[M].沈阳:东北大学出版社,2014:61-63.

选择标注碳标记(carbon footprint)的环保型产品,即使其价格相对偏高。这实质上创建了新型市场选择标准——通过购买决策影响生产端,迫使碳信息披露不透明的厂商退出市场。这种从"生产决定消费"到"消费倒逼生产"的理念转变,更强调企业主动披露环境信息的自觉性。我国当前以环保部门监测数据作为环境税征管依据的实践,恰处于第二代环境机制向第三代过渡的阶段,既需完善基于生命周期评价的环境成本核算体系,又要培育具有环境溢价支付意愿的消费群体,最终形成政府调控、市场选择与公众参与的三元环境共治格局。

(二)我国现行环境保护税的法律体系

我国现行环境保护税实体法层面的法律体系是"一部单行法+实施条例+一部法规"的模式。2018年1月1日起施行的《中华人民共和国环境保护税法》,是我国第一部体现生态文明建设的单行税法。《环境保护税法实施条例》与《环境保护税法》一同实施,结构基本一致,即五章① 26条,《国务院关于环境保护税收入归属问题的通知》(国发〔2017〕56号)明确了环境保护税全部作为地方收入。在此之前,排污费制度已运行了40年,并在一定程度上实现了制度化,国务院于2003年颁布了《排污费征收使用管理条例》。尽管排污费制度的刚性有所不足,但是也在环保减排方面发挥了积极作用。《中华人民共和国环境保护税法》采用了"税负平移"的方式,实现了排污费向环境税的平稳过渡。该法依据"污染者付费"原则确定纳税人,并通过环保局和税务局协同治理的科学模式,解决了数据技术问题,确定了合理的税基,并对低浓度排放按照正比例关系减征税额②。

在税收征管层面,主要涉及国家税务总局发布的三个公告:①《国家税务总局关于简并税费申报有关事项的公告》(2021年第9号),规定纳税人申报缴纳包括环境保护税在内的财产行为税时,使用《财产和行为税纳税申报表》;纳税人新增税源或税源变化时,需先填报《财产和行为税税源明细表》。②《国家税务总局关于进一步实施小微企业"六税两费"减免政策有关征管问题的公告》(2022年第3号),修订了《财产和行为税减免明细申报附表》。③《国家税务总局、国家海洋局关于发布〈海洋工程环境保护税申报征收办法〉的公告》(2017年第50号),规范了海洋工程环境保护税征收管理,以促进海洋生态环境保护。

此外,还有两个技术性文件,即《关于发布计算环境保护税应税污染物排放量的排污系数和物料衡算方法的公告》(生态环境部、财政部、税务总局公告2021年第16号)和《生态环境部关于发布〈排放源统计调查产排污核算方法和系数手册〉

---

① 第一章总则;第二章计税依据;第三章税收减免;第四章征收管理;第五章附则。
② 第十三条:纳税人排放应税大气污染物或者水污染物的浓度值低于国家和地方规定的污染物排放标准百分之三十的,减按百分之七十五征收环境保护税。纳税人排放应税大气污染物或者水污染物的浓度值低于国家和地方规定的污染物排放标准百分之五十的,减按百分之五十征收环境保护税。

的公告》(生态环境部公告2021年第24号),规范了排放源产排量核算方法,统一了产排污系数。

三、我国环境税制存在的法律问题

(一)法律体系分散

2011年9月,原环境保护部公布的排放源统计调查制度排(产)污系数清单共涵盖了272个行业,包括火力发电、移动通信、集成电路、电子计算机、稀土、矿、石棉制品、化妆品、汽车轮胎、各种酒、煤等,几乎涵盖了所有生活、生产、低端、高端甚至化学专业类行业[①]。除环境保护税之外,同样具有环境保护功能的实体税种还有消费税和资源税。消费税主要针对成品油,资源税主要针对传统的不可再生资源,即矿产资源。这一分散的立法模式导致许多与环境治理相关的行业需要同时缴纳消费税和资源税。《中华人民共和国矿产资源法》的出台对现行的《中华人民共和国资源税法》和《中华人民共和国环境保护税法》提出了新的要求。然而,客观情况是:现行的《中华人民共和国环境保护税法》只是取代并优化了排污费制度,并未取代消费税和资源税。这种立法上的分散性,不仅增加了企业的税收负担,也给税务管理带来了一定的复杂性。在环境保护税、消费税和资源税并存的情况下,如何合理划分各税种的征税范围和税率,避免重复征税,成为亟待解决的问题。此外,随着环保意识的提升和环保技术的不断进步,对于一些新兴行业和环保技术的税收优惠政策也亟待明确,以更好地引导和支持这些行业的发展。

(二)监测要求和执法成本高

关于环境保护税应税污染物排放量的监测,纳税人须根据生态环境部发布的《排污许可证申请与核发技术规范清单》,依照各个行业的具体规定达成相应标准。比如火电行业,其自行监测项目繁多,特别是烟尘、氮氧化物的监测;监测点位要求多样,且每个点位都有不同的数值标准和政策文件要求,包括废气外排口、废水内排口、无组织排放、内部监测点位等,均需遵循不同的规定。监测技术手段又分为手动和自动两种。手动检测的频次不得低于国家标准或地方标准,且不同监测点位的频次要求各异,如对废气、废水等的要求均不同,必须严格遵守相关文件的具体规定;而自动检测必须全天候连续进行。因此,在技术标准方面,对于大多数中小企业而言,其环保成本是相当沉重的负担。同时,对企业监测管理的软文化建设也有严格要求。例如,纳税人需要建立环境管理台账、月报、半年报等,确保监测质量保证与质量控制遵循《排污单位自行监测技术指南总则》的要求,标准化程

[①] https://www.mee.gov.cn/xxgk2018/xxgk/xxgk01/202104/W020210430349811955644.pdf。

度极高。

此外,环境保护税的执法成本也较高。这主要体现在部门协作方面:在全国层面上,环境保护税的征收和管理涉及生态环境部、财政部和国家税务总局等多个部门。这些部门需要共同制定政策、协调行动,以确保对税收的合理征收和有效管理。而地方政府在执行中央政策的同时,也会根据当地实际情况制定具体的执行标准和实施细则。地方的技术数据收集和税收征管工作,主要依赖环保部门和税务机关之间的紧密合作。这两个部门必须建立起高效的信息共享机制和联合执法机制,以应对环境保护税征收过程中可能出现的各种挑战,确保税收政策的顺利实施和环境保护目标的达成。

(三)国际协作不足

构建国内环境税法体系,尤其是在承担国际减排责任的背景下,我国现行《中华人民共和国环境保护税法》尚未建立一个完整的环境税收法律体系,尤其在温室气体管控方面缺乏直接法律依据,未能覆盖碳税、碳边境调节机制等新型环境规制工具,导致在某些关键领域未与国际标准紧密衔接。同时,随着全球化的不断推进,国际环保合作愈发密切,各国在环境保护领域的法律制度和政策也在持续更新。目前,我国对国际环境法发展趋势的关注度和兼容度略显不足,也对国内环境税法律体系构建提出了挑战。

四、构建我国环境保护税法体系的政策建议

(一)暂不实施碳税立法

目前,无论基于历史的审视还是当下的国际形势,我国尚没有必要进行专门的碳税立法。1992 年联合国制定了《气候变化框架公约》,并在巴西里约热内卢签署生效,标志着"共同但有区别的责任"成为国际共识。根据该公约,全球空气中 60% 的二氧化碳排放量是发达国家产生的,因而发达国家应相应承担 60% 的减排责任,并且对发展中国家提供技术支持。因此,在责任归属方面,我国不是二氧化碳的主要排放国家,因为二氧化碳的排放需要以"百年"为时间单位考量。我国主要承担 1990 年之后的排放责任,这体现了对"共同责任"原则的尊重。

同时,专项碳税立法的实际效果并不理想,二氧化碳的减排措施并不能仅依赖于碳税立法解决。国际社会早已尝试了碳税立法,但其导致了全球碳排放转移的结果,很多工厂撤离碳税立法的国家而转到不征碳税的地区,并未真正减少全球碳排放总量。根据世界银行《2024 年碳定价现状与趋势》报告,截至 2024 年 4 月,全球共有 39 个碳税机制,多为发达国家,但其覆盖的温室气体占比仅为 5.5%,说明碳税手段对于二氧化碳排放治理的效果并不乐观。同时,碳市场逐渐成为国际普

遍采用的降碳政策工具。我国的碳排放交易市场年覆盖二氧化碳排放量约51亿吨,占全国二氧化碳排放的40%以上,是全球覆盖温室气体排放量最大的市场,推动行业减排效果已逐步显现①。因此,碳市场也将成为未来我国推动"双碳"目标实现的重要政策工具,在碳定价机制中发挥主体作用。

(二)重点关注矿产税制的设计

在"双碳"战略框架下,矿产相关的税制重构已成为环境保护税法体系演进的重要方向。当前,我国矿产资源税收体系以资源税为主体税种,其立法形态虽通过2020年施行的《中华人民共和国资源税法》实现了技术突破——税目扩展至全部矿产资源、税额计算简化为税率表直接列示、原矿与选矿计税依据统一等,但相较于国际通行规则仍存在结构性差异。国际矿产税制普遍采用权益金与开发成本税前扣除的双轨机制:前者作为矿产所有者权益对价,其征收模式兼顾从价计征(基于坑口价值)、从量计征及混合计征;后者则通过将前期勘查开发成本视为无形资产,允许企业使用加速摊销等税收优惠。这种制度设计在本质上构建起了"资源耗竭补偿-开发激励"的平衡机制。而我国现行资源税虽在辅助环保方面发挥了限制过度开采的作用,但其单一从价计证的模式难以精准反映矿产资源的全生命周期价值。

国际实践中,权益金虽在税法语境下与特许权使用费共享术语体系,但其经济实质已从传统无形资产许可扩展至矿产资源产权交易领域。例如,加拿大等资源型经济体通过立法创新,将矿产勘探阶段投入视同无形资产开发,赋予企业成本分摊的税收处理空间。反观我国,资源税、消费税与环境税分置于不同单行法的立法格局,导致矿产开发的环境成本内化机制呈现碎片化特征。随着《中华人民共和国矿产资源法》的出台,我国有必要在环境保护税法体系内统合资源税、消费税等环境相关税种,形成更加科学、合理、高效的环境税收体系。同时,重构"环境"概念的法学内涵,将矿产资源不可再生性、生态修复成本等要素纳入税制设计基准,最终形成覆盖探矿权、采矿权、生态补偿等全环节的现代矿产税收治理体系。此外,我国还应加强与国际社会的沟通与合作,借鉴国际环境保护前沿做法,提升我国环境税法体系的科学性和国际适应性。

(三)构建数字治理驱动的现代化税收征管模式

我国在构建现代化环境保护税征管模式的过程中,亟须突破传统技术路径与制度框架的局限,通过数字治理重构环境成本核算与监管模式。针对当前环境保护税监测要求严、执法成本高的困境,应当建立智能化的梯度监测体系。一方面,基于企业规模与行业特性实施差别化技术标准,对重污染行业推广自动监测设备

---

① https://www.mee.gov.cn/ywdt/xwfb/202407/W020240722528848347594.pdf。

联网,实时传输污染物数据。另一方面,可打造区域环保数据平台供中小微企业接入,降低其合规成本。此外,当物理监测设备出现故障时,允许企业根据生产参数生成临时计税数据,例如,允许企业输入燃煤热值、催化剂活性等核心参数生成估计排放数据,经环保部门审核后作为补充依据,这样既能减轻企业负担,又能保证税收公平。

针对部门协作的效率问题,可优先打通环保部门与税务系统的数据壁垒。比如在省级层面建立联合数据库,环保监测数据自动实时同步至税务征管系统,实现"数据跑腿代替人工传递"。开发智能审核模块,自动比对企业的排污申报与纳税信息,发现异常自动预警,提升征管精准度。此外,还应加大税收优惠政策的支持力度,将数字化治污行为与税收优惠挂钩,鼓励更多的企业投入环保技术的研发和应用中。例如,对安装智能监测设备的企业提供设备投资抵税优惠;参与碳排放权交易的企业,其减排量可折算为环保税减免额度;试点建设环保数据服务中心,为企业提供排放核算、技术咨询等公共服务,帮助中小企业以更低成本达到环保要求等。上述手段可有效降低企业合规成本,共同推动我国的生态文明建设。

参考文献

[1]彭兰.增强与克制:智媒时代的新生产力[J].湖南师范大学社会科学学报,2019(4):132-142.

[2]邹甘娜,黄纪强,张文春.环境税能否降低中国能源消耗[J].经济理论与经济管理,2023(6):95-105.

[3]李香菊,谢永清.数字经济背景下的税收征管问题研究[J].北京行政学院学报,2022(5):58-67.

[4]谷明信,赵华君,董天平.服务机器人技术及应用[M].成都:西南交通大学出版社,2019.

[5]李宝锋,张雪瑞,李超民.新时代中国税制再分配效应研究[J].会计之友,2024(12):107-115.

[6]田方钰,刘海英,刘达禹.动态最优碳税、适度减排关注与经济绿色转型[J].财经科学,2024(3):73-88.

[7]雷俊生,曹玉娟.生态现代化视角下的渐进型碳税制度构建[J].税务与经济,2024(1):50-58.

[8]杨肖.税收透明度与情报交换的发展和应对[J].国际税收,2017(11).

[9]那力,何志鹏.WTO与环境保护[M].长春:吉林人民出版社,2022.

[10]SINGICHETTI B, CONKLIN J L, HASSMILLER LICH K, SABOUNCHI N

S, NAUMANN R B. Congestion Pricing Policies and Safety Implications: a Scoping Review[J]. Journal of Urban Health,2021,98(6): 754-771.

[11] METTLER, SUZANNE. The Creation of the G. I. Bill of Rights of 1944: Melding Social and Participatory Citizenship Ideals[J]. Journal of Policy History, 2005 (17): 345-374.

[12] AGEEV S S. Automatic Exchange of Information on Financial Accounts as a Way to Verify Information about Digital Financial Assets Abroad [R]. International Scientific and Practical Conference,2022.

[14]JOSH WHITE. ITR Global Tax 50 2021-22: Crypto-Assets[J]. International Tax Review,2022(3).

[15] CHEYNE IIONA. Proportionality and Environment Labelling in WTO Law [J]. Journal of International Economic Law,2009(12):927.

构建促进新质生产力发展的税制体系

蔡昌 孙睿[①]

摘 要: 随着科技创新的不断深化和高端产业的深度融合,生产力发展呈现出一种高级形态,即新质生产力。这种生产力的演变不仅是我国经济发展进入新阶段的必然结果,也是应对日益激烈的国际竞争的战略性选择。本文基于中国生产力的发展变迁以及新质生产力的内涵,从供给侧和需求侧的双重视角揭示新质生产力的形成逻辑和发展要求,基于促进生产要素优化配置、实现产业高质量发展、激励数字经济发展、构建统一的大市场以及实现公平协调等多维视角构建促进新质生产力发展的税收制度体系,为我国新质生产力的发展提供税收政策支持。

关键词: 新质生产力 税收制度 科技创新 区域协同发展

一、引言

在 2023 年 9 月对黑龙江省的考察中,习近平总书记提出了"积极培育战略性新兴产业和未来产业,加速构建新质生产力"的指导方针。随后,在 2024 年中共中央政治局第十一次集体学习会议上,习近平总书记对新质生产力的内涵进行了高度概括:"新质生产力是创新起主导作用,摆脱传统经济增长方式、生产力发展路径,具有高科技、高效能、高质量特征,符合新发展理念的先进生产力质态。"新质生产力本质上是新时代科技产业化的产物,代表了生产力发展方向和趋势。新质生产力的形成是生产力代际革命和生产力跃迁的体现。税收政策是政府用来调节宏观经济的关键工具之一,它通过建立与新质生产力发展相适应的生产关系,进一步促进生产要素优化配置。新质产业的优化,助力经济长期可持续发展,对于激励和促进新质生产力的形成具有重要意义。因此,有必要深入理解新质生产力的发展逻辑,掌握其发展路径和关键要点,并通过税收政策增强其发展动因、激发其创新活力,从而为新质生产力的进一步发展提供坚实的政策基础。

[①] 蔡昌,中央财经大学教授;孙睿,中央财经大学博士研究生。

二、我国生产力的发展变迁

中国生产力的进步凝聚了几代人的辛勤劳动,实现了从"站起来"到"富起来",再到"强起来"的三个历史性跨越。这三个跨越不仅标志着生产力的解放和进步,也见证了我国从落后的农业国家向全球领先的制造业大国的转型。中国现已成为拥有最完整工业体系的国家,步入了中国特色社会主义的新时期,并正朝着建设社会主义现代化强国的目标稳步前进。

(一)新民主主义革命:解放生产力

自1921年中国共产党成立以来,中国的民主革命领导力量经历了根本性转变,引领出一条解放与发展生产力的道路。然而当时的中国深陷农业大国的落后泥沼,传统的农耕模式在封闭与保守中艰难维系,生产力的发展被帝国主义、封建主义以及官僚资本主义严重束缚。新中国成立后,土地改革迅速在全国推行,创造了农业经济恢复发展的奇迹。面对城市经济中的物资短缺、投机行为和物价上涨等问题,中央政府开始平衡财政收支,以此激发城乡经济的活力。此外,为了保护民族工商业,政府采取了一系列措施恢复和发展工业生产,工业企业的劳动生产率大大提高。

(二)计划经济:生产力跳出"贫困陷阱"

发展经济学家纳克斯通过研究发展中国家的长期贫困问题,提出了"贫困恶性循环"的概念。对于落后国家而言,实现工业化和国家富强的首要任务是摆脱"贫困陷阱"。新中国成立之初,正处于"贫困陷阱"之中,要摆脱它,关键在于将有限的资源尽可能投入到工业发展中。随着"一五"计划的执行,中国建立了以公有制为基础的计划经济体系,通过集中资源推进工业化,成功地摆脱了"贫困陷阱",为生产力的快速增长打下了坚实的基础。经过社会主义的改造,中国社会的主要矛盾转变为先进的生产关系与相对落后的生产力之间的矛盾。然而,计划经济体制主要依靠行政命令进行调节,这限制了经济主体内在动力的激发,与市场经济的激励机制存在差异。

(三)改革开放:社会主义的本质是发展生产力

在党的十一届三中全会上,以邓小平为核心的领导集体对新中国成立后的历史经验进行了深刻反思,明确了社会主义的根本任务是解放和发展社会生产力。中共十四大确立了建立社会主义市场经济体制的改革方向。改革开放初期,家庭联产承包责任制在农村广泛推行。这一制度赋予了农民生产经营的自主权,极大地激发了农民的生产积极性,使得中国农村生产力得到了极大的解放。在城市经济体制改革方面,国企改革是重中之重。政府通过扩大企业自主权、实行承包经营责任制、股份制改革等一系列措施,使国有企业逐步成为自主经营、自负盈亏的市场主体,增强了企业资金实力与市场竞争力。同时,非公有制经济也得到了快速发展。此外,建立了与市场经济相适配的宏观经济调控框架和社会保障体系,显著地促进了我国社会主义市场经济体制的完善和发展。改革开放以来,我国通过深化经济体制改革和扩大对外开放,探索出了一条具有中国特色的社会主义发展道路,极大地推动了生产力的发展,向着实现中华民族伟大复兴的目标大步迈进。

(四)创新驱动生产力可持续发展:建设社会主义现代化强国

改革开放以来,中国经济实力不断提升,工业化、城市化进程不断加速,技术创新在前沿性、基础性和原创性方面的能力持续提升,这些因素共同推动了生产力的巨大进步,到20世纪末即提前实现了小康目标。需求刺激政策使中国经济迅猛增长,但同时也带来了更为严峻的结构性问题,阻碍了生产力的进一步升级。低水平的扩张导致产能过剩和杠杆率攀升,也加剧了国内资源消耗与生态恶化趋势,束缚了生产力的进一步发展。面对上述问题,中共中央提出供给侧结构性改革,为生产力升级发展卸下历史包袱。此外,为加快生产力发展升级,政府加大了对资本、劳动力和技术这三大生产要素的改革和投资力度,以激发这些要素的活力,推动生产力的持续增长。

三、新质生产力的内涵及特征

(一)新质生产力的形成逻辑

生产力是推动社会进步的最活跃、最重要的要素。生产力概念是古典经济学家在"财富"逻辑框架下提出来的,马克思将其从经济学语境转向了哲学语境,认为生产力是人的本质力量在实践中的展开,为社会存在和发展提供基础和动力。新中国成立以来的生产力的发展成就已经向国际社会展示了一个事实:在从农业文明迈向工业文明的进程里,资本主义并非必然的发展途径。衡量一个经济体制与上层建筑的好坏,关键的评判准则在于其能否推动社会生产力的提升。生产力的发展被视作促使人类社会不断前进的核心力量。

随着新一轮科技革命和产业变革正在深入推进,数字技术与数据要素共同推动新质生产力发展,使其呈现出数字化、智能化特征。中国正处于新旧动能转换、经济转型升级的关键时期,需要经济增长方式从过去的大规模数量积累转向高质量发展,需要新的生产力带来产业结构变革和消费升级,新质生产力为创新驱动发展、绿色发展、产业优化、生产关系变革提供了可能。

从供给侧角度分析,旧的生产力所生产的主要为劳动密集型、资源密集型产品,技术门槛较低,在国际竞争中逐步失去比较优势。随着中国人口向"负增长"

转型,劳动、土地等生产要素带来的低成本优势已经消失。中国的矿产资源、水资源,以及国际贸易环境,都已经无法持续支撑粗放低效的经济增长模式。

从需求侧角度分析,消费是经济稳定运行的压舱石,需求不足是抑制全要素生产率提升的一个重要原因。中国已经从物质短缺走向产能过剩,发展的主要矛盾不再是人民日益增长的物质文化需要同落后的社会生产之间的矛盾,而是人民日益增长的美好生活需要和不平衡不充分的发展之间的矛盾。当前中国消费市场恢复向好的基础仍不牢固,消费潜力有待进一步释放。

当前,中国经济增长方式需要从过去的大规模数量积累转向高质量发展,产业结构需要从过去的劳动密集型、资本密集型升级为技术密集型,发展新能源、新基建、新制造、新材料,包括人工智能、生物制药、量子科技、商业航天、低空经济等产业。过去旧的生产力已经不适应当前社会经济的发展趋势,对于中国实现高质量发展形成了阻碍。因此,新的生产力要逐步从过去着力解决从无到有、从少到多的问题,到如今要解决从多到好、从粗到精的问题。

(二)新质生产力的理论内涵与本质属性

新质生产力内涵丰富,代表着一种生产力的跃迁。新质生产力作为先进生产力的代表,呈现出独特的形态。其以创新为核心驱动力,打破传统经济增长模式与生产力发展路径的束缚。区别于传统生产力,新质生产力的"新"体现在新技术、新业态和新发展。

1. 新质生产力需要"新技术"来驱动

新质生产力的重要特征是高科技、高效能、高质量。新质生产力以科技创新为核心,其特征在于通过关键性和颠覆性技术的进步来占领新兴产业和未来产业的先机,以此增强我国的自主创新能力,并突破西方国家的技术壁垒。新质生产力的本质在于创新的推动力,关键在于在核心技术和颠覆性技术上实现突破。此外,新质生产力不仅要有较高的科技含量,还要具备高效能、高质量,生产资料的投入要更集约,生产方式要高效能,而且产出也必须是高质量的、环境友好的。新质生产力将科技进步激发的创新能量视为推动生产力发展的关键动力,将经济增长模式从依赖要素投入和投资扩张转变为以创新为主导。科技进步被视为实现创新驱动的核心动力,从而促进生产力水平的显著提升。这一转变标志着生产力发展从量的积累到质的飞跃的过程。

2. 新质生产力需要产业"新业态"的支撑

新业态侧重于利用数字技术促进传统产业的数字化转型和数字技术的产业化,实现了先进技术向高端产业的转移,体现了新质生产力在产业层面的积极作用。培育新业态的核心是推动产业变革,是产业组织的深刻调整。发展新质生产力不是忽视、放弃传统产业,不是简单地从劳动力密集型产业向资本密集型产业的调整升级，而是在质上的产业转型，更注重通过革命性的新技术对产业中的生产要素进行创新配置，积极促进产业高端化、智能化、绿色化。

3. 新质生产力需要"新发展"引领经济增长模式

根据马克思主义政治经济学的基本理论，生产力指的是人类改造自然界和征服自然界的能力，这种能力是随着科学和技术的不断进步而不断发展的。科学技术作为一种精神生产力，要转化为物质生产力，必须与生产力的三个基本要素——劳动者、劳动工具和劳动对象相结合。新质生产力不仅强调对传统生产力三要素的更新迭代，同时也涵盖了生产关系的优化配置。其中，高素质的劳动者构成了新质生产力的核心，高技术含量的劳动工具是新质生产力的动力来源，而更广泛的劳动对象则构成了新质生产力的物质基础。与传统生产力不同，新质生产力以创新为主导，突破了传统的经济增长模式和生产力发展路径。新质生产力立足于新供给与新需求之间的高水平动态平衡，形成了高质量的生产力，有助于实现国民经济良性循环，更好发挥超大规模市场优势，从而实现经济的高质量发展。

（三）新质生产力的发展要求

新质生产力凸显了以科技创新作为内生动力和推动经济发展作为根本宗旨的生产力的时代新属性。新质生产力的形成有赖于数字技术的进步。基于信息技术革命的延续和升级，新质生产力与传统生产力所依赖的技术具有内在联系。从生产关系层面分析，生产关系的性质是由劳动者和生产资料的结合方式决定的。促进新质生产力形成，需要改善生产关系，使之与新的物质技术基础相适应，为高素质劳动力和高质量生产资料提供更加先进的结合方式。从生产要素层面分析，生产要素是决定潜在生产力发展水平的物质技术基础。生产要素是生产力和生产关系中最为积极的因素，其不断进步形成了新的生产力和生产关系的推动力量。新质生产力拓展了生产要素的范畴，数据成为与劳动、资本、土地、技术等并重的新的生产要素，从而成为驱动生产力发展的关键资源。加快形成新质生产力，必须以数据为引擎与纽带，把各种生产要素和社会资源进行创新配置、优化组合，以发挥数据要素促进生产力创新发展的驱动效应。

四、税收政策对新质生产力的促进机制

新质生产力的内涵主要表现为生产力的新质化，其核心在于其关键技术的颠覆性突破，具体表现为生产要素的创新配置和产业的转型升级。作为财政工具之一，税收制度既可以扩大总需求、稳定经济增长，又可以促进产业结构的优化升级，对提升国民经济循环的质量和推动高质量发展发挥着重要作用。税收政策作为一种生产关系，能够为新质生产力的发展创造新的动能。本部分从税收政策促进生产要素优化配置、激励新质产业转型升级、推动数字经济创新发展等角度分析税收政策助力新质生产力的形成机制。

(一)税收政策促进生产要素优化配置

新质生产力的关键在于对生产要素的创新配置与优化组合,强调技术在生产过程中的重要性。税收政策作为一种生产关系,能够促进物质资本、人力资源和技术要素的创新优化配置。随着新质生产力的发展,对于生产要素也具有更高要求,需要税收政策强化新型生产要素供给,为新质生产力发展夯实基础。税收制度通过调整税种、税率、税目以及征管政策等手段,刺激经济增长,为经济发展注入活力,促进供给与需求之间的平衡,从而实现社会资源的优化配置。在劳动力要素赋能方面,税收政策能够壮大新质生产力中适应时代发展要求的新型劳动者规模,促进人力资本的优化升级。税收优惠政策能够吸引高端人才流入,促进新质生产力的形成,并培养能塑造新质生产力形成的高端人才。在技术要素赋能方面,税收政策能够激励技术创新,促进技术要素的突破,提升生产效率。通过企业研发费用加计扣除的税收激励政策,有利于企业加大科研经费投入,激励企业购买相应科技生产资料,激励企业科技创新,加大人工智能、机器人等通用性、基础性、前沿性技术研发攻坚力度,提升现代新型劳动工具赋能发展的质量和效率。

(二)税收政策激励新质产业转型升级

技术创新和产业升级是推动经济发展的关键因素。新技术的创新推动了产业结构的转型升级,加速了新业态新模式的涌现,为新质生产力的发展提供产业基础。新质生产力能够助力传统优势产业转型,而产业升级发展也为新质生产力增强载体支撑。税收政策在激发产业创新活力方面发挥着重要作用。首先,税收政策能够优化营商环境,打造新产业、新业态和新模式。实施税收优惠政策不仅能激发企业和个人创新的潜力,还能促进集聚式创新现象的出现,支撑新兴产业和未来产业高质量发展。其次,政府通过税收优惠支持可再生能源技术、人工智能、生物技术等前沿科技领域。这不仅增加了这些领域的研发经费,也提升了其吸引力,吸引更多科研人员和企业投身其中,促进了数字技术和传统产业融合,推动产业数字化和数字产业化的发展,推动了新质生产力的形成和发展。最后,绿色税收政策助力传统产业高端化、智能化、绿色化转型。政府通过税收政策支持绿色产业等新兴产业的发展,有助于推动产业结构的优化升级,并促进经济的可持续性发展。

(三)税收政策推动数字经济创新发展

数字经济以数据为关键生产要素、以现代信息网络为载体、以信息通信技术的有效应用为提升效率和优化经济结构的重要动力,是新质生产力发展的关键条件。从税收角度来看,一方面,数字经济的迅猛发展对税收制度及其管理提出了新的挑战和要求,需要构建和完善与数字经济相协调的现代税收体系。另一方面,税收制度可以推动数字经济发展创新,数字技术创新的税收政策有助于推动数字产业化和产业数字化;数字经济税收制度的创新,通过"寓治理于税收之中的数据征税方案",推动新经济、新模式的治理;税收征管的数字化有助于推进企业数字化转型,完善税收大数据体系,推动数字新业态发展;规范的税收管理有利于将数字经济的粗放发展纳入税收管理的框架内,防止数字经济的无序扩张。

(四)税收政策促进区域经济协调发展

区域协调发展是经济社会持续健康发展的内在要求,是高质量发展的重要衡量标准,也是促进新质生产力发展的支撑。我国目前新质生产力的发展受到了区域发展不平衡的显著影响。具体来看,东部地区的新质生产力发展水平位居全国之首,中部地区紧随其后,而西部与东北地区则相对较为滞后。东部地区得益于其优越的地理位置和坚实的经济基础,为新质生产力的快速发展提供了有力的起点和增长势头;中部地区则通过不断推进传统产业的转型与升级,为新质生产力的增长奠定了坚实的产业支撑;相较之下,西部和东北地区在新质生产力的发展上仍存在较大的潜力和提升空间。

近年来一系列税收扶持政策和服务举措,有力支持了区域协调发展,有效激活了新质生产力发展的"新引擎"。此外,城乡一体化发展税收优惠政策推动了我国新型城镇化建设,促进了产业结构转型升级和区域协调发展,带动了区域经济实现健康、可持续的发展。

五、促进生产力发展的税制国际比较

(一)美国税制政策

技术创新是企业的核心竞争力,也是推动新质生产力形成的关键。美国政府始终将企业研发和科技创新置于优先发展的位置,并通过长期的、广泛的税收抵免政策为企业提供研发支出的税收支持,以此有效促进科技产业的发展。一是制定促进企业科技创新的税收政策。美国制定了降低税率、税收减免、税收抵免等税收激励政策。其中研发支出税收抵免政策具有历史悠久、操作灵活、配套措施较为完善等特点。美国目前实施的研发税收抵免政策以非现金退款的形式存在,且不设上限。未用完的抵免额度在满足特定条件时可以进行跨年结转,无论是向前还是向后。税收抵免政策激励了企业进行技术创新,加大研发投入。研发抵免政策注重对特殊实体的优惠,如小微企业、科研实验室等有特殊规定。此外,美国于2017年通过了《税收削减和就业法案》,通过降低企业所得税率来激励企业将资本重新投入国内经济,进而促进了行业增长和创新活动。二是制定促进数字经济发展的税收政策。针对数字经济,美国试图采取一系列措施规范企业税收行为,营造良好的营商环境。这些税收措施在一定程度上为美国数字经济的蓬勃发展营造了有利条件,不仅吸引了投资者和企业的广泛参与,还催生了新的商业模式,促进了科技创新和就业的增加,为数字经济的扩张和强化打下了坚实的基础。

(二)欧洲主要国家

1. 激励企业创新

欧洲各国通过税收激励措施来增强企业的创新能力,主要策略包括加速折旧和提高研发费用的扣除比例。以德国为例,政府推行了补充折旧政策,旨在激励企业加大研发投入力度。对于用于科学研究的机械设备以及不动产等固定资产,除了年度常规折旧之外,企业被允许额外计提高达40%的补充折旧。在英国,企业的研发费用能够享受130%的加计扣除政策。此外,针对尚未实现盈利的高新技术企业,英国推出了预申请税收减免政策,向企业提供相当于当年研发收入24%的财政返还,以此鼓励企业加大研发力度。

2. 推动劳动力提质

为了提升劳动者的素质,推动生产力发展,欧洲主要国家针对人才激励方面也制定了相应税收政策。在西班牙,企业在员工继续教育上的投资可以享受税收优惠,具体而言,这部分支出的5%至10%可用于抵扣应缴税款。在英国,政府为推动人才向中小企业流动,对中小企业员工持股计划实行了特殊政策。小型高新技术企业能够向核心员工给予价值高达10万英镑的股票。法国政府出于激励员工长期持有股票期权的目的,也制定了相应的税收政策。员工持有股票期权满4年后,在随后的两年内行权,且行权所得不超过100万法郎的部分,以40%的税率进行征税;超出部分,则按50%的税率征税。若员工在期权满4年后超过两年才进行行权,上述税率将会下降。这些政策旨在通过税收优惠,鼓励员工对企业的长期承诺和投资。

(三)亚洲新兴经济体

1. 激励企业创新

为了激励企业增加对创新活动的投资,日本和韩国政府在推动企业发展、鼓励科技创新以及促进资源有效利用等方面,均通过制定和实施特定的折旧政策及税收优惠政策来给予支持。日本政府推行了一系列特别的折旧政策,涵盖"研发试验用机械特别折旧制度"和"新技术投产用机械设备特别折旧制度"等内容,同时还制定了针对本国资源开发与能源有效利用的折旧政策。韩国政府同样为企业购置用于研发的生产设备给予了税收优惠政策。依据相关规定,企业在购置相关设备时,可以在第一年依照投资总额的一半计提折旧,也可以依照投资总额的5%享受税收减免优惠,以此减轻企业的税务负担,促进科技创新和产业升级。

2. 激励劳动力提质

韩国、新加坡和马来西亚三国政府分别针对技术及人才培训、高新技术产业投资和培训项目实施了不同的税收优惠政策。韩国政府制定了相关政策,对于技术及人才培训费用,可按照纳税年度技术和人才开发费用总支出金额的相应比例进行加计扣除。新加坡规定企业用于政府所批准的高新技术产业发生的投资,发生的股权损失可以在支付所得税之前全额扣除。马来西亚规定对经由政府批准的人才培训项目可以加计扣除所发生费用的200%。

(四)国际经验

1. 注重对特殊实体的税收优惠政策

国外在税收制度的构建上十分注重对于特殊实体的优惠,针对中小企业、产业联盟、科研机构等重要的科技创新主体都制定了相应的具有针对性的税收优惠措施,促进国家科技创新,提升生产力的发展水平。中国对科技型中小企业已经实施了较为优厚的加计扣除政策。在此基础上,可以考虑进一步探索试点项目,以激励中小企业加大研发创新力度,例如通过提升加计扣除比例等激励措施。

2. 对生产要素进行提质增效

国外在税收制度构建上体现了对生产要素的重视度,通过一系列细致入微的政策,有效促进了各类生产要素的优化配置和高效利用。在技术方面,政府特别针对高新技术企业提供技术政策优惠,如税收减免、研发费用加计扣除等措施,这些政策显著降低了企业的运营成本,增强了企业的创新能力和市场竞争力,从而推动了科技进步和产业升级。同时,在劳动力方面,税收政策同样发挥了积极作用。例如,对企业提供的员工培训和教育支出给予税收抵扣,激励企业投资于员工的技能提升和职业发展。这种政策不仅有助于提高劳动者的职业技能和工作效率,也促进了整个社会人力资本的质量提升和知识更新,进一步增强了劳动市场的活力和企业的竞争力。此外,国外税收制度还考虑到了资本和自然资源的有效利用,通过设定不同的税率和优惠措施,调节企业的投资方向和资源配置,推动了环保、可持续发展等战略性新兴产业的快速成长。这些综合性的税收策略使得各类生产要素能在更广泛的范围内得到合理利用,从而整体上提升了国家的经济效率和国际竞争力。

3. 多样化的税收政策

国外在促进生产力发展方面的税收政策表现出了极高的灵活性和多样性。在税收政策的制定上体现了政府对产业发展趋势的前瞻性思考。这些政策包括但不限于税收抵免、税收减免以及降低税率等措施,旨在减轻企业负担,激励企业投资研发和技术创新。此外,这些灵活的税收政策还针对特定行业和关键领域提供额外的优惠,如高新技术企业、绿色能源和国际合作项目等,从而促进了这些领域的快速发展。通过这种方式,税收政策不仅直接推动了企业的创新发展,还间接地促进了就业增加、技术进步和经济结构的优化调整。国家通过实施这些综合性的税收策略,有效地从税收优惠和税收政策的多个维度推动了整个社会的经济发展和产业升级,确保了国家在全球经济中的竞争力和持续发展能力,提升了国家生产力水平。

4. 体现税收制度的公平性

国外税收优惠政策体现了对不同经济主体的差异化策略,这主要是为了鼓励企业投资、促进区域经济发展以及推动国际合作。通过提供税收减免、税率优惠等措施,不仅有利于企业减轻负担,提升竞争力,也有助于引导资金流向关键领域和新兴产业。同时,这些政策通过考虑不同利益集团的需求和特点,实现了税收公平性的具体化和优化,避免了资源的无效配置和利益的不公。此外,针对不同地区的经济特色和发展需求,各国政府往往因地制宜地设定税收政策,有效激发了地区内部的生产潜力,促进了经济的均衡发展。

六、构建促进新质生产力发展的税收制度

我国社会主义市场经济体制具有独特的优势,包括庞大的市场需求、完善的产业供应链,以及丰富的高素质劳动力和企业家资源,但还需要从以下方面加快发展新质生产力。

(一)构建促进生产要素优化配置的税收制度

新质生产力作为一种新型生产力,离不开生产要素的塑造和优化配置。在新型劳动技术方面,新质生产力的形成和发展离不开生产技术的创新,推动科技创新是形成新质生产力的基础。通过提供财税支持、融资便利等政策措施,鼓励小微企业和创业者投身新技术、新产业的研发和商业化。完善支持企业加强基础研究和前沿技术研发的国家税收政策,通过加快企业技术中心、工程研究中心等平台的建设,强化科技创新政策的整体协同和有效衔接,鼓励企业成为技术创新的主体,增强企业的自主创新能力。加大对人工智能、区块链、云计算等前沿性技术的研发政策支持力度,着力提升现代新型劳动工具赋能发展的质量和效率。在新型劳动人才的培养方面,我国持续执行并优化现有的高科技人才税收优惠政策,通过调整增值税、企业所得税、个人所得税等税种的优惠政策,激励企业投资于人才培养和开发,增强企业对人才的吸引力。税收制度应与其他宏观调控手段协调联动,合力形成畅通教育、科技、人才的良性循环,推动劳动者跃升为更高素质的战略人才和应用型人才,激发企业和人才积极性与创新活力,着力打通束缚新质生产力发展的堵

点卡点。加大财政、政府投资基金等投资力度，进一步打造创新中心，通过税收优惠政策吸引发明人才，深化开放层次，加强国家间技术互补与人才国内外大循环，建设世界级人才中心。

（二）构建实现产业高质量发展的税收制度

新质生产要素和新质生产力的价值需要通过培育新兴产业来实现。首先，要通过税收优惠、财政补贴、技术研发支持等手段，大力推进新兴产业和未来产业发展，完善新质生产力相关产业的孵化投资收益税收优惠政策，鼓励企业购置特定类型的新型设备，以激励企业进行技术更新，为新质生产力畅通循环链条提供支撑。其次，要完善有利于创新产业营商环境的税收政策。通过政策引导和市场机制，促使传统产业采用新技术、新工艺进行改造升级，提高产业的技术含量和附加值，让新兴产业与传统产业良性互动，形成新质生产力发展的合力。通过税收优惠、建立创新孵化基地等措施，鼓励风险投资和创业投资，激励引导社会资金流向战略性新兴产业与未来产业。通过强化资源税和环境税的征收与管理，政策引导企业开发和采用节能环保的生产技术和工艺流程，实现经济发展与环境保护的和谐共生，助推新质生产力在能源维度的拓展。

（三）构建激励数字经济发展的税收制度

数字化是推动新质生产力变革的核心力量。数据要素的融入已成为推动经济社会发展的关键，作为数字经济的重要生产资源，它不仅补充了传统生产要素如劳动力、土地和资本的短缺，还通过优化生产函数和配置方式，提升了经济的投入产出效率。数字经济的发展也催生了新的生产关系，因此，税收政策需对数字经济给予支持。首先，税收制度应加强对数字技术如人工智能、区块链、云计算等的研发和创新的扶持，以促进这些技术的更新迭代和广泛应用，实现实体经济与数字经济的深度融合。其次，应有序推进数字经济税收体系的构建，建立一套完整的数字税收制度，以适应对数字经济的监管和治理需求。再次，还需加强对互联网、大数据驱动下的平台经济、共享经济等新兴业态和模式的税收管理和审计监督，确保财税合规，并形成有效的制度约束和监管机制。最后，要抓住数字经济给予税收数字化改革的新机遇，推动税收大数据在各个领域的创新应用，运用数据和信息技术创新税收管理服务工具，提升税收治理效能。

（四）构建促进统一大市场的税收制度

纵观世界各国经济发展史，市场机制是推动创新活动，尤其是原创性和颠覆性创新的重要动力，同时也是确保各类优质生产要素顺利流向先进生产力的必要条件。新质生产力要充分发挥作用，离不开市场空间的承载。因此，需要准确理解构建全国统一大市场的本质要求，统筹好有效市场与有为政府，为发展新质生产力注入源源不竭的推动力。要深刻认识税收制度在其中的功能作用，优化税制结构、税源结构、区域税收结构,积极推动税制创新。从供给端角度,新质生产力的形成依赖于相应的制度和市场环境,以激励创新成果的产生和转化,从而放大创新应用所带来的经济效益。税收制度要提升市场价值,需要推动产业结构的优化升级,提高直接税比重,完善企业所得税制度,提升企业生产效率和供给质量。为了增强国内税制对全球科技人力资本的吸引力,应对科技创新人员提供更为丰厚的个人所得税优惠,并强化国家间的技术互补和人才流动,推动国内外的人才"双循环",以促进新质生产力在统一大市场中的发展。同时,新质生产力市场也需要税收政策营造透明稳定的政策环境,让企业敢于持续创新。从需求端角度,要激发全社会的消费能力,深化个人所得税制度改革,完善个人所得税和再分配制度,拓宽个人所得税税基,提升个人所得税贡献度。优化个人所得税税率,促进个税公平征收,提高居民消费能力。扩大消费税征税范围,不断提升消费税对税收收入的贡献度,优化和调整税源结构。此外,要完善我国统一的产权税收制度,通过税收制度保障市场的公平性和统一性,打破要素和资源市场分割,建立统一市场。

(五)构建实现公平协调的税收制度

协调发展是新质生产力的基本要义,也是我国社会主义生产关系与生产力的关键制度优势。当前我国经济存在区域不平衡的问题,新质生产力要求促进各区域、各领域协调发展,在发展中促进相互平衡,不断增强新质生产力发展的整体性。发展新质生产力,既需要做好顶层设计,又要求各地因地制宜;既要注重提质增效,又要兼顾公平发展。要坚持以人民为中心的发展思想,统筹兼顾效率与公平,开创更具包容性和可持续性的新质生产力发展模式。通过合理制定和实施税收政策,促进共同富裕和协调发展。因此,必须进一步完善税收、社会保障和转移支付政策,以促进公平分配,发挥财税制度在收入调节中的作用。合理调整城乡、区域及不同群体之间的收入分配关系,缩小劳动所得与资本所得的税率差距,减轻中低收入群体的税负,规范财富积累机制,缩小收入差距,增加居民的可支配收入,最终实现全体人民的共同富裕。此外,应以建设全国统一大市场为契机,做好优化新质生产力布局的税收制度顶层设计,通过完善公平的税收政策,构建统筹转型的协调机制,避免资源浪费和重复建设,协调各地之间的发展,使其各展所长、优势互补、形成合力,促进区域公平协调发展。

参考文献

[1]蔡昌. 中国新一轮财税体制改革:价值取向、路线图与政策建议[J]. 财会月刊,2024,45(18):10-15.

[2]蔡昌. 构建与中国式现代化相适应的现代财税政策体系[J]. 经济导刊,

2022(10):80-83.

[3]蔡昌.中国式现代化与现代财税体系构建[J].中国经济报告,2023(3):23-27.

[4]蔡昌,孙睿.中国式现代化框架下数字经济赋能新质生产力发展因应路径的思考[J].山东宏观经济,2024(4):5-11.

[5]韩文龙,张瑞生.新质生产力的发展水平测算与发展趋势分析[J].中国财政,2024(10):18-21.

[6]李曦辉,丁姝予.发展新质生产力的时代背景及学理研究[J].齐鲁学刊,2024(5):109-124.

[7]刘戈.国外高新技术企业税收优惠政策经验及启示[J].财政监督,2017(17):78-82.

[8]马金华,王朋飞,吕婉莹.税制改革赋能新质生产力:理论基础、历史逻辑和实践路径[J].中央财经大学学报,2024(8):3-11.

[9]彭绪庶.新质生产力的形成逻辑、发展路径与关键着力点[J].经济纵横,2024(3):23-30.

[10]孙娜,曲卫华.ESG理念赋能新质生产力:内在逻辑、关键主体、指标体系与提升路径[J].企业经济,2024,43(10):138-149.

[11]武力,李扬.解放和发展生产力:新中国七十年的主线和成就[J].中共党史研究,2019(9):15-27.

[12]王福兴,杨洋.新质生产力创新马克思主义生产力理论的机制研究[J].学术探索,2024(10):33-40.

[13]王勇,于海潮.新质生产力与中国高质量发展:新结构经济学的分析[J].科学社会主义,2024(4):13-21.

[14]徐鹿,王艳玲.高技术产业自主创新税收优惠政策国际比较[J].会计之友,2012(4):84-86.

[15]张自然,马原,杨玉玲.新质生产力背景下中国新型基础设施的测度与分析[J].经济与管理研究,2024,45(8):17-39.

完善税收政策，推动新质生产力的形成和发展

王拴拴[①]

摘　要：高质量发展是全面建设社会主义现代化国家的首要任务。促进经济高质量发展的内在要求和重要着力点就是发展新质生产力。税收政策在经济社会发展过程中，通过处理好政府与市场的关系、创造良好的税收生态环境、推动新质生产力的形成和发展，越来越多地与国家治理深度融合。本文通过厘清新质生产力和税收政策的内在关系，分析税收政策对新质生产力形成和发展中的主要制约因素，认为通过提升税收征管水平、税收政策的精度和力度，因地制宜地制定地方税收政策有利于新质生产力的形成和发展。

关键词：税收政策　新质生产力　科技创新

一、新质生产力和税收政策的内在联系

新质生产力的核心在于技术创新，新质生产力的形成和发展离不开税收政策的支持。税收可以作为直接调节企业收入的宏观调控手段，可以提高资源配置效率，激发市场主体创造力，使资源配置效应和技术创新效应最大化，从而对新质生产力的形成和发展产生积极作用。一是税负对企业的生产成本和收益产生直接影响。政府可以将主要生产要素集中到特定的行业或产业，利用税收政策将其效应直接体现为企业生产成本的降低和收入的增加。二是税收有利于充分调动市场主体的积极性和创造性。新能源、新材料、先进制造、电子信息等新兴产业科技成果的突破，往往孕育着新的优质生产力，由于其技术的研发创新具有周期长、沉没成本高、风险大等特点，仅靠市场调节很难将资源向专业化创新集中，因此需要借助税收政策对市场主体研发创新的积极性和主动性进行调节，而这正是当前我国科技创新面临的挑战。

---

① 王拴拴，北京鑫税广通税务师事务所有限公司项目经理，税务师。

二、我国新质生产力的形成和发展中税收政策的主要制约因素

（一）税收政策外部环境的变化不利于新质生产力的形成和发展

为了适应国际、国内经济形势的发展，我国的税收政策也在不断地进行调整更新。原税收政策的调整和新政策的出台，要求企业财税人员加强对新税法的学习与掌握，以更好地适应税收征管的环境。

当前，我国大部分企业的税收优惠政策在"放管服"改革的不断推进和深化下，已由核准制改为备案制。企业只需要根据自己的判断，将所提供的资料保存备查即可，即是否适用税收优惠政策由企业自行决定。由于许多税收优惠政策没有对具体的实操进行详细的规定，因此就会造成企业和主管税务机关乃至不同的税务机关对政策的理解存在一定的偏差，企业面对的税企政策理解上的偏差和后期的税收监管压力也会越来越大。这就使得许多可以享受税收优惠政策的新兴产业，为了降低被税务处罚的风险，放弃享受可能引发税企争议的税收优惠政策，进而使企业资本成本上升，削弱了优惠政策的激励效果，不利于新质生产力的发展。

（二）促进新质生产力的税收政策力度、精度和效度需进一步提升

新质生产力是指以科技创新为先导的生产力。高科技企业与"专精特新"企业毫无疑问是推动新质生产力形成的支柱。目前，我国对科技创新的税收优惠主要集中在增值税、企业所得税和个人所得税三个主要税种上。

1. 增值税

我国目前的税制安排以间接税为主，增值税具有流转税的特征，且存在于商品流通的各个环节。增值税作为我国的第一大税种，尚未完成立法，法律等级不高，这就不可避免地会对企业的预期和发展计划产生一定的影响。除此之外，增值税的税收优惠力度不够，也会阻碍新兴企业和未来企业的发展。目前我国增值税只对先进制造业和集成电路企业等个别企业有力度较大的税收优惠，对于其他科技创新企业并没有特别的税收优惠，税收优惠范围有限。另外，现有增值税税收优惠政策只对软件服务、软件产品以及相关的技术进行了特别的规定，但专门针对高新企业的其他创新行为所制定的税收优惠政策并不多，税收政策力度不够也会影响到企业研发创新的积极性和主动性，从而影响新质生产力的形成和发展。

2. 企业所得税

企业所得税作为对市场主体直接征税的税种，对新兴企业的创新能力和新质生产力的发展将产生直接影响。这种以企业所得税税收优惠为主要内容的税收激

励制度,作为企业盈利后的一种形式,会让一些新兴企业很难真正享受到优惠,因为新兴企业初期的损失比较大,研发失败的风险也比较大。比如,对于处于前期研发阶段的新兴行业而言,在企业所得税的减免方面,只对盈利企业适用,亏损企业无法享受税收优惠政策,这对早期新兴企业的激励效果并不明显,在亏损结转制度方面,享受该政策优惠的前提条件也是企业必须在规定期限内实现盈利才可适用。

首先,研发费用加计扣除、亏损结转等是我国企业所得税主要采取的税收优惠措施,其激励手段较为单一。比如亏损结转的税收政策,我国现行亏损结转制度目前仅允许向后结转,且结转期限为5年,具备高新技术企业或科技型中小企业资格的企业最长结转年限可以由5年延长至10年,不能向前结转,也不能申请现金补助或税款退还,在结转方向和结转期限两方面的规定均较为严格。

其次,对国家需要重点扶持的高新技术企业,如符合认定条件的,减按15%的税率征收企业所得税等,但其税收优惠范围有限,且需符合多项条件,如知识产权、高新技术产品(服务)收入占比、企业科技人员占比、企业研究开发费用占比、企业创新能力评价等。虽然多数新兴产业开展的是创新科技活动,但由于受企业科技人员占比、企业研究开发费用占比等条件限制,不符合高新技术企业条件,因此也不能享受这一税收优惠。

3. 个人所得税

培育创新型的科技人才,是新质生产力发展的动力。科技创新是新质生产力发展的先导,而创新人才又是其根本源泉。税收优惠政策对科技人员创新创业的激励作用十分重要,但个人所得税优惠政策对享受税收优惠的科技人员和收入的界定要求较严且奖励幅度较小。对科技人员职务科技成果转化所得、非营利科研单位和高等院校等给予的现金奖励,可比照《中华人民共和国促进科技成果转化法》,在科技人员当月"工资、薪金所得"中减按50%计入,并依法缴纳个人所得税。税收政策除对从事研发创新的企业等市场主体科技人员,如"非营利的科研机构和高等院校"、发展战略性科技人才和"科技领军人才"等给予优惠外,目前仅对企业等市场主体给予税收优惠。

三、促进新质生产力形成和发展的政策建议

(一)提升纳税服务水平,助力新质生产力发展

为帮助纳税人了解税收政策、法规和操作流程,规避税收风险,优化税收策划,税务机关应简化办税程序和流程,设立专门的办税流程和服务窗口,面向新兴企业和创新型企业,为纳税人提供专业的税收咨询和指导。根据新兴企业的特点和发展需求制定个性化服务,实施"一企一策",定制化推送税收优惠政策,确保每一家

适用政策的新兴企业都能及时、足额享受税收优惠。税务人员也可以通过上门辅导、定期实地走访调研的方式，真正地了解到企业的实际情况，听取新兴企业的涉税诉求，并协助解决有关税收缴纳方面的疑难问题，以减轻企业纳税负担，消除税企争议，进一步帮助企业做大做强，从而为新兴企业的健康发展提供有力保障。此外，对于那些能够促进新质生产力形成的企业的税收数字财务数据，通过信息化手段进行智能化梳理、识别和自动校验，也是转型和建立现代税收信息系统、在线服务平台的大趋势，从而保证政策的精准配套和适用。

（二）加大税收政策的精度和力度，促进新质生产力的形成和发展

1. 健全完善科技创新和科技成果转化的税收政策

重大科技创新是新质生产力形成的关键，科技成果的实践应用和商业化转化是孵化培育新产业的重要支撑。实行税收政策的精准滴灌和多轮浇灌，提升政策强度和精准度，从而催生重大科技创新成果涌现，促进新质生产力的发展。

在增值税方面：首先，应推动加大增值税税收优惠力度，要强化基础与应用研究，为新型生产力的培育奠定坚实的基础。将新兴企业用于科研的材料设备采用加计抵减增值税进项税额的方式，来降低企业的成本负担，从而提高公司盈利的可能性，缩短亏损年限，使企业或个人投资者可以更早地享受到企业所得税和个人所得税的税收优惠政策，进而鼓励企业和个人投资者向科研和科技发展投入更多的资本，加速创新，推动新质生产力的形成。其次，对于技术创新速度快并在关键技术上有所突破的优质企业，税收政策应采取较低的税率或其他税收优惠措施助力新兴企业的发展，促使其跟进研发热情，增强核心技术掌握能力，带动此类企业加快壮大，进而带动全行业向着高水平和高质量迈进。

在企业所得税方面：首先，通过提高新兴企业研发费用加计扣除额，增加企业技术研发、产品创新和人才引进培养等方面的资金投入，可以有效减轻其税负压力，因为新兴产业企业在前期研发过程中，投入了大量的研发资金，以期在关键核心技术上有所突破。企业所得税税收政策可通过加计扣除政策覆盖范围的拓宽来解决。其次，通过扩大税前扣除范围等方式，鼓励企业缴纳一定比例的成果转化费用。再次，扩大税收激励主体范围。对于国家需要重点扶持的高新技术企业等主体资格的范围扩大到开展研发创新活动的企业，把激励的重点放在企业的研发创新行为上，使初创期的科技型企业得到更多实惠，获得更大支持。最后，对创业企业或研发支出增长较快的公司，也可通过加大税收优惠政策的力度，对企业研发创新的投入增长率较高的企业进行奖励。

此外，政府还可在基础研究、技术攻关、产品创新等方面为新兴企业或科研团队提供资金援助，帮助其解决创新过程中遇到的资金难题，降低创新风险，进而推动创新成果商业化、产业化，加速技术进步，提升产业竞争力。

2. 健全完善高科技人才税收优惠的税收政策

新兴的生产能力增长依赖于高端技术人才的支持。首先,拓宽科技人员个人所得税优惠政策的奖励领域,在个人所得税方面扩大科技人员的主体范围,使更多从事研发创新工作的科技人员获得更多的税收优惠,对获得科技奖励、科技特等奖的科技人员,给予免缴个人所得税的奖励政策。其次,通过提高科技人才培养项目税前扣除比例,培养更多能满足新兴产业需求的高素质人才等措施,鼓励企业加大对员工的培养投入,通过制定具体的人才激励政策,提高技术人才的专业水平和创新能力,构建完善的人才培养体系。再次,提供住房补贴、子女教育福利等个人所得税税收优惠政策,吸引更多具有相关技术背景和经验的优秀人才投身我国新兴产业发展,为高端技术人才营造良好的生活和工作环境。最后,鼓励更多高端人才投身未来产业,有效提升创新者的积极性和创造力。通过设立专门的人才奖励补助的方式,奖励那些在新兴产业领域实现技术革新的个人,从而推动新兴产业快速成长壮大。

(三)因地制宜制定税收政策,以推动新质生产力的形成和发展

地方政府应顺应低碳化潮流,从实际出发,因地制宜地发展新兴产业。中国西部有丰富的可再生能源,如太阳能、风能等,地方政府应抓住低碳化的发展趋势,结合本地实际,用财税政策推动光伏、风电、生物制药等新兴企业的发展。要充分发挥各种税收政策的协同作用,构建一个现代化的绿色税收体系,促进新兴工业转型升级,实现可持续发展。首先,实施区域性税收优惠政策,鼓励企业积极研发节能环保的生产工艺,并对在使用过程中会产生环境污染的消费品课征消费税,促进新质生产力在能量维度上的扩展;其次,对于孵化投资所得,允许以风险损失抵顶其他投资的资本利得部分,鼓励对与新质生产力有关的行业减免所得税;最后,为了激励新兴企业,适时实施技术改造,以扩大新设备的销售规模,并对特定种类新生产设备的成本实施消费补贴和税前扣除,以支持新的生产力平滑的循环链。

参考文献

[1]马海涛. 财政政策精准发力,助力培育新质生产力[J]. 财政研究,2024(3):3-6.

[2]陶然,柳华平,周可芝. 税收助力新质生产力形成与发展的思考[J]. 税务研究,2023(12):16-21.

[3]王双彦. 税收政策助推新质生产力高质量发展的挑战及对策研究[J]. 产业创新研究,2024(8):1-3.

[4]谢芬,杨颖. 促进新质生产力形成的税收政策探析[J]. 税务研究,2024

(2):120-125.

[5]曾军平.税收该如何助推形成新质生产力[J].税务研究,2023(12):12-15.

[6]刘剑文.发挥税法力量助推新质生产力发展[J].税务研究,2024(5):24-28.

[7]武普照,吕凯迪,王格格.发展新质生产力助力中国式现代化的财税对策[J].财政监督,2024(8):19-21.

[8]张林.习近平关于发展新质生产力的几个重要论断[J].党的文献,2024(3):25-34.

税收优惠政策推动新质生产力发展

程 含[①]

摘 要：新质生产力代表了一种以创新为主导，具有高科技、高效能、高质量特征的先进生产力，它对经济发展和社会进步具有重要的意义。税收政策是政府宏观调控的重要工具，可以有效地促进经济社会发展和实现国家战略目标。税收对新质生产力的形成和发展具有重要影响。本文研究了新质生产力发展所面临的挑战，以及税收优惠政策推动新质力发展的途径。

关键词：税收优惠 新质生产力

一、引言

2023年9月，习近平总书记在黑龙江考察调研期间首次提出"新质生产力"这一概念，并在后期集体学习时强调，加快发展新质生产力，扎实推进高质量发展。这一新词汇的提出，意味着科技创新是发展新质生产力的核心要素，必须加强科技创新，特别是原创性、颠覆性的科技创新，更体现了以产业升级构筑新竞争优势，赢得发展的主动权。新质生产力与税收之间存在着紧密的联系，税收政策在促进新质生产力的发展中扮演着重要角色。

二、新质生产力发展面临的挑战

（一）针对新质生产力的税收政策存在的不足

1. 税收政策现状分析

当前，全球经济的转型和升级对各国的税收政策提出了新的要求。新质生产力，即以高科技、创新和可持续发展为核心的生产力形态，正成为各国经济增长的重要引擎。为了支持这一转型，各国政府纷纷出台了一系列税收优惠政策，如研发费用加计扣除、高新技术企业所得税优惠、科技成果转化奖励等。这些政策在一定程度上减轻了新质生产力企业的税收负担，鼓励了企业加大研发投入和创新力度。

[①] 程含，湖北经济学院研究生。

然而，尽管政策初衷良好，实际操作中却存在许多不足之处，影响了政策的实际效果。

2. 政策落实不到位

税收政策的落实不到位是新质生产力企业面临的一大难题。首先，政策执行过程中存在地域差异。不同地区在政策执行上的理解和力度不一致，导致企业在享受政策优惠时遇到障碍。例如，一些地方政府由于财政压力或对新质生产力的认识不足，在执行税收优惠政策时往往打折扣，甚至拒绝落实政策。这种现象在中小城市和欠发达地区尤为突出，直接影响了这些地区新质生产力企业的发展。其次，税务机关和相关部门的政策宣传和培训不足，使得企业对政策的了解不够全面，申请优惠政策的流程复杂且信息不对称，增加了企业的时间和成本负担。

3. 政策覆盖范围有限

当前的税收优惠政策在覆盖范围上仍然存在较大局限性，无法全面满足新质生产力企业的需求。首先，政策多集中于特定高新技术领域，如信息技术、生物医药等，而对其他新兴产业，如新能源、环境保护等支持力度不足。这导致这些产业的企业在发展过程中无法享受到应有的政策红利，限制了其创新和扩展的能力。其次，政策对不同规模企业的支持力度也存在差异。大企业由于资源和人力丰富，往往能够较好地利用税收优惠政策；而中小企业由于缺乏专业团队和信息渠道，在政策享受上处于劣势。此外，初创企业由于成立时间短、盈利能力弱，更难以满足税收优惠政策的门槛条件，导致其在发展初期难以获得有效支持。

4. 政策更新滞后

税收政策的更新滞后于新质生产力的发展速度，是影响政策效果的另一个重要因素。新质生产力具有快速迭代和不断创新的特点，然而，税收政策的制定和调整往往需要较长的时间，难以跟上产业发展的步伐。例如，随着人工智能、大数据、区块链等新技术的快速发展，许多企业在这些领域进行了大量投资和创新，但现有税收政策对这些新兴技术的支持力度不够，政策条款也未能及时更新，导致企业在这些领域的投入难以获得应有的税收减免。此外，政策调整频率和市场变化的不匹配也影响了企业的长期规划和投资决策。企业在面对频繁变动的政策环境时，往往难以制定长期稳定的发展战略，影响了其创新活力和市场竞争力。

尽管政府在推动新质生产力发展的税收政策上作出了积极努力，但政策落实不到位、覆盖范围有限、政策更新滞后等问题仍然制约了政策效果的发挥。

（二）原始创新性不足

1. 科研投入不足

科研投入不足是限制原始创新能力的重要因素之一。在许多国家和地区，企业和政府在科研方面的投入相对较低,难以支撑持续的高水平创新活动。首先,企业的科研投入占GDP的比例往往低于国际先进水平。很多企业尤其是中小企业由于资源有限,对研发的投入不足,导致创新能力薄弱。与之相对比,国际领先的创新型企业,如美国的谷歌、苹果,以及韩国的三星等,投入了巨额资金用于研发,保障了其持续的技术领先地位。其次,政府的科研资金分配存在不合理之处。尽管许多政府设立了专项科研资金,但这些资金在分配过程中常常过于集中于特定领域或特定机构,导致资金使用效率不高。部分科研项目审批流程繁琐、周期长,导致创新速度受到影响。最后,科研资金的使用监管不力,导致部分资金未能真正用于创新研发,而是被挪作他用,进一步削弱了创新能力。

2. 人才培养和引进机制不健全

原始创新能力的提升离不开高水平的人才,但现有的人才培养和引进机制尚不健全,导致创新人才不足。首先,高端人才流失现象严重。一些具备创新能力的高端人才由于薪酬、发展机会、科研环境等因素,选择到国外或更具吸引力的地区发展,导致本地创新人才的流失。例如,中国的许多优秀科研人员选择到欧美国家的大学或企业工作,限制了国内创新能力的提升。其次,创新人才的培养机制不完善。现有的教育体系和科研机构在培养创新人才方面存在诸多不足,如课程设置与实际需求脱节、创新实践机会不足等。很多高校和科研机构过于注重理论教学,忽视了实践能力和创新思维的培养,导致毕业生缺乏实际操作能力和创新意识。最后,人才引进的政策和机制也不够灵活。尽管许多地区出台了吸引高端人才的政策,但在实际操作中,审批程序复杂、配套措施不到位等问题,导致人才引进效果不佳。

3. 国际竞争力欠缺

国际竞争力的不足体现了原始创新能力的相对弱势。在全球化背景下,创新能力的竞争已不仅限于国内市场,而是延伸到国际市场。首先,与国际领先水平的差距明显。尽管在某些领域取得了突破性进展,但整体创新能力与国际领先水平仍有较大差距。例如,在高端制造业、人工智能、生物医药等领域,国内企业和科研机构的技术水平和市场份额与欧美国家仍存在显著差距。其次,国际合作与交流的不足限制了创新能力的提升。许多企业和科研机构缺乏与国际同行的合作和交流机会,导致技术和管理经验的引进受到限制。国际合作项目的数量和质量不足,使得企业和科研机构难以获得国际前沿的技术和创新资源。最后,政策和环境的限制也影响了国际竞争力的提升。尽管政府出台了一些鼓励国际合作的政策,但在实际操作中,审批流程复杂、政策执行不力等问题,导致这些政策未能充分发挥作用。

三、税收政策推动新质生产力发展的途径

（一）优化税收优惠政策

优化税收优惠政策是推动新质生产力发展的关键举措。首先，需要针对不同类型的新质生产力企业制定差异化的税收优惠政策。新质生产力涵盖多个领域，包括信息技术、生物医药、新能源、环境保护等。每个领域的企业在发展过程中面临的挑战和需求各不相同，因此统一的税收政策往往难以全面覆盖。为此，政府应根据不同行业的特点，制定专门的税收优惠政策。例如，对信息技术企业，重点支持其在研发投入、人才引进和技术转化等方面的税收优惠；对新能源企业，则可通过提高研发费用加计扣除比例、提供设备投资抵税等方式，减轻其税收负担。其次，简化税收优惠政策的申请和审批流程，提高政策的可及性。现有的税收优惠政策申请流程繁琐，审批时间长，导致企业在享受政策时遇到诸多困难。为此，政府应优化申请流程，减少审批环节，提高效率，确保企业能够及时享受到税收优惠。最后，还应加强政策的宣传和培训，提高企业对政策的认知度，帮助企业更好地利用税收优惠政策。

（二）加强政策的持续性和稳定性

政策的持续性和稳定性是企业进行长期规划和投资决策的重要保障。当前，许多税收优惠政策存在频繁变动的现象，使企业在享受政策时面临不确定性，影响了其创新活力和市场竞争力。首先，政府应保证税收优惠政策的长期有效性，避免政策的频繁调整。对于已经实施的税收优惠政策，应明确其有效期，并在政策到期前及时评估效果，确定是否延续或调整。其次，应建立稳定的税收政策环境，减少政策的不确定性。企业在面对频繁变动的政策环境时，往往难以制定长期稳定的发展战略，影响了其创新活力和市场竞争力。因此，政府在制定和调整税收政策时，应充分考虑市场和企业的实际需求，确保政策的稳定性和连续性。最后，还应加强政策的透明度和可预测性，通过公开征求意见和政策解读，提高政策的透明度，增强企业对政策的信任和预期。

（三）加大对创新活动的税收支持

加大对创新活动的税收支持，是推动新质生产力发展的重要措施。首先，应提高研发费用加计扣除比例，鼓励企业加大研发投入。研发费用加计扣除是国际上普遍采用的鼓励企业研发创新的税收优惠措施。政府可以通过提高研发费用加计扣除比例，进一步减轻企业的税收负担，激励企业加大在研发方面的投入。例如，对于中小企业，可以在现有基础上提高研发费用加计扣除比例，以帮助其在初创阶段获得更多的研发资金支持。其次，应对创新成果转化给予更多税收减免，鼓励企

业将研发成果迅速转化为市场产品和服务。许多企业在创新成果转化过程中,面临资金压力和市场风险,税收优惠政策可以通过减免增值税、所得税等方式,减轻企业的财务负担,促进创新成果的产业化。最后,还应对企业引进高端人才的费用给予税收减免,帮助企业吸引和留住创新人才。

(四)完善税收激励措施

完善税收激励措施,是提升企业创新能力和市场竞争力的重要手段。首先,政府应出台鼓励企业增加研发投入的税收奖励措施。企业在研发方面的投入往往具有高风险和高成本的特点,税收奖励可以通过降低企业的实际税负,激励企业增加研发投入。例如,可以设立研发投入奖,对研发投入达到一定比例的企业给予额外的税收奖励,鼓励企业不断增加研发投入。其次,应对引进高端人才的企业给予税收优惠,提升企业的创新能力和竞争力。高端人才是推动创新的重要力量,企业在引进和培养高端人才方面需要投入大量资源。政府可以通过对引进高端人才的企业提供税收优惠,降低企业的人才引进成本,帮助企业吸引和留住高端人才。最后,还应对企业开展国际合作和技术引进给予税收优惠,促进企业获取国际前沿技术和管理经验,提高其国际竞争力。

(五)国际经验借鉴

借鉴国际先进的税收优惠政策经验,是提升本国税收政策效果的重要途径。首先,应学习国外先进的税收优惠政策,结合本国实际情况进行本土化改进。例如,美国的研发税收抵免政策、日本的高新技术企业税收优惠政策等,都是国际上成功的税收优惠政策案例,具有很高的参考价值。政府可以通过研究这些政策的实施效果和经验,结合本国新质生产力企业的实际需求,制定更加有效的税收优惠政策。其次,应与国际标准接轨,提高全球竞争力。随着经济全球化的深入,税收政策的国际协调和合作变得越来越重要。政府在制定税收优惠政策时,应充分考虑国际税收规则和标准,通过与国际标准接轨,提升本国企业的国际竞争力。例如,可以通过双边或多边税收协定,减轻跨国企业的税收负担,促进国际合作和技术引进。最后,还应加强与国际组织和机构的合作,参与国际税收政策的制定和协调,提升本国在国际税收领域的影响力。

综上所述,优化税收优惠政策、加强政策的持续性和稳定性、加大对创新活动的税收支持、完善税收激励措施,以及借鉴国际先进经验,是推动新质生产力发展的重要举措。通过这些措施,可以有效减轻企业的税收负担,激励企业加大研发投入,促进创新成果的转化和应用,提升企业的创新能力和市场竞争力,实现经济高质量发展。

参考文献

[1]曹馨文,吴芬.关于完善研发费加计扣除税收优惠政策的建议[J].中国注册会计师,2023(7):107-109.

[2]丁习文,赵寿均,李维,等.运用税收大数据优化纳税信用管理服务的实践与思考:基于贵州探索建"纳税信用管家"服务的调查[J].税务研究,2023(12):28-32.

[3]习近平在中共中央政治局第十一次集体学习时强调 加快发展新质生产力 扎实推进高质量发展[N].人民日报,2024-02-02(01).

[4]赵振华.提出"新质生产力"的重要意义[N].学习时报,2023-09-02(02).

第二部分
税收治理现代化与涉税实务

海南省税务师立法的若干关键问题

郝如玉 曹静韬[①]

摘　要：税务师立法对于推动市场经济体制完善、提高税收遵从度、维护国家税收安全和纳税人权益等方面发挥着重要作用。本文通过对税务师立法问题展开深入的调研和座谈活动，详细了解相关部门、企业、税务师事务所等主体对税务师立法问题的真实感受和主要观点，发现了直接关系税务师立法基本逻辑、直接影响税务师立法进程和结果的关键性问题。基于此，本文对这些问题进行了梳理和分析，以期为海南省税务师立法的推进增添助力。

关键词：海南省　税务师立法　涉税服务　高质量发展

一、关于税务师立法的目的

在调研中，很多专家提出"有了注册会计师，税务师是否还有存在的必要"。这是目前困扰税务师立法的普遍性、根本性问题，涉及税务师职能定位的根本逻辑。

无论从税务师承担的主要职能来看，还是从税收制度的复杂性来看，注册会计师都难以充分承担税务师的责任和作用。从职能来看，与注册会计师相比，税务师和涉税服务有着明显特殊的作用和责任。税务师和涉税服务的主要目的是保障税收职能的充分发挥。这些职能不仅包括组织税收收入、保证税收的应收尽收，还包括各类税收优惠政策的落地实施，充分发挥税收的资源配置和社会分配等职能。由此可见，税务师和涉税服务同时肩负双重责任：一是保证国家的税收收入；二是保证企业和个人充分享受税收优惠，保证纳税人权益。对于税收的上述重要功能，目前的注册会计师制度并未对其涉税事项作出更多具体规定，仅为一般性规定。同时，由于税收制度的复杂性，在现实中，与会计师事务所相比，税务师事务所承担了更多的涉税服务职能。在2020年度前百强税务师事务所的总收入中，八项涉税专业服务（纳税申报代理、一般税务咨询、专业税务顾问、税收策划、涉税鉴证、纳税

[①]　郝如玉，第十一、十二届全国人大财经委副主任委员，中央统战部党外知识分子建言献策财金组组长，国家税收法律研究基地首席专家；曹静韬，首都经济贸易大学教授、博导，国家税收法律研究基地主任。

情况审查、其他税务事项代理和其他涉税服务)收入占总收入比重达到90%[①]。但是,遗憾的是,税务师行业迄今未能立法,导致行业乱象频发,难以充分发挥保障税收职能实现的作用。

二、关于税务师立法的对象

在调研中,有专家提出,税务师立法是规范税务师和涉税服务机构的资格,还是规范涉税服务行为。这一问题的本质是对税务师立法还是对涉税服务立法。这两个问题本质上是紧密相连的。税务师立法的理想目标应该既包括对税务师的立法,也包括对涉税服务的立法。但是考虑到这种理想的立法模式在现实中往往会遭遇较大的阻力,立法难度巨大。因此,要顺利推进税务师立法,可以选择以税务师资格或税务师事务所执业资格作为重点,也可以选择以涉税服务业务为重点。

就前者而言,税务师立法应注重规范税务师事务所的职业资格和税务师执业人员的资格。为此,需要认真分析、深入调研,明确上述资格的具体规范。此外,税务师、注册会计师和律师都可以从事涉税服务,而税务师行业由于缺少专门的法律和行政法规,这使得在涉税服务竞争中,相较于注册会计师和律师,税务师处于法律上的弱势地位。因此,还要考虑对税务师立法与现行会计师、律师资格规范的协调,以及对涉税服务行业发展的积极和消极影响。

就后者而言,税务师立法应注重规范税务师事务所的业务活动,明确税务师事务所和注册税务师的活动范围、标准和相应的权限。特别是,规定税务师事务所的法定业务,以及注册税务师的法定权限。目前,注册会计师拥有法定审计业务,进而将审计业务拓展到了税务服务;律师的业务范围广泛,仅有少部分熟悉税法的律师提供涉税咨询、税务争议解决等涉税服务;税务师则专门从事涉税服务,具有专业化和精细化的特点,其主营业务包括但不限于纳税申报代理、专业税务顾问、税收策划、涉税鉴证[②]。税务师、注册会计师和律师在涉税服务领域提供的服务既有交叉,也有重叠,因此需要充分考虑涉税服务业务与会计师、律师等领域法定业务的协调。此外,还要充分考虑涉税服务业务规范与经济发展需求的契合程度。

三、关于在海南进行税务师立法的必要性

海南省率先推进税务师立法,既是海南省促进经济高质量发展的需要,也是海

---

① 杨艳春.2020年度税务师行业经营收入前百家税务师事务所分析[J].注册税务师,2021(11).
② 《涉税专业服务基本准则(试行)》第四条规定,涉税专业服务包括纳税申报代理、一般税务咨询、专业税务顾问、税收策划、涉税鉴证、纳税情况审查、其他税务事项代理、发票服务和其他涉税服务等。

南财政可持续发展、税收治理能力提升的必然要求。

首先,海南自贸港经济的高质量发展要求推动税务师行业立法,有效提升行业整体的涉税服务能力。在海南自贸港建设的大背景下,社会对涉税服务的需求将会进一步加大。基于此,海南应抓住自贸港立法权限制度创新的契机,大力推进海南税务师行业立法,推动行业的规范管理和健康发展。这既是顺应国际税收征管潮流之举,也是助力海南高质量发展之行,能够为海南自贸港区的税收征纳环境提供法律保障和发展基础。

其次,海南自贸港建设以及海南外向型经济的发展,要求推动海南税务师行业立法,提升涉外税收服务水平。在全球化的背景下,税务师立法是与国际接轨的重要一步。随着我国改革开放的不断深入,税务师行业需要适应更加开放和国际化的经济环境,为国内外企业提供高质量的税务服务。通过税务师立法,可以进一步促进税收法治化,为经济发展提供更加稳定和可预测的税收环境,对于吸引外资、促进国内企业"走出去"也具有积极的影响。

再次,海南财政的可持续发展,要求行业立法促进企业合规。为了减少税收治理中无序或脱序的乱象,消除涉税专业服务中的灰色地带,规范税收治理,维护海南自贸港的税收收入,实现海南财政的可持续发展,应当加快推进税务师行业立法,通过优质的、规范的、专业的涉税服务,更好地促进纳税人合规纳税。通过推动海南税务师行业立法,涉税服务行业可以与当地税务机关等相关部门发挥良好的互补作用,提高税务机关治税效率的同时,也能够为纳税人提供更加专业、高效的服务,形成税收的和谐共治局面。

最后,海南税收治理能力的提升,要求行业立法规范涉税服务管理。目前,缺失行业立法使得税务代理机构很难有效参与税收和谐共治,在很大程度上阻碍了税务代理机构协调税务部门与纳税主体的关系,不利于税务师行业充分发挥其应有的作用。因此,海南自贸港构建税务机关依法治税、纳税人依法纳税的税收环境也要求制定税务师条例。通过行业立法规范,海南税务师行业能够有效参与社会税收治理过程中,构建"税务机关-税务代理-纳税人"的税收工作和谐共治格局。

四、关于在海南率先推进税务师立法的优势

海南省率先进行税务师立法要回答的一个关键问题是:税务师作为全国性的涉税服务的资格,为什么要在海南搞地方立法?就海南进行税务师立法的优势来说,海南有其特殊性。

(一)地理位置的特殊性

当前,海南自贸港已经成为国内外资本流动的重要枢纽,2019—2023年,实际

利用外资额从104.99亿元增长到了227.1亿元;2023年,海南货物贸易进出口总值超2 300亿元,同比增长15.3%。欣欣向荣的外贸发展和跨境投资带来了对跨境涉税服务的需求,同时也对涉税专业服务的专业性、规范性提出了新要求——税务师的执业水平需要提升以适应跨境业务的需求,同时税务师行业自律规范需要更严格的行政监管以满足行业治理的需求。这都需要在税务师行业专门的法律和行政法规中予以规制。

(二)法治优势

《中华人民共和国海南自由贸易港法》赋予了海南省一定的立法权限。该法第十条规定,海南省人民代表大会及其常务委员会可以根据本法,结合海南自由贸易港建设的具体情况和实际需要,遵循宪法规定和法律、行政法规的基本原则,就贸易、投资及相关管理活动制定法规,在海南自由贸易港范围内实施。因此,与其他地区相比,在海南进行税务师立法具有更强的可行性。

(三)税制的特殊性

为吸引人才、技术、资本等重要生产要素,建设高水平的中国特色海南自由贸易港,海南具有富有竞争力但不同于中国其他地区的税收制度。如消费税与增值税简并增收,以及对注册并实质性运营的鼓励类产业企业减按15%的税率征收企业所得税。这同样对税务师行业的发展提出了新要求:海南的税收优惠政策在对生产要素形成了吸引力的同时,还可能会吸引以避税为主要目的的投资,因此需要更专业、规范的行业监管以引导企业"应享尽享"税收优惠政策,协助税务机关"应收尽收"税收收入。

资本所得个人所得税制度的优化探讨

马蔡琛　黄少含

摘　要：随着我国经济进入高质量发展阶段，资本所得个人所得税制度亟须革新，以进一步提升税收的公平性。在国际税收实践中，资本所得个人所得税的课税目标体现了从注重效率向兼顾效率与公平转变，税率设定体现了因地制宜的特征，并建立了注重长期发展的资本亏损弥补政策。我国资本所得个人所得税制度的优化，应通过将资本所得纳入综合所得征收范围、优化资本所得个人所得税优惠政策、引入资本亏损弥补等措施，以有效提升税制的公平性，构建资本所得个人所得税制度的长效机制。

关键词：资本所得　个人所得税　课税模式　税制改革　现代税收制度

公共财政的一个基本问题是如何使用最小的税收扭曲来筹集财政收入，其争议的焦点之一就是如何对资本所得课税（Bastani 等，2020）。资本所得是指个人因持有资本资产、享有资本所有权而获得的回报（Aaron 等，2007），一般包括资本投资所得和资本利得。前者是持有资本资产一段时间的收益；后者为持有资本资产一段时间后，因非经常性买卖而发生的财产价值增值数额。目前，我国尚未单独开征资本所得税，现行《个人所得税法》中的资本所得主要包括"利息、股息、红利所得""财产转让所得""财产租赁所得"等，适用20%的比例税率，税率水平低于劳动所得的最高边际税率，且由于存在一系列资本所得税收优惠政策，大量资本所得游离于税基之外，进一步扩大了资本所得和劳动所得之间的税负差异。党的二十大报告指出，要"完善个人所得税制度，规范收入分配秩序，规范财富积累机制，保护合法收入，调节过高收入，取缔非法收入"③。党的二十届三中全会通过的《中共中央关于进一步全面深化改革　推进中国式现代化的决定》进一步明确，要"健全直接税体系，完善综合和分类相结合的个人所得税制度，规范经营所得、资本所得、财

---

① 国家社会科学基金重大项目"新时代中国预算绩效管理改革研究"（19ZDA071）；国家社会科学基金一般项目"高质量发展视域下的中国直接税间接税体系改革研究"（21BJY076）。
② 马蔡琛，南开大学教授；黄少含，南开大学博士研究生。
③ 习近平. 高举中国特色社会主义伟大旗帜　为全面建设社会主义现代化国家而团结奋斗：在中国共产党第二十次全国代表大会上的报告[N]. 人民日报，2022-10-26(01).

产所得税收政策,实行劳动性所得统一征税"①。因此,推进资本所得个人所得税制度完善,是调节收入分配、实现全体人民共同富裕的重要抓手,也是下一步个人所得税制度改革的重要方面。

20 世纪 80 年代以来,基于新古典增长模型的传统理论对资本所得课税大多持消极态度,主张对长期资本所得实行零税率(Chamley,1986),并在各国实践中有所体现(马蔡琛,2000)。其背后的逻辑为,面向全球化进程中跨国税收竞争加剧和国内资本市场培育的客观要求,各国倾向于对跨国流动要素课以轻税,旨在增强本国在全球竞争中的比较优势(Tanzi 等,2019)。然而,对资本所得课征轻税却有悖于公平原则。在学术领域,也未达成较低的资本所得税负有助于提振经济发展之共识。目前,"倒金字塔型"的收入分配格局(皮凯蒂,2014)和较低的资本所得税负,容易造成"资本大鳄"过分攫取社会财富,加剧收入分配失衡。众多研究者将资本所得课税置于公平与效率的双重考量下(Spiritus 等,2020),对完善资本所得个人所得税制度的呼声日益高涨(Erosa 等,2002)。具体而言,就是要平衡劳动所得和资本所得之间的税负差距,减少收入转移激励以限制避税行为(Harju 等,2016)。实践中,一些国家兼顾效率与公平,通过扩大税基、提高税率等措施,不断优化资本所得课税制度,已经体现了上述改革诉求。

一、资本所得个人所得税的全球发展趋势

19 世纪末,为应对财政困难,英国率先引入个人所得税,其中包括对资本所得征税。20 世纪初,随着工业化兴起,更多国家意识到对资本征税的潜力和重要性,资本所得个人所得税课税问题逐渐登上历史舞台。受所得性质、政策取向、收入水平等因素影响,不同国家的资本所得课税规则存在差异(Harding 等,2018)。从各国资本所得个人所得税的税率选择、优惠政策等方面可以发现,其改革趋势呈现出从侧重效率向兼顾公平与效率转变的特征。

(一)课税模式的选择更加多元

个人所得税包含分类课税模式、综合与分类相结合的二元课税模式(混合课税模式)、综合课税模式三种②。其中:分类课税模式依据区别定性理论③对不同性质

---

① 中共中央关于进一步全面深化改革 推进中国式现代化的决定[EB/OL].(2024-07-21)[2024-07-22]. https://www.gov.cn/zhengce/202407/content_6963770.htm.

② 普拉斯特斯.对所得的分类、综合及二元课税模式[M].国家税务总局税收科学研究所,译.北京:中国财政经济出版社,1993:8-9.

③ 区别定性理论认为,不同类别的所得体现了不同的性质,主张对流入持续性较差的劳动所得课征轻税,对资本所得课征重税。随着社会保障制度的完善,劳动所得已不再像区别定性理论所阐释的那般不稳定。参见:温海莹.个人所得税制度设计的理论研究[M].北京:中国财政经济出版社,2007:150-152.

所得分别课税,具有较高的征收效率和经济效率;综合课税模式针对某一时期内个人取得的所有净收入计征所得税,重点凸显税收的公平性;二元课税模式则体现为综合课税模式和分类课税模式的结合体。综合课税模式为个人所得税的理想模式,但实践中,各国基于资本流动性较强、征税成本较高这一典型特征,往往采用二元课税模式,对资本所得课征低于劳动所得的轻税(Hourani 等,2023)。总体而言,资本所得个人所得课税模式的选择更加多元。部分国家(如比利时、墨西哥、荷兰、瑞典等)对大部分资本所得采用比例税率,对少部分资本所得(如租金)纳入综合所得适用累进税率,较为侧重效率原则。部分国家(如美国、英国、澳大利亚、加拿大等)主张对大多数类型资本所得适用劳动所得的累进税率,对少数资本所得适用较低的累进税率,兼顾效率与公平。还有部分国家(如日本、法国、德国等)对资本所得采用较为灵活的计征方式,或适用比例税率,或将其纳入综合所得按照超额累进税率计征①。

其实,二元课税模式在各国税制改革中的具体效果,也是大相径庭的(OECD,2006)。二元课税模式是否会比单纯的综合课税模式或分类课税模式取得更好的效果,也缺乏关键性的评价。二元课税模式下,其税负的纵向分配往往是随意的。有研究者认为,没有什么可以证明二元课税模式比综合课税模式更好,二元课税模式只是提供了一个分类课税模式和综合课税模式之间的过渡阶段②。因此,需要重新审视和调整现有资本所得课税政策,以回应全球化背景下对资本所得税负公平性的迫切需求。

(二)税率设定兼顾效率与公平

从资本所得个人所得税制度的改革趋势看,各国基于不同的政策目标,其税率选择因地制宜,并倾向于提高资本所得税率,以更好地缩小劳动和资本间的税负差距。根据表1可知,2020年,意大利和葡萄牙降低了资本所得的税率,主要体现在长期住房租金方面,具有较强的惠民政策导向。相较而言,2019—2023 年,立陶宛、智利、巴西、挪威、哥伦比亚、荷兰、西班牙等国提高了资本所得个人所得的税率。其中:智利将个人所得税最高税率由2019 年的35%提高至2020 年的40%,且对股息、利息所得适用③;挪威为了制约收入转移,将高于无风险回报的股息和利息所得以22%的统一税率乘以调整系数征收,使得股息有效税率从2020 年的31.68%提升至2023 年的37.84%;2023 年,哥伦比亚将居民股息收入并入综合所

---

① BUNDESZENTRALAMT FÜR STEUERN. Kapitalertragsteuerentlastung[EB/OL]. [2024-06-22]. https://www.bzst.de/DE/Unternehmen/Kapitalertraege/Kapitalertragsteuerentlastung/kapitalertragsteuerentlastung_node.html.
② 普拉斯特斯. 对所得的分类、综合及二元课税模式[M]. 国家税务总局税收科学研究所,译. 北京:中国财政经济出版社,1993:162-173.
③ Biblioteca del Congreso Nacional de Chile/BCN. Ley Chile, Decreto Ley 824[EB/OL]. (2020-02-24)[2024-05-25]. https://www.bcn.cl/leychile/navegar? idNorma=6368.

得课税,并将资本利得税率从 10% 提升至 15%;2021 年,俄罗斯针对 100 万卢布以上的储蓄所得,计征 13% 的所得税(2021 年 1 月 1 日前并不征收所得税)①;西班牙对 20 万~30 万欧元区间的储蓄所得采用 27% 的税率(提高了 1 个百分点),并对 30 万欧元以上的储蓄所得实行 28% 的新税率。

表 1　2019—2023 年部分国家资本所得个人所得税税率变化

资本所得类型	2022—2023 年		2021 年		2020 年		2019 年	
	上升	下降	上升	下降	上升	下降	上升	下降
股息或利息所得/股权或债权投资	哥伦比亚、挪威、荷兰、罗马尼亚、西班牙	斯洛文尼亚	巴西、挪威、俄罗斯		智利	希腊	立陶宛	
资本利得	西班牙、哥伦比亚、荷兰	斯洛文尼亚			斯洛文尼亚			波兰、挪威
租赁所得					斯洛文尼亚	意大利、葡萄牙		

资料来源:根据 2020—2023 年 OECD 发布的《税收政策改革》及各国税务机构官方网站资料整理而得。

(三)税收优惠政策的调整更加灵活

为鼓励纳税人长期持有投资资产,减弱资本的"锁定效应"(lock-in effect)(Holt 等,1962),各国对资本所得个人所得税均给予了一定的税收优惠。

针对资本利得(或财产转让所得),主要有以下两种税收优惠方式。一是根据持有期限划分长短期资本利得,并对长期资本利得实施较低税率。比如,日本对短期(不超过 5 年)资本利得按照 20% 税率征税,另计征 9% 的住民税,而对长期(超过 5 年)资本利得课征 15.315% 的所得税和 5% 的住民税②。又如,俄罗斯对于转让持有 3 年及以上的财产转让所得以及持有 1 年以上的高科技(创新)部门的股票、债券等收入免税③。二是根据个人所得税纳税人应纳税所得额区分资本利得

---

① Содержание Налоговый кодекс Российской Федерации (НК РФ), Статья 214.2 [EB/OL]. [2024-05-24]. Федеральная налоговая служба Federal Tax Service. http://nalog.garant.ru/fns/nk/86f417dec6f372aecbed9844f03b6825/.

② 所得税法:令和 6 年度版 [EB/OL]. [2024-05-15]. 国税厅. https://www.nta.go.jp/about/organization/ntc/kohon/ syotoku/mokuji.htm.

③ Содержание Налоговый кодекс Российской Федерации (НК РФ):Статья 217 [EB/OL]. [2024-05-25]. Федеральная налоговая служба. http://nalog.garant.ru/fns/nk/413283401108318 6a07350b1579a99a1/.

税适用税率①。比如,英国对于个人所得税应纳税所得额超过12 571英镑、未超过50 270英镑的,适用10%的资本利得税税率;对于个人所得税应纳税所得额超过50 271英镑的纳税人,则适用20%的资本利得税税率②。

颇为有趣的是,20世纪80年代以来,大多数国家以持有期限设置资本利得税收优惠的先决条件为区分"投资性"资产收益和"投机性"资产收益,对出售"投资性"资产收益实行较轻的税负,对"投机性"资产收益则按普通所得的税率征税。囿于无法较好地界定何为"投机性",一些国家引入了一个看似更为精准而实际上略显武断的规则——税负取决于投资资产的持有期限,持有期越长,收益的应税部分越小,"投机性"的成分越低,而对于具体期限的划分却并无合理依据(Rietz等,2014)。比如,1921年美国对普通所得按照最高65%的边际税率计征累进税,对持有2年以上的长期资本利得采用12.5%的优惠税率征税,其持有期限经过了多次调整,于1938年缩短至18个月,1942年又缩短至6个月③。然而,对于设置此类税收优惠政策及其背后长短期资本利得期限划分的合理性,美国国会虽开设了听证会,但并未给出充分且有说服力的解释(Taite,2016)。

针对股息、利息所得,税收优惠主要分为以下两种。其一,以较低的税率对股息、利息所得征税。比如,日本采取单一税率对股息和利息所得计征15.315%的所得税和5%的住民税,其税率低于短期资本所得税率。其二,股息、利息税率取决于纳税人的非股息、利息所得额等级,并规定一定的免税额。比如,英国规定④:2024年4月6日至2025年4月5日股息所得的免税额为500英镑,对个人非股息应纳税所得额位于12 571~50 270英镑区间的,股息所得超过免税额的部分按照8.75%征税;对个人非股息应纳税所得额位于50 271~125 140英镑区间的,股息所得超过免税额的部分按照33.75%征税;对于个人非股息应纳税所得额超过125 140英镑的,股息所得超过免税额的部分按照39.35%征税⑤。又如,英国对于储蓄利息所得的免税额取决于工资、养老金等所得:当工资、养老金等所得低于

---

① 比如:英国对于居民来源于英国境内外的资本利得单独征收资本利得税,而个人所得税的应税收入主要包括受雇所得工资和福利、自由职业者取得的利润(包括通过网站或App软件提供的服务)、某些国家福利、大部分养老金(包括国家、公司和个人养老金及退休年金)、超过限额的储蓄和养老债券利息、租金收入(除了出租部分自住房屋并取得7 500英镑以下的收入)、工作取得的津贴、信托所得、公司股票分红等。参见:国家税务总局国际税务司国别(地区)投资税收指南课题组. 中国居民赴英国投资税收指南[EB/OL]. [2024-07-26]. https://www.yidaiyilu.gov.cn/wcm/files/upload/CMSydylgw/202101/202101191032051.pdf.

② UK. Capital Gains Tax rates and allowances[EB/OL]. (2024-04-06)[2024-05-26]. https://www.gov.uk/guidance/capital-gains-tax-rates-and-allowances#rate-gain.

③ WITTE J F. The politics and development of the federal income tax[M]. Madison:University of Wisconsin Press,1985:44-45.

④ 英国规定,居民取得的股息收入须按照单独的股息收入税率表缴纳个人所得税,居民股息收入所适用的税率档需结合其非股息收入的情况确定。

⑤ UK. Tax on dividends[EB/OL]. [2024-04-30]. https://www.gov.uk/tax-on-dividends.

5 000英镑时,储蓄利息免税;当工资、养老金等所得介于5 000~17 570英镑区间时,免税额随该所得的增加而减少;当工资、养老金等所得超过17 570英镑时,免税额为零①。

对于财产租赁所得,其税收优惠主要体现为税前扣除。比如:南非对于财产租赁所得相关的广告、保险、维修等费用均允许扣除②,美国对财产租赁所得相关的财产折旧、维修费用和运营费用允许扣除③。从类别看,财产租赁所得的税收优惠主要集中于住宅租赁,以此反映经济和社会的优先事项。比如:美国允许扣除住宅租金收入相关的抵押贷款利息、房地产税、水电费等,而对于经营性房屋的租金收入相关费用扣除则设置了一定的限制④。

(四)注重长期发展的资本亏损弥补政策

对资本亏损采用必要的弥补政策,是减少投资者资本损失、鼓励风险投资和促进税收公平的重要策略(Ahsan 等,2009)。从各国对于资本亏损弥补的类型看,主要分为以下两种(见表2)。一是同类弥补,即在资本所得中弥补。这是各国的普遍做法,如加拿大、日本、荷兰、英国、墨西哥、南非、俄罗斯等。二是非同类弥补,即在劳动所得和资本所得中弥补,如美国、挪威。对于当年的亏损当年弥补不完的,各国就资本亏损弥补是否结转、如何结转有不同的规定,主要分为不可结转、向后结转和向前结转三种情况。其中,加拿大和荷兰对净资本亏损允许向前结转或向后结转。加拿大规定资本亏损可用于抵消当年的应税资本收益,并可以使用净资本损益来减少前三年中任何一年或未来任何一年的应纳税资本收益⑤。总体而言,大部分国家允许资本亏损同类弥补且向后结转,并设置了结转期限以避免避税行为。比如,英国对应纳税所得额超过免税额的部分,可以抵消以前年度未使用的资本亏损并无限期向后结转,可申请的所得税减免总额限于5 000英镑⑥。日本规

---

① UK. Tax on savings interest[EB/OL].[2024-04-30].https://www.gov.uk/apply-tax-free-interest-on-savings.

② South African Revenue Service. Tax on rental income [EB/OL]. [2024-06-18]. https://www.sars.gov.za/types-of-tax/personal-income-tax/tax-on-rental-income/.

③ IRS. Topic no. 414, Rental income and expenses[EB/OL].[2024-06-19].https://www.irs.gov/taxtopics/tc414.

④ IRS. Topic no. 415, Renting residential and vacation property[EB/OL].(2024-06-24)[2024-07-20].https://www.irs.gov/taxtopics/tc415.

⑤ Canada Revenue Agency. Capital gains 2023 [EB/OL]. (2024-01-23) [2024-04-30]. https://www.canada.ca/en/revenue-agency/services/forms-publications/publications/t4037/capital-gains.html#P306_32909.

⑥ UK. HS227 Losses (2022) [EB/OL]. (2024-04-06) [2024-04-30]. https://www.gov.uk/government/publications/losses-hs227-self-assessment-helpsheet/hs227-losses-2022#relief-against-income-or-capital-gains-restrictions.

定,资本亏损部分可以弥补,当年未能完全弥补的部分可向后结转 3 年①。

表 2 部分国家资本亏损弥补和结转政策

资本亏损弥补类型	向前结转	向后结转	不可结转
同类弥补	加拿大(3 年)、荷兰(1 年)	加拿大(无限)、日本(3 年)、荷兰(9 年)、德国(2 年)、英国(无限)、意大利(4 年)、墨西哥(10 年)、澳大利亚(5 年)、埃及(5 年)、南非(无限)、俄罗斯(10 年)、印度(8 年)	奥地利、智利、捷克、韩国
非同类弥补		挪威(无限)、美国(无限)	

资料来源:根据安永公司发布的《全球个人税收和移民指南(2023—2024)》、各国税务机构官方网站资料整理而得。

二、资本所得个人所得税制度的现实挑战

近年来,各国实践中已不乏逐步提高资本所得税收贡献的改革举措与成功经验。从全球视角审视,考虑到资本跨国流动的特性,其相应税制设计需要考虑各国税制的衔接性,以有效回应全球治理的需要。改革开放初期,我国资本所得个人所得税制度以效率为主导原则,提供一系列的税收优惠措施,鼓励长期投资和经济增长,较好地回应了时代诉求。目前,我国已然进入高质量发展阶段,经济社会形势发生了很大改变,进一步完善资本所得个人所得税制度的重要性日益凸显。

(一)课税模式和税率设定侧重效率

改革开放初期,囿于资本短缺,引导和动员国内外资本是我国制定注重效率原则的资本所得个人所得税制度之重要诱因。我国 1993 年《个人所得税法》规定了对利息股息红利所得、财产转让所得、财产租赁所得等资本所得采用分类课税模式,实行 20%的比例税率,总体上低于劳动所得适用的 5%~45%超额累进税率,凸显了效率原则的重要性。尽管个人所得税法至今经过了数次修改,但修改重点大多聚焦于劳动所得,对资本所得的征税规定并未作出重大调整。2018 年《个人所得税法》的修订,标志着我国从分类课税模式向综合与分类相结合课税模式的重大转变,但对提升资本所得课税公平性的实际效果仍有待考察。

长期以来,我国对资本所得的轻税政策,有效推进了市场经济的快速发展,但

---

① 所得税法:令和 6 年度版[EB/OL].(2023-01-01)[2024-05-15].国税厅.https://www.nta.go.jp/about/organization/ntc/kohon/.

也扩大了资本所得和劳动所得之间的收入差距(黄凤羽等,2018)。从资产配置结构看,资本资产(包括金融资产、住房资产等)主要集中于高收入群体。对这部分群体课征较低的税收,削弱了资本性税收在增加财政收入和调节收入分配中的作用,进一步加剧社会不平等程度(Advani 等,2020)。随着中国特色社会主义进入新时代,效率优先导向下的资本所得课税规则亟须向公平导向转变,资本所得个人所得税制度应更加注重对社会资源分配的引导作用,进一步健全有利于高质量发展、社会公平、市场统一的税收制度。

(二)税收优惠政策较为宽泛

长期以来,我国资本所得个人所得税实行了较为宽松的税收优惠政策,进一步降低了资本所得的纳税义务。

就财产转让所得中的有价证券交易而言,1994年股票转让所得课税规则强调了"证券市场发育尚不成熟"这一基本定位,确定了对上海、深圳交易所的上市公司股票转让所得采用免税政策,并沿用至今。随着资本市场不断发展,规定对个人转让上市公司股权交易所得采用免税政策,并新增了新三板挂牌公司非原始股(2018年11月1日后)转让所得以及通过沪港通、深港通及基金互认所转让的差价所得免税的规定①。目前,我国已然形成了主板市场、中小板市场、区域股权交易中心等多层次资本市场体系,对上市公司股票、股权转让所得仍采用免税的优惠政策也应进行相应的调整。

针对股息、红利所得,我国出台了一系列以持有期限为标准的税收优惠政策,持有期限越长,应纳税所得额的优惠力度越大。对持有期限少于1个月、位于1个月至1年之间和超过1年的,上市公司和全国中小企业股份转让系统挂牌公司的股息红利所得分别按照全额征税、减半征收和免税的方法计征。这一政策旨在鼓励长期投资和促进资本市场长期稳定健康发展,却也容易引致纳税人利用税收漏洞降低有效税负水平。从全球视野出发,各国(如美国、加拿大、澳大利亚等)大多针对某些特定类型的股息、红利实行较低的优惠税率,甚少以持有期限来设置税收优惠的选项。以纳税人持有股息、红利所得期限是否超过1年来划分,颇具资本利得中的根据持有期限划分长短期投资来设定税收优惠的意味,但其合理性尚缺乏详细论证。

对于利息所得,其主要税收优惠包括免税或减税,大多基于促进居民储蓄、鼓励重点投资目的。比如,居民储蓄利息所得征税经历了"免征—依法代扣—免征"的历程,于2008年10月起规定储蓄存款利息免征个人所得税。又如,对国债和国

---

① 《财政部、国家税务总局关于个人转让股票所得继续暂免征个人所得税的通知》(财税字〔1998〕61号)、《财政部、税务总局、证监会关于个人转让全国中小企业股份转让系统挂牌公司股票有关个人所得税政策的通知》(财税〔2018〕137号)等。

家发行的金融债券、地方政府发行债券的利息所得和证券市场个人投资者证券交易结算资金利息所得均免征个人所得税。理论上，免征利息所得个人所得税能够有效刺激储蓄增加，减少消费和投资。而在当前政府刺激消费、扩大投资的政策目标导向下，继续对利息所得采用较为宽泛的免税政策并非最优的政策选择。

对于财产租赁所得，我国自 1994 年以来实施的税前扣除额规定是：财产租赁所得中每次收入不超过 4 000 元的，减除费用 800 元，4 000 元以上，减除 20%的费用，其余额为应纳税所得额。值得注意的是，尽管一个相对固定的免征额总体而言具有一定的合理性，但长时间不调整财产租赁所得的税前扣除额则未免失之偏颇。

（三）资本亏损弥补政策有待引入

1993 年颁布的《个人所得税法》对财产转让所得的税务处理为，以转让财产的收入额减除财产原值和合理费用后的余额计征所得税。然而，我国尚未引入资本亏损弥补政策。背后的原因可能包括对当时资本市场发展处于起步阶段，以及对引入资本损失扣除制度可能带来的避税和市场操纵风险的审慎考量。理论上，引入资本亏损弥补政策可能带来避税和市场操纵风险。以股票市场为例，若引入资本亏损弥补政策，为最大限度弥补损失，部分投资者可能会在年底清算结算前统一抛售亏损股票，从而影响股票市场的稳定性（Poterba 等，2001）。而拥有庞大投资者基础的成熟资本市场将较大限度地减少市场操纵风险和避税趋势。此外，引入资本损失扣除制度需要建立一个可靠的跟踪资本收益和资本损失的机制，这需要强大的税收管理体系作为支撑，这在当时的税收征管水平下也是颇为困难的。

理性投资者在作出投资决策前，会权衡预期的高回报和潜在的损失风险。引入资本亏损弥补政策，将为投资者承担的每单位投资风险提供更高的补偿，激励纳税人承担更高的风险投资，从而提高投资效率并促进经济增长（Domar 等，1944）。我国资本市场经历了 30 多年的快速发展，投资标的更加多元，投资时间和投资收益的不确定性也随之增加。在处置资产时引入资本亏损弥补政策，不仅有助于提升资本市场效率，而且符合税收政策鼓励长期投资、提振经济发展的目标。此外，税收征管现代化背景下，允许资本亏损弥补也是与全球税收实践接轨的重要步骤，有助于进一步优化资本所得个人所得税制度。

三、资本所得个人所得税制度的优化思路

资本所得个人所得税制度改革是一项长期而复杂的系统性工程。应深刻洞察不同经济社会体制对税制的影响，综合考虑根植于中国特色社会主义市场经济体制的实际情况，并在全球视野下审慎参考相关国际经验。随着我国经济进入高质量发展阶段，在健全有利于高质量发展、社会公平、市场统一的税收制度过程中，应

进一步增强资本所得个人所得税制度与经济社会发展的适应性,以有效提升税制的公平性。具体而言,应以共同富裕战略为目标,在拓宽资本所得税基的基础上,将资本所得纳入综合所得,同时优化资本所得税收优惠政策,适时引入资本亏损弥补政策。

(一)拓宽资本所得个人所得税税基

面向逐步放开和不断健全的资本市场,应扩大资本所得的税基,切实发挥资本所得个人所得税制度筹集财政收入和调节收入分配的重要职能。因此,应将资本资产投资所得和交易所得全面纳入课税范畴。比如,利息所得理论上囊括了投资银行理财产品所获得的收益,但实践中并未明确此类纳税业务,故应将货币市场账户等利息所得纳入征税范围。又如,关于财产转让所得,现行《个人所得税法实施条例》尚未对有价证券进行界定,其征收范围也未全面覆盖债券、基金、金融衍生品等各类证券资产,故可以考虑将基金、信托、债券、本票、衍生品、加密资产等财产转让所得纳入征收范围。再如,风险溢价是纳税人在承担较高风险投资时所期望获得的额外收益,税收不仅应覆盖资本回报,还应包括风险溢价,以实现资本所得税收的逆周期调节功能和累进性效果。

(二)将资本所得纳入综合所得征收范围

国际实践表明,资本所得课税模式倾向于强调效率原则。这一趋势源于全球税收竞争的加剧,背后蕴藏着收入分配差距扩大的潜在风险,与公平性目标相偏离。近年来,"逐底竞争"对全球税收治理提出了新要求,各国个人资本所得的课税目标,逐渐从注重效率向兼顾效率与公平转变。但这一转变具有渐进性,主要包括提高某一类资本所得税率或取消某一税收优惠,各国资本所得税的优化大体遵循"旧税即良税"的制度文化(杨志勇,2024),难以充分回应对资本所得税负公平性的迫切需求。

对于大国治理而言,税制建设具有一定的引领作用,无论是局部改革还是根本性重塑,均会对全球税制产生重大影响。我国资本所得个人所得税制度的优化,应突破"旧税即良税"的惯性思维,采用"小步快走"策略,在完善综合和分类相结合的个人所得税制度过程中,稳步推进其向综合课税模式的转变。一方面,能够有效遏制因税率差异引起的套利行为,从而提高税收效率和增加财政收入;另一方面,有利于合理调节社会财富分配,防范财富过度集中带来的潜在风险。具体而言,可以考虑在适当的时候,将财产转让所得、财产租赁所得、股息红利所得等资本所得逐步并入综合所得。从理论上看,为避免资本的"锁定效应"是采用二元课税模式并对资本所得课征轻税的重要原因,尤其是高税率环境下,延迟纳税在积累回报的同时,容易造成资产变现的减少。综合课税模式下,若将资本所得税率置于预期未来税率变化的情境中,政府在设置更高税率的同时,作出未来不降低资本所得税率的可信承诺,则可以避免资本所得高税率对资产变现的影响,消除资本的"锁定效应"①。

(三)优化资本所得税收优惠政策

近年来,我国资本市场已取得了长足的发展,个人资本所得课税的税收优惠政策亟须着眼于优化收入分配格局而调整。一方面,资本所得税收优惠设置应与经济社会发展相适应;另一方面,资本所得税收优惠设置应惠及中低收入群体,更加强调社会福利共享机制。

首先,可以考虑适时取消对上市公司股票(股权)和通过沪港通、沪深通及基金互认所转让的差价所得免征资本所得个人所得税的相关规定,或在充分提供翔实论据的基础上延长免税持股期限至特定年数。其次,对于利息股息红利所得,建议适时取消对证券交易结算资金利息所得、持有期限超过1年的上市公司股息红利免征个人所得税等沿袭已久的税收优惠,但对于中小企业股份转让系统挂牌公司的股息红利,仍应保留适度的差别化个人所得税政策,从而有助于吸引投资者进行长期投资,进而撬动价值增长。同时,对利息股息红利、财产转让所得,可设置动态调整的免税额,当纳税人收入达到一定程度时便不再享有该优惠政策,使其切实惠及中低收入群体。最后,对于财产租赁所得,应继续实施住房租赁领域的税收优惠制度,并适当提高财产租赁所得的税前扣除额。

(四)适时引入资本亏损弥补政策

资本所得和资本亏损在理论上是一组对称性概念,既然对资本所得课税,则对资本亏损就应允许弥补。设定有条件的资本亏损弥补政策,是防止纳税人滥用资本亏损弥补政策进行税收规避,激励合理投资和维护税负公平的重要手段。允许资本亏损从劳动所得和资本所得中弥补的政策设计,虽能够鼓励投资者积极参与风险投资,却面临着财政收入减少和潜在的税收规避风险。而同类资本亏损弥补政策则有利于在较大程度上保证税收的公平性,并鼓励投资者审慎投资。

因此,应适时引入资本亏损弥补政策,允许资本亏损在同类资本所得中弥补。就额度而言,可设置一定的上限,减少个人利用资本亏损弥补政策进行避税的行为。对于资本亏损当年弥补不完的,向前结转能将纳税人当前的资本亏损用于抵消过去的应税所得,但可能涉及退税处理,在一定程度上会增加税收管理的复杂性,加剧财政收入减少的风险。相较而言,向后结转的税收管理较为简便,且可为纳税人提供一个税收计划空间。因此,对资本亏损超过资本收益的部分,可考虑采取向后结转的方式。具体而言,鉴于资本所得主要集中于高收入群体,在结转期限

---

① HINES J R, SCHAFFA D. Capital gains realizations [R]. Cambridge: National Bureau of Economic Research, 2023.

的设置上应采行相对保守的取向,如将其设定为 3~5 年,以更好地发挥调节收入分配的作用。

参考文献

[1] BASTANI S, WALDENSTRÖM D. How should capital be taxed? [J]. Journal of economic surveys, 2020, 34(4):812-846.

[2] AARON H J, BURMAN L E, STEUERLE C E. Taxing Capital Income [M]. Washington:Urban institute press, 2007:3-30.

[3] CHAMLEY C. Optimal taxation of capital income in general equilibrium with infinite lives [J]. Econometrica:Journal of the econometric society, 1986(54):607-622.

[4] 马蔡琛. 各国证券税制模式与我国税制选型[J]. 现代经济探讨, 2000(2):58-60.

[5] TANZI V, BOVENBERG A L. Is there a need for harmonizing capital income taxes within EC countries? Reforming capital income taxation [M]. New York:Routledge, 2019:171-208.

[6] 皮凯蒂. 21世纪资本论[M]. 巴曙松,陈剑,余江,等,译. 北京:中信出版社, 2014:261-265.

[7] SPIRITUS K F J, GERRITSEN A, JACOBS B, et al. Optimal taxation of capital income with heterogeneous rates of return [R]. Munich:CESifo working paper series, 2020.

[8] EROSA A, GERVARIS M. Optimal taxation in life-cycle economies [J]. Journal of economic theory, 2002, 105(2):338-369.

[9] HARJU J, MATIKKA T. The elasticity of taxable income and income-shifting:what is "real" and what is not? [J]. International tax and public finance, 2016, 23:640-669.

[10] HARDING M, MATTEN M. Statutory tax rates on dividends, interest and capital gains:the debt equity bias at the personal level [R]. Paris:OECD taxation working papers, 2018.

[11] HOLT C C, Shelton J P. The lock-in effect of the capital gains tax [J]. National tax journal, 1962, 15(4):337-352.

[12] RIETZ D, JOHANSSON D, STENKULA M. A 150-year perspective on Swedish capital income taxation[R]. Örebro:Working paper, 2014.

[13] AHSAN S M, TSIGARIS P. The efficiency loss of capital income taxation under imperfect loss offset provisions[J]. Public finance review, 2009, 37(6): 710-731.

[14] 黄凤羽, 韩国英, 辛宇. 中国个人所得税改革应注重三大关系的协调[J]. 税务研究, 2018(11): 29-37.

[15] ADVANI A, SUMMER A. How much tax do the rich really pay? New evidence from tax microdata in the UK[R]. Coventry: CAGE policy briefing, 2020.

[16] POTERBA J M, WEISBENNER S J. Capital gains tax rules, tax-loss trading, and turn-of-the-year returns[J]. The journal of finance, 2001, 56(1): 353-368.

[17] DOMAR E D, MUSGRAVE R A. Proportional income taxation and risk-taking[J]. The quarterly journal of economics, 1944, 58(3): 388-422.

北京中轴线文化遗产保护：
资金来源与财税政策[①]

王 洁 胥力伟[②]

摘 要：党的十八大以来，在习近平文化思想指导下，我国非常重视文化遗产的保护与传承工作。北京中轴线包含多项中华民族宝贵的文化遗产，其保护和传承是政府和社会各界应当持续致力的责任。为了更好地保护和规划北京中轴线文化遗产，北京市多次优化中轴线保护管理规划（2012年版、2017年版、2022年版），落实中轴线文化遗产的修缮、腾退、复建等诸多保护工作。2022年5月公布的《北京中轴线文化遗产保护条例》明确指出，北京中轴线保护应当"完善体制机制和政策保障"，将保护经费列入北京市级财政预算，并通过税收优惠加强传承利用和公众参与。在我国政府对北京老城文化遗产保护与传承付出巨大努力和取得突出成绩下，2024年7月北京中轴线申遗成功，成功入选世界遗产名录，成为中国第59项世界遗产。财税政策历来是世界各国文化遗产保护可持续性资金的重要保障。通过分析北京市中轴线文化遗产保护的资金来源现状，发现中轴线文化遗产保护资金来源表现失衡，资金管理机制有待完善，并且缺少鼓励社会参与的财税政策，为此，需要通过完善资金管理机制，提高资金使用效率以及鼓励社会参与的财税政策，确保北京中轴线文化遗产的保护资金持续稳定。

关键词：中轴线文化遗产 资金来源 财税政策

一、引言

随着信息时代的到来和环境变化速度的加快，物理世界中文化遗产的损害和消失正在加剧，加强文化遗产的保护，对保持民族特色具有十分重要的意义。党的十八大以来，以习近平总书记为代表的党中央多次强调加强文化遗产的保护与传承，弘扬中华优秀传统文化。

一般来说，文化遗产保护的资金来源包括政府财政投入、文化遗产单位的经营

---

① 基金项目：本文为北京印刷学院经济管理学院创研项目"推动北京中轴线文化遗产系统性保护的财政政策研究"（JGCY202203）的阶段性研究成果。

② 王洁，北京印刷学院经济管理学院研究生；胥力伟，北京印刷学院经济管理学院副教授。

收入、企业或个人捐赠以及创新融资工具等。以北京中轴线①为代表的文化遗产是中华民族的文化瑰宝,具有较强的公共物品属性。财政在文化遗产保护资金来源中发挥了重要作用:一方面,以财政拨款的形式提供直接资金支持;另一方面,以税收优惠的形式引导社会资本投入文化遗产保护公益事业,形成多渠道资金筹措机制,为文化遗产保护提供间接资金支持。

北京中轴线包含大量文物、历史建筑乃至环境风貌,其保护、修缮、展示、研究、传承等活动需要持续性资金保障。2022年颁布的《北京中轴线文化遗产保护条例》明确北京中轴线保护应当"完善体制机制和政策保障",将保护经费列入本级预算;同时为了鼓励社会力量参与,设立了北京中轴线文化遗产保护基金,鼓励社会力量提供资助,捐赠人、受益人依照相关规定享受税收优惠。然而,当前北京中轴线保护的资金主要来源是财政拨款,文化遗产单位收入、社会捐赠以及创新性融资渠道的资金来源较少。以2023年为例,北京中轴线的收入来源包括一般公共预算财政拨款收入、上级补助收入、事业收入、经营收入和其他收入,2023年北京中轴线遗产构成要素单位的决算披露信息中,财政拨款为236 411.89万元,占当年总收入316 397.35万元的74.73%。因此,北京中轴线文化遗产资金一方面高度依赖财政,在财政压力背景下面临保护资金预算降低的风险;另一方面缺乏有效的税收激励,不利于调动社会力量参与文化遗产保护公益事业。梳理北京中轴线文化遗产保护的财税政策,优化文化遗产保护的财税政策具有迫切的现实意义。

二、北京中轴线保护的资金来源现状

文化遗产是具有社会公益性质的公共物品,通常政府在文化遗产保护中担任主角,利用财税政策为文化遗产保护提供持续的资金支持。北京中轴线南起永定门,北至钟楼,全长7.8公里,包括永定门、中轴线南段御道遗存、先农坛、天坛、正阳门、天安门广场及建筑群、外金水桥、天安门、端门、社稷坛、太庙、故宫、景山、万宁桥、钟鼓楼等15处构成要素,规模巨大,保护难度较高,所需资金量巨大。根据《文物事业单位财务制度》②的规定,文物事业单位收入包括财政补助收入、事业收入、经营收入、其他收入等。据此,北京中轴线保护的资金来源主要有财政补助投入、北京中轴线遗产单位事业收入、北京中轴线遗产单位经营收入和捐赠等其他收入。

---

① 北京中轴线文化遗产,简称北京中轴线,是指北端为北京鼓楼、钟楼,南端为永定门,纵贯北京老城,全长7.8公里,由古代皇家建筑、城市管理设施和居中历史道路、现代公共建筑和公共空间共同构成的城市历史建筑群。

② 财政部、国家文物局关于印发《文物事业单位财务制度》的通知[EB/OL].(2022-08-14)[2025-01-12]. http://www.ncha.gov.cn/art/2022/8/14/art_722_176488.html.

（一）北京中轴线保护的资金来源渠道

1. 财政补助收入

政府主导文化遗产保护最直接的体现就是财政投入。"十三五"时期以来，随着我国经济进入高质量发展阶段，财政支持文化遗产保护的力度与热度持续增长。2020—2023 年，北京市、区两级统筹各类资金投入 63 亿元支持北京中轴线文化遗产保护相关工作，北京市财政每年安排约 1 500 万元支持市文物局常态化开展北京中轴线文化遗产保护工作，投入了 5 000 万元建立北京中轴线文化遗产监测中心，加强北京中轴线的保护传承工作①。2023 年北京中轴线文化遗产单位资金决算收入来源（见表 1）中，财政投入为 236 411.89 万元，上级补助收入为 4 304.62 万元，事业收入为 54 941.73 万元，经营收入为 8 438.24 万元，其他收入为 12 270.87 万元，决算总收入为 316 397.35 万元，可见财政投入占主导地位。其中多项北京中轴线的组成部分如中轴线南段御道遗存等属于公共区域，没有事业收入和其他收入，只能依赖财政投入进行保护修复。

表 1　北京中轴线遗产构成要素所属单位 2023 年决算收入情况　　单位：万元

单位	财政拨款收入	上级补助收入	事业收入	经营收入	其他收入
永定门①	559.25	100	0	0	116.81
中轴线南段御道遗存	—	—	—	—	—
先农坛②	7 535.55	—	120.22	0	717.31
天坛③	24 343.13	1 844.07	13 352.83	0	3 100.61
正阳门④					
天安门广场及建筑群⑤	46 958.84	—	15 527.64	—	1 478.89
中国国家博物馆⑥					
外金水桥	—	—	—	—	—
天安门⑦	22 686.90	—	—	—	53.3
端门					
社稷坛⑧	9 828.5	1 131.13	2 140.53	0	1 433.99
太庙⑨	6 806.26	0	—	—	—

---

① 北京市人民代表大会常务委员会．关于贯彻《北京中轴线文化遗产保护条例》实施情况的报告（书面）[EB/OL]．(2023-07-21) [2024-06-12]．http://www.bjrd.gov.cn/rdzl/rdcwhgb/ssljrdcwhgb202303/202307/t20230721_3204961.html．

续表

单位	财政拨款收入	上级补助收入	事业收入	经营收入	其他收入
故宫⑩	109 434.30	0	19 338.07	8 438.24	4 636.99
景山⑪	7 194.37	1 229.42	3 696.52	0	732.97
万宁桥	—	—	—	—	—
钟鼓楼⑫	1 094.79	0	765.92	0	0
合计及占比	236 411.89；74.73%	4 304.62；1.36%	54 941.73；17.36%	8 438.24；2.67%	12 270.87；3.88%

注：①北京市永定门地区公园管理处《2023 年度北京永定门地区公园管理处决算信息》[EB/OL]. (2024 – 07 – 29) [2025 – 01 – 12]. https：//www. bjdch. gov. cn/ztzl/bmyjsgkzl/bmjsgkzl/2023njs/qzf2023js/202407/P020240729464153610125. pdf.

②先农坛–北京古代建筑博物馆《北京古代建筑博物馆 2023 年度部门决算信息》[EB/OL]. [2025 – 01 – 12]. https：//www. bjgjg. com/news/91. html.

③北京市公园管理中心《北京市天坛公园管理处 2023 年度部门决算公开》[EB/OL]. (2024 – 09 – 12) [2025 – 01 – 12]. https：//gygl. beijing. gov. cn/xxgk/xxgk_czxx/2023zsdwjsxx/202409/t20240912_3865002. html.

④北京市文物局–北京中轴线遗产保护中心, https：//wwj. beijing. gov. cn/bjww/wwjzzcslm/1729986/543384314/index. html.

⑤天安门广场、人民英雄纪念碑、人民大会堂、毛主席纪念堂没有公布相关数据。

⑥中国国家博物馆《中国国家博物馆 2023 年度部门决算》[EB/OL]. (2024 – 08 – 15) [2025 – 01 – 12]. https：//www. chnmuseum. cn/gbgg/202408/P020240815604812383 519. pdf.

⑦北京市人民政府天安门地区管理委员会《2023 年度部门决算公开》[EB/OL]. (2024 – 08 – 29) [2025 – 01 – 12]. https：//tamgw. beijing. gov. cn/zhengwugongkai/zdlyzfxxgk/202408/t20240826_3782474. html.

⑧北京市中山公园管理处 2023 年度部门决算公开 [EB/OL]. [2025 – 01 – 12]. https：//gygl. beijing. gov. cn/xxgk/xxgk_czxx/2023zsdwjsxx/202409/t20240912_3865000. html.

⑨北京市劳动人民文化宫. 2023 年财政决算信息公开 [EB/OL]. [2025 – 01 – 12]. https：//www. bjwhg. com. cn/index_21. php？s=/Index/Cms/detail/id/16203. html.

⑩故宫博物院《故宫博物院 2023 年度部门决算》[EB/OL]. [2025 – 01 – 12]. https：//www. dpm. org. cn/classify_detail/265129. html.

⑪北京市公园管理中心《北京市景山公园管理处 2023 年度部门决算公开》[EB/OL]. (2024 – 09 – 12) [2025 – 01 – 12]. https：//gygl. beijing. gov. cn/xxgk/xxgk_czxx/2023zsdwjsxx/202409/t20240912_3864998. html.

⑫北京市钟鼓楼文物保管所《2023 年北京市钟鼓楼文物保管所决算信息》[EB/OL]. (2024 – 08 – 15) [2025 – 01 – 12]. https：//www. bjdch. gov. cn/ztzl/bmyjsgkzl/bmjsgkzl/2023njs/qzf2023js/202408/P020240801577657412260. pdf.

"—"表示没有公布数据。

资料来源：根据北京中轴线遗产单位官网公布数据整理。

2. 事业收入

根据《中华人民共和国文物保护法》(2024 年修订版)第十三条的规定,文物保护单位的事业收入纳入财政预算管理,用于文物保护事业。根据《文物事业单位财务制度》①的规定,事业收入包括门票收入、展览收入、讲解导览收入、文化创意产品开发收入、版权授权收入等。北京中轴线遗产分两级管理,总体上由北京市文物局下设的北京中轴线遗产保护中心管理,具体负责正阳门的展览工作,纳入北京市文物局预算管理,享受全额财政拨款待遇;第二层是 15 个中轴线文化遗产构成要素,它们都属于全国重点文物保护单位、北京市文物保护单位等,门票、展览、文化创意产品开发等均属于事业收入。其中,故宫博物院门票收入为非税收入②,全部上缴中央财政,由财政统一调配和使用;天坛公园等其他的遗产单位管理归属为北京市文物局、北京市公园管理中心等部门,收费的事业收入上缴地方财政;永定门、中轴线南段御道遗存等遗产构成要素单位免费开放,没有事业收入和其他收入(见表2)。

表 2　中轴线构成要素的性质、管理和门票收入归属

中轴线文化遗产单位		单位性质	门票收入	管理归属和收入归属
永定门①		北京市公益二类事业单位	免费	北京市东城区公园管理中心;北京市财政
中轴线南段御道遗存		北京市公益二类事业单位	免费	北京市东城区公园管理中心;北京市财政
先农坛②		北京市公益一类事业单位	事业收入	北京市文物局;北京市财政
天坛③		北京市公益二类事业单位	事业收入	北京市公园管理中心;北京市财政
正阳门④		北京市公益一类事业单位	免费	北京市文物局下设的北京中轴线遗产保护中心;北京市财政
天安门广场及建筑群	天安门广场	北京市公益一类事业单位	免费	北京市人民政府;北京市财政
	人民英雄纪念碑	北京市公益一类事业单位	免费	北京市人民政府;北京市财政
	毛主席纪念堂	中共中央办公厅直属单位	免费	中共中央办公厅;中央财政
	人民大会堂	正局级事业单位	事业收入	全国人大常委会办公厅;中央财政
	中国国家博物馆	文化和旅游部直属事业单位	事业收入	文化和旅游部;中央财政

---

① 财政部、国家文物局关于印发《文物事业单位财务制度》的通知[EB/OL].(2022-08-14)[2025-01-12]. http://www.ncha.gov.cn/art/2022/8/14/art_722_176488.html.

② 文化部关于转发《财政部关于加强故宫博物院预算管理的通知》的通知(文计函[2007]2289号).

续表

中轴线文化遗产单位	单位性质	门票收入	管理归属和收入归属
外金水桥	北京市公益一类事业单位	—	北京市人民政府；北京市财政
天安门	北京市公益一类事业单位	—	北京市人民政府；北京市财政
端门	文化和旅游部直属公益二类事业单位	—	文化和旅游部；中央财政
社稷坛⑤	北京市公益二类事业单位	事业收入	北京市公园管理中心；北京市财政
太庙⑥	北京市公益一类事业单位	事业收入	北京市总工会；北京市财政
故宫⑦	文化和旅游部直属公益二类事业单位	事业收入	文化和旅游部；中央财政
景山⑧	北京市公益二类事业单位	事业收入	北京市公园管理中心；北京市财政
万宁桥	北京市公益一类事业单位	免费	北京市文物局；北京市财政
钟鼓楼⑨	北京市公益二类事业单位	事业收入	北京市东城区文化和旅游局；北京市财政

注：①北京市永定门地区公园管理处《2023年度北京永定门地区公园管理处决算信息》[EB/OL]．(2024-07-29)[2025-01-12]．https：//www.bjdch.gov.cn/ztzl/bmyjsgkzl/bmjsgkzl/2023njs/qzf2023js/202407/P020240729464153610125.pdf．

②先农坛-北京古代建筑博物馆[EB/OL]．(2024-07-29)[2025-01-12]．https：//www.bjgjg.com/news/91.html．

③北京市公园管理中心《北京市天坛公园管理处2023年度部门决算公开》[EB/OL]．(2024-09-12)[2025-01-12]．https：//gygl.beijing.gov.cn/xxgk/xxgk_czxx/2023zsdwjsxx/202409/t20240912_3865002.html．

④北京市文物局-北京中轴线遗产保护中心．https：//wwj.beijing.gov.cn/bjww/wwjzzcslm/1729986/543384314/index.html．

⑤北京市中山公园管理处2023年度部门决算公开[EB/OL]．[2025-01-12]．https：//gygl.beijing.gov.cn/xxgk/xxgk_czxx/2023zsdwjsxx/202409/t20240912_3865000.html．

⑥北京市劳动人民文化宫,2023年财政决算信息公开[EB/OL]．[2025-01-12]．https：//www.bjwhg.com.cn/index_21.php?s=/Index/Cms/detail/id/16203.html．

⑦故宫博物院《故宫博物院2024年度部门预算》[EB/OL]．[2025-01-12]．https：//www.dpm.org.cn/classify_detail/262738.html．

⑧北京市公园管理中心《北京市景山公园管理处2023年度部门决算公开》[EB/OL]．(2024-09-12)[2025-01-12]．https：//gygl.beijing.gov.cn/xxgk/xxgk_czxx/2023zsdwjsxx/202409/t20240912_3864998.html．

⑨北京市钟鼓楼文物保管所《2023年北京市钟鼓楼文物保管所单位预算》[EB/OL]．(2023-04-05)[2025-01-12]．https：//www.bjdch.gov.cn/ztzl/bmyjsgkzl/bmysgkzl/2023nys/qzf2023ys/202302/P020230405387804958442.pdf．

资料来源：根据北京中轴线遗产单位官网披露数据整理。

3. 经营收入

根据《文物事业单位财务制度》的规定，经营收入包括非独立核算的销售商品收入、经营服务收入、其他收入。为了加强文物保护利用和文化遗产保护传承，健全文化产业体系和市场体系，促进文化文物单位开发文化创意产品，2018年北京市文化局等8部门发布《关于推动北京市文化文物单位文化创意产品开发试点工作的实施意见》，提出加大创意产品开发力度，拓宽文化遗产单位经营收入渠道。北京中轴线文化遗产单位的文创产品收入属于事业单位的经营收入或事业收入，用于弥补本单位经费，增加可用资金。其中以故宫文创最为典型，故宫博物院下属的故宫文化发展有限公司是具有独立法人资格的经营实体，属于国有企业，主要负责文化产品服务，其收入使用方向可以自主决定，主要用于故宫博物院的文物修复、公益与教育活动和日常运营等。

4. 捐赠等其他收入

根据《文物事业单位财务制度》的规定，其他收入包括投资收益、租金收入、捐赠收入等，其中捐赠收入是利用社会力量参与北京中轴线系统性保护的重要资金来源，往往采用建立专项基金的形式支持文化遗产保护。2019年12月，北京国有资本经营管理中心和北京国际信托有限公司共同发起设立北京京企中轴线保护公益基金会（简称"中轴线基金会"）①，作为公益慈善基金会，接受社会捐赠，先后参与中腾基金（北京中轴线可持续发展专项基金）、北京中轴线文化教育基金和北京中轴线可移动文物修复专项基金等（见表3），在募集北京中轴线保护资金、弥补财政资金不足方面发挥了重要补位作用。

表 3　北京中轴线基金主要组织

基金组织	成立时间	资金规模	资金用途
北京京企中轴基金会①	2019年12月	1亿元	北京中轴线文化遗产的保护传承
中腾基金②	2023年5月	5 000万元	挖掘保护北京中轴线文化遗产，促进数字化创新与保护
北京中轴线文化教育专项基金③	2023年12月	1 000万元	培养北京中轴线文化遗产传承人才，促进中轴线文化遗产保护

---

① 北京市文物局《中轴线基金会公益项目落地，助力北京中轴线申遗保护》[EB/OL].（2021-01-19）[2025-01-12]. https://wwj.beijing.gov.cn/bjww/wwjzzcslm/1737418/1738081/xyzx/10921224/index.html.

续表

基金组织	成立时间	资金规模	资金用途
北京中轴线可移动文物修复专项基金④	2023年12月	1 000万元	北京中轴线可移动文物的保护与修复

注：①北京京企中轴线保护公益基金会，http://www.bcapf.org.cn/k/about/v/12.
②北京中轴线基金会联手腾讯成立"中腾基金"[EB/OL].（2023-05-09）[2025-01-12]. 人民政协网. https://www.rmzxw.com.cn/c/2023-05-09/3341678.shtml.
③北京中轴线文化教育专项基金成立，将致力于北京文化遗产保护传承的人才培养[EB/OL].（2024-01-12）[2025-01-12]. 北京中轴线. https://www.bjaxiscloud.com.cn/web/news/details/1745697157791199233.html.
④北京中轴线可移动文物修复专项基金成立[EB/OL].（2024-01-03）[2025-01-12]. 新华网. https://www.news.cn/culture/20240103/af0c2935e27d42b2a92e1e5d1a913d73/c.html.
资料来源：根据北京京企中轴线基金会官网整理。

5. 信贷收入

创新性融资渠道也是激励社会参与北京中轴线保护的重要举措之一。泰安里位于北京中轴线南段，在文物建筑保护与活化利用过程中，北京市西城区政府首次采取信贷融资形式，获取无抵押无担保的1 000万元银行贷款，为泰安里文物建筑活化利用提供资金支持，撬动社会力量投入北京中轴线保护进程，联动了公益服务与文化旅游。但目前北京中轴线文物信用融资渠道尚不成熟，有待探索性发展。

（二）北京中轴线保护的资金来源表现失衡

北京中轴线文化遗产及其要素单位多为事业单位，部分单位免费参观，收入来源渠道有限。其中，遗产构成要素管理单位日常运行费用主要来自国家和北京市级财政，小部分来自门票收入；文物保护经费主要来自国家和北京市级文物保护资金；环境整治提升工程资金主要来自市、区财政资金①。由此可见，在中轴线文化遗产保护资金来源中，财政一直占主导地位，门票等事业收入和捐赠基金等其他收入处于辅助地位。例如，2023年北京中轴线遗产构成要素单位决算数据显示，财政投入占总收入的74.73%，上级补助收入占总收入的1.36%，事业收入占总收入的17.36%，事业单位经营收入占总收入的2.67%，其他收入占总收入的3.88%，财政投入约是其他收入的20倍（见图1）。相比而言，以英国古建筑保护协会为例，2020年英国古建筑保护协会的经费收入来源主要有8种，其中遗赠收入、基金补助收入和会员费收入占比前三，总计为66%，慈善活动收入、广告收入、投资收益、其

---

① 《北京中轴线保护管理规划（2022—2035年）》[EB/OL].（2023-01-30）[2025-01-12]. 北京市文物局. https://www.beijing.gov.cn/zhengce/zhengcefagui/202301/W020230130329977849629.pdf

他收入和捐赠收入合计占比34%(见图2),英国古建筑保护协会的资金来源更为多元化。北京中轴线的保护资金来源过度依赖财政投入,可能给政府带来财政压力。在北京中轴线申遗的关键时期,北京市文物局部门决算披露2023年支出14.57亿元,较上年增长4.54亿元,涨幅高达45%,资金主要用于中轴线申遗等工作①。因此,文化遗产保护受限于地方财力,与多元化的资金来源渠道相比,单一依赖财政使得文化遗产保护资金来源的稳定性和可持续性更具有风险。

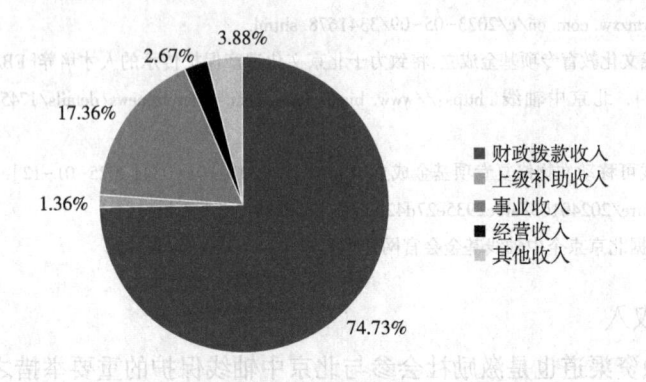

图1 北京中轴线文化遗产构成要素单位2023年决算收入结构

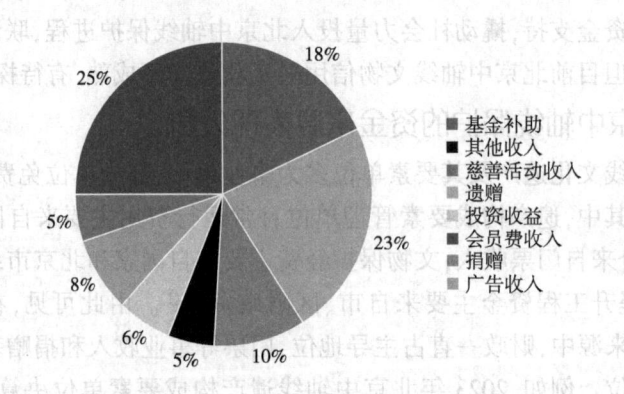

图2 英国古建筑保护协会2022年收入结构

资料来源：SPAB. SPAB 2020 Impact Report. https://www.spab.org.uk/sites/default/files/images/MainSociety/AboutUs/SPAB%202020%20Impact%20Report.pdf.

---

① 北京市文物局2023年决算公开[EB/OL].(2024-08-29)[2025-01-12]. 北京市文物局. https://wwj.beijing.gov.cn/bjww/362679/362680/482911/543394614/index.html.

三、北京中轴线保护的财税政策问题分析

资金是北京中轴线保护的经济基础。北京中轴线的资金来源表现失衡,更进一步分析发现,支持文化遗产保护的财税政策存在财政资金管理机制有待完善、吸引社会投入的税收优惠支持不足等挑战。

(一)北京中轴线的财政管理及支持方式有待完善

北京市中轴线文化遗产包含世界遗产、全国重点文物保护单位、北京市文物保护单位、尚未核定公布为文物保护单位的不可移动文物等15处文化遗产要素[①],涵盖了物质和非物质文化遗产,规模巨大,多个遗产要素拥有多重身份,获得多项财政资金支持,适用多个资金管理制度,资金管理难度较大。

1. 多头管理带来财政资金管理机制难题

北京中轴线是世界遗产,按照国家文物局、北京市文物局、北京市中轴线遗产保护中心、各遗产构成要素管理单位四级管理体系管辖。北京中轴线的遗产构成要素同时兼具多重保护身份,包括世界文化遗产(故宫、天坛、大运河世界文化遗产的万宁桥部分)、全国重点文物保护单位、北京市市级文物保护单位、尚未核定公布为文物保护单位的不可移动文物、历史建筑,以及北京市历史文化名城的重点保护区域。因此,北京中轴线保护涉及国家文物局、北京市文物局、北京市规划和自然资源委员会等多部门,财政资金来源多层级、多源头,分别适用多个资金管理的办法或规定,提高了资金管理的难度(见表4)。另外,北京中轴线覆盖15处核心遗产要素,建立了自上而下的组织体系:总体上,北京中轴线遗产保护中心(北京中轴线遗产监测中心)负责整体的管理协调,执行落实遗产保护重大事项,统筹申请的资金使用与分配。在此基础上,15处遗产构成要素管理单位是单独的遗产管理机构,负责各遗产要素的日常保护与管理工作[②]。因此,对北京中轴线各遗产要素之间资金的协调支持带来了难度,如何统筹用好中央、市、区财政资金是个值得研究的问题。

表4 北京中轴线保护的多个资金来源管理要求

文件	中轴线构成要素示例	资金来源与管理
《世界文化遗产保护管理办法》(中华人民共和国文化部令第41号)[①]	北京故宫、天坛、北京中轴线	地方政府将世界文化遗产保护和管理所需经费纳入本级财政预算

---

① 北京中轴线-保护身份,https://www.bjaxiscloud.com.cn/web/reserveIdentity/index.html。
② 北京中轴线,https://www.bjaxiscloud.com.cn/web/map/index.html。

续表

文件	中轴线构成要素示例	资金来源与管理
《国家文物保护专项资金管理办法》(财文〔2018〕178号)②	北京永定门、先农坛、天坛、正阳门、人民英雄纪念碑、金水桥、天安门、社稷坛、太庙、故宫、景山、万宁桥	中央财政;项目制管理
《国家非物质文化遗产保护资金管理办法》(财教〔2021〕314号)③	天坛传说等北京中轴线国家非物质文化遗产	中央财政;项目制管理
《北京市文化创意产业发展专项资金管理办法(试行)》(京财文〔2006〕2731号)④	故宫文化发展有限公司等在北京市依法注册并具有独立法人资格等条件的企事业单位	市财政拨款;项目制管理
《北京市非物质文化遗产保护专项资金管理办法》(京财科文〔2015〕995号)⑤	故宫博物院"传统百宝镶嵌制作与修复技艺"、国家博物馆"青铜器修复及复制技艺"等北京市级非物质文化遗产	市级财政拨款;项目制管理
《北京历史文化名城保护条例》(北京市人民代表大会〔2021〕3号)⑥	北京中轴线的历史建筑等	北京历史文化名城多渠道筹措机制;市级人民政府统筹安排资金,区人民政府负责落实保护利用

注:①中国中央人民政府中华人民共和国文化部令(第41号)[EB/OL].(2006-11-23)[2025-01-12]. https://www.gov.cn/flfg/2006-11/23/content_451783.htm.

②财政部、文物局关于印发《国家文物保护专项资金管理办法(财文〔2018〕178号)》的通知[EB/OL].(2018-12-29)[2025-01-12]. https://www.gov.cn/gongbao/content/2019/content_5389332.htm.

③财政部、文化和旅游部关于印发《国家非物质文化遗产保护资金管理办法(财教〔2021〕314号)》的通知[EB/OL].(2021-12-30)[2025-01-12]. https://www.gov.cn/zhengce/zhengceku/2022-02/08/content_5672515.htm.

④北京市财政局关于印发《北京市文化创意产业发展专项资金管理办法(试行)》的通知[EB/OL].(2007-01-30)[2025-01-12]. https://czj.beijing.gov.cn/zwxx/tztg/201912/t20191206_889022.html.

⑤北京市财政局、北京市文化局关于印发《北京市非物质文化遗产保护专项资金管理办法(京财科文〔2015〕995号)》的通知[EB/OL].(2015-06-08)[2025-01-12]. https://whlyj.beijing.gov.cn/zwgk/zcfg/2021qtwj/202112/t20211208_2556666.html.

⑥北京市人大《北京历史文化名城保护条例》[EB/OL].(2021-01-27)[2025-01-12]. http://www.bjrd.gov.cn/rdzl/dfxfgdxb/202102/P020210223560047523641.pdf.

资料来源:根据北京中轴线有关资金管理办法文件整理。

2. 对北京中轴线文化遗产的财政支持方式有待多元化

财政支持方式包括直接财政拨款、财政贴息、政府债券等。目前财政对北京中轴线的支持方式主要是直接财政拨款,利用政府资源撬动社会资源的手段较少,例如财政贴息、政府专项债券、政府和社会资本合作(PPP)模式等。北京中轴线资金主要依赖于中央、市、区各级财政拨款,带来文化遗产保护资金可持续性和稳定性的风险,也给地方财政带来一定的压力。

以政府专项债券为例,地方政府债券信息公开平台①显示,目前我国四川省、云南省、深圳市和贵州省等省市发行了文化旅游专项债券,但涉及文物修复、文化遗产保护与传承的地方政府专项债券较少,北京市目前没有发行文化旅游及文物保护等地方政府专项债券。鉴于财政直接拨款难以满足文化遗产保护的持续性资金需要,利用政府专项债券等方式支持文化遗产保护仍有较大发展空间。

(二)引导社会参与北京中轴线保护的税收优惠力度不足

1. 支持文化遗产活化利用的税收优惠力度有待加大

在文化遗产活化利用过程中,部分北京中轴线遗产构成要素单位与文化创意企业开展合作,通过文创产品的销售及服务增加收入来源,缓解中轴线保护的资金需求压力。从事文化创意服务的企业可以享受多项税费优惠政策。符合条件的文化创意企业可减半征收城建税等"六税两费";符合条件的文化创意企业可以申请认定高新技术企业享受15%的企业所得税税率优惠;企业为获得创新性、创意性、突破性的产品进行创意设计活动而发生的相关费用,可以享受所得税前100%加计扣除等。故宫文化发展有限公司、北京故宫宫廷文化发展有限公司等作为具有独立法人资格的经营实体,都是故宫博物院文创产品设计和开发的下属合作企业,按规定享受上述税收优惠。目前支持文化遗产活化利用方面,主要体现为文化企业依靠高新技术企业、小微企业等身份享受税收优惠。此外,随着新模式、新业态的发展,对于文化遗产创造性转化的沉浸式体验等新业态税收优惠力度支持不足,税收优惠政策可能滞后于文化遗产新业态发展。

2. 鼓励捐赠的税收激励有待优化

慈善捐赠对北京中轴线保护资金发挥重要的补充作用,在文化遗产保护资金来源中越来越重要。税收优惠是激励社会资本支持文化遗产保护的重要措施。2023年12月发布的《公众参与北京中轴线文化遗产保护与传承支持引导机制(试行)》明确设立北京中轴线文化遗产保护基金,鼓励支持公众为中轴线遗产保护提供资助,捐赠人或受益人依照有关法律法规的规定享受税收优惠。

目前支持社会捐赠的税收优惠主要集中在个人所得税和企业所得税。根据《财政部、税务总局关于公益慈善事业捐赠个人所得税政策的公告》(财税〔2019〕99号),个人将其所得对公益慈善事业进行捐赠,捐赠额未超过纳税人申报的应纳税所得额30%的部分,可以从其应纳税所得额中扣除。根据《关于公益性捐赠支出

---

① 中国地方政府债券信息公开平台,https://www.celma.org.cn/zqxx/index.jhtml。

企业所得税税前结转扣除有关政策的通知》(财税〔2018〕15 号),企业发生的公益性捐赠支出在年度利润总额 12% 以内的部分,准予在计算应纳税所得额时扣除;超过部分,准予结转以后 3 年内在计算应纳税所得额时扣除。但是需要注意的是,企业捐赠文物等实物,依据增值税、企业所得税相关规定,需要视同销售缴纳增值税、企业所得税。英国个人或企业捐赠也是遗产单位的重要收入来源之一,鼓励慈善捐赠的税收优惠涉及范围广,包括遗产税、增值税、所得税等,且优惠力度大。相比之下,我国激励捐赠的税收优惠政策还存在不足。

四、北京中轴线保护的财税政策优化

为了促进北京中轴线保护资金来源多元化,降低文化遗产保护对财政的过度依赖,需要进一步完善资金管理机制,完善鼓励社会参与的财税政策。

(一)完善财政资金管理制度,提高财政资金使用效率

由于北京中轴线的构成要素庞大且复杂,资金管理容易出现多头管理等问题,增加了北京中轴线资金的管理难度。为此,需要加强北京中轴线的资金管理,提高资金使用效率。

1. 完善财政资金管理制度

由于北京中轴线的财政资金来源较多,既包括一般公共预算安排,又包括国家文物保护专项资金等财政专项资金,资金管理机构又涉及北京市文物局、北京市多个单位,如何提高财政资金管理效率值得研究。

1)优化文化遗产保护的中央与地方支出责任划分

北京中轴线属于世界遗产,其 15 处文化遗产构成要素单位分别为全国重点文物保护单位、北京市文物保护单位等,但是从管理归属和支出责任来看,除了故宫博物院归属中央财政,天坛等即便是全国重点文物保护单位,其支出责任也归属于地方财政,导致文化遗产保护的财力支出依赖于地方财政以及中央对地方的转移支付。建议进一步完善文化遗产保护的中央与地方事权与支出责任,全国重点文物保护单位的经费由中央财政从一般公共预算支出中列支,市级文物保护单位的经费由地方财政从一般公共预算支出中列支,厘清中央与地方在文化遗产保护方面的财政责任划分。

2)建立北京中轴线保护资金协调机制

作为一项文化遗产,北京中轴线遗产保护中心(北京中轴线遗产监测中心)负责整体的管理协调,但是并不涉及资金调配,15 处文化遗产构成要素单位均有独立的管理机构,有不同的财政资金来源,多寡不一。因此,考虑北京中轴线遗产保护中心建立资金协调机制,基于文物保护需求协调资金使用方向和作用对象,形成

平衡管理的资金管理体系。

2. 优化财政支持文化遗产保护的方式

1)设立多个社会参与机制,鼓励企事业单位和社会民众参与北京中轴线的保护工作

例如,对北京中轴线保护有突出贡献的,可以给予一定荣誉称号;与企业合作开展影视剧创作,既可以吸引社会资金的参与,又可以提高北京中轴线的知名度;拓展捐赠渠道,北京中轴线遗产区内含多种古树名木,依托《北京市古树名木保护管理条例》(2019年修订)、《首都古树名木认养管理暂行办法》等,广泛宣传北京中轴线遗产区内的古树名木认养,鼓励企事业单位、个人认养,完善公益事业资金管理制度,给予认养证书、设立认养标志牌等荣誉。

2)探索设立文化遗产彩票

近几年我国彩票事业发展迅速,2023年北京市体育彩票等与体育有关的支出较2022年同期增长39.3%①。目前利用中央专项彩票公益金,撬动社会资金参与各类福利事业,包括体育事业、社会福利事业、居家养老、革命老区乡村振兴等②。建议探索设立文化遗产彩票,鼓励群众参与文化遗产保护。

3)不定期出台文旅消费券补贴政策

目前北京中轴线整体文旅消费吸引力较大,遗产构成要素单位部分保持较高水平,例如故宫、天安门广场、天坛等在节假日游客接待量达到饱和状态,但是其他遗产构成要素的游客相对较少。由此,对于游客较少的时间段,遗产构成要素单位可间断性提供北京中轴线文旅消费券,拉动文旅消费,促进事业收入和经营收入提高。

4)探索北京中轴线重大建设改造项目的PPP模式

北京中轴线含有大量历史遗存和历史建筑,其维护需要大额资金,单纯依靠财政拨款较难。因此,有必要探索北京中轴线重大建设改造项目PPP模式,缓解财政压力,增加可用资金,同时需要注意保护北京中轴线的公共属性,避免过度商业化,坚持财政资金的主导地位。

5)探索地方专项债券发行募集资金

中轴线文化遗产包含大量亟需保护的文物、古建筑等,对财政的依赖程度较高。《"十四五"文化和旅游发展规划》中提出了将文化和旅游重点领域符合条件

---

① 2023年北京市居民体育消费调查主要数据公告[EB/OL]. (2024-10-15)[2025-01-12]. 北京市体育局. https://tyj.beijing.gov.cn/bjsports/xxcx/tjxx/543430564/index.html.

② 财政部,彩票公益金, https://www.mof.gov.cn/zyyjsgkpt/zyddfzyzf/zfxjjzyzf/cpgyj/。

的项目纳入地方政府的专项债券支持范围①。因此,政府可以探索通过发行中轴线文化遗产保护专项债券的方式,吸引社会资金,拓展财政支持方式,缓解财政压力。

(二)完善税收优惠政策,激励社会参与文化遗产保护

社会参与是北京中轴线保护不可或缺的一部分。如果北京中轴线保护工作过度依赖财政投入,会对财政造成较大压力,并且不利于北京中轴线的常态化保护项目开展以及资金的持续稳定,所以应该鼓励社会参与。最直接的方式就是给予社会资金一定的税收优惠。

1. 优化支持文化遗产创造性转化、创新性发展的税收优惠政策

我国社会公众对文化遗产保护的参与程度一直较低,当前有关鼓励社会参与北京中轴线创造性转化、创新性发展的税收优惠政策不够充分。因此,需要完善税收优惠政策,鼓励全社会参与北京中轴线的保护。

随着信息技术的发展,沉浸式体验等新业态活化体现文化遗产的魅力,促进文化遗产的创新性发展。对于从事北京中轴线文创产品及文化遗产创造性转化业务的企业,可以给予更大的税收优惠力度。例如:给予沉浸式体验文创服务增值税低税率优惠;对购置新业态所需固定资产、软件等给予一次性扣除待遇;沉浸式体验门票收入所得税实行低税率优惠,降低企业的成本。

2. 优化文化遗产捐赠的税收政策

目前我国关于慈善捐赠的税收优惠主要集中在个人所得税和企业所得税的扣除等,税收优惠力度不足,且缺乏鼓励社会向文化遗产单位捐赠的特定税收优惠。因此,需要持续加大文化遗产捐赠的税收优惠力度,鼓励全社会向文化遗产保护项目捐赠。

社会捐赠是促进文化遗产保护的重要力量之一,可以适当延长所得税税前扣除的期限,适当提高企业捐赠税前扣除的限额,同时探索社会捐赠的其他税种的优惠。例如:借鉴英国代税捐赠制度,企业或个人将收藏的文物、珍贵历史文件等捐赠给文化遗产单位的,应和无偿捐赠给目标脱贫地区一样免征增值税;取消企业所得税捐赠税前扣除时间限制,允许无限期向后结转抵扣,激发社会向文化遗产单位和保护项目捐赠的积极性,避免文物和珍贵历史文件外流。

---

① "十四五"文化和旅游发展规划[EB/OL].(2021-04-29)[2025-01-12].文化和旅游部.https://www.gov.cn/zhengce/zhengceku/2021-06/03/5615106/files/2520519f03024eb2b21461a2f7c2613c.pdf.

参考文献

[1] 刘慧. 关于湘西州非物质文化遗产保护的思考[J]. 中国民族博览, 2015(9): 220-221.

[2] TRUPIANO G. Financing the culture in Italy[J]. Journal of Cultural Heritage, 2005, 6(4): 337-343.

[3] 杜群. 文化遗产保护公益诉讼的内在特征和性格[EB/OL]. (2024-05-24)[2024-06-13]. https://www.thepaper.cn/newsDetail_forward_27451833.

[4] 薛颖露. 促进我国文化产业发展的财税政策研究[J]. 北方经济, 2017(9): 75-77.

[5] CHOI M H, KO H B, SOHN Y S. Designing a business model for financial products for cultural heritage in the Korean market[J]. Journal of Cultural Heritage, 2009, 11(3): 315-320.

[6] 李婕. 英国文化遗产保护对我国的借鉴与启示: 基于财政的视角[J]. 经济研究参考, 2018(67): 32-39.

[7] 金超. 政府专项债券用于民族文化遗产保护的路径探析[J]. 民族学论丛, 2023(1): 83-90.

[8] 周波, 张凯丽. 促进慈善捐赠的企业所得税政策探析[J]. 税务研究, 2020(5): 49-55.

[9] 财政部财政科学研究所课题组, 王朝才. 促进我国公益性文化事业发展的财税政策研究[J]. 经济研究参考, 2013(45): 3-21.

[10] 解学芳, 臧志彭. 国外文化产业财税扶持政策法规体系研究: 最新进展、模式与启示[J]. 国外社会科学, 2015(4): 85-102.

[11] 李贞, 莫松奇, 郭钰瑛. 我国慈善捐赠税收政策体系的完善研究[J]. 税务研究, 2021(2): 127-132.

减税激励与稳就业

邓 琨①

摘 要：就业是民生之本，是发展之基。新中国成立 70 余年来，社会就业总量持续增长，就业结构不断调整优化，就业质量显著提升。近年来，全球经济进入动荡变革期，产品市场需求萎缩，就业问题更加凸显，呈现出失业率持续处于高位、劳动力有效需求不足、结构性失业问题严重等现象。习近平总书记在党的二十大报告中提出我国要实施就业优先战略，为了实现这一目标，政府需要运用好政策工具。为探究税收政策的就业促进效果，本文运用上市公司数据，实证检验了减税激励对劳动力需求的影响。研究发现，减税激励对企业就业总量有积极的正向影响，通过产出效应和融资约束效应促进企业就业。但对不同行业和地区企业就业的影响效果不同，对制造业、资本密集程度较高以及高新技术行业促进效应更强，对发达地区、低市场化程度地区企业就业影响更大。

关键词：减税　就业规模　就业结构

一、引言

就业是民生之本，关乎国家经济稳定发展和人民群众基本生活需求的改善，关乎社会秩序安定和广大人民群众幸福感、安全感。

其一，就业是稳定之基。一方面，就业保障了普通民众衣食住行最基本生存需求，这是因为我国大多数普通民众是通过就业获得的工资或经营收入。另一方面，就业是社会和谐安定的保障，历史经验表明，如果社会存在大量失业状态，就容易引发大量贫困等社会问题，造成社会动荡。

其二，就业是经济发展之要。经济发展离不开劳动力要素。一方面，民众就业的稳定可以使得大众的购买力得到保障，进而实现稳定内需，具有促进消费、刺激经济增长的作用。另一方面，就业的数量多少和质量高低，不仅反映了当前的经济发展状况，也决定了企业产品与服务供给是否能够优化升级。就业是我国经济高质量发展的动力源泉，是稳定产业供需链条的着力点。由此可见，就业的稳定是保

---

① 邓琨，经济学博士，西安财经大学经济学院讲师。

民生,促发展,实现社会主义共同富裕的关键枢纽。

财政是国家治理的基础和重要支柱,利用税收政策是政府满足公共需求的重要政策手段,也是财政参与社会产品分配的重要体现。税收政策作为宏观调控的重要政策工具,其有效实施有助于推动经济增长,增加就业规模,提高就业质量。自2016年起,通过实施全面"营改增"改革、降低增值税税率、个人所得税改革以及"放管服"改革减少行政性收费等一系列优惠措施,切实兜底民生,稳定经济发展。数据显示,"十三五"时期累计减税降费超过7.6万亿元,其中减税约为4.7万亿元。大规模的减税减轻了企业的税费负担,提升了企业的盈利能力,对就业市场产生了深远的影响。

大量文献从理论和实证两方面研究减税的就业效应,其中针对微观企业的研究主要集中讨论不同类型的税收优惠政策对企业行为的影响,可以分成两类:一是对企业投资行为的影响研究。增值税转型政策有助于企业增加企业固定资产投资(聂辉华等,2009),当企业增值税税率下降时,会增加企业投资(zhang et al.,2018;许伟和陈斌开,2016)。此外,减税还能够提高企业的劳动生产率(李明,2018),而企业生产率的提高,会使得企业扩大生产,这有助于企业增加劳动力需求。二是对企业雇佣决策的影响。学者研究发现,减税能够增加企业的劳动需求,使得企业增加员工雇佣。王贝贝等(2022)发现,固定资产加速折旧税收优惠能显著促进地区总就业。同时,税收优惠能够降低企业的实际税率(姚东旻等,2020),实际税率的降低可减轻企业税收负担,而税收负担的下降能够增加企业的劳动力需求(刘铠豪和王雪芳,2020)。这种劳动需求的增加主要是由于税负下降增加了企业利润,带来了产出效应,刺激企业扩张(Koskela & Schob,2002),使得企业增加雇佣更多新员工。但也有学者研究发现,减税并没有对劳动力需求产生影响(Jentsch & Lunsford,2019)。可见减税激励与就业之间的关系没有得到一致的结论。对此,本文利用上市公司数据,探究减税激励对企业劳动力需求的影响效果,着重考察其影响和作用机制。

二、理论分析与研究假说

减税激励对就业的影响,主要是通过影响企业劳动力需求实现的。总的来说,减税可以降低企业成本,在其他条件不变的情况下,会增加企业利润,使得其扩大生产,增加劳动力需求,从而扩大就业规模。具体有以下两个作用路径:

(一)减税的产出效应

企业缴纳的税费作为企业生产经营的成本,会直接影响企业经营利润,政府以减免税费的形式,能够降低企业的实际税负,从而减少其经营成本,这给予企业扩大生产规模机会,促使企业增加产出,从而增加其劳动力需求,扩大就业规模。同时,在乘数效应的作用下,新的就业者会产生新的消费需求,消费需求的增加又会刺激相关行业发展带来这些行业就业人数的增长,从而使得社会就业总量增加。

(二)减税的融资效应

减税降费能够降低企业税负(冯俊诚,2022),从而降低了企业的生产成本,增加了自身的盈利能力和现金流量。企业的盈利能力和现金流量的增加,意味着内源性资金充盈。即税收负担的降低能够缓解其内源融资压力。与此同时,企业良好的盈利能力,也向资本市场传递企业良好的经营能力,增加了企业的外源融资机会(Chen et al. ,2013)。无论是内源融资还是外源融资能力的提高,都能较好地缓解企业的财务状况,而良好的财务状况使得企业更有意愿增加劳动储备,进而增加劳动需求,这增加就业。

据此提出本文的研究假设:减税激励能够促进企业增加劳动力需求,其主要是通过产出效应和融资效应实现的。

三、研究设计

(一)模型设定

为了检验减税激励对就业的影响,本文以微观企业为研究对象,考察减税对劳动力需要的影响,具体的模型设定如下:

$$employ_{it} = \gamma_0 + \gamma_1 tax_{it} + \mu_t + \delta_i + M_{it} + \varepsilon_{it} \tag{1}$$

式中,i 表示企业,t 表示年份,$employ_{it}$ 为被解释变量,表示 i 在 t 年年末在岗职工总数。tax_{it} 为核心解释变量,表示企业 i 在 t 年实际税负的变动。M_{it} 表示控制变量,ε_{it} 表示回归残差项。因此,γ_1 为关注的核心解释变量系数,若系数大于 0 且显著,则表明减税激励能够带来就业的促进效应,反之则说明减税激励并不能促进就业水平的提高。

(二)指标的说明

1. 被解释变量

本文的被解释变量为劳动力就业($employ$),选用上市公司年末在职职工总数对数表示。该指标反映了企业职工就业程度,指标数值越大表示企业吸纳就业的能力就越强。在稳健性检验中还分别选用在职职工总数/在职职工行业年度均值这个相对指标衡量企业吸纳就业能力进行再次验证。

2. 解释变量

研究减税对企业就业的影响,核心解释变量为税费负担($taxden$)。借鉴冯海波和陆倩倩(2020)的做法,用企业应交税费/企业营业收入来衡量。

3. 控制变量

考虑到其他因素对劳动力就业的影响,参考已有文献后添加有关控制变量。

(1)企业规模($size$),用企业年末营业收入的对数表示。预期估计系数为正,即认为企业规模对劳动力就业同样会产生正向影响。

(2)企业年龄(age),采用常规做法,用观测年减去成立年份。预期估计系数为正,企业年龄会对劳动力就业产生积极作用。

(3)有形资产密集度($capital$),用固定资产净值与资产总额的比值来衡量。由于资本与劳动具有替代效应,预期估计系数为负,即企业有形资产密度对劳动力就业会产生负向影响。

(4)无形资产密集度($intangible$),用无形资产的净值与资产总额的比重来衡量。企业无形资产是企业创新能力及技术水平的体现,技术进步会对劳动力产生替代效应。预期估计系数为负,即无形资产对企业就业吸纳能力产生负向影响。

(5)资产回报率(ROA),采用企业净利润占资产总额的比重来表示。预期估计系数为正,企业资产回报率对劳动力就业具有积极影响。

(6)资产负债率(DAR),用企业负债总额占资产总额的比重表示。资产负债率是衡量企业负债水平及风险程度的重要标志。一方面是企业资本结构的经营风险的反映,资产负债率越低,说明取得的外部资产越少,企业外源融资能力较差,对就业吸纳能力具有消极作用;另一方面,资产负债越高,说明企业通过借债筹资的资产越多,从侧面反映企业前景较好,对就业吸纳能力具有积极作用。

表 1 所示为主要变量的定义。

表 1 主要变量定义及计算方法

变量类型	变量名称	变量符号	计算方法
被解释变量	劳动力就业	$employ$	Ln(在职职工数)
解释变量	减税激励	$taxden$	应交税费/企业营业收入
控制变量	企业规模	$size$	Ln(企业年末营业收入)
	企业年龄	age	Ln(观测年份-成立年份)
	有形资产密集度	$capital$	固定资产净值/资产总额
	无形资产密集度	$intangible$	无形资产的净值/资产总额
	资产回报率	ROA	企业净利润/资产总额
	资产负债率	DAR	负债总额/资产总额

(三)数据来源

本文实证研究的公司数据样本选取自国泰安数据库 A 股上市公司,研究区间为 2012—2020 年。样本观察期自 2012 年开始,主要是依据中国宏观经济于 2012 年进入新发展阶段,经济增速放缓,就业压力加大,故将样本初始年份设定在 2012 年,能够更好地研究减税对劳动力就业的影响。在进行实证检验前对样本数据进行了数据清洗,参照已有文献的做法,一是剔除了金融行业企业和 ST 企业;二是删除样本中变量数据异常和缺失严重的数据,最后共获得 3 111 家上市公司;三是所有变量均作了上下 1% 的缩尾处理。

表 2 汇报了变量描述性统计,劳动力就业均值为 7.657 4,最大值为 11.306 4,最小值为 4.343 8;税收负担平均值为 0.035 1,说明企业在样本期内平均每单位资产获得 0.035 1 元税负减少。通过描述性统计可知,各变量均具有差异性,符合回归分析所需。

表 2 主要变量描述性统计

变量	变量名	样本数	平均值	标准差	最小值	最大值
劳动力就业	$Employ$	25 500	7.657 4	1.222 1	4.343 8	11.306 4
税收负担	$taxden$	25 500	0.035 1	0.189 2	-4.917	14.309 1
企业规模	$size$	25 600	21.546	1.426 7	17.803 3	25.940 5
企业年龄	age	25 100	2.272 7	0.740 9	0.693 1	3.332 2
有形资产密集度	$capital$	25 500	0.195 9	0.151 9	0.001 3	0.686 4
无形资产密集度	$intangible$	22 400	0.042 8	0.042 6	0.000 0	0.326 0
资产回报率	ROA	25 500	0.441 0	0.208 7	0.060 1	0.973 3
资产负债率	DAR	22 600	0.030 2	0.068 2	-0.430 5	0.201 3

四、实证结果分析

(一)基准回归

减税降费作为政府稳定就业的主要措施,其对企业就业的促进效果是政府重点关注的内容。具体来说是以减税降费为主的税式支出,能够降低企业税负。因此,研究减税激励对就业的影响,可以分析企业税收负担变化与企业劳动力需求之间的关系。一般来说,税负降低能够提高企业的就业吸纳能力,创造出更多的就业机会和就业岗位。在经过豪斯曼检验后,选择固定效应模型,同时为了保证结论的稳健性,采用了逐步回归的办法依次加入控制变量的估计方法,回归结果如表3所示,结果均控制了固定效应。表3中(1)列为不添加控制变量的回归结果,税收负担的估计系数为-1.516 3,在1%的置信水平上显著。这说明减税激励对企业就业吸纳能力具有显著的促进作用。(2)至(4)列为逐步添加控制变量的回归结果,税收负担的估计系数均显著为负。(5)列为包含全部控制变量的回归结果,税收负担的估计系数为-1.195 7,通过1%的显著性水平。这说明以减税降费为主的税式支出使得企业税收负担下降,增加了企业劳动力的雇佣需求,对提升企业的就业吸纳能力有积极的促进作用。政府通过以减税降费等税收优惠方式为主的税式支出,降低了企业成本,给予了企业更多的发展空间,创造出了更多的就业岗位,达到了从源头稳定地区就业需求,保障了就业水平。

表3中(5)列其他控制变量对劳动力就业也产生了不同程度的影响,具体如下:企业规模与企业就业有显著的正向关系,表明企业规模扩大,会创造出更多的就业岗位,有助于达到稳定就业的目的。有形资产密集度和无形资产密集度与职工就业之间也呈显著的正相关,主要的原因是资本与技术对劳动力的替代效应小于技术进步对就业带来的补偿效应。资产回报率估计系数不显著。企业年龄与就业之间正相关,这说明在其他条件不变的情况下,企业成立时间越久,其稳定就业的能力就越强。资产负债率对就业的影响估计系数显著为正,这说明资产负债率对企业就业具有促进效应。

表3 减税激励对企业就业的影响

变量	(1) 企业就业	(2) 企业就业	(3) 企业就业	(4) 企业就业	(5) 企业就业
税收负担	-1.516 3***	-1.305 3***	-1.148 2***	-1.150 1***	-1.195 7***
	(0.331 3)	(0.220 7)	(0.206 7)	(0.208 2)	(0.206 4)
企业规模		0.658 7***	0.677 4***	0.668 3***	0.652 4***
		(0.019 7)	(0.018 6)	(0.019 4)	(0.020 0)
有形资产密集度			0.776 3***	0.740 6***	0.709 4***
			(0.087 0)	(0.085 4)	(0.087 7)
无形资产密集度			1.100 4***	1.067 9***	1.040 0***
			(0.278 2)	(0.273 2)	(0.274 5)
企业年龄				0.068 3***	0.052 3***
				(0.016 4)	(0.015 2)
资产回报率					-0.005 4
					(0.009 6)
资产负债率					0.052 3***
					(0.015 2)

续表

变量	(1) 企业就业	(2) 企业就业	(3) 企业就业	(4) 企业就业	(5) 企业就业
_cons	7.708 2***	5.140 2***	4.856 9***	4.760 4***	4.762 9***
	(0.008 4)	(0.076 6)	(0.078 3)	(0.078 1)	(0.075 2)
个体固定效应	YES	YES	YES	YES	YES
时间固定效应	YES	YES	YES	YES	YES
R^2	0.911 0	0.946 9	0.949 0	0.949 2	0.949 4
N	30 576	30 576	30 570	30 570	30 570

注：括号内为聚类到企业的稳健标准误，*** 表示 $p<0.01$，** 表示 $p<0.05$，* 表示 $p<0.1$。下同。

（二）稳健性检验

1. 内生性检验

在基准回归模型中，一方面控制了个体和时间固定效应，另一方面尽可能控制了影响企业就业的微观因素，但依旧可能存在遗漏变量的偏误内生性问题。为此，需要进一步进行检验，以保证结果的准确性。本文首先参照一般文献的做法，引入滞后1期税收负担作为工具变量。其次，参照童锦治、刘诗源和林志帆（2018）的研究，考虑到行业特点，选用"同一省份、同一行业税收负担的均值"，行业税收负担均值与该企业就业需求并无直接联系。基于两阶段最小二乘（2SLS）的回归结果如表4所示，工具变量通过了外生性和弱相关检验。（1）和（2）列均加入了控制变量，控制了固定效应。可以看出，工具变量回归结果与基准回归结果相似，充分说明基准回归的结果是稳健的。

表4 内生性检验：基于工具变量回归

被解释变量	(1) 企业就业	(2) 企业就业
税收负担	−2.438***	−1.985***
	(0.826)	(0.236)
控制变量	Yes	Yes
年份固定效应	Yes	Yes
企业固定效应	Yes	Yes
R^2	0.414	0.417
N	22 238	22 232
Kleibergen-Paap F	108.545	1 515.846

2. 更换被解释变量度量

在基准回归中,企业就业的度量是选用在职职工总数的对数衡量的。为了使得估计结果更加准确,避免衡量方法造成的结果偏误,更换企业就业的衡量方法。参考柳学(2020)的衡量方式,采用两种方法重新衡量职工就业:一是采用单位资产职工数;二是采用企业在职职工总数占行业年度均值的比例。表5中(1)和(2)列分别展示了替换企业就业的回归结果。其中,(1)列是采用单位资产职工数衡量企业就业的回归结果,(2)列是采用企业年度在职职工总数占行业年度均值的比例。结果显示,税收负担的估计系数均为负且显著,回归结果与基准回归结果基本相似,说明基准回归的结果是稳健的,减税激励对企业就业具有促进效应。表5中(3)列为缩小样本后的回归结果,与基准回归结果依然一致。

表5 稳健性检验:更换被解释变量度量和缩小样本

变量	(1) 企业就业1	(2) 企业就业2	(3) 企业就业
税收负担	-1.1994***	-0.3123**	-0.9510***
	(0.1451)	(0.1348)	(0.2685)
控制变量	YES	YES	YES
年份效应	YES	YES	YES
个体效应	YES	YES	YES
_cons	-4.2963***	-1.4077***	4.9817***
	(0.0403)	(0.1115)	(0.1329)
R^2	0.9175	0.9328	0.9695
N	30 570	30 570	9 308

(三)机制检验

接下来,将对以减税降费等税收优惠为主的税收政策激励影响企业就业的作用机制渠道进行进一步分析。政府实施减税降费政策能够通过产出效应影响企业就业。为进一步验证这一机制,借鉴王锋和葛星(2022)采用与企业产出直接相关的营业收入代表企业产出水平。表6中(1)列展示了减税激励对企业产出的影响的估计结果。结果表明,税收负担的估计系数为-3.066,在1%的水平上通过显著性检验,在成本原理的作用下,以减税降费为主的税收激励政策能够提高企业产出。进一步验证企业产出对就业的影响,结果如表6中(2)列所示。结果显示,企业产出的估计系数为0.3180,在1%的水平上显著为正,说明减税可以通过提高企业产出促进企业就业。

进一步验证减税的融资约束机制。一方面,税负的降低增强了企业内源融资能力;另一方面,企业良好的盈利能力也向资本市场传递企业良好的经营能力,增加了企业的外源融资机会。对于融资约束的衡量,借鉴姜付修等(2016)采用SA指数衡量企业的融资约束,即 $SA = -0.073size + 0.043size^2 - 0.04age$。表6中(3)列展示了减税激励对融资约束的影响的估计结果。结果表明,税收负担的估计系数为0.405 6,在1%的水平上通过显著性检验,以减税降费为主的税收激励政策能够缓解融资约束。进一步验证融资约束对就业的影响,结果如表6中(4)列所示。结果显示,融资约束的估计系数为0.909,在1%的水平上显著为正,说明减税可以通过缓解企业融资约束促进企业就业。

表6 减税激励通过产出效应影响企业就业

变量	(1) 企业产出	(2) 企业就业	(3) 融资约束	(4) 企业就业
税收负担	-3.066*** (0.287 2)		0.405 6*** (0.030 2)	
企业产出		0.318 0*** (0.024 9)		
融资约束				0.909*** (0.023 5)
控制变量	YES	YES	YES	YES
年份效应	YES	YES	YES	YES
个体效应	YES	YES	YES	YES
_cons	0.109 7 (0.108 3)	4.698 5*** (0.064 6)	-0.291 9*** (0.076 5)	6.074*** (0.065 3)
R^2	0.959 1	0.951 8	0.988 4	0.509 3
N	30 012	30 011	30 012	30 011

五、进一步分析

(一)对不同经营内容行业就业影响的差异性

为进一步探究税收负担变化对不同行业就业影响是否存在差异,需要对企业所属行业进行区分。按照中国证监会2012版行业分类,将样本期内的企业分为制造业和服务业,以此对比检验税式支出对不同经营内容行业的企业就业的影响。表7中(1)和(2)列分别展示了减税对不同经营内容行业就业影响的差异性。结果显示:对于制造业,税收负担的估计系数为-1.7015,在1%的水平上通过了显著性检验;对于服务业,税收负担的估计系数为-1.1147,在1%的水平上通过了显著性检验。这说明税收负担对不经营内容行业就业的影响存在差异,税收负担对制造业就业的促进效应更强。制造业等生产性行业对劳动力的需求弹性大于服务性行业,故减税激励对其就业影响更大。

表7 减税激励对不同行业就业的影响

类型	制造业	服务业	劳动密集	资本密集	非高新	高新
变量	(1)	(2)	(3)	(4)	(5)	(6)
	企业就业	企业就业	企业就业	企业就业	企业就业	企业就业
税收负担	-1.7015***	-1.1147**	-0.8899***	-1.1995***	-0.7169*	-1.4307***
	(0.4258)	(0.4306)	(0.2176)	(0.2517)	(0.2334)	(0.2555)
控制变量	YES	YES	YES	YES	YES	YES
年份效应	YES	YES	YES	YES	YES	YES
个体效应	YES	YES	YES	YES	YES	YES
_cons	-4.470***	-5.002***	4.7101***	4.3378***	-4.8105***	4.7381***
	(0.1194)	(0.1732)	(0.1064)	(0.1158)	(0.1244)	(0.1014)
R^2	0.9422	0.9484	0.9621	0.9663	0.9522	0.9561
N	9250	6995	14623	14759	12554	17322

(二)对不同要素密集程度行业就业影响的差异性

前文分析发现以减税对经营内容不同的行业就业影响效果不同,进一步分析可能是由于行业要素密集度的不同导致的差异。因此,为了更好地分析减税激励对不同行业就业的影响,有必要进一步探究对于不同要素密集度的企业,减税对就业的影响是否存在差异。为了考察要素密集度是如何影响减税激励与企业就业之间的关系,借鉴李磊和盛斌(2019)的划分方法,构建企业资本密集度指标作为划分标准,资本密集度=Ln(固定资产净值/员工人数)。以资本密集度50%分位数作为阈值,将企业资本密集度在50%分位数以上的企业视作资本密集型,将企业资本密集度在50%分位数以下的企业视为劳动密集型。表7中(3)和(4)列汇报了减税对不同要素密集程度行业就业的影响的差异性。对于劳动密集型分组,税收负担的估计系数值为-0.8899,在1%置信水平上显著;对于资本密集行业分组,税收负担的估计系数值为-1.1995,通过了1%的显著性检验。这说明税收负担对不同要素密集程度行业就业的影响存在差异性,税收负担对资本密集程度较高的行业就业的促进作用更强。资本密集度更高的行业,意味着劳动需求弹性更大,因此政府的减税行为对其就业的影响更大。

(三)对不同科技程度行业就业影响的差异性

高新技术产业中的企业是政府重点扶持和发展的,是促进经济高质量发展的内在动力。因此,需要进一步考察减税激励对高新技术产业以及非高新技术产业企业就业的影响是否存在差异。参照彭红星等(2017)的划分方法,将样本分为高新技术行业以及非高新技术行业。表7中(5)和(6)列汇报了减税激励对不同科技程度行业就业的影响,对于非高新技术产业,税收负担的估计系数为-0.7169,在5%的水平上显著;对于高新技术产业,税收负担的估计系数为-1.4307,通过了1%显著性水平检验。说明减税对不同科技程度行业企业就业影响存在差异,减税对高新技术行业就业的促进作用更强。这主要是相较于非高新技术行业,高新技术行业的劳动需求弹性更大,故减税对其就业影响效果更强。

(四)对不同经济水平地区就业影响的差异性

地区财政支出能力与地区经济发展水平息息相关,经济发展水平也是影响就业水平的重要因素,不同的经济发展水平的地区,减税对就业的影响是否会存在差异,需要进一步讨论。因此,基于经济发展水平来分析发达地区与欠发达地区减税激励对劳动力就业的影响。采用贾俊雪等(2016)的划分标准,以人均GDP的中位数为界,将地区经济发展水平分成经济发达地区与经济欠发达地区两组,以此检验减税的作用效果。表8中(1)和(2)列分别展示了减税激励对不同经济发展水平地区就业的影响。对于欠发达地区,税收负担的系数估计值为-0.3575,没有通过显著性检验;对于发达地区,税收负担的系数估计值为-1.1499,通过了1%的显著性检验。这说明税式支出对不同经济发展水平地区就业影响存在差异性,税式支出对发达地区企业就业有促进作用,但对欠发达地区企业就业没有影响,说明发达地区企业税式支出对提高就业水平的促进作用更强。

(五)对不同市场化程度地区就业影响的差异性

企业所在地区市场化环境与企业发展同样有着紧密的关系,不同市场化程度地区所形成的市场与制度存在着差异,会影响该地区的经济产业发展,进而影响所在产业的企业。因此,市场化程度不同的地区,税式支出对企业就业的影响是否会存在差异,需要进一步分析讨论。采用樊纲、王小鲁(2010)所构建的市场化程度指标,以全国均值的标准将地区分为高市场化水平和低市场化水平两组,以此检验财政补贴的作用效果。表8中(3)和(4)列分别汇报了市场化程度差异下税式支出对企业就业影响的差异性,结果显示:对于低市场化水平地区,税收负担系数估计值为-1.252 1,在1%的水平上通过了显著性检验;对于高市场化水平地区,税收负担的估计系数为-0.882 9,在5%的水平上通过了显著性检验。这说明税式支出对不同市场化程度地区企业就业影响存在不同,税式支出对低市场化水平地区就业的促进效用更大。说明低市场化地区企业的就业吸纳能力对政策的反应更强。总的来说,无论从经济发展水平还是地区市场化水平来看,减税激励对区域就业结构都产生了影响。

表8 减税激励对不同经济发展水平和市场化程度企业就业的影响

类型	欠发达地区	发达地区	高市场化水平	低市场化水平
变量	(1) 企业就业	(2) 企业就业	(3) 企业就业	(4) 企业就业
税收负担	-0.357 5 (0.465 7)	-1.149 9*** (0.223 0)	-0.882 9** (0.295 5)	-1.252 1*** (0.297 9)
控制变量	YES	YES	YES	YES
年份效应	YES	YES	YES	YES
企业效应	YES	YES	YES	YES
_cons	4.632 6*** (0.247 4)	4.824 6*** (0.096 7)	4.691 6*** (0.139 8)	5.020 7*** (0.113 6)
R^2	0.961 0	0.951 6	0.960 2	0.958 6
N	8 963	10 116	11 650	8 723

六、结论与政策建议

当今世界正在经历着百年未有之大变局,中国经济发展也随之进入崭新的历史阶段,正在由高速增长向着高质量增长转变。在此经济大背景下,本文研究减税激励对劳动力就业影响的作用效果和路径,为财政如何助力实现更加充分更高质量的就业提供思考和参考方向。

本文使用2012—2020年国泰安上市公司数据库以及城市层面数据,实证研究了减税与企业职工就业之间的关系,发现减税对企业就业具有显著的促进效应。行业就业结构的影响差异发现,按照经营内容区分,减税对制造业企业就业的促进作用更强;按照要素密集度区分,减税对资本密集度行业的就业水平的促进作用更强;按照行业科技发展程度区分,减税对高新技术行业就业的促进作用更强。区域异质性研究发现,区分经济发展水平,减税对发达地区企业就业有促进作用,但对欠发达地区企业就业没有影响;区分地区市场化程度,低市场化地区企业的就业吸纳能力对政策的反应更强。同时验证了减税激励对企业就业的影响是通过产出效应和融资约束效应实现的。

故从缓解就业压力的角度而言,为更好地促进就业水平的提高,稳定社会就业,可采取以下措施:

一是进一步降低中小企业总体税收负担。以减免退税等多种政策形式,以更大的政策力度,真正降低企业成本,帮助其渡过难关。切实发挥中小企业"就业蓄水池"的作用。

二是针对不同企业实施差异化的税收优惠政策。其一,后续在政策制定前,可充分利用大数据分析的优势,找到真实经营且经营困难的企业。保证这些企业的税负只减不增。其二,要精准施策,发挥结构性减税政策的作用,最大限度发挥减税降费政策的就业效应,有针对性地对中小企业给予分类政策倾斜。其三,对制造业这类的实体经济,以及受外部冲击较大的贸易行业企业,应加大扶持力度,更好地发挥商品的就业带动作用。

三是创新已成为推动经济高质量增长的核心动力源泉。创新活力离不开政府的扶持,税收优惠能够激励企业创新,驱动经济增长。因此,通过减税降费政策,与企业协同发力,促进企业投入更多的资源来进行研发,提升改造技术升级速度,刺激经济增长。一方面,采取更宽松的标准来对研发费用进行扣除。另一方面,还应协调其他税种,完善高新技术企业所得税税收优惠等有关政策。用科技创新驱动发展,创造更多的就业岗位。

参考文献

[1]聂辉华,方明月,李涛.增值税转型对企业行为和绩效的影响:以东北地区为例[J].管理世界,2009(5):17-24,35.

[2]许伟,陈斌开.税收激励和企业投资:基于2004—2009年增值税转型的自然实验[J].管理世界,2016(5):9-17.

[3]童锦治,刘诗源,林志帆.财政补贴、生命周期和企业研发创新[J].财政研究,2018(4):33-47.

[4]王贝贝,陈勇兵,李震.减税的稳就业效应:基于区域劳动力市场的视角[J].世界经济,2022,45(7):98-125.

[5]刘铠豪,王雪芳.税收负担与企业劳动力需求:来自世界银行中国企业调

查数据的证据[J]. 经济学家,2020(7).

[6]李明,李德刚,冯强. 中国减税的经济效应评估:基于所得税分享改革"准自然试验"[J]. 经济研究,2018,53(7):121-135.

[7]李磊,盛斌. 性别雇佣偏见与企业生产率[J]. 经济学(季刊),2019,18(4):1267-1288.

[8]彭红星,毛新述. 政府创新补贴、公司高管背景与研发投入:来自我国高科技行业的经验证据[J]. 财贸经济,2017,38(3):147-161.

[9]姚东旻,张鹏远,朱泳奕. 减税会扩大企业生产要素需求吗?:基于"营改增"改革的理论推测和实证检验[J]. 经济学动态,2020(10):28-43.

[10] JENTSCH C, LUNSFORD K G. The Dynamic Effects of Personal and Corporate Income Tax Changes in the United States: Comment[J]. American Economic Review, 2019, 109.

[11] ZHANG L, CHEN Y, HE Z. The effect of investment tax incentives: evidence from China's value-added tax reform[J]. International Tax and Public Finance, 2018, 25(4):913-945.

税收优惠政策对零售业企业供应链韧性的影响研究

刘彦龙　南林汐①

摘　要：随着经济体制改革的推进，我国经济步入产业转型升级的关键时期。作为直接对接消费的最后一环，批发零售业在引导消费端、调整供给端方面发挥着至关重要的作用。本文基于新发展格局背景，采用我国 220 家 A 股上市批发零售业 2016—2023 年的样本数据，就税收优惠政策对零售业企业供应链韧性的影响效果进行了实证研究。研究发现：税收优惠政策对我国批发零售上市企业供应链韧性具有显著的正向促进作用。异质性分析结果显示：税收优惠政策对供应链韧性的促进作用主要体现在我国东部、西部地区，且西部地区较东部地区更显著。基于此研究结论，提出因地制宜地精细化构建税收优惠政策体系、加强成本控制和资金流动性管理、加强供应链风险管理、推动供应链数字化转型等政策建议。

关键词：税收优惠　产业链供应链韧性

一、引言

批发零售业，作为我国商贸流通体系的核心支柱，对于稳定经济增长、促进经济繁荣具有不可估量的价值。在新时代经济格局的转型与重塑中，批发零售业通过其扩容增效的战略路径，成为驱动内需循环、促进消费潜力释放的关键引擎。因此，确保批发零售业供应链的顺畅运作，不仅是稳固国家经济可持续发展基石的必然要求，也是政府政策制定与实施的焦点所在。2022 年 5 月 31 日，国务院发布《关于印发扎实稳住经济一揽子政策措施的通知》，其内含的六大维度、共计 33 条具体举措，深刻体现了国家对于稳定经济增长、强化市场主体活力、保障就业以及促进供应链畅通的坚定决心与战略部署。这一政策框架的实施，为批发零售业提供了强有力的政策支撑与发展契机。2023 年中国批发和零售业 GDP 达到 123 072 亿元，同比增长 6.2%。近年来，相关政策实施成效已经初显，尤其是针对中小微企业的政策，为我国中小微批发零售企业繁荣发展带来了积极的作用。据统计，我国

---

① 刘彦龙，兰州财经大学财政与税务学院副教授；南林汐，兰州财经大学财政与税务学院硕士研究生。

批发和零售企业总数已逾 7 155.95 万家,其中个体工商户与中小微企业占比高达 98.22%,构成了行业发展的坚实基础。同时,超过 600 家批发和零售企业在 A 股市场成功上市,如王府井、永辉超市、居然之家等知名企业,其高质量发展模式为我国消费市场的稳定与升级提供了有力支撑。在此背景下,优化批发零售企业的供应链结构,强化供应链韧性,已成为推动行业可持续发展的重要课题,是确保批发零售企业在复杂多变的市场环境中稳健前行的关键所在。

在经济全球化趋势下,中国经济实现了跨越式发展,营销环境优化,消费迭代升级。与此同时,大数据、人工智能、云计算等前沿信息技术的涌现、普及与深度融合,以及消费模式的多元化与消费需求的持续演进,共同构成了对传统零售业模式的深刻挑战。在此背景下,"新零售"模式应运而生,其以"线上+线下+物流"的深度融合为核心特征,迅速成为零售业态转型的新趋势。面对日益激烈的市场竞争环境,李洪(2020)从企业竞争力提升的角度出发,深入探讨了供应链体系优化管理的重要性,并建议企业通过数字化技术赋能,从计划与采购两大关键环节入手,构建供应链生态圈,以增强企业的综合竞争力。在特定行业领域,如医药产业,郭晓玲与李凯(2019)在产业价值链的纵向与横向分析框架下,针对医药上市企业的供应链集中度与其市场竞争地位之间的关联性进行了深入的实证性剖析,阐明了供应链集中度在促进企业研发投入以及塑造横向与纵向市场竞争力方面所展现出的差异化影响路径与机制。张瑞君与任莉莉(2019)则聚焦于供应链集中度的核心视角,系统而全面地剖析了其对医药企业原材料库存管理策略、关系专有性资产投资决策以及存货运营效率等方面的多维度影响,进而深入挖掘了供应商集中度在驱动企业价值创造过程中所扮演的深层次角色及其作用机制。廖小菲与谭杰(2021)将研究视野聚焦于制造业上市公司的绿色供应链管理实践,通过理论分析与实证研究相结合的方式,揭示了绿色供应链管理与企业价值创造之间的内在逻辑联系,并创新性地探讨了绿色供应链管理实践对供应链集中度传递效应的调节作用机制,为推动制造业绿色可持续发展路径的构建提供了坚实的理论支撑与指导。此外,李琦、刘力钢与邵剑兵(2021)从数字化转型这一前沿视角出发,深入分析了数字化转型对供应链集中程度产生的深远影响,并独具匠心地引入了企业家精神作为关键中介变量,系统探讨了企业家精神在数字化转型过程中对于供应链集中度的调节效应,为供应链管理的数字化转型策略制定提供了新颖的思路与见解,具有重要的理论与实践价值。

税收作为调节国民经济的重要工具,在促进批发零售业稳健发展进程中扮演着无可替代的角色。从结构性减税政策的渐进性部署,到普惠性减税措施的全面铺开,批发零售业的繁荣轨迹与税收政策的调整优化紧密相连。特别是普惠性减税框架下的增值税货物税率持续下调,历经从 17% 至 16%,再至 13% 的阶梯式降幅，有效减轻了商品批发与零售链条中各市场主体的税负压力，为批发零售业的繁荣注入了强劲动力。当前，学术界针对批发零售业税收政策的研究较少，研究视角主要聚焦于三个维度：

一是新兴电子商务零售业税收政策的分析。姚公安、王晓洁（2016）等学者通过对实体店、线上线下融合店及纯网店三种零售模式的税负差异进行考察，揭示了电子商务交易征税难题导致的税负递减现象，呼吁加强电子商务税收法制建设，提升网络交易税收征管效能；乔波飞（2015）则提出，电子商务零售业税收问题的核心不在于征管技术的提升，而在于现行税制与快速发展的网络零售业态之间的不协调性。

二是探讨"营改增"政策对批发零售行业的深远影响。廖小令、章敏（2018）等研究揭示了"营改增"后零售业税负减轻与盈利能力变化的复杂关系，指出部分情境下税负降低并未直接转化为利润增长；而严圣艳、杨默（2018）基于上市公司数据的研究则表明，"营改增"政策促进了零售业上市公司绩效的提升；张硕、王希为（2019）的实证分析进一步指出，"营改增"初期零售业的税负波动现象，强调了政策实施效果的时滞性与复杂性。

三是批发零售企业的税收策划策略。张敏（2011）从促销策略、纳税方式及供应商费用收取等多个维度，探讨了企业税收筹划的有效路径；赵赟莉（2016）则特别关注了零售企业在税务筹划过程中面临的风险控制问题，强调了风险管理的重要性。

二、理论分析与研究假设

在力学领域内，"韧性"这一概念特指物体在遭受外部压力作用后，能够恢复并维持其原始形态与功能状态的能力，体现了材料结构的稳定恢复性。而经济学者在探讨供应链韧性时，则采用了更为宽泛与多维的框架。陶锋（2023）指出，企业供应链韧性是其在面对外部干扰、冲击或变化时，调整适应以快速恢复正常运作，保证其高效性、功能性和可持续性的能力。此定义深刻凸显了供应链系统在面临外部冲击时，所展现出的吸收冲击负荷、灵活调整运营策略以及快速自我修复的核心能力。拥有高度韧性的供应链体系，对于供应链中断风险、市场环境的急剧变动等外部挑战具有显著优势，能够确保供应链的稳定运行与持续发展。特别是在逆全球化背景下，全球产业链与供应链的解构与重构风险陡增，企业对于提升供应链韧性的需求十分迫切。因此，供应链的韧性与安全议题已被提升至国家战略层面，成为维护国家经济安全与促进全球供应链稳定的关键要素。基于此，探索如何构建具备高度韧性的供应链体系，成为学术界和社会的焦点。税收，作为深刻嵌入经济循环体系内部的政策工具,其作用于产业链供应链的各个关键节点,对供应链的优化升级与韧性增强具有显著的调控与引导作用。

税收优惠政策对零售业产业链供应链韧性的作用机理主要体现在以下几个方面:

(一)降低运营成本,增强企业抗风险能力

税收优惠政策通过直接降低零售企业的税负,如减免增值税、企业所得税等,有效降低了企业的运营成本。这些节省下来的资金可以用于加强库存管理、优化物流配送、提升服务质量等关键环节,从而增强企业在面对市场波动时的抗风险能力。较低的运营成本也使得零售企业能够更有底气地应对供应链中的不确定性,如供应商价格变动、物流延误等问题,从而维护产业链供应链的稳定性。此外,针对零售业的特定行业或领域,如农产品流通、跨境电商等实施专门的税收优惠政策,提升市场竞争力,促进供应链上下游的协同发展。

(二)促进资金流动,保障供应链顺畅运行

税收优惠政策中的留抵退税、加速折旧等措施,有助于加快零售企业的资金回笼速度,缓解资金压力。留抵退税政策允许企业将未抵扣完的进项税额退还,这相当于为企业提供了一笔无息贷款,有效缓解零售企业压力,加快资金回笼速度。加速折旧政策则允许企业更快地计提折旧费用,减少当期应纳税所得额,从而增加企业的现金流,有助于零售企业加快设备更新和技术改造的步伐,对于保障供应链上下游企业之间的资金结算及时完成至关重要,避免因资金短缺而导致的供应链断裂。

(三)激励技术创新与模式升级,提升供应链整体竞争力

税收优惠政策往往对研发投入和技术创新给予特别支持,如研发费用加计扣除、高新技术企业税收优惠等。这些政策激励零售企业加大在技术创新和模式升级方面的投入,推动零售业向数字化、智能化方向发展。技术创新和模式升级不仅有助于提升零售企业的运营效率和服务质量,还能增强其在市场中的竞争力。同时,这也为供应链上下游企业提供了更多的合作机会和创新空间,促进了供应链整体竞争力的提升。例如,通过数字化手段优化库存管理、物流配送等环节,可以实现供应链的高效协同和快速响应,推动供应链上下游协同发展,提升供应链的韧性和灵活性。

基于以上论述,提出以下研究假设:

H_1:税收优惠政策对零售业企业供应链韧性有正向促进作用。

H_2:不同地区的税收优惠政策对零售业企业供应链韧性存在异质性。

三、研究设计

(一)样本选择与数据来源

本文以 2016—2023 年我国上市零售业企业为样本,数据来自国泰安数据库、马克数据网。相关数据通过 STATA17 和 EXCEL 统计软件处理。考虑到各上市公司数据期间的一致性和数据的可获得性,排除 2016 年以后上市的公司,剔除 ST、*ST 等特殊类型的上市公司样本,最终获得符合条件的 1 169 个样本量。

(二)变量选取与定义

1. 变量选取

1) 解释变量

现有文献已发展出多种度量方法,旨在从不同维度衡量其对企业行为的潜在影响,包括平均所得税费用与平均税前利润总额的比值、单位营业收入所得税优惠、所得税优惠率等。鉴于上述研究基础及本文研究目的与数据可获取性的综合考虑,本文决定采用单位营业收入所得税优惠作为衡量企业享受税收优惠政策力度的主要指标,将当期所得税优惠作为本研究的解释变量,具体计算如下:当期所得税优惠=(25%×当期利润总额-当期所得税费用)/当期营业收入。

2) 被解释变量

在本文的研究框架中,被解释变量设定为"企业供应链韧性",记为 Chain。本文拟从风险抵抗能力、链条恢复能力和企业创造能力三个维度测度企业供应链韧性,以全面刻画供应链韧性的多维度特征。

风险抵抗能力(Chain1),作为供应链韧性的基础支撑,指的是企业在遭遇外部突发性冲击、市场剧烈波动以及不确定性因素增加等挑战时,仍能保持运营连续性和供应稳定性的能力(张树山等,2023)。在具体测量上,风险抵抗能力主要通过两大关键指标进行量化评估:资金回收能力与财务健康状况。资金回收能力聚焦于企业在面临资金压力时,能否迅速有效地回收应收账款、降低资金占用成本,并确保资金链的连续性与安全性。这一指标直接关系到企业在紧急情况下的资金调度与风险抵御能力,是供应链持续稳定运作的重要保障。而财务健康状况则反映了企业的整体财务稳健程度,良好的财务健康是企业抵御外部风险、维持长期竞争力的关键。

链条恢复能力(Chain2),指的是企业在遭遇突发事件或不可预测挑战后,能够迅速调整策略、恢复供应链正常运作的能力(张伟等,2023)。该能力通过现金储备程度、费用管理水平、企业盈利能力及存货周转率等四个指标进行综合评价。充足现金储备构成了企业应对外部不确定性和潜在危机的首要缓冲机制,赋予企业即时响应市场变动、抵御突发风险的财务灵活性。费用管理水平是衡量企业成本控制能力与资源利用效率的关键指标,对于增强企业财务稳健性、推动可持续发展具有深远的影响。企业盈利能力,作为衡量企业经营成效与市场竞争地位的核心财务指标,直接反映了企业在一定经营周期内通过销售产品或提供服务所获取的利润水平。而存货周转率则反映了企业库存管理的效率与灵活性,对于提升供应链响应速度与降低运营成本至关重要。

企业创造能力(Chain3),是指企业通过高效整合内外部资源,优化供应链管理流程、协调各环节活动、实现资源优化配置以创造更大价值的能力(史丹等,2023)。在这一维度下,员工工作效率成为衡量企业创造能力的重要指标之一。员工作为供应链运作的直接参与者与推动者,其工作效率的高低直接影响到供应链的整体运作效率与创新能力。因此,提升员工工作效率、激发员工创造力与协作精神对于增强企业创造能力具有不可替代的作用。

表1展示了企业供应链韧性指标体系。

表1 企业供应链韧性指标体系

一级指标	二级指标	内涵	属性	比重
风险抵抗能力	资金回收能力	预付账款/营业收入	负	0.141 007 5
	财务健康状况	总负债/总资产	负	0.190 604 2
链条恢复能力	现金储备程度	现金流量净额/利润总额	正	0.058 346 3
	费用管理水平	管理费用/营业收入	负	0.050 115 6
	企业盈利能力	净利润/股东权益平均总额	正	0.044 927 1
	存货周转率	营业成本/平均存货余额	正	0.000 099 3
企业创造能力	员工工作效率	利润总额/人工成本总额	正	0.514 999 3

3)控制变量

对企业供应链韧性产生影响的因素很多,本文选取具有代表性且可观测的因素作为控制变量,具体说明如下:企业成立年限($clnx$),考虑到数据的平稳性,对其取对数。企业规模($qygm$),本文选取企业年末总资产的数据来衡量企业规模,考虑到数据的平稳性,对其取对数。其他控制变量还有总营业成本率($zyycbl$)、流动资产比($ldzcb$)、现金资产比($xjzcb$)和营运资金比($yyzjb$)。

2. 模型构建

为了探究企业税收优惠对于企业供应链韧性的直接作用机制,构建基准回归模型如下:

$$Chain_{it} = \alpha_0 + \alpha_1 tax_{it} + \alpha_c Z_{it} + \mu_i + \delta_t + \varepsilon_{it} \tag{1}$$

其中，$Chain_{it}$是企业i在t年的供应链韧性水平，tax_{it}是企业i在t年的税收优惠水平，Z_{it}是控制变量，μ_i、δ_t分别是企业固定效应和年份固定效应，ε_{it}是随机扰动项。

四、实证结果分析

（一）描述性统计

表2为研究样本的描述性统计结果，涵盖1 169家企业的平衡面板数据。作为被解释变量的供应链韧性（chain）的均值为0.631，分布区间为0.442至0.953，表明样本企业的供应链韧性整体处于中等偏上水平，且个体离散程度较低，但韧性水平仍存在可观测差异。税收优惠（tax）均值为-0.004，呈现近似对称分布，但极值范围较广，提示部分企业可能承担显著税负或享受超额税收减免。成立年限（lnclnx）均值为7.861，样本集中于成熟期企业，成立时间同质性较强。企业规模（lnqygm）均值为13.360，以总资产自然对数衡量，覆盖中小型至大型企业，符合制造业规模异质性特征。财务指标方面，总营业成本率（zyycbl）均值为1.001，反映样本企业平均成本与收入基本持平。流动性维度中，流动资产比（ldzcb）均值为0.605，表明企业流动资产占比普遍较高，但部分企业流动资产比例极端偏低（0.051）或接近全流动资产结构（0.998），暗示资产配置策略差异显著。现金资产比（xjzcb）均值为0.155，个体分布跨度较大，揭示现金储备策略的多样性。营运资金比（yyzjb）均值为0.158，最小值-0.979显示部分企业面临营运资本短缺，可能影响短期偿债能力与供应链稳定性。

表2 描述性统计

变量名称	变量代码	样本量	平均值	标准差	最小值	最大值
供应链韧性	chain	1 169	0.631	0.025	0.442	0.953
税收优惠	tax	1 169	-0.004	0.109	-2.572	1.812
成立年限	lnclnx	1 169	7.861	0.141	7.597	8.083
企业规模	lnqygm	1 169	13.360	1.364	9.219	16.980
总营业成本率	zyycbl	1 169	1.001	0.374	0.562	10.840
流动资产比	ldzcb	1 169	0.605	0.209	0.051	0.998
现金资产比	xjzcb	1 169	0.155	0.121	0.000	0.878
营运资金比	yyzjb	1 169	0.158	0.246	-0.979	0.930

(二)基准回归结果

表3展示了税收优惠对零售业企业供应链韧性影响的基准回归分析成果。(1)(2)(3)列分别是未考虑控制变量、考虑部分控制变量和考虑全部控制变量的结果,核心解释变量税收优惠的回归系数在(1)(2)(3)列中分别为0.030、0.022和0.016,且均在1%的水平上统计显著。这一结果表明税收优惠对零售业企业供应链韧性的提升具有显著的促进作用。具体而言,在全面控制变量与固定效应的情况下,税收优惠每增加一个单位,能够促使企业供应链韧性提升0.016个单位。进一步分析控制变量的影响,发现企业成立年限($clnx$)与供应链韧性之间呈现出一种不显著的负向关系,表明随着企业成立年限的增加,其对供应链韧性的潜在抑制作用并不明显;企业规模($qygm$)显著抑制企业供应链韧性提升;总营业成本率($zyycbl$)、流动资金比($ldzjb$)的回归系数显著为负,降低营业成本、减少流动资金,对于供应链韧性的稳定运作和持续发展非常重要;现金资产比($xjzcb$)和营运资金比($yyzjb$)系数值显著为正,说明企业的现金资产越多、变现能力越强,应对外部风险能力越强,企业供应链韧性越强。

表3 基准回归结果

	(1) chain	(2) chain	(3) chain
tax	0.030***	0.022***	0.016***
	(0.006)	(0.006)	(0.005)
$lnclnx$		−2.274	−1.166
		(4.281)	(4.131)
$lnqygm$		−0.011***	−0.006***
		(0.002)	(0.002)
$zyycbl$		−0.011***	−0.009***
		(0.002)	(0.002)
$ldzcb$			−0.039***
			(0.009)
$xjzcb$			0.038***
			(0.008)
$yyzjb$			0.043***
			(0.008)
常数项	0.633***	18.664	9.892
	(0.002)	(33.645)	(32.466)

续表

	(1) chain	(2) chain	(3) chain
样本量	1 169	1 169	1 169
R^2	0.038	0.113	0.178

注：***、**、*分别表示在1%、5%和10%的水平上显著，括号内为企业层面聚类标准误。若无特殊说明，下同。

（三）稳健性检验

为了检验模型的稳健性，本文尝试选取替换被解释变量和缩尾处理的方法进行稳健性检验，用 ln 利润总额×(名义利率-实际利率)为税收优惠($ssyh$)代替当期所得税优惠。为了消除极端值影响，对所选变量在1%分位数和99%分位数上进行缩尾处理。由表4可知，模型的关键核心变量显著性和方向与前文模型一致，前文得出的结论依然成立，说明模型具有稳健性。

表4 稳健性检验结果

	(1) 替换解释变量	(2) 缩尾处理
$ssyh$	0.000***	
	(0.000)	
tax		0.066***
		(0.012)
$lnclnx$	−0.795	−0.311
	(4.124)	(1.481)
$lnqygm$	−0.006***	−0.003***
	(0.002)	(0.001)
$zyycbl$	−0.010***	−0.013***
	(0.002)	(0.004)
$ldzcb$	−0.038***	−0.044***
	(0.009)	(0.004)
$xjzcb$	0.037***	0.018***
	(0.008)	(0.004)

续表

	(1) 替换解释变量	(2) 缩尾处理
yyzjb	0.042***	0.049***
	(0.008)	(0.004)
常数项	6.977	3.152
	(32.411)	(11.642)
样本量	1 169	1 169
R^2	0.181	0.355

（四）异质性分析

本文根据国家统计局的划分标准，将样本划分为东部地区、中部地区、西部地区，分别进行回归。表 5 的回归结果显示，税收优惠政策对供应链韧性的影响在不同区域之间存在显著差异：东部地区供应链韧性平均值最高，标准差最小，说明东部地区企业供应链韧性整体水平较高，且差异较小。中部地区企业供应链韧性整体水平较低，且差异较大。西部地区供应链韧性平均值介于东部和中部之间，标准差与东部地区相当。结合异质性分析结果，我们可以发现：东部地区税收优惠对供应链韧性的影响较显著，说明东部地区企业享受税收优惠越多，供应链韧性越强。中部地区税收优惠对供应链韧性的影响较显著。西部地区税收优惠对供应链韧性的影响显著为正，且系数远高于东部地区，说明西部地区企业享受税收优惠对供应链韧性的促进作用更大。可能的解释为：在企业所得税方面，对设在西部地区的鼓励类产业企业，其所得税税率减按 15% 的税率征收；在增值税方面，对西部地区部分产品和服务实行先征后返政策；对西部地区引进的高层次人才，实行个人所得税减免等政策。由于西部地区税收优惠较东部地区、中部地区更多，因此西部地区税收优惠政策对零售业企业供应链韧性的影响更显著。

表 5 异质性分析

	(1) 东部	(2) 中部	(3) 西部
tax	0.016 1**	0.053 5*	0.147 2***
	(2.447 5)	(1.698 9)	(3.636 8)
lnclnx	3.233 0	−18.421 0***	15.697 2***
	(0.571 3)	(−3.129 7)	(4.277 4)

续表

	(1) 东部	(2) 中部	(3) 西部
$lnqygm$	-0.008 2***	-0.000 6	-0.004 7**
	(-3.349 0)	(-0.212 8)	(-2.129 3)
$zyycbl$	-0.009 7***	0.003 4	-0.026 8**
	(-4.465 4)	(0.344 9)	(-2.409 5)
$ldzcb$	-0.039 3***	-0.021 7	-0.032 4***
	(-3.083 4)	(-1.605 2)	(-3.333 7)
$xjzcb$	0.041 8***	0.023 5**	0.013 1
	(3.670 5)	(2.215 9)	(1.357 8)
$yyzjb$	0.042 4***	0.029 3***	0.030 3***
	(3.873 3)	(3.127 4)	(3.521 4)
_cons	-24.641 0	145.398 8***	-122.986 8***
	(-0.554 2)	(3.142 5)	(-4.252 2)
Firm-FE	Yes	Yes	Yes
Year-FE	Yes	Yes	Yes
N	822	206	141
R^2	0.166	0.269	0.583

注：***、**、*分别表示在1%、5%和10%的统计水平上显著；括号内为 t 值。

税收优惠对供应链韧性的影响机制存在差异。在东部地区，税收优惠政策主要通过降低企业成本（总营业成本率）和提高企业流动性（流动资产比、现金资产比、营运资金比）来提升供应链韧性。而在西部地区，税收优惠政策则主要通过降低企业规模和成本来提升供应链韧性。此外，结果显示，企业规模是影响税收优惠政策效果的重要因素。在东部地区，税收优惠政策对大企业供应链韧性的提升效果更为显著；而在西部地区，则对小企业更为有效。

五、主要结论和建议

本文通过对我国220家A股上市批发零售业2016—2023年的样本数据进行实证研究，探究税收优惠政策对我国零售业企业供应链韧性的影响。研究结果显示，税收优惠政策对零售业企业供应链韧性有正向促进作用，不同地区的税收优惠政策对零售业企业供应链韧性存在异质性,税收优惠政策对供应链韧性的影响机制存在差异,且企业规模是影响税收优惠政策效果的重要因素。基于以上结论,提出下列建议。

(一)因地制宜地精细化构建税收优惠政策体系

在推动区域经济均衡发展与增强企业供应链韧性的背景下,需因地制宜地精细化构建税收优惠政策体系。深入分析不同地区经济发展水平的差异性及企业规模的多样性,实施差异化的税收优惠政策策略。具体而言,针对西部地区这一经济相对滞后的区域,应进一步加大税收减免与优惠力度,如提供更为优惠的税率、延长税收减免期限等,以直接的经济激励手段鼓励企业加大在供应链基础设施建设、技术创新及人才引进等方面的投入,从根本上提升供应链的整体韧性。对于中部地区,鉴于其中小企业众多且对区域经济贡献显著,税收优惠政策应侧重于为中小企业量身定制,如实施小微企业税收优惠等,助力中小企业提升供应链管理水平,增强其在市场中的竞争力和抗风险能力。

(二)加强成本控制和资金流动性管理

为有效应对市场波动与突发事件对供应链的冲击,企业应深化成本控制机制,通过精细化管理手段降低运营成本,包括但不限于优化采购策略、提高生产效率、降低能耗等,以增强企业的盈利能力和市场竞争力,从而为供应链韧性提供坚实的经济基础。同时,企业应高度重视资产流动性管理,建立健全的现金流预测与监控体系,确保拥有充足的现金流储备以应对突发事件的资金需求。这要求企业不仅要维持合理的资本结构,还应通过多元化融资渠道、优化应收账款管理等方式,提升资金周转效率,降低财务风险。

(三)加强供应链风险管理

为有效降低供应链中断的风险,企业应建立健全的供应链风险管理体系。这要求企业首先识别供应链中可能存在的各种风险,包括供应商风险、物流风险、市场风险等,并对其进行全面评估。在此基础上,企业应制定有针对性的风险应对措施,如建立多元化供应商体系、优化物流网络布局、加强市场监测与预警等,以提高供应链的灵活性和抗风险能力。同时,企业还应加强供应链内部的信息沟通与协作,提高供应链的协同效率与透明度,从而进一步增强供应链的韧性。

(四)推动供应链数字化转型

在信息化与智能化快速发展的今天,企业应积极拥抱数字化技术,推动供应链数字化转型。通过应用物联网、大数据、人工智能等先进技术,企业可以实现供应链各环节数据的实时采集与分析,提高供应链的透明度和可追溯性。同时,这些技术还可以帮助企业优化供应链流程、提高供应链效率、降低运营成本。更重要的是,数字化转型能够提高供应链的智能化水平,使企业能够更加精准地预测市场需求、优化库存结构、提高响应速度,从而显著提升供应链的韧性和竞争力。

参考文献

[1]陶锋,王欣然,徐扬,等.数字化转型、产业链供应链韧性与企业生产率[J].中国工业经济,2023(5).

[2]李洪.基于供应链的数字化采购与计划对企业价值的提升研究[J].供应链管理,2020,1(3).

[3]郭晓玲,李凯.供应链集中度、市场地位与企业研发投入:横向与纵向的二维视角[J].产经评论,2019,10(2).

[4]张瑞君,任莉莉.供应商集中度与企业存货效率[J].中国会计评论,2019,17(3).

[5]廖小菲,谭杰.绿色供应链管理、供应链集中度与企业价值[J].吉林工商学院学报,2021,37(6).

[6]李琦,刘力钢,邵剑兵.数字化转型、供应链集成与企业绩效:企业家精神的调节效应[J].经济管理,2021,43(10).

[7]姚公安,王晓洁.电子商务运用程度对零售企业税收负担的影响研究[J].税务与经济,2016(2).

[8]乔波飞.我国网络零售业税收问题研究[D].昆明:云南财经大学,2015.

[9]廖小令,章敏."营改增"对零售业税负及盈利能力的影响分析[J].天津市财贸管理干部学院学报,2018(1).

[10]严圣艳,杨默如."营改增"对我国零售业税负与绩效影响研究[J].华侨大学学报(哲学社会科学版),2018(3).

[11]张硕,王希为."营改增"对零售业税负影响的实证研究[J].西部金融,2019(6).

[12]张敏.浅析连锁零售企业的税收筹划[J].中国乡镇企业会计,2011(3).

[13]赵赞莉.零售企业税务筹划风险控制分析[J].财会学习,2016(15).

[14]张树山,谷城,张佩雯,等.智慧物流赋能供应链韧性提升:理论与经验证据[J].中国软科学,2023(11).

[15]张伟,李航宇,张婷.中国制造业产业链韧性测度及其时空分异特征[J].经济地理,2023(4).

[16]中国社会科学院工业经济研究所课题组,史丹,李晓华,等.新型工业化内涵特征、体系构建与实施路径[J].中国工业经济,2023(3).

财税激励政策对新能源汽车产业创新效率的影响研究

杨峥 邓丽 李治①

摘　要：随着能源结构转型，我国新能源汽车产业在政府政策倾斜下呈现快速增长趋势，但其技术创新能力仍是短板。政府通常通过财政补贴和税收优惠政策激励企业进行技术创新，但是否达到政策预期实施效果，学术界尚未达成统一观点。基于此，本文以我国2010—2020年沪深A股新能源汽车上市企业作为研究对象，运用面板数据模型并引入特征变量探究财税政策对新能源汽车产业创新效率的激励效应。研究结果表明：财政补贴、税收优惠政策均能显著提高新能源汽车产业创新效率，当二者一并实施时不影响各自单独施行时对新能源汽车产业创新效率的有效性。所有制异质性研究表明，财政补贴政策对于新能源汽车国有企业创新效率的激励效果强于非国有企业，税收优惠政策则是对非国有企业创新效率的激励效应更强。为了更有效地提高新能源汽车产业创新效率，应进一步完善财政补贴机制，加大税收优惠力度，充分发挥财政和税收激励政策的组合效应。

关键词：新能源汽车产业　财政补贴　税收优惠　创新效率

一、引言

"双碳"目标背景下，低污染低排放的新能源汽车是未来汽车工业发展的主要方向，新能源汽车产业也凭借其能带来的经济效应和绿色效应，获得了国家出台的一系列财政补贴和税收优惠政策，旨在鼓励其发展和创新。新能源汽车自2001年就受到了国家财税激励政策的大力倾斜，在电动机、整车制造等领域出现了一批如比亚迪、宁德时代等拥有自主知识产权和核心技术的企业。但是由于新能源汽车产业发展尚不成熟，如协调、监管等机制还存在一些缺陷，以至于让一些企业有机可趁，出现大量"骗补"现象。因此，政府逐渐提高补助门槛，从2016年底对新能源汽车开始实行补贴退坡政策，2017年起进入后补助时代。随着政府关于推动新能

---

① 杨峥，博士，天津财经大学财税与公共管理学院讲师，研究方向为财政理论与政策；邓丽，西南财经大学财政税务学院硕士研究生；李治，华泽工程技术（天津）有限公司咨询工程师。

源汽车产业发展政策的逐渐减少,新能源汽车企业是否能在市场竞争中稳步发展值得思考。

目前,我国新能源汽车发展虽已渐入佳境,但与发达国家相比仍存在核心技术欠缺等问题,企业必须通过创新投入发展技术以持续提高核心竞争力和保持较大市场份额,在这过程中,必然离不开政府进一步优化的财税支持。基于此,展开本论题的思考。本文将立足于财政补贴及税收优惠政策方面,考察以下几个核心点:第一,税收优惠和财政补贴政策分别对我国新能源汽车产业创新效率的效果差异,以及两者共同实施时的作用效果;第二,基于产权,财税支持政策对新能源汽车企业创新效率的异质性作用。

二、文献综述

梳理相关文献发现,目前有关研究主要包括以下两个方面:一是财税激励政策对企业创新能力的影响研究;二是影响新能源汽车产业发展的因素分析。

(一)财税支持与企业创新效率

财税支持政策与企业创新能力一直是经济学的研究热点之一。现有研究大多以财政补贴和税收优惠对企业创新的效应为突破口,分析两者的创新效果对比、共同效果、企业的异质性作用效果等。

1. 财税政策激励企业创新

李彦龙通过构建随机前沿模型衡量高新技术产业的创新效率,运用反事实计量方法测量税收优惠政策对创新效率的实际影响,研究表明,税收优惠政策能提高企业研发效率,大概使其增加 8 个百分点,同时使创新产出持续在总产出的 10% 以上。鲁钊阳等以 2009—2020 年 A 股新能源上市公司微观数据为基础,经过多种实证模型检验发现税收优惠促进新能源企业创新,且其对非国有新能源企业的激励效果更强。张娜等基于我国高新技术上市企业 2008—2017 年的数据,研究发现高新技术企业的创新效率与财政补贴、税收优惠两种政策呈显著正相关关系,但是税收优惠对其创新效率的激励效果较弱;此外,相比于国有企业,两种政策对非国有企业创新效率的激励效果更加明显。姚林香等通过实证研究我国战略性新兴产业六大行业创新效率与财政补贴、税收优惠政策,发现两种政策均正向影响企业创新。根据 2015—2017 年的统计数据,伍红等利用随机前沿生产函数模型,以及基础面板回归模型,探讨了政府部门提出的财务补助及其相应的税收优惠政策,以及它们如何影响制造业企业的创新能力,结果表明,官方的策略支持有利于提升制造业的创新能力,而相应的税收负担却会阻碍其发展。张帆等研究发现,财税政策分别与企业创新效率呈显著正相关关系,两者共同作用时并不产生挤出效应。孙健夫等指出,财税政策能促进企业研发效率的提升,对非国有企业的激励效果较弱。

2. 财税政策抑制企业创新

李爽等指出财政补贴并不能有效促进新能源企业创新。周燕等以交易费用为切入点,经分析发现财政补贴会大大提升新能源汽车产业的交易费用。常青青指出税收优惠对提升发明型创新效率有效性不高。高宏伟通过研究发现财政补贴对大型国有企业研发投入产生挤出效应。杨青峰选取了我国1995—2009年高新技术产业分地区的财务数据为样本,研究发现政府对研发创新的资助负向影响企业研发创新效率。肖文等以36个工业行业为样本,通过随机前沿分析法分析它们的技术创新情况,结果显示,无论是通过直接还是间接的财政补贴,都无法有效提升这些行业的技术创新水平。张玉等通过实证检验发现政府研发补贴并不利于企业研发效率。

(二)新能源汽车发展因素分析

当前有关新能源汽车发展的文献,大多重点关注财税政策对新能源汽车市场及其产业进展的影响。

高秀平等以A股新能源汽车上市公司为分析样本,进行统计检验,认为新能源汽车的盈利及偿债能力与财税支持政策有关,并对其产生积极作用。李礼等经定量研究指出财税支持政策能够积极促进新能源汽车销量的增长。孙晓华等以问卷调研数据为样本实证检验了财政补贴对新能源汽车购买意愿的影响,结果显示,政府补助作用于新能源汽车采购意向的激励效果相对较弱。李国栋等通过2016年1月至2018年5月上海市125款新能源汽车的月度销售数据,实证考察上海市新能源汽车销量受财政补贴和免费专用牌照两项政策的影响,研究发现免费专用牌照政策对样本企业销量贡献率高于财政补贴政策,市场对新能源汽车的需求量很可能会随着政府支持政策的完全退出而大幅下降。王海也认为新能源汽车行业的创新发展受地方产业政策正向激励作用。

(三)文献评述

综合现有国内外相关文献可以发现,关于税收优惠对企业创新效率的影响,大多数学者持积极态度,但在财政补助对创新的激励效果方面,则结论不一。

在现有关于财税政策对新能源汽车产业创新效率的实证研究中,还存在一些可完善的空间:第一,目前学术界主要关注单一的财政补助或税收优惠政策对新能源汽车产业创新效果的激励效应,而较少关注两者并行时的作用效果。第二,现有文献大多以单一指标,如研发投入、创新产出(专利申请数、授权数)来衡量新能源汽车企业创新绩效。第三,已有文献缺乏新能源汽车企业异质性对财税激励政策、创新效率影响的研究。

因此，本文以新能源汽车产业为研究对象，基于沪深 A 股新能源汽车上市企业 2010—2020 年的数据，根据创新投入与创新产出的比值测算出新能源汽车企业创新效率，研究财政补贴与税收优惠政策单行以及并行时对企业创新效率的作用效果，并且探索财税支持政策对新能源汽车产业创新效率的产权异质性作用。

三、我国新能源汽车产业财税政策及发展现状

（一）我国新能源汽车产业财政补贴政策

我国对新能源汽车产业实施财政补贴的发展历程大致可分为三个阶段：第一，2009—2013 年为试点探索阶段，通过设置示范城市、示范区域，对其新能源汽车企业实施财政补贴政策，补贴对象逐渐由公共服务领域扩大至试点区域内购买的消费者；第二，2013—2015 年为初步发展阶段，也开始了补贴的退坡阶段，由政府引领，促进城市公共交通逐渐向新能源发展。第三，2015 年至今为高速发展阶段，新能源汽车在政府的支持帮助下发展迅速，政府也逐渐加大补助退坡幅度。分析可知，我国主要基于供给视角，对新能源汽车产业进行财政补贴。在供给侧，为新能源汽车产业相关上中下游企业提供经营和创新方面的激励；在需求侧，给予选购新能源汽车的消费者财政补贴。

（二）我国新能源汽车产业税收优惠政策

我国政府针对新能源汽车产业的税收优惠主要从企业和消费者入手。企业层面，政府主要通过降低新能源汽车公司企业所得税税率以及对其研究开发环节设置研发费用加计扣除政策，目前加计扣除比例已达到 100%。消费者层面，自 2012 年起，我国先后对多种类型新能源汽车免征车船税和车辆购置税，并逐渐扩大范围，细化标准。

（三）我国新能源汽车产业发展现状

1. 新能源汽车产量及销量持续增加

在政府财税政策倾斜下，新能源汽车行业快速崛起，市场渗透率日益加深，竞争力日渐增强。2014—2020 年，新能源汽车产量及销量均稳定增长，且市场供需大体均衡，发展良好。2014—2016 年，虽然新能源汽车产量及销量基数较小，即市场规模小，但增长速度较快。2015 年我国新能源汽车产销量是 2014 年的 3 倍以上，且 2015 年我国新能源汽车产销量规模排名世界第一。2015 年以后虽然增速放缓，但新能源产销量仍持续增长。2018 年，我国新能源汽车产销量均突破 100 万辆。随着政府财政补贴下调，我国对新能源汽车企业的财政补助进入下滑阶段，但其产销量仍维持在 100 万辆以上（见图 1）。

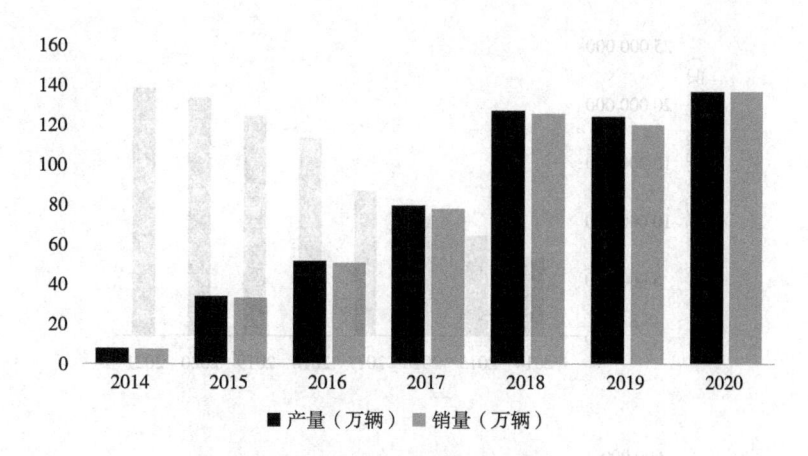

图 1　2014—2020 年新能源汽车产销量

资料来源：根据中国汽车工业协会数据库整理。

2. 新能源汽车行业研发与创新能力逐渐加强

国家的财税激励政策能够降低企业的研发成本和生产成本。2014—2021 年，新能源汽车上下游相关企业研发投入经费稳步增长，2014—2017 年增速较缓，2017 年以后呈爆发式增长。相较于 2017 年，2018 年新能源汽车行业研发投入经费增速更是达到 50%，突破 1 500 亿元。我国新能源汽车行业研发人员数量实现快速增长。2014 年研发人员数量基数较小，但在 2015 年增速超过 200%，突破 25 万人。即使在疫情冲击下，2021 年我国新能源汽车行业研发人员数量较上年仅减少 2.22 万人，仍高于 2019 年的 49.75 万人，说明中国新能源汽车行业研发后劲充足（见图 2）。

3. 新能源汽车产业发展改进之处

总体来看，2014—2021 年，我国新能源汽车行业专利申请数呈稳步上升趋势（见图 3）。这主要是因为在政府财政补贴和税收优惠政策的激励下，我国新能源汽车行业规模迅速扩张。竞争环境日趋激烈，企业为了保持竞争力，需要不断加大研发投入，促进创新产出，增强优势。

尽管新能源汽车产业在政策鼓励之下蓬勃发展，但仍存在核心技术不强、国际竞争力不足等问题。由于新能源汽车研发具有风险高、投入高、周期长的特点，所以在发展初期需要政府予以适当的财税支持，以降低其技术投入成本和供应价格，巩固市场地位。但是在政府逐步取消财政补贴政策背景下，新能源汽车如何继续保持竞争力以及不断占据市场份额成为不容回避的问题。此外，目前新能源汽车的安全性、续航里程以及关键技术短板等也制约着新能源汽车产业的稳健发展。

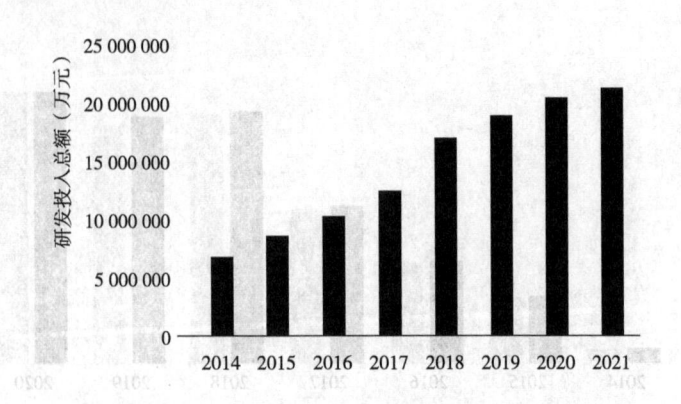

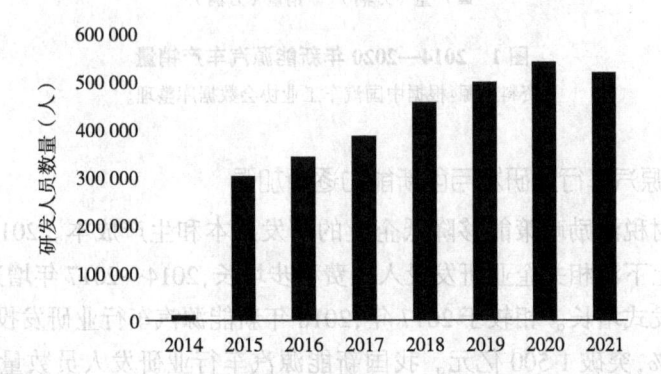

图 2　2014—2021 年新能源汽车行业研发投入总额与研发人员数量

资料来源：根据国泰安数据库整理。

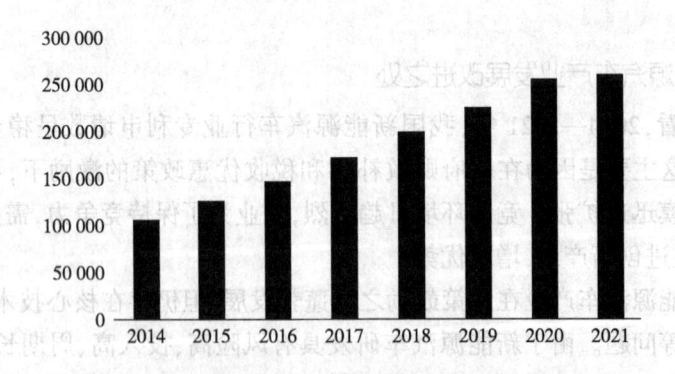

图 3　2014—2021 年新能源汽车行业专利申请总量

资料来源：根据国泰安专利数据库整理。

四、研究设计

（一）样本选择

本文旨在探讨2010—2020年沪深A股新能源汽车行业板块的上市公司受财税激励政策的影响，以及其创新效率的变化情况。本文剔除了样本中的ST上市企业，并剔除了核心指标缺失值，以便更好地利用数据反映出新能源汽车企业的创新能力。本文有关财税激励政策和创新效率的数据均来源于国泰安数据库、上市公司年报和新浪财经网。

（二）变量定义

被解释变量：创新效率。传统对创新的衡量方法大多依赖于发明专利这一指标，而这种方法通常无法准确反映公司创新性质以及动机的实际情况。本文采用创新投入与创新产出的比值表示创新效率。鉴于新能源汽车产业产品更新换代快、发展势头猛，因此我们可以通过计算营业收入来衡量公司的创新产出，即用创新投入与营业收入的比值表示创新效率。

解释变量：财政补贴、税收优惠。第一，参照范子英等将财政补贴用上市公司年报中公布的企业获得"政府补助"与净利润的比率作为衡量指标，表示政府对新能源汽车企业的财政支持。第二，在现有税收优惠政策的实证分析中，虽然更多是利用实际税率，但所得税负担是更大的关注焦点。通过上述综合企业税收优惠政策可以看出，这些优惠政策涉及增值税、所得税等税种。因此，本文参考柳光强将税收优惠(Tax)指数定义为"收到的各项税费返还/(收到的各项税费返还+支付的各项税费)"，其中，收到的税费返还反映了企业收到的返还的增值税、所得税、消费税、教育费附加等各项税费返还款，缴纳的税费是指当期缴纳的税费、之前各期发生和预交的税费。

控制变量：与此同时，为使回归分析避免出现遗漏变量问题，并在更大程度上反映现实，本文参照现有文献（柳光强，2016；张娜和杜俊涛，2019）引入企业规模、资产负债率、企业年龄、产权性质为控制变量（见表1）。

表1 变量定义说明

	变量名称	符号	变量说明
被解释变量	创新效率	RD	创新投入与营业收入之比
解释变量	财政补贴	Gov	企业年报中政府补助/净利润
	税收优惠	Tax	收到的税收返还/(收到的税收返还+支付的各项税费)

续表

	变量名称	符号	变量说明
控制变量	企业规模	Size	企业总资产的自然对数
	资产负债率	Alr	负债合计/资产合计
	企业年龄	Age	企业存在时间
	产权性质	Pro	非国有企业为1,否则为0

（三）模型设定

本文参考已有文献,设计了如下模型。
为探究财政补贴对新能源汽车企业创新效率的影响,构建模型：

$$RD_{it} = \alpha_0 + \alpha_1 Gov_{it} + \theta_i + \mu_t + \varepsilon_{it}$$

$$RD_{it} = \alpha_0 + \alpha_1 Gov_{it} + \alpha_2 controls + \theta_i + \mu_t + \varepsilon_{it}$$

为探究税收优惠对新能源汽车企业创新效率的影响,构建模型：

$$RD_{it} = \alpha_0 + \alpha_1 Tax_{it} + \theta_i + \mu_t + \varepsilon_{it}$$

$$RD_{it} = \alpha_0 + \alpha_1 Tax_{it} + \alpha_2 controls + \theta_i + \mu_t + \varepsilon_{it}$$

为了探究两种政策并行对新能源汽车企业创新效率的影响,构建模型：

$$RD_{it} = \alpha_0 + \alpha_1 Tax_{it} + \alpha_2 Gov_{it} + \alpha_3 controls + \theta_i + \mu_t + \varepsilon_{it}$$

其中,RD_{it}为新能源汽车企业创新效率,t与i分别代表时间和企业,α_0为常数项,Gov_{it}为新能源汽车企业财政补贴政策,Tax_{it}为新能源汽车企业税收优惠政策,$controls$为控制变量,θ_i代表时间固定效应,μ_t代表个体固定效应,ε_{it}表示随机扰动项。

五、实证分析

（一）描述性统计分析

如表2所示,样本中的创新效率(RD)最大值、最小值、平均值分别为15.19、0.004、4.007,表明创新效率在不同新能源汽车企业间还有较大差异。企业享有税收优惠的平均值是0.157;享有财政补贴的平均值为0.178。这说明新能源汽车企业普遍能从国家实行的财税政策中获益,也体现出国家重视企业创新的程度,为实现创新型国家的远景,切实有效提供了多种政策支援。

表 2 描述性统计分析

变量	观测值	平均值	标准差	最小值	最大值
RD	1 825	4.007	1.872	0.004	15.19
Tax	1 825	0.157	0.172	0	0.860
Gov	1 825	0.178	0.538	0	8.188
Size	1 825	22.058	1.224	19.461	26.779
Alr	1 825	0.410	0.179	0.027	0.956
Age	1 825	15.997	5.578	2	33
Pro	1 825	0.767	0.422	0	1

(二)基准回归结果分析

我们发现,随着变量增多,两种不同的分析方法(包括固定效应模型和 Tobit 模型)的结论几乎相同,这证实结果有较好的稳健性。根据回归结果(见表 3)可知,新能源汽车企业的创新效率与税收优惠、财政补贴均呈显著的正相关关系,通过 1% 的显著性检验。具体来说,仅考虑财政补贴对企业创新效率的影响时,财政补贴提升 1 个单位,新能源汽车企业的创新效率提升约 0.324 个单位;在不考虑其他控制变量和财政补贴政策时,税收优惠增长 1 个单位,新能源汽车企业的创新效率平均提升约 2.821 个单位。这说明在控制其他影响企业创新效率的因素以后,新能源汽车企业在一年中平均享受的税收优惠越多,得到的财政补贴越多,创新效率就越高。在逐渐加入控制变量后,回归结果仍显示,财政补贴与税收优惠均正向促进企业的创新效率。当财政补贴和税收优惠政策同时施行时,并不影响二者对创新效率激励效应的有效性,并通过 1% 的显著性检验。

表 3 固定效应模型与 Tobit 模型基准回归结果

变量名	面板固定效应模型 被解释变量:创新效率(RD)				
	(1)	(2)	(3)	(4)	(5)
Tax			2.821***	2.097***	1.953***
			(0.320)	(0.308)	(0.303)
Gov	0.324***	0.390***			0.370***
	(0.053)	(0.049)			(0.048)

续表

面板固定效应模型

变量名	被解释变量:创新效率(RD)				
	(1)	(2)	(3)	(4)	(5)
$Size$		-0.058		-0.075	-0.076
		(0.081)		(0.082)	(0.080)
Alr		-1.657***		-1.675***	-1.732***
		(0.299)		(0.301)	(0.295)
Age		0.169***		0.153***	0.160***
		(0.015)		(0.016)	(0.015)
Pro		0.096		0.145	0.198
		(0.206)		(0.208)	(0.204)
$Cons$	3.949***	3.109*	3.561***	3.460**	3.300**
	(0.025)	(1.590)	(0.055)	(1.599)	(1.568)
Obs	1 825	1 825	1 825	1 825	1 825
模型选择	Fe	Fe	Fe	Fe	Fe
R^2	0.025	0.180	0.051	0.170	0.203

面板 Tobit 模型

变量名	被解释变量:创新效率(RD)				
	(1)	(2)	(3)	(4)	(5)
Tax			2.737***	2.541***	2.429***
			(0.268)	(0.263)	(0.260)
Gov	0.327***	0.384***			0.360***
	(0.052)	(0.049)			(0.048)
$Size$		0.163		0.126**	0.132**
		(0.600)		(0.058)	(0.058)
Alr		-2.018***		-2.116***	-2.175***
		(0.278)		(0.278)	(0.274)
Age		0.097***		0.082***	0.088***
		(0.011)		(0.011)	(0.011)
Pro		0.431**		0.387**	0.436**
		(0.161)		(0.157)	(0.156)

续表

面板 Tobit 模型

变量名	被解释变量:创新效率(RD)				
	(1)	(2)	(3)	(4)	(5)
$Cons$	4.106***	-0.573	3.698***	0.171	-0.115
	(0.087)	(1.194)	(0.095)	(1.169)	(1.158)
Obs	1 825	1 825	1 825	1 825	1 825
模型选择	—	—	—	—	—
R^2	—	—	—	—	—

注:括号内为标准误差;***、**、*分别表示1%、5%、10%水平上的显著性。下同。

从控制变量来看,资产负债率(Alr)、企业年龄(Age)均与企业创新效率(RD)有着显著的相关关系。资产负债率回归系数为负,意味其抑制企业创新效率,即企业的资产负债率越低,企业的创新效率就越高,这表明企业在资产负债率较低的情况下,可能由于财务风险较低,更愿意投资于高风险、高收益的 R&D 和创新活动,从而提升了企业的创新能力;企业年龄(Age)与创新效率呈正相关关系,由此看来年龄较长的企业,可能会通过已有累积的经验及资源,来降低研发活动的不确定性和风险,从而提升创新效率。

(三)企业所有制异质性分析

本文聚焦于比较不同产权新能源汽车企业的财税政策激励效应差异,于是将所有制定为虚拟变量,选取的样本分为国有企业和非国有企业进行研究。在产权界定下,通过面板固定效应模型及面板 Tobit 模型同时检验二者对企业创新效率的共同影响。新能源汽车国有企业和非国有企业分别在两种不同的分析方法(包括固定效应模型和 Tobit)下的结论几乎相同,这说明结果有较好的稳健性(见表4和表5)。相较于非国有企业,财政补助政策在促进国有企业的创新方面发挥了更大的作用,这可能是由于国有企业更容易从银行获取到贷款,从而弥补了由融资限制导致的发展不足。税收优惠政策对于非国有企业创新效率具有更强的激励效果,这是因为国有企业政治联系较强,比非国有企业更容易获得银行贷款等创新资源,还易从各项政策中受益,所以税收优惠调动其创新效率的积极性相对较弱。另外,大多数的调查也证实,非国有企业的管理体系要比国有企业更完整和有效,该优势有利于非国有企业较大限度地将创新要素凝聚成创新成果。

表4 面板固定效应模型下国有企业回归结果

面板固定效应模型(国企)

变量名	\	\	被解释变量:创新效率(RD)	\	\
	(1)	(2)	(3)	(4)	(5)
Tax			1.760** (0.629)	1.314** (0.559)	1.068** (0.537)
Gov	0.376*** (0.081)	0.412*** (0.071)			0.401*** (0.071)
$Size$		−0.356** (0.161)		−0.338 (0.167)	−0.351** (0.160)
Alr		−2.685*** (0.704)		−2.792*** (0.732)	−2.647*** (0.701)
Age		0.203*** (0.027)		0.192*** (0.028)	0.200*** (0.027)
$Cons$	3.490*** (0.051)	9.386** (3.258)	3.340*** (0.099)	9.163** (3.392)	9.163*** (3.246)
Obs	425	425	425	425	425
模型选择	Fe	Fe	Fe	Fe	Fe
R^2	0.025	0.298	0.022	0.240	0.203

面板Tobit分析(国企)

变量名	\	\	被解释变量:创新效率(RD)	\	\
	(1)	(2)	(3)	(4)	(5)
Tax			1.898*** (0.526)	1.547** (0.497)	1.311** (0.482)
Gov	0.384*** (0.079)	0.417*** (0.070)			0.402*** (0.070)
$Size$		0.063 (0.107)		0.089 (0.107)	0.086 (0.160)
Alr		−2.855*** (0.606)		−2.984*** (0.621)	−2.910*** (0.601)
Age		0.121*** (0.020)		0.104*** (0.021)	0.112** (0.020)

续表

面板 Tobit 分析(国企)

变量名	被解释变量:创新效率(RD)				
	(1)	(2)	(3)	(4)	(5)
$Cons$	3.453*** (0.159)	1.249 (2.156)	3.265*** (0.174)	0.919 (2.162)	0.704 (2.131)
Obs	425	425	425	425	425
Log likelihood	-683.889	-643.781	-688.758	-655.756	-640.114
Wald chi	23.20***	119.64***	13.02***	86.80***	128.45***

表5 面板固定效应模型下非国有企业回归结果

面板固定效应模型(非国有)

变量名	被解释变量:创新效率(RD)				
	(1)	(2)	(3)	(4)	(5)
Tax			3.133*** (0.268)	2.463*** (0.372)	2.304*** (0.368)
Gov	0.333*** (0.0688)	0.394*** (0.064)			0.364*** (0.063)
$Size$		0.023 (0.096)		-0.0147 (0.096)	-0.003 (0.094)
Alr		-1.615*** (0.334)		-1.621*** (0.333)	-1.711*** (0.329)
Age		0.151*** (0.020)		0.136*** (0.020)	0.140*** (0.019)
$Cons$	4.083*** (0.029)	1.837 (1.833)	3.621*** (0.067)	2.571 (1.828)	2.252 (1.802)
Obs	1400	1400	1400	1400	1400
模型选择	Fe	Fe	Fe	Fe	Fe
R^2	0.0215	0.146	0.059	0.151	0.176

续表

面板 Tobit 分析(非国有)

变量名	被解释变量:创新效率(RD)				
	(1)	(2)	(3)	(4)	(5)
Tax			2.916*** (0.312)	2.767*** (0.310)	2.662*** (0.368)
Gov	0.336*** (0.067)	0.387*** (0.064)			0.356*** (0.063)
$Size$		0.232*** (0.070)		0.156** (0.068)	0.167** (0.068)
Alr		−1.908*** (0.313)		−1.980*** (0.310)	−2.064*** (0.307)
Age		0.077*** (0.013)		0.070*** (0.013)	0.073*** (0.013)
$Cons$	4.267*** (0.098)	−1.254 (1.358)	3.803*** (0.110)	0.089 (1.332)	−0.212 (1.321)
Obs	1 400	1 400	1 400	1 400	1 400
$Log\ likelihood$	−2 385.293	−2 330.000	−2 355.107	−2 312.440	−2 296.780
$Wald\ chi$	24.54***	201.00***	87.19***	181.30***	218.20***

六、结论与政策建议

(一)结论

通过对沪深 A 股新能源汽车产业上市公司 2010—2020 年的微观数据进行实证分析,探究其创新效率与财政补贴、税收优惠政策的关系,得出以下结论:

首先,税收优惠、财政补贴政策对新能源汽车产业的创新效率分别具有正向的激励效果,且并行实施时不影响各自对创新效率的激励效应,在面板固定效应模型和面板 Tobit 模型下该结论均成立。财政补贴和税收优惠都是国家实施产业支援的重要政策工具,但可以以不同的优势为中心,避免不利因素,在创新过程中共同发挥作用。税收优惠是事后激励,财政补贴是国家资助满足一定资格条件并认定的公司的一种先行激励政策。一方面,地方政府很有可能为了绩效而介入市场的正常运营,导致研究开发效率低下;另一方面,优惠资金高的话,企业和政府之间的寻租活动也会随之而来。财政补贴和税收优惠的有效结合可以消除"市场失灵",实现比单一政策更重要的创新激励效应。

其次,本文通过异质性检验,发现企业的所有制会作用于财政补贴和税收优惠对于新能源汽车企业创新效率的有效性。相较于国有企业,税收优惠政策更能促进非国有企业的创新效率;国有企业创新受财政补贴政策的激励作用较强。这可能是因为国有企业规模大,实力基础雄厚等,而非国有企业在技术、资金方面存在更大的短板和更多的薄弱环节。

(二)政策建议

基于以上实证分析结果,结合当前政府给予新能源汽车产业的财税政策实际情况,本文就如何更好利用财税政策激励新能源汽车企业创新提出以下优化建议。

1. 调整财政补贴方向,完善财政补贴机制

财政补贴对于新能源汽车产业创新效率有正向的激励效果,但由于市场监管、信息披露等问题,近年来造成了不少"骗补"现象,我国政府对新能源汽车的财政补助政策也进入了"下滑"阶段。因此,有必要调整财政补贴方向,完善财政补贴机制。第一,政府可以设立专项资金,缓解企业融资困难,如贷款贴息、贷款担保等,通过政府采购引导消费者对能源汽车产业的需求。第二,鉴于政府与企业的信息不对称,经济活动的进行可能带来更多的风险,例如,欺诈行为的存在,会严重影响到资金的有效利用。因此,应当采取有力措施,从根本上解决这些风险,包括:首先,应当调整一次性的补助模式,同时合理调配事前补助、事中补助、事后奖励等;其次,应当建立有力的监管体系,将监管贯彻到底,严格把关,做到信息公开透明,避免任何形式的欺诈行为。

2. 加大税收优惠力度

税收优惠政策具有公平性,因此对企业具有普遍激励效果,在当前补贴的退坡阶段,更要充分利用税收优惠政策稳住并持续促进新能源汽车产业创新。一是为了促进企业的创新,政府应该继续提升 R&D 费用的加计扣除比例,这将直接影响到企业的 R&D 过程,从而极大地提升企业的创新效率。同时适当放宽新能源汽车企业 R&D 支出资本化条件,使研究阶段、开发阶段的研究开发支出资本化,让企业有机会选择符合自身情况的扣除。二是实行专享优惠。目前并没有针对新能源汽车产业相关科研人员、高层次技术核心人员、科技成果转化阶段特殊的优惠政策。新能源汽车产业更新换代快,技术高精尖且复杂,从事其研发创新的相关人员不可避免地需要更多的机构培训或进修。为了鞭策高层次技术核心人员的教育投资,建议政府在其个人所得税中以一定比例扣除其发生的相关培训费用,同时可扩大其个人所得税的减免税范围,从而最大限度地激发企业和研发人员的积极性。三

是适当扩大新能源汽车企业享受减免税的范围,如"两免三减半"政策施行覆盖面可以考虑将新能源汽车产业纳入其中。

3. 发挥财税优惠政策的综合效应

税收优惠和财政补贴对促进新能源汽车公司创新产生积极的共同影响,充分发挥财税政策的组合作用,能较好促进财政和税收政策的互补性,如以税收优惠为主,财政补贴为辅,机制协调,合理退坡。为了提高政策协同效应和整体实效性,避免投入"少而散"的情况,应积极探索将现有财政补贴与税制优惠相结合的各种支援模式和方法。根据前文的研究,财税激励政策对新能源汽车企业创新效率的激励效应存在产权差异,因此在实施政策时要有所侧重,以达到最优资源配置。特别是,随着当前减税政策的实施,地方政府的财政负担日益沉重,因此,应当尽可能将财政资金用在"刀刃"上,以缓解财政压力。

参考文献

[1]李彦龙.税收优惠政策与高技术产业创新效率[J].数量经济技术经济研究,2018,35(1):60-76.

[2]鲁钊阳,杜雨潼.税收优惠对新能源企业创新绩效的影响研究:以沪深A股新能源上市企业为例[J].经济学报,2023,10(1):1-22.

[3]张娜,杜俊涛.财税政策对高新技术企业创新效率的影响:基于交互作用的视角[J].税务研究,2019(12):47-53.

[4]姚林香,冷讷敏.财税政策对战略性新兴产业创新效率的激励效应分析[J].华东经济管理,2018,32(12):94-100.

[5]伍红,郑家兴.政府补助和减税降费对企业创新效率的影响:基于制造业上市企业的门槛效应分析[J].当代财经,2021(3):28-39.

[6]张帆.财税激励政策对企业创新效率的影响研究:基于行业性质与融资约束的调节作用[J].财会通讯,2022(18):110-114.

[7]孙健夫,贺佳.财税支持政策对新能源汽车产业研发效率的效应分析[J].软科学,2021,35(1):56-61.

[8]李爽.强度、政府支持度与新能源企业的技术创新效率[J].软科学,2016,30(3):11-14.

[9]周燕,潘遥.财政补贴与税收减免:交易费用视角下的新能源汽车产业政策分析[J].管理世界,2019,35(10):133-149.

[10]常青青.税收优惠对高新技术企业创新效率的差异化影响[J].财经科学,2020(8):83-92.

[11]高宏伟.政府补贴对大型国有企业研发的挤出效应研究[J].中国科技论坛,2011(8):15-20.

[12]杨青峰.高技术产业地区研发创新效率的决定因素:基于随机前沿模型的实证分析[J].管理评论,2013,25(6):47-58.

[13]肖文,林高榜.政府支持、研发管理与技术创新效率:基于中国工业行业的实证分析[J].管理世界,2014(4):71-80.

[14]张玉,陈凯华,乔为国.中国大中型企业研发效率测度与财政激励政策影响[J].数量经济技术经济研究,2017,34(5):38-54.

[15]高秀平,彭月兰.我国新能源汽车财税政策效应与时变研究:基于A股新能源汽车上市公司的实证分析[J].经济问题,2018(1):49-56.

[16]李礼,杨楚婧.财政货币政策联动对新能源汽车消费的影响研究[J].科技管理研究,2017,37(13):30-35.

[17]孙晓华,徐帅.政府补贴对新能源汽车购买意愿的影响研究[J].大连理工大学学报(社会科学版),2018,39(3):8-16.

[18]李国栋,罗瑞琦,张鸿.推广政策对新能源汽车需求的影响:基于城市和车型销量数据的研究[J].上海对外经贸大学学报,2019,26(2):49-58,68.

[19]王海,尹俊雅.地方产业政策与行业创新发展:来自新能源汽车产业政策文本的经验证据[J].财经研究,2021,47(5):64-78.

[20]范子英,王倩.财政补贴的低效率之谜:税收超收的视角[J].中国工业经济,2019(12):23-41.

[21]柳光强.税收优惠、财政补贴政策的激励效应分析:基于信息不对称理论视角的实证研究[J].管理世界,2016(10):62-71.

企业集团视角下税务合法性合规性合理性问题分析

张春平　张宇轩　左宜轩[①]

摘　要：在企业经济活动和税务管理中，税务的合法、合规、合理对于企业成本核算、降低经营风险、促进可持续发展等起到至关重要的作用。企业集团作为我国市场经济体制下一种重要的企业组织形式，其税务管理中的合法、合规、合理相较于普通企业也更复杂。本文首先对税务合法性、合规性、合理性的概念进行定义与辨析，并对三者产生的企业风险问题进行溯因。然后聚焦于集团企业股权转让、资金拆借、工资安排等三项具体业务案例，重点阐述税务合法性、合规性、合理性问题在企业集团实务中的具体呈现。最后提出进一步推动集团企业税务合法、合规、合理的途径与方式。

关键词：税务合规　企业集团　涉税管理

一、引言

企业集团是市场经济条件下一种重要的企业组织形式。企业集团因其规模性、多元化以及风险隔离属性从而具有经营战略的协同效应，与单个企业相比具有明显优势，在国民经济发展中具有重要作用。在税务方面，不管是税务管理的内容重点、风险防范、团队设置，还是信息化体系建设等，相较于普通企业，企业集团在管理的广度、深度、复杂性以及战略意义上都有更高的要求和不同的侧重点。

税务风险管理风险方面，除了目前企业普遍存在的税收风险管控偏重于后端监控，前端业务部门的参与程度不深，主要依靠事后检查和被动接受税务机关的评估检查。存在政策解读、业务流程、工作标准缺少自上而下的统一执行规范，税收风险分析缺乏科学性、准确性、前瞻性等普遍问题。企业集团还存在一些特殊涉税事项风险，比如因多元化、多板块、多层级发展使企业的生产经营范围广、税源结构复杂。税收风险防控一体化建设中的税收风险自动识别、生成一体化的应对预案或报

---

① 张春平，首都经济贸易大学财政税务学院副教授；张宇轩，首都经济贸易大学财政税务学院研究生；左宜轩，首都经济贸易大学财政税务学院研究生。

告等都存在较多困难。各层级之间的业务频繁多样又具有行业特殊性,在合法性、合规性、合理性业务安排上存在诸多争议风险,导致税收风险管理面临诸多问题。

综上,企业集团在自身平稳发展和创新改革中,都需要结合自身经营特点,按照自身业务环节梳理涉税要点,准确把握税收的合法性、合规性以及合理性问题。

二、税务合法性、合规性、合理性概念

(一)税务合法性、合规性、合理性定义辨析

税务合法性是指企业相关税务处理是否符合法律法规的规定。这是税务处理中必须达到的基础条件的"底线要求",违反"合法性要求"将受到法律制裁。因此,纳税人既要从宏观层面遵循税收法律倡导的各项税收原则与精神,也要从业务、程序、内容等微观层面把握纳税行为的合法性边界。

税务合规性是指企业涉税业务行为应该遵循税收法律、法规、规章及规范性文件的具体规定和要求,即纳税行为符合税收法律的具体细节和规范性要求。因此,企业不仅要了解并遵守税法的基本原则和核心规定,还要在具体操作中精准执行税法的各项细节要求。

税务合理性是指企业涉税业务安排是否符合合理商业目的以及整体税负合理。本文主要探讨的是前者,其核心要点是"商业合理性",即一个行为,从商业的角度看,有其合理性,具体包含业务各方面的配比,以及地方或者行业标准。商业行为作为盈利的载体,同时要兼顾长远发展和市场竞争,在业务中会出现不符合营业常规的业务安排,但是如果该项业务在税务上直接表现为减少税收收入,就会是重要的税务关注点,税务机关和税务人员制约此类行为的手段就是分析其背后的合理性。

(二)税务合法性、合规性、合理性风险问题溯因

税务合法性风险主要是由主体和客体两方面造成的。一方面,纳税人对税法会产生主观或非主观的错误解读。少数企业为逃避税收负担,故意对税法条例进行错误解读,以便利用税法漏洞或模糊性进行避税或逃税,违反了税收公平原则。部分企业在解读税法时,可能由于自身能力有限、信息不对称或缺乏专业税务指导等因素,导致对税法条款的理解出现偏差。这种情况下,企业虽没有违法的主观故意,但是仍会导致违反税收法律的后果。另一方面,税法体系庞大且复杂,包括众多条例和规定,这些条款间可能会出现交叉、重叠的情况,在政策效力时限上也存在衔接不畅的问题。这些都易导致纳税人对政策的理解不够深入或者出现偏差,从而导致合法性风险。

税务合规性风险产生的原因更为复杂。从本质上来说,征管方与纳税人之间

的理解偏差和税收利益博弈仍是合规性风险产生的主要原因。其外在表现在，一方面，由于我国税收法律层级的设置特点，在不同法律效力上针对某一个具体业务可能会存在多个文件的解释，甚至一些税务问题需要以税务机关在官方网站上的某次答复为依据，这都给企业税务合规造成了困难；另一方面，因为税务与会计、法律、金融等均有紧密联系，所以在企业业务中也要满足不同部门规定的要求来进行涉税业务处理，从而满足多角度多层次的合规性。值得注意的是，由于税务处理与会计处理在目的、原则与方法上存在显著差异，依据企业会计准则进行会计处理导致与税法处理之间的会税差异调整也无时不刻不影响着企业税务合规性问题。除此之外，在某些业务处理中，各地区政策不统一或者税务机关执行口径不一致，以及税务人员的自由裁量权问题都会影响企业税务合规性。

税务合理性风险的产生主要是因为在企业战略层面的业务安排未能兼顾或者忽视了税收因素，使该项行为不符合税收上的"合理商业目的"，从而导致的税务风险。例如，企业支出税前扣除的合理性是指符合生产经营活动常规，应当计入当期损益或者有关资产成本的必要和正常的支出。合理性的具体判断，主要是发生的支出其计算和分配方法是否符合一般经营常规。例如，企业发生的业务招待费与所成交的业务额或业务的利润水平是否相吻合，工资水平与社会整体或同行业工资水平是否差异过大。

（三）税务合法性、合规性、合理性的区别与联系

税务合法与税务合规并不相同，在一定情况下会产生合法但不合规，或者合规却不合法的税务处理。税务合法主要强调的是法律依据，即所有税收活动必须有明确的法律授权和规定。而税收合规则更注重企业在实际操作中是否符合这些法律规定，并在此基础上进行优化和改进。

总的来说，税务合法性、合规性、合理性在税收活动中是相互关联、相互补充的。税务合法为税务合规、税务合理提供了法律保障和原则指导，税务合规为税务合法、税务合理提供了具体的操作指南和执法标准，税务合理为税务合法、税务合规提供了真实合理的操作前提和设计基础。

纳税人在进行税务活动时，必须同时兼顾这三方面的要求，既要确保纳税行为在法律允许的范围内进行，又要使纳税行为符合多层次多范围的具体规定和细致要求，同时在业务中保证真实合理的要求。这种三重标准的遵循，不仅是对纳税人法律意识和全局意识的考验，更是对税收法律原则和精神的践行。

三、企业集团具体业务中的税务合法性、合规性、合理性分析

资金拆借业务、股权转让业务、职工工资薪金安排业务均为企业集团税务管理

中的典型业务,其处理涉及多形式流程、多政策规则。本部分将进一步阐述这三项业务中的税务合法性、合规性、合理性。

(一)资金拆借业务中的税务合法性、合规性、合理性分析

企业集团一般存在多种类型的资金拆借形式,如直接向金融机构借款,直接向非金融企业借款,通过委托贷款方式进行企业之间的资金拆借等。涉税事项方面,资金拆借业务涉及利息支出和利息收入的税务处理。

1. 利息支出

在税务合法性方面,根据《中华人民共和国企业所得税法》及其《实施条例》的规定,公司向非金融企业支付的利息支出,税前扣除限额在法律上受到本金和利率两方面的限制:本金方面,如果资金拆借双方为存在直接股权关系的关联企业,企业接受关联方借款本金与实缴出资金额的比例不得超过 2∶1,超过部分的借款本金对应的利息支出,不得在企业所得税前扣除。利率方面,利息支出超过按照金融企业同期同类贷款利率计算的数额的部分,不允许在所得税前扣除。《中华人民共和国印花税法》附表规定,借款合同,指银行业金融机构经国务院银行业监督管理机构批准设立的其他金融机构与借款人(不包括同业拆借)的借款合同,按照借款金额的万分之零点五计算印花税额。根据印花税法相关规定,企业应该根据不同类型的借款合同(协议)又有不同的条款规定,需要对借款合同类型、签署双方的身份类型等作出基本判断后,按照法律规定进行正确处理。

利息支出税务合理,即结合企业的实际交易情况分析企业利息支出是否合理。最典型的情况,就是企业投资者投资未到位而发生的利息支出。根据《国家税务总局关于企业投资者投资未到位而发生的利息支出企业所得税前扣除问题的批复》(国税函[2009]312 号)的规定,凡企业投资者在规定期限内未缴足其应缴资本额的,该企业对外借款所发生的利息,相当于投资者实缴资本额与在规定期限内应缴资本额的差额应计付的利息,其不属于企业合理的支出,应由企业投资者负担,不得在计算企业应纳税所得额时扣除。同时,结合税务机关的实际执行口径,进行检查时不区分工商注册的出资期限是否已届满,而是对企业未出资部分对应的利息支出全额进行纳税调增。

针对集团企业,如果下属企业无法直接从银行取得贷款,则可以采取"统借统还"方式进行资金拆借。在适用该项资金拆借途径中,应对税务合规性进行重点安排:①适用主体方面,应当符合"集团"相关要求。"集团"应当是按照《企业集团登记管理暂行规定》成立、取得企业集团登记证的主体,或者至少在国家企业信用信息公示系统"集团成员信息"中予以体现,否则不能适用该政策。②合同签订方面,以"统借统还"方式向银行借款的主体,与其他集团成员企业应当签订统借统还借款合同(协议),并在合同(协议)中注明借款的资金来源、支付与偿还路径、利

率等重要事项,应当注意约定的借款利率不得高于其支付给银行的借款利率,否则高于的部分不得享受免征增值税的政策,需要全额纳税。③实际操作方面,建议设置借款利息台账进行统筹管理,借款本金及利息的资金收付路径,应当与合同内容保持一致,会计上应当通过专门的明细科目或者附注核算维度单独进行核算。④发票方面,统借方收取的利息收入适用增值税免税政策时,应当开具增值税普通发票,税率栏填写"免税"。这些细节上的精细把握都可以促进企业税务合规的实现。

按照法律适用税收优惠也是满足合法性的表现之一,在"统借统还"方式进行资金拆借的业务中,根据财税〔2016〕36号相关增值税免税政策,统借方收取的利息收入,不高于支付给金融机构借款利率水平或者支付的债券票面利率水平的,免征增值税。

2. 利息收入

若公司设立集团财务公司,各管理或项目公司从集团财务公司取得存款利息收入,对这部分收入是否应该缴纳增值税销项税的处理,存在较大的合规性风险。

现有税务相关规定中并没有明确表示企业从财务公司取得的存款结息收入不属于不征税收入,但全国多个省市税务机关的征管口径均认为企业从财务公司取得的存款利息收入不属于不征税收入范围。例如:河北省国家税务局关于发布《河北省国家税务局关于全面推开营改增有关政策问题的解答》的通知中明确,财税〔2016〕36号文规定的免征增值税的存款利息收入,仅指公众存款利息收入;福建省税务局纳税服务中心于官网的回答:认为企业从财务公司取得的利息收入,属于贷款利息收入。根据《企业集团财务公司管理办法》(中国银行保险监督管理委员会令2022年第6号)的规定,财务公司是指以加强企业集团资金集中管理和提高企业集团资金使用效率为目的,依托企业集团、服务企业集团,为企业集团成员单位(以下简称成员单位)提供金融服务的非银行金融机构。财务公司可以吸收成员单位存款,但不能吸收公众存款。

综上所述,并依据合规性判断,成员单位从财务公司取得的存款结息不属于增值税不征税收入的范围,应当申报确认增值税销项税。为避免税收风险,相关公司应该按照财税〔2016〕36号文相关规定,将从财务公司取得的存款利息收入按照"贷款服务"、适用6%税率计算增值税销项税额,或者直接与当地主管税务机关确定执行口径。

该业务的发票方面,企业购进的贷款服务的进项税额不得从销项税额中抵扣。据此,贷款利息应当开具增值税普通发票;如果取得的是增值税专用发票,进项税额也不得抵扣,应当作进项税转出处理。严格遵守发票管理制度,预防出现虚开发票、虚抵进项的违法行为,是保证税务程序合法性的重要举措。

(二)股权转让业务中的税务合法性、合规性、合理性分析

股权转让作为企业重组的一种重要形式广泛存在于企业重组实务中。通过内部股权转让,企业集团可以整合旗下各企业资源,优化资源配置,提高资源使用效率。同时,有助于完善公司治理结构,推动企业集团改革进程。股权转让的税务处理因其复杂性对税务合法合规的要求也更高。

1. 股权转让

税务合法方面,股权转让事项应该注意的是,《企业所得税法》及《企业所得税法实施条例》规定,股权转让收入属于财产转让收入。无论金额大小、货币形式或非货币形式,均应一次性计入确认收入的年度计算缴纳企业所得税,相应的股权计税成本及与股权转让相关的印花税等税费可以扣除。企业集团关联方之间转让,要求符合独立交易原则,按照《税收征收管理法》规定,不按照独立企业之间的业务往来收取或者支付价款、费用,而减少其应纳税的收入或者所得额的,税务机关有权进行合理调整。同时,根据《中华人民共和国印花税法》第二条及其附件所列《印花税税目税率表》,股权所有权转移,应适用"产权转移书据"税目,按所载金额的万分之五贴花。无论企业还是自然人,转受让双方均需贴花。

股权转让事项属于区别于日常业务的特殊业务,涉及部分特定规定和复杂要求,增加了业务税务合规处理的复杂性。例如,某企业集团为了降低转出方股权转让所得、降低税收成本,想通过向原股东进行利润分配的方式降低被划转单位的账面净资产。在进行股转事项之前,被转让方直接将股转价款中属于"应分未分"的分红金额从股转价款中扣除,按照扣除后金额计算企业所得税,则该行为出现了税务合规性风险。根据《国家税务总局关于贯彻落实企业所得税法若干税收问题的通知》(国税函〔2010〕79号)第三条"关于股权转让所得确认和计算问题"规定,企业转让股权收入,应于转让协议生效且完成股权变更手续时,确认收入的实现。转让股权收入扣除为取得该股权所发生的成本后,为股权转让所得。企业在计算股权转让所得时,不得扣除被投资企业未分配利润等股东留存收益中按该项股权所可能分配的金额。但如果被转让方提前就累计留存收益完成了分配,则可以进行扣除,不产生如上风险。这也提示企业在税收策划中尤其要把握税务处理细节要求,同时关注经济实质和形式要件,做到税务合规。

2. 无偿划转

随着企业集团优化资源配置,内部股权流转业务越来越多,发生在同一控股企业之间的无偿划转也逐渐增加,其中的合规性风险值得注意。例如,为保持项目公司的股权与管理权一致,企业集团内部通过股权内部无偿划转进行资产重组。股转事项经总公司董专会决议通过且符合财税〔2014〕109号和2015年40号公告规定的"受同一或相同多家居民企业100%直接控制的居民企业之间按账面净值划转

股权或资产"情形,则可以适用特殊性税务处理,划转日划入方与划出方均以被划转股权的原账面净值确定计税基础。但如果该业务并未在股转事项发生当年的企业所得税年度汇算清缴时向各自主管税务机关报送《居民企业资产(股权)划转特殊性税务处理申报表》,则会触发合规性风险。所讨论规则在于纳税人有义务如实、正确填写企业所得税年度纳税申报表及其附表、完整、及时报送相关资料,并对纳税申报的真实性、准确性和完整性负法律责任。所以,在本案例中,纳税人在无偿划转的重组业务完成当年企业所得税年度申报时,应当在年度汇算清缴时勾选并填报《A105100企业重组及递延纳税事项纳税调整明细表》;适用特殊性税务处理的,划入方与划出方还应当分别向各自主管税务机关报送《企业重组所得税特殊性税务处理报告表及附表》。否则,并不能证明其符合各类特殊性重组规定的条件,按照合规性审查,则不能适用特殊重组业务进行税务处理。所以,选择特殊性税务处理进行股权无偿划转的企业,应高度重视并审慎处理该类业务,结合业务发生的具体流程,准确进行税务处理。

与此同时,企业集团进行股权、资产划转时适用特殊性税务处理的,要注意税务合理性检查,即该行为具有合理商业目的,不以减少、免除或者推迟缴纳税款为主要目的。

(三)工资薪金安排中的税务合法性、合规性、合理性分析

企业集团通常具有多元化的业务,覆盖不同的行业和市场,这时就会通过设立不同的项目公司专注于特定的项目任务或者发展战略,而集团内部的管理公司等也将共享资源、技术和管理经验等。人才配置和流动是集团企业的重要业务安排事项之一,也关乎企业发展的重要资源。

但是,集团在对项目公司的业务安排上可能会存在人员劳动关系与工资薪金负担主体不一致的问题。例如:职工的劳动合同与区域管理公司签订,但工资由该区域各项目公司实际负担,相关支出计入项目公司当期损益,使用工资单在所得税前进行扣除。

税务合法性方面,《中华人民共和国企业所得税法》第八条规定,企业实际发生的与取得收入有关的、合理的支出,包括成本、费用、税金、损失和其他支出,准予在计算应纳税所得额时扣除。有关的支出,是指与取得收入直接相关的支出。合理的支出,是指符合生产经营活动常规,应当计入当期损益或者有关资产成本的必要和正常的支出。所以,按照税法规定,企业发生的合理的工资、薪金支出准予据实扣除。

税务合规性方面,税务实践中通常以签订劳动合同作为任职或者受雇的判断标准,我国劳动法、劳动合同法及司法解释中的相关条款均规定了用人单位可按照法律规定制定规章制度,对用人单位的劳动关系管理、员工工作行为等各个方面进

行规范,并作为用人单位建立、变更、解除劳动合同关系的依据。如果项目公司与相关人员未签订劳动合同,则相关人员的工资薪金支出属于"与本公司生产经营无关的支出",不得在企业所得税前扣除;同时,职工福利费、职工教育经费、工会经费等以"工资薪金"为计算基数的限额扣除项目,均不得在税前扣除。

税务合理性方面,如果一个企业集团内多家公司共用一套人员,易导致出现未按合理方式进行分摊的涉税问题。例如:某区域管理公司与其管理的多家项目公司共用同一套人员,一同负责人力资源、财务核算、物资采购、生产维修、产品销售等管理和生产业务,但发生的人工成本、办公场所租赁费、水电费以及其他费用均由管理公司承担,账务处理上未进行合理的分摊,相关成本费用由部分公司在税前列支。该行为实际上违反了税收合理性原则,即相关成本费用未按照合理方式进行归属。根据企业所得税法的相关规定,与某公司生产经营无关的支出,如管理公司承担的应由其他项目公司共同分摊的成本费用,不得在该公司的企业所得税前扣除。对于管理公司向只有资产但无人员的项目公司提供的服务,应当遵循受益性原则按照合理方式进行分摊,对成本费用进行清晰归属。

基于以上,企业集团人员劳动关系与工资薪金负担主体错配,从而影响企业所得税税前扣除问题,是税务合法性、合规性、合理性的审查要点。针对上述问题,可以将相关人员调整为与各项目公司签订劳动合同,由项目公司支付工资薪金,以工资单作为税前扣除凭证。此外,还可以通过区域管理公司与项目公司签订服务协议,通过人员派驻业务的形式,由管理公司向人员发放工资薪金,项目公司作为接受人员服务的一方,按照协议约定的金额向管理公司支付服务费,并取得管理公司开具的合规发票进行税前扣除。

四、保证集团企业税务合法、合规、合理的途径与方式

满足税收合法性、合规性、合理性是每一项涉税业务安排的顶层设计。从内核核心来看,税务解决方案要满足商业逻辑、法律逻辑、财务逻辑等。这就导致一项有效的税务方案不仅对涉税业务的精细化处理有一定要求,还需要企业税务管理在业务安排时注重各方面、各层次的税务规定,达到多角度的合法、合规、合理。

(一)秉持诚信原则,确保纳税行为遵循国家税收法律

纳税申报是企业税务合规性的直接体现,企业应秉持诚信原则,确保其所有纳税申报活动遵循国家税收法律法规。即企业应完整、真实、准确地进行纳税申报,无虚报、瞒报行为。具体而言,企业应建立健全的会计核算系统,对其每一笔资金流动进行准确核算,确保申报数据的真实性和准确性。同时,企业应密切关注税收政策的变化,并加强对税法的学习与理解,及时调整纳税申报策略,确保纳税申

活动的合法性与合规性。

降低企业税收成本不仅可以减轻企业负担,还有助于企业更合理地配置资源,促进企业经济效益的提升,但是企业应提高管理层税务风险意识,提升对税务合法、合规的重视程度。在合法、合规、合理的要求下进行涉税事项安排,坚决杜绝因趋利造成主观上偷税、漏税等违法行为的出现。

(二)兼顾税收风险内部控制和外部监察

优化税务合法合规风险内部控制与审查,要制定科学合理的税务管理制度,涵盖但不限于税收策划、税务自查、税务风险识别与评估等多个方面,明确税务管理部门的职责分工、工作流程与标准规范。注意梳理各业务流程中的税务环节,识别潜在的税务合规风险点。根据识别出的风险点,建立税务合规风险清单,明确风险类型、影响程度及可能的触发因素。

外部审计是企业税务合法性、合规性、合理性评估的重要环节。如果集团企业情况纷繁复杂业务众多,通过接收第三方税务审查,集团企业可以借助专业机构,全面审视自身的税务状况。外部审计机构应具备独立性与权威性,能够客观、公正地评价企业的税务合规性。企业应积极配合外部审计机构的工作要求,提供真实、完整的审计资料,确保审计工作的顺利进行。审计结果反映了企业税务管理的实际情况,也为企业提供了改进与完善的方向。企业应认真对待审计报告中披露的风险、问题与建议,及时制定整改措施,以不断提升企业自身的税务合规性水平。

(三)构建完整高效的税务信息内部沟通机制

企业税务合法、合规、合理不仅仅依靠企业税务部门的规范操作和细致遵守,更要求与企业业务的高度协同协调,在规模程度较高的集团企业中更为明显。例如:印花税会涉及业务部门主导的合同流程及签订对象、标的内容及金额;房产土地税会涉及资产管理部门所管理的相关不动产的权属证明及具体信息;个人所得税会涉及人力资源部门核算的工资福利数据等。这就要求集团企业中要确保企业税务部门与其他各部门以及管理决策层及时沟通、传播、反馈税务相关信息,识别问题并及时报告。将税务合规风险及时向企业各职能部门、各级子公司传递,在企业生产经营领域就将税务合法、合规兼顾在内。

税务部门应通过设立税务业务伙伴、税务专员等岗位与其他部门进行有效沟通,掌握相关数据信息,了解其他部门的具体业务流程和实际操作方式,促进税务合规一体化安排。此外,充分发挥信息技术对内部税务相关数据的深度加工、分析作用,将单一的数据转化为综合性信息,自动生成例外、异常事项,定期向企业管理者进行信息反馈。确保管理者了解、掌握企业内部税务现状,在进行重大决策时,税务部门应参与其中,避免管理层在无税务信息的情况下作出决策。

参考文献

[1]胡裕岭.企业合规在税收征管改革中的导入[J].税务与经济,2023(5):39-43.

[2]李慈强.企业税务合规的法理逻辑与制度构建[J].江汉论坛,2024(4):133-138.

[3]纪任翔.企业集团内部资产重组涉税问题研究[J].企业改革与管理,2023(1):101-103.

[4]程瑶,陈浩,刘朝阳,等.企业集团"以数治税"税收风险应对体系构建[J].财会通讯,2024(12):121-124.

数字化转型对企业纳税遵从的影响分析

赵晶晶[①]

摘　要：在2024年政府工作报告的指引下,发展新质生产力成为我国高质量发展的关键任务,其中数字化作为核心驱动力,不仅促进了企业提质增效,还对税收治理能力提出了更高要求。在数字经济和智慧税务时代背景下,研究企业数字化转型对其税收遵从度的影响具有较强的现实意义。本文选取了沪深A股部分上市公司作为研究样本,研究数字化转型对企业纳税遵从度的影响。研究发现:企业数字化转型或者其数字化程度的加深对于提高企业纳税遵从水平发挥显著的正向作用;企业数字化对提高信息透明度和信息披露质量有显著作用,进而提高企业纳税遵从水平。以上研究结果在经过内生性检验、多个稳健性检验后仍然成立。基于此,本文提出政府加强监管、税务部门增强数字技术、健全税收优惠政策等建议,为提高企业纳税遵从度、提升国家税收征管水平、助力税收治理现代化提供参考意见。

关键词：数字化　纳税遵从　信息透明度　税收治理现代化

一、引言

2024年政府工作报告将"大力推进现代化产业体系建设,加速新质生产力的发展"作为年度经济工作的首要任务,明确了新质生产力在我国高质量发展版图中的重要作用。推动新型生产力的成长与发展,是抓住新一轮科技革命赋予的历史性契机,系统性地重构与优化产业布局与结构,进而掌握未来发展的主导权,并在国际竞争中构建新的优势地位的核心策略。这一进程也对新时代背景下如何进一步提升税收治理效能、全面加速税收治理体系向现代化转型,提出了新的、更为严苛的标准与期望。这不仅需要宏观层面积极调控引导,也需要大中小企业认真主动落实,双方共建税收治理现代化目标。其中,数字化不仅是新质生产力形态的重要表现,还深刻影响着实体经济的转型升级路径,是促进经济质量提升与结构优化的关键力量。

---

① 赵晶晶,中国社会科学院大学应用经济学院硕士。

数字化作为发展新动能,其助力企业扩大利润、提质增效的作用毋庸置疑。研究发现,数字化转型能提升企业内部治理水平、提升创新能力、改善生产效率、提高企业绩效等,进而推动经济向更高质量、更可持续的发展阶段迈进,而这也对企业自身的税收治理能力提出更高要求。在企业数字化过程中,由于对数字化发展缺乏认知、相应税务数据监控系统不完善、管理层经营决策等问题,企业可能面临更多的税收风险。企业能否做到税务合规,是否会出现或增加偷逃税行为,数字化转型是否对税收遵从行为产生积极影响,都是推动我国税收治理现代化的重要议题。

二、相关文献综述

（一）数字化

Verhoef(2021)认为,企业数字化转型是在实现数字化转换、数字化升级的基础上,进一步借助云计算、大数据、物联网、人工智能等新型数字信息技术,实现重塑业务模式、变革组织架构、提升整体效率等目标的一种高层次转型。随着新一轮科技革命和产业变革的不断深化,数字化变革已经成为推动全球经济向高端价值链攀升以及构建全新竞争优势的关键因素。这种变革不仅体现为技术层面的革新,更深刻地影响着各个行业的转型升级和全球竞争格局的重塑。《中国数字经济发展研究报告 2023》数据显示,2022 年我国数字经济规模跃升至 50.2 万亿元,同比名义增长 10.3%,占 GDP 的比重更是达到了 41.5%(见图 1)。这一增长速度连续 11 年超过同期 GDP 的名义增速,充分说明了数字经济在国民经济中的核心地位,它不仅扮演着"加速器"的角色,还作为"稳定器"持续为经济发展贡献力量。

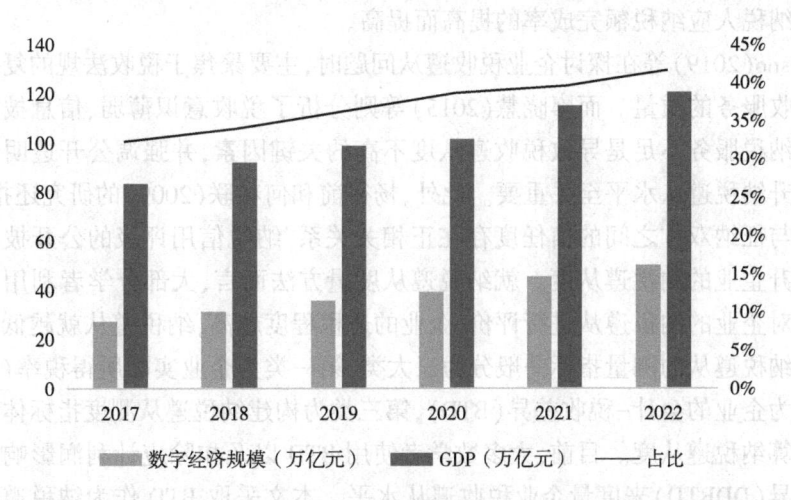

图 1 2017—2022 年我国数字经济规模及占国内生产总值(GDP)比重

关于数字化转型的影响因素,大部分学者从内外因两方面进行讨论。张新(2022)和黄一松(2023)等强调积极的财政政策会对企业数字化转型产生较大正向作用,如税收优惠不仅能够有效缓解企业的融资压力,还能够激发企业的创新活力;戚聿东(2020)、金珺(2020)等认为,外部营商环境和市场需求导向会倒逼企业进行数字化转型以获取市场份额;史宇鹏(2021)和李勇坚(2022)等指出数字技术创新和创新应用对企业转型起关键作用,有效助力企业降本增效、实现业财融合,推动企业跨越式发展;王永贵(2021)和陈畴镛等(2021)认为企业数字化转型需要有业务与数字技术一体化的团队、平台来支撑;刘淑春(2021)等强调企业管理模式是缩短企业转型阵痛期、实现资源最大化驱动效果的重要因素。

关于数字化对企业经营治理的作用,赵宸宇(2021)等肯定了数字化转型对提升企业价值的积极作用;叶永卫等(2023)强调数字化转型有效推动企业商业模式发生变革,在提高企业盈利水平的基础上还可降低生产及管理成本;袁淳(2021)以及陈梦根和周元任(2021)等强调,企业的数字化转型进程能够增强内部的专业化分工,进而减少人工成本的总体规模,尽管这一转变也会伴随平均人工成本的上升;吴非(2021)和张永坤(2021)等则指出,数字化转型在缓解企业间的信息不对称、减少审计费用以及提升股票市场的流动性方面发挥了积极作用;陈剑(2020)和高雨辰(2021)还提出,数字化转型不仅促进了企业创新效率与经营绩效的提升,还优化了财务状况,并鼓励企业更多地承担社会责任。

(二)纳税遵从

纳税遵从是指纳税人依照税法规定办理业务,对其所应缴纳的各项税费进行正确的核算,并依照法定的规定,向税务机关及税务执法部门交纳税款。纳税遵从度随着纳税人应纳税额完成率的提高而提高。

Kusno(2019)等在探讨企业税收遵从问题时,主要聚焦于税收法规的复杂程度以及税收服务的质量。而廖晓慧(2015)等则分析了税收意识薄弱、信息披露不充分以及纳税服务不足是导致纳税遵从度不高的关键因素,并强调公开透明的信息对于提升纳税遵从水平至关重要。此外,杨得前和何春联(2009)的研究还指出,税收遵从与征纳双方之间的信任度存在正相关关系,纳税信用评级的公开披露也能有效提升企业的纳税遵从度。就纳税遵从度量方法而言,大部分学者利用企业避税指标对企业的纳税遵从进行评价,企业的避税程度越高,纳税遵从就越低。现有文献对纳税遵从的测量指标一般分为三大类,第一类为企业实际所得税率(ETR),第二类为企业的会计-税收差异(BTD),第三类为构建纳税遵从测度指标体系并依权重计算纳税遵从度。目前,大多数学者使用 BTD 以及扣除应计利润影响的会计税收差异(DDBTD)来度量企业纳税遵从水平。本文采取 BTD 作为纳税遵从度的测算方式。

(三)数字化对企业纳税遵从的影响

企业在经济社会发展中扮演着至关重要的微观角色,它们积极促进数字技术与各类生产要素的深度融合,实现生产经营管理的全面数字化转型。这一过程通过提升企业的信息透明度、优化内部控制质量等途径,改变了企业实施偷逃税行为的能力与动机。因此,数字化转型不仅影响企业的税收规避策略和企业纳税遵从程度,还广泛涉及企业的各类经营和财务决策行为。

张永坤(2021)与祁怀锦(2020)指出,数字化转型显著提高了企业内部业务流程的透明度,并大幅提升了信息的挖掘与传递效率。这一转变使得企业能够向外部的利益相关方及税务征管机构提供更多真实、详尽的信息,从而拓宽了信息交流的透明度空间,有效缓解了信息不对称的现象。这一积极变化促使企业行为更加合规,限制了管理层采取税收激进行为的能力,进而提升了企业的纳税遵从度。罗进辉等(2021)指出,数字化推动内控自动化、智能化,显著增强内控有效性,优化公司治理,通过业务数据化实时监控减少管理层税收激进行为,提升税收合规性。贾楠(2023)与庞凤喜(2023)等人的研究表明,数字化转型对企业具有多方面的正面影响。它不仅能够激发企业的创新能力,还促进了企业内部税收管理的协同性,显著增强了企业的税收策划能力及其实际效果。这些转变共同作用,有助于企业降低整体的实际税负水平,进而促进企业采取更加合规的纳税行为,提升了纳税遵从度。高雨辰和陈中飞等(2021)研究发现,数字化转型助力企业扩大债务融资、降低融资成本,从而缓解资金压力,减少管理层为避税而采取的激进策略,促进企业纳税合规。此外,也有部分学者认为数字化转型对纳税遵从具有负相关作用,指出数字技术在企业的应用也为企业避税提供了更为网络化、科技化、隐蔽化的手段,由此加大了税收征管的难度,企业容易出现避税行为。

目前,已有研究主要集中于数字化转型的影响因素、数字化对国民经济的影响以及数字化对企业经营治理的影响,较少讨论数字化转型战略决策对企业纳税遵从的影响。本文探讨数字化转型对企业纳税遵从的影响,正是新质生产力对税收治理现代化的影响在微观层面的映射。在理论上,丰富了企业数字化对经济发展的影响研究,为日后深入研究数字化转型与企业纳税遵从之间的逻辑关系提供了经验证据;在实践中,数字化转型一定程度上助力企业提升税收治理水平,通过及时发现内部税收风险,促进政府对数字化企业的精准监管,进而增强国家税收汲取能力,改善收入分配,推动税收治理现代化进程。

三、理论基础与研究假设

在信息不对称理论的视角下,税收征管面临的一大挑战便是征纳双方信息掌握的不均衡。刘行与叶康涛(2013)的研究揭示,企业管理层倾向于隐瞒可能暴露其避税意图的关键信息,利用信息模糊性作为逃避税收的手段,这种策略性的信息控制降低了避税行为的曝光风险。此外,信息爆炸时代下过量的信息也为企业战略决策带来一定干扰,降低企业信息和数据处理效率。面对这些难题,企业数字化转型为其带来了深刻变革与转机。

吴非(2023)指出,通过运用大数据、人工智能、云计算等前沿技术,企业能够深度挖掘并标准化内部海量数据,实现跨平台信息的无缝流通,极大地提升了内部流程的透明度和数据处理效率。这一过程不仅促进了企业内部信息的开放共享,还拓宽了与利益相关者的信息交换渠道,构建了更为透明的信息披露体系。张永坤等(2021)也指出,通过构建数据中台连通企业内外部"信息孤岛",可以提高信息传播的速度和便利度,使外部利益相关者能够及时掌握更多企业经营和财务信息,增强了外部对用户信息的获取与分析能力,削弱了企业利用信息不对称进行避税的能力。高透明度环境迫使企业难以再依赖信息优势来规避税收,同时提高了税务部门等外部监督机构的监管效率和准确性,增加了避税行为被发现的风险与成本。最终,数字化转型有效降低了企业的避税动机,促进了税收合规性的提升,成为提高企业纳税遵从程度的有力杠杆。

基于以上分析及上文所述数字化对企业纳税遵从的影响,本文提出如下假说:

假说1:数字化转型能够显著提高企业纳税遵从程度。

假说2:企业数字化转型通过提高信息透明度能够减少税收规避行为,进而有效提升企业的纳税遵从程度。

四、研究设计

(一)样本选择与数据来源

由于我国数字经济规模的快速增长、数字技术发展和应用浪潮主要出现在2010年以后,且由于数字产业化行业的经营范畴本身就包含数字技术相关业务,对探讨数字化转型的影响较小,因此本文重点研究与数字技术融合的传统产业。据此,本文以2011—2022年度中国沪深A股上市公司为初始样本,分别剔除计算机、通信及其他电子设备制造行业的样本,信息传输、软件与科技推广应用服务行业的样本,科学研究与技术服务行业的制造业下的金融、ST类或退市样本,以及资不抵债、实际所得税率异常、缺乏关键数据的样本,而最终得出的8 184个样本的观测值。主要通过文本分析方法分析上市公司年报内容,得出公司数字化程度的指标,企业年报文本数据来源于深交所、上交所官网、巨潮资讯网等,其余数据来源于CSMAR、WIND数据库。

（二）变量说明

1. 被解释变量：税收遵从程度（BTD）

本文参考刘行和叶康涛（2013）的研究，使用会计-税收差异（BTD）来衡量企业公司税收遵从程度。其中，由于流转税可转嫁，实际税负不由企业承担，故此处因变量是企业所得税层面上的纳税遵从程度。具体而言，BTD=（税前会计利润—应纳税所得额）/资产总额，其中应纳税所得额=当期所得税费用/名义税率。BTD 取值越小，则表明公司避税程度越小，即税收遵从水平越高。为便于呈现回归结果，本文将 BTD 乘以 100。

2. 解释变量：数字化转型程度（Digit）

本文参考吴非等（2021）、赵宸宇等（2021）的研究，基于上市公司年报中涉及"企业数字化转型"的关键词词频来衡量企业数字化转型程度。数字化转型的基础词库以大数据、人工智能、区块链等为基础进行构建。Digit 指标数值越大，表明企业数字化转型程度越高。

3. 其他变量

借鉴以往的研究文献，在模型中设置了一系列控制变量，具体变量定义如表1所示。

表1 变量定义

类型	名称	符号	说明
被解释变量	税收遵从程度	BTD	会计-税收差异
解释变量	数字化转型程度	Digit	年报中涉及数字化转型的词频数量加1取自然对数
机制变量	信息透明度	Trans	深交所对上市公司年度信息披露情况评价，A级记4分，B级记3分，C级记2分，D级记1分
控制变量	财务杠杆	Lev	年末总负债/总资产
	固定资产比率	Ppe	年末固定资产净值与资产总额的比值
	存货比率	Inv	年末存货净值除以总资产
	现金比率	Cash	年末现金及现金等价物期末余额/流动负债
	企业规模	Size	上市公司年末总资产的自然对数
虚拟变量	年份	Year	属于某一年份取1，否则取0
	行业	Ind	属于某一行业取1，否则取0

(三)模型设计

本文参考王雄元(2018)、李青原和王露萌(2019)等文章,构建模型(1)以深入探究企业数字化转型对其纳税遵从行为的影响。为了更进一步地理解这一影响背后的作用机制,本文还采用了温忠麟等人(2004)提出的"中介效应三步法"作为分析工具,通过构建模型(1)至模型(3)的序列,系统地分析企业数字化转型如何通过特定路径——信息透明度——来影响纳税遵从。模型设计如下:

$$BTD_{i,t} = \alpha_0 + \alpha_1 Digit_{i,t} + \sum_k \alpha_k Controls_{k,i,t} + \sum Ind + \sum Year + \varepsilon_{i,t} \quad (1)$$

$$Trans_{i,t} = \gamma_0 + \gamma_1 Digit_{i,t} + \sum_k \gamma_k Controls_{k,i,t} + \sum Ind + \sum Year + \varepsilon_{i,t} \quad (2)$$

$$BTD_{i,t} = \varphi_0 + \varphi_1 Digit_{i,t} + \varphi_2 Trans_{i,t} + \sum_k \varphi_k Controls_{k,i,t} + \sum Ind + \sum Year + \varepsilon_{i,t} \quad (3)$$

其中,$Controls$ 为一组控制变量,k 为控制变量数,i 和 t 分别表示公司和年份,$\varepsilon_{i,t}$ 为残差项。本文重点关注系数的方向和显著性,如果回归系数为负,则假设成立。数据处理使用 Stata15.0 软件。

五、实证结果与分析

(一)描述性统计

表2描述了变量统计结果。其中,被解释变量税收遵从程度(BTD)平均值为6.476,最小值与最大值分别为 -216.108 和127.089,标准差为7.074,数值差异较大,表明各公司税收遵从程度差异较大,部分公司还没有数字化转型;企业数字化转型程度($Digit$)平均值为1.063,标准差为1.147,最小值和最大值分别为0和6.091,表明我国传统产业上市公司数字化转型程度存在明显差异;信息透明度($Trans$)平均值为2.651,表明信息透明度均值在样本公司中处于及格水平。另就平均值而言,样本企业财务杠杆(Lev)平均值为43.8%、固定资产比率(Ppe)平均值为22.9%、存货比率(Inv)平均值为15.9%、现金比率($Cash$)平均值为84%。

表2 变量描述性统计结果

变量	观测值	平均值	标准差	最小值	最大值
BTD	8 184	6.476	7.074	-216.108	127.089
Digit	8 184	1.063	1.147	0	6.091
Trans	8 184	2.651	1.114	1	4
Lev	8 184	0.438	0.248	0.007	10.082
Ppe	8 184	0.229	0.176	0	0.971

续表

变量	观测值	平均值	标准差	最小值	最大值
Inv	8 184	0.159	0.157	0	0.943
Cash	8 184	0.84	1.930	0	67.344
Size	8 184	9.021	1.459	2.301	14.821

(二)基准回归结果与分析

表3展示了模型(1)的回归结果。结果显示,在仅控制年份和行业固定效应而不加入控制变量时,数字化转型(Digit)的系数为-0.21,在1%的水平上显著;在加入所有控制变量的情况下,数字化转型(Digit)的系数为-0.359,且在1%的水平上显著。上述结果说明,企业数字化转型程度越高,则企业税收规避程度越低,数字化转型提升了公司税收遵从水平,本文的研究假说1得到证实。

表3 数字化转型与公司税收遵从:基准回归结果

变量	(1) BTD	(2) BTD
Digit	-0.210***	-0.359***
	(-2.903)	(-5.567)
Lev		-18.139***
		(-59.158)
Ppe		-4.077***
		(-7.942)
Inv		0.188
		(0.307)
Cash		-0.222***
		(-6.234)
Size		1.023***
		(19.068)
_Cons	2.962	4.340***
	(1.536)	(2.588)

续表

变量	(1) BTD	(2) BTD
Ind&Year	Yes	Yes
N	8 184	8 184
Adj. R^2	0.115	0.390

注:(1)列为未加入控制变量的结果,(2)列为加入控制变量的结果。括号内为 t 值,***、**、* 分别表示在1%、5%和10%的水平上显著。下同。

该回归结果还显示,企业财务杠杆、固定资产比率、现金比率都呈显著负相关。结果说明,财务数据的准确可靠性,是提高纳税遵从度的关键。加强财务管理,包括加强财务分析、预算管理、成本控制等方面的工作,提高了企业对税收政策的理解和应对能力,有助于企业降低税收风险,从而提高了企业纳税遵从度。此外,加强资金管理,提高现金比率,改善经营活动现金流,也能帮助企业减少因资金不足导致的纳税问题等。

(三)作用机制分析

企业数字化转型在提高信息透明度方面展现出显著效果,而这方面的提升又能够有效遏制企业的税收规避行为,从而促进纳税遵从度的提高。因此,信息透明度被视为企业数字化转型对纳税遵从度产生影响的关键机制。为验证这一假设,本文运用模型(1)至(3)对该机制进行了深入检验,具体结果如表4所示。

表4 作用机制检验结果

变量	BTD	Trans	BTD
Digit	−0.359***	0.081***	−0.342***
	(−5.567)	(13.43)	(−5.24)
Trans			−0.214*
			(−1.79)
_Cons	4.340***	0.527***	4.453***
	(2.588)	(3.38)	(2.65)
Controls	Yes	Yes	Yes
Ind&Year	Yes	Yes	Yes
N	8 184	8 184	8 184
Adj. R^2	0.390	0.097	0.390

分析表明,当以企业信息透明度(Trans)作为被解释变量时,数字化转型(Digit)的系数显著为正(0.081),表明数字化转型确实提升了信息透明度。进一步地,当以企业税收规避程度(BTD)作为被解释变量时,数字化转型的系数显著为负(-0.342),同时信息透明度的系数也为负,这证明了信息透明度的提升减少了企业的税收规避行为,即提高了纳税遵从度。由此可以确认,信息透明度是企业数字化转型促进纳税遵从的一个重要机制,从而验证了假说2的正确性。

(四)稳健性检验

1. 替换核心变量

本文对解释变量的衡量指标进行了两种方法替换。方法一:使用未进行对数化处理的原始数值(Digit_Not Log)替换基准回归模型中的Digit,回归结果如表5所示。方法二:借鉴何帆(2019)和聂兴凯等(2020)的研究,构建虚拟变量(Digit_Dummy)来检验稳健性,定义(Digit_Dummy)为若上市公司年报中出现了数字化转型相关词汇,则取值为1,否则为0,回归结果如表6所示。可以看出,在替换核心变量纳税遵从程度(BTD)后,两种方法下回归系数仍显著为负数,即假说1具有一定稳健性。

表5 稳健性检验:替换解释变量为 Digit_Not Log

变量	(1) BTD	(2) BTD
Digit_Not Log	-0.022***	-0.013**
	(-3.372)	(-2.486)
_Cons	6.601***	13.677***
	(88.500)	(13.984)
Controls	No	Yes
Ind&Year	Yes	Yes
N	8 184	8 184
Adj. R^2	0.103	0.309

表6 稳健性检验:替换解释变量为 Digit_Dummy

变量	(1) BTD	(2) BTD
Digit_Dummy	-0.575***	-0.751***
	(-3.508)	(-5.304)

续表

变量	(1) BTD	(2) BTD
_Cons	6.813***	13.150***
	(58.694)	(13.566)
Controls	No	Yes
Ind&Year	Yes	Yes
N	8 184	8 184
Adj. R^2	0.002	0.311

2. 内生性问题

由于数字化转型对企业纳税遵从的影响可能存在滞后效应,以及为了缓解反向因果导致的解释变量和被解释变量内生性问题,本文参考聂兴凯等(2022)的做法,将被解释变量(BTD)前置一期进行回归,定义为 L.BTD。同时,为检验回归结果稳健性,将被解释变量 BTD 滞后一期并定义为 F.BTD,回归结果如表 7 所示。被解释变量 BTD 滞后一期和前置一期的结果表明,Digit 的系数依然显著为负,这进一步证明了本文的结论。

表 7 稳健性检验:内生性问题

变量	(1)	(2)	(1)	(2)
	L.BTD		F.BTD	
Digit	−0.134*	−0.329***	−0.174**	−0.291***
	(−1.757)	(−4.147)	(−2.545)	(−4.039)
Lev		−7.104***		−7.104***
		(−16.356)		(−16.356)
Ppe		−5.146***		−5.146***
		(−8.054)		(−8.054)
Inv		−3.798***		−3.798***
		(−4.965)		(−4.965)
Cash		0.110*		0.110*
		(1.927)		(1.927)

续表

变量	(1)	(2)	(1)	(2)
	L. BTD		F. BTD	
Size		0.545***		0.545***
		(7.966)		(7.966)
_Cons	3.029	4.852**	3.029	4.852**
	(1.492)	(2.338)	(1.492)	(2.338)
Ind&Year	Yes	Yes	Yes	Yes
N	7 502	7 502	7 502	7 502
Adj. R^2	0.111	0.156	0.111	0.156

3. 改变样本范围

一般来说,国有企业通常需要承担更多的社会责任,而非国有企业追求税后利润,有更为强烈的税收激进动机,对企业自身纳税遵从有更大挑战。此外,数字化转型可以较明显提高非国有企业的财务透明度和数据管理能力,从而较容易提高其纳税遵从度。相比之下,国有企业通常有更复杂的组织结构和决策层级,数字化转型可能面临更多的困难,对国有企业纳税遵从度的影响程度相对较小。因此,为了更具体地探讨数字化转型对纳税遵从度的影响,尤其是针对非国有企业,本文进一步剔除了国有企业样本,仅针对非国有企业进行了实证检验。分析结果如表8所示,可以看出非国有企业组别的数字化转型回归系数依然显著为负。这一结果表明,数字化转型对非国有企业的纳税遵从度提升具有显著的促进作用,验证了数字化转型在非国有企业中的积极效果。

表8 稳健性检验:非国有企业数字化转型对纳税遵从的影响

变量	(1)	(2)
	BTD	BTD
Digit	−0.288***	−0.263***
	(−2.680)	(−2.836)
Lev		−17.437***
		(−41.314)
Ppe		−4.112***
		(−4.782)

续表

变量	(1) BTD	(2) BTD
Inv		-1.702*
		(-1.900)
Cash		-0.251***
		(-5.802)
Size		1.581***
		(16.532)
_Cons	11.498***	0.932
	(5.662)	(0.495)
Ind&Year	Yes	Yes
N	4 092	4 092
Adj. R^2	0.110	0.382

六、研究结论与启示

在数字化浪潮席卷全球的今天,数字化企业作为经济新引擎,其快速发展不仅促进了经济结构的优化升级,也带来了前所未有的风险与税务挑战,对企业纳税遵从程度提出了更高的要求。因此,本文分析了企业数字化转型的影响因素和纳税遵从的研究现状,并梳理总结了数字化对企业纳税遵从的影响,深入探讨数字化转型能否通过提高信息透明度提高企业纳税遵从程度。本文以 2011—2022 年沪深A股市场中的部分上市公司作为研究样本,深入探讨了企业数字化转型对其纳税遵从行为的影响,并特别分析了信息透明度在这一过程中所扮演的关键作用机制。研究结论指出,企业数字化转型通过显著提升信息透明度,有效遏制了税收规避行为的发生,进而促进了企业纳税遵从度的提升。本文的研究成果不仅丰富和深化了关于企业数字化转型与纳税遵从之间关系的理论认知,同时也为政府如何更好地支持企业数字化转型、加强税务监管能力提供了有价值的参考。此外,本文的研究对于我国培育新质生产力、推动税收治理现代化进程具有一定借鉴意义。

基于以上研究结论,本文得到以下政策启示:

首先,强化监管水平,确保税务合规。政府部门应加强对税务监管体系的建设,专注于数字化企业的财务与税务合规性。这要求在传统财务审计和税务检查的基础上,引入大数据、人工智能等先进技术,实现对企业纳税情况的实时监控与智能分析。通过建立更为严格的审计制度与税务检查机制,确保企业依法纳税,维护税收公平与正义。同时,推动建立统一的信息披露平台,提高企业信息透明度,使政府、公众及投资者能够便捷获取企业关键财务数据与税务信息,形成有效的社会监督。加强与政府部门、社会组织、中介机构等各方的合作,形成税收共治的良好格局。通过信息共享、联合执法等方式,共同打击偷逃税行为,维护税收秩序。同时,鼓励纳税人自我管理、自我约束,形成良好的税收遵从氛围。

其次,利用数字技术,提升税务监管效能。数字化转型为税务监管提供了新机遇。税务部门应积极拥抱技术变革,构建高效的信息披露与监督平台,实现与企业内部信息系统的无缝对接与数据共享。为了加强对企业纳税行为的监督与管理,应构建与企业内部信息系统紧密连接、实现数据互通的动态信息披露与监督平台。促进信息的跨平台整合,确保对纳税流程的每一个环节都能实现全面、连续的监控。通过这样的机制,可以更有效地识别并遏制企业的避税行为,从而显著提升企业的纳税遵从程度。此外,应积极利用数据分析技术,及时发现并预警潜在税务风险,为精准施策提供科学依据,进一步提升国家税收征管的整体效能。

最后,加强政策激励,优化数字生态环境。为鼓励企业积极拥抱数字化转型,政府应有针对性地优化企业税收优惠政策。例如,对率先完成数字化转型的企业给予税收减免或补贴,减轻其转型初期的财务负担,降低转型风险。同时,建立政府与企业的深度合作机制,深入了解企业在数字化转型过程中的实际需求与难题,提供定制化的政策支持与技术指导。通过加强培训和技术援助,提升企业数字化运营能力和风险管理水平,助力企业顺利跨越数字化转型的门槛。重点构建良好的数字生态环境,加强数字基础设施建设,优化网络安全环境,促进产业链上下游企业的协同创新。通过搭建数字服务平台,促进资源共享与业务协同,形成良性互动的数字产业生态,为企业数字化的快速发展提供有力支撑。

总之,面对企业数字化带来的风险与税务挑战,政府部门需采取综合施策、精准发力的策略,既要加强监管确保合规,又要利用数字技术提升监管效能,同时辅以政策激励与生态构建,推动数字化企业实现高质量发展,为经济社会的全面数字化转型贡献力量。企业自身也应把握数字经济发展带来的机遇,积极推进数字化转型战略决策的贯彻落实,强化自身税务合规意识,将税务合规纳入企业文化建设中,利用数字化平台的税务合规的监测和评估功能,持续改进自身税务管理实践,提高纳税遵从程度,提升自身价值,实现自身高质量发展,征纳双方共建税收治理现代化。

参考文献

[1] CHEN T, LIN C. Does information asymmetry affect corporate tax aggressiveness? [J]. Journal of Financial and Quantitative Analysis, 2017, 52(5): 2053-2081.

[2] DYRENG S D, M HANLON, E L MAYDEW. When Does Tax Avoidance Result in Tax Uncertainty? [J]. The Accounting Review, 2019, 94(2): 179-203.

[3] HERRON R, NAHATA R. Corporate Tax Avoidance and Firm Value Discount [J]. Quarterly Journal of Finance (QJF), 2020, 10(2): 1-50.

[4] VERHOEF, P C, BROEKHUIZEN T, BART Y. Digital transformation: A multidisciplinary reflection and research agenda [J]. Journal of Business Research, 2021, 122: 889-901.

[5] 陈剑, 黄朔, 刘运辉. 从赋能到使能: 数字化环境下的企业运营管理[J]. 管理世界, 2020, 36(2): 117-128, 222.

[6] 陈骏, 徐玉德. 内部控制与企业避税行为[J]. 审计研究, 2015(3): 100-107.

[7] 陈梦根, 周元任. 数字化对企业人工成本的影响[J]. 中国人口科学, 2021(4): 45-60, 127.

[8] 杜传忠, 王纯, 郭树龙. 政府创新补贴对制造业企业数字化转型的影响研究[J]. 财政研究, 2023(12): 69-82.

[9] 何帆, 刘红霞. 数字经济视角下实体企业数字化变革的业绩提升效应评估[J]. 改革, 2019(4): 137-148.

[10] 黄大禹, 谢获宝, 孟祥瑜, 等. 数字化转型与企业价值: 基于文本分析方法的经验证据[J]. 经济学家, 2021(12): 41-51.

[11] 黄一松. 税收优惠能促进企业数字化转型吗[J]. 当代财经, 2023(12): 144-156.

[12] 金珺, 李诗婧, 黄亮彬. 传统制造业企业数字化转型影响因素研究[J]. 创新科技, 2020, 20(6): 22-34.

[13] 李科杨, 吴璟, 毛捷. 征管技术和征管意愿对纳税遵从度的影响效果: 以二手房交易税收征管为例[J]. 经济学(季刊), 2024, 24(3): 810-823.

[14] 李晓华. 数字经济新特征与数字经济新动能的形成机制[J]. 改革, 2019(11): 40-51.

[15] 刘淑春, 闫津臣, 张思雪, 等. 企业管理数字化变革能提升投入产出效率吗[J]. 管理世界, 2021, 37(5): 170-190, 13.

[16]马永军,聂耀辉.数字化转型能否抑制企业避税?:来自上市公司的经验证据[J].东莞理工学院学报,2024,31(2):107-114.

[17]戚聿东,蔡呈伟.数字化对制造业企业绩效的多重影响及其机理研究[J].学习与探索,2020(7):108-119.

[18]祁怀锦,曹修琴,刘艳霞.数字经济对公司治理的影响:基于信息不对称和管理者非理性行为视角[J].改革,2020(4):50-64.

[19]史宇鹏,王阳,张文韬.我国企业数字化转型:现状、问题与展望[J].经济学家,2021(12):90-97.

[20]唐旭,袁满.新质生产力助推数字平台高质量发展的路径研究[J].东岳论丛,2024(9).

[21]童光辉,杨澄逸.数字经济发展与企业避税:基于上市公司数据的实证研究[J].税收经济研究,2024,29(2):56-66,77.

[22]王怡璞,樊勇.促进税法遵从 推进税收治理现代化[J].注册税务师,2024(2):8-10.

[23]王永贵,汪淋淋,李霞.从数字化搜寻到数字化生态的迭代转型研究:基于施耐德电气数字化转型的案例分析[J].管理世界,2023,39(8):91-114.

[24]温有栋,任涵,黄婷,等.数字化企业纳税遵从测度及实证研究[J].统计与管理,2024,39(5):27-37.

[25]温忠麟,叶宝娟.中介效应分析:方法和模型发展[J].心理科学进展,2014,22(5):731-745.

[26]吴非,胡慧芷,林慧妍,等.企业数字化转型与资本市场表现:来自股票流动性的经验证据[J].管理世界,2021,37(7):130-144,10.

[27]伍伦.数字化转型对公司税收遵从的影响研究[J].外国经济与管理,2023,45(8):17-33,50.

[28]徐梦周,吕铁.赋能数字经济发展的数字政府建设:内在逻辑与创新路径[J].学习与探索,2020(3):78-85,175.

[29]许云霄,柯俊强,刘江宁,等.数字化转型与企业避税[J].经济与管理研究,2023,44(6):97-112.

[30]许正中.加快构建催生新质生产力的税收激励机制[J].税务研究,2024(7):5-10.

[31]杨得前.影响中小企业税收遵从成本的税制因素:来自跨国研究的经验证据[J].税务研究,2011(10):70-73.

[32]叶康涛,刘行.公司避税活动与内部代理成本[J].金融研究,2014(9):158-176.

[33]张永坤,李小波,邢铭强.企业数字化转型与审计定价[J].审计研究,2021(3):62-71.

[34]赵宸宇,王文春,李雪松.数字化转型如何影响企业全要素生产率[J].财贸经济,2021,42(7):114-129.

[35]周志波,张小芳.以数治税:税收治理现代化的技术逻辑[J].上海交通大学学报(哲学社会科学版),2024,32(7):87-97.

企业股权架构选择的税收策划
——基于创始人视角

林 颖 曾亚鹏 张 锐[①]

摘 要:本文基于企业创始人视角,全面分析了直接股权架构、间接股权架构及有限合伙股权架构下,创始人在投资分红、税后再投资等环节的涉税处理和税收负担,并针对企业不同发展阶段的创始人目标需求,提出了企业股权架构选择的税收策划建议。研究表明,在企业初创阶段,由于实体公司发展前景不清晰,基于创始人短期获利的主要目标,宜选择直接股权架构;在企业步入稳定获利阶段,当投资扩张成为创始人的主要目标时,企业应选择间接股权架构,以充分享受企业所得税相关优惠政策;在企业开始注重人力资源绩效管理时,应搭建有限合伙架构,以实现创始人股权控制集中与企业人才队伍稳定的双赢;而当企业发展跃升到IPO准备阶段时,创始人更多会兼顾个人税后收益、经营风险隔离、家族成员与企业高管激励、外来资本引入以及家族财富传承等问题,此时混合股权架构将成为企业股权架构的最优选择。

关键词:股权架构 创始人视角 税收策划

一、引言

在创业的征途中,对于创始人而言,搭建一个科学合理的股权架构无疑是奠定企业稳健基石的关键一步。这不仅关乎企业内部的权力分配与治理机制,更是影响企业未来融资、扩张乃至上市路径的重要因素。合理的股权架构能够确保创始人在保持对企业控制权的同时,吸引并激励外部投资者与核心团队,共同推动企业向前发展。另外,合理地利用股权架构税务优惠政策、合理安排利润分配和资金流动,能有效且最大限度地减轻税务负担。它如同一座桥梁,连接着创始人的愿景与企业的长远规划,确保企业在面对市场波动与竞争挑战时,能够保持稳定的航向与强劲的动力。因此,从创始人角度出发,

---

[①] 林颖,管理学博士,湖北经济学院教授、硕士生导师,研究方向:税收政策与税收策划;曾亚鹏,湖北经济学院 MPACC 2334 班研究生;张锐,湖北经济学院税收学专业税收 2141 班本科生。

基于企业发展的不同阶段的经营管理和战略目标,选择于创始人和相关主体共赢的股权架构,是一个企业稳健健康发展的重要基石。由于不同的股权架构下,创始人股东在投资分红、再投资以及股权转让等方面存在较大的税负差异,因此,基于创始人视角,开展企业股权架构选择的税务策划研究,具有重要的理论意义和现实意义。

二、股权架构类型及涉税问题分析

股权架构是创始人建立乃至治理企业的核心,因而在股权架构设计中融入税务策划的观念,可以使得企业有效地达成经营目标,实现创始人的利益最大化。企业传统的股权架构主要包括直接股权架构、间接股权架构、有限合伙股权架构三种类型。不同股权架构下,创始人股东在投资分红、再投资和股权转让(卖股套现)等涉税行为中承担的税收负担和经营风险都是不一致的,因此,在进行企业股权架构选择时,需要事先了解不同股权架构下的涉税问题。

(一)直接股权架构及涉税问题

直接股权架构是一种最为常见且结构简单的一种持股架构(见图1),即公司创始人直接持有实体公司股权。在这种架构下,创始人一般通过注入资金、技术、资源等要素直接对实体公司进行投资。

创始人
↓
实体公司

图1 直接股权架构

在直接股权架构中,创始人直接持有公司股权,因此能够直接行使控制的股东权利。这种直接的控制方式使得创始人在公司决策中具有绝对的话语权,能极大地保证创始人对于初创公司的掌控。从对经营管理权的掌控程度看,于创始人而言,选择直接股权架构无疑是有利的。但税后收益最大化和承担风险最小化,从来都是投资者在投资选择时的重要考量。在直接股权架构下,创始人若想将实体公司实现的应税所得分回到个人账户,首先是实体公司依据税法规定缴纳25%的企业所得税,然后是个人按分红收入全额依据20%的税率缴纳个人所得税。从创始人股东视角不难发现,创始人股东若要将实体公司创造的应税所得分到个人名下,需承担40%的所得税负[①](见图2)。

---

① 25%+(1-25%)×20%=40%。

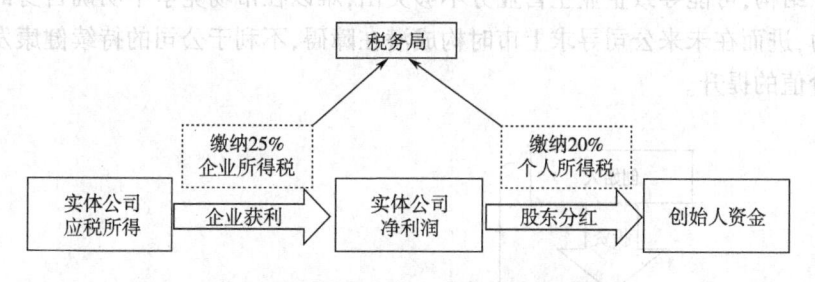

图2 直接股权架构下的税负承担路线

同时,创始人将投资分回的税后资金再投资其他实体公司时,将反复承受前述直接股权架构下高达40%的税收负担。有人将用直接股权架构的分红再投资形成的税负尴尬,形象地称为税收对资本的"层层扒皮"(见图3)。此外,对创始人而言,投资的多个实体公司之间同一时期的盈亏无法相互抵补,最终导致创始人无法实现税后利益的最大化。

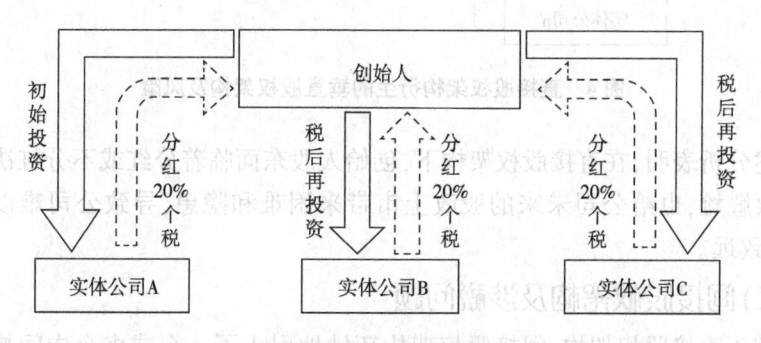

图3 直接股权架构衍生的平行股权架构及其税收问题

为了规避投资分红引发上述一系列问题,创始人股东可能会采取如下三个举措:一是实体公司长期不分红,将创造的利润长期滞留于公司账户。此举虽能暂时规避引发的个人所得税问题,但由于公司经营的风险和资金运作的不确定性,对创始人个人而言,可能最终导致个人投资收益的归零和投资成本损失。二是减少直接分红,而通过其他一些非法手段,如通过虚开或购买发票以个人报销的方式从实体公司套现。但是,这一做法必然会加剧公司和个人的双重财务风险,影响公司未来的健康发展。三是不分红,而直接以实体公司名义用其税后利润再进行投资,形成一种以创始人为顶,向下逐级扩展的垂直股权架构(见图4)。这种架构将集团公司内部的风险紧密捆绑,形成一体化风险结构。一方面,这种紧密关联的风险结构会显著降低集团公司的风险抵御能力,一旦某环节出现问题,极易触发"蝴蝶效应",对整个集团公司造成不可预测的冲击。另一方面,多层实体公司构成的嵌套式组织结构,可能导致企业主营业务不够突出,难以在市场竞争中明确自身的核心竞争力,进而在未来公司寻求上市时构成潜在障碍,不利于公司的持续健康发展和市场价值的提升。

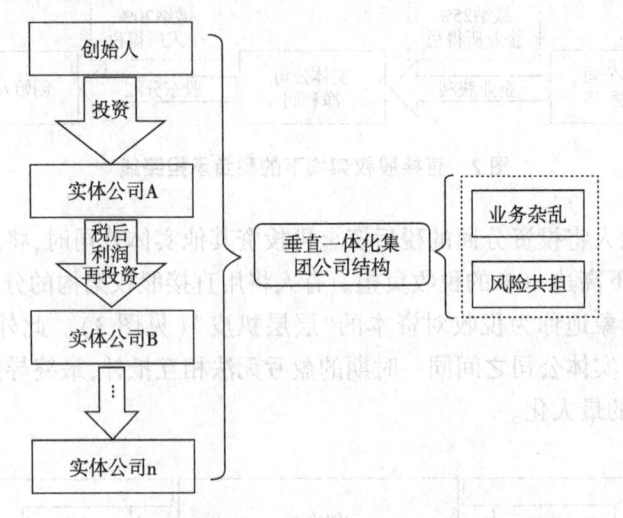

图 4　直接股权架构衍生的垂直股权架构及风险

前述分析表明,在直接股权架构下,创始人股东面临着分红或不分红决策下的不同税收尴尬,也给公司未来的股改上市带来困难和隐患,导致公司难以做强做大、行稳致远。

(二)间接股权架构及涉税问题

相较于直接股权架构,间接股权架构巧妙地引入了一个或多个中间控股实体作为桥梁(见图 5),以间接方式持有目标公司的股权。此架构的初衷并非开展任何实质性的经营业务活动,而是纯粹作为资本运作的载体,代表创始人进行投资布局,以避免分红时需要缴纳个人所得税的情况。在间接股权架构下,公司的创始人构建了一个高度灵活且税负优化的资金配置平台。通过这一平台,投资者能够更有效地管理其资本流动。

根据《中华人民共和国企业所得税法》第二十六条第二项的规定,符合条件的居民企业之间的股息、红利等权益性投资收益,属于免税收入。因此,间接股权架构巧妙运用免税资金池通过持股公司进行投资,这种架构在特定情境下为创始人提供了独特的优势:当持股公司从被投资企业获得分红时,这些分红可以在持股公司层面免税(或享受较低的税率),从而为后续的再投资活动提供了免税的资金来源。这对于那些以公司再投资和长期发展为目标的公司创始人而言,无疑是一个极具吸引力的股权架构选择。相比于直接股权架构,间接股权架构还允许创始人

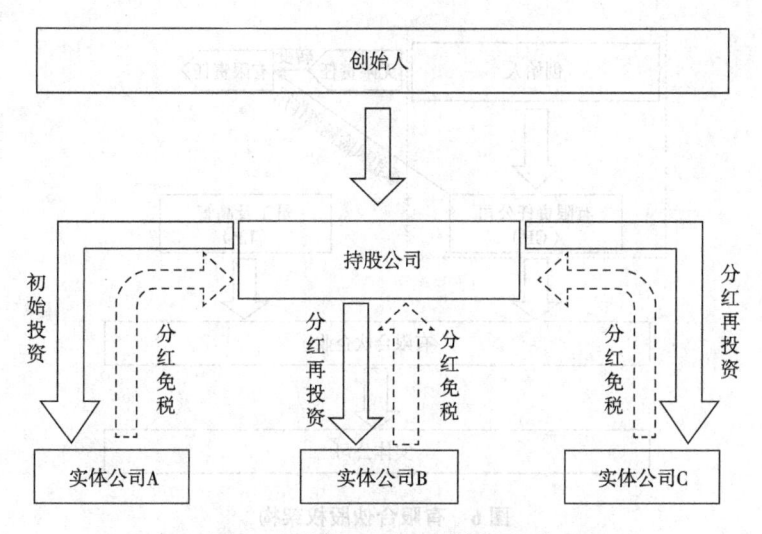

图 5 间接股权架构及其投资优势

在持股公司内部实现盈亏相抵,进一步优化税务结构,减轻整体税负。

然而,间接股权架构也存在一定局限性。当创始人考虑通过出售持股公司股权来实现套现时,需要面对双重税负(与直接股权架构分红后整体税负一致)。首先,在持股公司层面会产生必要的企业所得税;其次,当这些收益最终分配到创始人个人手中时,还需缴纳个人所得税。这在一定程度上增加了创始人套现的成本和复杂性。另外,对于注重家族财富传承的创始人而言,间接股权架构也提供了更为灵活的股权转让机制。通过合理的商业安排,创始人可以在上下三代血亲之间以很低的价格转让股权,从而实现家族财富的平稳过渡和长期保值增值。

(三)有限合伙股权架构及涉税问题

有限合伙架构的设计是指构建起实体公司、持股平台(有限合伙企业)、普通合伙人(GP)和有限合伙人(LP)的三方主体,通过有限合伙企业,间接持有实体公司的股权(见图6)。具体而言,有限合伙架构一般是以进行员工激励为目的的架构设计,其主要存在两类股东:一类是 GP,由创始人创立的有限企业担任普通合伙人;而另一类是 LP,即由高管与核心员工作为有限合伙人。GP 与 LP 共同成立有限合伙企业,最终,由有限合伙企业再持股实体公司。

在公司发展到一定阶段后,为了持续激发员工的积极性、稳定性和忠诚度,同时又兼顾创始人对公司的核心控制力不被削弱,有限合伙架构成为十分有效的股权架构。在该架构下,公司设立一个或多个有限合伙企业作为员工持股平台。创始人作为普通合伙人(GP),拥有对有限合伙企业决策的绝对控制权,包括投资决策、资产管理和利润分配等关键事项。而员工则作为有限合伙人(LP)加入这些企业,他们通过持有有限合伙企业的份额间接获得公司股权的增值收益,享受分红等

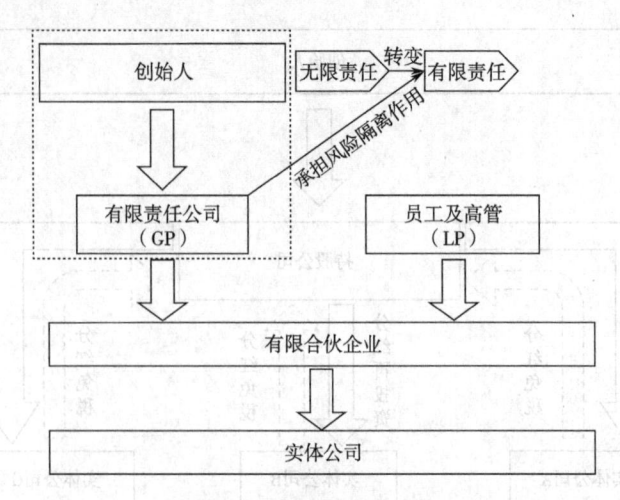

```
┌─────────┐   无限责任  转变  ┌─────────┐
│  创始人  │─────────────→│ 有限责任 │
└────┬────┘               └─────────┘
     │         承担风险隔离作用
     ▼
┌─────────────┐    ┌─────────────┐
│ 有限责任公司 │    │ 员工及高管  │
│   (GP)      │    │    (LP)     │
└──────┬──────┘    └──────┬──────┘
       │                  │
       ▼                  ▼
     ┌──────────────────────┐
     │    有限合伙企业       │
     └──────────┬───────────┘
                ▼
          ┌──────────┐
          │  实体公司 │
          └──────────┘
```

图 6　有限合伙股权架构

经济权益。这种"分股不分权"的设计，巧妙地平衡了员工激励与创始人控股权之间的关系。员工因持有公司股权而感受到与公司命运的紧密相连，从而更加积极地投入工作，促进公司的长期发展。同时，由于他们并不直接参与公司的决策管理，创始人得以保持对公司目标管理的最终话语权和控制权，确保公司战略方向的稳定性和连续性。有限合伙架构的引入，不仅为公司提供了一个灵活高效的员工激励机制，还帮助创始人巩固了其在公司中的核心地位。这种双赢的架构设计，为公司的持续发展和长期繁荣奠定了坚实的基础。

此外，普通合伙人因自身特性而需要对合伙企业承担无限连带责任，这导致创始人在企业治理中往往要承担极高风险与重大责任。因此，公司的创始人会通过增设一家有限责任公司作为中间缓冲层，巧妙地将潜在的无限责任风险转移至这家新设立的有限责任公司之中。最终，原创始人仅需承担其作为该有限责任公司股东所负的有限责任，而非原先面临的无限责任。这一调整显著降低了创始人的个人风险敞口，实现了从承担无限责任到有限责任的重大转变，有效保护了其个人资产免受企业运营风险的直接影响，达到了投资者有限的风险承担和无限的权力掌控的双重目的。

三、企业股权架构选择的税收策划建议：基于创始人视角

股权是公司法的金科玉律。因此，一个优质且适用的股权架构对于满足企业创始人的需求以及达到公司目标具有至关重要的作用。由于不同企业追求的目标各异，因此各公司在设计自身股权架构时，亟需充分考虑不同架构的功能与公司目标的契合度，以期实现降低税负、提升管理效能的效果。由于创始人建立公司所设

立的目标在不同时期截然不同,因此不同目标需求的创始人所设立的股权架构也有所差别。

对于初创型企业而言,企业往往以短期的盈利为主要目标,即通过实体公司赚取业务并进行分红回笼到个人名下使用,对于实体公司未来发展并不明朗甚至模糊。因此,该类型公司更适用直接股权架构。简单的股权结构以及清晰的税负情况使得创始人能十分轻松地将资金回笼到个人手中。

随着初创企业业务不断发展,公司逐渐步入快速发展期,大量的资金回笼往往使得投资人自身日常资金需求得到满足的同时还剩余大量资本,因而更希望将回笼的资金再次投资到相同或不同的实体公司中。该目标导向的创始人,可以借助间接股权架构来实现这一目的。由于间接股权架构中间利用持股公司作为投资桥梁,在形成创始人自有资金池的同时能有效减轻分红到个人时的税负压力,以提升创始人的资金使用效率。

在企业慢慢进入成熟期后,公司内部人员管理和保留显得尤为重要。创始人往往会通过股权激励的方式来保留人才,以为公司作出业绩贡献。但是传统的股权架构会使创始人股份受到稀释,导致其丧失绝对的控制权。因此,当公司发展需要进行员工激励行动时,应使用有限合伙架构。一方面,其性质仍能为对应员工提供股权奖励,达到激励目的;另一方面,"分股不分权"的特性使得创始人能始终处在绝对控制的位置。

随着企业的不断壮大以及时间的推移,IPO、家族传承等需求逐渐浮现。混合股权架构(见图7)融合了IPO、家族传承、财富传承以及灵活资金运作与员工激励等多元需求,巧妙地将直接架构、间接架构与有限合伙架构的特性相结合,能够实现公司的长远发展目标和家族愿景。

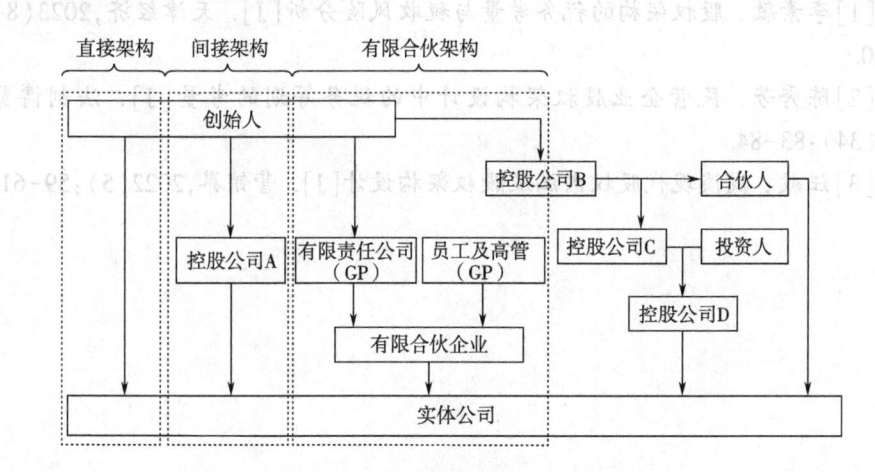

图7 混合股权架构

首先，直接架构性质确保了创始人个人的资金需求。同时，在吸引外部投资时，直接架构也提供了清晰、透明的股权结构，便于外部投资者理解和评估公司的投资价值，为 IPO 奠定坚实基础。

其次，间接架构中的持股平台起到再投资免税和亏损弥补的关键作用。通过设立持股平台，公司能够享受税收优惠政策，将利润用于再投资而无需缴纳企业所得税，从而加速资本积累。同时，间接架构还能在一定程度上隔离风险，确保公司在面临亏损时能够有效地进行财务调整，保护家族财富不受重大影响。

最后，有限合伙架构能有效用于员工激励和家族成员激励，实现了"分股不分权"的目标。通过设立有限合伙企业作为股权激励平台，公司能够将部分股权分配给核心员工和家族成员，让他们分享公司成长的果实，起到"稳定军心"的效果。然而，由于有限合伙企业的特殊性质，这些股权持有者并不直接参与公司决策，从而确保了公司管理层的控制权不受稀释。这种安排既激发了员工的积极性和创造力，又维护了创始人对公司的长期控制。

不难发现，在企业长期发展的过程中，势必不能仅局限于单一的股权架构模式，而应依据自身的实际情况和战略目标，灵活选择并巧妙运用不同的股权架构模式，以实现创始人建立企业的最终目标。适配的股权架构有助于企业和创始人扬长避短，通过充分融合各种股权架构的优势，弥补其不足，全面提升企业在税收策划、风险隔离、资本运作、股权激励等多个维度的综合竞争力，最终实现创始人名下企业长期稳健发展乃至上市的目标。

参考文献

[1] 李素敏. 股权架构的税务考量与税收风险分析[J]. 天津经济, 2023(8): 48-50.

[2] 陈秀芳. 民营企业股权架构设计中的税务筹划的考量[J]. 法制博览, 2021(34): 83-84.

[3] 汪毅. 浅谈现代股权内涵及股权架构设计[J]. 营销界, 2022(5): 59-61.

数字经济背景下税收治理模式创新的思考

尚可文　张曼棋　蒋馥声　罗梦蝶[①]

摘　要：数字经济作为一种新型经济形态，不仅打破了传统的生产经营模式，而且对现行的税收体系、税收规则和税收监管模式带来了巨大挑战。面对经济数字化转型，应积极构建与数字经济发展相适应的税收制度和征管体系，助力国家治理体系和治理能力现代化。本文从数字经济背景下税收治理模式面临的挑战入手，立足于实现税收宪治、税收善治、税收共治的目标，提出数字经济背景下税收治理模式的构建思路及政策建议。

关键词：数字经济　税收治理　税收善治

伴随互联网的迅猛发展，全球经济形态发生了根本性的变化，催生出了一种新的经济形态——数字经济。数字经济是行业企业利用互联网数据信息进行各种产业经济活动以及商业往来的一种新型经济形态。我国是数字经济发展大国，近年来涌现了不少数字经济大企业，如阿里巴巴、腾讯、百度等，这些企业不仅是我国的龙头企业，而且在世界市场上也占有不小的市场份额。加强数字经济企业税收管理，对规范数字经济发展、避免税收流失具有重要的意义。但由于数字经济摆脱了传统经济模式的物理存在，因此公司注册地以及常设机构所在地的判定变得更为困难；数字经济背景下商品与服务的界限被打破，导致征税界限的划分更为困难；数字经济背景下交易主体的微型化碎片化，导致税收监管更为艰难。因此，强化数字经济税收治理必须与时俱进，针对数字经济发展的特点提出税收治理的新思路、新措施。

一、数字经济发展对传统税收治理模式的挑战

（一）数字经济对传统税收制度带来了新挑战

数字经济作为一种新型经济形态，对传统税收要素的界定带来严峻挑战。

[①] 尚可文，重庆工商大学教授，研究方向：财税理论与政策；张曼棋，重庆工商大学会计学院硕士研究生；蒋馥声，重庆工商大学经济学院硕士研究生；罗梦蝶，重庆工商大学经济学院硕士研究生。

1. 数字交易行为的适用税目界限模糊

现代商品与服务线上线下融合，某些交易行为难以确定其适用税目及税率，尤其是某些商品同时具有商品和服务的特征，导致交易标的的商品与服务的界限难以分清。比如，电子图书的售卖属于销售商品还是服务，线上教学属于教育培训还是信息技术服务，仍存在大量争议。在"滴滴打车"模式下，滴滴公司不直接提供汽车与服务，只提供约车平台，现行做法是滴滴公司全额按照"公共交通运输服务"按3%的征收率缴纳并向乘客开具发票，私家车主无需单独缴纳。问题是增值税条例规定既提供运输工具又提供司机的行为才按"交通运输服务"征收增值税，而滴滴公司既不提供汽车也没有提供司机却按交通运输服务征税，与现行税制相冲突。

2. 数字交易行为的境内境外所得界限模糊

我国现行增值税采取目的地原则对跨境服务征税，对"境外单位或者个人向境内单位或者个人销售完全在境外发生的服务，不属于在境内销售服务，不在我国征税"。但随着全球数字经济的发展，"目的地"和"境外发生"这两个标准难以判定，比如我国某线上教育企业委托国外广告公司制作视频广告在全球发布宣传，整个流程在互联网上进行，那么此交易行为是否是"完全在境外发生"，值得商榷。

3. 数字交易所得的性质界限模糊

数字经济背景下越来越多的自然人参与到交易中去，导致个人所得税中的经营所得和劳务报酬所得的性质难以界定。例如，淘宝主播的直播带货收入应归类为经营所得还是劳务报酬所得，还存在着争议。其原因主要是经营所得中包含的"个人依法从事办学、医疗、咨询以及其他生产经营活动取得的所得"与劳务报酬所得中的"个人从事讲学、咨询、医疗等劳务所取得的所得"相重合，淘宝主播直播带货收入正处于这个重合范围之中，确定其所得类型就陷入了困境。

（二）数字经济对传统税收征管机制提出了新课题

伴随数字经济的快速发展，税收征管机制改革相对滞后。数字经济背景下，一方面，随着信息技术的进步，交易方式也在不断演变。如今线上交易就可以满足买卖双方直接交易的需求，特别是在自然人交易主体逐渐增多的情况下，生产者与消费者直接交易、个人与个人直接交易的趋势不断扩大，若没有统一的平台，那么就难以及时获取交易、发票开具数据，势必会对"以票控税"的税收管控策略带来极大的挑战与冲击。另一方面，数字经济的不断发展正加速拓宽和延伸行业的界限，尤其是伴随着先进制造业与现代服务业的深度融合，各个行业开始合并和减少产销环节。由于交易主体的虚拟性和隐匿性、交易资产的超流动性，数字经济业务具有极高的隐性价值。数据化的交易内容，使得税收征管过程中难以找到纳税主体，也难以对其经营活动进行有效监控。这已经成为当前完善税收征管机制不得不面对的新课题。

(三)数字经济对国际税收课税规则形成了新冲击

随着数字经济的快速发展,传统的国际税收课税规则已不能适应数字经济发展的要求。

1. 传统利润归属原则在数字经济背景下难以适应

统的利润确定方法往往是根据实体产品功能、所用到的资产和所承担的风险来确定利润。数字经济的数据具有用户的高度参与性,致使数字经济用户为企业创造了大量的价值、数据为创造利润提供了信息,这些数据和用户的来源四面八方,根据传统的以价值创造地征税的原则来征税就会带来很大的困难。

2. 传统税收管辖权原则在数字经济背景下遇到了新挑战

首先是居民税收管辖权方面,各国往往以登记注册地标准、实际管理机构标准、总机构标准等确定该公司的税收居民身份,但是数字经济下,企业的注册地与主要利润发生地异地情况已成常态,有的企业会在低税国家(地区)进行公司注册以规避高税收。其次是收入来源地税收管辖权方面,常设机构是执行收入来源地管辖权的标准,然而数字经济时代,常设机构脱离物理实体,甚至不用设置常设机构就可以完成一系列的交易,导致收入来源地税收管辖权名存实亡。

3. 传统的国际反避税规则在数字经济背景下遇到了新课题

一方面,由于数字经济交易平台的虚拟性、灵活性,其本身就加大了国际反避税的难度。另一方面,企业利用数字经济进行国际避税更为容易,因为无形资产较强的流动性,便于跨国企业采用转让定价的方式将利润转移到低税国家。

(四)数字经济对涉税信息的获取提出了新要求

数字经济信息的隐蔽与多变使税务部门较难获取准确丰富的涉税信息。

1. 服务信息的获取与运用更加困难

移动电子税务局已经渗透到税收服务和管理中,纳税人不再受地域和时间限制,可以随时到任何地点办理相关业务。但精准识别信息数据的来源以及对大量数据进行信息化处理以便提高纳税服务信息的准确性,降低税收管理的风险是税收管理与纳税服务的一个重大挑战。

2. 涉税信息的获取难度越来越大

得益于信息技术,企业经济主体更加主动和灵活,企业经济的重组和买卖,造成了大量税源流失。随之出现了大量的"微商""电商"等,纳税主体的微型化、分散化进一步加大了税务部门涉税信息获取的难度。

3. 交易方式的电子化增加了税务机关检查取证的难度

传统的货币、刷卡等支付方式已不再使用,而转用网上支付的数字经济交易模式,掌握不了交易资料的产生渠道,加大了税务机关检查取证难度。

二、数字经济背景下税收治理模式创新的思路

税收治理现代化是税收宪治、税收共治、税收善治的统一。税收宪治侧重于税收立法,要坚持税收法定原则,依宪立法。税收共治侧重于税收管理,要发挥税务部门的主渠道、相关职能机构的配合、社会中介组织的协助、纳税人的监督,形成税收治理的合力。税收善治侧重于税收执法与服务,要坚持以人为本、善作善为、强化税收服务、营造良好的税收营商环境。为此,数字经济背景下税收治理模式的构建必须以实现税收宪治、税收共治、税收善治的统一为目标,通过健全数字经济税收法制、优化数字经济税收征管机制、完善数字经济治理体系,实现数字经济税收治理模式的创新。

(一)以健全数字经济税收法制为抓手实现税收宪治

1. 坚持税收法定原则

依法征税是现代税收的本质特征,所谓"无法不成税"就是强调税收法定原则的重要性。而税收法定是实现税收宪治的基础。为此,必须尽快完善税收法制。特别是在数字经济背景下,要加快数字经济税收立法进程,规范数字经济税收立法程序,健全数字经济税收法制。

2. 完善网络安全和数据资源共享的法律法规

数据安全与数据共享是数字经济有效运行的基础。为此,要尽快颁布确保数据安全的法律法规,这既是实现数据管税的客观要求,也是维护纳税人权益的重要保障。要进一步明确政府间数据共享应用问题,积极探索政府与企业间数据共享机制。

3. 加强涉税法律体系的系统集合

一方面,相关法律需要体现数字化时代对税收征管的内在要求,促使相关法律和数字经济监管与服务文件相协调,例如税收实体法、税收程序法、刑法,以实现各项法律规定的连贯性和一致性。另一方面,在国际税收规则制定过程中,国家有关机构应积极参与发挥正向作用,同时注重国际税收规则变化,结合我国数字经济发展状况及时调整国内数字经济立法。

(二)以完善数字经济治理体系为依托实现税收共治

税务机关要与其他部门紧密合作,携手共建数字经济治理体系,以达到共同管理的目标。

1. 创新数字经济税收治理观念

数字经济背景下的税收治理首先要坚持规范管理和激励发展相结合。作为一种新的商业模式,在发展初期肯定会遇到各种各样的问题,这个时候规范管理尤为重要,通过税收优惠政策引导支持新业态、新模式的成长。其次要坚持线上线下公平课税。无论线上交易还是线下交易,其本质都是一种市场交易活动,都应该负担同等的纳税义务,这既是企业公平竞争的需要,也是税收公平原则的要求。

2. 建立多元化数字经济税收治理模式

由于数字经济的管理部门众多、利益相关方复杂,因此,数字经济下的税收共治更为紧迫。从管理部门的视角,需要建立以政府治理为中心、行业自我约束为重点、平台管理为依托、社会监督为补充的多维度治理结构。从利益相关方的视角,需要建立税务、企业、平台、消费者共同参与的综合治税体系,其中,税务部门主要履行监管职责,企业和消费者要提高纳税遵从度并自觉履行纳税义务,平台要按照税法规定如实履行涉税信息报告义务。

(三)以优化数字经济税收征管机制为契机实现税收善治

数字经济背景下的税收善治离不开税务部门与纳税人的共同努力。从税务部门来看,优化纳税服务、规范税收征管,是实现税收善治的关键所在。要以"智慧"税收数据平台为依托,实现数据采集、清洗、标注的一站式服务,同时借助数字化税收共享平台,让用户共享到更多的第三方涉税信息,不断提升数据利用效率。坚持以纳税人为中心,打造全国统一高效的"智慧"税务服务平台,实现税收政策精准推送、税收优惠精准享受、涉税事项网络通办,极大地降低纳税人的税收遵从成本,增强纳税人的税收体验感和税收获得感。从纳税人来看,智慧税务对企业数智化转型是一把双刃剑。一方面,智慧税务的"智能算税+智能服务"特点,极大地提升了企业纳税的便利度,有效降低了企业税收成本。另一方面,智慧税务"智慧监管"的特点,将使得纳税人的涉税风险很难隐藏。智慧税务将实现智慧监管,其典型特征是"四个全"——全方位、全业务、全流程、全智能监管。这样一种监管模式,将实现每个市场主体全业务全流程全国范围内的"数据画像"。因此,未来每一家企业在税务部门面前都是透明的,企业所有的涉税信息都将在智慧税务的监控之下,涉税风险将很难隐藏。面对智慧税务的到来,未来企业的"财务合规+税务合规"将是唯一出路,投机取巧、变换明目、虚开虚抵等行为都是一条死胡同。企业必须尽快步入财务合规改造期,规范做账和依法纳税就是最好的税收策划。财务合规的核心是业务的真实性,无中生有的账务处理和税务处理必将带来巨大的涉税风险。为此,企业要做一个真实的自己,让真实业务真实再现,回归业务的本来面目和商业本质。

三、数字经济背景下税收治理模式创新的建议

（一）健全税收制度,创建新型数字经济税收体系

税收制度的创新需要紧密贴合数字经济的虚拟性与灵活性的特点。

一是逐步建立覆盖数据交易、使用和持有全过程的数字税体系,包括数据增值税、数据交易税、数据资产税、数据服务税、数据跨境服务税等。旨在通过税收手段调节数据市场的收益分配,促进数据资源的合理利用。

二是将数字经济交易的增值税分享原则从生产地纳税原则过渡为消费地纳税原则。尽管我国秉持着目的地原则,但是现行增值税条例中还是以销售方或购买方的位置确定境内与境外,数字经济背景下这种判定条件未必适用,可以更改为以最终消费、使用地确定境内与境外,尤其是数字经济背景下的行业,比如金融服务、现代服务、生活服务以及销售无形资产方面。

三是在企业所得税法中引入"虚拟常设机构""显著经济存在"等概念,根据跨国企业的客户、交易记录、数据资源等信息判定此跨国企业是否在我国境内有密切持续的经济往来,并以此为依据判定是否对此跨国企业进行课税。

四是将企业的一部分利润归属为用户创造的价值,并归属到各个用户所在的市场国,按照用户价值创造地的原则来进行课税。数字经济背景下用户往往创造了巨大的价值,用这种方法可以较好地实行按照价值创造地征税的税收联结度原则。

五是适当扩大征收预提税的范围。数字经济背景下,软件服务、技术服务、咨询服务等现代服务占据主流,非居民企业也较多地为境内提供这些服务,我国应适当对这些服务征收预提税,并对预提税抵扣规定作出适当调整以避免重复征税。

（二）强化税收征管,完善数字经济税收管理机制

利用新兴技术、建立专门机构、加大惩罚力度及加强人才建设来强化数字经济税收征管。

一是利用税收大数据技术,实现从"以票控税"向"数据管税"的转变。运用大数据、区块链、人工智能等数字技术来辅助税收征管,构建智能征管新模式,税务部门应与电商平台以及第三方支付平台进行协作,全面掌握纳税人的基本信息、交易信息、物流信息等信息,实现"数据管税"。

二是建立专门的数字经济税收征管机构。在各个级别的税务部门中建立数字经济专业化管理机构,专门对数字经济进行税收征管,并提供专门的纳税服务,提高数字经济行业企业纳税遵从度。

三是加大违法税收策划的惩罚力度,尤其是对BEPS税收策划的惩罚力度,提

高税收违规成本。

四是加强数字税收征管人才队伍建设。对税务人员进行数字经济税收征管的专门培训,并积极吸纳新人才,打造税务部门复合型数字型专业人才队伍。

(三)规范税收优惠,促进数字经济稳健全面发展

我国数字经济发展迅速,但数字经济的渗透率还未达到发达国家的程度,因此,通过给予税收优惠,可以进一步推动我国数字经济良好发展。

一是扩大数字经济税收优惠的范围。我国的数据量庞大,企业的数据处理能力是拉动数字经济发展的动力。可以将数字经济企业获取信息和处理信息的成本作为进项扣除,鼓励企业增加该领域的投资,实现数据资产化。

二是降低税收优惠认定的标准。高新技术企业是我国的重点鼓励对象,针对这类企业单独设定数字经济内容,以便让更多应用数字经济企业受益于税收优惠。尤其是对中国传统产业数字化转型的企业,提供专门的税收优惠,破除这类企业资金和技术等方面的障碍,加快数字化转型进程。

三是创新数字经济税收优惠的方式。适当减免数字经济企业的企业所得税,增加扣除项,特别是数据处理的扣除,对初创企业适当免税,减轻前期的资金负担。

四是加大数字经济人才的个人所得税优惠力度。适当降低针对数字经济领域境内外高端人才和短缺人才的最高税率,吸引全球英才助力我国数字经济发展。

(四)加强税收合作,优化数字经济全球治理环境

随着数字经济的蓬勃发展,经济合作与发展组织(OECD)提出了双支柱方案,欧盟提出了数字税方案,针对经济数字化问题,填补了税收规则体系的一块空白。我国作为数字经济大国和世界第二大经济体,应积极加强国际合作。

1. 加强与国际组织的合作与交流,早日实现数字经济课税规则的统一

参考发达国家在数字经济领域的税收经验,优先解决不符合数字经济发展需求的问题,再逐渐转向数字经济和传统产业的融合领域。为维护国家利益,保障本国企业健康发展,要积极参与相关规则的制定,将取得合理份额的税收收入作为目标,同时把控资本输出中性和资本输入中性原则,并在持续的研究中,形成一套有价值的数字经济税收体系,以提前准备好应对数字经济在我国的影响越来越大的情况。

2. 加强国家之间的税收情报交换

在国际税收征管合作中,税收情报交换是最为重要和常用的手段。我国应加大交换的力度,扩宽交换的渠道,积极与协约国家进行税收情报交换工作,与共建"一带一路"国家加强信息交流,扩大"亚投行"的朋友圈,更全面掌握本国企业金融账户信息和境外交易信息,促进我国数据管税的发展,建立情报交换各方涉税信息互联互通的合作体系。

3. 加大对跨境避税行为的国际打击力度

大量跨境避税的行为存在，特别是无形资产跨境贸易中双向税收流失问题，单靠一国税务部门难以发现。我国可以采取税收援助的形式，共同维护无形资产价值创造双方的利益，维护无形资产净输出国的税收利益，加强与他国的合作，共同治理跨境避税行为。

参考文献

[1]黄丽君. 数字经济下税收治理嵌入纳税人自然系统研究[J]. 财经理论与实践,2024,45(1):65-73.

[2]许正中,周静. 数字经济时代税收在推进中国式现代化中的重要作用[J]. 国际税收,2024(1).

[3]周波,刘晶. 应对数字经济挑战的税收治理变革[J]. 税务研究,2023(12):33-38.

[4]姚东旭,严亚雯. 数字时代的税收治理：关联性、现实挑战与应对方案[J]. 税务与经济,2023(6):19-25.

[5]杨志勇. 论数字经济背景下的国内税收治理[J]. 税务研究,2023(10):54-59.

[6]王蕴,卢阳. 中国式现代化背景下税收征管数字化转型研究[J]. 税务与经济,2023(4):28-35.

[7]杨庆. 数字时代税收治理转型的理论逻辑与实践路径[J]. 税收经济研究,2023,28(1):1-6.

[8]杨世鉴. 数字经济下的中国税制改革：从税收管理到税收治理[J]. 当代经济管理,2023,45(4).

[9]李蕊,李佩璇. 数字经济时代区域税收失衡的矫正：基于税权纵向配置视角[J]. 上海财经大学学报,2023,25(1).

[10]白彦,刁文卓. 论数字经济的税法调节[J]. 税务研究,2023(1):63-69.

[11]胡翔. 数字经济背景下落实税收法定原则的价值、难点与对策[J]. 税务研究,2022(4):90-96.

[12]王雍君,王冉冉. 数字经济税收治理：辖区规则、财政自立与均等化视角[J]. 税务研究,2022(1):49-58.

[13]高琳,田发. 数字经济下的税收治理现代化路径探究[J]. 财会研究,2021(5):13-16.

[14]刘峰. 数字时代税收治理的机理、要素与优化路径[J]. 税收经济研究,2020,25(5):39-44.

利益平衡视角下我国涉税信息共享制度的完善
——基于《税收征管法》修订之背景

王 鸣①

摘 要：涉税信息共享有利于提升税收征管效能、深化税收风险管理、提高税收遵从度、优化纳税服务。涉税信息共享涉及纳税人、税务机关、第三方主体，三方之间不可避免存在利益冲突：各方对涉税信息的内涵和外延理解不同，第三方共享的义务和拒绝共享的权利没有明确，纳税人涉税信息的安全性和准确性没有得到完全有效的保障。为更好实现涉税信息共享，需要统一各方对涉税信息概念的认识，明确各方在涉税信息共享中的权利和义务，保障涉税信息的安全性和准确性。通过立法和制度的完善，平衡好各方的利益，促进涉税信息共享制度有效实施。

关键词：涉税信息共享 税收征管法 利益平衡

在《税收征管法》修订背景之下，《中华人民共和国税收征收管理法修订草案（征求意见稿）》(以下简称《征求意见稿》）新增"信息披露"一章，其中提及涉税信息共享主体的共享义务。随着税收征管的信息化建设，涉税信息共享制度的完善备受关注和讨论，健全和实现涉税信息共享不可能一蹴而就，需要通过修订《税收征管法》以及制定相关配套实施细则来进行完善。涉税信息共享的过程中涉及多方主体，不同主体之间难免存在利益冲突。立法是一个利益平衡的过程，通过立法合理地调节涉税信息共享过程中各方主体之间的利益关系，能够协调征税秩序和社会秩序，尽可能避免各方利益冲突，这也是完善涉税信息共享、实现税收征管信息化的必然要求。

一、涉税信息共享的意义

随着互联网、大数据的发展，我国信息化进程不断向前推进。但由于技术、制度、涉税信息复杂多样等客观方面的原因，税务机关凭借一己之力能够获得的涉税信息有限，而纳税人掌握的自身涉税信息完整且全面，税务机关与纳税人之间信息

---

① 王鸣，广州城市理工学院经济学院讲师。

不对称的问题日渐突出。由此造成了税收征管效能低下、税收管理风险加剧、税收流失增多等问题。涉税信息共享能够解决征纳双方信息不对称的问题，有利于税务机关全面有效地掌握纳税人的涉税信息，提升税收征管效能、强化税收风险管理、营造公平规范的税收征管环境。涉税信息共享是实现税收征管现代化的有力推手，有助于实现税收治理体系和治理能力现代化。

(一)涉税信息共享有利于提升税收征管效能

纳税人作为掌握纳税信息的第一方主体，为了追求自身利益最大化，难免会隐瞒自己真实的涉税信息；税务机关作为掌握纳税信息的第二方主体，通过税务稽查获得纳税人涉税信息的成本高昂且效率低下。在我国现有的税收征管模式下，税务机关无法全面而高效地掌握纳税人的涉税信息。纳税人在经济活动中产生的大量涉税信息客观地掌握在金融机构、政府相关部门等第三方主体的手中。通过第三方主体向税务机关共享涉税信息，税务机关得以掌握更多纳税人的涉税信息，提高税收征收率。税务机关将自身掌握的和第三方共享的涉税信息进行集中整合，建立起严密科学的税收征管体系，有效地提升税收征管效能。

(二)涉税信息共享有利于深化税收风险管理

涉税信息是税收征管的基础和出发点，税收征管中的信息不对称会导致道德风险和逆向选择的发生，甚至进一步造成税款流失。在我国传统的税收征管模式下，仅靠纳税人自行申报纳税信息，难以识别纳税人申报信息的真实性和准确性。而通过涉税信息共享，基层税务机关将搜集到纳税人自行申报的涉税信息上传至涉税信息共享数据库中，再与第三方共享的纳税人涉税信息进行对比和分析，由此来判断纳税人申报纳税信息的真实性和准确性。

税务机关通过涉税信息共享掌握了大量的纳税人涉税信息，建立起了内容丰富的数据库，通过定期对数据库内的信息进行对比、甄别、挖掘，能够预测税收风险，指导未来税收征管的工作方向。只有实现纳税人的各类涉税信息互通互享、对比分析，才能够提高税务机关在税收征管过程中的税收风险识别能力，进而深化税收风险管理、创新税收征管模式。

(三)涉税信息共享有利于提高税收遵从度

涉税信息共享能够提高纳税人违法行为被税务机关发现的可能性，由此可以降低纳税人的违法动机，提高纳税人的税收遵从度。由于税务机关通过涉税信息共享掌握了大量全面且准确的纳税人涉税信息，纳税人一旦实施违法行为，其被发现的可能性相较之前大大提高。可见，涉税信息共享可以对违法纳税人形成震慑作用，提高其违法成本，减少其通过违法行为进行避税的动机，进而提高其税收遵从度。

(四)涉税信息共享有利于优化纳税服务

荷兰、瑞典等国家依托雇主报告和金融交易信息报告制度,全面掌握纳税人年度收入情况,通过计算机自动生成预申报表并推送给纳税人,纳税人只需审核确认即可[①]。荷兰和瑞典的信息报告制度对于我国而言也有借鉴意义,随着我国信息技术的发展和涉税信息共享的完善,税务机关通过全面掌握纳税人的涉税信息,辅助以技术手段,逐步实现自动确定计税依据和生成纳税报表发送给纳税人确认。税收征管由之前的"事后管理"向"事前服务"转变,优化了纳税服务,降低了征纳成本。

涉税信息共享与信息技术相结合,简化纳税申报流程,提高纳税申报的准确性,能够减少税务机关的工作量,减轻纳税人因复杂的申报流程而造成的负担,提高效率,优化纳税服务。

二、涉税信息共享中存在的利益冲突问题

完善涉税信息共享,实施科学有效的税收征管,实现税收治理体系和治理能力现代化是税务机关的重要目标。要想实现这个目标,还有很长的一段路要走。

涉税信息共享涉及三方主体:一是纳税人;二是获取涉税信息以便进行税收征管的税务机关;三是在经济活动和社会活动中因客观原因获得纳税人涉税信息的第三方主体。在涉税信息共享的过程中,难免涉及三方主体之间的利益冲突。调节各种利益是立法的核心问题,利益关系基于法律调整才可得到健康的发展。涉税信息共享涉及三方主体之间的利益关系,有待《税收征管法》《税收征管法实施细则》和其他涉税相关法律法规、规章制度的修订来进行调节。通过法律法规、规章制度调整,有效平衡各方利益,最终实现涉税信息有效共享。

(一)涉税信息的内涵和外延有待立法界定

目前,我国立法当中没有明确对"涉税信息"作出定义,有待立法明确界定。我国只在《纳税人涉税保密信息管理暂行办法》第二条中定义了"涉税保密信息":涉税保密信息涉及纳税人的商业秘密和个人隐私,属于不可公开的涉税信息。而"涉税信息"的范围比"涉税保密信息"的范围更广,除了包含不可公开的涉税信息,还包含可公开的涉税信息,故现有立法明确的"涉税保密信息"概念无法涵盖"涉税信息"。

在涉税信息共享过程中,税务机关、纳税人、第三方主体基于各自不同的立场,对于"涉税信息"有着不同的理解:税务机关作为税收征管主体,为实现最佳税收

---

① 隋大鹏,冯国滨,陆静波. 如何加强涉税信息共享[J]. 税务研究,2015(10).

征管效果，希望"涉税信息"内涵和外延越广越好；纳税人作为税款缴纳主体，为追求自身经济利益最大化，希望"涉税信息"内涵和外延越窄越好；第三方主体为减轻自身工作负担，避免自身承担过多涉税信息共享义务，希望"涉税信息"内涵和外延越窄越好。各方主体在各自立场上对"涉税信息"的内涵和外延进行不同理解，会导致共享的客体不明确，涉税信息共享难以有效进行。为避免各方主体利益冲突，促进涉税信息有效共享，需要统一各方主体对"涉税信息"的内涵和外延的认识。

（二）第三方主体范围窄，共享权利义务未明确

《征求意见稿》规定的涉税信息共享第三方主体范围窄，且对于部分主体的指向不明确。《征求意见稿》专设第四章"信息披露"，规定了涉税信息共享的第三方主体包括银行和其他金融机构、网络交易平台、政府有关部门和机构。首先，《征求意见稿》对提供涉税信息的共享第三方主体范围限定过窄，在具体实践当中，除《征求意见稿》第四章规定的这几个主体外，还有大量其他行政机关或非行政机关第三方掌握着纳税人的涉税信息，而《征求意见稿》未通过原则性规定或兜底性条款将这些单位和部门涵盖在内。其次，《征求意见稿》第三十五条所称"政府有关部门和机构"概念过于笼统模糊，没有明确具体的指向，导致对于不同政府部门和机构进行涉税信息共享约束力不强，执行难度较大，也容易导致不同政府部门和机构之间相互推诿扯皮。

涉税信息共享的第三方主体可以分为两类：一是非行政机关第三方；二是税务机关之外的其他行政机关。这两类主体的涉税共享义务存在一定差异，涉税共享的范围、内容、方式也不尽相同，《征求意见稿》没有对涉税信息共享的第三方主体进一步分类。此外，《征求意见稿》也没有对第三方主体涉税信息共享的权利和义务进行细化。在涉税信息共享过程中，根据不同的情况，法律不仅应当规定第三方主体有配合税务机关涉税信息共享的义务，还应当赋予第三方主体在特定情况下拒绝税务机关涉税信息共享的权利。第三方的权利和义务包括哪些，现有的法律法规尚未明确和细化，有待继续完善。

（三）纳税人涉税信息的安全性未得到有效保障

纳税人对其涉税信息有占有、使用、收益、处分等权利，且涉税信息中可能包含了纳税人的个人隐私、商业秘密等信息。而税务机关为了更好行使其税收征管权，需要获取纳税人的相关涉税信息，难免会触及纳税人的个人隐私、商业秘密和财产利益，此时纳税人和税务机关之间便产生了利益冲突。

涉税信息共享过程中，纳税人的个人利益为整个社会的公共利益让渡。纳税人在让渡私人利益进行涉税信息共享之时，会担心涉税信息被窃取、泄露、倒卖，给自己造成不必要的损害。纳税人的涉税信息，在第三方主体或税务机关等共享的

各个环节,都有被窃取、泄露、倒卖的风险。如今技术发达,不法分子通过获得纳税人碎片化的涉税信息,再通过大数据分析、加工,有可能进一步获得纳税人的个人隐私、商业秘密等信息。这些信息遭到侵害的话,可能会对纳税人的财产和信用产生严重的影响。

纳税人配合税务机关的税收征管工作,通过自身或第三方向税务机关共享个人的涉税信息,这是纳税人的法定义务,是纳税人为了社会利益让渡了个人利益。涉税信息共享若不能充分保障纳税人涉税信息的安全性,则会导致纳税人在让渡个人利益时作出无谓牺牲。因此,需要通过立法完善、制度规范、技术提升等手段,有效保障纳税人涉税信息的安全。

(四)税务机关获得涉税信息的准确性难以保证

税务机关获得的涉税信息并非第一手信息,而是通过第三方共享所得。在涉税信息共享过程中,可能存在着涉税信息误差、冒用等情形,税务机关获得的涉税信息的准确性难以得到保证。

一方面,第三方获得的纳税人信息众多,第三方既没有时间、精力对纳税人涉税信息的真实性进行实质性审查,也没有义务确保纳税人涉税信息的真实性,因而难免出现纳税人涉税信息误差的情况。另一方面,在涉税信息共享过程中,也可能存在不法分子通过不正当手段获取纳税人与税收征管相关的个人信息,倒卖给企业,企业购买纳税人的涉税信息,通过冒领工资、虚增生产经营成本达到逃税目的。这会对纳税人年度所得额的计算和专项费用扣除产生影响,侵犯纳税人的利益。

涉税信息准确性难以保证,既会对税务机关的税收征管工作产生影响,也会对纳税人的财产和信用产生不良影响。因此,需要立法和制度完善,进一步提高共享涉税信息的准确性。

三、完善涉税信息共享,平衡各方利益

(一)界定涉税信息的内涵和外延

应当在《税收征管法》第四章增加具体条款,对"涉税信息"进行界定,明确"涉税信息"的内涵和外延,建议采取"定义+不完全列举+兜底性条款"的形式。"定义"明确涉税信息的内涵和主要特征;"不完全列举"明确涉税信息的外延和具体内容;"兜底性条款"将因社会的复杂多样性以及随着社会的发展变迁,暂时没有被列举涵盖的、可能属于涉税信息的内容包含其中。

除在《税收征管法》中通过具体条款界定涉税信息外,还可以通过《税收征管法实施细则》的配套修订,进一步对涉税信息的范围进行界定。在对涉税信息范围进行界定的过程中,应当遵循比例原则,其内涵包括两个方面:第一,涉税信息共享

的措施应当与税收征管的目标相匹配。共享的涉税信息应当是与税收征管目标相关的信息,与之无关的信息无需共享,避免造成税务机关信息冗余。第二,涉税信息共享应保持必要的限度。非出于税收征管目的之需要,不能共享纳税人的隐私信息、与税收征管无关的财产信息等。建议在《税收征管法实施细则》中引入涉税信息"正面清单"和"负面清单"。"正面清单"进一步细化涉税信息涵盖的范围,使共享主体能够进一步明确何为与税收征管目的相关的涉税信息;"负面清单"对什么属于与税收征管无关的个人涉税信息进行明确,使共享主体避免共享与税收征管目的无关的信息。只有清晰界定了涉税信息的内涵和外延,各方主体才能清楚地知道什么信息应该共享、什么信息不应该共享,避免各方因对"涉税信息"概念界定不明,而在涉税信息共享过程中推诿扯皮,产生利益冲突。

(二)明确第三方主体类别、权利和义务,通过行政协力和行政协助促进共享

建议在《税收征管法》第四章对涉税信息共享的第三方主体进行分类,可以分为两类:一是非行政机关第三方;二是税务机关之外的其他行政机关①。这两类主体涉税共享的范围、内容等存在一定的差别,建议通过《税收征管法实施细则》和部门规章制度等,对两类主体的共享义务分别作出规定。

1. 非行政机关第三方的行政协力

在非行政机关第三方的行政协力中,并非对于税务机关提出的所有涉税信息共享要求,非行政机关第三方都必须满足。非行政机关第三方可以根据纳税人涉税信息的不同类别,通过法定行政协力和意定行政协力进行涉税信息共享。纳税人的信息可以分为两类:第一,税务机关指定共享的、与税收征管有关的涉税信息。对于这类涉税信息,非行政机关第三方应当主动共享给税务机关。可以采用法定行政协力,即通过《税收征管法实施细则》对非行政机关第三方需要向税务机关共享涉税信息的范围、内容、方式、期限等以法定形式固定下来,使其成为非行政机关第三方的法定义务。第二,非行政机关第三方在业务往来过程中掌握的、不属于税务机关指定共享的涉税信息。对于这类涉税信息,可以采用意定行政协力,即税务机关需要用到该信息的情况不特定,可以根据具体的情况变化,由税务机关与非行政机关第三方协商涉税信息共享的范围、内容、方式、期限等,但不得违反有关职责权限的规定。在意定行政协力中,非行政机关第三方没有主动向税务机关共享非指定涉税信息的法定义务,只有当税务机关在实际税收征管业务中需要使用到相

---

① 此处引入行政法相关概念,非行政机关第三方的涉税信息共享行为是行政协力,税务机关之外的其他行政机关的涉税信息共享行为是行政协助。行政协力与行政协助的区别在于:行政协力的被请求方是非行政机关,行政协助的被请求方是无行政隶属关系的行政机关和法律法规授权的组织。

关信息时,由税务机关向非行政机关第三方充分说明使用涉税信息的理由,凭本机关出具的权限证明文件,才可以向非行政机关第三方调取和使用涉税信息。

2. 其他行政机关的行政协助

纳税人的涉税信息除掌握在上述非行政机关第三方手中,还可能掌握在除税务机关之外的其他行政机关手中,其他行政机关的涉税信息共享行为称为行政协助。由于行政协助发生在行政机关内部之间的,这种共享义务既可以通过《税收征管法》或《税收征管法实施细则》以立法的形式确定下来,也可以由税务机关与第三方行政机关以部门规章、合作文件等形式确定下来。

首先,应当明确向税务机关报送涉税信息的第三方行政机关包括哪些。税务机关根据自身税收征管业务需要,确定需要报送涉税信息的第三方行政机关名单,并通知第三方行政机关。其次,在明确报送涉税信息的第三方行政机关后,还应当进一步明确各行政机关向税务机关报送涉税信息的范围、内容、时限等,可以采用行政协助事项清单管理机制。行政协助事项清单的产生方式为:由税务机关牵头,分别梳理出每个第三方行政机关需要提供的涉税信息范围、内容、时限等,分别征求每个第三方行政机关的意见。经过反复协商修改,最终形成共识,确定行政协助事项清单。最后,应保持行政协助事项清单的开放性,根据实际情况的变化,对行政协助清单的事项进行增减。要注意的是,行政协助事项清单需要与税收征管相关,第三方行政机关有权拒绝向税务机关提供与税收征管无关的信息。

除采用行政协助事项清单管理机制外,还应当建立权责清单,明确第三方行政机关的责任。在跨部门行政协助过程中,涉及不同行政机关之间的协同合作,明确各方责任有助于各行政机关清楚自身职责所在,促进涉税信息有效共享。例如,如果第三方行政机关因为客观情况而无法共享清单内所列内容,应当及时向税务机关说明情况,否则按照权责清单承担相应责任。再如,若发生涉税信息泄露,应当由发生涉税信息泄露的行政机关承担相应责任,没有泄露涉税信息的行政机关不需要承担责任。

向税务机关报送涉税信息的第三方主体众多,需要确保报送涉税信息的标准性、统一性和安全性。税务机关可以利用 ChatGPT、大数据等新技术,搭建起全国统一的涉税信息共享平台,所有第三方行政机关的涉税信息共享都在这个平台上进行,保证涉税信息共享的标准性、统一性和安全性。此外,税收机关可以利用区块链加密技术对第三方行政机关共享的涉税信息中的敏感信息进行加密保护,限制访问涉税信息工作人员的权限,保证第三方行政机关共享涉税信息的安全。

3. 第三方主体拒绝涉税信息共享的权利

上文根据第三方主体的类别,将其涉税信息共享行为分为行政协力和行政协助,分析了第三方主体的涉税信息共享义务。第三方主体的权利和义务是相对的,不能够抛开权利只谈义务。作为第三方主体，并非在任何情况下都必须提供行政协力和行政协助，当出现特定情况时，第三方主体有权拒绝税务机关的涉税共享请求。德国《行政程序法》第 5 条①、韩国《行政程序法》第 8 条②等均对第三方拒绝提供行政协助的权利作出了规定。

我们可以将各国行政协助拒绝制度的主要内容总结归纳为四个方面。

第一，在妨害自身职务正常进行的情况下，第三方可以拒绝提供行政协助。本文认为，这一规定在我国也应当参考适用。提供行政协助并非第三方的本职工作，第三方只有在完成本职工作有余力的情况下，才有时间、精力提供行政协助。在我国，无论是税务机关以外的其他行政机关，还是非行政机关第三方，均有自己的本职工作，每个单位各司其职，社会才能正常运转。涉税信息共享制度的实施，不能够妨害第三方本职工作的正常进行，影响社会正常运转。

第二，德国《行政程序法》第 5 条第 2 款第 1、2 项，以及韩国《行政程序法》第 8 条第 2 款第 1 项，均从费用和效率角度分析，认为当出现比被请求方耗费更低、效率更高的其他第三方时，被请求方有权拒绝行政协助。我国实施涉税信息共享制度，目的在于提高税收征管效能，优化纳税服务。在这一过程中，如何在平衡好各方利益的同时，又能最大限度提高涉税信息共享的效率成为税务机关需要优先考虑的问题。由效率更高、耗费更低的第三方提供行政协助，既能够平衡各方利益，又能够提升涉税信息共享的效率。这是行政效率原则的体现，这种效率是广义上的效率，不仅是指时间上的效率，也是指人力、物力、财力上的效率。当出现效率更高、耗费更低的其他第三方时，被请求方有权拒绝行政协助，提出由其他效率更高的第三方来提供行政协助；当提供行政协助已经严重超出被请求方能够承担的费用范围时，被请求方有权拒绝提供行政协助，由请求机关寻找更经济高效的其他第三方提供行政协助。

第三，因法定原因不能提供行政协助。这在德国《行政程序法》第 5 条第 1 款第 1 项有所体现，本文认为这对我国具有借鉴意义。例如，一些涉及国家秘密等重要信息，法律法规规定不得共享，则被请求方可以以此为由拒绝共享。

第四，受被请求方自身权限的限制而不能提供行政协助。对于税务机关提出

---

① 德国《行政程序法》第 5 条第 2 款规定，有下列情况，被请求机关不允许提供协助：①因法定原因，不能提供协助；②如提供协助，会严重损害联邦或州的利益。

第 5 条第 3 款规定，有下列情况，被请求机关无须提供协助：①其他机关显然能以较简单和较少费用的方式完成该职务的；②被请求的行政机关须付过度巨额之费用，才能完成该协助行为的；③考虑到请求协助机关的职能，被请求机关如提供协助即会严重损及自身职能。

② 韩国《行政程序法》第 8 条第 2 款规定，依第 1 款之规定，受请求行政协助之行政机关，有下列各项情形，可以拒绝：①有明显理由认为受请求机关以外之行政机关能为较有效率且经济之协助时；②有明显理由认为行政协助将显然阻碍受请求之行政机关执行固有职务时。

的涉税信息共享请求,被请求方并非都能满足。被请求方向税务机关提供涉税信息的一个重要前提是:被请求方能够掌握该涉税信息。若被请求方因自身权限问题不能够掌握税务机关请求提供的涉税信息,则被请求方有权拒绝。例如,工商部门无法提供超出本部门所掌握信息范围的涉税信息。

综上分析,参考德国、韩国等行政协助第三方拒绝权的规定,再结合我国涉税信息共享制度的实际情况,本文认为,当出现以下情形时,第三方主体有拒绝共享涉税信息的权利,即可以不履行涉税信息共享行政协力或行政协助义务,且不承担法律责任:第一,因共享行为严重妨害自身正常工作的进行;第二,由被请求机关之外的其他主体进行共享更有效且更经济;第三,共享行为耗费人力、物力、财力巨大,严重超过被请求方承受能力;第四,受法律限制不得共享;第五,共享内容非被请求方权限范围。以上所述五点关于第三方主体拒绝涉税信息共享的权利,应当在《税收征管法》或其实施细则中,以法律法规的形式确定下来。

4. 涉税信息共享行政协力和行政协助的费用承担

第三方主体进行涉税信息共享,是超出本职工作以外的行为,第三方主体必然会有所耗费。行政协力或行政协助产生的费用如何承担,直接关系到涉税信息共享效果的好坏。

目前世界上关于行政协力或行政协助的费用承担主要有三种模式:一是德国模式,在一定金额内,由被请求主体承担,超过一定金额,则由请求主体承担;二是日本、韩国模式,由请求主体承担费用;三是由请求主体和被请求主体共同承担费用[①]。本文认为,结合前文所述法定行政协力(协助)和意定行政协力(协助)的观点,在法定行政协力(协助)的范围内,涉税信息共享乃被请求主体的法定义务,涉税信息共享费用应当由被请求主体即第三方承担;在意定行政协力(协助)的范围内,涉税信息共享并非被请求主体的法定义务,且被请求主体在某些情况下还享有拒绝涉税信息共享的权利,费用应该由请求主体即税务机关承担。本文所持观点更接近于德国模式。

(三)完善立法、制度和技术,保障纳税人涉税信息安全

税务机关有义务对纳税人共享的涉税信息进行保护。只有解决纳税人在涉税信息共享过程中对于信息安全的后顾之忧,才能更好地促进涉税信息有效共享。税务机关有效保护纳税人涉税信息的方式有以下几个:

第一,在《税收征管法实施细则》中规定涉税信息保密等级管理制度。根据涉税信息的可识别程度和敏感程度等因素,将涉税信息划分为不同的保密等级,对于不同保密等级的涉税信息进行差别化管理。并非税务机关所有工作人员都可以接

---

① 周春华. 行政协助基本问题研略[J]. 法治研究,2007(7).

触涉税信息,只有负责税收征管工作的税务机关工作人员才能够接触纳税人的涉税信息。并且,对能够接触涉税信息的税务机关工作人员,也应该根据工作人员的不同级别,赋予其访问涉税信息的不同权限。例如,根据涉税信息的可识别程度和敏感程度等因素,将纳税人的涉税信息分为四个等级,同时也将税务机关有涉税信息访问权限的工作人员分为四个级别,最高级别的工作人员可以接触最高保密等级及以下的涉税信息,最低级别的工作人员仅有权接触最低保密等级的涉税信息。将涉税信息按照不同保密等级进行管理,对税务机关工作人员按照级别赋予不同的涉税信息访问权限,既能够加强对涉税信息的管理,又能够在发生涉税信息泄露时有效追查到相关责任人员。

第二,税务机关通过设立涉税信息共享部门及涉税信息安全维护部门,配合制定涉税信息保护、追责等相关制度,有效保护纳税人的涉税信息。随着大数据技术的发展及参与涉税信息共享第三方主体的增加,涉税信息共享的深度和广度也将不断扩展,税务机关原有的部门不能够满足涉税信息共享的需要。因此,税务机关需要设立专门的涉税信息共享部门。在涉税信息共享部门之下,还应当设立专门负责涉税信息安全维护的部门,部门成员由大数据、云计算、区块链专业技术人员,税务专业人员,法律专业人员等组成,通过技术手段健全涉税信息共享系统,防止黑客攻击,避免涉税信息被窃取和泄露。此外,税务专业人员和法律专业人员应当结合本单位的具体情况,制定合理的规章制度,防止税务机关内部工作人员向外泄露纳税人涉税信息,以实现对涉税信息安全的保障。通过规章制度,明确泄露涉税信息的税务机关工作人员所需要承担的行政责任,甚至法律责任,防止相关工作人员泄露涉税信息。还可以将涉税信息共享效果的好坏,纳入税务机关工作人员年度绩效考评中,以此促进税务机关工作人员对涉税信息共享制度完善的重视。

第三,将涉税信息共享与区块链技术相结合,通过区块链技术对税务机关工作人员使用涉税信息进行全过程记录。区块链技术有许多特点,其中最重要的两个特点决定了其适用于涉税信息安全保障:一是去中心化。信息一经记录,难以被篡改[①]。税务机关工作人员,无论职位高低,凡是使用过涉税信息的人员,其使用涉税信息的全部行为均通过区块链记录下来,一经记录,几乎无法篡改。二是可追溯性。每条储存在区块链的信息都会被加盖时间戳,记录每条信息产生的时间,区块链根据使用涉税信息的先后顺序相连接,完整记录税务机关工作人员使用涉税信息的全部情况,以便在未来有需要的时候进行查询和追溯。这有利于精准定位

---

① 传统的中心化体系是指基于中心机构的数据管理方式,由中心机构完成交易、管理和监督等操作。这种模式存在着中心机构的单点故障和安全性等问题。而区块链技术采用分布式数据存储和传输方式,将全部数据复制储存在多个节点上,没有中心化的管理机构,每个节点都参与到了数据的管理和验证,形成了去中心化的网络结构。如果想要修改存储于去中心化区块链上的信息,至少要修改51%的节点数据,巨大的工作量使得这一操作基本不可能完成。

涉税信息使用人员的使用情况,一旦出现税务机关工作人员窃取、泄露、倒卖纳税人涉税信息的情况,可以通过区块链时间戳记录的相关数据,追查到使用该信息的直接责任人员及其主管人员,以此作为依据,追究相关人员的行政责任或法律责任。

综上,纳税人愿意让渡私人利益共享涉税信息,税务机关能够保护纳税人的涉税信息不被窃取、泄露、倒卖,保证双方利益最大化,由此可以实现纳税人和税务机关的利益平衡。

(四)纳税人更正补充,第三方交叉检验,提升涉税信息的准确性

提升涉税信息的准确性,需要涉税信息共享各方主体共同努力。纳税人享有对自己共享信息的知情权、查阅权、复制权,享有对错误信息的更正权,享有对不完整信息的补充权。纳税人发现个人涉税信息出现错误或不完整的情况时,可以通过"个人所得税 App"申请对错误信息进行更正或对不完整信息进行补充。税务机关收到纳税人的更正或补充申请后,应该进行充分核实。纳税人在业务往来过程中,个人涉税信息会在业务往来的每个环节被不同的第三方记录,这些信息通过涉税信息共享被税务机关掌握。当纳税人对自己的涉税信息提出异议之时,税务机关除听取纳税人的意见外,还应当与第三方在不同业务环节记录的涉税信息进行比对,通过第三方交叉检验,确保涉税信息的准确性。

当第三方交叉检验信息数据众多,依靠人工难以完成时,可以考虑借助区块链共识机制①来保证涉税信息的真实性和准确性。众多第三方提供的涉税信息分别成为一个个节点,各节点的涉税信息通过区块链共识机制形成共识,与纳税人提供的涉税信息进行比对,保证一致,以此确保涉税信息的真实性和准确性。例如,对于同一个纳税人,银行提供的涉税信息形成一个节点,工商部门提供的涉税信息形成一个节点,纳税人提供的涉税信息形成一个节点……对于同一信息,不同节点之间通过区块链共识机制相互比对,保证涉税信息的真实性和准确性。

通过纳税人更正补充和区块链技术下的第三方交叉检验,有效提高了税务机关获得涉税信息的准确性。同时,涉税信息准确性的提升,也能够更好地保障纳税人的信用信息安全和财产安全。

参考文献

[1]闫海,冯硕.纳税人信息保护和涉税信息管理的冲突与协调:以《个人信

---

① 由于区块链的分布式账本与去中心化的特性,不用像中心化系统一样需要中心节点为其背书,所以需要各个节点达成共识来保证数据的真实性与准确性。

息保护法》为视角[J].税务研究,2022(4).

[2]林溪发.推进涉税信息共享的《税收征管法》修订思考[J].税务研究,2020(11).

[3]王霞,刘珊.涉税信息共享中的信息利益冲突与平衡[J].税务研究,2017(6).

[4]隋大鹏,冯国滨,陆静波.如何加强涉税信息共建共享[J].税务研究,2015(10).

[5]房佃辉.《税收征管法》修订视角下网络平台涉税信息报送义务的完善[J].华东理工大学学报(社会科学版),2023(1).

[6]陈峰.行政协力行为初论[J].东方法学,2009(4).

[7]李刚.海峡两岸税务行政协助制度比较研究[J].经济法论丛,2013(2).

[8]张婷.推动跨部门协同的路径探析:基于厦门行政协助制度化改革的考察[J].怀化学院学报,2022(6).

关于消费税改革的探讨

刘 荣[①]

摘 要：《中华人民共和国国民经济和社会发展第十四个五年规划和2035年远景目标纲要》明确了消费税的改革重点，一是强化消费税特有的调节职能，二是作为充实地方财力的一个重要来源，这意味着消费税面临着进一步改革的任务。本文首先回顾了消费税自1994年开征以来的改革历程，进而结合新经济形势与新发展理念，提出消费税下一步的改革应有助于经济高质量发展、应有助于促进经济内循环、应有助于平衡中央与地方的税收分配关系。在此基础上，阐述对下一步消费税改革的设想：一是征收范围"扩围"的同时增加免税项目；二是调整部分应税消费品的税率水平与税率形式；三是实行价外税计征方式；四是征收环节由产制环节后移至消费环节。

关键词：消费税 绿色低碳 差别税率 价外税 消费环节

1994年工商税制改革中流转税的变化最为明显，确立了增值税、消费税与营业税共同作为流转税主要税种的格局。这一轮税制改革距离现在恰好30年，营业税已经取消，并入了增值税，消费税独立税种的地位虽然得以保留，但这30年中也几经变化与调整。本文旨在对消费税的改革历程进行回顾的基础上，结合新经济形势与新发展理念的冲击，为下一步消费税的改革提出若干建议。

一、消费税改革历程的回顾

（一）1994年工商税制改革开征消费税

自新中国成立以来，对消费品课税始终是我国税收制度的一个重要组成部分。在1994年税制改革中，为了充分发挥消费税对消费和生产的特殊调节作用，国家将原属于产品税和增值税课征范围的一部分消费品划分出来，建立起了我国截至当时最为独立、系统的消费税制度。1994年工商税制改革确立了增值税与消费税并存的流转税主体税种格局，当时的消费税设置了11个税目，包括烟、酒及酒精、

[①] 刘荣，博士，天津财经大学会计学院教授。

化妆品,护肤护发品,贵重首饰及珠宝、玉石,鞭炮、焰火,汽油、柴油,汽车轮胎,摩托车,小汽车。

(二)征收范围的变化

根据财税[2006]33号文的规定,配合"养路费"由"费"改"税",取消了汽油、柴油税目,调整为"成品油"税目,此外征税范围中新增了高尔夫球及球具、高档手表、游艇、木制一次性筷子、实木地板,对应设置了五个新税目。后期,在消费税暂行条例修改时,又取消了护肤护发品税目。至此,消费税税目调整为14个。

2014年11月,根据财税[2014]94号文,取消汽车轮胎税目。2015年1月,根据财税[2015]16号文,新增电池、涂料税目,至此我国消费税税目达到15个,即烟,酒,高档化妆品,贵重首饰及珠宝玉石,鞭炮、焰火,成品油,小汽车,摩托车,高尔夫球及球具,高档手表,游艇,木制一次性筷子,实木地板,电池,涂料。

(三)税率的调整

1. 税率形式的调整

1994年开始征收消费税时,甲类卷烟、乙类卷烟分别按45%、40%的税率在生产环节征收。此后,经过1998年、2001年和2009年数次税率的调整,至2015年5月,根据财税[2015]60号文,甲类卷烟、乙类卷烟在生产环节分别按56%、36%从价征收,并按0.06元/包征收从量计征,而且在批发环节同样按照符合计税的方式征收一道消费税,比例税率为11%,定额税率为0.1元/包。白酒的消费税,也由比例税率转变为比例税率加定额税率相结合的复合税率形式。

2. 税负的调整

税负的调整体现为税率上调与下调。税率上调的典型代表应是成品油,作为"费改税"的重头戏,2009年取消养路费等六项收费项目之后,成品油的定额税率有大幅上调,2015年1月,成品油中的汽油子目消费税单位税额再次由1.40元/升提高到1.52元/升。税率下调的主要是化妆品类应税消费品,取消护肤护发品税目,部分应税消费品列入"高档化妆品"税目后,其税率由30%调整为15%。

(四)征税环节的调整

我国消费税的征税环节最初主要设定在生产、进口及委托加工环节,鉴于20世纪80—90年代大量金银首饰走私进口一度猖獗的现象,1995年1月,金银首饰消费税由生产环节、进口环节征收改为零售环节征收。2002年1月,钻石及钻石饰品消费税的征收环节也由生产环节、进口环节后移至零售环节。此外,消费税单环节课税的"戒律"在2009年也被打破。2009年5月,除了原有课税环节,卷烟在批发环节加征一道消费税。自2016年12月起,对超豪华小汽车也在零售环节加征一道消费税。

二、新形势新理念对消费税改革提出新要求

如果说 1994 年可以视为现行消费税开征"元年"的话,经历了 30 年,国际、国内宏观经济形势与经济发展阶段都在经历深刻的变化,新技术、新能源层出不穷,新思想、新理念也在冲击着社会经济生活的方方面面,消费税的改革必然要顺应现实的客观环境,助力未来的社会经济发展与财税体制改革。

(一)消费税改革应有助于经济高质量发展

党的二十大报告强调"高质量发展是全面建设社会主义现代化国家的首要任务",标志着我国经济已由高速增长阶段转向高质量发展阶段。影响推动高质量发展的突出问题依然是发展不平衡、不充分,诸如城乡区域发展和收入分配差距仍然较大,民生保障、生态环境保护仍存在短板,影响到高质量发展的进程。消费税在调节消费行为,进而调节收入分配,以及促进绿色低碳经济发展方面具有其他税种难以替代的作用。消费税的征税对象涉及高耗能、高污染以及资源性消费品,作为一个对"负外部性"具有一定"惩罚"作用的税种,对高耗能、高污染的消费品征税或提高其税负,将有助于促进节能减排,帮助我国实现"碳中和"的绿色发展目标。同时,对以新能源汽车为代表的新品类商品免税,可以促进绿色消费与绿色投资,推动产业结构优化升级。

(二)消费税改革应有助于提振内需,促进经济"内循环"

消费税部分应税消费品的选择虽然具有"寓禁于征"的政策意图,但更重要的是体现政策导向,而并不是完全禁止该商品的生产与销售,它只是一种经济调节手段,并非"禁令",部分人群对消费税征税范围内的应税消费品仍然有消费需求,而且随着人民物质生活水平的提高,高档消费品也可能更多地走入寻常百姓的生活。在目前的国际政治经济环境下,内需是拉动我国经济增长的基本动力,激发国内消费潜能,扩大能产生效益的投资,形成消费和投资相互促进的良性循环,是我国应对国内外一切危机与挑战的根本保障。因此,消费税的征税范围应与时俱进,适时进行调整,而且除了高耗能、高污染商品之外,其他应税消费品的税率与税负应适度,不宜过高。

(三)消费税改革应有助于平衡中央与地方的税收分配关系

2019 年 9 月,国务院印发《实施更大规模减税降费后调整中央与地方收入划分改革推进方案》,提出"将部分在生产(进口)环节征收的现行消费税品目逐步后移至批发或零售环节征收,拓展地方收入来源,引导地方改善消费环境",这一提法引起社会各界普遍关注,其核心既涉及消费税征收环节的调整,也涉及中央与地方之间税收收入的分配。作为现行四大税种中唯一的中央税,消费税的改革可能成

为分税制改革的一个突破口。在当前地方政府，尤其是县、乡基层财政财力普遍紧张的情况下，消费税会成为新一轮税制改革的重头戏之一，而且消费税改革需要与健全地方税体系、充实地方财力联动考虑。

三、对下一步消费税税制改革的建议

（一）征收范围"扩围"的同时增加免税项目

从国际上看，消费税的征收范围有两种选择：一是广泛课征于消费领域，既包括对生活消费资料的课征，也包括对生产消费资料的课征；既有少数限制消费的产品，也有人民生活的必需品。二是选择部分消费品进行课征，通常是限制消费的少数非生活必需品。不同国家对征收范围的选择取决于国家赋予消费税的职能及本国的税制结构。如果消费税的聚财职能与普遍调节经济的职能并重，可以将课征范围设定得广泛一些；如果消费税的主要职能是调节消费结构，引导生产，则应有针对性地选择部分商品，征收范围相对较窄。另外，在税制结构方面，如果以消费税为主体税种，发挥普遍调节经济的作用，其课征范围自然会广泛一些；如果以增值税为主体税种，消费税与之相配合，二者分别发挥普遍调节与特殊调节的作用，那么消费税的课征范围就具有较强的选择性，通常仅包括非生活必需品，不对生活必需品和生产资料课税。

我国的税制结构显然属于后一种类型，即消费税的调节功能重于聚财功能，主要发挥重点调节的功能，意在调节消费结构，抑制超前消费需求，正确引导消费方向。从我国消费税的设立意图看，我国消费税的课征范围应设定在有限的非生活必需品上，不宜包括生产资料。作为一个选择性课税的税种，随着经济发展阶段的变化与居民物质生活水平的提高，消费税的征税范围必然呈现动态调整的过程。例如，我国消费税税制曾有"护肤护发品"税目，包括面油、洗发水、香皂等明细税目，如今护肤护发品税目已经不复存在。以前消费税还曾把酒精、汽车轮胎都列入课税范围，而酒精可以细分为工业酒精、医用酒精、食用酒精，对食用酒精课税无可厚非，对工业酒精、医用酒精也课征消费税则有一些欠妥，特别是工业酒精本身带有生产资料属性。对汽车轮胎课征消费税也存在类似问题，如对载重及公共汽车、无轨电车轮胎、矿山、建筑等车辆用轮胎、工程车轮胎一律课征消费税，无形之中会增加公交运输、矿山采掘等行业的税收负担，既不符合我国产业结构调整的要求，也不符合消费的课征原则。因此，目前酒精、汽车轮胎已经淡出了消费税的征税范围。而反观高档手表、游艇等陆续被列入征税范围。从消费税征税范围的变化轨迹看，消费税在征税对象的确定上一直在努力贯彻不影响基础性的生产经营活动、不影响适中的物质生活水平的宗旨。

按照上述逻辑来审视现行的消费税税制,笔者认为消费税的征税范围存在着一定的拓展空间,而部分低能耗、轻污染的商品则应该享受免税政策。现在一些高档消费品,如私人飞机、裘皮制品、奢侈品牌旗下的箱包及服装均未纳入消费税征收范围,这在一定程度上限制了消费税功能的发挥。这些高档消费品价高利大,若对其课征消费税,既可适当增加财政收入,又可加大调控力度,起到抑制高档消费品盲目发展的作用。数据显示,中国 2023 年 GDP 占世界 GDP 比重为 18.45%[①],而奢侈品消费占全球奢侈品消费比重约为 38%[②]。因此,我国消费税的征税项目有进一步扩大的可能性,在下一步税制改革中可以考虑将私人飞机、裘皮制品、奢侈品牌旗下的箱包及服装等商品列入征税范围。这类商品税基可观,而且开征后并不影响普通百姓的生活,对其征税不仅可以正确引导消费方向,而且具有一定的调节居民收入分配、缩小贫富差距的作用。

此外,对于新能源汽车,建议采用免税的政策,以鼓励居民绿色消费与企业绿色投资,促进汽车产业升级换代。目前,新能源汽车中的纯电动汽车不征收消费税,但新能源汽车不止纯电动汽车一种,很多国家都在开发、推广其他替代汽油、柴油动力的汽车。扩大新能源汽车的免税适用范围,将有助于推广绿色低碳的消费理念,并有助于提高中国智造新质生产力的国际竞争力。

(二)调整部分应税消费品的税率水平与税率形式

消费税承担着流通领域内的特殊调节作用,因此不同税目税率水平的设定应力求科学,以体现国家的消费政策。目前,我国对影响人体健康的卷烟及白酒两类应税消费品均实行复合税率,且对卷烟在批发环节加征一道消费税,使得其税负明显提高,但同在"烟"税目下的"雪茄烟",同在"酒"税目下的"其他酒"仅适用比例税率,相较于卷烟和白酒税负明显偏低,雪茄烟及"其他酒"中的部分药酒及葡萄酒价格不菲,而且可能是部分高收入群体彰显生活品质的象征,因此建议对雪茄烟及"其他酒"仿效卷烟分为甲类、乙类,实行差别税率。

从保护环境、保护森林资源的角度出发,我国在 2006 年将木制一次性筷子、实木地板列入消费税征税范围,税率均为 5%,此项举措重在体现国家的消费政策导向,其财政收入功能并不突出。如今,大量的竹制一次性筷子及复合材质地板占领了越来越广泛的市场,建议考虑进一步提高木制一次性筷子与实木地板的适用税率,推动这两类产品逐步退出市场,以达到"寓禁于征"的目的。

此外,我国消费税对啤酒、黄酒、成品油采用定额税率形式。定额税率与市场

---

① 2023 世界各国 GDP 排名更新:中美差距持续扩大,https://www.163.com/dy/article/J3EP5TJO0511CTRI.html。

② 重回万亿元规模,中国人奢侈品消费一年达 10 420 亿,https://www.thepaper.cn/newsDetail_forward_26055700。

价格没有直接联系,计算较为简便,具有收入稳定的优点,但是一旦处在通货膨胀的状态下,税收不能随物价水平同步增长,容易造成财政收入的损失;而在通货紧缩的状态下,则有加重税负的"嫌疑"。现在啤酒、黄酒、成品油都是按定额税率计征税款,在商品价格变动的情况下,税收缺乏必要的弹性,显得较为被动。为此,建议将消费税对啤酒、黄酒、成品油采用的定额税率形式改为比例税率形式,这样不仅可以免去换算计量单位的麻烦,还有助于提高消费税对经济生活的适应性,更好地发挥其调节功能。

(三)实行价外税计征方式

现行消费税适用比例税率的消费品都以价内税的形式计征税款,即以含消费税、不含增值税的销售额作为计税依据,消费税与增值税同一税基。这样虽然避免了征收过程中划分税基的麻烦,但是降低了税收的透明度。加之消费税的征收环节大多设置在产制环节,对消费者来说,其负担的增值税税金是比较明确的,但负担的消费税税金具有较大的隐蔽性,往往使消费者误以为消费税税金是由生产者承担的,掩盖了其税负转嫁的真相,削弱了消费税调节消费行为的作用。过去在计划经济体制下,我国主要把流转税作为调节企业利润的手段,而忽视了它同时具有影响商品价格和调节个人收入的作用。因此,我国1994年之前的做法就是在价格既定的前提下,按产品和行业利润水平设计税率,这显然是把流转税作为调节商品价差、平衡企业利润的一种政策工具。如果说在1994年税制改革中,增值税简化税率、价外计征之后这一倾向有所改观的话,消费税税制则仍然没有摆脱传统做法的影响。目前消费税多档税率的设计依据是行业、产品盈利能力,而不是消费者的消费能力;而且消费税并未随同增值税改为价外计征。这使得消费税依然侧重于调节行业、产品利润,而调节消费水平和消费结构、促进个人收入公平分配的功能发挥不足。消费税的应税项目大多属于非生活必需品、不鼓励消费的商品,如果采用价税分离的形式,消费者会清楚地知道自己需要负担多少税款,将隐性的税负显性化,有助于消除价内税税负不透明的弊端,使国家的政策意图直接作用于消费者,从而有利于调节消费总量和消费结构,纠正消费产生的负外部性,正确引导消费行为。

(四)征收环节由产制环节后移至消费环节

综观国际上消费税的征收,多选择在零售环节。这一方面体现了消费税重在调节消费的意图;另一方面,很少占用生产经营者的周转资金,有助于减轻生产经营者的负担。而我国现行消费税除金银首饰、钻石及饰品、铂金首饰改在零售环节课税以外,其他应税消费品主要在产制环节(包括生产、委托加工环节)课税。这样的规定有其合理的一面,因为在产制环节纳税人户数较少,征管对象明确,便于控制税源,降低征管成本。但是,产制环节毕竟不是商品实现消费之前的最后一个流转环节。产制环节之后通常还存在着批发、零售等若干个流转环节,这在客观上为纳税人选择一定的经营方式逃税、避税提供了可乘之机。在消费税实施过程中,有许多纳税人分设独立核算的经销部或销售公司,压低产制环节的销售价格向它们供货,而这些经销部、销售公司再以正常价格对外销售,以此减轻法定的税收负担。这种现象在生产高档化妆品、烟、酒、小汽车等消费品的行业里非常普遍,为此,国家税务总局出台了一系列调整措施来堵塞税款流失漏洞。可以考虑在征管能力允许、条件成熟的情况下,将更多应税消费品的纳税环节向后推移到零售环节,这样既能扩大税基、增加税收收入,也能更好地发挥消费税的调节功能。目前,消费税对金银首饰、钻石及饰品、铂金首饰的课征环节已经进行了调整,并取得了较好的效果。在下一步的税制改革中,设定在零售环节征税的应税消费品范围可以进一步扩大。

随着近年来地方政府"土地财政"难以维系,从充实地方财力、健全地方税体系的角度出发,消费税征收环节的调整被赋予了新的意义。数据显示,2023 年我国增值税、企业所得税、消费税和个人所得税四大税种总计占税收收入的78.0%[①],其中,消费税是四大税种中唯一的中央独享税,其余均为中央与地方共享税。近年来,消费税收入呈现上涨趋势,2023 年国内消费税收入为1.61 万亿元,已成为我国第三大税种,因此在新一轮财税改革中消费税被寄予厚望。税制改革不仅仅是税制要素的调整,通常还会对各级地方政府收入、对税收收入分配的格局产生影响。税制改革与政府间税收收入的划分具有较强的联动性,1994 年工商税制改革与财政分税制改革就是同步推出的。因此,笔者认为,消费税课税环节后移也应与消费税中央与地方分享机制的调整在同一时间段内联合推出,发挥"1+1>2"的效果。此外,我们应该看到,将征收环节后移到零售环节不仅会增加征收难度,还有可能引发地区间横向税收竞争等问题。在消费税现行 15 个税目中,烟、酒、成品油、小汽车作为四大支柱,贡献占比约 99%。即便只对这四大税目中的个别税目进行征收环节后移,都会产生巨大影响。鉴于此,消费税征收环节不宜过早后移,可以考虑采用分步走的办法,先对应税消费品中的部分品目的征税环节进行调整,然后再推开适用范围。另外,对于征税环节后移引起的生产地与消费地之间消费税收入的此增彼减问题应引起足够重视,特别是对消费税收入减少的生产地,应考虑运用中央财政转移支付予以补偿。

---

① 万亿级消费税改革渐进:谁多缴税,哪些地方受益,https://new.qq.com/rain/a/20240710A07TAW00?suid=&media_id=。

参考文献

[1]张德勇. 谋划新一轮财税体制改革视野下的消费税改革探讨[J]. 税务研究,2024(7):32-38.

[2]刘荣. 试论消费税制的完善[J]. 现代财经,1994(8):12-14.

数字经济对地区间税收分配的影响研究
——基于空间计量模型的实证分析

刘彦龙　廉　旭①

摘　要：数字经济作为构建现代化经济体系的重要引擎，对地区间税收分配的影响日益凸显。本文基于2012—2022年省级面板数据，采用空间计量模型实证检验数字经济对地方税收收入的影响及其空间溢出效应。研究结果表明：数字经济和地方税收收入具有空间相关性，数字经济不仅能够有效促进本地区税收收入增长，更能够对邻近地区税收收入产生正向空间溢出效应，且在一系列稳健性和内生性检验后结论仍然成立。异质性分析发现，相比于中西部地区，东部地区数字经济的空间效应更为显著。此外，数字经济的不同要素对地方税收收入影响的空间效应性质也存在差异，其中数字基础设施和数字创新能力对地方税收收入存在空间溢出效应。鉴于此，提出优化数字经济空间布局，建立跨区域合作平台，强化数字创新能力，推进税收征管数字化升级等政策建议。

关键词：数字经济　税收分配　空间溢出效应　空间杜宾模型

一、引言

党的十八大以来，我国政府高度重视发展数字经济，推动数字经济逐渐上升为国家战略。党的二十大报告明确指出，加快发展数字经济，促进数字经济和实体经济深度融合，打造具有国际竞争力的数字产业集群。数字经济成为推进中国式现代化的重要驱动力量，已经连续六年写入政府工作报告。尽管遭遇疫情、地缘政治危机、全球经济下行等挑战，我国数字经济仍展现出强大的抗冲击能力和发展韧性。从总量来看，2023年国内数字经济规模达到56.1万亿元，数字经济核心产业增加值占GDP比重达到10%②。从数字经济内部结构来看，2023年我国数字产业化规模与产业数字化规模分别达到11.2万亿元和44.9万亿元，产业数字化主导地位持续巩固，成为数字经济发展的主引擎。

---

① 刘彦龙，兰州财经大学财政与税务学院副教授；廉旭，兰州财经大学财政与税务学院硕士研究生。
② 资料来源：《数字中国发展报告》(2023年)。

随着我国发展阶段的变化，居民消费需求从以物质型消费为主转向以服务型消费为主。以网购、直播等为代表的数字消费新业态、新模式找到了数字技术与消费需求的交叉点，从无到有，发展壮大。但同时传统的以物理存在为基础的税收征管体系面临重大挑战。对此，诸多学者针对数字经济与税收分配的议题从不同方面展开了探讨。首先，在对税收收入的影响方面，数字经济的快速发展促进了地方政府税收收入的增长（艾华等，2021）。从主要税种角度分析，不仅有利于增值税税收收入的提高（高小萍和郭晓辉，2023），对企业所得税税收收入也有显著的促进作用（崔琳等，2023）。谷成等（2022）采用更加微观的城市层面视角验证了数字经济发展对税收收入的正向作用。其次，在税收分配方面，数字经济活动的跨区域即时交易特征，使得企业无需建立实体机构即可进行跨区域经营。然而，这种模式导致业务发生地的税务机关难以依据税收属地原则进行征税，从而在企业注册地与业务实际发生地之间产生了税收错配的现象（徐绮爽和王宝顺，2023）。数字经济高度依赖无形资产等特征，导致了税收与税源背离的复杂性（谷彦芳，2022）。数字经济的去中介化、去实体化等特点进一步加剧了增值税横向分配失衡的程度（胡洪曙和贾惠宁，2024）。此外，一些学者在数字经济领域选取了特定的视角分析税收收入，例如：数字普惠金融能够显著地促进地方税收增长，且存在门槛效应，在不同发展阶段对地方税收影响有显著差异（梁晓琴，2020）；电子商务零售迅速发展呈现地区间"销售极化消费均化"的特征，使得增值税收入主要集中在销售地区（刘怡等，2022）；产业数字化显著促进了各地区税收收入的增长，其影响在不同地区、税种和工业化水平上表现出明显的异质性（席卫群和杨青瑜，2024）。

相关研究从理论和实证层面分析了数字经济对税收收入、税收分配的影响，以及从数字经济某一角度对税收收入进行分析，但鲜有文献从二者之间可能存在的空间关联属性进行分析与考量。基于此，本文在数字经济影响地区间税收分配的理论分析基础上，使用2012—2022年省级数字经济指数和地方税收收入的数据，通过空间计量模型分析数字经济发展对税收分配的空间影响过程，以期进一步健全税收制度、优化数字经济的税收征管模式，从而更好地提升我国数字经济税收治理水平。

本文可能的边际贡献在于：第一，基于地理距离权重矩阵、经济地理嵌套权重矩阵等不同属性空间矩阵，构建空间杜宾模型，实证检验数字经济对地区间税收分配的直接效应和间接效应；第二，通过区分不同地区以及数字经济的不同要素，从空间溢出视角深入分析数字经济对地区间税收分配影响的空间异质性特征。

二、理论分析与研究假设

（一）数字经济对地区间税收分配的空间溢出效应

数字经济通过高效的信息传递打破了时空限制，由此产生不同路径、不同程度上的溢出效应。在当前生产要素自由流动的全国统一市场中，一地数字经济的发展往往会对其他地区的数字经济发展和税收收入带来影响。一方面，由于扩散效应，中心城市的先进技术和管理方式等进步因素会向周边城市扩散，通过产业链等区域带动效应刺激和推动周边地区经济发展，平台经济能够快速传递供求信息，且降低异地经营成本，推动其他地区税收收入增加；另一方面，由于虹吸效应，数字经济发展迅速的中心城市依托良好的营商环境、完备的数字基础设施等自身优势不断释放规模经济效应和范围经济效应，逐步形成强者恒强的"马太效应"（卫庄禹，2022），对其他地区税收收入带来不利影响。区域经济发展中扩散效应和虹吸效应同时存在，因此一地数字经济的发展对其他地区税收收入的整体影响取决于扩散效应和虹吸效应的大小（曹静韬和张思聪，2022）。我国高度重视数字经济的发展，并出台了一系列政策来促进其健康发展。例如，"互联网+"行动计划、大数据战略、"新基建"等政策，旨在推动数字技术与传统产业的深度融合，促进产业升级和区域经济均衡发展。5G网络、云计算中心、宽带网络等基础设施的普及，为数字经济的扩散提供了坚实的基础。这些基础设施的建设不仅促进了数字经济的集聚发展，也为其他地区提供了接入数字经济的通道，使得数字技术和服务能够更广泛地传播，从而增强了扩散效应。基于此，本文提出如下假设：

假设1：数字经济不仅可以显著提升本地区的税收收入，且对邻近地区的税收收入具有正向空间溢出效应。

（二）数字经济对地区间税收分配的异质性

数字经济的发展对我国东、中、西三大地区税收分配产生了不同的影响，这主要是由于地区间在发展阶段、资源禀赋以及基础设施建设等方面的差异。东部地区由于经济基础雄厚，技术和资本积累较多，数字经济发展迅速，有效促进了税收收入的增长，并对周边地区产生了积极的溢出效应。中部地区虽然资源丰富，但由于长期以来重工业和传统农业的主导地位，数字化转型步伐较慢，数字经济的发展尚未能在税收收入上产生明显的正面影响。此外，中部地区内部经济发展不均衡，加之数字产业的集聚效应不明显，也限制了数字经济在推动税收收入增长方面的潜力。西部地区地理位置较为偏远，基础设施相对落后，但由于国家"西部大开发"等政策的支持，数字基础设施有所改善。尽管如此，数字经济对税收收入的贡献仍然较小，主要是因为地区间经济活动的联动性不强，高新技术企业较少，故而数字经济带动效应有限。

进一步,对数字经济包含的要素进行分解,将其细分为数字基础设施、数字产业化、产业数字化和数字创新能力四类要素分别进行考察。从数字基础设施的角度看,数字基础设施的完善,如高速互联网、云计算平台等,可以提高区域间的信息流通速度和效率,促进资源共享,从而吸引更多的企业和投资者。通过数字基础设施的互联互通,加强区域间的经济合作,形成产业链和供应链的互补,可以提高区域整体的税收潜力。故数字基础设施的建设发展对邻近地区的税收分配具有空间溢出效应。从数字产业化的角度看,数字产业化通过整合规模经济和范围经济,不仅扩大了数字产业的规模,还有效降低了数字企业的运营成本,从而推动了经济整体增长。作为连接传统产业和数字产业的桥梁,数字产业化促进了技术创新和产业升级,加快了传统产业的数字化转型。这一过程促使产业更加集中,增强了地区的竞争力,吸引了更多的资本与人才流入,对地区税收收入的提升产生了积极的影响。从产业数字化的角度看,产业数字化作为经济发展的重要驱动力,其对传统商业模式的革新具有深远影响。产业数字化降低了对中间渠道的依赖,突破了时空限制,为扩大销售范围和提升销售收入提供了新的机遇。然而,这一现象也带来了税源的跨地区流动,导致生产地与消费地之间的分离,进一步加剧了税收与税源背离的现象。这不仅对税收分配机制提出了挑战,还可能激发地方政府间的税收竞争。为了促进本地区产业数字化的持续深入发展,一些地方政府采取了地方性税收返还和优惠政策等激励措施,尽管这些措施在短期内可能有助于推动产业数字化进程,但一定程度上对地区税收收入会产生负面影响(席卫群和杨青瑜,2024)。从数字创新能力的角度看,数字创新能力的提升能够吸引更多的高技能人才,带动个人所得税的增加,并通过技术溢出效应,促进邻近地区的经济发展,实现税收的横向流动。同时,创新成果的商业化和知识产权的保护,为企业带来了额外的收益,进一步拓宽了税收来源。此外,政府对创新活动的税收激励政策,如研发费用的加计扣除,有效激发了企业的创新热情,增强了税收的自我增长机制。在区域协同发展的背景下,数字创新能力的增强有助于形成产业链上下游的联动效应,优化税制结构,实现税收在不同地区间的合理分配。基于此,本文提出如下假设:

假设2:不同地区以及数字经济的不同要素对地区间税收分配存在异质性。

三、研究设计

(一)空间计量模型构建

为验证数字经济对地区间税收分配的直接效应与间接效应,设定如下空间计量模型:

$$\ln tax_{it} = \rho W \ln tax_{it} + \alpha_0 de_{it} + \theta W de_{it} + \alpha_k X_{it} + \partial_k W X_{it} + \omega_i + \tau_t + \varepsilon_{it} \quad (1)$$

式(1)为空间杜宾模型。其中，W 为空间权重矩阵，$\ln tax$ 为地方税收收入，de 为数字经济指数，X 为系列控制变量，ρ 为被解释变量地方税收收入空间自回归系数，θ 为核心解释变量数字经济指数空间滞后系数，∂_k 为控制变量空间滞后系数，ω_i 为地区效应，τ_t 为时间效应，ε_{it} 为随机扰动项。

(二)空间权重矩阵选择

本文分别建立地理距离权重矩阵和经济地理嵌套权重矩阵，考察数字经济对地区间税收分配的空间溢出效应，保证实证结果的稳健性。

(1)地理距离权重矩阵。地理距离权重矩阵通过反距离平方权重矩阵进行构建。具体表达式为：

$$W_1 = \begin{cases} \dfrac{1}{d_{ij}^2}, & i \neq j \\ 0, & i = j \end{cases} \quad (2)$$

其中，d_{ij} 表示用经纬度计算的各省会城市之间的地理距离。

(2)经济地理嵌套权重矩阵。经济地理嵌套权重矩阵能够综合考虑地理与经济因素的相互作用，更精确地捕捉数字经济如何影响不同地区间的税收分配。具体表达式为：

$$W_2 = \begin{cases} W_1 \cdot diag\left(\dfrac{\overline{y_1}}{\overline{y}}, \dfrac{\overline{y_2}}{\overline{y}} \cdots \dfrac{\overline{y_k}}{\overline{y}}\right) \\ 0 \end{cases} \quad (3)$$

其中，W_1 为地理距离权重矩阵；$\overline{y_k}$ 为第 k 个地区 2012—2022 年的人均生产总值平均值；$\overline{y}$ 为 31 个省份①人均生产总值的平均值。

(三)变量说明

(1)被解释变量：地方税收收入。选取 31 个省份的地方税收收入总额衡量被解释变量。由于各省份税收收入数额较大，为减缓数据波动趋势，对其进行取对数，以更加符合正态分布的假定。

(2)解释变量：数字经济指数。参考刘军等(2020)、王军等(2021)对省级数字经济发展构建的综合评价体系，考虑指标的时代性和可获得性，选取数字基础设施、数字产业化、产业数字化、数字创新能力 4 个一级指标和 20 个二级指标。运用熵值法对指标进行赋权，测度了 31 个省份 2012—2022 年数字经济发展指数(见表1)。

---

① 我国港澳台地区在样本区间内数据缺失较严重，因此予以剔除。

表1 数字经济指数评价指标

主指标	一级指标	二级指标	单位	属性	权重
数字经济指数	数字基础设施	互联网宽带接入端口数	万个	正向	0.031
		互联网宽带接入用户数	万户	正向	0.033
		域名数	万个	正向	0.070
		移动电话基站密度	个/平方千米	正向	0.080
		移动电话普及率	部/百人	正向	0.013
		单位面积长途光缆长度	万/公里	正向	0.066
	数字产业化	软件业务收入占GDP比重	%	正向	0.072
		信息技术服务收入占GDP比重	%	正向	0.082
		信息服务业从业人数	万人	正向	0.055
		电信业务总量占GDP比重	%	正向	0.041
	产业数字化	企业电子商务交易额	亿元	正向	0.030
		电子商务交易活动企业比例	%	正向	0.009
		企业每百人使用计算机数	人	正向	0.019
		每百家企业拥有网站数	个	正向	0.005
		数字普惠金融指数	—	正向	0.012
	数字创新能力	规模以上工业企业R&D人员折合全时当量	人年	正向	0.070
		规模以上工业企业R&D经费支出	万元	正向	0.064
		规模以上工业企业R&D项目(课题)数	项	正向	0.075
		技术合同成交总额	万元	正向	0.099
		专利申请授权数	件	正向	0.076

(3)控制变量。借鉴艾华等(2021)在相关研究中对控制变量的选择,为了较为全面地分析数字经济对地区间税收收入分配的影响,选取城市化水平($ubpp$)、产业结构($indus$)、政府干预程度(gov)、人力资本水平(edu)、消费水平($lnco$)5个指标作为控制变量。其中,城市化水平($ubpp$)使用各省份年末城镇常住人口与总人口的比值反映。产业结构($indus$)使用第三产业增加值占GDP的比重反映。政府干预程度(gov)使用地方财政一般预算支出占GDP的比重衡量。人力资本水平(edu)使用人均受教育年限衡量,计算公式为:(小学学历人数×6+初中学历人数×9+高中和中专学历人数×12+大专及本科以上学历人数×16)/6岁以上人口总数。消费水平($lnco$)使用各省份居民人均消费支出的对数表示。

(四)数据来源

本文选取2012—2022年31个省份的面板数据进行研究。相关数据来源于《中国统计年鉴》《中国税务年鉴》《中国电子信息产业统计年鉴》以及国家统计局。相关变量的描述性统计结果见表2。

表2 描述性统计结果

变量	符号	样本量	平均值	标准差	最小值	最大值
地方税收收入	$lntax$	341	7.285	0.978	4.249	9.286
数字经济指数	de	341	0.124	0.100	0.017	0.590
城市化水平	$ubpp$	341	0.598	0.127	0.229	0.896
产业结构	$indus$	341	0.505	0.087	0.345	0.838
政府干预程度	gov	341	0.291	0.205	0.105	1.354
人力资本水平	edu	341	9.226	1.133	4.222	12.782
消费水平	$lnco$	341	9.743	0.382	8.607	10.797

四、实证结果与分析

(一)空间自相关性检验

1. 全局空间相关性分析

在运用空间计量模型进行分析前,先确认被解释变量是否存在空间相关性。本文基于地理距离权重矩阵(W_1)和经济地理嵌套权重矩阵(W_2),选用全局莫兰指数(Moran's I)加以判断。其公式为:

$$I = \frac{\sum_{i=1}^{n}\sum_{j=1}^{n}w_{ij}(D_i - \bar{D})(D_j - \bar{D})}{S^2 \sum_{i=1}^{n}\sum_{j=1}^{n}w_{ij}} \tag{4}$$

其中,$S^2 = \frac{1}{n}\sum_{i=1}^{n}(D_i - \bar{D})^2$ 为样本方差,w_{ij} 为权重矩阵。

测算结果如表3所示。2012—2022年我国31省份地方税收收入的莫兰指数均在1%的水平上显著为正,表明地方税收收入存在较强的空间正自相关性。在时序变化上,地理距离权重矩阵和经济地理嵌套权重矩阵下的莫兰指数数值区间分别为[0.241,0.285]和[0.091,0.105],虽然个别年份有所下降,但整体呈现波动中上升的态势。此外,比较两种权重矩阵下的莫兰指数,地理距离权重矩阵下的指数普遍高于经济地理嵌套权重矩阵,表明地理因素在地方税收收入空间分布中可能扮演更为重要的角色。

表3 地方税收收入莫兰指数

年份	W_1		W_2	
	Moran's I	z值	Moran's I	z值
2012	0.246***	3.105	0.092***	3.401
2013	0.241***	3.066	0.091***	3.386
2014	0.247***	3.123	0.094***	3.464
2015	0.260***	3.251	0.099***	3.593
2016	0.272***	3.377	0.105***	3.730
2017	0.277***	3.415	0.104***	3.700
2018	0.275***	3.391	0.102***	3.638
2019	0.285***	3.497	0.104***	3.702
2020	0.275***	3.380	0.101***	3.619
2021	0.274***	3.375	0.101***	3.619
2022	0.259***	3.207	0.091***	3.337

注:*** 表示在1%的水平上显著。

2. 局部空间相关性分析

为进一步区分本区域与邻近区域之间水平高值与低值的空间联系形式,在全域空间自相关分析的基础上,对局域空间集聚特征采用莫兰散点图展开研究。2012年和2022年地方税收收入和数字经济指数的局域空间集聚结果分别如图1和图2所示。2012年和2022年地方税收收入的局部莫兰指数主要分布在第一和第三象限。具体来说,经济较发达的地区如上海和浙江等地区主要表现为高-高(H-H)的聚集模式,而经济相对落后的西藏和青海等地区则表现为低-低(L-L)的聚集特性,这突出了地方税收收入的空间正相关性和分布的不均匀性。对于数字经济指数,多数省份同样集中在第一和第三象限,随着数字经济的发展,地区间的经济联系更加紧密。同时,原本位于第二和第四象限的一些省份正在向第一和第三象限转移,说明数字经济的发展带动了全国范围内经济的整体聚合趋势。

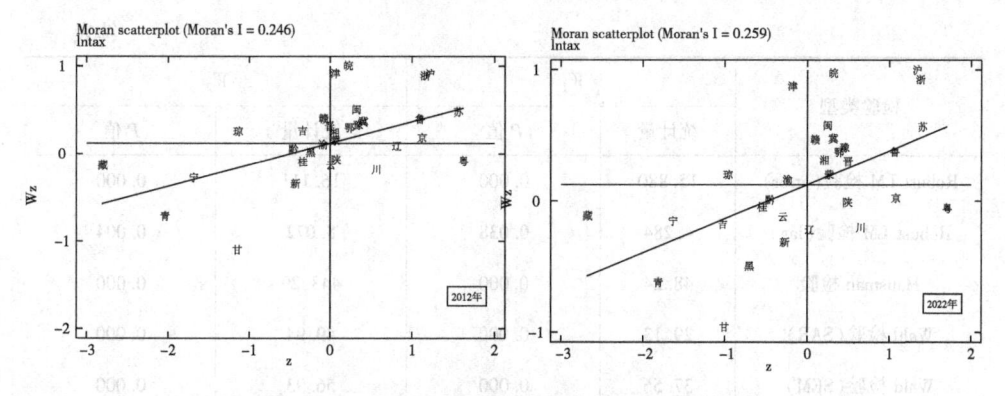

图1　2012年和2022年地方税收收入莫兰散点图

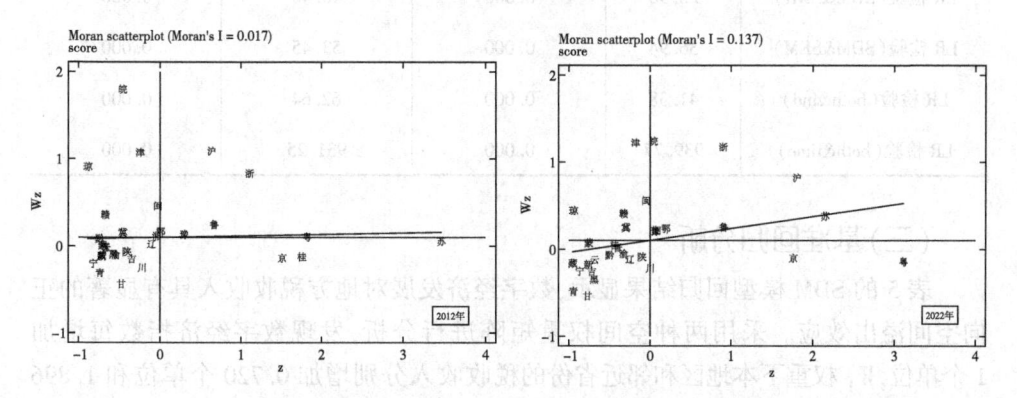

图2　2012年和2022年数字经济指数莫兰散点图

（二）空间计量模型选择

为确定恰当的模型形式,进行如表4所示的系列检验。LM检验的结果均显著,拒绝原假设,初步考虑选择SDM模型。Hausman检验的结果支持了固定效应模型而非随机效应模型。Wald检验进一步确认,相比SAR和SEM模型,SDM模型提供了更优的模型拟合。LR检验表明SDM模型不能简化为SAR或SEM模型。LR检验结果还表明模型应采用省份和年份的双向固定效应。因此,最终确定使用双向固定的SDM模型。

表4　空间计量模型诊断性检验结果

检验类型	W_1		W_2	
	统计量	P值	统计量	P值
LM检验(error)	17.407	0.000	17.941	0.000
LM检验(lag)	5.812	0.016	9.902	0.002

续表

检验类型	W_1		W_2	
	统计量	P 值	统计量	P 值
Robust LM 检验(error)	15.880	0.000	16.111	0.000
Robust LM 检验(lag)	4.284	0.038	8.072	0.004
Hausman 检验	48.24	0.000	443.29	0.000
Wald 检验(SAR)	29.13	0.000	49.94	0.000
Wald 检验(SEM)	37.56	0.000	56.93	0.000
LR 检验(SDM&SAR)	28.98	0.000	48.48	0.000
LR 检验(SDM&SEM)	36.94	0.000	53.45	0.000
LR 检验(both&ind)	41.38	0.000	62.64	0.000
LR 检验(both&time)	939.77	0.000	931.25	0.000

(三)基准回归分析

表 5 的 SDM 模型回归结果显示,数字经济发展对地方税收收入具有显著的正向空间溢出效应。采用两种空间权重矩阵进行分析,发现数字经济指数每增加 1 个单位,W_1 权重下本地区和邻近省份的税收收入分别增加 0.720 个单位和 1.896 个单位;W_2 权重下分别增加 1.106 个单位和 6.451 个单位。此外,空间自回归系数(rho)在 W_1 和 W_2 权重下分别为 0.433 和 0.315,均通过显著性水平检验,表明税收收入具有空间依赖性。这一结果强调了在数字经济推动下,税收收入的地区间传递和增长效应,揭示了数字经济通过地理和经济联系对邻近地区税收收入的显著影响。

表 5 空间杜宾模型回归结果

变量	W_1	W_2
	$lntax$	$lntax$
de	0.720***	1.106***
	(0.151)	(0.159)
$ubpp$	0.938*	1.455***
	(0.482)	(0.471)
$indus$	-2.076***	-2.060***
	(0.266)	(0.286)

续表

变量	W_1	W_2
	ln*tax*	ln*tax*
gov	1.197***	1.054***
	(0.197)	(0.210)
edu	0.063**	0.095***
	(0.030)	(0.032)
ln*co*	0.281**	0.150
	(0.128)	(0.136)
$W*de$	1.896***	6.451***
	(0.394)	(0.960)
rho	0.433***	0.315*
	(0.081)	(0.163)
样本量	341	341
R^2	0.565	0.464
Log_L	369.371	358.945

注：***、**、*分别表示在1%、5%和10%的水平上显著，括号内为标准误。下同。

由于空间滞后项的回归系数值并不能够直接用以讨论数字经济对地方税收收入的空间溢出影响，因此采用偏微分方法对数字经济发展影响地方税收收入的空间溢出效应进行详细分解。表6展示了SDM模型中数字经济对税收收入影响的效应分解。结果显示，在不同的权重矩阵下，数字经济的增长不仅提升了本省的税收收入，对其他省份的税收收入也产生了积极的推动作用，进一步确认了数字经济在促进地方税收收入增加方面具有显著的正向空间溢出效应，从而支持了假设1。

表 6 空间效应分解结果

变量	W_1			W_2		
	直接效应	间接效应	总效应	直接效应	间接效应	总效应
de	0.913***	3.696***	4.610***	1.270***	10.105***	11.375***
	(0.161)	(0.705)	(0.775)	(0.185)	(2.836)	(2.939)
ubpp	1.270***	6.786***	8.057***	1.714***	17.343***	19.057***
	(0.467)	(2.111)	(2.228)	(0.486)	(6.103)	(6.292)

续表

变量	W_1			W_2		
	直接效应	间接效应	总效应	直接效应	间接效应	总效应
indus	-2.061***	-0.211	-2.272	-2.022***	0.861	-1.161
	(0.281)	(1.388)	(1.545)	(0.291)	(3.292)	(3.421)
gov	1.147***	-0.789	0.358	0.916***	-8.064**	-7.148**
	(0.200)	(1.042)	(1.138)	(0.215)	(3.484)	(3.587)
edu	0.070**	0.135	0.206	0.105***	0.572	0.677*
	(0.032)	(0.148)	(0.163)	(0.034)	(0.355)	(0.370)
lnco	0.235*	-1.030	-0.795	0.107	-3.189*	-3.082*
	(0.131)	(0.646)	(0.692)	(0.141)	(1.741)	(1.787)

(四)稳健性检验与内生性讨论

为验证基准回归结果的可靠性,本文通过更换空间权重矩阵、替换被解释变量和替换核心解释变量三种方法进行稳健性检验。

1. 更换空间权重矩阵

使用邻接权重矩阵(W_3),即假设空间单元之间拥有共同边界时会引起空间交互作用的发生,当空间单元 i 与 j 邻近时,W 中的元素 W_{ij} 取值为1,否则取值为0。具体表达式为:

$$W_3 = \begin{cases} 0, & \text{地区 } i,j \text{ 不相邻} \\ 1, & \text{地区 } i,j \text{ 相邻} \end{cases} \quad (5)$$

2. 替换被解释变量

借鉴田彬彬等(2020)的方法,用一般公共预算收入(fr)代替地方税收收入作为被解释变量。

3. 替换核心解释变量

参照赵涛等(2020)的研究,从互联网发展和数字金融两个角度测度数字经济指数,采用熵值法进行处理。

稳健性检验结果如表7所示,回归结果的显著性未发生改变,表明空间基准回归结果是稳健可靠的。

为应对潜在的反向因果关系和变量遗漏问题,引入了工具变量以缓解模型的内生性问题。参考黄群慧等(2019)的研究,选取1984年各省份每百人固定电话数量和每百万人邮局数量作为数字经济发展水平的工具变量。因为早期的电信基础设施布局会对数字经济的普及和发展产生长远影响。这些变量与数字经济的发展具有高度相关性,同时对当期地方税收收入的直接影响相对较小,满足工具变量的相关性与排他性条件。然而,由于1984年的数据是截面数据,限制了其在面板数据模型中的直接应用。因此,借鉴柏培文和喻理(2021)的方法,构建互联网端口数量与1984年固定电话和邮局数量的交互项,作为数字经济发展的工具变量,分别记作IV_1和IV_2,以此提高模型的预测精度和解释力。

表7 稳健性检验

变量	更换空间权重矩阵	替换被解释变量		替换核心解释变量	
		W_1	W_2	W_1	W_2
de	0.812***	0.826***	1.096***	0.336**	0.709***
	(0.159)	(0.147)	(0.150)	(0.166)	(0.171)
$W \times de$	1.044***	1.601***	5.669***	2.151***	6.431***
	(0.249)	(0.398)	(0.932)	(0.399)	(0.973)
直接效应	0.945***	0.920***	1.148***	0.561***	0.899***
	(0.174)	(0.151)	(0.157)	(0.173)	(0.195)
间接效应	1.950***	2.421***	6.732***	4.126***	10.606***
	(0.403)	(0.499)	(1.605)	(0.791)	(3.087)
总效应	2.895***	3.342***	7.880***	4.688***	11.505***
	(0.516)	(0.553)	(1.663)	(0.850)	(3.182)
控制变量	是	是	是	是	是
rho	0.361***	0.278***	0.129	0.468***	0.357**
	(0.071)	(0.086)	(0.180)	(0.079)	(0.156)
样本量	341	341	341	341	341
R^2	0.634	0.721	0.637	0.058	0.127
Log_L	366.413	380.753	379.894	363.946	350.837

表8为2SLS的回归结果,列(1)和列(3)检验了工具变量IV_1和IV_2与内生解释变量之间的相关性。结果显示工具变量在1%显著性水平上对数字经济具有影响,证实了工具变量与数字经济之间的强相关性。列(2)和列(4)表明,数字经济发展水平每增加1个单位,地方税收收入分别增加0.931和1.196个单位,并通过

1%显著性水平检验。此外,Kleibergen-Paap rk LM 统计量显示了工具变量的可识别性,通过了 1%显著性水平检验,拒绝了工具变量识别不足的原假设。同时,Kleibergen-Paap rk Wald F 统计量均高于相应的 Stock-Yogo 弱识别检验的 15%水平临界值 16.38,表明不存在弱工具变量问题。

表8　内生性检验

变量	(1) de	(2) lntax	(3) de	(4) lntax
de		0.931*** (0.326)		1.196*** (0.396)
IV_1	0.006*** (0.001)			
IV_2			0.000*** (7.59e-06)	
控制变量	是	是	是	是
省份固定	是	是	是	是
年份固定	是	是	是	是
Kleibergen-Paap rk LM statistic	24.55***	24.55***	22.74***	22.74***
Kleibergen-Paap rk Wald F statistic	17.43 [16.38]	17.43 [16.38]	21.08 [16.38]	21.08 [16.38]
样本量	341	341	341	341

注:方括号内是 Stock-Yogo 检验的临界值。

(五)异质性分析

1. 基于地理位置的异质性分析

由表9可知,东部地区的数字经济发展对税收收入在 1%的水平上显著,可能因为东部地区拥有数字经济发展的先发优势,包括完善的基础设施、优质的公共服务等,这些因素共同吸引了大量的人才和资本。中部地区数字经济发展对税收收入的影响不显著,可能因为中部地区的经济增长相对缓慢,当前的主要任务是经济转型和升级,因此数字经济的渗透和对经济结构的改造效应尚未充分显现。西部地区的情况有所不同,数字经济发展对税收收入的影响在 5%的显著性水平上通过检验。这可能得益于后发优势和政策支持,特别是在国家"西部大开发"战略下,数字经济领域的投入得以显著增加,从而产生了较为明显的经济效益。

表9 基于地理位置的异质性分析

变量	W_1			W_2		
	东部	中部	西部	东部	中部	西部
直接效应	1.411***	−0.257	1.111**	1.216***	−0.222	1.065**
	(0.285)	(0.460)	(0.453)	(0.287)	(0.512)	(0.441)
间接效应	2.151***	−1.740*	−0.208	3.256***	−3.159*	−1.415
	(0.644)	(0.942)	(1.589)	(1.171)	(1.731)	(2.552)
总效应	3.562***	−1.997*	0.904	4.472***	−3.381*	−0.350
	(0.842)	(1.175)	(1.624)	(1.356)	(1.997)	(2.561)

2. 基于数字经济不同要素的异质性分析

为更好地刻画数字经济对地区间税收分配的影响,分别从数字基础设施、数字产业化、产业数字化和数字创新能力四个不同要素对税收分配进行空间效应分析,结果如表10所示。

表10 基于数字经济不同要素的异质性分析

	W_1				W_2			
	数字基础设施	数字产业化	产业数字化	数字创新能力	数字基础设施	数字产业化	产业数字化	数字创新能力
直接效应	0.784***	0.542***	0.066	0.572***	1.090***	0.632***	0.093	0.878***
	(0.150)	(0.169)	(0.054)	(0.115)	(0.164)	(0.185)	(0.059)	(0.137)
间接效应	3.224***	1.237	0.326	2.682***	6.601***	3.133	0.503	7.844***
	(0.622)	(0.872)	(0.269)	(0.560)	(2.022)	(2.374)	(0.644)	(2.169)
总效应	4.008***	1.779*	0.392	3.253***	7.691***	3.765	0.596	8.722***
	(0.674)	(0.961)	(0.301)	(0.620)	(2.087)	(2.467)	(0.675)	(2.253)

在数字基础设施方面,直接效应、间接效应和总效应均在1%的显著性水平上通过检验,且都对税收收入呈现出正向的影响,说明数字基础设施的完善,如高速互联网、云计算平台等,提高了区域内的信息流通速度和效率,促进了资源共享,吸引了更多企业和投资者。这种集聚效应带动了区域经济发展,进而增加了税收收入。数字基础设施的互联互通加强了区域间的经济合作,形成了产业链和供应链的互补,提高了区域整体的税收潜力。数字基础设施的溢出效应带动了周边地区经济发展,从而增加了税收收入。

在数字产业化方面,直接效应与总效应显著为正,而间接效应并不显著。表明数字产业化水平的提升在本地区对税收收入具有显著的正向促进作用,这反映了数字产业化通过规模经济和范围经济的有机结合,有利于数字产业规模的扩大和数字企业平均成本的降低,进而推动宏观经济总量的增长。数字产业化作为数字经济的重要组成部分,其发展能够促进技术创新和产业升级,推动传统产业的数字化转型,形成产业集聚和区域竞争优势,吸引人才和资本,涵养税源并扩大税基。但由于数字产业化未能有效整合上下游产业链或者与其他产业的融合度不高,邻近地区缺乏足够的吸收能力和配套设施来充分利用数字产业化的溢出效应,从而使得间接效应不显著。

在产业数字化方面,直接效应、间接效应和总效应系数均为正但不显著。首先,产业数字化使得企业能够突破地域限制,进行跨区域经营,导致业务发生地的税务机关难以依据税收属地原则进行征税,从而在企业注册地与业务实际发生地之间产生了税收错配的现象。其次,为了吸引数字化企业和保持本地经济的竞争力,一些地区采取税收优惠、财政补贴等激励措施,这些措施虽然短期内促进了产业数字化的发展,但也可能引发地区间的税收竞争,进而影响到税收收入的稳定性和可持续性。此外,在产业数字化的初期阶段,企业往往将重点放在技术投资和市场适应上,致力于构建数字化基础设施、开发新技术以及探索新的商业模式。这一阶段企业的投资较大,而收益可能尚未完全实现,因此对税收收入并未产生显著的影响。

在数字创新能力方面,直接效应、间接效应与总效应系数均为正且在1%的显著性水平上通过检验。数字创新能力的提升通常与企业的研发活动、技术进步以及新产品开发紧密相连,这些活动能够显著提高生产效率和产品服务质量,进而增加企业的营业收入和利润,为税收收入的增长提供了坚实的基础。此外,数字创新能力较强的地区往往能够吸引和培养更多的高技能人才,从而扩大个人所得税的税基,为税收增长贡献力量。对邻近地区而言,数字创新能力的提升能够通过技术溢出效应促进邻近地区的技术进步和经济增长。这种溢出效应通过知识共享、技术模仿或人才流动等途径实现,从而提高区域整体的税收潜力。同时,完善的知识产权保护机制能够保障企业的创新成果,增强企业的市场竞争力,并通过专利授权、技术转让等方式为企业带来额外收益,进一步拓宽税收来源。异质性分析结果验证了假设2。

五、研究结论与政策建议

(一)研究结论

本文基于2012—2022年中国31个省份的面板数据,利用熵值法来测度数字

经济发展水平,并通过构建空间计量模型,分析数字经济对地区间税收收入分配的空间溢出效应和区域异质性。研究结论如下:

第一,我国经济发展水平和税收收入均呈现明显的"高-高"集聚和"低-低"集聚的空间关联特征,相对而言,税收收入的空间集聚特征更强。

第二,数字经济发展不仅可以增加本地区的税收收入,同时还增加邻近地区的税收收入,通过替换空间权重矩阵、替换被解释变量和替换核心解释变量等稳健性检验,该结论依旧成立。

第三,数字经济对地方税收收入的影响作用在东部和西部地区更加明显,中部不显著,但只有东部地区的数字经济对地方税收收入的外溢作用显著。

第四,数字经济的不同要素对税收收入的影响存在异质性。其中,数字基础设施与数字创新能力不仅推动了本地区税收收入的增长,同时对邻近地区的税收收入也具有空间溢出效应。数字产业化可以提高当地的税收收入,但对税收收入的空间效应不够显著,邻近地区缺乏足够的吸收能力和配套设施来充分利用数字产业化的溢出效应,从而使得间接效应不显著。产业数字化对税收收入没有显著的影响,这可能与税源跨地区流动、地方政府税收竞争和产业数字化的发展阶段有关。

(二)政策建议

综上,本文提出如下政策建议:

第一,优化数字经济空间布局,推动区域协调发展。政府应加大对数字基础设施、数字产业化等领域的投入,特别是在互联网、云计算和5G网络等关键领域的建设中加大支持力度。同时,根据各地区的资源禀赋、产业基础和发展阶段,制定差异化的政策,优化数字经济的空间布局。例如,东部地区应重点发展数字创新和高新技术产业,进一步巩固其在全国数字经济中的领先地位;中部地区应着力推动传统产业的数字化转型,利用数字技术提升产业附加值;西部地区则应优先建设数字基础设施,缩小与其他地区的数字鸿沟。

第二,建立跨区域合作平台,保障税收分配的均衡与公平。为了有效促进数字经济发展与区域协调的平衡,建议政府建立跨区域的数字经济合作平台,制定联合发展计划,推动资源共享、技术合作和市场联动。首先,可以鼓励各地区政府和企业在数字基础设施建设、数据资源开发和技术创新等领域展开合作,形成优势互补,提升区域整体的竞争力和创新能力。其次,进一步完善财政转移支付制度,确保相对落后地区在数字经济发展过程中获得足够的资源支持,避免地区间的"马太效应"。通过对数字经济发展进行合理引导,确保各地区能够在数字经济的快速发展中共同受益。最后,建立区域税收协调机制,确保跨区域交易中税收的公平分配,避免数字经济的去中心化特性导致的税收错配问题。

第三,强化数字创新能力,促进税收可持续增长。政府应进一步鼓励企业加大研发和技术创新方面的投入,并通过提供财政支持、税收优惠和政策指导,帮助企业实现技术突破和产品创新。建立数字创新创业孵化平台,为初创企业提供资金、技术、市场和法律等全方位的支持,助力企业增强市场竞争力。同时,政府还应制定吸引高端数字人才的政策,通过引入优质教育资源、提供人才住房补贴和设立专项人才基金,吸引和留住具备前沿技术和创新能力的人才。这不仅有助于推动本地企业的创新发展,还能通过人才的聚集效应,进一步推动区域间的知识溢出效应,增强税收收入的持续增长能力。通过多管齐下的方式,确保数字创新能力的提升,为税收收入的长期增长奠定坚实基础。

第四,推进税收征管数字化升级,提升管理效能。数字经济的跨区域即时交易特征对传统税收征管体系提出了新的挑战。为应对这一趋势,政府应加快税收征管体系的数字化升级,充分利用大数据、云计算和人工智能等技术,提升税收征管的效率和精准度。通过推进"金税四期"工程建设,实现税务申报、征收监控等环节的全流程数字化管理。此外,探索建立基于大数据和区块链的税收风险防控和征管平台,提高税收信息的透明度和准确性,全面提升税务管理的能力,保障数字经济的健康发展。

参考文献

[1]艾华,徐绮爽,王宝顺.数字经济对地方政府税收收入影响的实证研究[J].税务研究,2021(8):107-112.

[2]柏培文,喻理.数字经济发展与企业价格加成:理论机制与经验事实[J].中国工业经济,2021(11):59-77.

[3]曹静韬,张思聪.数字经济对我国地区间税收收入分配影响的实证分析:基于空间杜宾模型[J].税务研究,2022(6):13-21.

[4]崔琳,周方伟,李琛.数字经济是否会带来税收鸿沟?:基于省级面板数据的实证研究[J].经济体制改革,2023(3):174-183.

[5]高小萍,郭晓辉.数字经济发展对地区税收分配的影响研究:基于增值税的实证分析[J].经济体制改革,2023(2):167-174.

[6]谷成,史心旭,王巍.数字经济发展对税收收入的影响分析:来自中国城市的经验证据[J].财政研究,2022(10):85-99.

[7]谷彦芳,胡欣蕊,张航.数字经济发展对地方财政韧性的影响及空间溢出效应[J].经济纵横,2024(3):118-128.

[8]谷彦芳.我国地区间税收与税源背离问题研究[J].税务研究,2022(4):

142-145.

[9]郭健,杨昭龙.数字经济发展与地方税收收入:基于省级面板数据的实证研究[J].宏观经济研究,2024(3):93-110.

[10]胡洪曙,贾惠宁.数字经济下增值税分配优化研究:基于纵向与横向均衡的分析框架[J].税务研究,2024(4):103-107.

[11]黄群慧,余泳泽,张松林.互联网发展与制造业生产率提升:内在机制与中国经验[J].中国工业经济,2019(8):5-23.

[12]黄思明,解洪涛,匡浩宇.消费地原则下数字经济增值税横向分配估算:基于建设全国统一大市场的视角[J].税务研究,2022(6):22-27.

[13]姜爱华,高锦琦.电子商务发展与地方政府增值税收入关系研究[J].财政科学,2022(9):92-105.

[14]李建军,赵晓彧,李鑫.数字经济与横向税收分配:商品价值增值效应和去分支化效应[J].财政研究,2023(8):101-113.

[15]刘杰,王胜华.数字经济对增值税地区分配的影响研究[J].经济经纬,2023,40(4):126-137.

[16]刘军,杨渊鋆,张三峰.中国数字经济测度与驱动因素研究[J].上海经济研究,2020(6):81-96.

[17]王军,朱杰,罗茜.中国数字经济发展水平及演变测度[J].数量经济技术经济研究,2021,38(7):26-42.

[18]田彬彬,陶东杰,李文健.税收任务、策略性征管与企业实际税负[J].经济研究,2020,55(8):121-136.

[19]万莹,陈恒.税收与税源背离对我国地区财力均衡的影响研究[J].当代财经,2023(8):43-56.

[20]万莹,陈恒.增值税税收与税源背离对我国地区财力均衡的影响[J].税务研究,2023(5):32-40.

[21]韦庄禹.数字经济发展对制造业企业资源配置效率的影响研究[J].数量经济技术经济研究,2022,39(3):66-85.

[22]席卫群,杨青瑜.产业数字化对地区税收收入的影响研究[J].当代财经,2024(1):46-58.

[23]徐绮爽,王宝顺.数字经济与区域间横向税收分配失衡:基于税收与税源背离现象的考察与实证检验[J].现代财经(天津财经大学学报),2023,43(3):82-96.

[24]杨杨,徐少华,杜剑.数字经济下税收与税源背离对全国统一大市场建设的影响及矫正[J].税务研究,2022(8):18-22.

[25]杨志安,胡博.数字经济何以赋能地方财政汲取能力:基于空间效应与门槛特征的实证分析[J].暨南学报(哲学社会科学版),2024(2):1-19.

[26]曾祥炎,冯晓玲.数字经济是否会加剧我国税收税源背离?:来自中国城市的经验证据[J].财经理论与实践,2023,44(4):82-88.

[27]赵涛,张智,梁上坤.数字经济、创业活跃度与高质量发展:来自中国城市的经验证据[J].管理世界,2020,36(10):65-76.

[28] DAVID R AGRAWAL, DAVID E WILDASIN. Technology and tax systems [J]. Journal of Public Economics,2020,185.

[29] LIEBENAU J,YU J,LEE H. Introduction:Special issue on digitaleconomy in East Asia[J]. Technological Forecasting &SocialChange,2019,13973-74.

[30] AFONSO B W. The Impact of the Amazon Tax on Local Sales Tax Revenue in Urban and Rural Jurisdictions[J]. Public Budgeting&Finance,2019,39(2):68-90.

大数据背景下，中国需要何种税务司法审判模式？

李 新 罗 敏[①]

摘　要：随着税法的逐步完善，司法部门受理的税务争议逐步增多，因此，是否需要专门的机构来审理涉税业务就成为一个值得思考的问题。本文从税务司法审判模式的中国实践、税务司法审判模式的域外经验、大数据背景下中国税务审判机构选择三个方面展开论述，建议各地借助大数据手段分析本地情况，设立税务法庭或仅招募专业涉税法官，而慎重对待设立专门税务法院。

关键词：税务司法审判模式　域外经验　大数据

德恒《2022年中国税务行政诉讼数据分析报告》数据显示，2022年一审被告为税务机关（包括税务局、税务分局、稽查局和税务所），且裁判时间也为2022年的全国税务行政诉讼裁判文书有78份。对同属一个案件的一审、二审及再审文书进行整理、合并后，共获得税务行政诉讼案件44个，其中北京市与上海市税务行政诉讼案件合计41，海南、辽宁和湖南各1个[②]。中国裁判文书网公开的数据显示，我国的税务行政争议从2016年以来基本呈现增长态势，由2016年的367件，增长到2022年的1174件（见图1）。

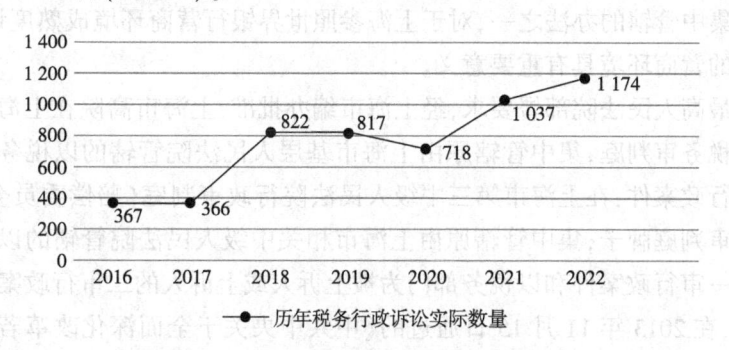

图1　2016—2022年税务行政诉讼数量

资料来源：2022年中国税务行政诉讼数据分析报告，https://www.dehenglaw.com/CN/tansuocontent/0008/028859/7.aspx?。

---

① 李新，湖北经济学院财政与公共管理学院教授；罗敏，湖北经济学院MPAcc研究生。
② 资料来源：中国裁判文书网、威科先行案例库、北大法宝案例库。

随着税法的逐步完善，司法部门受理的税务争议逐步增多，而涉税业务又十分专业。因此，是否需要专门的机构来审理涉税业务就成为一个值得思考的问题。

一、税务司法审判模式：中国的具体实践

早在 2015 年 10 月，中共中央办公厅、国务院办公厅印发的《深化国税、地税征管体制改革方案》中就明确提出，与经济社会发展、推进国家治理体系和治理能力现代化的要求相比，我国税收征管体制还存在职责不够清晰、执法不够统一、办税不够便利、管理不够科学、组织不够完善等问题，因此要健全税收司法保障机制，加强涉税案件审判队伍专业化建设，由相对固定的审判人员、合议庭审理涉税案件。

随着涉税案件数量的增加，要实现税收法治化建设，保障涉税案件处理的公平公正，实现税收审判专业化，从涉税案件复杂性和专业性角度出发，实践部门认为有必要设立专门机构以应对税收法治化建设的需要。

2023 年 11 月底，厦门揭牌成立全国首个涉税案件"三审合一"集中管辖专门合议庭——思明法院涉税案件合议庭，将以往由厦门市基层法院管辖的一审涉税案件统一集中至思明法院管辖，该合议庭统筹履行涉税刑事、行政、民事"三合一"审判职能，负责审理厦门市各类涉税一审司法案件。

2024 年 2 月 23 日，全国首家专门税务审判庭也在上海揭牌成立。上海税务审判庭集中对涉税案件进行管辖，实行集约化审理，审理队伍则由具有丰富税务审判经验的专业化人员构成，提高了上海税务行政案件的审判水平。税务审判庭的建立是上海服务保障、优化法治化营商环境的措施，作为上海法院进一步优化和完善行政案件集中管辖的办法之一，对于上海参照世界银行营商环境成熟度评估指标，建立良好的营商环境具有重要意义。

根据最高人民法院部署要求，经上海市编办批准，上海市高院在上海铁路运输法院新设税务审判庭，集中管辖原由上海市基层人民法院管辖的以税务部门为被告的一审行政案件；在上海市第三中级人民法院行政审判庭（赔偿委员会办公室）加挂税务审判庭牌子，集中管辖原由上海市相关中级人民法院管辖的以税务部门为被告的一审行政案件和以税务部门为被上诉人或上诉人的二审行政案件。

其实，在 2013 年 11 月 15 日通过的《中共中央关于全面深化改革若干重大问题的决定》中，我国就明确提出"落实税收法定原则"；2014 年 10 月 23 日通过的《中共中央关于全面推进依法治国若干重大问题的决定》中，则将制定和完善"财政税收法律"作为"加强重点领域立法"的一项任务。从专门税务审判机构在中国的发展历程来看，我国税务与司法实践都逐渐认识到专门税务审判机构的必要性，并将其付诸实践，认为这是中国税收法治化建设的需要。

二、税务司法审判模式的域外经验

税务司法实践中,有三种形态各异并都有效发挥作用的组织模式,分别是税务法院、税务法庭、税务法官。有的国家为了更加专业和集中地处理税务案件,设立了专门的司法机构,如美国、加拿大、德国等;也有部分国家在原有的司法架构下组建了税务法庭,如澳大利亚、芬兰等;还有的国家只设立了税务法官,如英国(马蔡琛、桂梓椋,2018)。

在税务司法实践中,税务法院是专门处理税务案件的司法机构。它通常由专业的法官组成,有较高的法律水平和税务知识,能够更加专业地审理税务案件。设立税务法院,可以提高税务案件的处理效率和质量,维护纳税人的合法权益。税务法庭是在原有的司法架构下设立的专门处理税务案件的法庭。它通常由具有税法专业知识的法官组成,能够更好地理解和处理税务案件。税务法庭的设立可以提高税务案件的审理效率,减少司法资源的浪费。税务法官是专门处理税务案件的法官,他们在原有的司法机构中从事税务案件的审理工作。税务法官通常具有较高的税法专业知识和经验,能够更好地处理税务案件,从而提高税务案件的审理效率,保障税法的正确适用。

德国、芬兰和英国作为三种类型的代表性国家,在税务司法机构方面有着不同的组织模式和运作方式。

(一)德国

在德国,税务法院(Finanzgericht)是司法系统的一部分,设立在州一级,是专门处理税务案件的司法机构。税务法院在德国的司法体系中扮演着重要的角色,其主要职责包括审理个人和企业对税务机关作出的税务决定提起的上诉案件,以及处理有关税法解释和适用的争议,确保税法的正确适用和维护纳税人的合法权益。德国的税务法院由专业的法官组成,他们具有较高的法律水平和税务知识,能够独立、公正地审理税务案件。

在德国,税务机构根据相关税法和法规作出税务决定,但纳税人有权通过行政复议和必要的司法审查程序保护自身权益,对税务机构的决定提出挑战。若纳税人对行政复议结果不满意,可以将案件上诉至税务法院进行进一步审查。税务法院有权审查税务机构作出的税务决定,并确定其是否符合法律。纳税人可以在税务法院陈述自己的案情,提供证据和论据支持自己的立场,挑战税务机构的决定。在税务法院作出裁决后,如果任何一方对决定不满意,则有权上诉至德国最高的税务法院——联邦财政法院(Bundesfinanzhof)。联邦财政法院作为德国最高的税务司法审判机构,负责审理税务法院的判决上诉案件,以及处理有关税法解释和适用的重大争议。该法院的判决对德国全境具有约束力，对于统一税法解释和保障法律适用的一致性起着重要作用。

德国税务法院在德国法律体系中发挥着重要作用，通过确保正确公平地应用税法，以及纳税人在与税务机构发生纠纷时获得法律救济，维护税收法治。并且德国税务法院的裁决有助于澄清税法的解释，为纳税人、税务顾问和税务机构提供了正确应用税法的指引，这有助于提高德国税务管理的一致性和透明度。总之，德国的税务法院在维护法治、保护纳税人权利和确保税法公正一致应用方面发挥着至关重要的作用。它们是德国法律体系的重要支柱，为通过法律手段解决税务纠纷提供了一个至关重要的途径。

（二）芬兰

芬兰税务法庭是专门处理税务案件的司法机构，设在芬兰行政法院系统内。税务法庭在芬兰的司法体系中扮演着重要的角色，负责审理各类税务争议和纠纷案件，保障税法的正确适用和纳税人的合法权益。通过设立独立的税务法庭，芬兰提高了税务案件的审理效率和质量，保障了纳税人的合法权益。芬兰的税务法庭由具有税法专业知识的法官组成，他们具有较高的税法专业知识和经验，能够独立、公正地审理税务案件。

在芬兰，当纳税人提交其纳税申报表时，税务管理局会评估纳税人所提供的信息，并根据他们的调查结果作出税务决定。当纳税人收到芬兰税务管理局的税务决定并对其持异议时，有权向税务法庭提起申诉。如果纳税人对行政法院税务法庭的决定不满意，可以进一步上诉至最高行政法院。最高行政法院是芬兰处理行政法事务的最高法院，对下级法院作出的税务决定具有最终裁决权。

芬兰的税务法庭在维护纳税人权利、确保税务决定的合法性以及促进遵守税法方面发挥着至关重要的作用。通过为纳税人提供挑战税务管理机构决定的机会，有助于维护公正、透明和合法的原则在税务管理系统中的应用。税务法庭在审查税务决定、解决纠纷和解释税法方面的作用有助于税制的有效运作和公众对税收管理过程的信任。其重要性不仅体现在个别案件中，还体现在促进税法遵从、维护法治和增强公众对税收制度的信心等更广泛目标中。总之，芬兰通过设立独立的税务法庭和专业的税务法官，提高了税务案件的处理效率和质量。这种组织模式体现了芬兰对税务审理的重视和专业化，保障了税法的正确适用和纳税人的合法权益。

（三）英国

英国并没有设立独立的税务法庭。税务案件通常由普通法院或行政法院审理，这些法院的法官也具有一定的税法知识，能够处理税务案件。英国的税务司法系统在确保税法被正确解释和应用方面发挥着至关重要的作用。这包括解决纳税人和英国税收机关(HM Revenue & Customs, HMRC)之间的纠纷,确保纳税人依法支付正确的税款。

英国的税务司法系统由若干不同的机构组成,每个机构都有自己的管辖权和责任。这些机构包括一审法庭的税务法官(Tax Chamber of the First-tier Tribunal)、上诉法庭(Upper Tribuna)以及上诉法院和最高法院。每个机构在解决税务纠纷和解释税法方面都有特定的角色。其中,税务纠纷由税务法官在第一层级法院的税务庭内处理,而不是通过独立的税务法庭或税务法院。一审法庭的非独立税务庭审是纳税人挑战 HMRC 决定的第一站。它对各种税务事项具有管辖权,包括所得税、公司税、增值税和关税。此庭由对税法具有专业知识并且独立于 HMRC 的法官组成,有权听取针对 HMRC 决定的上诉,以及审查 HMRC 关于罚款和评估等事项的决定。税务法官在英国司法体系中扮演着重要的角色,他们的专业性和公正性保障了税法的正确适用和税务案件的审理效率。

总体而言,英国只有税务法官而没有独立的税务法庭或税务法院。这种组织模式体现了英国对税务审理的重视和专业化,保障了税法的正确适用和纳税人的合法权益。英国的税务司法系统在解决税务纠纷、解释税法以及塑造税收政策和管理方面发挥着至关重要的作用。其决定对纳税人、HMRC 以及整个经济都具有深远影响,可以影响税法的发展和税收制度的管理。税务司法通过提供解决税务纠纷的平台和对 HMRC 的监督,确保纳税人按照法律支付正确的税款。纳税人和税务顾问需要了解税务司法的程序和实践,以便在英国复杂且具有挑战性的税务系统中处理涉税纠纷。

德国、芬兰和英国三国的税务司法机构的组织模式和运作方式各有特点,但都能有效地发挥作用,提高税务案件的审理效率和质量,保障纳税人的合法权益。

三、大数据背景下,设立何种税务审判机构?

随着大数据处理能力的提高,其在税务领域的应用已经成为一种趋势,它对设立税务法院、税务法庭和税务法官都可能产生积极的影响。

(一)大数据可以驱动作出正确的决策

大数据技术可以帮助政府部门更好地了解纳税人的行为和税务情况,从而为设立何种税务审判机构提供数据支持。通过分析海量数据,政府可以更准确地确定税务案件的数量、性质和趋势,为设立何种税务审判机构提供决策依据。

(二)提高效率和准确性

大数据技术可以为税务审判机构(税务法官)提供更丰富的案件数据和信息,帮助法官更好地理解案件背景和相关情况。通过数据分析,法官可以更准确地判断案件的关键因素和风险点,提高审理的客观性和准确性。同时,可以为法官提供智能辅助决策工具,帮助他们更快地找到相关法律条文和案例,并提供相应的建议。因此,大数据技术可以加快税务案件的处理速度,提高审理效率。通过数据分析和挖掘,可以快速识别潜在的税务违规行为,帮助税务审判机构更快地定位问题并作出相应处理,从而提高审理的准确性和效率。

(三)提供个性化服务

基于大数据分析,税务审判机构(法官)可以为纳税人提供更个性化的服务。通过了解纳税人的税务情况和需求,税务审判机构(法官)可以根据个体情况提供相应的建议和支持,增强服务的针对性和贴心性。

(四)实时监控和反馈

借助大数据技术,税务法庭可以实时监控案件审理进展和质量,及时发现问题并进行调整。通过数据反馈和分析,法庭可以不断改进工作流程和提升审理质量,确保案件得到公正、高效的处理。

综上所述,不管对设立税务法院、税务法庭还是仅有税务法官,大数据技术都有潜在的积极影响。通过数据驱动的决策、智能化辅助工具和个性化服务,大数据可以提高税务审理的效率、准确性和客观性,为纳税人和司法机构提供更好的服务和支持。

同时,通过前述分析可知,设立税务法庭的根本原因是涉税案件专业又复杂,且数量比较大,因此需要专门机构处理。但随着大数据技术的发展,任何税务审判机构(人员)都可借助大数据手段提高税务审理的效率。而我国各地经济发展不平衡,各地涉税案件差距很大,因此建议各地借助大数据手段分析本地情况,设立税务法庭或仅招募专业涉税法官,但设立专门税务法院还需慎重对待。

总之,中国税务司法审判模式的不断完善和专业化对于维护税法的权威和公正性具有重要意义,也为税务纠纷的解决提供了有力保障。

参考文献

马蔡琛,桂梓椋.税务法庭建设的国际经验与启示[J].税收经济研究,2018(2).

研发费用加计扣除对企业人力资本结构的影响研究

马 军 王晓雯①

摘 要：研发创新和更高素质劳动力是发展新质生产力的关键要素，研发费用加计扣除政策能否以及如何影响企业人力资本结构升级以满足新质生产力要求值得关注。以财税[2015]119号文件中有关研发费用加计扣除的调整作为准自然实验，基于中国A股上市企业2013—2023年相关数据进行分析，发现此项政策能够显著促进企业人力资本结构升级，并且对于成长期、成熟期和第三产业企业的激励效果更显著。研究结论为进一步深化研发费用加计扣除政策改革提供了理论借鉴和实践参考。

关键词：新质生产力 研发费用加计扣除 人力资本结构

一、引言

数字经济背景下新质生产力的基本内涵可以概括为劳动者、劳动资料、劳动对象及其优化组合的跃升。其中，更高素质的劳动者是新质生产力的第一要素，更高技术含量的劳动资料是新质生产力的动力源泉，这背后对应的人才资源和科技创新也将是未来财税政策助力加快发展新质生产力的重要着力点。自党的十七大把科教兴国战略和人才强国战略上升为国家战略以来，我国一直将二者摆在国民经济发展的重要位置。党的十八大提出创新驱动发展战略并要求加快建设人力资源强国。党的二十大再次强调创新是第一动力，人才是第一资源，将二者视为推动社会进步和经济发展的重要核心力量。2024年两会进一步提出要充分发挥创新主导作用，以人才创新赋能新质生产力发展。

人是生产力中最活跃、最具决定意义的因素，人才资源在研发创新活动中扮演着重要角色。统计显示，2022年我国研究生毕业生超过86万人，有效专利数量接近2 000万件②。人力资本不仅对企业绩效具有重要意义（Hussen，2020；朱清香和

---

① 马军，兰州财经大学财政与税务学院副院长、教授；王晓雯，兰州财经大学财政与税务学院硕士研究生。

② 资料来源：国家统计局。

高阳,2021;戴璐,2024),还是调整国家经济增长的关键因素(Rahman,2023;刘超和任彦秋,2023)。而研发活动的高投入、高风险等特点一定程度上会影响各类创新主体的积极性,尤其是微观企业主体。企业是我国经济活动的主要参与者、就业机会的主要提供者和技术进步的主要推动者,企业的研发能力和人才资源情况直接关系到国家的整体创新水平和国际竞争力。税收作为引导纳税人的有效工具,能够促进企业技术创新,从而带动经济稳定增长(Jared等,2021;岳树民和肖春明,2022;钱滔等,2023)。其中,研发费用加计扣除政策作为一项税基式优惠方式,是我国税收激励相关政策中促进科技创新和产业升级的关键一环。该政策允许符合条件的企业在计算应纳税所得额时,对实际发生的研发费用进行额外扣除,有利于减少企业税负,鼓励科技创新(唐明和旷文雯,2021;包健和李芳迪,2024)。

而基于"资本-技能互补"视角,企业在加大创新研发力度的同时,也会对研发人员等高素质人力资本进行一定调整。人力资本结构不仅是宏观经济发展的重要因素,也是微观企业价值创造的关键步骤(Schultz,1961;Becker,1962)。而税收作为宏观经济调控的重要手段以及国家治理的基础性和支撑性要素(高培勇,2023),在微观层面同样可以通过一系列优惠政策调整人力资本结构,例如增值税留抵退税政策(李逸飞,2023;Zhao等,2024)、固定资产加速折旧政策(刘啟仁和赵灿,2020)和职工教育经费税前扣除(贺玲,2012;叶永卫等 2023)等。但现有研究中将人力资本结构与研发费用加计扣除政策相关联的却较为少见,只有徐海峰等(2023)。因此本文将从"资本—技能互补"效应出发,以财税〔2015〕119号文件中负面清单的出台为一项准自然实验,基于2013—2023年中国A股上市公司数据探究研发费用加计扣除政策对企业人力资本结构的影响,结合财税〔2018〕99号文件和财政部、税务总局2021年第13号公告中有关研发费用加计扣除政策的调整和企业性质、所处生命周期等的差异进行深入分析,并排除固定资产加速折旧[①]、增值税留抵退税[②]和职工教育经费税前扣除[③]等政策的影响。

本文的研究贡献主要体现在两个方面:首先是研究视角方面,一方面以发展新质生产力为主要背景,但并未像大多数研究一样直接探讨新质生产力的相关影响,转而聚焦其中两项重要因素——更高技术含量的劳动资料和更高素质的劳动者,考虑二者关系并与税收政策相联结进行分析;另一方面,相比于研发费用加计扣除

[①] 《财政部、国家税务总局关于完善固定资产加速折旧企业所得税政策的通知》(财税〔2014〕75号)、《财政部、国家税务总局关于进一步完善固定资产加速折旧企业所得税政策的通知》(财税〔2015〕106号)、《财政部、税务总局关于扩大固定资产加速折旧优惠政策适用范围的公告》(财政部、税务总局公告2019年第66号)。

[②] 《国家税务总局关于进一步落实好简政减税降负措施更好服务经济社会发展有关工作的通知》(税总发〔2018〕150号)。

[③] 《财政部、税务总局关于企业职工教育经费税前扣除政策的通知》(财税〔2018〕51号)。

政策对企业研发投入和产出而言,现有研究中将该政策与企业人力资本挂钩的文献相对较少,本文基于"资本—技能互补"视角,探讨研发费用加计扣除政策在促进企业人力资本结构升级中的作用,可以补充税收政策激励及人力资本研究的相关理论,丰富人力资本结构的研究思路。其次是研究方法方面,既有研究多针对2018年研发费用加计扣除政策的冲击,并未考虑此政策的最新修改和同时期固定资产加速折旧政策、增值税留抵退税政策等因素的影响,本文进行了补充研究并在异质性分析过程中增加了企业所处生命周期等角度,以期为新一轮财税体制改革中研发费用加计扣除政策的优化作出边际贡献。

本文接下来的结构安排如下:第二部分介绍我国研发费用加计扣除政策和人力资本结构现状,并对研发费用加计扣除政策影响企业人力资本结构的渠道机制进行理论分析;第三部分为实证设计,主要包括模型构建和变量选取;第四部分进行实证结果分析并展开进一步研究;最后是研究结论及政策建议。

二、发展现状与理论分析

(一)发展现状

政策发展方面,研发费用加计扣除政策自1996年①出现以来,先后经过了多次调整,直至2008年在《企业所得税法》中正式明确,并在2013年②推广到全国,但这期间享受研发费用加计扣除政策的企业并不多。2015年,为贯彻落实国家创新驱动发展战略,在里程碑式的新政——《关于完善研究开发费用税前加计扣除政策的通知》(财税〔2015〕119号)中创新性采用负面清单③方式并于2016年1月1日起开始实施,增强了研发费用加计扣除政策的普惠性,奠定了目前研发费用加计扣除政策的基本框架,此后多为个别行业或加计扣除比例的调整。

人力资本结构方面,国家统计局相关数据显示,近年来我国与研发创新相关的R&D人员数量和规模以上工业企业R&D人员全时当量数④不断攀升。从受教育程度层面⑤分析,初级人力资本尽管所占比重较高,但呈下降趋势;而中高级人力资本占比虽然多在20%左右浮动,但趋势较为稳定,尤其高级人力资本占比逐渐提高,甚至在2019年开始反超中级人力资本占比,表明我国企业越来越倾向于雇佣高水平教育的劳动力,人力资本结构逐渐优化。而从具体职能层面来看,技术人员

---

① 《财政部、国家税务总局关于促进企业技术进步有关财务税收问题的通知》(财工字〔1996〕41号)。
② 《关于研究开发费用税前加计扣除有关政策问题的通知》(财税〔2013〕70号)。
③ 烟草制造业、住宿和餐饮业、批发和零售业、房地产业、租赁和商务服务业、娱乐业。
④ 国际上比较科技人力投入而制定的可比指标,指全时人员数加非全时人员按工作量折算为全时人员数的总和。
⑤ 初级人力资本为初中及以下学历,中级人力资本为高中学历,高级人力资本对应大专及以上学历。

占比仅 10% 左右,企业各层级人力资本结构仍有较大差距(见图 1)。

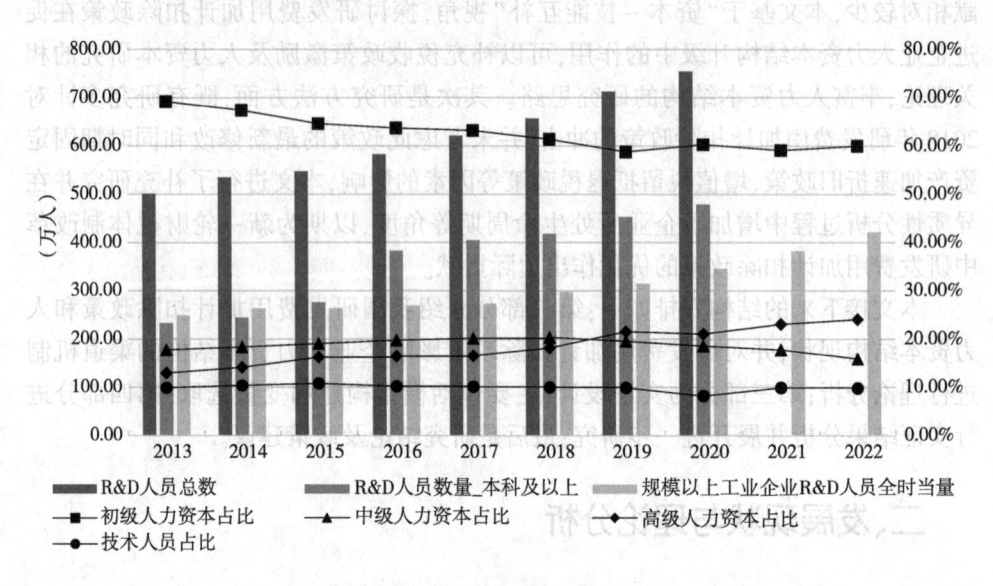

图 1 人力资本结构情况

资料来源:国家统计局、科学技术部,《中国劳动统计年鉴》。

(二)理论分析与研究假设

Griliches(1969)最早提出并验证了"资本-技能互补"假说,认为与非技能劳动相比附着了"技能"或"教育"的高素质劳动,与物质资本的互补性更强。目前已有较多研究证实了研发费用加计扣除政策对于企业资本投资和现金流具有较大激励作用(Jared 等,2021;王军,2018;石绍宾和李敏,2021),国家统计局发布的 R&D 经费支出数据同样显示,2015 年研发费用加计扣除政策调整以来我国 R&D 经费支出增长了约 1.35 倍,2023 年经费支出达到 3.33 万亿元①,有效地刺激了企业研发投入。而基于"资本-技能互补"效应分析,该政策在增加企业研发投入等物质资本的同时,也将提高对高技能劳动力的需求(李逸飞,2023),进而优化企业人力资本结构。

数字经济背景下,企业将更加重视高技能或高学历等创新性较强人才的比重,使得其人力资本结构向研发创新方向倾斜,研发人员比重就是其中较为典型的指标之一。而为应对数字化转型压力和税收负担,企业还可能适当增加研发人员等高素质劳动力的雇佣,既能享受研发费用加计扣除政策中有关研发人员的税收优惠,又能满足数字化转型的人才需求。统计显示,2015 年研发费用加计扣除政策

---

① 资料来源:国家统计局。

调整以来我国 R&D 人员总量多年位居世界首位，2023 年人数超过 520 万，有力地证明了研发费用加计扣除政策刺激下企业会增加对研发人员的雇佣。另外，研发费用加计扣除政策使得企业拥有更多资金，引导企业增加研发投入，主要表现为增加研发相关先进技术设备等物质资本和研发人员，其中新型技术设备又同样需要匹配高技术或高学历水平的高素质劳动力（于海峰等，2023），进而改善企业人力资本结构。基于以上分析，提出如下研究假设：

H_1：研发费用加计扣除政策能够显著提高企业的研发人员占比，进而实现企业人力资本结构升级。

H_2：研发费用加计扣除政策主要通过"资本-技能互补"效应促进企业人力资本结构的升级。

在实际经济运行中，尽管研发费用加计扣除政策的扣除标准在负面清单之外的行业是统一的，但对企业人力资本结构的影响可能因企业的不同特征而存在差异。为进一步探究相关区别以提升研发费用加计扣除政策的效率和针对性，可从企业所属生命周期、产业分类和性质三个方面进行异质性分析。

首先，企业经营过程中所经历的不同生命周期将使得企业对于外部政策和内部控制作出不同反应。成长期和成熟期的企业更倾向于积极研发创新以增强其市场竞争力，而处于衰退期的企业则更多采取保守或转型战略，研发意愿相对不强，对于研发费用加计扣除政策等优惠的反应也较弱。其次，不同产业类型的企业对于研发活动的依赖程度也存在差异。相比于第一产业更多地利用自然资源而言，第二和第三产业在生产和服务过程中，拥有更多的物质资本，对于企业研发能力和高素质劳动力的要求更高，受到研发费用加计扣除政策的影响也将更大。尤其第三产业，涉及交通运输和科技发展，需要不断地通过研发创新以取得竞争优势。基于此，提出如下研究假设：

H_3：研发费用加计扣除政策对于非衰退期和第三产业企业人力资本结构升级的促进作用更强。

三、模型设计与变量说明

（一）模型构建

本文以《关于完善研究开发费用税前加计扣除政策的通知》（财税〔2015〕119号）的出台为一项准自然实验，采用双重差分法进行政策效应分析，构建如下模型：

$$RD = \alpha_1 + \beta_1 \times Treat_i \times Post_t + \gamma_1 \times X_{i,t} + \varepsilon_{i,t}$$

其中，被解释变量 RD 为企业人力资本结构水平，解释变量 Treat×Post 为虚拟变量，X 为一系列控制变量，下标 i 和 t 分别为企业个体和年份。

(二)变量选取

被解释变量(RD)以企业研发人员占比进行衡量,另外参考马海涛和田影(2022)以及刘啟仁和赵灿(2020)等学者对于企业人力资本结构升级的定义,技术人员对于企业研发创新和人力资本结构升级同样具有重要意义,可将技术人员占员工总数的比值(TEC)替换被解释变量进行稳健性检验。

解释变量($Treat×Post$)用于测度研发费用加计扣除政策。其中,$Treat$为反映"是否受到政策冲击"的处理变量,本文中负面清单行业的企业并不能享受研发费用加计扣除政策,故选取相关企业为对照组,$Treat$取值为0,其他企业作为处理组,$Treat$取值为1;$Post$为反映"政策实施年份前后"的政策冲击变量,由于财税〔2015〕119号文件自2016年1月1日起执行,所以$Post$在2016年之前取值为0,在2016年及之后取值为1。

控制变量(X)参考刘啟仁和赵灿(2020)、李逸飞(2023)和于海峰等(2023)相关研究进行选取,主要包括企业规模($SIZE$)、工资水平($WAGE$)、资产负债率(LEV)、净资产收益率(ROE)、所得税费用率(TAX)、现金流($CASH$)、第一大股东持股比($TOP1$)、企业成长性($GROWTH$)和托宾Q值(TBQ),详见表1。

表1 变量说明

类别	名称	标识	说明
被解释变量	企业人力资本结构	RD	研发人员数量占员工总数比例
		TEC	技术部门人数占员工总数比例
解释变量	政策冲击	$Treat×Post$	$Treat$:负面清单行业的企业取0,否则取1 $Post$:2016年前取0,2016年及以后取1
控制变量	企业规模	$SIZE$	Ln(企业总资产)
	工资水平	$WAGE$	Ln(企业当年支付给职工以及为职工支付的现金/员工总数)
	资产负债率	LEV	负债总额/资产总额
	净资产收益率	ROE	归属母公司股东净利润/加权平均归属母公司股东的权益
	所得税费用率	TAX	所得税费用/主营业务收入
	现金流	$CASH$	当期经营活动产生的现金流量净额/营业总收入
	第一大股东持股比	$TOP1$	第一大股东持股比例
	企业成长性	$GROWTH$	主营业务收入增长率
	托宾Q值	TBQ	(股票市场市值+债务账面价值)/总资产账面价值

(三)数据来源

文章基于Choice金融终端和国泰安(CSMAR)等数据库,选取我国A股上市企业2013—2023年相关数据进行分析。为保证数据质量,提前剔除了金融类企业和ST、*ST以及PT等企业样本,并对连续变量进行1%和99%的缩尾调整。相关变量的描述性统计结果如表2所示。

表2 描述性统计结果

变量	样本量	平均值	标准差	最小值	最大值
RD	27 263	0.106	0.130	0	0.650
TEC	27 263	0.189	0.186	0	0.991
Treat×Post	27 263	0.677	0.468	0	1
SIZE	27 263	22.32	1.375	19.55	26.40
WAGE	27 263	11.71	0.489	10.62	13.03
LEV	27 263	0.427	0.197	0.064 7	0.894
ROE	27 263	0.055 5	0.146	-0.777	0.359
TAX	27 263	0.017 6	0.022 1	-0.038 0	0.113
CASH	27 263	0.052 8	0.071 8	-0.155	0.293
TOP1	27 263	0.316	0.160	0	0.724
GROWTH	27 263	0.145	0.418	-0.826	2.446
TBQ	27 263	2.092	1.347	0.766	8.633

四、实证结果与进一步分析

(一)基准回归

观察基准回归结果(见表3)可知,解释变量 Treat×Post 的估计系数在加入控制变量前后均满足1%水平上显著为正,表明在其他条件一定的情况下,相较于负面清单行业的企业(对照组)而言,享受了研发费用加计扣除政策企业(实验组)的研发人员比重提升了约6.2%,进而说明该项政策的调整确实有利于引导企业优化人力资本结构,证实了假设 H_1。控制变量方面,企业规模和工资水平的估计系数同样在1%水平上显著为正,而资产负债率、净资产收益率、所得税费用率和现金流则对研发费用加计扣除政策促进企业研发人员比重提高具有负向影响,说明规模越大、员工工资水平越高、资产负债率和所得税费用率越低的企业受到研发费用加计扣除政策的激励作用越强,越重视吸引和培养研发人员,从而促进人力资本结构升级。

表3 基准回归结果

	(1) RD	(2) RD
Treat×Post	0.063***	0.062***
	(17.20)	(17.50)
SIZE		0.012***
		(5.67)
WAGE		0.024***
		(6.19)
LEV		−0.015**
		(−2.05)
ROE		−0.021***
		(−4.20)
TAX		−0.076
		(−1.60)
CASH		−0.035***
		(−3.11)
TOP1		0.020**
		(2.22)
GROWTH		−0.002
		(−1.39)
TBQ		0.002**
		(2.38)
N	27 225	27 225
R^2	0.724	0.728
adj. R^2	0.696	0.700

注:***、**、*分别表示在1%、5%、10%的水平上显著,括号内为t值。下同。

(二)机制分析

研发费用加计扣除政策允许企业减少应纳税额从而直接减轻其税负,一方面使得企业留有更多资金进行生产和研发,另一方面也引导企业为更多地享受此项优惠政策而更多地增加研发投入。基于"资本-技能互补"效应,此类企业在增加研发投入的同时也会加大对研发人员的引进和培养。为检验这一作用机制,本文引入研发投入强度 M 考察其对研发费用加计扣除这个政策冲击的调节效应,并参考李逸飞(2023)的方法将企业研发投入金额与总资产的比值作为企业研发投入强度的衡量标准,回归结果如表4所示。加入调节变量 M 后研发费用加计扣除政策对企业研发人员占比的促进作用提高到了 0.063,并且新交互项 $Treat \times Post \times M$ 的估计系数在1%水平上显著为正,表明研发费用加计扣除政策会使得企业通过增加研发投入以提高其研发人员比重,进而优化企业人力资本结构,证实了假设 H_2。

表4 作用机制检验

	(1) RD	(2) RD
$Treat \times Post$	0.062***	0.063***
	(17.50)	(17.47)
SIZE	0.012***	0.012***
	(5.67)	(5.92)
WAGE	0.024***	0.017***
	(6.19)	(4.83)
LEV	-0.015**	-0.019***
	(-2.05)	(-2.82)
ROE	-0.021***	-0.017***
	(-4.20)	(-3.61)
TAX	-0.076	0.020
	(-1.60)	(0.46)
CASH	-0.035***	-0.036***
	(-3.11)	(-3.59)
TOP1	0.020**	0.012
	(2.22)	(1.59)
GROWTH	-0.002	-0.001
	(-1.39)	(-0.69)

续表

	(1) RD	(2) RD
TBQ	0.002**	0.002*
	(2.38)	(1.67)
Treat×Post×M		1.759***
		(20.50)
N	27 225	27 225
R^2	0.728	0.748
adj. R^2	0.700	0.722

（三）稳健性检验

1. 平行趋势检验

运用双重差分法的核心假设是满足"平行趋势"，即实验组（享受研发费用加计扣除政策的企业）和对照组（列入负面清单的企业）的被解释变量（研发人员占比）在受到政策冲击前具有相似或相同的变化趋势。而通过事件研究法测度结果（见图2）可知，政策冲击时点之前的年份中，两类企业变化趋势一致，而政策冲击时点之后的趋势则发生较大变化，相较于列入负面清单的企业来说，享受了研发费用加计扣除政策企业的研发人员占比明显提高，二者差距随着时间的推移先增大后缩小，通过了平行趋势检验。

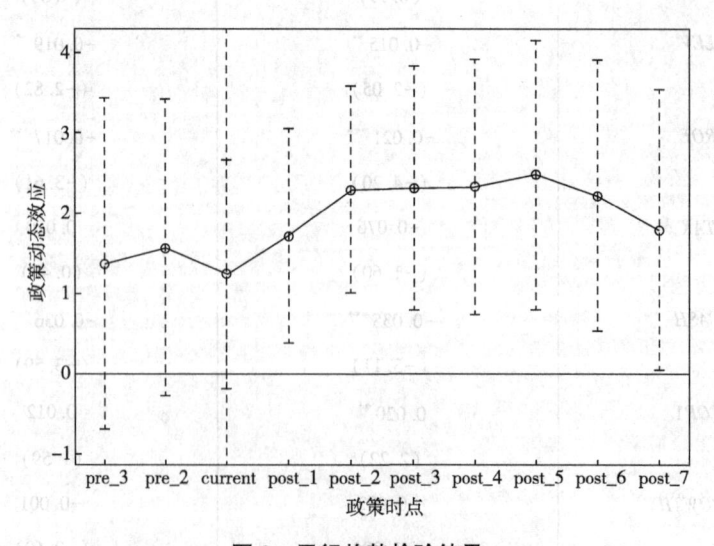

图 2　平行趋势检验结果

2. 替换被解释变量指标

本文第三部分已经阐明技术人员占比(TEC)也是衡量企业人力资本结构的重要指标,因此可分别替换原指标进行回归。由表5可知,解释变量的估计系数仍显著为正,表明结论稳健。

表5 替换被解释变量结果

	(1) TEC	(2) TEC
Treat×Post	0.019***	0.016**
	(3.12)	(2.55)
SIZE		0.015***
		(4.90)
WAGE		0.034***
		(6.04)
LEV		−0.053***
		(−5.02)
ROE		−0.027***
		(−4.05)
TAX		−0.079
		(−1.16)
CASH		−0.054***
		(−2.90)
TOP1		0.230***
		(15.02)
GROWTH		0.004*
		(1.66)
TBQ		0.002*
		(1.93)
N	27 225	27 225
R^2	0.741	0.759
adj. R^2	0.715	0.734

3. 控制宏观政策环境

本文以 2013—2023 年为样本区间,而我国在此期间除了研发费用加计扣除政策外,还发布或调整了增值税留抵退税、固定资产加速折旧和职工教育经费税前扣除等政策,这些政策都可能对企业人力资本结构产生重要影响。其中,增值税留抵退税政策的试点和职工教育经费税前抵扣比例的调整均于 2018 年开始,而固定资产加速折旧政策先后经历了 2014 年、2015 年和 2019 年三次调整。因此,本文首先缩短了样本区间以排除增值税留抵退税、职工教育经费税前扣除和 2019 年固定资产加速折旧三者的影响,选择 2013—2017 年相关数据进行回归,结果见表 6 列(2)。此外,为排除 2014 年和 2015 年固定资产加速折旧政策调整的影响,构建虚拟变量 police 并加入基准回归进行控制,将属于《关于完善固定资产加速折旧企业所得税政策的通知》(财税〔2014〕75 号)和《关于进一步完善固定资产加速折旧企业所得税政策的通知》(财税〔2015〕106 号)文件中所规定行业的企业,分别于 2014 年和 2015 年之后取值为 1,否则取值为 0,结果见表 6 列(4)。两次结果中解释变量 Treat×Post 的估计系数均在 1% 水平上显著为正,再次表明基准回归的结论稳健。

表 6 控制宏观政策环境结果

	(1) RD	(2) RD	(3) RD	(4) RD
Treat×Post	0.078 ***	0.077 ***	0.077 ***	0.060 ***
	(24.17)	(22.38)	(24.32)	(17.40)
SIZE		0.036 ***		0.032 ***
		(7.75)		(7.62)
WAGE		0.016 ***		0.013 **
		(2.80)		(2.49)
LEV		0.013		0.015
		(0.99)		(1.21)
ROE		-0.026 ***		-0.026 ***
		(-2.61)		(-2.79)
TAX		-0.063		-0.080
		(-0.81)		(-1.11)
CASH		-0.041 ***		-0.034 **
		(-2.60)		(-2.29)

续表

	(1) RD	(2) RD	(3) RD	(4) RD
TOP1		−0.043***		−0.043***
		(−3.27)		(−3.62)
GROWTH		−0.005***		−0.005***
		(−2.74)		(−2.92)
TBQ		0.008***		0.006***
		(4.83)		(4.21)
police				0.044***
				(14.53)
N	11 926	11 926	11 926	11 926
R^2	0.681	0.692	0.689	0.709
adj. R^2	0.602	0.614	0.611	0.635

4. 其他稳健性检验

为进一步测度基准回归结果的稳健性,分别采用剔除政策冲击当年即 2016 年的样本和倾向得分匹配法进行分析,测度结果分别见表 7 列(1)和列(2),两种方法中解释变量 Treat×Post 的估计系数依旧显著。

表 7 其他稳健性检验结果

	(1) RD	(2) RD
Treat×Post	0.065***	0.063***
	(23.45)	(16.74)
SIZE	0.012***	0.011***
	(5.87)	(4.69)
WAGE	0.021***	0.023***
	(5.88)	(5.89)
LEV	−0.013*	−0.018**
	(−1.78)	(−2.44)

续表

	(1) RD	(2) RD
ROE	-0.019***	-0.018***
	(-3.97)	(-3.59)
TAX	-0.084**	-0.051
	(-2.12)	(-1.25)
CASH	-0.031***	-0.033***
	(-2.94)	(-3.15)
TOP1	0.022**	0.023**
	(2.57)	(2.17)
GROWTH	-0.001	-0.000
	(-0.60)	(-0.06)
TBQ	0.002**	0.002
	(2.32)	(1.46)
N	28 961	25 210
R^2	0.726	0.753
adj. R^2	0.698	0.724

(四)异质性分析

为提高研发费用加计扣除政策的适用精准度而改善"一刀切"局面,有必要结合企业不同特征进行分组回归,分别研究其对研发费用加计扣除政策冲击的反应是否存在差异。生命周期方面,本文参考袁鑫昊(2022)的方法,依据企业经营性、投资性和筹资性活动现金净流量的不同将其划分为成长期、成熟期和衰退期三组。由表 8 可知,相比于衰退期而言,处于成长期和成熟期的企业人力资本结构受到研发费用加计扣除政策的影响更强。产业分类方面,第一和第二产业企业的回归结果并不显著,第三产业交互项估计系数在1%水平上显著为正,相关企业多为技术类企业,研发活动占比更高,受到研发费用加计扣除政策冲击更加明显,假设 H_3 成立。聚焦到制造业方面,非制造业企业反而更易受到研发费用加计扣除政策的影响。这既与产业分类的回归结果相契合,也提醒制造业相关企业应提高对研发创新的重视程度,不断优化生产流程和产业结构,注重以新质生产力赋能其进行数字化转型。

表8 分组回归结果

	生命周期			产业分类			是否属于制造业	
	(1) 成长期	(2) 成熟期	(3) 衰退期	(4) 第一产业	(5) 第二产业	(6) 第三产业	(7) 是	(8) 否
Treat×Post	0.070***	0.058***	0.038*	0.000	541.088	0.121***	0.000	0.078***
	(10.17)	(12.82)	(1.69)	(.)	(0.00)	(14.28)	(.)	(15.21)
SIZE	0.016***	0.013***	−0.012	−0.004	0.007***	0.023***	0.008***	0.020***
	(4.43)	(4.86)	(−1.57)	(−0.86)	(3.84)	(4.03)	(3.86)	(4.59)
WAGE	0.026***	0.025***	0.006	0.012	0.016***	0.034***	0.017***	0.019***
	(4.24)	(4.88)	(0.51)	(1.04)	(4.40)	(3.47)	(4.47)	(3.00)
LEV	−0.006	−0.028***	0.037	0.020	−0.009	−0.040*	−0.005	−0.025
	(−0.46)	(−2.83)	(1.15)	(0.90)	(−1.26)	(−1.75)	(−0.72)	(−1.62)
ROE	−0.020**	−0.023***	−0.033	−0.017	−0.008*	−0.032***	−0.011**	−0.022***
	(−2.24)	(−3.27)	(−1.44)	(−1.08)	(−1.87)	(−2.67)	(−2.31)	(−2.60)
TAX	−0.054	−0.096	0.269	0.347**	−0.125***	0.186*	−0.115**	0.015
	(−0.66)	(−1.52)	(0.97)	(2.06)	(−2.75)	(1.67)	(−2.43)	(0.24)
CASH	−0.055***	−0.023	−0.057	0.013	−0.024**	−0.044	−0.021*	−0.041**
	(−2.77)	(−1.58)	(−1.18)	(0.26)	(−2.24)	(−1.54)	(−1.87)	(−2.23)
TOP1	0.024	0.020*	0.019	−0.030	0.026***	0.023	0.024***	0.042**
	(1.62)	(1.75)	(0.73)	(−1.01)	(3.17)	(0.79)	(2.65)	(2.08)
GROWTH	−0.002	−0.002	0.008	0.001	−0.003**	0.003	−0.003**	0.002
	(−0.55)	(−1.17)	(1.12)	(0.22)	(−2.03)	(0.80)	(−2.10)	(1.01)
TBQ	0.003*	0.003**	−0.001	0.009**	0.003***	0.007**	0.003***	0.003
	(1.95)	(2.00)	(−0.23)	(2.25)	(3.36)	(2.22)	(2.84)	(1.40)
N	10 315	14 834	1 355	353	21 156	5 691	19 054	10 162
R^2	0.761	0.757	0.813	0.708	0.740	0.743	0.752	0.721
adj. R^2	0.705	0.711	0.719	0.654	0.713	0.712	0.725	0.689

(五)进一步分析

一系列分析结果证实了研发费用加计扣除政策对企业人力资本结构优化具有

显著影响,且对不同特征企业的影响效果存在差异,但此项税收优惠政策对企业创新产出究竟是否有影响?本文参考石绍宾和李敏(2022)选取专利申请数 Y 作为衡量企业创新产出水平的指标进行回归,回归结果如表9列(1)所示,解释变量估计系数在1%水平上显著为正,研发费用加计扣除政策对企业创新产出具有显著的正向作用。

尽管2016年研发费用加计扣除政策相关通知中所公布的负面清单影响深远,但该政策中50%的加计扣除比例已经进行了多次调整,其中,财税〔2018〕99号文件将该比例提高至75%,财政部 税务总局2021年第13号公告、2022年第16号公告和2023年第7号公告又将其提高至100%。基于此,本文首先选取2016—2020年相关数据,实证分析了2018年研发费用加计扣除比例提高这一政策冲击对企业人力资本结构升级的促进作用,分析结果依旧显著。其次,鉴于数据可得性问题考虑,本文聚焦2021年第13号公告中将制造业行业研发费用加计扣除比例提高至100%的规定进行研究,以2018—2023年为样本区间,以制造业企业为实验组,负面清单行业的企业为对照组进行双重差分,回归结果见表9列(5),解释变量 $Treat \times Post$ 的估计系数在1%水平上显著为负,表明2021年的政策冲击对制造业企业人力资本结构产生了抑制作用,印证了异质性分析部分的回归结果,具体原因笔者将持续关注并分析。

表9 进一步分析结果

	创新产出	2018年政策冲击		2021年政策冲击	
	(1) Y	(2) RD	(3) RD	(4) RD	(5) RD
$Treat \times Post$	53.662***	0.010***	0.010***	-0.039***	-0.038***
	(3.88)	(4.07)	(4.03)	(-16.66)	(-15.95)
SIZE	34.368***		0.004		-0.009***
	(3.24)		(1.31)		(-3.17)
WAGE	39.412*		0.024***		0.018***
	(1.65)		(6.20)		(3.92)
LEV	-169.493***		-0.033***		-0.023**
	(-2.90)		(-3.95)		(-2.28)
ROE	-15.338*		-0.010**		-0.002
	(-1.95)		(-2.18)		(-0.31)

续表

	创新产出	2018年政策冲击		2021年政策冲击	
	(1) Y	(2) RD	(3) RD	(4) RD	(5) RD
TAX	212.618*		-0.061*		-0.039
	(1.89)		(-1.84)		(-0.82)
CASH	-185.769*		-0.010		-0.010
	(-1.84)		(-1.18)		(-0.95)
TOP1	76.601		0.028**		0.061***
	(0.89)		(1.99)		(3.96)
GROWTH	-0.409		0.001		0.005***
	(-0.49)		(0.89)		(2.62)
TBQ	3.003		-0.001		-0.001
	(1.05)		(-0.70)		(-0.56)
N	10 234	18 567	18 567	11 795	11 795
R^2	0.663	0.909	0.911	0.830	0.831
adj. R^2	0.592	0.894	0.896	0.795	0.797

五、结论及建议

发展新质生产力不仅要大力推动科技创新,还要注重其与人力资本的协同发展。优化企业人力资本结构是我国经济实现创新驱动和高质量发展的重要动力。而研发费用加计扣除作为我国鼓励企业创新的重要税收政策之一,其在促进企业研发创新的同时是否能够优化人力资本结构具有较高研究价值。本文选取中国非金融类上市公司 2013—2023 年相关数据,以 2016 年研发费用加计扣除政策调整作为一项准自然实验,考察研发费用加计扣除政策对企业人力资本结构的影响。结论如下:研发费用加计扣除政策能较为显著地推动企业人力资本结构升级,主要表现为该政策实施后企业研发人员占比和技术人员占比均显著提高;机制分析发现,研发费用加计扣除政策可以通过增加企业研发投入间接促进其人力资本结构升级;异质性分析发现,处于成长期和成熟期、第三产业企业或非制造业企业的人力资本结构受到研发费用加计扣除政策的促进作用更强。此结论丰富了研发费用加计扣除政策经济效益的相关研究,为其后续的调整和优化提供了一定的微观证据。

基于以上研究,本文针对我国研发费用加计扣除政策提出以下三项建议:

第一,进一步扩大加计扣除范围。当前研发费用加计扣除政策仅允许对与研发活动直接相关的员工工资、直接投入、设备折旧、无形资产摊销等费用进行加计扣除,可考虑将此类员工的教育培训、商业医疗和子女教育等方面的支出纳入加计扣除范围,引导企业不断提高研发人员和技术人员的福利待遇,完善科技创新的配套制度。

第二,结合不同类型企业制定差异化的研发费用加计扣除政策。例如,除了本研究中涉及的生命周期和产业分类等划分标准,还可考虑针对不同规模、不同产权性质、不同资产密集程度的企业给予不同的优惠条件,改变现行政策中对所有企业"一刀切"的做法。同时,还应格外重视对于制造业企业的引导,激励其加大研发投入力度。

第三,综合协调各类税收政策实现效益最大化。除研发费用加计扣除政策外,职工教育经费税前抵扣、固定资产加速折旧和增值税留抵退税等政策同样对企业创新和人力资本结构具有重要影响。在调整研发费用加计扣除相关政策时,既要综合考虑企业所得税内部各项优惠政策的组合效益,也要重视其与增值税等其他税种的配合,共同实现科技创新和人力资本结构优化,助力发展新质生产力。

参考文献

[1]包健,李芳迪.研发费用加计扣除政策对高新技术企业创新产出的影响[J].税务研究,2024(4):32-41.

[2]戴璐.董事会人力资本对企业绿色投资的影响研究[J].财会通讯,2024812):34-38.

[3]高培勇.从结构失衡到结构优化:建立现代税收制度的理论分析[J].中国社会科学,2023(3):4-25,204.

[4]贺玲.论税收优惠对提升企业专用性人力资本投资的激励[J].税务研究,2012(8):66-69.

[5]刘超,任彦秋.人力资本对经济增长的空间效应检验[J].统计与决策,2023,39(20):66-71.

[6]刘啟仁,赵灿.税收政策激励与企业人力资本升级[J].经济研究,2020,55(4):70-85.

［7］李逸飞．增值税留抵退税与企业人力资本升级［J］．世界经济，2023，46(12)：115-140．

［8］马海涛，田影．社会保险缴费负担对企业人力资本结构的影响研究［J］．财政科学，2022(1)：16-31．

［9］庞凤喜，董怡君，燕洪国．促进制造业高质量发展的着力点与税收支持对策研究［J］．税务研究，2023(11)：5-12．

［10］钱滔，詹御涛，潘士远．研发费用加计扣除对创新方向的影响：来自中国制造业上市企业的证据［J］．浙江大学学报(人文社会科学版)，2023，53(12)：131-150．

［11］宋丹，徐政．新质生产力与数字物流双向交互逻辑和路径［J］．中国流通经济，2024，38(5)：54-65．

［12］申广军．"资本-技能互补"假说：理论、验证及其应用［J］．经济学(季刊)，2016，15(4)：1653-1682．

［13］石绍宾，李敏．研发费用加计扣除政策调整对企业创新的影响：基于2013—2019年上市公司数据［J］．公共财政研究，2021(3)：4-28．

［14］唐明，旷文雯．研发费用加计扣除是否激励了企业创新产出：基于研发投入中介效应的分析［J］．税收经济研究，2021，26(1)：23-33．

［15］王迪．产业需求与人力资本供给适应性发展探究［J］．中国特色社会主义研究，2024(2)：100-109．

［16］王军．激励创新的企业所得税优惠政策导向与趋势：基于研发费用加计扣除政策修订的视角［J］．国际经济合作，2018(9)：11-15．

［17］习近平在中共中央政治局第十一次集体学习时强调 加快发展新质生产力 扎实推进高质量发展［N］．人民日报，2024-02-02(01)．

［18］习近平．在企业家座谈会上的讲话［M］．北京：人民出版社，2020：2．

［19］新质生产力的内涵特征和发展重点［J］．宏观经济管理，2024(3)：16-17,33．

［20］于海峰，葛立宇，苏晓琛．税收创新激励政策如何影响企业人力资本结构：基于研发费用加计扣除政策"资本-技术互补"效应［J］．广东财经大学学报，2023，38(4)：37-50．

［21］岳树民，肖春明．研发费用加计扣除与中小企业发展能力：基于新三板的实证检验［J］．国际税收，2022(6)：10-24．

［22］叶永卫，陶云清，王琪红，等．税收激励、人力资本投资与企业劳动生产率：来自2018年职工教育经费税前扣除政策的证据［J］．数量经济技术经济研究，2023，40(5)：136-157．

[23]杨志勇.加快发展新质生产力的财政力量[J].中央财经大学学报,2024(6):3-9.

[24]鄢朝辉,王明利,赵承翔.政府补贴如何影响畜牧业企业研发投入强度:基于企业生命周期和高管股权激励的视角[J].中国农村观察,2024(3):80-103.

[25]周梅锋.关于降低享受研发费用加计扣除政策风险的思考[J].财务与会计,2022(1):69-71.

[26]朱清香,高阳.双元创新中介作用下人力资本对企业绩效的影响[J].河北大学学报(哲学社会科学版),2021,46(1):68-81.

[27]张征宇,林丽花,曹思力,等.双重差分设计下固定效应估计量何时可信?:若干有用的建议[J].管理世界,2024,40(1):196-222.

[28] BECKER G S. Investment in Human Capital: A Theoretical Analysis[J]. Journal of Political Economy,1962,70(5):9-49.

[29] HUSSEN S M. Exploring the impact of various typologies of human capital on firms' productivity [J]. World Journal of Entrepreneurship, Management and Sustainable Development,2020,16(3):231-247.

[30] JARED H, AHMED S, RUSSELL T. The additionality of R&D tax policy: Quasi-experimental evidence[J]. Technovation,2021,107.

[31] PREETHU R, ZHIHE Z, MOHAMMAD M. Do technological innovation, foreign investment, trade and human capital have a symmetric effect on economic growth? Novel dynamic ARDL simulation study on Bangladesh[J]. Economic Change and Restructuring,2023,56(2):1327-1366.

[32] SCHULTZ T W. Investment in Human Capital[J]. American Economic Review,1961,51(1):1-17.

[33] ZHAO Z, YUE Y, WANG W. Unintended consequences of tax incentives on firms' human capital composition: Evidence from China[J]. China Economic Review,2024,84.

"以人民为中心"的税务师行业立法探析

宋尚恒 赵秀秀[①]

摘 要：习近平总书记先后提出了"以人民为中心"的发展思想、"以人民为中心"的法治思想，这些直接指明了中国特色社会主义建设的方向。税务师行业作为我国社会主义基本经济制度的有机组成部分，其通过将自身发展融入共同富裕建设征程、投身"共建共治共享的社会治理制度"建设，可在行业层面实现与"以人民为中心"的发展思想相契合，为我国的社会主义建设事业作出行业贡献。但目前由于行业立法缺失而暴露出了一系列问题，这些严重制约了税务师行业的持续健康发展，税务师行业的立法需求日益紧迫。"以人民为中心的法治思想"要求立法为民，并将以人民为中心的理念作为立法原则贯彻落实到具体法律制度构造中，这构成了新时期立法工作的指导精神。税务师行业立法应坚持以人民为中心的立法理念，通过立法引导税务师行业将维护国家税收利益、服务于构建和谐征纳关系、积极承担社会责任纳入未来的行业发展中。进而实现税务师行业发展与"以人民为中心"的发展思想同心同向，走出与我国社会主义价值导向相契合、具有社会主义特色的行业发展道路。

关键词：税务师行业 立法 以人民为中心

一、引言

习近平总书记自2015年提出"以人民为中心"的发展思想，"把增进人民福祉，促进人的全面发展作为发展的出发点和落脚点"，并进一步明确"发展为了人民、发展依靠人民、发展成果由人民共享"。在2020年中央全面依法治国工作会议后，习近平"以人民为中心的法治思想"理论体系也逐渐成形，其与"以人民为中心"的发展思想一脉相承，要求将体现人民利益、反映人民愿望、维护人民权益的理念全面贯彻到依法治国各个领域各个环节的具体工作中。在立法层面，以人民为中心的法治观最直接的要求是立法为民，这就需要将以人民为中心的理念作为立

[①] 宋尚恒，博士，河南财经政法大学财政税务学院讲师；赵秀秀，河南财经政法大学财政税务学院硕士研究生。

法原则贯彻落实到具体法律制度构造中。

  税务师行业作为我国社会主义基本经济制度的有机组成部分,如何更好地契合"以人民为中心"的发展思想是行业未来发展需直面的问题。具体来看,可通过分析其业务层面能与党和国家大政方针相结合的逻辑节点,在市场活动中积极探索"以人民为中心"的发展思想下的具体业务开展路径。并需在税务师行业的立法过程中思考如何通过立法更好地引导税务师行业发展与"以人民为中心"的发展思想同心同向。在已有的税务师行业立法研究中,大多侧重于行业立法的可行性、必要性、紧迫性等,在立法的具体制度设计上则倾向于借鉴西方已有的成熟的相关行业制度体系。关于如何在税务师行业立法中将"以人民为中心"的法治理念纳入行业立法顶层设计,以及所规范主体权责逻辑、具体条款呈现形式等的研究尚付阙如。而这些研究是新时期立法理念下税务师行业立法过程中亟需破题的必要考量因素,加强上述领域的研究落地,进而在税务师行业立法具体实践中形成可行的成熟方案是行业立法得以顺利推进的重要保障。

二、税务师行业法治建设的历程回顾及立法的必要性

(一)税务师行业法治建设的历程回顾

  我国现代税务师行业的雏形起源于 20 世纪 80 年代。改革开放后,随着经济活动的参与主体日益多元化,辽宁、四川、武汉等一些地区出现了专门从事税务咨询、代办涉税事项的税务代理机构。1992 年通过的《税收征收管理法》规定"纳税人、扣缴义务人可以委托税务代理人代为办理税务事宜",进一步为我国税务代理业的发展提供了法律依据。1994 年国税总局颁发的《税务代理试行办法》明确从事税务代理的专门人员称为税务师,同时对税务代理机构以及税务代理业务范围作出相关规定。1996 年人事部、国税总局联合印发的《注册税务师资格制度暂行规定》建立了注册税务师资格制度,将税务代理人员纳入国家专业技术人员职业资格制度管理范围。1999 年,国税总局发布了《清理整顿税务代理行业实施方案》,明确全面清理整顿税务代理机构,彻底脱钩改制,规范税务代理行为。2004 年,国税总局颁发《关于进一步规范税收执法和税务代理工作的通知》,明确提出注册税务师行业既服务于纳税人又服务于国家,是具有涉税鉴证与涉税服务双重职能的社会中介行业。2005 年 12 月国税总局颁布的《注册税务师管理暂行办法》作为税务师行业管理的第一部部门规章,对注册税务师和税务师事务所的法律地位、执业规范、行政管理、业务范围等重大问题都作出了明确具体规定。2015 年,人力资源社会保障部、国税总局联合印发《税务师职业资格制度暂行规定》和《税务师职业资格考试实施办法》,对税务师职业资格管理和考试等进行了全面规范,将注册税

务师更名为税务师,由准入类职业资格调整为水平评价类,不再实行注册管理。截至目前,我国的税务师行业管理主要依托于以国税总局2017年出台的《涉税专业服务监管办法(试行)》为核心的一系列行业监管制度。

(二)税务师行业立法的必要性

1. 破解当前税务师行业监管力度不足的问题需要推进税务师行业立法

目前我国税务师行业管理规范以部门规章为主。但由于法律层级较低,现行规范对税务师、税务师事务所违法违规的监管力度不足,导致监管效果不佳。在涉税服务实践中,一些不具备专业资质和信誉的服务机构为了迎合部分纳税人少缴税或不缴税的心理,低价承揽业务,甚至出具虚假鉴证报告,妨害税收征管工作的正常开展。此外,中税协先后印发了《中国注册税务师协会章程》、《一般税务咨询业务指引(试行)》和《税务师行业职业道德指引——专业胜任能力(试行)》等规范性文件,作为行业自律规范规定了具体业务指引、职业道德指引、诚信记录管理以及惩戒规范等方面的内容。然而这些文件大多是指引性质且为试行规范,无论是在强制性、权威性还是在稳定性上都明显效力不足。例如,对于税务师行业违法违规行为的惩戒措施多为批评教育、责令检讨和道歉、通报批评等,惩戒力度不足以起到威慑作用。

2. 规范涉税服务市场竞争秩序需要推进税务师行业立法

由于法律缺位,目前涉税服务市场鱼龙混杂、名目繁多。市场上出现了一批业务、名称相近的从业人员,例如注册管理税务师、注册税务咨询师等。他们利用混淆视听的恶劣手段,提供低价、劣质,甚至本身就是违法的涉税服务,这严重挤压了依法提供涉税服务的税务师的生存空间,并败坏了税务师行业的声誉。此外,良性的市场竞争应当是"质量"的竞争,而目前涉税专业服务市场在"项目、利益"驱使下更多的是通过"内卷"价格开展业务承揽,服务质量建设往往得不到重视。最后,在税务师行业业务开展过程中,甚至出现部分从业者为招揽客户,采用虚假宣传或恶意抹黑等不正当竞争手段,这些行为不仅扰乱了正常的市场秩序,也极大地破坏了行业发展的整体风气。

3. 加强行业从业人员队伍建设需要推进税务师行业立法

税务师行业提供的服务政策性强、专业技术要求高,对于税务师从业人员的理论水平和实践经验要求较高,即税务师执业人员不仅要精通税收法律法规、财务会计和企业管理等方面的知识,还应具备丰富的从业经验与娴熟的业务开展技能。从事涉税服务的群体中理论基础和实践经验不相匹配的情况并不鲜见。例如,多数通过税务师考试的青年税务师的业务实操经验不足,而一些具备丰富实务经验的"老把式"却并未取得税务师证书,进而缺乏系统的理论知识体系。甚至存在部分从业人员达不到执业所要求的熟练程度和工作能力却仍活跃于涉税服务市场，从业素质全面、合格的人员的缺乏直接影响到了税务师行业提供涉税服务的质量。因此，亟须通过税务师行业立法，强化法律层面对行业从业人群资质、业务水平的规范力度与监管制度，完善人员的准入及退出机制。

三、税务师行业践行"以人民为中心"的发展思想业务路径考察

（一）税务师行业将自身发展融入共同富裕建设征程的路径切入点

增进人民福祉，走共同富裕道路是"以人民为中心"的发展思想的题中应有之义。党的二十大报告进一步就"扎实推进共同富裕"作出重大决策部署。扎实推进共同富裕，既要"完善促进共同富裕的高质量发展均衡机制"，又要"规范收入分配秩序"（邹新月，2022）。就均衡机制的构建来看，高质量发展均衡机制主要体现在区域之间、城乡之间、产业之间的协调发展。通过补齐发展中的短板、解决发展不平衡问题，促进实现全体人民共同富裕。就规范收入分配的设计来看，收入分配制度作为与人民利益息息相关的重要经济制度，其在当下主要存在初次分配失衡、再分配失守、第三次分配失重等问题，这些能否得到妥善解决，直接关系着共同富裕目标的实现（蔡昌等，2024）。而税收政策作为国家宏观调控的重要政策工具，对高质量发展均衡机制的构建起到积极的促进作用，同时亦是收入分配设计的重要组成部分。

一方面，无论是通过区域性税收优惠政策设置，如税收减免、税收返还等减轻税负以促进区域协调发展，还是为缩小城乡差距而推进乡村振兴战略、推动农业高质高效发展的税收政策，抑或是通过制度性、结构性和阶段性减税降费等政策组合发力，推动产业之间的协调发展，这些带有特定导向的税收政策在微观主体层面的有效落地需要纳税人深入理解税收政策并熟悉征管流程，而这是大多数纳税人所不具备的。现行税制下存在大量复杂具体的税收政策规则，适用条件涉及诸多细节要求，最终应纳税额的计算亦是一个系统、繁琐的过程，应用失当可能导致纳税人面临税务风险。从国家治理的宏观层面来看，大量纳税人在开展业务时对相关税收政策全面理解的缺位、规范应用程度的不足，直接影响到税收政策的调控效果。另一方面，规范收入分配是一个综合性的社会治理问题。站在税收的角度，科学合理的个人所得税税制要素、征管模式和完善的商品税制度等对该问题的解决都可起到积极的促进作用。而税收政策工具能否成功实现收入分配调节的效果，除了取决于本身的制度设计以外，具体税收征管工作的效能亦起到关键作用。加强税收征管工作的质量，切实提高纳税人的税收遵从，确保应收尽收，是收入分配

问题得以有效解决不可或缺的一环。

税务师行业集聚了大量具有财税专长的人才,无论是对税收政策的认识、理解的水准,还是对税收政策适用细节的精准把握等,税务师都具有天然的优势。在市场经济条件下,税务师行业积极介入相关业务领域,实现政府和纳税人之间的顺畅链接,不仅有助于维护纳税人的合法税收利益,有效防范税务风险,对于国家税收政策的全面落地、政策的调控效果也具有极大的促进作用。此外,税务师行业作为市场经济活动的重要参与者,在业务开展过程中会接触到海量的纳税人,以及情形各异的一个又一个具体、鲜活的业务,其对纳税人心理、业务细节实质、涉税业务的疑难点等都有来自一线的深刻认知。税务师行业从业人员若能恪守职业道德规范,在开展业务的过程中引导纳税人依法纳税,将对和谐征纳关系的构建、提高我国纳税人的税收遵从水平起到切实、高效的助推作用。由此可见,税务师行业健康、可持续的发展对高质量发展均衡机制的构建、规范收入分配问题的解决都将发挥至关重要的作用,进而为我国"扎实推进共同富裕"目标的实现贡献行业力量。

(二)税务师行业投身"共建共治共享的社会治理制度"建设的路径切入点

"以人民为中心"的发展思想 把促进人的全面发展作为发展的出发点和落脚点,并强调依靠人民,充分调动人民的积极性、主动性、创造性。同时,国家"十四五"规划提出"完善共建共治共享的社会治理制度",该制度鼓励引导全体人民参与到共建共治共享的社会治理格局中来,为促进人的全面发展创造和谐的社会环境(戴春勤、张亚婷,2020)。因此,"完善共建共治共享的社会治理制度"与"以人民为中心"的发展思想是一脉相承的。税收治理是国家治理的重要组成部分,对充分发挥税收在国家治理中的基础性、支柱性、保障性作用具有重要意义。然而随着纳税人对涉税服务的需求日益多样化、个性化、复杂化以及纳税人生产经营呈现多元化、流动化、隐蔽化的特点,仅靠税务机关自身难以对纳税人实现全面精准服务与管理,需要从社会上吸纳直接的、有力的、有序的力量作为税收征管和纳税服务的有效补充。通过整合社会力量,以实现共建共治共享的新时期税收治理体系。

税务师行业作为涉税服务领域的主力军,开展了诸多和税收征管一线息息相关的涉税业务,既可能也有能力成为税务机关提供纳税服务工作的补充。同时,我国税务师行业管理采取了以政府行政管理为指导,行业自律管理为辅助的双重监管模式,这为税务师行业的健康有序发展在顶层制度设计上提供了保障。具体来看:首先,税务师行业处于涉税服务业务的一线,除了可以直接引导纳税人遵从税法外,还能在不侵害纳税人隐私的条件下,配合税务机关的征收管理工作,协助税务机关动态掌握纳税人业务开展的真实情况以缓解征管工作中的信息不对称。其次,涉税服务本身为税务师行业的主营业务内容,可从代理、咨询、策划、争议解决等方面为纳税人提供个性化和专业化的服务，其丰富的涉税服务内容、形式与产品构成了税务机关纳税服务的有效外延和有益补充。再次，随着经济、社会的持续发展，税收制度及征管办法也在不断调整、完善的过程中。税务师行业直面税收政策执行和税收征纳过程中的具体细节，对税收制度设计中不合理的地方及征管中的漏洞具有天然的职业敏感性。最后，税务师行业从业人员在具体的税收征纳环节更能做到与税务机关的高效沟通，并能对税务机关的征管行为进行一定程度的监督，这既能维护纳税人权益，也能促进税务机关的规范执法。综上，税务师行业无论是在缓解征纳双方的信息不对称、作为纳税服务工作的有效补充，还是在促进税收征管制度的进一步完善、提升征管工作的规范性等方面都具有重大的现实意义，对于构建政府与社会多角色、多层次的纳税服务体系，切实提升税收治理水平有显著的推动作用。

四、税务师行业立法坚持"以人民为中心"理念的制度构造要点

西方发达国家业已建立了成熟、完备的涉税服务市场，其无论是在项目论证、方案设计，还是政策咨询、实践操作等方面都实现了多维度、系统化的业务开展路径。然而，西方国家的涉税服务市场本质是以资本为中心，包含涉税服务在内的各服务领域在提供服务的数量与质量上往往高度侧重于富裕阶层，西方普通民众能享受到的涉税服务水平往往受限于其自身的经济能力。我国作为社会主义国家，实现好、维护好、发展好最广大人民的根本利益是社会主义的本质要求和价值追求。涉税服务作为一种市场经济行为，天然地具有依据经济支付能力提供相应服务的本能。我国的涉税服务市场以税务师行业的服务供给为主体，在该行业的发展过程中应积极探索、尝试，通过制度设计、文化建设等系列举措引导税务师行业更好、更全面地服务社会、面向更广大的群众主体，进而走出具有社会主义特色的涉税服务市场发展道路，以与我国社会主义建设的价值导向相契合。在现代国家治理中，行业立法的导向直接决定了行业的发展方向，因此在我国税务师行业立法过程中应坚持"以人民为中心"的立法理念，以引导税务师行业走出符合社会主义核心价值观的行业发展道路。

第一，明确税务师行业在开展业务过程中应以引导依法纳税、维护国家税收利益为前提。西方受托责任理论强调受托方有义务保护委托方的利益，并按照受托合同的规定履行其职责。而受托人能获得的经济利益水平往往与其对委托人利益的维护程度高度挂钩。过往我国税务师行业业务开展模式实践正是上述理论的生动现实阐释，在经济利益的驱动下，甚至频发行业从业人员与纳税人合谋恶意挑战

税法权威、攫取不法利益的案件。长期以来,在税务师行业的发展中类似的"歪风邪气"并没能得到有效根治,这与中国特色的社会主义经济建设导向是相悖的,近年诸多重大涉税案件的披露及严重的处理结果也无不警示了合规纳税在开展经营活动中的严肃性。为确保税务师行业在我国的持续健康发展,在税务师行业立法中应明确从业人员面对纳税人降低税负的天然诉求时,应以引导纳税人依法纳税、强化税务合规为前提,并合规开展涉税服务。只有切实将以维护国家税收利益为前提的理念融入行业立法的脉络灵魂中,才能确保我国税务师行业的发展与中国特色社会主义经济道路是相契合的,才能确保税务师行业在我国的行稳致远。同时,也只有国家的税收利益得以有效维护,国家才有能力更好地保障"实现好、维护好、发展好最广大人民根本利益"。

第二,突出税务师行业应以服务于构建和谐征纳关系为主要社会功能定位。和谐的税收征纳关系是社会主义和谐社会的重要组成部分。税务师行业自身的业务特点及在征纳关系中所处的角色决定了其能够为构建和谐征纳关系作出重要行业贡献。当前我国经济处于提质增效转型与构建和谐社会的关键时期,同时随着税收征管手段创新和技术革新的持续推进,我国税务监管环境越来越严格,"严征管"态势日益凸显,与之伴随的是税收征纳矛盾也进入了高发期,这进一步加剧了税务师行业积极地参与到和谐征纳关系构建过程中的紧迫性。而征纳双方矛盾的妥善处理事关社会稳定的大局、财政安全的保障,甚至影响到社会主义经济建设的持续稳健发展。税务师行业作为我国社会主义经济体系中的有机组成部分,助力构建和谐征纳关系理应属于行业本分的范畴,这亦事关税务师行业自身在未来持续发展的潜力。一方面,诚如前文所述,税务师行业具备涉税服务领域的业务专长,在面对纳税人维护自身利益的诉求时,应积极地向纳税人开展税收政策精准解读,校正纳税人在政策理解上的偏差,协助纳税人形成合理的利益诉求预期,并引导纳税人合理、合法表达利益诉求,助力征纳双方高效、顺畅沟通渠道及和谐沟通氛围的形成。另一方面,税务师行业从业人员可利用对税收征管流程、规章制度熟悉的业务优势,客观评价税务机关是否依规征税,税收执法是否公正、规范,有效从纳税人的立场对税务机关行使征税权时进行监督、约束,做好纳税人在征管过程中的专业后盾,切实维护好纳税人的合法权益。

第三,引导探索税务师行业承担社会责任与行业发展良性循环的激励制度体系建设。我国税务师制度的建立过程主要借鉴了美国、英国等西方国家已有成熟的税务代理人及税务顾问等制度,税务师行业的发展模式也几乎是照搬了这些国家市场经济活动中类似行业的发展模式。然而,西方国家的"税务师"制度体系的构建及其行业发展模式的底层逻辑是建立在个人主义价值观基础之上的,该价值观的直接导向将个人自身的利益作为指导其行为开展的最主要因素。西方国家的

"税务师"行业市场在这一导向下保持了充沛的市场活力,实现了行业的快速发展。同时也带来了诸如"以客户经济支付能力为核心标准来决定提供服务的水平""采用恶意抹黑等不正当竞争手段招揽业务"等弊端。我国税务师行业近30年的发展实践也充分印证了西方"税务师"制度及模式的利弊得失,在其行业发展过程中所暴露的固有弊端难以得到有效根除,并严重影响到了行业的持续健康发展。寻求税务师行业发展过程中问题的解决之道,还应追溯至经济制度本身层面来寻找答案,从资本主义经济制度土壤中发展起来的"税务师"制度及发展模式引起的问题,在资本主义经济制度下是难以找到根治的办法的。而我国的社会主义经济制度为问题的最终解决提供了新的视角,社会主义的底层逻辑为集体主义,其强调市场参与各方之间的互利、互助、合作,倡导全体成员共同承担社会责任。在税务师行业的立法过程中,探索将引导税务师行业主动承担更多社会责任的理念纳入立法的指导精神范畴,进而确保税务师立法所规范的各方在各自的职能范围内能更关注税务师行业对社会责任的承担。以期实现在不损害税务师行业市场活力的同时,提升其参与社会公益活动等的积极性,而非只关注其个体自身的经营规模与业绩。走出具有中国特色的税务师行业发展模式——从业主体社会责任履行程度与自身业绩增长的良性互动机制,进而确保税务师行业在我国的持续健康发展。

参考文献

[1]张立伟. 论习近平法治思想中以人民为中心的法治观及其理论逻辑[J]. 中国应用法学,2022(2).

[2]刘康磊,任怡. 地方立法中以人民为中心原则的表达与规范展开[J]. 人大研究,2024(7).

[3]谢云. 浅谈我国注册税务师行业发展存在的问题及法制化建议[J]. 经济研究参考,2010(17).

[4]刘剑文. 加速推进税务师行业立法助力税收法治迈上新台阶[J]. 注册税务师,2022(12).

[5]马红艳. 我国注税行业推进立法工作[J]. 注册税务师,2014(8).

[6]高尧. 推动注册税务师行业又好又快发展[J]. 经济研究参考,2013(70).

[7]曹静韬. "十四五"时期税务师行业高质量发展的着力点[J]. 注册税务师,2021(1).

[8]邹新月. 共同富裕的科学内涵与实现路径[J]. 人民论坛,2022(22).

[9]蔡昌,曹晓敏,吴奕萱. 共同富裕视角下的三次分配与税制改革[J]. 山东

财经大学学报,2024(3).

[10]国家税务总局西藏自治区税务局课题组,曹杰锋,江瑜,等.税收共治格局构建路径探索[J].税务研究,2022(7).

[11]原如斌,刘轶,周娴丽.强化涉税专业服务机构作用优化税收营商环境[J].税务研究,2023(11).

[12]戴春勤,张亚婷.关于人的全面发展理论的继承与发展[J].山东干部函授大学学报(理论学习),2020(8).

[13]蔡昌,李长君.对新发展格局下推进税务师行业高质量发展的思考[J].注册税务师,2021(9).

新经济新业态下有关税收结构优化的研究

薛欣怡①

摘　要：聚焦于新经济新业态的广阔背景下，深入剖析我国税收结构所面临的挑战与并存的机遇。通过一些实际案例与翔实的数据分析，揭示当前税收体系与新经济快速发展之间存在的不适应性，进而提出一系列具有前瞻性和可操作性的优化策略。这些策略不仅旨在促进税收制度对新经济业态的适应性调整，更力求为构建一个既能够激发市场活力，又能够确保税收公平与效率的现代税收结构提供坚实的理论支撑与实践指导。

关键词：新经济　新业态　经济发展　税收结构

一、新经济新业态的发展

（一）新经济新业态的内涵与特征

1. 新经济

新经济作为一种创新的经济框架，依据社会主导产业形态的变迁而界定。在全球化时代背景下，"新经济"应运而生，它是信息技术革命催化的经济新貌。在此经济体系中，高新科技行业占主导地位，彰显出知识经济、信息化经济及数字化经济的鲜明特征。随着新经济浪潮的推进，新技术、新商业模式及创新业态层出不穷，成为我国经济结构转型与升级的重要推手。这种经济模式不仅深度融合了创新、协调、绿色、开放及共享的发展理念及原则，还成为加速经济质量转型、驱动经济飞跃式发展的核心要素。新经济持续激发新的经济增长源泉，引领全球经济体系朝向更加高效、可持续的轨道前行。

相较于传统经济，新经济之所以独树一帜，关键在于其倡导的核心价值体系与传统经济有着本质的区别。传统经济深植于制造业的稳固基石之上，显著特点为标准化作业、规模化生产及模式化运营，旨在通过提升生产效率与构建层次清晰的工业体系来实现发展目标。相反，新经济则是信息技术革新的产物，它以高度的差异化、强烈的个人化定制以及紧密的网络化融合为特点，同时展现出对市场动态变

---

① 薛欣怡，兰州财经大学财政与税务学院本科生。

化的敏捷响应能力。新经济在其基础架构、目标定位及实施策略上,相较于传统经济,展现出了显著的差异与独特的边界。

2. 新业态

新业态是随社会进步、经济繁荣与生产力发展产生的,其核心理念在于积极响应日益多样化、多元化及高度个性化的消费需求。在这个过程中,技术创新和应用不断涌现,并产生了新的联系方式、价值链和活动形式,进而在现有产业和部门之间相互交融。这类新型业态通常表现出出色的适应和创新能力,能对市场变化及时进行敏感、快速、准确的回应,并满足顾客多元化的需要。

新业态模式的诞生,与信息技术革新、工业现代化步伐加速与消费需求持续演变等多重因素息息相关。这一现象既是新创企业、行业乃至整个产业组织形态演化的必然轨迹,也是其鲜明的特点,如"跨界融合""创新驱动""互联网赋能""灵活适应"。新型商务模式的出现,对于中国的经济和社会发展轨迹产生了深刻而积极的影响,加快了我国现代化进程,推动了我国经济结构的优化和发展动能的转变。

3. 新经济新业态的特征

新经济新业态的特征涵盖了数字化、创新性、平台化、全球化、融合性及动态变化性六大维度。其中,数字化以大数据、云计算、人工智能等前沿科技为引擎,深刻变革了传统行业,催生了以大数据驱动的新产业与服务,并显著提升了企业生产效率与服务质量,同时构筑了线上生活的高效便捷通道。创新性作为核心动力,不仅优化了用户体验与价值回报,还推动了经济的稳定增长与跨界融合,如共享经济对资源的优化配置及新能源汽车引领的绿色转型。平台化趋势显著,通过整合资源、优化服务,降低了企业成本,促进了产业链协同。全球化则借助互联网与移动通信技术,打破了地域限制,加速了跨国合作与市场拓展。融合性则体现在新技术、新产业、新业态与新模式的深度交织,如数字经济与实体经济的紧密结合,为经济社会发展注入新活力。最后,新经济新业态的动态变化性要求企业具备高度适应性与自我优化能力,以应对市场与科技的持续变迁,实现可持续发展。

(二)新形态与发展趋向

1. 实际案例

新经济与新业态蓬勃兴起,植根于多元的新技术浪潮、新兴产业的崛起、企业形态的革新以及创意模式的不断涌现之中,它们与互联网、大数据、人工智能等尖端信息技术深度融合,共同塑造着未来商业的新图景。这种模式以市场需求为动力,以技术创新和模式创新为导向,以新经济、新企业和新潮流为中心,构建了以新经济新业态为中心的多样化企业形式,其中包括:①以科技创新驱动的新形态,如在线教育、在线医疗、智慧生产等;②新型的服务形态,如分享经济、平台经济等等;

③绿色经济的新形态,如新能源汽车、绿色金融等;④其他新业态,如数字化文创、智能物流、新零售、健康与养生等。

1)案例1:在线教育——新东方在线(东方甄选)

新东方教育科技集团,作为一股由科技创新驱动的综合性教育力量,其在教育资源挖掘、教学实践活动组织、教育研究深化及师资队伍构建等多元维度上,均积累了深厚的经验与卓越的成就。在智慧教育软硬件的广阔天地中,新东方更是勇于开拓,实施了一系列前瞻性的探索举措,并成功收获了累累硕果。其发展过程中的主要亮点可以归纳为:

(1)智慧教育。新东方借助"教育+科技"的结合,不断地扩大自己的经营范围,在科研合作、教学创新和科研交流等方面,与高校进行了广泛的合作,以增强公司的核心技术能力,同时也在不断地完善自己的产品结构和服务系统。

(2)网络直播。面对核心业务遭遇的重大挑战,新东方采取了破釜沉舟的战略举措,运用"精简高效"等创新经营模式,成功实现了从教育领域向电子商务领域的跨界转型。在此演变进程中,东方甄选异军突起,犹如网络直播界一颗耀眼的明星,引领了业界潮流的新篇章。

(3)文旅发展。在文旅领域,新东方别出心裁地培育"旅行引路人",以此增强自身在旅游市场中的影响力与覆盖力。新东方的"旅游向导",根据各自的专业知识,通过创新的方式,建立起一套独具特色的旅游体验、产品和服务系统,形成了自己的特色。

2)案例2:新零售——盒马鲜生

盒马鲜生,作为新零售浪潮的领航者,凭借独树一帜的细节呈现手法,巧妙融合了鲜活食材、餐饮享受与高效物流,为顾客开辟了一条前所未有的购物新径。它将数字化技术应用到供应链管理中,从而使企业的物流操作更加高效快捷。其独特的店面设计更是为了增强顾客对其购物的愉悦感和满足感。盒马鲜生的卓越实践,不仅为中国新零售领域树立了新的标杆,还为中国传统零售业的转型升级与可持续发展路径提供了宝贵的借鉴与深刻的启迪。

综上所述,新的经济形式和新模式的兴起,给各行各业的人提供了空前的机会和巨大的平台,激励着他们主动地去适应变化,不断地进行创新和飞跃,让这些新的服务和产品越来越多地渗透到我们的生活中,成为我们生活中必不可少的一部分。新经济和新的业态模式的迅速发展,不但对产业结构进行了深刻的重构,而且对整个社会和经济系统都有着巨大而有力的促进作用,并在一定程度上引导着时代的趋势和发展。

2. 未来新经济和新业态的发展动向

(1)规模和影响力的持续扩大。随着科技的发展和国际市场的深入融合,新的经济模式和商业模式的规模和影响力都会不断扩大,它们不但会在国内站稳脚跟,还会加快国际化的脚步,向世界各地进军。跨境电商、远程办公与数字金融等新兴业态,正逐步瓦解地理壁垒,重塑全球资源优化配置模式,深化世界经济一体化进程,促进国家间的相互依存与协同繁荣。

(2)以科技创新驱动深层变化。技术创新作为驱动新经济崛起、塑造新商业模式并引领产业结构深度转型的核心引擎,正以前所未有的力量重塑经济格局。人工智能、大数据、云计算及区块链等尖端技术的广泛渗透,正深刻颠覆传统行业的运作模式,催生出一系列颠覆性的新型业态与商业模式,为经济社会的全面发展注入了强劲动力。

(3)对传统产业的渗透与改造。新经济形态与商业模式的演进,已超越其固有范畴,深度融入并革新传统产业的各个维度,驱动传统产业向智能化、数字化、网络化及服务化方向转型蜕变。这一过程不仅重构并优化了产业链与价值链的构成,更为传统产业注入了崭新的活力与动能,促使其焕发新生,实现转型升级的跨越式发展。

3. 新经济新业态对经济的作用

(1)经济增长新引擎与结构优化。探索与开辟新兴增长点,孕育并释放新兴驱动力,以激活多样化的消费场景与革新商业模式,为经济增长开辟广阔的新机遇。前沿技术如数字经济、共享经济及平台经济等,依托其独到的商业模式与技术创新核心,为经济增长注入了澎湃的新动力与勃勃生机。这些新兴商业模式,通过深挖市场潜力与激发需求增长,积极推动全球经济增长。

同时,新商业模式的蓬勃发展,有效促进了传统产业的转型升级与现代化进程,加速了新兴产业的茁壮成长。它们促进了传统产业与信息技术、数字技术的深度融合,实现了对传统生产组织模式、产业供应链及价值链结构的根本性变革,为中国经济转型与发展路径注入了崭新活力,进一步优化了经济构成,完成了增长动力的转换,并持续驱动中国产业结构向更高层次迈进。

(2)提升生产效率与创新能力。新经济模式与商业创新的浪潮中,先进信息技术的深度应用促使生产流程向智能化、自动化与精准化转型。此转型策略不仅有效削减了生产成本,还显著提升了生产效率与产品质量,为企业构筑了坚实的市场竞争壁垒。

同时,新商业模式的蓬勃兴起,正激励着社会各界的企业与个体持续投身于技术创新、模式迭代与管理革新的浪潮之中,不断突破传统商业框架的束缚,为全球经济的创新发展注入不竭动力,共同推动全球经济的繁荣与进步。

(3)促进就业增长。随着新兴业态的涌现,诸如电子商务直播、网络内容直播及个性化定制服务等,不仅丰富了市场形态,更为劳动力市场开辟了大量新增岗位,扩大了就业者的可选择范围,有效促进了就业市场的繁荣与增长,同时也增加了自身收入。

二、我国税收结构现状和面临的新挑战

(一)税收结构现状分析

税收结构作为一个综合性的架构体系,深刻揭示了税收领域内各类税种间的内在构成及其相互关联。其精髓在于打造一个既公正又平衡的税收框架,保障税收来源的合法性与税收架构的稳固性。中国的税收制度架构由直接税与间接税两大支柱构成,其中,企业所得税与个人所得税作为直接税的典型代表,显著影响着经济活动的收入分配格局,对增进财政公正性发挥着关键作用。间接税体系以增值税和消费税为核心,依托商品与服务的流通环节进行征收,有效确保了税收制度的广泛适用性与执行效率。在这一体系中,增值税因其广泛的税基与重要的财政贡献,被视为最为核心的税种之一。

近年来,中国税制改革不断深化,聚焦于精确划定税收征管范畴与科学调整税收结构,力求全面增强税收制度的整体效能与公正性。故而,我们的首要任务聚焦于减轻企业税负,以此驱动产业升级转型,并同步强化财政体系的公平性与运作效率。此外,消费税在优化商品消费格局、增进公众健康福祉及引导理性消费行为方面扮演着关键角色。鉴于中国经济社会的持续发展对消费税提出的新期待,该税种经历了深刻的改革与细化,实现了调控措施的精细化与高效化。再者,个人所得税作为直接针对个人所得的税种,通过适时提升免征额、调整税率结构等策略,有效发挥了调节居民收入分配、促进社会公平正义的杠杆作用。最后,企业所得税作为针对企业盈利征收的税种,其重要性随着企业数量的激增与经济效益的稳步增长而日益凸显,在税收总收入中的占比持续攀升,成为国家财政的重要支柱之一。

在 2023 年度,我国国内生产总值(GDP)实现了 1 260 582 亿元人民币,相对于上一年度来说实现了 5.2 个百分点的稳健增长。同年,国家税收总额攀升至 18 112.9 亿元,展现出强劲的增势,同比增长率高达 14.4%,实际税收增长幅度为 14.1%。2023 年,税收收入占 GDP 的比重为 14.4%,较 2022 年的 13.8%有小幅上升。全国税收及非税收入总计 216 784 亿元,其中,中央一般公共预算收入 99 566 亿元,同比增长 4.9%;地方一般公共预算本年收入 117 218 亿元,同比增长 7.8%。两者共同构筑起国家财政体系的坚实基础。

从税收构成视角审视,增值税占据核心位置,贡献率高达 39.3%;企业所得税紧随其后,占比 23.3%;消费税与个人所得税分别以 9.2%与 8.5%的占比,在税收体系中扮演关键角色。此税收格局映射出中国经济多元化发展的特质及其对各类

税种的依赖差异。

进入 2024 年上半年，国家财政总收入累计达 115 913 亿元，其中税收收入为 9 408 亿元（较上年同期缩减 5.6%），而非税收入则实现显著跃升，达到 21 833 亿元，同比增长 11.7%。具体税种表现如下：国内增值税的征收额为 35 400 亿元，与上年同期相比下降了 5.6%，反映了特定经济环境下的税收调整趋势。国内消费税总额攀升至 8 834 亿元，较上年同期增长了 6.8%，显示出消费税在促进消费调控方面的积极作用。企业所得税方面，上半年累计收入为 25 384 亿元，与上年同期相比减少了 5.5%，这可能与企业经营状况及税收政策调整有关。个人所得税总收入录得 7 358 亿元，同比增速呈现负增长，具体降幅为 5.7%，这一态势或可归因于居民收入水平波动及税收优惠政策落地实施等多重因素的交织影响。

由此可见，我国当前的税收体制核心由流转税与所得税构成，这两者在税收总额中占据显著份额，是税收体系不可或缺的基石。营业税作为企业所得税体系中的一个关键构成元素，其占比往往超过企业所得税总体额度的八成。在流转税、所得税及营业税这一税收三巨头中，流转税不仅占据最大比重，更被视为税收体系中的核心税种。进一步分析，鉴于间接税具备税源广泛、征收便利等优势，其在营业税与所得税之间的分配中占据了相当大的比例，能够高效覆盖商品生产、服务提供等多个经济环节，实现税收征收的自动化。

与此同时，直接税的比重正逐步上升，这一趋势反映了税收制度的不断完善与经济发展的内在需求。以香港为例，1994 年直接税与间接税的比例分别为 18.3% 和 81.7%，而到了 2022 年，直接税占比已提升至 40.2%，间接税则相应下降至 59.8%。具体到税收主体，企业所得税的占比自 1994 年的 13.8% 微调至 2022 年的 12.4%，其绝对量增至 26.2%。在个人收入税方面，其占比从 1999 年的 3.9% 稳步增长至 2022 年的 8.9%，实现了 5 个百分点的显著提升。值得注意的是，增值税与营业税（现已并入增值税）作为两大支柱税种，其合并前的总占比曾高达 58.1%，但至 2022 年已显著回落至 30.8%，降幅达到 27.3 个百分点，体现了税收制度随经济环境变化而进行的适应性调整。

（二）税收面临的新挑战

自 1994 年起，我国税制历经持续调整与优化，旨在更紧密地契合市场经济发展的步伐，进而有效推动经济的繁荣和增长。当前，我国聚焦于高质量发展，推动建立全国统一大市场、加速推进共同富裕、促进经济绿色转型、激励技术创新活力，并积极应对人口老龄化等问题。然而我国现行税收体制与高质量发展目标之间存在明显差距，急需解决税制结构相对失衡、税基划分与征管面临难题、税源流失较为严重、税负公平性失衡与税收体系存在滞后性等问题。

1. 税制结构相对失衡

地方政府税收收入占比偏高,过度依赖生产性税基,而间接税体系的顺周期性削弱了税收体系的稳定性。我国地方政府税收收入占比偏高,且过度偏重扩大生产性税基的策略,这无法有效解决传统产业产能过剩与资源冗余的痼疾,并在一定程度上忽视了对居民福祉的提升、消费潜力的激发。我国间接税体系中的大部分税种采用了比例税制,这一特性造成其有显著的顺周期性,从而削弱了税收系统内在的稳定性,使得其在抵御经济波动、维护宏观经济稳定方面显得力不从心。另外,企业的税务负担较为沉重,相较于社会的整体税收负担水平而言,当前中国税收体系中超过九成的税收直接源自企业。这一现状限制了企业对流转税等税负有效转嫁的能力,进而对企业的生产积极性与技术进步形成了制约。同时,个人所得税在我国税收总收入中的占比较低,也在一定程度上削弱了其在平衡收入分配、促进社会公平正义及推动共同富裕进程中的效能。

2. 税基划分与征管面临难题

随着新经济形态、业态的迅速崛起,数字化与平台化运营模式日益盛行,导致传统的税基划分产生了不确定性,尤其是数据作为新型生产要素,其价值评估的复杂性加大了税基界定的难度。同时,新业态的跨境、跨国特征加剧了税务管辖的复杂性,传统地域性税务原则在实际操作中面临困境。随着数字化技术的发展渗透,贸易活动日益呈现出隐蔽性、分散化趋势,给我国税收征管工作带来了前所未有的挑战。

3. 税源流失较为严重

新业态的兴起使得个人与企业的收入来源变得更加多样化和复杂化,新的经济模式层出不穷进一步加剧了税源流失的现象,突显出当前税收体系急需更新与升级。为此,可引入数字服务税等新型税种,充分利用大数据、区块链等现代信息技术手段提升税收征管效率,促进税收公平与经济发展。

4. 税负公平性失衡

在新经济、新业态不断发展的背景下,企业之间在税收负担方面的差异日益凸显,进一步加剧了税收不公平的现象。在推进税制改革的进程中,要注意调节各产业间的税负分布,确保税收制度的公正性和合理性,为经济稳健增长奠定坚实基础。

5. 税收体系存在滞后性

面对数字经济、共享经济等新业态的蓬勃发展,传统税制在税基界定、征管手段和跨境协调等方面已呈现出一定程度的滞后性,既造成了平台经济领域的税源流失,又难以精准识别新经济模式的价值创造环节。在推动高质量发展方面,现有税收激励机制尚未形成系统化政策矩阵,环保税制覆盖范围与"双碳"目标存在执行落差;针对战略性新兴产业,研发费用加计扣除比例与发达国家相比存在政策梯度差距,传统产业绿色化改造缺乏递进式税收优惠支持,制约了经济的高质量发展。

三、新经济新业态下税收结构优化的策略

(一)税收结构优化的必要性

税制结构的合理化调整,作为国家宏观调控的核心环节之一,对于保障国民经济稳健发展具有以下几点意义:

第一,经由税收政策的优化布局,可以有效引导资本向新兴科技领域及高新技术行业汇聚,同时减轻其税负压力,充分激发其创新潜能与市场竞争力,进而加速传统产业的转型升级步伐,精准对接社会生产力进步的内在需求。此过程不仅推动了经济结构的优化与升级,还为我国经济的高质量、可持续性增长奠定了坚实的基础。

第二,税制结构的优化策略,亦体现在对区域税收政策的细致调控上,目标是实现税收资源在全国范围内的均衡分布。此举旨在缩小地区间的财力差距,缓解税收差异带来的不利影响,推动区域经济实现和谐共进。更进一步,我们倡导建立"纵向联动+横向协作"的税收合作新机制,通过加强跨区域税收征管与分配的协同配合,促进各地区在税收领域的紧密合作与共同发展。

第三,优化的税制体系能够精准调节居民收入分配结构,显著提升社会公平性。通过实施减税降费政策,增强居民的实际购买力,进而激发其消费潜力,有效拉动内需增长,为经济下行压力提供缓冲,并为经济的持续稳健发展注入源源不断的活力。此外,此举还能降低对单一经济主体的过度依赖,增强财政收入的稳健性与可持续性,削弱税收对经济的波动影响,保障财政政策的长效性与实效性。同时,它还有助于遏制逃税避税行为,提升税务监管效能。

第四,针对高污染、高能耗领域实施税收调控措施,同时向环保与节能型企业提供税收优惠政策,以此激发企业积极承担环境保护的社会责任。在此基础之上,借助节能减排政策与绿色税收杠杆,进一步促进资源的高效循环利用与生态环境的保护,加速经济向绿色、可持续方向转型升级。

第五,税制的优化亦是提升我国经济国际竞争力的关键一环。通过实施减税举措,我们能够持续优化营商环境,吸引外国直接投资流入,从而增强外汇储备实力,为经济增长注入新鲜血液与强劲动力。

综上所述,优化税收结构不仅是适应时代变迁的必然选择,更是促进经济增

长、优化经济结构、推动区域均衡、增进社会公平以及提升国际竞争力的关键举措。

（二）税收结构优化的理论

我国税制结构的优化之路应牢固扎根于公平课税理念、最优税制设计原理、税收中性原则及税收调节机制等核心理论，以此作为导向，全面深入地开展系统性的研究与实践。面对新一轮税制改革，应避免简单化的重建路径，而是应坚实地站立在当前税制体系的稳固基础之上，追求更为深刻与精细化的优化路径。具体而言，优化工作需在保持现代税制框架稳定的同时，紧密契合新时代背景下涌现的新发展需求，实施精准而细致的税制调整策略。唯有如此，税收制度方能精准对接生产力发展的实际需求，为中国特色社会主义现代化建设的宏伟蓝图提供坚实有力的制度保障。面对新经济形态、创新模式的持续涌现以及多元业态与新动能的蓬勃发展，我们需保持敏锐的洞察力，迅速针对这些前沿领域进行深入分析、探索与革新，确保税制结构能够紧跟时代步伐，全面服务于经济社会发展的整体大局。可以考虑从以下三个方面着手加以优化改善：

1. 充分发掘并拓展税收新源泉，调整与优化现行结构

税收作为经济活动的内在组成部分，其任何调整均将深刻重塑税源结构。随着科技进步与生产力飞跃，产业结构正经历从农业向工业、服务业等更广泛领域的深刻转型。在数字经济的大潮中，新经济形态与业态的兴起，凭借其高度的渗透性、隐蔽性和流动性特征，对税收策划与监管的细致化提出了更为严苛的标准，显著增加了税源辨识与维护的复杂度和难度。对此，我们应敏锐把握数字技术与数据资源带来的深刻变革，勇于开拓，构建契合新时代的税收体系框架，比如探索设立数字税，以精准捕捉新兴税收增长点。尤为关键的是，在税制构建过程中需融入数字经济的新特质，涵盖数字产品、服务及无形资产等，确保税收制度能够与时俱进，紧密契合经济发展的实际需求。鉴于大数据已成为推动经济前行的核心引擎，其战略地位越发重要，且数字化已全面渗透至社会经济的各个角落，未来的税务革新将不可避免地聚焦于新兴的课税对象上，诸如数字商品、服务及无形资产等，以顺应数字经济的发展趋势。通过有针对性的调整与创新，确保数字税务体系能够精准匹配经济发展脉搏，引领税收管理向更高效、更智能的方向迈进，促进税收治理体系的现代化转型。

2. 提升税收管理效能与精准度，深化信息化建设

鉴于新经济形态与新兴业态的蓬勃发展，交易行为日益趋向多元化与虚拟化，传统税收征管框架面临严峻挑战，难以全面覆盖诸如多主体纳税结构、跨境电商交易、网络服务等新兴领域，这些领域在税收界定与征收上均存在显著难题。为此，我们应主动探索并打造契合新经济新业态特性的税收管理体系，深度融合大数据、云计算等尖端信息技术，以提高税收管理的智能化与精细化水平。同时，建立信息

共享机制,确保税务部门、其他政府部门及企业间的数据能够顺畅流通与交互,这是提升税收征管效能与精准度的核心策略。通过这一机制,我们能够实现对新经济活动的即时监控与精准计税,确保税收征管工作的时效性与准确性,为经济社会的健康发展提供坚实支撑。

3. 加强公平建设,完善税收法律法规体系

为了确保税收公平,税收法律法规体系的持续完善是社会正义的重要基石。首要任务是实施统一税收制度,旨在消弭地域与行业间的税制鸿沟,加强税制的整体一致性和协调性,从而有效防止税制政策碎片化带来的不公平现象,进一步增强税收制度的整体公正性。进一步地,应紧密贴合新经济与新业态的特性,科学合理地设计税率结构,确保税负在不同收入阶层与行业间得到均衡分配。具体而言,针对高收入群体及高利润率行业,可适度上调税率,以体现税收调节收入分配的功能;对于低收入群体及小微企业,应实施税收激励与豁免措施,旨在降低其税负压力,推动经济社会实现更加包容性的增长。通过上述措施,税收制度将更加公平、合理,为经济社会的持续健康发展奠定坚实基础。为确保新经济企业的合法权益得到法律层面的坚实保障,需有效遏制其利用法律漏洞进行避税或逃税的行为。在此过程中,应确保小微企业享受平等待遇,不受歧视性待遇影响。

随着科技日新月异的进步,互联网平台越发繁荣,却也伴生了逃税等不法行为的新形态,这些行为严重侵蚀了税收体系的公正性。以网络直播领域为例,部分主播利用隐匿收入、捏造业务往来、改变收入性质等手段规避纳税责任,此类行为不仅侵蚀了税收的公正性,还对社会风气和青少年群体产生了负面示范,对社会管理构成了挑战。此外,在共享经济范畴内,如网约车、共享单车等平台同样存在逃税现象,某些平台企业采取虚构交易记录、隐瞒实际收入等方式逃避税收,直接导致了国家税收的流失。更有甚者,部分新经济、新业态企业在享受地方政府税收优惠政策的同时,采取虚假注册、不实申报等手段骗取财政补贴与政府返还,此类行为性质恶劣,加大了税收监管的难度。国家应该在法律层面加大惩处力度,对违法违规的企业及个人实施严厉制裁,同时加强税收法治宣传与教育,提升全社会的税收遵从度与纳税意识,充分发挥税收在促进经济发展、推动中国特色社会主义现代化建设中的积极作用。

四、结论与展望

(一)结论

随着时代的飞速发展,税收结构优化的重要性和紧迫性越发凸显,其地位已提升至前所未有的高度。在这个日新月异的时代,新质生产力的蓬勃兴起,不仅深刻

改变了经济社会的面貌,也对财税体制提出了更为严苛和多元的要求。作为创新驱动下的核心力量,新质生产力涵盖了数字经济、绿色经济、共享经济等新兴经济形态,这些新兴经济形态以其独特的运行规律和增长模式,对传统的税收理论、原则及征管方式构成了挑战。

面对这样的新形势,税收结构的优化不再仅仅是一个经济领域的议题,而是关乎国家治理能力现代化、经济社会可持续发展乃至国际竞争力提升的重大战略选择。只有紧跟时代步伐,主动适应并引领变革,我们才能确保税收制度有效捕捉新兴经济形态带来的税收增长点,同时避免税收漏洞与不公平现象的发生。

因此,税收结构的优化必须成为推动经济发展的强大助推器。通过科学合理地开发新税源,调整税种、税率及征管方式,更好地发挥税收的调节作用,促进资源的优化配置和高效利用,激发市场主体的创新活力与竞争意识。同时,税收结构的优化还能够为政府提供更加稳定、可持续的财政收入来源,为公共服务效率的提升、社会保障的完善以及国家重大战略的实施提供坚实的财力保障。

总之,税收结构的优化是时代发展的必然要求,也是推动经济高质量发展的关键举措,应该积极应对挑战,勇于开拓创新,努力构建适应新时代发展需求的税收体系,实现中华民族伟大复兴。

(二)展望

税收结构的优化不仅是一个经济议题,更是时代变迁与社会进步的缩影。在全球化与数字化的双重浪潮下,经济结构日益复杂多元,新经济形态层出不穷,这对税收体系提出了前所未有的挑战与机遇。因此,税收结构的优化必须紧密跟随时代的步伐,敏锐洞察并准确把握新时代的发展需求,确保税收制度能够灵活应对经济社会的深刻变革。人们追求的税收体系,应当是高效、公平与智能的典范。高效,意味着税收征管流程的优化与自动化,减少人为干预,提高征税效率,降低征纳成本,确保税收收入能够及时、足额入库,为国家财政提供稳定可靠的支持。公平,则要求税收制度的设计遵循"量能课税"的原则,确保所有纳税人在法律面前一律平等,无论其地域、行业、规模如何,都能按照其实际经济能力承担相应的税负,促进社会资源的合理分配与利用。而智能,则是新时代税收体系的重要特征。通过深度融合大数据、云计算、人工智能等前沿信息技术,我们可以实现对税收数据的深度挖掘与分析,提高税收管理的精准度与预见性。智能化的税收体系不仅能够自动识别、预警并防范税收风险,还能够为纳税人提供更加便捷、个性化的服务,提升纳税遵从度与满意度。

最终,这样一个高效、公平、智能的税收体系,将成为国家发展和社会进步的坚实支撑。它不仅能够为国家提供充足的财政收入,保障各项公共服务的有效供给,还能够通过税收杠杆作用,引导资源配置,促进产业升级与转型,推动经济高质量发展。同时,它还能够促进社会公平正义,增强人民群众的获得感与幸福感,为实现中华民族伟大复兴的中国梦贡献力量。

参考文献

[1] 岳树民,王庆. 论优化税制结构的目标、路径、思路和任务[J]. 税务研究,2024(7):11-16.

[2] 何代欣,周赟媞. 面向绿色发展的税制结构优化[J]. 税务研究,2024(7):26-31.

[3] 刘小燕. 数字经济新业态背景下稳就业优势与策略分析[J]. 产业创新研究,2024(12):28-30.

[4] 崔璨,潘欣宇. "文化+科技"激活新业态[N]. 南方日报,2024-05-25(01).

[5] 岳树民,谢思董,白林. 适配数字经济发展的税制结构优化[J]. 国际税收,2024(4):3-9.

[6] 张丽霞. 优化财政税收结构进一步促进经济发展[J]. 中国商界,2024(3):168-169.

[7] 李舒瑜,周元春. 培育新模式新业态塑造新动能新优势[N]. 深圳特区报,2024-03-06(A05).

[8] 王树华. 发展消费新业态培育经济新增长点[J]. 群众,2024(4):14-15.

税法赋能：资本市场高质量发展的基石与引擎

李为人　张海馨[①]

摘　要： 我国资本市场发展迅速但税法制度存在不足，研究其税法保障意义重大。本文剖析了资本市场高质量发展的内涵与税法关联性。我国现行税法体系在资本集聚、风险防控方面卓有成效，但存在税种衔接和征管协同问题。美国的资本利得税差异化设计，日本的中小企业税收扶持等成熟经验可供借鉴。我国可通过完善税制结构，如细化证券交易税目税率等；协同税收政策，包括财税联动、税银合作、区域协作；强化税收征管，利用大数据、加强跨境监管和保护纳税人权益等路径优化税法保障，以推动资本市场高质量发展。未来还需适应绿色和数字资本市场发展及国际税收合作需求。

关键词： 资本市场　税法保障　税制结构　税收政策协同　税收征管

一、引言

近年来，我国资本市场发展迅速，在经济体系中的地位日益凸显。截至2022年12月，沪深两市上市公司总数已突破4 917家，2022年上市公司数为2 174家，同比增长6.73%，总市值高达463 787亿元，证券化率逐步提升。[②] 资本市场在推动企业融资、优化资源配置、促进科技创新等方面发挥着关键作用，成为经济高质量发展的重要引擎。税法作为宏观调控的重要手段，对资本市场的运行有着深远影响。一方面，合理的税收政策能够引导资金流向，激励企业创新与成长，为资本市场注入活力；另一方面，完善的税法体系有助于规范市场秩序，防范金融风险，保障投资者合法权益。然而，当前我国资本市场税法制度尚存在一些不足，如部分税收政策缺乏连贯性、税收征管协同性有待提高等，难以充分适应资本市场高质量发展的需求。

深入研究促进资本市场高质量发展的税法保障，具有重要的理论价值与实践

[①] 李为人，中国社会科学院大学应用经济学院副院长、副教授；张海馨，中国社会科学院大学应用经济学院2024级研究生。

[②] 沪深两市2022年官方统计单出炉上市公司数量合计4 917家[EB/OL].（2022-12-30）[2025-01-03].中新经纬.https://www.jwview.com/jingwei/html/12-30/520336.shtml.

意义。在理论层面,有助于丰富金融税法理论体系,深化对资本市场与税法互动关系的理解;在实践层面,能够为政策制定者提供决策参考,推动税法制度优化,助力资本市场健康、稳定、高效发展,进而为经济高质量发展筑牢根基。资本市场的发展对我国经济发展有着极其重要的意义,大力发展和完善多层次的资本市场是我国经济体制改革的一项重要目标。国外对于税法与资本市场关系的研究起步较早,理论体系相对成熟。在税收政策对资本市场的影响方面,部分学者运用实证研究方法,分析不同税种如资本利得税、股息税等对投资者行为、企业融资决策的影响。例如,美国学者通过长期跟踪研究发现,降低资本利得税能够显著提高投资者的交易活跃度,吸引更多资金流入股市,促进资本市场规模扩张。在国际税收竞争与合作领域,国外研究聚焦于跨国企业资本流动中的税收策划与反避税问题,探讨如何构建国际税收规则以保障各国税收权益,维护公平竞争的资本市场环境。对于资本市场税制,先前并没有比较系统的研究成果,国内对于资本市场税制的研究,主要采用分行业研究的办法,如中山大学程才、边义军发表的《基金税制的国际比较及借鉴》,中南财经大学蒋小蕙发表的《国外期货交易税概况及启示》等。另外,南京审计学院王叙果对我国资本市场税制进行了较为系统的研究,其发表的《论中国资本市场的税收政策》一文比较详细地提出了资本市场税制的缺陷,并提出了较为可行的我国资本市场税制优化原则。

近年来,国内相关研究呈现出蓬勃发展的态势。学者们针对我国资本市场现行税收制度进行了全面剖析,详细阐述了证券交易印花税税率调整对市场波动性和流动性的影响机制,同时深入评估了企业所得税优惠政策在扶持新兴产业上市融资方面的成效与不足。然而,现有研究仍存在一定局限性。在跨学科融合方面,尚未充分整合法学、经济学、金融学等多学科知识,形成对税法与资本市场关系的全面理解。在动态跟踪资本市场创新发展对税法需求的变化方面,研究相对滞后,难以适应市场快速发展的节奏。鉴于上述情况,本研究综合运用文献研究法、案例分析法、比较研究法等多种研究方法,从多学科融合视角出发,打破学科界限,深入探究税法与资本市场的内在联系;强调多元主体协同,关注政府、企业、投资者、中介机构等在税法框架下的互动关系;并结合动态跟踪与前瞻性研究,紧密跟随资本市场创新趋势,对未来税法制度优化方向进行探索。通过系统梳理国内外研究现状,借鉴国外成熟经验,结合我国国情与资本市场发展实际,全面评估现行税法体系的保障效能,深入探寻优化税法保障的有效路径,包括完善税制结构、协同税收政策、强化税收征管等方面,旨在推动我国资本市场健康、稳定、高效发展,为经济高质量发展提供坚实支撑。同时,本研究也致力于丰富金融税法理论体系,深化对资本市场与税法互动关系的理解,为政策制定者提供科学合理的决策参考,助力我国资本市场在税法的有力保障下实现可持续发展。

二、资本市场高质量发展的内涵与税法关联性剖析

(一)资本市场高质量发展的多维阐释

1. 资源配置高效化

资本市场高质量发展首要体现为资源配置的高效精准。在传统产业结构转型升级与新兴产业蓬勃兴起的进程中,资本市场如同灵敏的资源"导航仪",引导资金流向最具潜力与活力的领域。以我国科创板为例,自设立以来,凭借独特的注册制与多元包容的上市标准,为众多科创企业开辟了融资新通道。截至 2024 年 6 月,科创板上市公司已突破 573 家,累计募集资金超 9100 亿元①,这些资金精准注入集成电路、生物医药、新能源等前沿科技领域,助力中芯国际等一批掌握核心技术的企业突破研发瓶颈,实现量产突破,推动我国在高端芯片制造领域的国产替代进程大幅迈进,使得资源向新兴产业集聚,优化产业布局,为经济高质量发展注入强大动能。

2. 市场运行稳健化

稳健的运行秩序是资本市场高质量发展的基石。回顾 2008 年全球金融危机,美国次贷危机引发金融市场海啸,股市暴跌、金融机构倒闭潮席卷而来,实体经济遭受重创,失业率飙升。究其根源,在于金融衍生品过度创新、监管缺失,导致市场泡沫膨胀、风险失控。这警示我们,资本市场需构建完善的风险防控体系,从宏观审慎监管到微观企业内控,从合规信息披露到投资者风险教育,每一环节都紧密相扣,确保市场价格信号真实有效,交易活动规范有序,方能在面对内外部冲击时保持韧性,守住不发生系统性风险的底线,为经济社会稳定发展保驾护航。

3. 创新驱动常态化

创新是资本市场持续焕发生机的源泉。在金融科技浪潮下,深圳证券交易所积极作为,其建设运营的金融科技研究发展中心成为行业创新"引擎"。近年来,围绕区块链、人工智能等前沿技术开展数百项课题研究,推动智能投研、智能风控等创新应用落地。以某金融科技企业为例,依托深交所平台,运用大数据分析为投资者提供精准画像,优化投资策略,大幅提升投资效率,吸引海量资金涌入,激发市场活力。同时,创新驱动促使资本市场业务模式、产品体系不断革新,满足多元投融资需求,如绿色债券、科创票据等创新产品蓬勃兴起,为环保、科创等领域注入资

---

① 科创板五周年报告(一):IPO 募集资金总额超 9 100 亿 领先同期 A 股其他板块[EB/OL]. (2024-07-01)[2025-01-03]. 财联社. https://news.qq.com/rain/a/20240701A0137X00.

金活水,推动经济可持续发展与产业升级。

(二)税法保障资本市场高质量发展的理论逻辑

1. 税收调节的资源引导机制

税收作为国家宏观调控的有力杠杆,通过巧妙设计税收优惠政策,能够精准引导资本流向,助力产业结构优化升级。在我国迈向科技强国的征程中,对高新技术企业实施的一系列税收优惠政策成效斐然。企业所得税法规定,高新技术企业减按15%的税率征收企业所得税,相较于一般企业25%的税率,大幅降低了企业税负。这一政策"磁石"吸引了大量资本涌入高新技术领域,催生了众多如华为、大疆等具有全球竞争力的科技巨头。它们在5G通信、无人机等前沿技术领域持续深耕,不仅推动了我国相关产业技术水平的飞跃,还带动了上下游产业链协同发展,使得电子信息、高端装备制造等产业集群蓬勃兴起,实现了从传统制造业向高端制造、智能制造的华丽转身,优化了产业结构,提升了经济发展的"含金量"。

2. 风险防控的税收约束功能

资本市场犹如波涛汹涌的大海,风险暗潮涌动,而税法在其中扮演着"安全阀"的角色,对高风险投资行为具有显著的约束功能。以累进税制为例,个人所得税对高收入群体采用累进税率征收,投资收益越高,边际税率越高。当投资者试图通过过度杠杆、高频投机等冒险行为追逐高额收益时,高昂的税负能够大幅压缩其利润空间,使其不得不权衡风险与收益。在2008年金融危机前,美国金融市场衍生品泛滥,过度投机盛行,部分金融机构杠杆率高达数十倍,风险急剧累积。危机爆发后,资产价格暴跌,诸多高杠杆投资者血本无归,也给整个金融体系带来灭顶之灾。这警示我们,合理的累进税制能够抑制过度冒险冲动,促使投资者回归理性,维护资本市场稳定运行,避免系统性风险的"海啸"冲击实体经济根基。

3. 公平税负促进市场竞争

公平竞争是资本市场的活力之源,税负公平则是保障公平竞争的基石。回顾我国内外资企业所得税统一历程,在"两税合一"前,外资企业享受大量税收优惠,实际税负远低于内资企业,这使得内资企业在市场竞争中处于劣势,抑制了其发展活力。相关数据显示,彼时部分地区外资企业平均实际税负仅为10%左右,而内资企业高达25%,内资企业在资金规模、技术研发投入等方面受限,难以与外资企业抗衡。2008年新企业所得税法实施后,内外资企业统一适用25%的税率,一视同仁的税收待遇消除了竞争"藩篱"。此后,内资企业如雨后春笋般蓬勃发展,在汽车制造、电子科技等领域逐步抢占市场高地,涌现出一批如吉利汽车、海康威视等行业领军企业,与外资企业展开全方位竞争,激发了市场创新活力,推动了产业升级,实现了从"跟跑"到"并跑"甚至"领跑"的跨越。

三、现行税法体系对资本市场的保障效能评估

(一)我国资本市场相关税收法规梳理

1. 证券交易环节税收政策

证券交易环节的印花税在我国资本市场税收体系中占据重要地位。自证券市场建立以来,印花税历经多次调整,税率变动对股市成交量与投资者交易成本影响显著。以 2023 年印花税税率下调为例,税率从 0.048 7‰降至 0.034 1‰,消息公布后,股市短期内成交量大幅攀升,10 月与 11 月沪深两市日均成交额均较上月显著增长,月度环比增幅分别为 15.08%、10.3%。投资者交易热情被点燃,市场活跃度骤增[①]。这是因为印花税作为交易成本直接从投资者收益中扣除,税率降低意味着投资者每笔交易支出减少,从而刺激其更积极地参与市场买卖。从长期来看,稳定适中的印花税税率有助于维持股市合理流动性,避免因交易成本过高导致市场交易投资清淡,为资本市场资金融通创造良好条件。

2. 投资收益所得税规定

个人投资者与企业投资者在投资收益所得税政策上存在差异。个人投资者取得股息红利所得,依据持股期限实施差别化税收政策,持股期限超 1 年的,股息红利所得暂免征收个人所得税;持股期限在 1 个月以内(含 1 个月)的,全额计入应纳税所得额;持股期限在 1 个月以上至 1 年(含 1 年)的,暂减按 50% 计入应纳税所得额。这种政策设计引导个人投资者树立长期投资理念,抑制短期投机炒作。如在某蓝筹股投资案例中,投资者长期持有获取稳定股息收益,因享受免税政策,实际投资回报率相对提升,促使更多资金流向业绩稳健、分红稳定的优质企业,优化资源配置。企业投资者方面,从居民企业取得的股息红利等权益性投资收益属于免税收入,但转让股权所得需计入应纳税所得额缴纳企业所得税,这促使企业在投资决策时权衡股权持有与转让收益,综合考虑战略布局、资金需求等因素,对资本市场企业并购重组、产业整合等活动产生深远影响。

3. 企业融资税收激励措施

研发费用加计扣除政策对企业融资尤其是科技型中小企业创新融资意义重大。科技型中小企业研发投入大、风险高,资金瓶颈突出。以 GR 公司为例,在 2020 年投入研发费用 8 830.74 万元,依据加计扣除政策,计算应纳税所得额时可

[①] "证券交易印花税减半征收"政策实施 2 个月带来如何变化?最新数据出炉[EB/OL].(2023-11-16)[2025-01-03].东方财富网.https://fund.eastmoney.com/a/202311152905361710.html.

额外扣除995.79万元(假设加计扣除比例为75%),大幅减少企业所得税税负,释放更多资金用于技术研发、人才引进[①]。这不仅提升企业自身创新能力,增强市场竞争力,吸引风险投资、私募股权投资等机构关注,还改善企业财务状况,为后续银行贷款、债券发行等融资活动提供有力支撑,助力科技成果转化与产业化发展,推动资本市场创新板块蓬勃发展,为经济高质量发展培育新动能。

(二)现有税法保障的成效与短板

1. 政策激励下的资本集聚成效

我国部分地区通过实施针对性税收优惠政策,成功吸引大量资本集聚,推动区域经济发展。以深圳为例,作为我国科技创新高地,深圳对高新技术企业给予全方位税收扶持。除企业所得税减按15%征收外,还对研发费用加计扣除、技术转让所得免征或减征所得税等政策落实到位。在这一政策"磁场"吸引下,众多科技企业纷至沓来,华为、腾讯等行业巨头扎根深圳,持续加大研发投入,带动上下游产业链协同发展。据统计,2016—2020年,深圳高新技术产业增加值均超过6 000亿元,2020年更是高达9 747亿元,专利申请量、授权量稳居全国前列,资本、技术、人才等要素高度汇聚[②],形成极具活力的创新生态,为区域经济持续增长注入强大动力,也为我国资本市场输送大批优质上市资源。

2. 监管导向的风险防控成果

税法在资本市场风险防控领域发挥着关键作用。在打击内幕交易方面,对违规获取内幕信息并交易获利的行为,依法征收高额所得税并处以罚款,大幅提升违法成本。如2015年上市公司宏达新材实际控制人朱德洪与私募机构上海永邦投资有限公司合谋利用资金、信息优势操纵"宏达新材"股价,其中,朱德洪负责寻找并购重组题材和热点、控制有关信息披露时点,并提供交易资金支持,上海永邦负责连续交易和在自己实际控制的账户之间进行交易。案发不足一年时间,深圳专员办调查组即成功还原出多手法操纵、多股操纵、内幕交易、超比例持股等违法手法相互交织、盘根错节的新型案件全貌,操纵行为人虽交易亏损但仍被处以300万元的法定最高罚款,有力震慑了上市公司、私募机构假借"市值管理"名义"讲故事,炒股价"的乱象[③]。此类严格执法案例对市场形成强力震慑,遏制内幕交易滋生,净化市场风气,维护资本市场公开、公平、公正原则,保障广大中小投资者合法权益,确保市场交易有序、价格信号真实,为资本市场稳健运行筑牢防线。

---

① 郭岳桢. 企业所得税优惠政策对高新技术企业的激励效应[D]. 广州:广东财经大学学报,2022.
② 2021年深圳产业结构全景图谱[EB/OL]. (2021-09-28)[2025-01-03]. 前瞻产业研究院. https://www.qianzhan.com/analyst/detail/220/210928-be9319bf.html#:~:text.
③ 操纵市场、内幕交易. 证监会公布20大违法案例,件件典型![EB/OL]. (2021-06-24)[2025-01-03]. 搜狐网. https://www.sohu.com/a/473773548_121106884.

3. 现存问题：制度漏洞与协同障碍

现行税法体系存在税种衔接不畅问题，给企业带来困扰，影响资本市场资源配置效率。以企业跨境投资为例，在间接股权转让环节，因居民企业所得税与非居民企业所得税规则差异，以及税收协定适用复杂性，常出现重复征税现象。一家中国企业通过境外中间控股公司投资海外项目，在股权架构调整时，面临母国与投资地双重征税风险，企业投资回报率大幅降低，从而抑制其跨境投资积极性，阻碍资本国际化布局。此外，税收征管部门与金融监管部门间信息共享不及时、协同执法机制不完善，难以及时精准监测跨境资本异常流动、打击逃避税行为，为资本市场开放发展带来潜在风险，亟待优化完善。

四、国际经验借鉴：成熟资本市场的税法保障模式

（一）美国资本市场的税法支持体系

1. 资本利得税差异化设计

美国资本利得税依据投资持有期限，实施精细的差异化税率架构。短期资本利得，即投资持有时间在一年以内的资产收益，税率与普通个人所得税税率挂钩，最高可达37%，这对短期频繁交易形成强大威慑。如在20世纪末互联网泡沫时期，部分投资者妄图通过快进快出炒作网络科技股谋取暴利，却因高昂短期资本利得税大幅压缩利润空间，热潮渐冷。而长期资本利得，即持有超一年的资产收益，税率大幅降低，分0%、15%和20%三档。以退休基金等长期投资者为例，多适用0%或15%低税率，长期持有蓝筹股、债券等稳健资产，享受税收优惠的同时，为资本市场注入稳定资金流，促进企业长期战略布局，引导资金流向实体产业研发、基础设施建设等长期项目，稳固经济根基。

2. 研发税收抵免助力创新

美国研发税收抵免政策源远流长且活力充沛。自1981年《经济复苏法案》肇始，延续至今，成为企业技术创新关键引擎。政策覆盖广泛，无论新兴科创企业还是传统产业巨头，凡在美国本土投入研发，皆可受益。计算方式多元，如传统减免法、新企业减免法等，适配不同企业发展阶段。以特斯拉为例，创业初期研发投入巨大，凭借研发税收抵免，大量资金回流用于电池技术攻坚、自动驾驶研发，降低成本、提升性能，从汽车新势力逐步成长为全球新能源领军，带动上下游产业链电动化转型，使美国在全球新能源汽车竞赛中抢占先机，彰显研发税收抵免对产业创新生态的塑造伟力。

3. 跨境投资税收协调机制

美国与多国及地区签有避免双重征税协定，构建跨境投资税收协调"安全

网"。在与欧盟协定框架下,对跨国金融机构境外所得、股息、利息等征税权进行精细划分。如美国花旗银行欧洲分支利润分配,依协定避免美欧双重征税,利润回哺本土拓展普惠金融、升级风控系统,提升全球竞争力。同时,设置反避税条款,打击跨国企业利润转移。苹果公司曾利用境外低税区架构避税,美国税改后,引入"全球无形低税收入"(GILTI)规则,按最低税10.5%~13.125%补征,促使企业全球利润合理纳税,维护国际税收公平,保障美国本土税基,为跨境投资营造健康有序的税收环境,稳定全球产业链供应链布局。

(二)日本资本市场发展中的税法运用

1. 中小企业税收扶持策略

日本对中小企业的税收扶持体系精细且多元,犹如为中小企业成长精心调配的"营养剂"。在企业所得税方面,对符合条件的中小企业适用低税率,相较一般企业,大幅降低其税负。同时,政府针对中小企业研发投入设置专项补贴,与税收优惠形成协同效应。双重激励下,中小企业创新活力迸发,在电子零部件、新材料等领域不断涌现突破性成果,为日本产业集群注入多元活力,同时稳固供应链根基,提升资本市场上游产业创新驱动力,促进中小企业在资本市场崭露头角、融资发展。以一家年利润3 000万日元(约合人民币135万元)的精密机械制造企业为例,受益于中小企业15%的优惠税率(普通企业税率为23.2%),每年可节省税款约246万日元(约人民币11万元),叠加研发补贴和设备折旧抵扣政策后,累计节省的资金足以覆盖一台基础型数控机床(价格约500万日元)50%的成本投入,助力其技术迭代并进入高端供应链。

2. 股市稳定基金的税收配套

在股市震荡期,日本股市稳定基金在税法保障下成为市场"压舱石"。当股市遭遇大幅波动时,如2008年全球金融危机冲击,股价暴跌、恐慌蔓延之际,日本政府迅速启动股市稳定基金。该基金在税收政策上获大力扶持,政府对投入基金的资本收益给予税收递延优惠,鼓励长期资金流入。机构投资者参与基金,在一定期限内暂不缴纳投资收益所得税,待资金赎回且盈利时,按优惠税率计税。这一举措吸引金融机构、大型企业踊跃出资,基金规模迅速扩充,大量资金有序入场托底股价,稳定市场信心。同时,对基金运营过程中的交易税费实施减免,降低成本,确保资金高效用于稳定市场,避免股市非理性抛售,为资本市场修复创伤、重回正轨保驾护航,守护经济稳定大局。

3. 环境税收与绿色金融联动

日本在绿色金融领域,以环境税为纽带编织绿色发展网络。一方面,开征碳税等环境税,促使企业将环境成本内部化。传统高耗能钢铁企业,因碳税增加生产成本，倒逼其投入资金升级节能减排设备，优化工艺流程，从源头削减碳排放。另一方面，对绿色金融产品给予税收优惠。以绿色债券为例，发行企业享受债券利息所得税减免，降低融资成本，吸引更多投资者认购。某可再生能源企业发行绿色债券，因税收优惠，虽票面利率较普通债券低仍受热捧，募集资金顺利投入海上风电项目建设。环境税与绿色金融税收优惠协同发力，引导资本向清洁能源、节能环保等绿色产业加速集聚，推动产业绿色转型，提升资本市场"绿色成色"，为可持续发展注入资本动能，打造经济增长新引擎。

（三）经验启示：适配国情的本土化借鉴

美国与日本资本市场税法保障体系为我国提供了诸多可资借鉴之处，但必须立足我国国情，适配产业结构与市场发展阶段，审慎吸纳经验。

美国在激励创新与长期投资方面表现卓越。我国正处于产业升级关键期，高新技术产业亟待突破核心技术瓶颈，可借鉴美国研发税收抵免灵活机制，依产业细分领域、企业规模等精准施策，扩大政策惠及面，为科创企业注入源头活水；资本利得税差异化架构对引导长期投资意义重大，我国可在现有持股期限差别化征税基础上，细化税率层级，抑制短期投机炒作，稳定资本市场预期，护航企业长期战略布局落地。

日本扶持中小企业、稳定股市与推动绿色金融联动经验，对我国同样启发深远。我国中小企业量大面广，是经济韧性基石与就业吸纳"海绵"，可参考日本低税率、专项补贴、加速折旧等多元扶持策略，构建全生命周期税收支持体系，助力中小企业专精特新发展，夯实资本市场微观主体根基；面对市场波动，探索设立股市稳定基金，辅之以税收递延、交易税费减免等优惠，增强市场"抗震"能力；在绿色发展浪潮下，我国"双碳"目标既定，学习日本环境税与绿色金融税收协同模式，精准补贴绿色产业，强化信息披露，防范"漂绿"风险，让资本精准赋能绿色转型，打造资本市场可持续发展新引擎。总之，汲取国际经验应量体裁衣，服务我国资本市场高质量发展大局。

五、优化税法保障资本市场高质量发展的路径探索

（一）税制结构完善：精准赋能资本市场各环节

1. 细化证券交易税目与税率

证券交易税目设置应契合资本市场多元化发展趋势，进一步细化分类。除现有的股票、债券等基础交易品类，可针对金融衍生品如股指期货、期权等设立专门税目。在税率设计上，依据交易品种风险特征、市场功能实行差别化税率。对于股票现货交易，保持适度税率，以维持市场活跃度与税收收入平衡；而对高杠杆、高风

险的股指期货交易,适度提高税率,抑制过度投机,防范系统性风险。以美国为例,其对股票期权交易根据不同行权期限、交易目的设置多层税率,引导投资者理性参与复杂金融衍生品交易。我国可借鉴其经验,结合国内市场成熟度,逐步细化证券交易税率体系,精准调节市场交易行为,促进资本市场稳健运行。

2. 优化企业并购重组税收政策

企业并购重组是产业结构升级的关键路径,税收政策应全力"保驾护航"。一方面,完善递延纳税政策细节,扩大适用范围。对符合国家战略性新兴产业方向的并购重组,如新能源汽车企业整合产业链上下游,允许企业在满足特定业绩承诺、股权锁定期等条件下,将并购产生的增值收益递延纳税,缓解企业资金压力,加速产业整合步伐。另一方面,引入分步计税机制,依据并购进程分阶段确认应税所得,降低企业一次性税负冲击。如企业先以股权支付完成初步收购,待整合协同效应显现、盈利提升后,再按合理比例确认应税所得缴纳税款,由此激发企业并购重组积极性,助力产业发展迈向高端化、集群化。

3. 开征金融活动税的可行性探讨

随着金融创新深化,金融活动税开征引发广泛关注。国际上,部分欧盟国家已率先试水,对金融机构特定金融业务征税,取得一定成效。我国可在立足国情基础上,审慎探索金融活动税开征路径。鉴于高频交易、量化投资等新兴交易模式对市场稳定性的冲击渐显,可考虑将此类交易纳入金融活动税征税范畴,按交易频次、成交额等指标设计累进税率,精准打击过度投机套利行为,挤出市场"泡沫"。同时,合理设置税基与税率,避免对金融机构正常业务与创新活力造成过度抑制,确保金融活动税在防控风险、稳定市场与激励创新间寻得精妙平衡,为资本市场营造健康有序的生态环境。

(二)税收政策协同:凝聚多部门合力

1. 财税政策联动

财税政策联动在促进资本市场发展中成效斐然。一方面,财政补贴与税收优惠紧密结合,为新兴产业注入强劲动力。以新能源汽车产业为例,在产业发展初期,政府对新能源汽车生产企业给予高额财政补贴,助力企业突破技术瓶颈、扩大生产规模。同时,企业所得税方面,对符合条件的新能源汽车研发费用加计扣除、购置生产设备加速折旧,大幅减轻企业税负。特斯拉上海超级工厂建设运营过程中,享受土地出让、厂房建设等财政补贴,以及研发、生产环节税收优惠,迅速实现国产化量产,带动我国新能源汽车产业链上下游蓬勃发展,吸引大量资本涌入,催生诸多新能源汽车上市企业,使我国在全球新能源汽车领域弯道超车,占据重要地位。

另一方面,税收政策为基础设施建设融资"开源节流"。在地方政府专项债券发行用于交通、能源等基础设施建设时,对债券利息收入免征企业所得税与个人所得税,激发市场认购热情,拓宽融资渠道,确保项目资金充足;同时,对参与基础设施建设的企业,在增值税、土地使用税等方面给予减免,降低建设成本,加速项目落地。如川藏铁路建设,税收优惠吸引众多建筑企业参与,专项债券顺利发行,为这条"天路"建设提供坚实资金保障,完善交通网络,促进区域经济互联互通,为资本市场发展筑牢根基,提升整体经济运行效率,吸引更多长期资金布局。

2. 税银合作深化

税银合作模式日益成熟,为资本市场发展添翼。银行借助税务部门纳税信用数据,创新推出"银税互动"信贷产品。以"纳税 e 贷"为例,对纳税信用等级高的小微企业,银行依据其纳税额、纳税信用等信息,无需抵押,快速发放贷款。某科技型小微企业,凭借连续多年 A 级纳税信用,通过"纳税 e 贷"获得数百万元贷款,用于研发投入与市场拓展,突破资金瓶颈,实现业绩快速增长,后续成功在新三板挂牌,步入资本市场发展快车道。

税务部门与银行信息共享,构建风险防控协同防线。银行在贷款审批、贷后管理中,引入税务数据评估企业经营风险,税务部门借助银行资金流、交易数据,精准监测企业涉税风险,双方协同预警处置。如在进出口贸易领域,税务部门与银行共享企业进出口报关、收汇结汇数据,联合防范骗取出口退税、虚假贸易融资等违法行为,维护资本市场秩序,保障金融体系稳定,为外贸型企业营造健康融资环境,助力其依托资本市场拓展国际业务,提升全球竞争力。

3. 区域税收协作

在长三角一体化进程中,区域税收协作成效显著。三省一市税务部门联合制定税收征管协同办法,统一税收政策执行口径,消除区域内税收政策差异"藩篱"。在企业跨区域迁移、资产重组等事项中,明确涉税事项办理流程,实现企业迁移"无障碍"、重组税收成本可预期。如某上海企业将生产基地迁移至安徽,两地税务部门协同办理税务登记变更、税款清算等事项,企业快速落地复产,整合区域资源,优化产业布局,吸引产业链上下游配套企业跟进,形成产业集群,提升区域整体经济实力,为资本市场输送优质上市资源。

税收信息共享平台助力资本要素自由流动。区域内搭建税收大数据共享平台,企业跨区域经营纳税信息实时共享,为企业融资、投资决策提供精准数据支撑。金融机构可依据平台数据全面评估企业区域布局下的综合实力,为企业跨区域项目投资、并购提供资金支持。如江苏某制造企业欲在浙江投资新厂,银行通过共享平台获取企业长三角全域纳税、营收数据,为其提供足额项目贷款,推动企业跨区域扩张,加速产业融合,提升区域产业协同创新能力,提高长三角地区资本市场活跃度与辐射力,以点带面,为全国区域资本市场协同发展提供示范样板。

(三)税收征管强化:筑牢法治防线

1. 大数据驱动的智能征管

在当今数字化时代,大数据技术为税收征管带来革命性变革。税务部门构建的智能征管系统,犹如资本市场的"鹰眼",精准洞察市场动态。通过整合企业税务申报、财务报表、发票开具等海量数据,运用先进的数据挖掘与机器学习算法,对企业经营状况、纳税行为进行全方位画像。

以跨境资本流动监管为例,系统实时监测跨国企业关联交易资金流向,精准识别异常波动。某外资企业频繁通过复杂股权架构转移利润,智能征管系统凭借对全球同类企业利润率、成本结构大数据分析,迅速锁定其避税嫌疑,税务部门及时介入调查,挽回巨额税收损失,维护资本市场税收公平,彰显大数据智能征管在防范跨境税收风险、保障国家税收权益方面的强大威慑力。

2. 跨境税收监管强化

国际税收合作是打击跨境逃避税、维护资本市场秩序的关键利器。我国积极融入全球税收治理网络,与百余个国家和地区建立双边税收协定,搭建起国际税收情报交换高速通道。

在国际联合反避税行动中,各国税务机关携手共进。如针对数字经济领域跨国科技巨头利用"税基侵蚀与利润转移"(BEPS)手段避税问题,中国与欧盟国家税务部门密切协作,依据税收协定共享企业用户数据、营收来源地、成本分摊等关键情报,精准还原企业全球价值链利润分布,对不合理利润转移行为进行精准打击,促使企业依法依规纳税,营造公平竞争的国际资本市场税收环境,保障各国合理税基,推动全球经济健康有序发展。

3. 纳税人权益保护

在强化税收征管的同时,纳税人权益保护是法治税收的核心要义。税务部门持续规范执法程序,全面落实行政执法公示、执法全过程记录、重大执法决定法制审核"三项制度",让执法在阳光下运行。

当纳税人与税务机关就复杂涉税事项产生争议时,如企业重组中的特殊性税务处理认定分歧,纳税人可依法申请行政复议或提起行政诉讼。税务部门构建专业涉税争议调解团队,引入第三方专家,公正、公平、公开化解矛盾。同时,拓宽纳税服务热线、线上办税平台等诉求反馈渠道,确保纳税人意见建议得到及时受理、高效回应,为纳税人撑起权益"保护伞",营造和谐征纳关系,助力资本市场主体在法治轨道稳健前行。

六、结论与展望

(一)研究结论总结

本研究系统剖析了税法对资本市场高质量发展的保障作用及完善路径。税法通过税收调节机制,精准引导资本流向新兴产业、关键领域,优化资源配置,如我国高新技术企业税收优惠助力产业升级;借助风险防控功能,以累进税制等约束高风险投机,维护市场稳定,防范系统性风险;凭借公平税负原则,消除内外资企业竞争壁垒,促进公平竞争,激发市场活力。

在评估我国现行税法体系时,可见其在促进资本集聚、防控风险方面成效显著,如深圳等地税收优惠吸引资本推动区域创新发展,税法打击内幕交易净化市场。但也存在税种衔接不畅、征管协同不足等短板,如企业跨境投资面临双重征税,部门间信息共享滞后阻碍监管效率。

国际经验方面,美国资本利得税差异化设计、研发税收抵免及跨境投资税收协调,日本中小企业扶持、股市稳定基金税收配套与环境税收和绿色金融联动,为我国提供宝贵借鉴。我国应立足国情,细化证券交易税目税率,优化并购重组税收政策,探索金融活动税;强化财税、税银、区域税收协作;借助大数据智能征管,深化国际税收合作,保护纳税人权益,完善税法体系,护航资本市场高质量发展。

(二)未来发展展望

展望未来,税法保障资本市场高质量发展面临诸多机遇与挑战。随着全球"双碳"目标推进,绿色资本市场蓬勃兴起,税法将在其中扮演关键角色。一方面,环保税、碳税等绿色税种有望进一步优化完善,精准反映环境外部成本,促使企业加大绿色投资、推动产业低碳转型;另一方面,对绿色债券、绿色基金等金融产品的税收优惠将更加精准多元,吸引社会资本涌入绿色产业,助力构建清洁低碳、安全高效的能源体系,实现经济与环境协调发展。

在数字经济浪潮下,数字资本市场加速崛起,为税法带来全新课题与变革契机。税务部门将深度运用区块链、人工智能等前沿技术,构建智能征管体系,实现对数字资产交易、跨境电商等新兴业态的精准征税,堵塞税收漏洞,维护税收公平;同时,针对数字企业研发创新、数据要素市场化配置等关键环节,量身定制税收激励政策,激发数字经济活力,培育经济增长新动能。

国际税收领域,伴随经济全球化深入与"一带一路"倡议走实,我国将深度参与国际税收规则重塑,加强与沿线国家及全球主要经济体的税收合作。通过双边、多边税收协定优化,协调跨境投资税收政策,消除双重征税,打击跨国逃避税,为我国资本市场对外开放、企业"出海"布局营造稳定有序、公平互利的国际税收环境,提升我国在全球资本市场的话语权与竞争力,推动资本市场高质量发展行稳致远。

参考文献

[1]沪深两市2022年官方统计单出炉上市公司数量合计4 917家[EB/OL].(2022-12-30)[2025-01-03].中新经纬.https://www.jwview.com/jingwei/html/12-30/520336.shtml.

[2]科创板五周年报告(一):IPO募集资金总额超9 100亿 领先同期A股其他板块[EB/OL].(2024-07-01)[2025-01-03].财联社.https://news.qq.com/rain/a/20240701A0137X00.

[3]"证券交易印花税减半征收"政策实施2个月带来如何变化?最新数据出炉[EB/OL].(2023-11-16)[2025-01-03].东方财富网.https://fund.eastmoney.com/a/202311152905361710.html.

[4]郭岳桢.企业所得税优惠政策对高新技术企业的激励效应[D].广州:广东财经大学学报,2022.

[5]2021年深圳产业结构全景图谱[EB/OL].(2021-09-28)[2025-01-03].前瞻产业研究院.https://www.qianzhan.com/analyst/detail/220/210928-be9319bf.html#:~:text.

[6]操纵市场、内幕交易.证监会公布20大违法案例,件件典型![EB/OL].(2021-06-24)[2025-01-03].搜狐网.https://www.sohu.com/a/473773548_121106884.

智慧税务背景下核定征税何去何从

王京梁　王艳清[①]

摘　要：近年来，有关取消核定征税的争论甚嚣尘上。随着智慧税务的持续推进，税收征管不断精细化、规范化，允许多种征收方式共存，"一刀切"地取消核定征税不合时宜，当然我国当前的核定征税制度仍需要改进完善。本文对核定征税应税所得率的确定、核定征税的管理情况进行了总结，概括得出核定征税分别在认知、制度以及征管层面存在的问题，确立了核定征税应遵循的五项原则，建议核定征收在各税种之间进行统筹协调、调整应税所得率水平以及核定征收与查账征收方式的相互转换，以期完善核定征税制度，丰富税款征收方式，适应并辅助智慧税务目标的实现。

关键词：核定征税　应税所得率　税收征管

一、问题的提出

近年来，我国税收征管形势持续向好。2021年3月，中共中央办公厅、国务院办公厅联合印发《关于进一步深化税收征管改革的意见》（以下简称《意见》）。《意见》要求秉承为纳税人缴费人服务的指导思想；依托现代信息技术，加快智慧税务建设；畅通税费办理通道，确保税费优惠政策直通快享；精准税务监管，保护纳税人缴费人的合法权益；强化税务组织，保障改革措施落地实施。2022年9月，在第三届"一带一路"税收征管合作论坛上，税务总局局长王军明确表示，2022年底预计完成智慧税务的基本工作。未来的税收征管工作必然将不断深化依法纳税原则、为民便民的思想，持续以改革创新、与时俱进为理念来深化"放管服"改革，在税务执法上更具规范性，追求税费服务的便捷性，实现税务监管的精确性。在智慧税务的背景下，核定征税制度是否还有存在的必要呢？

（一）核定征税与税收核定

关于核定征税与税收核定，业界并未达成一致。一种观点认为，二者内涵相同，只是出于习惯，在表达上有所差异而已。另一种观点认为，二者是内涵和外延

[①]　王京梁，经济学博士，河北经贸大学财政税务学院副教授；王艳清，河北高速公路集团有限公司职员。

完全不同的两个概念,其中税收核定解决的是税收可不可以核定的问题,核定征税解决的是税款征收方式问题。鉴于本文的写作目的,不对二者的差异进行辨析,将二者等同处理。

(二)核定征税的界定

核定征税是税务机关征收税款的一种方式,与查账征收方式互为补充。我国学者针对核定征收概念界定的研究虽表述众多,但大多数意见类似。学者胡俊坤(2006)认为,核定征税是指在税务机关认为不能以纳税人提供的资料确定税额的情况下,根据法律法规而采用其他的特殊方法计算税额并据以征收的一种方式。学者刘继虎(2008)也有过类似表述。

本文认为,核定征税是指由于纳税人的会计账簿不健全,资料残缺难以查账,或者其他原因难以准确确定纳税人应纳税额时,由税务机关采用合理的方法依法核定纳税人应纳税款的一种征收方式,包括核定应税所得率征收和定期定额征收两种方式。

核定征税一方面有利于加强税收征管,实现税务监管的精准性;另一方面有利于税收的公平和提高税收征管效率。秦怡、匡浩宇、韩健(2019)指出,如若"一刀切"否定核定征收转而全部实行查账征收,既加大税务机关执法压力、浪费大量人力物力,又增加了纳税人的税收遵从成本,针对确有查账困难的企业来说,不宜瞬时加重企业负担。李文涛(2015)认为,实施核定征收能够更好地加强所得税征收管理、维护纳税人合法权益,同时降低税务的征税成本。基于税收征管的数字化,完善核定征税制度更将成为促进税务监管更加精准、征纳服务更加便捷、智慧税务格局建成的一大助力。

(三)核定征税的法律依据

核定征税并不是我国的首创,世界上许多国家对那些难以依据账簿记载计征税款的纳税人通常采用这种方法,称之为"评估税收"。税收法定主义要求核定征税必须基于法律的规定,《中华人民共和国税收征收管理法》(以下简称《税收征管法》)第三十五条、第三十七条规定了实施核定征税的条件:①依照法律、行政法规的规定可以不设置账簿的;②依照法律、行政法规的规定应当设置账簿但未设置的;③擅自销毁账簿或者拒不提供纳税资料的;④虽设置账簿,但账目混乱或者成本资料、收入凭证、费用凭证残缺不全,难以查账的;⑤发生纳税义务,未按照规定的期限办理纳税申报,经税务机关责令限期申报,逾期仍不申报的;⑥纳税人申报的计税依据明显偏低,又无正当理由的;⑦对未按照规定办理税务登记的从事生产、经营的纳税人以及临时从事经营的纳税人。

基于《税收征管法》的规定,《企业所得税法》《个人所得税法》《资源税法》《增值税暂行条例》《消费税暂行条例》等单行税法(暂行条例)均出于保护税基或反避税的目的制定了核定征税的具体规定。

二、我国核定征税现状

（一）核定征税的执行现状

作为《税收征管法》所规定的核定征收方式，是查账征收方式的重要补充，但随着数字经济的迅猛发展和智慧税务的持续推进，核定征收在执行层面开始全面收紧。

由于核定征税简便易行，核定征收方式曾广泛存在于中小企业，成为其主要的征管手段，尤其是企业所得税征管层面。但如今河北、深圳、青海、山东、武汉等地区已经大面积实行查账征收，全面叫停了核定征收方式。在个人所得税征收的执行层面，近年来范冰冰、薇娅、雪梨等高净值人群偷税漏税事件频发，其中都不乏核定征收的影子，因而不少省市已经不再承认个人独资企业、合伙企业的核定征收方式。2021年12月30日更是全面叫停了持有股权、股票、合伙企业财产份额等权益性投资的个人独资企业、合伙企业的核定征收方式。关于个体工商户的核定，为了与增值税小规模纳税人起征点优惠相衔接，对于月销售额10万元（或季度销售额30万元）以下的个体户可以核定。

核定征税曾经因其"简易"的征管方式深受税务机关及纳税人的欢迎，而如今却是谈核定"色变"，核定征税进入发展的十字路口。

（二）核定征税税款征收现状

伴随后疫情时代减税降费政策的不断深入，税收营商环境不断优化，市场主体不断激增。以河北省为例，截至2022年8月底，数据统计显示个体工商户户数为132.19万户，相较于2021年的119.82万户增长了10.33%，比2020年的104.74万户增长了26.21%。在这132.19万个体户中，实行查账征收和核定征收的比例各占49.52%和50.48%，但入库金额分别占比85.14%和14.86%，即核定户和查账户虽在数量上平分秋色，但在税款入库情况上，核定户的贡献远不如查账户。另外，实行核定征收的个体户中有85.22%是月销售收入在3万元以下的，所以包括个体工商户在内的小微企业存在的意义并不是税收收入的取得，而在于保障民生、促进就业，增加市场活力，同时由于小微企业的差异性和征管难度，多种征收方式共存非常必要。

（三）核定征税的应税所得率

我们现行的企业所得税应税所得率标准基本沿用《国家税务总局关于印发〈企业所得税核定征收办法〉（试行）的通知》所规定的幅度，《财政部 国家税务总局关于印发〈关于个人独资企业和合伙企业投资者征收个人所得税的法规〉的通知》所规定的个人所得税应税所得率幅度也一直沿用至今,久久未曾更新。随着时间的推移以及经济形势的变化,该标准基本已不再符合经济新常态背景下行业盈利水平。在我国34个省级行政区中,本文调查了23个地区的企业所得税应税所得率执行现状,大多地区均是按照国家规定标准的下限执行,少部分地区的执行标准能够达到所规定幅度的中等水平,个人所得税亦是如此。应税所得率较低,直接造成了核定的税额较小,且核定征税计算相较简单,部分免除了企业取得发票的负担,核定征税已然成为企业进行所谓"税收筹划"和税收套利的重要手段。地方政府对这种"简易"的征管模式,采取睁一只眼闭一只眼的方式放任其存在,甚至作为"引资""引税"的手段,也成为核定征税泛滥和失控的重要诱因。

三、我国核定征税存在的问题

(一)认知层面:核定征税弱化管理

在大多数纳税人的认知里,采用核定征税方式只需要税务机关人员通过核定审批,然后等待税务机关每月的批量扣款信息,这就完成了核定征税的全过程。但是,核定业户事实上也应该像查账业户一样进行做账和申报,当应纳所得税额增减变化达到20%时,应及时向税务机关申报调整,积极主动向查账方式转变。税务机关对部分纳税人虽然出于信息不对称原因采取"简易"的征管模式,但这并不代表简化了对核定业户的管理。如若不及时更正纳税人的这种错误认知,就使得纳税人不仅在意识上,而且在行为上疏于律己,核定征税的征管问题也就愈演愈烈。

(二)制度层面:核定征税应税所得率较低

我国设置核定征税方式,是在信息不对称的情形下,为了保障税收公平,不让财务核算不规范的企业游离于税收监管之外的一种举措,并意在由此引导纳税人向查账征收方式过渡。然而在现实执行过程中,却产生逆向调节作用。

首先,随着经济高质量发展和新兴产业的不断壮大,行业利润率也有了较大变化,但应税所得率仍适用十几年前的标准,这就使得核定征税的应纳税额通常较低,大大低于查账征收的企业税负水平,引发纳税人在核定和查账两种征收方式之间存在税负不公平现象,降低了税款征收质量,拉低征管效率。这是逆向调节的表现之一。其次,核定征税这种"简易"征管模式,在一定程度上可以缩减企业索要发票的程序,因而核定方式的实施反倒成为部分纳税人不完善账簿、刻意不遵守会计核算制度的动力源泉。这种恶意核定现象的存在也是逆向调节的另一种表现形式。

(三)征管层面:征管系统与核定征税相脱节

经济模式日新月异,新兴技术层出不穷,智慧税务进程随之推进,但征管信息系统的改进却似乎忽略了对核定征收方式的同步。在征管实际中,税务机关主要精力放在查账户的核查监管,对核定业户的征收管理投入力度不够。例如,核定户在征管系统上申请批量扣款之外,又发生了特殊应税交易项目,就极有可能因交易性质无法核定或者办税流程复杂而漏缴税款,直接造成税款流失。再者,在疫情造成经济下行的冲击下,不少个体工商户处于歇业状态却不去注销的现象越来越多,这就容易使得征管数据失真,影响征管效率。与此同时,缺乏激励引导核定户向查账业户转变的措施,更使得核定征管办法与核定制度存在严重脱节。

四、完善我国核定征税的对策建议

(一)核定征税应遵循的原则

1. 税收法定原则

依法治税、依率计征是我国税收征管的重要原则。核定征收方式也有其上位法依据,《税收征管法》及实施细则以及《企业所得税法》《个人所得税法》等单行税法中均规定了核定征税的条件及核定方法。对于新业态、新产业、新模式,不能简单采取"一刀切"的执法模式,必须明确法律规定、规范执法行为,在推进依法纳税的基础上,完善核定征税制度,助力新兴产业健康发展。如在行业利润率已发生重大变化的当下,就需要国家税务总局对应税所得率范围进行调整,使执行依据具有合法性、前瞻性和稳定性,为高质量发展提供法律保障。

2. 公平与效率相结合原则

核定征收方式能够短时间内实现对众多中小企业和个体户的税款征收,这显然是符合税收效率原则的。但随着核定征收的泛滥和失控,又出现了不利于市场公平和税收公平的声音。为解决核定征税存在的弊端,部分省市以惰性的思维、简单粗暴的手段取缔核定征收,这难道就符合税收公平了吗?答案必然是否定的。核定仍然是法定的征收方式,不能因恶意核定的存在就全盘否认其对税收征管效率提升所作出的贡献。我们应该效法鲧禹治水,对核定征税宜疏不宜堵,严格控制核定征税的条件和审批,以期税收公平与效率原则在各方面都能够早日得到落实。

3. 统筹与协调原则

统筹与协调原则可以从两个角度展开思考。第一,在制度法律层面,下位法不得与上位法相抵触,即各种单行税法制定的内容程序不得超越或违背《税收征管法》所体现的方向性要求。这就是核定征税在法律法规的制定及执行之间需要注意的协调原则。第二,统筹兼顾各个税种之间有关核定的要求。某一单行税种若采取了核定方式,能否与其他税种征收方式相协调,以保证各税种税基的一致性,例如某纳税人需要同时缴纳增值税、消费税和企业所得税,在这三个税种之间,在各税基确定的过程中是否存在矛盾和冲突,相关核定制度是否衔接,这就是对统筹与协调原则的考量和研究。

统筹与协调原则下的核定征税制度是在尊重市场秩序的前提下,既在法律层面统筹各税种的征收方式,又能保证纳税人负担的总体税负不偏离其真实税负水平,在协调中保障核定征收制度的公平合法可行。

4. 因地制宜原则

在经济新常态背景下,随着高质量发展格局的形成,我国东西部经济不平衡现象虽有所缓和,但差距依然明显,即使在同一个省内,各市的经济发展、税收状况仍可能存在较大差距,因而不同地区必须区别对待,具体问题具体分析。在新时代智慧税务的建设下,利用新兴技术可以整合信息资源,打破"信息孤岛",高质量有效率地统计各地级市各行业实际利润率水平,进而确定合适的应税所得率,量体裁衣。在法定范围内,针对某些地区有代表性或核定数额大的企业或可单独制定应税所得率水平,在公平效率之下践行因地制宜原则。

5. 查账征收为主,核定征收为辅的原则

查账征收和核定征收虽然均是法定的征收方式,但在实施原则上也需要有主次之分。原因在于,核定毕竟是查账方式无能为力情形下的无奈之举,其设立初衷也是为了引导企业规范会计核算、健全账簿账册,助力企业积极向查账征收过渡。协调好查账征收和核定征收之间的主辅关系,能够促进税收资源有机整合,推动税收治理转型升级。

(二)核定征税的对策建议

1. 完善核定征税制度,实行一税核定、各税统核

根据《意见》的要求,税收征管应该防止粗放式、选择性、"一刀切"的执法,由无差别的服务向精细化、智能化、个性化服务转变,因而有关各税种征收方式的确定亦不可"一刀切"。对于核定算税的小规模纳税人,在其缴纳企业所得税时也应按照核定方式办税,当同时存在土地增值税的应税项目时,同理应当依照核定方式计算缴纳税款。如若超出小规模纳税人标准,转为核算健全的一般纳税人,此时在计算其他税种税额时均不可再适用核定方法,由此保证各个税种税基认定的协调统一、税额确定的公平合理,实现一税核定、各税统核。

除此之外,税务机关应当充分利用智慧税务背景下云计算等新技术的数据分析能力,统筹各税种综合税负水平,强化税收监管,约束经验式执法,维护正常市场秩序。在税收征管信息系统中,针对核定方式下批量扣除之后不申报的部分,采用数据挖掘技术,按照统一的执法标准和程序防范税收风险,阻塞税收漏洞,完善核

定征税制度。

2. 提高应税所得率,实现正向调节

对于实施核定的企业来说,应税所得率的大小直接影响了应纳税额的大小,而我们目前的应税所得率已经缺乏时效性和科学性。为践行"十四五"推进智慧税务建设目标,既然核定征税是税务机关不能全面掌握纳税人真实经营情况之下的无可奈何之举,应带有惩戒性质,无论是核定应税所得率征收还是定期定额征收,其核定的应纳税额均应略高于查账征收计算的应纳税额,改变一切从低核定的简单模式。除此之外,应税所得率水平还要与当前各行各业的实际利润率水平相结合,或可以规范企业为对标,防止各省以行业为准笼统地一概而定。当核定征税税额略高于查账征收应纳税额时,不合理的税收竞争问题、税收寻租问题、纳税人会计核算问题将迎刃而解。此种做法不是强迫企业实行查账方式,而是纳税人在拥有征收方式选择权的情况下,自发倾向于查账,同时达到健全账簿、完善核算制度的目的。这样无形之中不仅提高了纳税人的税收遵从度,而且提升了政府的服务型形象,实现了核定征收正向调节的初衷。

3. 查账征收与核定征收在一定条件下的相互转换

随着互联网经济、数字经济等多元化经济模式的出现,税源的多样性、隐蔽性、流动性特点更加突出,这都给税收征管带来新的挑战。征税方式的选择是税收征管首先要考虑的问题,在税源混乱、难以挖掘的情形下,就更需要明确、严谨地规定核定征收的适用情形。我们既支持核定征收纳税人积极建账建制,向查账征收方式转变,也要允许特殊情况的发生,让已经实行查账的纳税人在符合条件的情况下再次适用核定征收方式。这就对税务机关工作人员提出了更高的专业要求,把握好核定与查账转变的适用条件,控制转变弹性大小。与此同时,部门之间相互监督,防止自由裁量权滥用而带来税收争议和风险。

允许两种征收方式在满足条件情况下相互转变的规定,不仅能够充分体现对纳税人权益的尊重、为纳税人服务的思想,提升税务机关的服务形象,同时也是对我国税收治理能力的考验和锻炼,以期早日实现智慧税务建设工作的最终目标。

参考文献

[1]包东红. 推进税收征管数字化升级 实现"四精"改革目标[J]. 税务研究, 2022(11).

[2]李登喜,李大庆. 论税收核定权的裁量属性及法律控制:基于"德发案"和《税收征管法》第三十五条的研究[H]. 税收经济研究,2018(23).

[3]李文涛. 加强企业所得税核定征收管理的思考与对策:以广西国家税务局

为例[J]. 经济研究参考, 2015(53).

[4] 秦怡, 匡浩宇, 韩健. 核定征税与查账征税的实施与监管: 来自企业所得税的经验证据[J]. 财政监督, 2019(12).

[5] 汤洁茵. 不可承受之重: 税收核定的反避税功能之反思: 以《税收征管法》第35条第(6)项为起点的探讨[J]. 中外法学, 2017(29).

[6] 汤洁茵, 肖明禹. 反避税调查程序中的税收核定: 质疑与反思: 以企业所得税为核心的探讨[J]. 当代法学, 2018(32).

[7] 吴东蔚. 新个税法背景下税收核定规则的适用困境及进路: 兼论特别纳税调整规则[J]. 税收经济研究, 2019(24).

灵活用工平台全链条涉税风险探究

贾宜正　陈惠祥　刘人庆①

摘　要：本文拟通过从灵活用工平台的发展概况、灵活用工平台的涉税政策与执法监管现状机制分析、灵活用工平台税收治理难点的理论分析和"以数治税"赋能灵活用工平台全链条涉税风险监管等四个维度全面展示灵活用工平台依托于互联网发生的业务虚化、脱离监管而形成偷逃税款、虚开发票等涉税风险问题。从对灵活用工的探究过程中，我们可以看到，为了预防甚至杜绝"虚开"，加强"以数治税"的监管逻辑，实现"堵"税收征管漏洞，是最为有效的办法。但是，从理论分析部分，我们还应当看到，除了"堵"，更需要通过新税制赋能新业态健康发展，用"疏"的办法提升纳税人的税收遵从度。

关键词：灵活用工平台　新业态　涉税风险　税收治理

党的二十届三中全会通过的《中共中央关于进一步全面深化改革、推进中国式现代化的决定》，提出"加快构建促进数字经济发展体制机制"；习近平总书记指出要"大力加强科技创新，在新基建、新技术、新材料、新装备、新产品、新业态上不断取得突破，持续在国企国资、财税金融、营商环境、民营经济、扩大内需、城乡融合等重点改革领域攻坚克难，健全对外开放体制机制，奋发有为推进高质量发展"。在此背景下，新业态与新商业模式深深植根于数字经济的肥沃土壤，依托数字技术的创新应用为引领，聚焦于数据要素价值的高效转化，沿着多元化、多样化及个性化的路径发展，通过产业要素的重新整合、深度融合与衍生，催生出全新的商业形态、业务链条、产业组织架构与价值创造模式，成为驱动数字经济高质量发展的关键活力源，展现出巨大的成长潜能。

灵活用工平台是平台经济的一种，属于"互联网经济"，是基于数据信息网络化所产生的相关经济关系，在优化资源配置、拓展消费市场、促进产业升级、推动跨界融通发展、推动大众创业特别是增加就业等方面发挥重要作用，成为中国经济增长的"新引擎"、中国经济转型升级的"新支点"。"新活力"助力中国企业发展。近

---

① 贾宜正，工商管理学博士、应用经济学博士后，海口经济学院自贸港数字经济与新文科发展研究中心主任、教授；陈惠祥，中国社会科学院大学硕士研究生；刘人庆，中国社会科学院大学硕士研究生。

年来,平台经济已然深入到社会领域的各个环节,同时,又因其依托于互联网实现各种经济业务,也存在因业务虚化、脱离监管而形成偷逃税款、虚开发票等涉税风险问题,对传统"以票控税"管理模式和"以数治税"管理趋势提出了新挑战。

因此,本文拟从灵活用工平台的税收管理问题展开研讨。

一、灵活用工平台的发展概况

灵活用工是指企业基于用工需求的波峰波谷,在双方没有建立正式的全职劳动关系的情况下,灵活地按需聘用人才的一种用工模式。它区别于传统的固定用工模式,在工作时间、工作地点、工作方式等方面都更加灵活多变。这种模式涵盖了劳务派遣、兼职、外包、众包等多种形式。而灵活用工平台作为连接企业和灵活就业人员的桥梁,其以数字化技术为支撑,整合人力资源和任务分配,帮助企业快速匹配灵活劳动力资源,同时为灵活就业者提供多样化的工作机会。

(一)灵活用工平台经营的主要特点

1. 促进开放互动、跨界合作和万物互联,收益快、可复制

一方面,借助互联网、物联网及人工智能等尖端技术,平台经济构筑起连接供应端与需求端的桥梁,实现社会资源的深度整合,跨越了地理与时间的界限,能够在社会的任一角落、生活与工作的任何时刻,不受地域、行业局限,实现全天候高效对接供需,最大限度地促进市场多元化发展,提升多方主体效益与收益。

另一方面,平台经济的兴起为部分经济相对滞后地区提供了加速发展、实现财政收入跃升的新契机,使得这些地区有可能在经济赛道上实现弯道超车,迅速崭露头角。

2. 以众多自然人和企业为市场交易主体,资产轻、成本低

一方面,平台经济展现出业态多样性、产业集聚性及交易高效性等显著优势,它能够有效联结个体多样化需求与多元化供给,借助网络智能化手段实现精准配对,并通过大规模、高频次且小额的交易活动,精确捕捉、分析并满足个人在工作与生活中的各类需求。

另一方面,平台经济为众多网络领域的创新人才与企业家开辟了全新的创业途径。平台企业所构建的互联网信息系统,作为其核心竞争力的关键组成部分,相较于新建的生产制造型企业,呈现出资产轻量化、成本节约化的特点,这吸引了大量信息技术人才投身于平台经济的建设之中。在此基础上,企业与自由职业者之间的合作实现了"中介弱化",众多中小企业及个人在平台经济所提供的更为自由灵活的交易框架下,获得了前所未有的发展契机与广阔空间。

3. 具有无纸化、信息化、虚拟化的特征，更隐蔽、难监管

一方面，平台经济的蓬勃发展植根于互联网、人工智能等现代信息技术的革新，其交易特性表现为空间虚拟化、参与主体多元化以及信息处理的电子化。平台经济之所以能够稳健且迅速地推进，很大程度上得益于社会信用体系的不断完善。作为交易的虚拟枢纽，平台汇聚了来自市场各方的海量信息，并且通过整合区块链技术，确保了数据的不变性，进而保障了虚拟交易环境中市场主体行为的真实性。

另一方面，平台经济所展现的网络效应、规模经济以及数据跨领域传输与共享的安全挑战，共同塑造了大型平台企业的崛起，但同时也引发了一系列问题，如数据滥用、个人隐私泄露、大数据歧视性定价以及独家合作协议导致的市场排他性等垄断行为。针对平台经济的监管工作，当前面临的主要难题包括对大数据资源的利用不充分，数据共享机制不尽如人意，以至于难以实现对平台经济活动的全面监控。此外，监管部门间的信息共享壁垒依旧存在，信息孤岛现象显著，导致监管体系难以有效适应平台经济的快速发展需求。

（二）灵活用工平台的经营模式

与传统全职用工模式相比，灵活用工平台的经营模式是一种不同的新型用工模式，它包括劳务派遣、外包、众包、兼职、平台用工、自雇、退休返聘等多种非标准化人力资源配置方式。

由此可见，灵活用工平台企业提供渠道，与用工企业或个人客户签订协议，利用平台资源为其提供劳务、服务等，资金由客户支付给平台企业，再由平台企业支付给灵活用工人员，覆盖领域有建筑业、交通运输业、快递业、服务业等。例如，网络直播平台，服务劳务平台。这种经济业态是目前平台经济中的主流模式，盈利能力强、市场需求大、形式不一，但缺乏相应的税收法律制度支撑，税收征管风险较大。

1. 中间撮合业务模式（中介型）

在这种模式（见图1）下，灵活用工平台主要发挥的是中介作用，由灵活用工平台代灵活用工人员向主管税务机关申请为用工企业开具增值税发票或是凭借委托代征、代开发票资质为用工企业开具增值税发票，此外，灵活用工平台就向用工企业收取的服务费向用工企业开具增值税发票。在此种模式下，实践中存在一些灵活用工平台将收到的服务费以及代发服务费合并开具增值税发票，引发虚开发票风险。

同时，灵活用工平台与灵活用工人员一般不存在劳务法律关系，但在具有委托代征资质情况下，如确定代征税种有个人所得税，则其具有代征代缴个人所得税的义务。然而在实务中，灵活用工交易记录数量巨大，交易服务类型多，灵活用工平台或存在适用错误税目的风险。

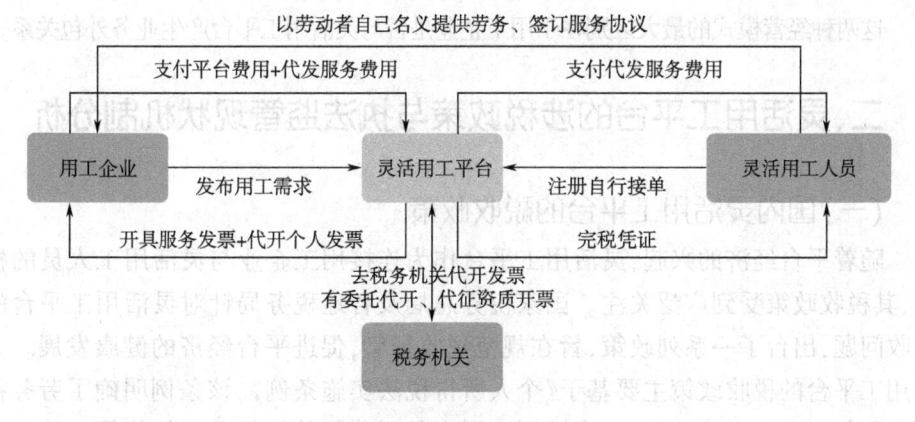

图1 中间撮合业务模式

2. 服务转售业务模式（参与经营型）

在此模式（见图2）下，一方面，用工企业在灵活用工平台上发布需求，与灵活用工平台就服务承揽关系达成统一意见，签订服务合同，向灵活用工平台支付服务费用，灵活用工平台可以就服务费全额向用工企业开具增值税发票；另一方面，灵活用工人员需要在灵活用工平台上注册会员，平台将所承揽的业务转售给灵活用工人员，平台向灵活用工人员支付费用，为灵活用工人员代办税务临时登记或个体工商户并代个人缴纳税款，同时代灵活用工人员向主管税务机关申请为自己开具增值税发票或是凭借委托代征、代开发票资质为自己开具增值税发票。

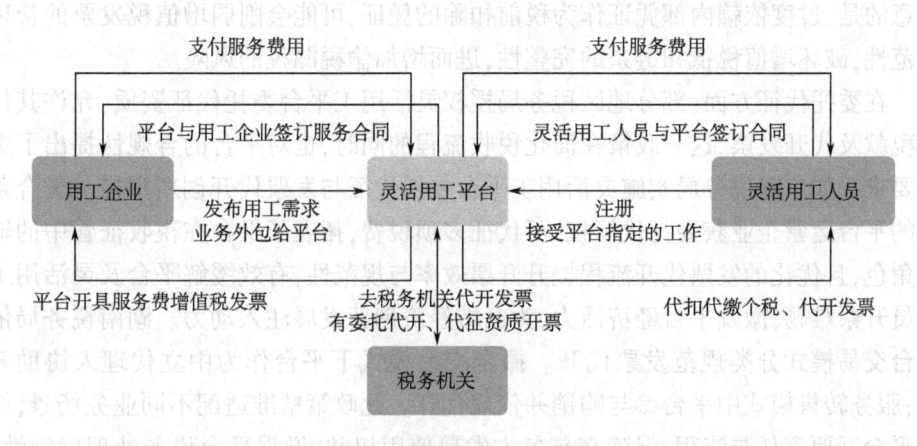

图2 服务转售业务模式

在此种模式下，灵活用工平台的增值税应税收入主要来自用工企业，但因监管机制有待完善，一些灵活用工平台通过虚构交易方式对外开具增值税发票，以获得非法利益。

这两种经营模式的最大区别在于用工企业是否与灵活用工平台产生业务外包关系。

二、灵活用工平台的涉税政策与执法监管现状机制分析

（一）国内灵活用工平台的税收政策

随着平台经济的兴起，灵活用工平台作为连接用工企业与灵活用工人员的桥梁，其税收政策受到广泛关注。国家税务总局及各地税务局针对灵活用工平台的税收问题，出台了一系列政策，旨在规范税收征管，促进平台经济的健康发展。灵活用工平台的税收政策主要基于《个人所得税法实施条例》，该条例明确了劳务报酬所得与经营所得的范畴，为灵活用工平台的税收征管提供了法律依据。从灵活用工平台的税收法律渊源，我们可以看到灵活用工平台的主要业务范围。以下是各地税务局对灵活用工平台的税收措施，以及灵活用工平台发票管理等相关税务政策的综合性概述。

在企业所得税税前扣除方面：国家税务总局明确指出，平台企业应遵循《企业所得税税前扣除凭证管理办法》，合法合规地使用内部及外部凭证来列支其成本费用。具体而言，当企业在国内发生的支出项目属于增值税应税范畴时，若对方为无需进行税务登记的单位或从事小额、零散经营业务的个人，其支出可凭税务机关代开的发票、收款凭证及内部凭证作为税前扣除的依据。相反，若支出项目不属于增值税应税范畴，且对方为个人，则内部凭证即可作为税前扣除的凭证。然而，值得注意的是，过度依赖内部凭证作为税前扣除的凭证，可能会削弱增值税发票的管理规范性，破坏增值税抵扣链条的完整性，进而增加偷税漏税的风险。

在委托代征方面：部分地区税务局授权灵活用工平台委托代征资质，允许其代征税款及代开发票，这一政策在简化税收流程的同时，也对平台的合规性提出了更高要求。如广西税务局实施灵活用工平台委托代征与发票代开创新举措。契合条件的平台运营企业获委托代征权，可代征多项税费，拓展了平台在税收征管中的辅助角色，且优化的发票代开流程提升开票效率与规范性，有效缓解平台及灵活用工人员开票难题，激发平台经济活力，为区域经济创新发展注入动力。湖南税务局依平台交易模式分类规范发票代开。撮合交易模式下平台作为中立代理人协助开票；服务转售模式中平台参与购销并依规代开。此政策精准适配不同业务场景，厘清平台开票责任与流程，保障交易各方发票使用权益，增强平台税务处理确定性，促进平台经济多元业务稳健发展。陕西税务局秉持审慎态度应对平台委托代征问题。鉴于平台纳税人情况复杂，当前未明确委托代征适用标准，依税收征管法规将征收方式选择权交予主管税务机关，综合考量平台经营特性、纳税人状况等因素精准判定，为后续政策制定预留空间，确保征管科学性与适应性。

在数电发票和"以数治税"方面：发票电子化改革进程中，中央积极部署，全力推动发票全流程电子化，制定出台电子发票国家标准，计划 2025 年基本实现发票全领域、全环节、全要素电子化，以降低制度性交易成本。同时，一些地方税务局也更加注重数字化建设，通过数字化手段，对灵活用工平台进行专项管理。

（二）灵活用工平台的税收监管趋势

1. 多部门联合打击涉税犯罪与风险传导防控

2023 年 1 月 18 日，国务院新闻办就税收服务高质量发展举行发布会。国家税务总局新闻发言人、办公厅主任黄运介绍了常态化加强文娱领域税收监管，组织查处了一些演艺明星和网络主播偷逃税典型案件有关情况。同时，深化拓展了多部门联合打击工作机制。2023 年，最高人民法院和市场监管总局先后加入常态化联合打击涉税违法犯罪工作机制，机制成员单位由六部门拓展至八部门，形成了从行政执法到刑事司法全链条、一体化打击涉税违法犯罪的工作新格局。

2. 数电发票监控全链条风险

发票电子化改革是税收征管领域的核心变革之一，其进程正加速推进。全电发票试点工作已在全国范围内广泛开展并实现省级全覆盖，标志着税收征管正式步入"以数治税"的新时代。数电发票凭借其便利性与数字化优势，在身份认证、风险监控等方面实现了重大突破。采用刷脸认证登录账号，确保了开票人的身份真实性与可追溯性；借助大数据技术对开票行为进行全程、动态监控，极大地提高了对虚开发票等违法行为的预警与查处能力。

3. 平台涉税信息管理与监管手段创新

各地税务机关不断加强对灵活用工平台涉税信息的管理与利用，积极探索创新监管手段。2023 年 8 月 17 日，江西省税务局准备利用互联网信息手段及大数据模型，对灵活用工平台开展监管。一是增加专属于灵活用工平台涉税信息报送模块，对灵活用工平台进行专项管理；二是对纳入试点范围的灵活用工平台实行白名单管理；三是编制风险识别指标，进行风险识别，分类开展监管；四是数据可视化。

结合上述趋势进程，可以说，"以数治税"是税务监管的未来，在发票大数据系统稽核风险指标卓有成效的前提下，对于一些新兴产业可以参照利用大数据模型分析开展监管。届时，在大数据筛查之下，灵活用工平台的税务风险将无所遁形。

三、灵活用工平台税收治理难点的理论分析

（一）灵活用工平台税收治理的征管难点

目前国内涉税政策在对主要涉税企业或自然人的税收征管中，基本可以解决

平台企业开具增值税发票、是否适用委托代征方式、一定条件下能否使用内部凭证作为税前扣除凭证等问题。

但是，灵活用工平台经济因其数字化和多元化特征衍生出很多新兴业态，实现了跨时间、跨空间、跨领域的业态融合。当前的税收制度还没有对这些新业态形式作出准确界定，在顶层设计与实务操作中仍存在一些平台经济涉税政策的模糊地带，如图3所示。

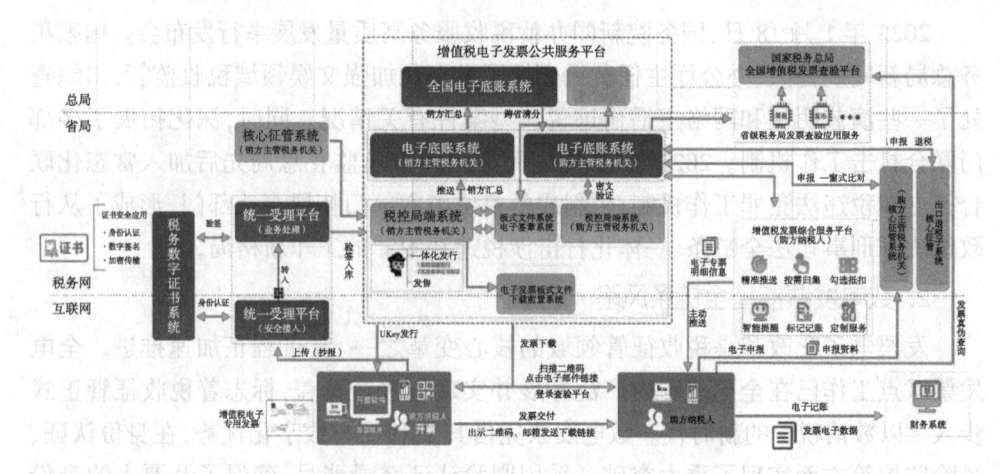

图3 数电发票监控全链条风险

目前，我国未就平台经济进行专门的税收立法，现行税法体系具有一定局限性，在平台经济特殊的商业模式下，税收监管治理存在难点和空白。从对灵活用工平台涉税政策现状与执法监管机制的分析来看，至少存在以下几个方面的问题。

1. 税制与课税要素界定困境

数字经济的虚拟化、平台化及多主体特性致使纳税主体难以精准确定，交易双方真实信息易于隐匿，极大地增加了税收征管难度。在共享经济模式下，课税对象界限模糊不清，难以明确界定应纳税的经济活动范围。同时，受数字经济业务复杂性与多样性影响，税率的合理确定亦面临重重挑战，现行税制在数字经济领域的适用性存在显著缺陷，亟需构建适配数字经济的税收制度框架，以明确纳税主体、课税对象及税率等关键课税要素，确保税收征管的公平性与有效性。

2. 税收管辖权冲突难题

在收入来源地税收管辖权层面，数字经济使所得来源认定标准遭受严峻挑战，所得类别难以清晰界定，数字化产品利润归属地难以判别，关联企业交易实质内容难以把控，严重干扰了传统税收管辖权规则的适用。于国内税收管辖权而言，数字经济模式下业务发生地、开票及网络收款之间存在复杂矛盾，且此问题与地方税收洼地现象相互交织,引发税收竞争与征管失衡,亟待重塑税收管辖权规则体系,化解数字经济带来的管辖权冲突,维护税收征管秩序的统一性与稳定性。

3. 税源管理复杂性挑战

数字经济呈现出供给碎片化、组织边界模糊及刷单行为泛滥等特征,导致税源高度分散、收入波动剧烈,极大地提高了税源管理难度。传统税源管理方法难以有效应对数字经济环境下税源的动态变化与分散性,需创新税源管理模式,运用大数据、人工智能等技术手段精准识别与监控税源,强化对刷单等虚假交易行为的治理,提升税源管理的科学性与精准性,保障税收收入的稳定增长。

4. 稽查审计基础薄弱困境

在数字经济环境下,纳税义务人与稽查对象的确定因网络公司的临时性与业务的多元化变得极为困难,税务审计制度在立法层面存在明显缺失,无法有效适应数字经济无纸化、易篡改的交易特性。电子证据的易破坏性严重削弱了税务审计的可靠性基础,迫切需要完善税务审计立法,构建适应数字经济的审计技术与方法体系,强化电子证据的法律效力与管理规范,提升税务稽查审计的效能与权威性,有效防范数字经济中的税收流失风险。

(二)灵活用工平台税收治理的监管难点

1. 属地问题

现行的税收征管制度以实际经营地址的属地管辖,但平台经济之下的直播行业以互联网技术为支撑,直播带货模式作为电商交易,形式灵活且无地域限制。

电子商务平台及平台内的经营者存在着以虚拟地址注册、经营地址流动性强、多个经营地址等问题,加之独立主播可在多家平台直播,多处取得收入。税务机关需要跨地区调查和管理,属地难定则税收监管难行,直播行业跨区域收入的纳税地点确定问题成为税收征管的难点。

2. 身份问题

纳税人和扣缴义务人身份是税收适用的征管对象。纳税人、扣缴义务人必须依照法律、行政法规的规定缴纳税款、代扣代缴、代收代缴税款。

据此,电子商务平台经营者应当向税务部门报送平台内经营者的身份信息和与纳税有关的信息,同时需告知平台内的经营者及时办理税务登记的责任及不利后果。但平台经营者与平台内的经营者之间并非代扣代缴关系,不属于纳税人、扣缴义务人中任一调整对象身份,因此现阶段的税收监管空有告知督促却无法实际执行介入。

3. C端问题

C端网络直播模式作为一种新兴的商业零售形态,直接面向消费者推广与销售产品和服务。在交易过程实现虚拟化、凭证无纸化及数据全面电子化的背景下，主播与直播平台间签订的协议具有较强的保密性，这导致主播的直播收益具有一定的隐蔽性。此外，由于网络直播行业的高度开放性，无论是进入还是退出都相对容易，这使得主播的税收登记工作变得异常复杂。同时，电子商务的多样化交易形式进一步模糊了纳税环节的界定，从而显著增加了税收管理的难度。在此背景下，传统的以发票为依据的税收控制手段显得力不从心，难以有效实施。

4. 支付监管问题

网络直播的主要支付渠道是第三方支付平台，无货币支付时代如何监管网上交易成为难题。不同的电商平台对应着多个不同的第三方支付平台，零散的资金数据如果不经过整合，则不能完整地反映主播的收入情况，更无法确认主播的应纳税额，如"音浪""鱼丸"等虚拟货币的存在进一步加剧税源零散程度，各平台间不固定的兑换比例、不透明的兑换规则以及复杂的兑换支付方式，既增加了认定纳税义务发生时间的难度，也埋下了因平台间涉税信息共享缺失造成的税款流失。

5. 征管法律滞后限制了税务检查手段

网络直播从业者具有跨平台、跨地域的特点，其收入具有多形式、强隐蔽性的特点。不同运营模式（泛娱乐直播、秀场直播、游戏直播等）下企业实际经营情况、业务规模、盈利方式均不同，现有检查指引中常用检查方式延续聚焦于合同资料、财务账册、金融机构资金流动信息等经营资料收集，缺乏有针对性的多方资料证据核对，如核对账户资金、将资金流水与平台收入数据及合同收入数据进行对比，核实收入是否准确；缺乏运营数据及经营数据收集，如主播人气值信息表、虚拟币结算数据等，手段的局限导致难以与时俱进地对网络直播行业形成有效的检查。

(三) 灵活用工平台涉税风险点

1. 未取得合规发票

灵活用工平台的主要支出在于其需要向提供劳务的自然人或者第三方机构支付劳务报酬或者费用。用工企业选择灵活用工平台，也主要是看中了灵活用工平台能够提供合规发票，以及隔离实际提供劳务的自然人及第三方企业的发票风险。但是，实际提供劳务的自然人或第三方机构不能提供发票或者提供发票不合规的风险并未因灵活用工平台的存在而消失，而是转嫁给灵活用工平台。灵活用工平台无法取得自然人提供的发票或是取得第三方企业提供的发票不合规，其为了扣除成本，往往直接以自制的付款凭证、银行流水、合同入账，不符合《企业所得税税前扣除凭证管理办法》规定，导致平台的税务风险加大。

例如，顺利办信息服务股份有限公司作为开展灵活用工平台业务的上市公司，2023 年 6 月 5 日深交所发布公告称，因其 2022 年度净利润为 -11 627.65 万元，财务会计报告被出具保留意见的审计报告等,符合退市的情形,开始摘牌退市。究其原因,顺利办名下开展灵活用工业务的6家全资三级子公司未能依法按期从灵活用工人员处取得合法的企业所得税税前扣除凭证,需按照税务机关的要求补缴税款及滞纳金,最终形成连锁反应。由此可见,税务问题成为顺利办前进道路上的"绊脚石"。

2. 虚开发票抵扣进项及成本

灵活用工平台的进项税额、成本扣除始终是无法回避的问题,这使得部分平台可能会采取让他人为自己虚开发票的方式,降低自身税收成本。

3. 主动对外虚开发票

囿于进项税票的缺失,地方政府为了扶持和鼓励灵活用工平台,与其签订招商引资协议,提供地方财政奖补、财政返还,用以减轻平台的税收负担,让平台得以存活。但是,部分平台企业发现下游客户的用票需求远大于业务需求,通过虚开发票赚取开票费手段牟利可实现快速盈利,因此存在不当利用地方政府的财政返还政策,在无真实交易的情况下为他人或帮助他人虚开发票的行为。灵活用工平台可能会铤而走险,偏离其业务轨道,主动对外开具发票。

4. 滥用个体户核定征收政策,帮助偷逃个税

"拆分收入、转换收入性质"是近年来常见的违法税收策划行为,受到税务机关的重点关注。这种模式主要表现为,利用部分地方的税收核定政策,大量注册多家个人独资企业、个体户,将收入拆分,利用个人独资企业、个体户的低核定征收率,降低税负,偷逃税款。

5. 平台未代扣代缴个税或者适用税目错误

灵活用工人员具有零散、流动性极大的特点,不利于相关税费的税收征管,因此,其个人所得税的缴纳依赖平台的委托代征或者代扣代缴。

由于用工模式的特殊性,劳动者与平台关系的认定模糊,目前税企各方对灵活就业者个人所得税的征收还缺乏统一的认识和管理方法,各地税收政策也存在不确定性。根据《个人所得税法》及其实施条例等有关规定,灵活用工人员获取的收入可能包括劳务报酬所得和经营所得两大类。国家税务总局明确了以"经济实质"判定原则,对各地税务局判断新就业形态劳动者收入性质具有一定的指导作用。但是"经济实质"原则具有不确定性,灵活用工平台对于"经济实质"的把握不准确(实际上也很难准确判别),导致部分取得委托代征、代开资格的平台容易出现错误适用税目、未按期解缴税款等问题。

四、"以数治税"赋能灵活用工平台全链条涉税风险监管

(一)统一规范税收政策

在当前灵活用工行业蓬勃发展的背景下,税收政策的统一性与规范性至关重要。应尽快制定全国统一且详尽的灵活用工税收政策细则,彻底消除不同地区在委托代征资质审批流程、发票开具管理规范、税前扣除凭证认定标准等关键方面存在的显著差异。在明确劳务报酬与经营所得的区分标准时,需综合考量多方面因素。例如,工作的自主性是一个关键维度,若灵活用工人员能够自主决定工作时间、工作方式及服务对象,其收入性质可能更倾向于经营所得;而平台对用工人员的管控程度也不容忽视,若平台在任务分配、工作监督及成果验收等环节发挥着较强的主导作用,那么收入则可能更接近劳务报酬。此外,经济实质也是重要的判断依据,需深入分析业务活动的核心价值创造过程及各方的经济利益关系。通过明确这些综合判断因素,制定出清晰、准确且具有可操作性的区分标准,避免因政策模糊而引发的税负不公平现象以及税收征管漏洞,为灵活用工平台及广大从业者提供明确、可靠的税收指引,确保税收政策在全国范围内得到统一、公正的执行。

(二)强化数字化征管手段

随着信息技术的飞速发展,税务机关迫切需要加速数字化转型进程,全力构建智能化的征管平台。充分利用大数据、人工智能与区块链等前沿技术,实现对灵活用工平台全方位、实时性的数据采集与动态监控。通过大数据分析技术,深入挖掘平台海量交易数据中的潜在税务风险点,如异常的资金流动模式、频繁的发票开具与作废行为、不合常理的用工报酬支付节奏及金额波动等情况,并及时自动触发风险预警机制。借助区块链技术的独特优势,如数据的不可篡改与可追溯性,确保涉税数据的真实性、完整性与安全性,极大地提升税收征管的公信力与透明度。例如,在发票管理方面,利用区块链技术记录发票的开具、流转及报销全过程,使每一张发票都有迹可循,有效防范虚开发票等违法行为。同时,利用人工智能技术实现对风险预警的智能分析与处理,为税务人员提供精准的风险排查线索与决策支持,显著提升对灵活用工平台的精准监管能力,实现税收征管从传统模式向智能化、数字化模式的跨越。

(三)推动平台税务自律

灵活用工平台自身应高度重视税务合规管理,积极建立健全内部税务合规制度体系。首先,制定详细且涵盖全业务流程的业务操作规范与税务处理流程手册。其中应包括以下内容:一是用工人员身份精准核实的具体步骤与方法,如通过与公安、社保等权威数据库进行信息比对验证;二是业务真实性严格审核的要点与流

程,明确从任务发布到成果交付各个环节的审核标准;三是发票管理的规范操作细则,涵盖发票的开具、取得、保管及传递等环节;四是税款代扣代缴的准确计算方法与按时缴纳程序等关键内容。

其次,设立独立的税务合规管理部门或专业岗位,配备具备丰富税务知识与实践经验的专业人员,负责对制度的执行情况进行全方位监督,并定期开展内部税务审计工作。在审计过程中,运用专业的审计方法与工具,对平台的税务处理进行全面、深入的检查与评估,及时发现并纠正潜在的税务违规行为。

最后,平台还应持续开展全员税务培训与教育活动。通过组织案例分析研讨会,深入剖析行业内典型税务违规案例的成因与后果;举办政策解读讲座,邀请税务专家详细解读最新税收政策法规的变化及影响;开展专题培训课程,针对不同岗位员工的工作特点与税务风险点进行有针对性的培训,并建立严格的考核机制,确保员工真正掌握所学知识与技能,提升员工对税收法规的认知水平与业务操作能力,尤其是强化对关键业务岗位与财务人员的重点培训与考核,从企业内部管理的源头有效降低税务风险,增强平台的税务合规性与可持续发展能力。

(四)构建协同共治生态

为实现对灵活用工平台的有效监管,税务机关应积极加强与市场监管、人社、金融等多部门的协同联动。在信息共享方面,搭建高效的数据共享平台,实现企业注册登记信息、用工社保缴纳信息、银行资金账户信息等多源数据的互联互通与实时交叉比对。例如,税务机关可通过与市场监管部门共享信息,及时掌握平台企业的注册变更情况及经营范围调整信息,以便准确判断其税收征管适用范围;与人社部门协同,核实用工人员的社保缴纳记录与实际用工情况是否相符,防止企业通过灵活用工平台规避社保缴纳义务;与金融部门合作,追踪平台企业及用工人员的资金流向,排查异常资金交易行为,有效防范洗钱及偷逃税款等违法活动。

在联合执法方面,针对平台企业可能出现的各类违法违规行为,各部门应建立常态化的联合调查与惩处机制,形成强大的监管合力。一旦发现问题,迅速启动联合执法程序,各部门依据自身职责分工,协同作战,对违法违规行为进行全面、深入的调查与严厉惩处,大幅提升监管威慑力,切实规范灵活用工平台经济秩序。同时,积极培育与扶持灵活用工行业协会,充分发挥其在行业自律管理、标准制定、信息交流及政策建议等方面的重要作用。行业协会应制定严格的行业自律公约与规范准则,引导会员单位自觉遵守法律法规,规范经营行为。建立健全行业内部监督与惩戒机制,对违反自律公约的会员单位进行公开谴责与相应处罚,维护行业良好形象。此外,行业协会还应积极充当政府与企业之间的沟通桥梁,及时收集、整理并向政府部门反馈行业发展动态、企业面临的实际问题与合理诉求,协助政府制定更加科学合理、符合行业实际的税收政策与监管措施,共同促进灵活用工行业的健康有序发展,构建政府、企业、行业协会及社会各方协同共治的良好生态环境。

(五)探索国际经验借鉴

在经济全球化日益加深的背景下,我国灵活用工税收管理应积极关注国际动态,广泛研究国外先进经验与成熟做法。深入分析不同国家在灵活用工平台税收认定规则方面的差异与共性,如某些国家如何根据平台业务模式及用工关系确定纳税主体与计税依据;探究其先进的征管模式与技术应用,如一些发达国家如何利用大数据与人工智能实现对灵活用工税收的高效征管;以及关注国际税收协调机制在灵活用工领域的实践经验,特别是涉及跨国灵活用工业务的税收管辖权划分与避免双重征税等问题。

在借鉴国际经验时,应紧密结合我国国情与灵活用工行业发展的实际情况,进行有选择性、批判性的吸收与转化。例如,对于国外先进的数字化征管技术与风险管理方法,可以在充分考虑我国税收征管体制与信息技术基础设施的基础上,加以引进与改良应用;对于国际税收协调机制中的有益部分,可通过参与国际税收合作与规则制定,推动我国在全球灵活用工税收治理中发挥更大作用,不断完善我国的灵活用工税收管理体系,提升我国在国际经济竞争中的税收竞争力与适应性,促进我国灵活用工行业与国际接轨并实现高质量发展。

参考文献

[1]仇诗淇,沈彤.平台企业灵活用工税收风险管理[J].合作经济与科技,2024(19):108-109.

[2]朱卫东,张福伟,吴勇.完善灵活用工平台企业税收风险管理的建议[J].税务研究,2023(12):137-143.

[3]闫晴.数字经济时代灵活用工平台税收征管制度的困局、溯源及破解[J].上海交通大学学报(哲学社会科学版),2023,31(3):104-120.

[4]贾绍华.中国税收流失问题研究[M].2版.北京:中国财政经济出版社,2015:335-368.

[5]李为人,贾英姿.税务管理新论[M].2版.北京:中国财政经济出版社,2020:233-312.

[6]蒋轶彪,张习列,刘晓,等.优化平台经济税收治理的思考:基于青海省海东市数字经济业态的调研[J].税务研究,2024(11):75-80.

[7]刘哲.平台经济下的税收征管研究[J].市场周刊,2022,35(2):119-122.

[8]李娅蓉,黄显淇.平台经济税收治理的现实困境与优化路径[J].财会研究,2023(1):17-23.

[9]李明. 共享经济模式下灵活用工的税收问题研究[J]. 税务研究前沿, 2020, 5(5): 12-20.

[10]张红. 平台经济税收征管的国际比较与启示[J]. 国际税收, 2021, 8(8): 30-38.

[11]王强. 数字经济新业态税收治理的挑战与应对[J]. 财经论丛, 2022, 10(10): 45-53.

不动产司法拍卖税费缴纳问题研究

王瑞琳[①]

摘　要：近年来，随着经济纠纷案件数量的逐渐上升，司法拍卖的数量亦不断增加，其中涉及不动产的司法拍卖案件中税务问题的比例亦呈上升趋势。在司法拍卖过程中，关于税费缴纳责任人的确定已成为公众关注的焦点之一。本文以现行法律规定和司法实践中的问题为研究起点，发现不动产司法拍卖存在税费缴纳人的规定不明确、法定税费承担主体与实际税费承担主体不一致、买受人的涉税权益难以保障等问题，从而提出明晰不动产司法拍卖税费缴纳人的界定、解决相关法律条款的冲突、明晰法院在涉税信息方面的告知责任等建议，旨在完善不动产司法拍卖中的税费缴纳规则。

关键词：不动产司法拍卖　税费缴纳　涉税权益

一、不动产司法拍卖中税费缴纳的现行法律规定

（一）不动产司法拍卖中所涉税费及其纳税主体的规定

税种是税费缴纳的核心要素之一，我国法律法规针对各类税种的纳税主体设有各异的规定。不动产司法拍卖所涉及的税费较为复杂，因此，明确法律规定的纳税主体显得尤为重要。通过对相关法律法规的系统梳理，可以清晰界定我国不动产司法拍卖中所涉及的税费及其相应的纳税主体。不动产司法拍卖涉及的税费共计八种，具体包括增值税、城市维护建设税、教育费附加、地方教育费附加、印花税、土地增值税、个人所得税和契税。其中，契税仅由买受人一方单独承担，而印花税由出卖人和买受人双方共同承担，其余六种税费则均由出卖人一方单独承担。

（二）不动产司法拍卖中税费缴纳人的法律规定

通过对相关法律法规进行细致的对比分析，可以明确得出，各级法律法规一致规定由相应主体分别承担税费，即采用税费各担制，由买受人和出卖人各自缴纳其应付的款项。另外，值得关注的是，虽然最高人民法院曾在答复中向各级法院提出

[①] 王瑞琳，邢台市信都区人民法院法官助理。

明确的工作要求,即禁止法院在拍卖公告中注明所有税费由买受人承担,但其并未直接指出此前法院已经发布的相关拍卖公告存在违法情形,只是认为建议人提出的"税费由买卖双方各自负担"相比之下较为合理。与此同时,虽然我国税法对各税种的法定纳税人作出了具体的规定,但均未明确禁止由法定纳税人以外的人实际代为缴纳税款。因此,在不动产司法拍卖过程中,涉及税款缴纳事宜时,通过合同形式约定由合同相对方或第三方代缴,仍属于合法行为。换言之,税法并未对税款的实际缴纳人作出强制性规定,故在司法拍卖中,将买受人约定为相关税费的实际缴纳人,并不构成违法行为。

二、不动产司法拍卖中税费缴纳面临的问题

(一)税费缴纳人的规定不明确

在我国现行的法律法规体系中,对于纳税主体已有明确的规定。然而,《最高人民法院关于人民法院网络司法拍卖若干问题的规定》(以下简称《网拍规定》)关于司法拍卖过程中相关税费缴纳义务人的规定,却不够具体和明确。例如,《网拍规定》第三十条所提及的"相关主体"一词,虽然涵盖了所有潜在的税费缴纳责任方,但其表述过于宽泛,导致难以明确具体缴纳人。这种不确定性导致了司法实践中不同法院对于该法律术语的解释尚未达成一致,而解释上的差异容易引发同类案件判决不一的情况。鉴于我国目前尚未制定专门针对不动产司法拍卖过程中税费缴纳的统一规范,因此在实际操作过程中,通常依据拍卖公告的相关规定执行。不同地区、不同级别的法院,甚至于在同一个案件中,一审法院、二审法院、再审法院对于税费缴纳主体的认定均可能存在差异。

(二)法定税费承担主体与实际税费承担主体不一致

通常情况下,在司法拍卖程序中,被执行人作为不动产的所有者,其财务状况已经恶化,甚至可能面临仅有的可执行财产即将被拍卖的境地。因此,被执行人往往无力支付相关税款。即便拍卖顺利完成,所得款项亦不能直接交付给被执行人,故被执行人亦无法直接使用拍卖所得款项来缴纳税费。此外,法院在强制执行拍卖程序后,若再要求被执行人支付相应税费,这不仅会妨碍法院执行工作的顺畅进行,而且与税法中所倡导的量能课税原则相悖。尽管最高人民法院的司法解释规定了税费的承担主体应各自缴纳相应的税费,但在司法实践中,过户过程中税费的缴纳责任归属问题始终是一个难以回避的难题。因此,在法院进行拍卖时,拍卖公告通常会明确指出税费由买受人承担,或者在买受人先行垫付税费后,可凭相关缴税凭证从拍卖所得款项中进行抵扣。

若买受人代为缴纳本应由被执行人承担的税费,买受人有权依据相关缴税凭

证,从拍卖所得款项中抵扣相应税费。此做法似乎为解决税费缴纳责任主体的问题提供了新方案。然而,拍卖公告中的此种规定实质上将税费缴纳主体进行了角色互换,不仅额外增加了买受人的经济风险,还可能为此后的司法拍卖资产变现过程埋下隐患。另外,通常情况下,拍卖公告会规定买受人必须在特定的时间限制内完成税费抵扣手续。若未能在规定时限内办理,买受人将无法进行税费抵扣。若买受人未能及时履行此程序,则不得不自行承担拍卖过程中产生的一切税费。这大大提高了买受人在拍卖后期选择悔拍的风险。

由此可见,在我国不动产司法拍卖过程中,法定的税费承担主体与实际税费承担主体之间存在不一致的现象。而当前我国法律体系中,关于不动产司法拍卖过程中买受人是否可以替代被执行人承担税费缴纳责任的问题尚未有明确的法律规定,属于法律空白。依据"法无禁止即自由"的原则,通过合同约定由买受人承担税款缴纳责任的做法并不违背现行法律规定,这也是部分法院在拍卖公告中明确指出买受人需概括承担税费的原因之一。然而,正是由于立法上的这一缺失,买受人代为缴纳税费的做法可能会引发相关的税务争议。

(三)买受人的涉税权益难以保障

在处理法拍房过户事宜时,行政机关始终坚持"先税后证"的原则。这意味着,只有在完全履行了所有纳税义务,取得税务机关提供的完税凭证之后,买受人才能够顺利进行房屋过户登记。因此,在竞拍成功取得房产后,买受人通常会主动向税务机关申报并缴纳相应税款。在此过程中,买受人需向税务部门提交相应的发票凭证。然而,在司法拍卖程序完成后,执行部门并不会向买受方提供发票凭证。这导致买受人在缴纳税费时面临困难,进而影响其后续办理房产过户等相关手续的进程。虽然买受人可以采取法律手段维护自己的合法权益。然而,在实际操作过程中,买受人寻求权利救济面临诸多挑战,这实质上为买受人完成税费缴纳并办理房屋产权转移手续增设了障碍。

此外,尽管买受人承担缴纳所有税款的责任有利于推动法院执行工作的顺利开展,但如何更好地保障买受人的权益也是一个不容忽视的问题。在司法拍卖过程中,通常会涉及多种税种。由于法院并非税务专业机构,且买受人亦非税务专业人员,双方对于税种及其具体数额往往缺乏明确的了解。即便在拍卖条款中规定由买受人负责支付所有相关税费,这些税费是否已计入最终成交价中,仍存在不确定性。由于缺乏相应的立法规定,不同税务机关对此问题的理解也存在差异,这种认识上的差异导致了实际操作中执法标准的不一致。这不仅可能引发买卖双方在税费缴纳方面的争议,而且会对税务机关执行法律职责造成不利影响。

三、细化不动产司法拍卖税费缴纳的法律规定

（一）明晰不动产司法拍卖税费缴纳人的界定

我国现行法律法规对于不动产司法拍卖中税费缴纳责任主体的规定尚存不明确之处，且司法实践中，由此引发的税费纠纷日益增多。这不仅导致行政复议案件数量逐渐上升，而且浪费了宝贵的司法资源，同时对税收的有效执行造成了不利影响。因此，通过法律手段明确不动产司法拍卖中税费的承担主体及其缴纳方式，不仅具有理论上的重要性，同时也具有极高的实践价值。

尽管国家税务总局已就相关问题作出答复，但该答复函仅属于行政性质的文件，无法对司法机关的行为产生根本性的约束力。在司法实践中，该答复亦未能得到普遍的推广和应用。因此，增设专门的法律条款或对现有司法解释进行细化显得尤为必要。唯有通过此途径，才能为法院的具体操作流程提供具有指导性的依据，明确如何更妥善地处理与不动产司法拍卖相关的税费主体问题。在不违反现行法律法规的前提下，即遵循税费由买受人和被执行人各自承担的原则，可以参照《民法典》所规定的第三人代为履行制度，赋予买受人代为缴纳税款行为的正当性和合法性。同时，亦应为买受人后续可能向被执行人追偿做好准备，即买受人履行完代被执行人缴纳税款的义务后，应允许相关完税凭证暂时留存于其手中。此外，拍卖公告作为一种具有特殊性质的法律文件，其具体内容应由各级法院严格依照最高人民法院所提出的工作要求予以执行，不得规定由买受人承担所有税费。同时，可以考虑采用上级法院备案制度，以此实施监督。

（二）解决相关法律条款的冲突

在不动产司法拍卖过程中，税费缴纳纠纷的产生很大程度上归因于法律法规之间的不一致性。若能有效避免此类冲突，将有助于各法院依据统一规则执行法律，从而减少不必要的诉讼案件，促进司法资源的合理分配。目前，在我国不动产司法拍卖领域，普遍实行"先税后证"的做法。这意味着，买受人必须在办理权属转移证明之前，结清除交易环节税费之外的所有持有环节税费。然而，这种方式与民事诉讼中的公平原则和对等原则存在明显的矛盾之处。正是由于这种矛盾，法院在拍卖后的分配阶段往往会面临分配难题。鉴于上述情况的出现，我国税务机关对不动产司法拍卖中"先税后证"模式的适用范围及对象进行调整已迫在眉睫。税务部门可以考虑采用"先税后证"模式二分法，具体而言，即要求买受人必须结清其应当缴纳的交易环节税费，但不强制要求被执行人必须立即结清其应当缴纳的税费，如果被执行人未主动履行纳税义务，税务机关能够通过申请强制执行的方式向被执行人追缴其拖欠的相应税费，如此一来，买受人乃至申请执行人的权益可

以得到更好的维护和保障。

(三)明晰法院在涉税信息方面的告知责任

税务金额作为税费缴纳的核心要素,其不明确性常导致争议。然而,在法院拍卖机构公布的信息中,往往缺乏对应缴税款的明确说明,导致买受人在交易完成后才得知实际应缴税款远远超过公告中所列金额,从而引发税务相关的纠纷。因此,司法机关及时履行相关信息的公开义务和告知义务尤为必要。同时,应健全不动产司法拍卖领域的税收征管联动机制,明确税务部门与法院各自的职责,并建立具体的协作机制,以实现信息共享。

具体而言,法院与税务机关之间应当形成完整的税费缴纳信息闭环。在司法拍卖启动之前,法院需向税务机关提供即将被拍卖的不动产的详细情况。税务机关则应向法院提供不动产的相关税费缴纳信息,这些信息应涵盖可能涉及的税种、法定纳税主体以及金额等,以便法院在拍卖公告中对税费缴纳的细节进行明确说明。这有助于明确买受人在参与竞拍过程中的税费责任与权益,增加不动产司法拍卖的确定性。在司法拍卖完成之后,法院需即刻通知税务机关此次交易的结果及最终成交金额,以便税务机关准确计算税费,确保国家税收利益。

参考文献

[1]高宝科.对司法拍卖若干价税问题的思考和建议:以不动产抵债为例[J].中国物价,2022,404(12):114-117.

[2]张婉苏.包税条款的效力反思与路径重构[J].南京社会科学,2021(11):92-101.

[3]沈雨航.不动产司法拍卖中卖方税收承担的困境与出路[J].经济研究导刊,2021,491(33):133-136.

[4]任林,辛正平,许建国.不动产司法拍卖税费缴纳难题的解决对策[J].税务研究,2021(12):78-82.

[5]黄建文,韩欣雨.不动产司法拍卖中卖方税收承担制度的反思与重构[J].税收经济研究,2021(1):66-75,90.

[6]包关云.不动产网络司法拍卖税费承担探究[J].财务与会计,2019(8):62-64,67.

[7]谢智勇.不动产司法拍卖过户税费由买受方承担的税务处理之我见:肇庆亘泰金旺公司土地拍卖案例[J].中国集体经济,2020(28):107-108.

[8]廖仕梅.关于不动产司法拍卖"纳税义务人"认定争议的分析[J].税务研究,2020(10):86-91.

[9]李帅,张弘. 不动产执行拍卖过户中"先税后证"问题研究:基于税收征管与民事执行的交叉视角[J]. 中国不动产法研究,2019(1):247-257.

[10]侯卓."债务关系说"的批判性反思:兼论《税收征管法》修改如何对待债法性规范[J]. 法学,2019(9):141-154.

海南自由贸易港税制改革的影响、定位与展望
——基于自由与税收法定相协调的设计思路[①]

郝琳琳 汤思源[②]

摘 要:本文通过分析海南自由贸易港(简称"海南自贸港")零关税、低税率、简税制、强法治和分阶段实施的特殊税制安排,讨论税制改革对海南经济的影响。海南自贸港税制改革须突显"自由观"的同时符合"税收法定原则"的要求,即所有税收政策和制度的制定和实施都必须基于法律的规定。最后提出完善海南自由贸易港税制的建议,包括财税体制改革整体方案设计、激励企业"走出去"的税收优惠措施制定等。同时,税收制度创新应与现代财政制度相互配合,以促进跨国贸易,吸引国外投资,并提升海南自贸港在国际贸易中的竞争力。

关键词:海南自贸港 税制改革 税收法定原则 自由观

"世界处于百年未有之大变局"[③],数字经济的突飞猛进,加大了世界变局的深度、广度和难度[④]。海南自贸港具有得天独厚的探索条件,数字经济的时代背景又造就了其特殊的使命。加快推动自由贸易港建设,为实现"两个一百年"奋斗目标和"中华民族伟大复兴的中国梦"提供"海南经验"、"海南智慧"和"海南模式",对探索数字经济时代的国际经贸规则具有范式意义[⑤]。税制改革为海南自由贸易港建设的关键一环。逐步建立与高水平自由贸易港相适应的税收制度,必须与现代财政制度整体配套推进,推动传统产业转型发展,提升科技创新和技术研发能力,使海南在我国新一轮改革开放和推动经济高质量发展的进程中发挥强大引领作用。

[①] 本文系 2024 年海南哲学社会科学规划课题"海南自由贸易港跨境税收争议解决机制研究"[HNSK(YB)24-90]和北京工商大学教改项目"课程类虚拟教研室建设路径研究"(jg235125)的阶段性成果。
[②] 郝琳琳,北京工商大学法学院教授;汤思源,北京工商大学法学院经济法学硕士研究生。
[③] 2018 年 6 月,习近平总书记在中央外事工作会议上指出:"当前,我们处于近代以来最好的发展时期,世界处于百年未有之大变局,两者同步交织、相互激荡。"
[④] 曹明星. 数字经济国际税收改革:理论探源、方案评析与中国抉择[J]. 财贸经济,2022,43(1):44-58.
[⑤] 吴士存. 百年未有之大变局下海南自贸港建设的时代使命[N]. 海南日报,2019-12-25(07).

一、海南自由贸易港的特殊税制安排

目前,《海南自由贸易港建设总体方案》(以下简称《总体方案》)提出的特殊税制安排仅具有原则性和框架性,但紧密围绕着海南产业发展。其特殊税制安排主要体现为坚持"零关税、低税率、简税制、强法治、分阶段"的原则(见表1),旨在形成具有国际竞争力的税收制度[①]。

表1 海南自贸港特殊税制安排五个原则的基本表述

原则	基本表述
零关税	全岛封关运作前,对部分进口商品免征进口关税、进口环节增值税和消费税; 全岛封关运作、简并税制后,对进口征税商品目录以外、允许海南自由贸易港进口的商品均免征进口关税
低税率	对在海南自由贸易港实质经营的企业,实行企业所得税优惠税率。对符合条件的个人,实行个人所得税优惠税率
简税制	结合我国税制改革方向,探索推进简化税制。改革税种制度,降低间接税比例,实现税种结构简单科学、税制要素充分优化、税负水平明显降低、收入归属清晰、财政收支大体均衡
强法治	按实质经济活动所在地和价值创造地原则对纳税行为进行评估和预警,使得对偷漏税风险的识别得以强化,防范税基侵蚀和利润转移,避免成为"避税天堂"。积极参与国际税收征管合作,加强涉税情报信息共享
分阶段	按照海南自由贸易港建设的不同阶段,分步骤实施零关税、低税率、简税制的安排,最终形成具有国际竞争力的税收制度

海南自贸港的税制改革可以分为2025年前、2035年前两个阶段(见表2)。第一阶段为过渡阶段,实行部分进口商品"零关税"政策。第二阶段是在第一阶段的基础上进一步推进财税制度改革,更大程度发挥海南自贸港的战略意义。企业所得税方面,对注册在海南自贸港并实质性运营的鼓励类产业企业,按15%征收企业所得税,对不符合实质性运营的企业,不予减税;对在海南自由贸易港设立的旅游业、现代服务业、高新技术产业企业等投资所得作出了相关安排。个人所得税方面,在海南自由贸易港工作的高端人才(包括外国人才)和紧缺人才,免征其个人所得税实际税负超过15%的部分。增值税退税政策和海关税收政策等也将陆续出台。

---

① 陈经伟. 高质量高标准建设海南自由贸易港[N]. 人民日报,2020-06-30(09).

表 2 海南自贸港税改各个阶段的相关安排

阶段	相关安排
2025 年前（第一阶段）	对注册在海南自由贸易港并实质性运营的鼓励类产业企业,减按 15% 征收企业所得税
	对在海南自由贸易港设立的旅游业、现代服务业、高新技术产业企业,其 2025 年前新增境外直接投资取得的所得,免征企业所得税
	对企业符合条件的资本性支出,允许在支出发生当期一次性税前抵扣或加速折旧和摊销
	对在海南自由贸易港工作的高端人才和紧缺人才,其个人所得税实际税负超过 15% 的部分,予以免征
2035 年前（第二阶段）	对注册在海南自由贸易港并实质性运营的企业(负面清单行业除外),减按 15% 征收企业所得税(下降幅度为 40%)
	对一个纳税年度内在海南自由贸易港累计居住满 183 天的个人其取得来源于海南自由贸易港范围内的综合所得和经营所得最高适用税率分别下降 30%、20%,按照 3%、10%、15% 三档超额累进税率征收个人所得税
	扩大海南地方税收管理权限,将赋予海南自由贸易港更多税收管理权;企业所得税、个人所得税作为中央与地方共享收入,销售税及其他国内税种收入作为地方收入
	授权海南根据自由贸易港发展需要,自主减征、免征、缓征除具有生态补偿性质外的政府性基金,自主设立涉企行政事业性收费项目,海南将获得更多的政府非税收入方面的征收管理授权
	对中央级行政事业性收费,按照中央统一规定执行
	中央财政支持政策结合税制变化情况相应调整,并加大支持力度
	进一步研究改进补贴政策框架,为我国参与补贴领域国际规则制定提供参考

《总体方案》作为中央对海南自由贸易港制度安排的纲领性文件,主要包括"六个便利、一个体系、四个制度"①。其中,"六个便利"和"四个制度"主要参考国际成熟自贸港共性的基础性制度,是自贸港的软环境建设进路;"一个体系"是发展自贸港实体经济,提升产业硬实力的根本②。社会主义的本质是解放、发展生产

---

① "六个便利"指交易自由便利、投资自由便利、跨境资金流动自由便利、人员进出自由便利、运输来往自由便利、数据安全有序流动;"一个体系"就是构建现代产业体系;"四个制度"指加强税收、社会治理、法治、风险防控四个方面的制度建设。

② 陈经伟. 海南构建现代产业体系的路径和着力点[N]. 经济日报,2020-07-23(11).

力。《总体方案》中的税改安排深刻体现了社会主义的本质要求,其核心优势在于战略目标与制度工具的高度协同。一方面,税制改革紧密围绕"现代产业体系"构建需求,精准引导旅游业、现代服务业等主导产业向高附加值环节升级;另一方面,分阶段实施的"简税制"改革通过合并流转税、降低间接税占比,既契合数字经济与服务业发展的税制需求,又可为全国税制改革提供先行试验样本。尤为关键的是:改革通过"一线放开、二线管住"的海关监管创新,在国内统一大市场与国际高标准经贸规则之间架设"制度转换器"——既维护国内市场完整性,又通过实施销售税等制度衔接实现生产要素跨境高效配置。这种兼具国际视野与本土特色的制度设计,不仅重塑了海南在全球价值链中的枢纽地位,更为中国参与国际税收治理提供了创新范式。海南自贸港分阶段税制改革的特殊性与优势集中体现于其顶层设计的系统性与实践路径的适配性。作为我国首个对标国际最高开放标准的制度创新,其特殊性首先表现为分阶段动态演进的制度框架:前期通过零关税清单管理、企业所得税优惠等政策吸引要素集聚,后期则通过简并税种、优化税制结构实现与国际通行规则的深度接轨。这种"先试点后定型"的路径,既可避免激进改革可能引发的系统性风险,又能通过渐进式压力测试持续校准制度竞争力。其次,法治化与实质运营的双重约束构成制度基石,通过"实质性经营地"判定标准与OECD税改框架的衔接,既规避了"税收洼地"的投机风险,又强化了税基稳定性,为制度创新提供了法治保障。

二、经济影响:阶段性的正负面影响并存

海南特殊的税收制度安排是一套比国内其他区域甚至其他国家和地区更优惠的税收政策体系,产生"洼地效应"[①]促进人才、资金、技术等生产要素在区域的有效集聚。然而,国内并没有成熟的经验可以参考,本文从时间维度考察税制改革在自贸港产生的经济影响,原因有二:一方面,税制须与其他制度共同发挥作用,孤立分析税制改革的经济效用并不严谨;另一方面,《总体方案》中"分阶段"的安排一定会对经济产生短期乃至长期的影响。

(一)长期:具有重要的国际战略意义

随着全球经济竞争的加剧,越来越多的国家把提高国际竞争力作为税制改革目标之一[②]。《总体方案》所设计和分步实施的"零关税、低税率、简税制"的税收制度安排,是我国税制改革思想一次质的飞跃。海南通过自贸港税收制度设计与改

---

① 夏飞,胡洪曙. 试论"洼地效应"[J]. 技术经济,2001(11):59-60.
② 江诗文,李银珍. 海南自贸港税制改革影响因素与突破路径[J]. 财政科学,2024(1):83-90.

革实践,为中国打造更富有国际竞争力的税制进行探索,在国际范围内具有长期战略影响。

第一,综观世界各国的税收改革趋势和举措,主要表现为在个人所得税降低税率、寻求简化的同时,将企业所得税调整为"消费型"课税。《总体方案》确定的企业所得税税率与个人所得税税率均为15%、境外参股20%的汇回股息免税、增值税改为征收销售税等政策,顺应了国际税改趋势,在国际范围内具有一定竞争力①。

第二,海南自贸港的税收政策从"全球征税"改为"属地征税",体现了国际税改的最新动向。

第三,海南税制创新为对接CPTPP、DEPA等高标准区域经贸协定提供了实践样本,通过数据跨境流动、知识产权保护等领域的规则衔接,推动中国从国际规则接受者向制定者转型,为发展中国家参与全球经济治理提供新的范式。这种以税制改革撬动制度型开放的路径,不仅强化了中国在亚太区域经济一体化中的枢纽地位,更通过"双循环"战略将国内市场优势转化为国际规则话语权,为构建公平包容的全球经济秩序贡献中国智慧。

(二)中长期:助推海南现代产业体系的形成

税收支出对于经营者来说是投资经营必须付出的代价,也是其理性决策必须考虑的成本支出。海南自由贸易港特殊税收优惠制度安排,在中长期为产业经营者降低交易成本、提高经济效益创造了可能,可以进一步助推海南现代产业体系的形成②。其税收政策的集成优势,无论对技术成果转化、实用技术运用、国外技术与人才的引进,都具有现实作用:第一,海南自贸港税收政策的叠加集成实现出口成本明显降低。海南高新技术企业在固定资产、无形资产和贷款利息上可以同时实现"双列支"③。第二,人才引进方面,在吸引国内高端研发人才聚集的同时,解决了由于税率高国外高端人才不愿来的问题,对促进高新技术企业的研发具有极大利好作用。第三,后疫情时代,全球经济的调整和跨国公司全球价值链重组成为趋势,自贸港的税制基础和环境将吸引一大批看好中国市场和具备供应链优势的跨国公司在海南设立地区总部,壮大自贸港现代化产业体系④。目前,G20反税基侵蚀和利润转移行动计划要求年度销售额超7.5亿欧元的大型跨国公司必须以最

---

① 中国香港企业所得税税率为16.5%,个人所得税最高税率为17%;新加坡企业所得税税率为17%,个人所得税最高税率为22%;爱尔兰企业所得税税率为20%,个人所得税最高税率为46.24%。

② 孙超.自由贸易港的税收制度研究:兼论我国海南自由贸易港的税收激励机制的构建[J].税收经济研究,2018(4).

③ 列支是将这些支出在财务账面上进行记录,以便于后续的财务管理和核算。这不仅包括记录支出的金额,还包括支出的时间、用途、支付方式等信息。通过这种方式,企业或个人可以了解支出的情况,进而作出更为合理的财务决策。

④ 姜跃生.海南自贸港之国际税收政策思考[N].经济观察报,2020-08-17.

终控股母公司为依据出具披露在各国投资、利润、税收状况的国别报告。海南自贸港税收政策的集成优势对技术成果转化、实用技术运用、国外技术与人才的引进具有现实的作用。

(三)短期:对海南经济造成短暂不利冲击

然而,税制改革也可能在短期内使海南自贸港的建设面临显著的税负结构压力与产业转型挑战。2018年海南全省宏观税负达24.1%,较全国均值高出7.1个百分点,凸显高税负与自贸港低税率目标的根本矛盾①。当前的税制改革还需兼顾产业升级与财政可持续性,面临财政出现逆差的风险:房地产业"断腕"导致存量税源锐减,叠加自贸港低税率制度实施,或造成财政收入"空窗期"。2025年封关前的转型阶段,财政失衡恐成常态。更深层的矛盾在于:经济结构对房地产的畸形依赖——海南省土地相关税收占比较高,2018年改革后房地产业税收激增25.7倍,房地产业的"严调控"可能致其销售额与税收同步下滑。土地税收的下降将进一步拖累传统服务业税收,去房地产化进程虽有必要,却会使财政短期内承压剧增。而目前海南自贸港的旅游业等规划产业尚未形成支柱效应,土地财政波动性与产业断层风险并存,亟待通过系统性税制改革与产业培育破解新旧动能转换困局。

三、制度定位:"自由"与"税收法定"相协调的设计思路

(一)海南自贸港税制改革须突显"自由观"

海南自由贸易港最鲜明的特征就是"自由"二字。自由贸易港的建设对海南财税体制改革提出了新要求,不能单纯地依靠降低主体税率,以地区超低税率的税收竞争方式攫取本地区贸易额和投资额。其改革的目标应当是制定一个最能体现"自由"特征,有利于货物、资金、人员自由流动的自由贸易港税收政策体系。

首先,"零关税"政策不仅通过负面清单管理模式大幅降低了商品流通成本,更推动了税制结构的系统性优化——以2025年封关为节点,将增值税等五税简并为销售税,实现从多环节间接税向零售环节单一税的转变,显著降低了企业经营性税负与税收遵从成本。

其次,中央财政通过动态调整转移支付机制,在保障地方治理能力的同时建立"减税降费—财政补偿"的平衡体系,既确保税制改革的可持续推进,又促进事权与财权在数字经济时代的精准匹配。更为关键的是,该体系构建起"制度创新—财

---

① 剔除北京和上海总部经济企业所得税集中缴纳的影响,海南省税负实际排名为全国第二,仅次于西藏。

政支撑"的闭环机制：一方面通过企业所得税优惠等税收政策增强要素吸引力，另一方面依托专项建设基金等财政工具定向支持现代服务业等主导产业，形成税收激励与财政投入的叠加效应。这种将税制改革深度嵌入现代财政制度的顶层设计，既遵循国际自贸港"低税率、简税制"的共性规律，又创新性地构建起中国特色制度型开放的"自由"样本，为海南打造全球资源配置枢纽提供持续动能。

（二）海南自贸港税制改革须符合"税收法定原则"

中共中央十八届三中全会决定提出，要加强人民代表大会制度建设，落实税收法定原则。海南自贸港的税制改革必须遵循"税收法定原则"的根本要求，即所有税收政策和制度的制定和实施都必须基于税收法律的规定。《中华人民共和国海南自由贸易港法》赋予了海南自由贸易港特别的立法权，海南省人大及其常委会可以在遵循宪法规定和法律行政法规基本原则的前提下制定海南自由贸易港法规，进一步确保税收政策的制定和实施在法律框架内进行。海南自贸港最具特色的税制改革是"五税合一"的销售税改革，即将现行增值税、消费税、车辆购置税、城市维护建设税及教育费附加等税费进行简并，并在货物和服务零售环节征收销售税。企业所得税方面，对注册在海南自贸港并实质性运营的鼓励类产业企业，减按15%的税率征收企业所得税。其他税种的改革在此不作详述。

（三）与"税收法定原则"相协调的"自由观"：对自由的范围去庸化

庄子《逍遥游》以其之"道"提出了人的精神自由的问题，并在此基础上区分了精神世界的心灵自由和物质世界的行为自由，以及与之相联系的绝对自由及相对自由，提出了人的四种不同的精神境界①。自由的人生价值观念与政治功利性的价值观念、事物的精神价值与实用价值等为海南自贸港税制改革提供参考。庄子的思想学说所关注的是人的精神自由的问题，即"逍遥"状态并非完全的思想自由化，而是具有一种有效化的价值尺度。这种价值尺度要求海南自贸港的税改"自由化"必须在"税收法定原则"的框架内进行，与推进海南自贸港的建设并不冲突。"自由"不但是"物个体"的问题，还是一个"物个体"的"运动"的问题。"物个体"的存在形式是"运动"的、"变化"的，在"空间"中"运动"，在时空结构中"变化"。而"运动"和"变化"则体现着"物个体"的"自由"运动和变化的幅度，空间的大小就是"物个体"的"自由"的大小②。"税收法定原则"为税改的"自由性"划定了界限，才确保了其政策实施的有效性。此时"自由观"不局限于空想，而在数据流通、人才引进、产业进步中形成了具体的路径。消费税、增值税、车辆购置税、城市维护建设税甚至房产税或新税，是存在于"税收法定"模式下的"新自由税种"。尽管这

---

① 王富仁. 论庄子的自由观:庄子《逍遥游》的哲学阐释[J]. 河北学刊,2009,29(6):39-46.
② 王先谦. 庄子集释·诸子集成[M]. 上海:上海书店,1986.

些政策的推行中存在阻力,但要遵循立法先行的原则,形成稳固的海南自贸港税制体系。

四、未来展望:海南自由贸易港税制的完善建议

从国际经验看,在自贸港设立和发展过程中,政府制定的激励性政策具有不可替代的作用,财税政策更是重中之重[①]。自贸港的建设正是依托其实施的免税、缓税、退税、分期缴纳税收等直接或间接优惠税收制度以及财政支出、补贴等政策,才能够有效地促进跨国贸易,吸引国外投资,并不断提升自身在国际贸易中的竞争力[②]。海外成功经验对海南自由贸易港财税制度建设至少有以下几点启示:第一,对基础设施建设的财政投资支持在自由贸易港早期建设中必不可少;第二,建设具有国际竞争力的财税制度,优化税收征管体制;第三,构建有利于高端产业发展的财政补贴政策和税收优惠政策体系;第四,动态规范整理现有税收优惠政策,推进税收法治,避免税收洼地和无序竞争;第五,积极调动社会资本参与基础设施建设乃至片区综合开发。

(一)海南财政税收制度改革的总体构想

财政支出方面,应主要涵盖海南自贸港建设中的财政支出、补贴、奖励政策,包括基础设施、公共工程的财政支持机制创新与政策优化,新产业扶持与企业成长的奖励政策,吸引人才、鼓励人才落户的财政支出、补贴方案设计,等等[③]。税收制度方面,主要体现为税收优惠政策,包含在自贸港内推行零关税、大幅度免除增值税、对重点行业采取企业所得税等方面的优惠支持、实行有利于激发科研的企业所得税特定优惠政策、资产评估增值的企业所得税递延纳税政策、对企业再融资(配股、增发新股、发行公司债券)的税收优惠政策、对特定高新技术企业等的房产税和城镇土地使用税优惠政策、试点实行离岸贸易和离岸金融服务税收优惠政策、扩大个人所得税优惠受益群体以及税收制度和政策的实施路径安排与风险防控等内容[④]。同时,税制改革应包含海南自贸港的税收服务创新优化内容,充分利用地理区位优势:第一,建设税收抵免调节平台,提高税收征管效率;第二,结合构建海南自贸港金融管理中心,建立专项税源档案;第三,信息技术产业、人工智能、海洋经济等自贸港重点发展行业率先调整亏损结转制度;第四,建设税收转让协定平台,

---

① 余得生.创业投资引导基金激励性规制研究[J].江西社会科学,2015,35(12):33-37.
② 唐志勇,王佳莹,陈林,等.海南自由贸易港与粤港澳大湾区相向发展:协同治理与协调发展[J].国际经贸探索,2024,40(12):100-114.
③ 王莉莉.专精特新企业人才生产性服务政策优化研究:以嘉兴市为例[J].上海商业,2024(4):185-187.
④ 易澳妮.税收推进普惠金融高质量发展的理论逻辑与政策选择[J].财会研究,2024(5):8-14.

增强税收激励效果;第五,建设涉税复合人才培养平台,提升征管队伍质量;第六,建设国地税收协作平台,增强税收协作质效①。

(二)推进海南地区税收制度改革与创新发展

在全岛封关运作的同时,海南自贸港建设需构建分层推进的税制改革体系:首先,在央地税收权限划分上,维持企业所得税、个人所得税共享机制,将销售税筹划为地方独享税,同步赋予海南省政府性基金调整权和涉企收费创设权,严格遵循中央收费规定;其次,以消费税改革为突破口,配合中央征收环节后移部署,在全岛封关时依法将现行增值税、消费税、车辆购置税、城市维护建设税及教育费附加等税费进行简并,创新实施零售环节销售税,通过简化计税方式降低中间环节税负②;同时,物业税的征收应该要考虑海南未来二元化房地产的一个特殊结构,即一方面是安居型商品住房,一方面是面向市场的商品房,只要保证本岛居民和引进人才的安居型商品住房排除在物业税征税范围以外,将其余的市场化的商品房全部纳入物业税的征税范围,就可以顺利地实现过渡③。推进房地产税制"一揽子改革",整合房产税与土地使用税建立差异化物业税,对市场化商品房开征保有环节税收并配套旅馆业特别税,既保障居民住房需求又培育稳定税源;此外,建立中央财政动态支持机制,结合税改进展创新补贴政策框架,为我国参与国际税收规则制定提供实践样本。通过权限配置、税种重构、征管创新三重维度协同发力,打造具有国际竞争力的自贸港税收制度。

(三)税收治理现代化助推税收法治建设

海南的税收体制改革肩负着全面参与国际经济合作与竞争的重任,应积极探索更加规范、现代化、国际化的税收治理体系。税收治理现代化很大程度上是通过税收制度来体现的,包括纳税人自主申报、税收征管"互联网+"④、移动办税⑤等。作为一个相对开放的地区,海南可以通过建立小规模的税务管理体制进行税收治理现代化试点,再将成果进行规模性应用,助推我国税收法治建设。目前,海南拥有特殊地理区位,经济总量小,年地区生产总值约 5 000 亿元,地方财政一般预算收入约 800 亿元,完美符合税收治理现代化试点要求,能够最大限度地集中正面效益,大胆试验。税制经过试点成熟之后,再上升为法律法规,以体现税收法定的原则。

---

① 钱月婷,迪宣. 国税地税全面打造协作平台[N]. 蚌埠日报,2008-08-14(A02).
② 陈涵,詹江,谢家智,等. 消费税改革的预期效应分析及政策建议[J]. 财会研究,2024(12):18-26,52.
③ 刘洵. 中国城市住房从量累进物业税模式研究[D]. 武汉:湖北大学,2020.
④ 黄楚新,王丹. "互联网+"意味着什么:对"互联网+"的深层认识[J]. 新闻与写作,2015(5):5-9.
⑤ 李万甫,赖勤学,张民. 拓展"非接触式"办税缴费服务的思考:以泉州市税务局为例[J]. 税务研究,2020(5):13-18.

(四)鼓励海南对外开放的企业税收优惠体系

"双向开放"和"两头在外"是海南岛屿经济体对外开放过程中必须选择的路径[①]。海南也将成为国家"一带一路"倡议的一个重要支点。《总体方案》对鼓励类企业的境外直接投资所得免征企业所得税,为我国鼓励类产业的企业从海南"走出去"创造了新的平台。应进一步健全企业"走出去"配套制度体系,重点完善三项支持政策:一是实施固定资产一次性税前扣除、加速折旧摊销等税收优惠;二是建立海外投资风险准备金计提制度;三是推行递延纳税政策,允许企业在将海外经营利润汇回国内时再行征税。通过制度创新降低企业"走出去"的税收负担,增强跨境经营抗风险能力。须充分发挥自贸港政策优势,构建双向开放的战略枢纽:一方面通过实施跨境直接投资税收优惠政策,吸引国际投资者落户;另一方面强化国际门户功能,使海南不仅是中国企业"走出去"的桥头堡,更成为全球企业进入中国市场的首选门户。建议对在琼外资企业的经营所得实施优惠税率制度,同步完善投资便利化配套措施,打造国际投资"双循环"的关键节点。

---

① 夏锋,郭达. 海南经济特区开放型经济发展的基本经验与战略选择[J]. 改革,2018(5):27-36.

全国统一大市场建设中的税收思考

石德山 魏 民 耿 超 李 晶[①]

摘 要：党中央高度重视统一大市场建设工作，全国统一大市场建设已成为基本国策。税收能够促进全国统一大市场的建设，统一大市场建设也对税收提出了更高的要求和更大的挑战。基于全国统一大市场建设视角，我国税收实践中存在着诸多问题和一些显性、隐性壁垒，亟须高度重视和妥善解决。

关键词：统一大市场 股权转让 房屋租金 预缴增值税

一、党中央高度重视统一大市场建设工作

建设全国统一大市场是构建新发展格局的基础支撑和内在要求。党的十八届三中全会提出"建设统一开放、竞争有序的市场体系，是使市场在资源配置中起决定性作用的基础"，党的十九大要求"清理废除妨碍统一市场和公平竞争的各种规定和做法"，党的十九届四中全会提出"建设高标准市场体系，完善公平竞争制度，全面实施市场准入负面清单制度"，党的十九届五中全会部署"健全市场体系基础制度，坚持平等准入、公正监管、开放有序、诚信守法，形成高效规范、公平竞争的国内统一市场"。2021年12月，习近平总书记主持召开中央全面深化改革委员会第二十三次会议，强调"构建新发展格局，迫切需要加快建设高效规范、公平竞争、充分开放的全国统一大市场，建立全国统一的市场制度规则，促进商品要素资源在更大范围内畅通流动"。2022年3月，中共中央、国务院发布《关于加快建设全国统一大市场的意见》(以下简称《意见》)，提出"加快建立全国统一的市场制度规则，打破地方保护和市场分割，打通制约经济循环的关键堵点"。2023年12月，中央经济工作会议要求"加快全国统一大市场建设，着力破除各种形式的地方保护和市场分割"。2024年3月，《政府工作报告》强调"加快全国统一大市场建设"。党的二十届三中全会发布的《中共中央关于进一步全面深化改革 推进中国式现代化的决定》再次提到"构建全国统一大市场""推动市场基础制度规则统一、市场监管公

[①] 石德山，大连旅顺口区人民政府副区长；魏民，国家税务总局石家庄市税务局第一税务分局/中国大企业税收研究所二级主办研究员；耿超，国家税务总局大连市税务局副处长；李晶，东北财经大学/中国大企业税收研究所教授研究员。

平统一、市场设施高标准联通""清理和废除妨碍全国统一市场和公平竞争的各种规定和做法",规范地方招商引资法规制度,严禁违法违规给予政策优惠行为。全国统一大市场建设已成为基本国策。

二、以税收政策优化支持全国统一大市场建设

税收能够促进全国统一大市场的建设,统一大市场建设也对税收提出了更高的要求和更大的挑战。全国统一大市场建设要求打破地方保护和市场分割,打通制约经济循环的关键堵点,促进商品要素资源在更大范围内畅通流动。基于全国统一大市场建设视角,我国税收实践中存在着诸多问题和一些显性、隐性壁垒,亟须高度重视和妥善解决。例如:股权转让业务的属性认定不清,会形成政策壁垒;房屋租金收入的征税办法不当,会形成执法壁垒;异地建筑项目的预缴规定不公,会形成管理壁垒。这些都会阻碍全国统一大市场建设。

(一)房地产企业股权转让的税收争议

1. 税收争议

依照现行税收法律法规规定,房地产项目转让需要缴纳土地增值税,而股权转让则与土地增值税无关。但在税收实践中,普遍存在着房地产企业股权转让与项目转让混淆误判的现象。企业基于自身的税收立场,模糊真实的业务实质,有损税收公平和市场公平。

如2016年2月,YD地产集团有限公司(以下简称"YD地产")与自然人杜某签订《股权转让协议书》和《股权转让补充协议书》,转让持有的某房地产开发有限公司股权,取得股权转让收入约7.857 1亿元。2017年3月,YD地产办理完成股权变更手续,杜某拥有100%股权。对此,当地稽查局认为YD地产涉嫌以股权转让协议形式隐瞒房地产开发项目转让业务,逃避缴纳营业税及附加税费、增值税、土地增值税和企业所得税,遂作出《税务处理决定书》,要求其缴纳营业税、增值税及附加、土地增值税逾1亿元。但YD地产坚持认为协议属性为股权转让协议,协议事实为股权转让行为,与房地产项目转让完全不同,遂向上级税务机关申请行政复议。

2. 原因分析

在税收实践中,此类业务税企争议不断,究其原因主要有五。

第一,征纳双方对于税收政策理解与解读的出发点迥异。

第二,在尊重纳税人享受税收优惠与防范纳税人偷逃税款之间,税务机关防范纳税人偷逃税款的意图和目标更为明显,目标在于保护国家利益不受侵犯。

第三,在不同的税务处理方法可能导致不同的纳税义务且纳税义务差别较大的情况下,税务机关对于纳税人业务的真实属性作出判断时,极有可能因税务处理

结果而影响其税收政策理解的正确性、税收政策适用的精准性,乃至影响税收政策本身的科学性、客观性与公平性。

第四,更为重要的是,基于不同税收立场的税收政策解读的话语权,难免有失公允、公正。

第五,当纳税人确实进行股权转让,虽然事实结果与房地产项目转让相近但却免缴了大量税收时,税务机关对于税收政策的解读便可能偏向于"防范纳税人利用政策漏洞逃避缴纳税款"。

3. 对策建议

《意见》要求"统一执法标准和程序,规范执法行为,减少自由裁量权,促进公平公正执法,提高综合执法效能"。股权转让是公司股东依法将股东权益有偿转让给他人、他人取得股权的民事法律行为,是股东行使股权经常而普遍的方式。房地产转让是指房地产权利人通过买卖、赠予或者其他合法方式将其房地产转移给他人的行为[1]。转让房地产开发项目,应当符合规定的条件[2]:第一,按照出让合同约定已经支付全部土地使用权出让金,并取得土地使用权证书;第二,按照出让合同约定进行投资开发,属于房屋建设工程的,完成开发投资总额的25%以上,属于成片开发土地的,形成工业用地或者其他建设用地条件[3]。房地产转让时,土地使用权出让合同载明的权利、义务随之转移[4]。由此,股东依法享有资产收益、参与重大决策和选择管理者等权利,股权不仅具有财产权利的性质,且具有对公司事务进行参与、管理的性质。而建设用地使用权,是权利人依法对国家所有的土地享有占有、使用和收益的权利,以及利用该土地建造建筑物、构筑物及其附属设施的权利[5],是与股权完全不同的权利,二者属性不同,法律依据不同,涉税处理不同。

在执法过程中,税务机关应认真遵循《中华人民共和国税收征收管理法》赋予的税收行政立法权,在对税收行政规章及其他规范性文件作出法律解释、行政解释时,尊重涉税业务实质,既强调纳税人依法纳税的义务,亦尊重纳税人享有的税收权利,破解税收政策壁垒。

(二)代开房屋租赁发票的税收困惑

1. 税收困惑

依照现行税收法律、法规和规章规定,在房屋租赁业务中,取得租金的纳税人

---

[1] 参见《中华人民共和国城市房地产管理法》第三十七条规定。
[2] 《城市房地产开发经营管理条例》第二十条规定,转让房地产开发项目,应当符合《中华人民共和国城市房地产管理法》第三十八条、第三十九条规定的条件。
[3] 参见《中华人民共和国城市房地产管理法》第三十九条规定。
[4] 参见《中华人民共和国城市房地产管理法》第四十二条规定。
[5] 参见《中华人民共和国民法典》第三百四十四条规定。

应依法缴纳增值税及其附加(城建税、教育费附加和地方教育费附加)、房产税、土地使用税、印花税和企业所得税(或个人所得税),支付租金的纳税人应依法取得税收凭证进行增值税和企业所得税(或个人所得税)处理。但在税收实践中,普遍存在着相同房屋相同业务面临不同的税务处理的问题,税收政策不公平,税收执行不规范。

如某药房连锁有限公司(以下简称"药房",某上市公司全资控股子公司,主要经营药品零售、医疗器械零售,布局京津冀地区)在营1 600余家门店,营业场所多为租赁,但有1 400余家门店无法取得租赁发票,唯有药房自行代开发票并代房东缴纳税款。在代开发票过程中,药房面临着京冀两地税务机关对于个人出租房屋代开发票预征个人所得税截然不同的处理办法。第一,两地征收方式不同。北京市对于个人出租房屋的租金收入,无论住房或非住房,明确了统一的核定征收方式;而河北省对于个人出租住房明确核定征收①,对于个人出租非住房未明确征收方式,但实务中多采取查账征收方式。第二,由于征收方式不同,税负差距悬殊。核定征收的征收率仅为1%~2%,查账征收的税率高达20%,相同的经济行为税收负担差距甚大。第三,即便征收方式相同,综合征收率亦不相同。河北省按照租金收入的5%~10%的幅度内核定应纳税所得额。北京市对于个人出租住房,按照租金收入区别设置2.5%和4%的综合征收率;对于个人出租商办等非住房,按照租金收入区别设置7%和12%的综合征收率②。如此一来,药房不仅承租房屋的年税收成本高至千万元③,更是作为同一纳税主体、针对同一承租行为,承担着完全不同的税收负担,有失税收公平和正义。

2. 原因分析

在税收实践中,房屋租赁收入代开发票预缴个人所得税的税务处理全国迥异,究其原因主要有六。

第一,在房屋租赁的业务中,出租方为自然人时,隐藏应税收入的动机较为普遍,隐匿纳税义务的意愿较为强烈。

第二,出租方取得房屋租赁收入后,不依法、不依规开具发票所付出的成本和

---

① 《国家税务总局河北省税务局关于个人出租住房个人所得税征收管理有关事项的公》第一条规定:自2019年10月1日起,个人出租(转租)住房不能提供合法、准确的成本费用凭证,不能准确计算房屋租赁成本费用的,在租金收入的5%~10%的幅度内核定应纳税所得额。具体适用比例由市税务机关确定。

② 根据北京税务12366热线,自2019年1月1日始,个人出租住房,月租金收入(不含税)在10万元以下的,按照2.5%综合征收率征收;月租金收入(不含税)在10万元以上的,按照4%的综合征收率征收。对于个人出租商办等非住房,月租金收入(不含税)在10万元以下的,按照7%的综合征收率征收;月租金收入(不含税)在10万元以上的,按照12%综合征收率征收。

③ 该药房在京津冀三地共设1 600余家连锁药房,员工5 000余人,2020—2022年三年累计缴纳各种税款3.01亿元。

代价较小。

第三,代开发票的非税成本较高,降低双方主动获取发票的主观意愿。

第四,房屋租赁业务主要涉及地方性税种,税务机关自由裁量权较大。

第五,在房屋租赁业务的税务处理上,税收执法公平统一的约束较少。

第六,最为重要的是,核定征收办法的选择与采用极其普遍且相当不规范。

3. 对策建议

《意见》要求"不断提高政策的统一性、规则的一致性、执行的协同性"。核定征收方式适用于单位纳税人和个人纳税人①,其采用应具备相应的条件。《中华人民共和国税收征收管理法》第三十五条规定,纳税人有下列情形之一的,税务机关有权核定其应纳税额:第一,依照法律、行政法规的规定可以不设置账簿的;第二,依照法律、行政法规的规定应当设置账簿但未设置的;第三,擅自销毁账簿或者拒不提供纳税资料的;第四,虽设置账簿,但账目混乱或者成本资料、收入凭证、费用凭证残缺不全,难以查账的;第五,发生纳税义务,未按照规定的期限办理纳税申报,经税务机关责令限期申报,逾期仍不申报的;第六,纳税人申报的计税依据明显偏低,又无正当理由的。《中华人民共和国税收征收管理法实施细则》第四十七条规定,税务机关有权采用下列任何一种方法核定其应纳税额:第一,参照当地同类行业或者类似行业中经营规模和收入水平相近的纳税人的税负水平核定;第二,按照营业收入或者成本加合理的费用和利润的方法核定;第三,按照耗用的原材料、燃料、动力等推算或者测算核定;第四,按照其他合理方法核定。可见,核定征收是税务机关针对纳税人特定情形、依法依规征收税款的一种方式。

核定征收对象是纳税人,而非应税货物(服务)。对同一纳税人提供服务并取得收入,税务机关或查账征收,或核定征收,但不能对同一项经济活动征税时既采用核定征收又采用查账征收,否则既有干预经济活动之嫌,又有悖于税收中性原则,更有导致税法不确定之嫌。为此,税务机关应优化税务执法方式,提高税务执法效能,促进税收公平公正监管。

(三)建筑企业异地项目预缴增值税的税收阻难

1. 税收阻难

2016年"营改增"后,建筑企业执行异地施工项目预缴增值税政策。为平衡税款入库的时间性差异和地域差异,增值税制度设置了异地预缴政策,要求纳税人跨县(市、区)提供建筑服务,向建筑服务发生地主管国税机关预缴税款,向机构所在

---

① 《国家税务总局关于贯彻〈中华人民共和国税收征收管理法〉及其实施细则若干具体问题的通知》"十四、关于税款核定征收条款的适用对象问题"规定:征管法第三十五条、实施细则第四十七条关于核定应纳税款的规定,适用于单位纳税人和个人纳税人。对个人纳税人的核定征收办法,国家税务总局将另行制定。

地主管国税机关申报纳税；一般纳税人适用一般计税方法计税的按照2%预征率预缴税款，适用简易计税方法的按照3%征收率预缴税款。该政策有效地解决了税收收入的归属与平衡问题，但却给纳税人带来了极大的不便。

2023年9月，国家税务总局S市税务局第一税务分局召集12家建筑企业，研讨分析建筑安装业增值税征管难点，并就"营改增后异地施工预缴对企业有什么影响"向企业广泛征求意见。总结而言，建筑企业认为异地项目预缴增值税的规定主要存在或引发如下问题。

第一，使所得税管理制度复杂化。在项目所在地设立分公司后，建筑企业在分公司所在地申报增值税及附加税、企业所得税、印花税、个人所得税等税种。在年终报表中，建筑企业总公司财报中包含了分公司收入数据，但由于分公司的企业所得税在项目所在地独立缴纳，税务报表中并不包含分公司数据。我国企业所得税原本为法人所得税，由总分公司汇总缴纳企业所得税；但建筑企业却复杂化了法人税制。

第二，增加企业的运营成本。调查发现，多数建筑企业在异地设立了独立核算、自负盈亏的分公司，但异地设立分公司并非企业主动、自愿设立，而是基于项目所在地政府将税款留在项目所在地的要求。强制设立分公司，给建筑企业带来了极大的不便，增加了建筑企业的项目管理成本。一般而言，分公司项目管理人员工资全部在总公司发放，由总公司记入管理费用，分公司报表上无此项费用；其他固定资产折旧也均由总公司承担，分公司报表利润只是单纯地以施工收入减去施工成本，没有管理费用、财务费用，利润总额并不真实，无法反映项目真实成本，同时也多缴纳企业所得税。

第三，增加企业的缴税成本。预缴税款能够避免区域间税源转移，确有其合理性，但在税收实践中已经形成了税收壁垒，严重增加企业税收负担和运营成本的同时，也不利于全国统一大市场的建设。目前，大部分建筑施工项目不再配备专门的财务人员，每次预缴税款都需要财务人员携带资料及税金出差前往项目所在地，且异地施工预缴手续繁琐，增加了企业的缴税成本和人力成本。若在项目所在地配备专门的财务人员，专人负责管理企业证照、纳税申报、进销项统计等，完成发票开具与认证、纳税申报与自查等相关工作，耗费大量人力和物力，造成资源的重复投入，既有悖于春风行动宗旨，更增加企业办税成本。

第四，增加企业的资金成本。异地施工项目在工程开工阶段，基本无可抵扣的劳务分包发票，预缴税款占用了大量施工用资金，一定程度上影响了工程资金使用。由于异地项目的分公司需在当地缴纳增值税，在建项目中有部分预收款。但建设方一般只收取适用税率9%的建筑服务发票，不收取建筑服务"不征税"发票，导致施工前期销项税额大，缴纳税额多。随着项目的生产经营，公司不断取得进项税额发票,在进项税额充足、销项税额不足的情况下,企业出现大量的进项留抵税额;新开办的外埠分公司(纳税信用等级 M 级)又不在留抵退税的政策内,留抵政策和退税政策均不针对和不包括预缴税款,预缴税款既无法形成留抵结转,亦无法享受退税政策,造成大量的工程资金占用,增加了企业资金成本,降低了企业盈利水平。

第五,增加企业的税收风险。异地施工项目一直存在预缴税款留抵情况,大部分税款都在外地预缴,企业在机构所在地实际缴纳的税款只占每年缴纳税款的小部分,导致企业在机构所在地的税收贡献不足;尤其异地施工的一般计税项目增值税税率小于 2% 时,机构所在地缴税金额小于异地预缴金额,极易引起机构所在地税务机关各项税收检查。

2. 原因分析

在建筑企业的税收实践中,纳税人对于该强制性规定既无法理解更怨气冲天,究其原因主要有三:

第一,不同地区的政府间客观存在着各自的利益机制和利益诉求。

第二,不同地区间、不同层级间的税收利益确需兼顾,故难以平衡。

第三,地方政府提供公共产品和公共服务,需要相应的成本补偿。

3. 对策建议

《意见》明令要求"除法律法规明确规定外,不得要求企业必须在某地登记注册"。人为要求建筑企业异地项目设立分公司并在项目所在地预缴增值税,不符合建设全国统一大市场的内在要求,不利于持续推动国内建筑市场高效畅通和规模拓展。为此,建议废除异地施工项目预缴增值税制度,或降低增值税预征率或进一步优化全国统一的"远程虚拟窗口"。

第一,废除异地施工项目预缴增值税制度。建议结合增值税立法,一次性废除异地施工项目预缴增值税制度。建筑施工企业税款应由机构所在地主管税务机关征收,税款的划分参照《深化收费公路制度改革取消高速公路省界收费站实施方案》(国办发〔2019〕23 号)取消全国高速公路省界收费站的经验,按照属地原则分配,由国库统一进行调配,使企业安心做好生产经营,同时切实降低企业成本、减轻企业负担。

第二,降低增值税预征率。如果不能一次性废除异地施工项目预缴增值税制度,建议降低一般纳税人企业增值税预征率至 1%,以减少企业施工资金占用,降低税务检查潜在风险。

第三,优化全国统一的建筑业预缴增值税服务平台。如果不能一次性废除异地施工项目预缴增值税制度,建议增加预缴增值税的征收方式,更多采用网上办税,提供一站式税收缴纳服务,降低企业纳税成本。令人非常欣喜的是,国家税务总局依托征纳互动跨区域协同能力和服务运营体系,将实体窗口服务从线下平移到线上,构建了"远程虚拟窗口",并于2024年5月底实现全面扩围。但同时令人遗憾的是,目前在"远程虚拟窗口"仍然无法实现异地施工项目预缴增值税的操作。我们由衷地期待,通过"远程虚拟窗口"的优化举措,纳税人缴费人可以在全国范围内办理跨区域税费业务,建筑施工企业可以依托平台办理全国各省的增值税预缴,以及跨区域涉税事项报告表的报验、延期、反馈业务,真正做到足不出户办理涉税业务。

医药企业减税降费政策梳理与纳税分析

陈子安[①]

摘　要：医药企业在中国经济发展中占重要地位，在保障民生、促进就业等方面作用尤甚。近几年，政府为扶持医药企业发展，出台了一系列减税降费政策。本文从医药企业角度，对相关减税降费政策进行梳理，分析计算了医药企业运用减税降费政策所带来的税负降低效果。

关键词：医药企业　减税降费　纳税分析

从供应链角度进行分类，医药企业可分为医药制造企业与医药销售企业。黄硕（2023）认为，生物医药产业对于我国经济社会布局和长远发展有着长远的推动作用，对我国的国民福利水平和社会发展水平具有较大的影响，是极其富有发展潜力和生命力的产业。在中国，医药企业是国民经济发展的重要推手，中商产业研究院数据库表明，截至 2022 年底，我国医药市场规模已达 16 586 亿元人民币。医药企业创造了大量就业机会，国家统计局数据表明，截至 2022 年底，医药产业从业人数超过 1 155 万人，行业同时会提供大量间接就业机会，如物流、销售等。作为高附加值产业，医药企业往往能为政府提供大量流转税与所得税。同时，医药企业研发各种新药、新疗法对保障人民健康、提升人民生活幸福感有重要帮助。经历新冠疫情，医药企业的重要性进一步凸显。近几年全球经济发展不振，对制造业的影响尤甚，医药企业缺乏相应资金进行新药研发。为缓解这一现象，国家出台了一批减税降费政策，来帮助医药企业渡过难关，更好地造福人民。

作为知识密集型产业，医药企业不同于其他制造业，其不仅需要更多的人才和资金，同时生产研发周期更长，一种新药面世需要经历基础研究、临床前研究、三期临床试验、监管审批，直至最后的上市和推广，动辄十几年的研发过程中充满了不确定性，因此承担的风险更高。减税降费利于医药企业更好地经营发展，利于我国经济向高质量发展转变。第一，减税降费能够降低医药企业实际税负和经营成本，企业能够将更多资金投入研发生产中，促进经济发展。第二，提高企业竞争力。减税降费通过降低企业经营成本，使企业可以在国际市场中更具竞争力。第三，营造

---

① 陈子安，湖北经济学院财政与公共管理学院本科生。

社会创新氛围。医药企业研发成本高,减税降费可降低企业的研发风险,鼓励企业进行创新,在社会上营造万众创新的氛围。第四,涵养税源。减税降费使企业在未来获得更好的发展前景,能赚取更多的营业收入,自然会提供更多的财政收入。第五,改善融资环境。医药企业研发成本高,风险大,市场融资困难,政府对其作出的信用担保、低息贷款等方式能够缓解其资金紧张的状况。第六,缓解就业困难。减税降费中对企业所得税的加计扣除以及其他税费优惠能够降低企业的用工成本,在发展前景既定的前提下企业会招募更多员工,促进社会稳定。

为促进医药企业发展,应该充分发挥税收对经济的调节作用,因此研究如何运用相关政策降低税负,对于医药企业的发展变得十分必要。本文从政策梳理出发,探索医药企业如何利用现有政策,合理纳税,降低自身税负,从而实现良性发展。

一、医药企业的减税降费政策梳理和解读

《国务院办公厅关于促进医药产业健康发展的指导意见》(国办发〔2016〕11号)中明确提出要对满足条件的原料与研究"实施较低的暂定税率",这份纲领性的文件为以后具体政策的实施打下了基调。

(一)所得税优惠

《中华人民共和国企业所得税法》第二十八条规定,"国家需要重点扶持的高新技术企业,减按15%的税率征收企业所得税"。《财政部、国家税务总局、科技部关于完善研究开发费用税前加计扣除政策的通知》(财税〔2015〕119号)规定,企业开展研发活动中实际发生的研发费用,未形成无形资产计入当期损益的,在按规定据实扣除的基础上,按照本年度实际发生额的50%,从本年度应纳税所得额中扣除;形成无形资产的,按照无形资产成本的150%在税前摊销。《财政部、税务总局关于进一步完善研发费用税前加计扣除政策的公告》(财政部、税务总局公告2023年第7号)规定,企业开展研发活动中实际发生的研发费用,未形成无形资产计入当期损益的,在按规定据实扣除的基础上,自2023年1月1日起,再按照实际发生额的100%在税前加计扣除;形成无形资产的,自2023年1月1日起,按照无形资产成本的200%在税前摊销。《国家税务总局关于许可使用权技术转让所得企业所得税有关问题的公告》(国家税务总局公告2015年第82号)规定,自2015年10月1日起,全国范围内的居民企业转让5年(含,下同)以上非独占许可使用权取得的技术转让所得,纳入享受企业所得税优惠的技术转让所得范围。居民企业的年度技术转让所得不超过500万元的部分,免征企业所得税;超过500万元的部分,减半征收企业所得税。

因此,作为高新技术产业的医药产业可以享受更低的15%的所得税率;自

2023 年起,医药产业对研发失败的新药及疗法不仅可在税前据实扣除全部研发费用,还可按实发额的全部进行加计扣除;对于研发成功、形成无形资产的,可按无形资产成本的两倍税前摊销。此举降低了医药企业研发失败的风险,激励药企勇于创新。

(二)增值税优惠

《财政部、海关总署、税务总局、药监局关于罕见病药品增值税政策的通知》(财税〔2019〕24 号)规定,自 2019 年 3 月 1 日起,增值税一般纳税人生产销售和批发、零售罕见病药品,可选择按照简易办法依照 3% 征收率计算缴纳增值税。上述纳税人选择简易办法计算缴纳增值税后,36 个月内不得变更。《财政部、税务总局关于延续实施医疗服务免征增值税等政策的公告》(财政部、税务总局公告 2023 年第 68 号)规定,医疗机构接受其他医疗机构委托,按照不高于地(市)级以上价格主管部门会同同级卫生主管部门及其他相关部门制定的医疗服务指导价格(包括政府指导价和按照规定由供需双方协商确定的价格等),提供《全国医疗服务价格项目规范》所列的各项服务,可适用《营业税改征增值税试点过渡政策的规定》(财税〔2016〕36 号)第一条第(七)项规定的免征增值税政策。

此举减少了医药企业生产销售罕见药的增值税,鼓励药企研发、销售罕见药,同时对医疗服务免税更是降低了企业的税负,促进了企业发展。

(三)其他

《财政部、税务总局、人力资源社会保障部、农业农村部关于进一步支持重点群体创业就业有关税收政策的公告》(财政部、税务总局、人力资源社会保障部、农业农村部公告 2023 年第 15 号)规定,自 2023 年 1 月 1 日至 2027 年 12 月 31 日,企业招用脱贫人口,以及在人力资源社会保障部门公共就业服务机构登记失业半年以上且持《就业创业证》或《就业失业登记证》(注明"企业吸纳税收政策")的人员,与其签订 1 年以上期限劳动合同并依法缴纳社会保险费的,自签订劳动合同并缴纳社会保险当月起,在 3 年内按实际招用人数予以定额依次扣减增值税、城市维护建设税、教育费附加、地方教育附加和企业所得税优惠。定额标准为每人每年 6 000 元,最高可上浮 30%。此政策利于招募残疾人较多的医药企业减免税赋,增强企业的社会责任感,促进社会稳定。

二、减税降费下医药企业税收缴纳分析

(一)所得税纳税分析

【案例一】医药企业 A 公司(居民企业)专注生产罕见药,在 2021 年被认定为国家需重点扶持的高新技术企业。A 公司于 2022 年投入 500 万元用于研发新疗

法失败,未形成无形资产;于 2022 年 9 月向 B 公司转让一项价值 350 万元的生物制药技术;A 公司 2022 全年收入总额为 5 000 万元。

在 2015 年前,转让制药技术需缴 350×25% = 87.5 万元的企业所得税,2015 年后,低于 500 万元的技术转让所得免税。

500 万元的研发经费在据实扣除的基础上,还可按实发额的 100% 进行加计扣除,2022 年共计税前扣除 1 000 万元。

在 A 公司被认定为高新技术企业之前,按 25% 的税率缴税,实际缴税(5 000-1 000)×25% = 1 000 万元,被认定为高新技术企业之后,按 15% 税率缴税(5 000-1 000)×15% = 600 万元。

A 公司累计少缴企业所得税 87.5+400 = 487.5 万元。

(二)增值税纳税分析

【案例二】医药企业 A 公司为增值税一般纳税人。2022 年发生如下业务:购进一批制药原料,增值税发票注明金额 50 万元;销售罕见药品,取得销售额 300 万元;按照不高于北京市政府指导价提供医疗服务,获利 200 万元。

2019 年之前,销售罕见药需缴 {300/(1+13%)}×13%-50×13% = 28.01 万元。2019 年 3 月 1 日后,一般纳税人销售罕见药可按 3% 的简易计税法缴税,实纳 300/(1+3%)×3% = 8.74 万元,为企业减税 28.01-8.74 = 19.27 万元。

A 公司提供医疗服务免税,政策为企业减税 200/(1+6%)×6%-0 = 11.32 万元。

综上,政策总计为 A 公司减税 19.27+11.32 = 30.59 万元。

(三)其他税费的纳税分析

【案例三】医药企业 A 公司热心公益,2022 年共招募残疾人员工 20 名,并与其签订五年劳动合同。A 公司 2022 年销售一批货物 90 万元(不含税)。该市城建税税率为 7%,教育费附加税率为 3%,地方教育附加税率为 2%。

A 公司应缴增值税为 90×13% = 11.7 万元,城建税为 11.7×7% = 0.819 万元,两个附加为 11.7×5% = 0.585 万元。

A 公司招募 20 名残疾员工可扣减税款 20×0.6 = 12 万元,全年应缴税费为 11.7+0.819-12+0.585 = 1.104 万元,为企业减少 12 万元应缴税费。

三、结论

对医药企业减税降费具有重要意义。第一,能使医药企业减负增效,利于企业长期经营;第二,能帮助医药企业遵循税法及相关法律法规,有利于其健全会计账册,降低纳税风险;第三,利用国家政策能够引导医药企业将资源倾斜到国家和人民真正需要的地方，促进整个医药行业长期健康发展；第四，减税降费利于医药企业养成纳税意识，提高纳税遵从度，税务机关也可以降低征税成本，提高征税效率。

自新冠疫情之后，医药企业的重要性日益凸显。医药企业应充分利用国家的一系列政策，以降低自身税负。首先要关注的便是企业所得税，要利用好高新技术企业的低税率，要注重一系列扣除项目，尤其是研发费用的加计扣除；其次是增值税，要尽可能争取简易计税的权益，对各种应税项目分类计算；最后要关注其他优惠政策，如残疾员工的抵扣企业所得税等。

减税降费对医药企业助力重大。未来中国政府应站在保障民生与促进企业长远发展的角度上，进一步降低税费，规范征管，达到企业、国家、人民的多方共赢。

参考文献

黄硕. 生物医药产业税收优惠创新研究[J]. 合作经济与科技，2023(4)：162-164.

盈余管理在税务策划中的应用探讨

王思媛[①]

摘　要：本文探讨了盈余管理在企业税收策划中的作用及会计技术的应用，重点分析了会计政策选择对税收策划的影响，涵盖收入确认、费用扣除和资产计量等关键领域；详细介绍了会计技术在税收策划中的常用方法，包括固定资产加速折旧、存货计价方法选择、会计估计方法运用及金融工具的使用，并通过案例分析，比较了不同折旧方法对税收的影响，展现了对传统税收策划方法的深刻理解。

此外，文章提出了结合融资租赁与加速折旧的税收策划方案，分析了其优势、潜在问题和实施关键点，并构想了"节税租赁"模式，以政策调整为手段，使出租人享受加速折旧优惠并将部分利益传递给承租人，从而扩大政策的受益范围并提升融资租赁的吸引力。尽管该模式可能增加税收征管的复杂性，但其对优化企业财务结构、降低税负和促进经济发展的重要意义不容忽视。本文为会计技术在税收策划中的应用提供了有价值的见解，同时为政策制定者提供了创新的调整参考。

关键词：盈余管理　税收策划　融资租赁　加速折旧　节税租赁模式

一、会计技术税收策划的原理与方法

（一）会计技术税收策划的原理

随着市场经济的发展和税收法规的不断完善，税收策划已成为企业财务管理的重要组成部分。企业通过合理的税收策划，不仅可以降低税负，提高经济效益，还可以规避税收风险，实现可持续发展。而会计技术作为税收策划的重要工具，其作用不容忽视。

会计政策是指企业在进行会计核算时所遵循的具体原则和采纳的具体会计处理方法。会计政策的选择会直接影响企业的财务报表，进而影响企业的纳税义务。因此，企业在进行税收策划时，必须充分考虑会计政策的选择。会计政策选择对税收策划的影响主要体现在以下几个方面：

一是收入确认方法的选择。不同的收入确认方法会导致企业确认收入的时点

[①] 王思媛，中国社会科学院大学应用经济学院硕士研究生。

和金额不同,从而影响企业的应纳税所得额。例如,权责发生制和收付实现制是两种常见的收入确认方法,前者会在收入实现时确认收入,而后者则会在收到款项时确认收入。

二是费用扣除方法的选择。不同的费用扣除方法会导致企业扣除费用的时点和金额不同,从而影响企业的应纳税所得额。例如,存货计价方法、固定资产折旧方法、坏账准备计提方法等都会影响企业的成本费用,进而影响企业的税负。

三是资产计量方法的选择。不同的资产计量方法会导致企业确认资产的时点和金额不同,从而影响企业的应纳税所得额。例如,投资性房地产的后续计量可以采用成本模式或公允价值模式,两种模式会对企业的损益产生不同的影响,进而影响企业的税负。

(二)会计技术税收策划的方法

会计技术作为税收策划的重要工具,其应用方法多种多样。企业可以根据自身的经营情况和税收政策,选择合适的会计技术进行税收策划,从而达到降低税负、提高经济效益的目的。本文将介绍几种常用的会计技术税收策划方法:

1. 固定资产加速折旧

固定资产折旧是企业在计算成本费用时的一项重要内容。加速折旧法是指在企业固定资产使用前期计提较多的折旧,而在使用后期计提较少的折旧的方法。加速折旧法包括双倍余额递减法和年数总和法等。

加速折旧法在税收策划中具有显著优势,主要体现在以下几个方面:首先,它能够有效降低前期税负。通过在固定资产使用前期计提较多的折旧,企业可以减少当期的应纳税所得额,从而降低税负,为企业提供更多资金用于再投资,促进企业发展。其次,加速折旧法符合会计稳健性原则。由于固定资产在使用过程中,损耗速度通常呈递增趋势,加速折旧法能够更好地反映固定资产的实际损耗情况,使财务报表更加真实可靠。最后,加速折旧法能够促进企业进行技术更新。通过加快固定资产的折旧速度,企业可以更快地将旧设备替换为新技术设备,提高生产效率,增强企业竞争力。

2. 存货计价方法的选择

存货计价方法的选择对企业的财务状况、经营效益以及纳税额都有着不可忽视的影响。企业在会计制度下对库存商品的价格进行计算,这一过程不仅关系到存货价值的准确计算,也直接影响到企业的经营效益和财务状况。在众多的存货计价方法中,先进先出法(FIFO)、个别计价法、月末一次加权平均法和移动加权平均法是几种常见的选择。这些方法各有特点:FIFO 假设先购入的存货先被销售,适用于大多数商品;个别计价法则适用于那些容易识别的存货,如艺术品和珠宝;月末一次加权平均法在月末计算存货的平均成本;而移动加权平均法则在每次存货购入后重新计算平均成本。

不同的存货计价方法对成本和利润的影响也各不相同。例如,在物价上涨时,FIFO 会导致较高的销售成本和较低的期末存货价值,从而降低当期利润和税负;而在物价下降时,FIFO 则会导致较低的销售成本和较高的期末存货价值,增加当期利润和税负。相比之下,月末一次加权平均法和移动加权平均法能够在物价波动时平滑成本,使得利润和税负更加均衡。

在税收策划中,存货计价方法的选择同样至关重要。当物价上涨时,企业可以选择月末一次加权平均法来降低期末存货价值,提高销售成本,从而递延利润和税负。而在物价下降时,FIFO 可以达到类似的效果。此外,如果企业处于所得税免税期,FIFO 可以帮助增加当期利润,充分利用免税额;相反,在征税期或高税负期,企业则可以选择月末一次加权平均法来减少当期利润,降低应纳所得税额。

在累进税率的条件下,加权平均法可以使企业的利润更加平均,避免因利润忽高忽低而套用过高的税率,从而降低整体税负。此外,企业还可以利用市场价格的变动来调整存货计价方法,以实现税收策划的目的。例如,在市场价格下降时购入更多存货以降低平均成本,或在市场价格上升时销售更多存货以提高销售收入。

综上所述,企业在选择存货计价方法时,需要综合考虑市场物价水平、企业的税负状况以及税法规定,以实现税收策划的最优化。同时,企业在进行税收策划时,必须确保所有操作都符合相关法律法规,避免因违规操作而产生法律风险。通过合理选择存货计价方法,企业不仅能够优化财务状况,还能在合法合规的前提下,有效降低税负,增强企业的竞争力。

3. 会计估计方法的运用

会计估计是指企业在面对经济活动的不确定性时,对某些项目作出的主观判断,例如坏账准备计提、固定资产折旧年限、无形资产摊销期限等。这些估计直接影响着企业的财务报表,进而对企业的税收负担产生重要影响。

(1)坏账准备计提方法。企业可以根据自身情况和行业特点选择合适的坏账准备计提方法,例如直接计提法或账龄分析法。选择不同的方法会导致计提的坏账准备金额不同,进而影响企业的应纳税所得额。企业可以分析历史坏账数据、行业发展趋势等因素,选择能够最大限度地反映坏账风险的计提方法,从而降低税收负担。

(2)固定资产折旧年限。企业可以根据固定资产的性质和使用情况选择合适的折旧年限和折旧方法。不同的折旧方法和年限会导致企业计提的折旧费用不同,进而影响企业的应纳税所得额。企业可以根据自身的经营目标和税收策划需求,选择能够最大限度地延迟纳税的折旧方法,例如双倍余额递减法等。

（3）无形资产摊销年限。企业可以根据无形资产的性质和预期使用寿命选择合适的摊销年限和摊销方法。不同的摊销方法和年限会导致企业计提的摊销费用不同，进而影响企业的应纳税所得额。企业可以根据无形资产的使用情况和价值变化趋势，选择能够最大限度地延迟纳税的摊销方法，例如加速摊销法等。

（4）其他会计估计方法，包括预计负债计提和收入确认方法等。企业可以根据未来市场趋势和合同履行情况选择合适的预计负债计提方法，例如预期损失法或完成合同法。选择不同的方法会导致计提的预计负债金额不同，进而影响企业的应纳税所得额。企业可以根据销售合同的性质和交易风险选择合适的收入确认方法，例如完工百分比法或权责发生制。选择不同的方法会导致确认的收入金额不同，进而影响企业的应纳税所得额。

总而言之，企业在进行税收策划时，需要充分考虑会计估计方法的选择，以最大限度地降低税收负担，并确保合法合规。

4. 金融工具的使用

金融工具的使用对企业的税收策划具有深远的影响。在会计处理方面，企业可以选择不同的方法对金融工具进行初始确认和后续计量。例如，在初始确认时，企业可以选择以公允价值计量或以成本与市价孰低法计量金融工具，而在后续计量时，可以选择摊余成本法或公允价值法。这些不同的会计处理方法会导致金融工具的减值测试方式和减值损失确认方式不同，进而影响企业的应纳税所得额。

在税务处理方面，企业需要根据金融工具的持有期间和处置方式选择不同的税务处理方式。例如，持有交易性金融工具期间获得的收益通常需要缴纳企业所得税，而持有可供出售金融工具期间获得的收益可能暂不缴纳企业所得税。此外，出售交易性金融工具通常需要缴纳企业所得税，而出售可供出售金融工具则可能不需要缴纳企业所得税。

对投资性房地产而言，成本法和公允价值法这两种不同的会计处理对税收策划的影响主要体现在税基调整、折旧与摊销以及税务成本的降低方面。公允价值法下的投资性房地产价值随市场变化而波动，而成本价值法下的税基相对稳定。折旧费用受折旧方法选择的影响，而公允价值法通过选择适当的处置时机来降低税务成本，成本价值法通过选择合适的折旧方法来延迟纳税时间。无论采用哪种方法，企业都需确保其会计处理方法符合相关的会计准则和税收法规，以避免税务风险。因此，企业需要根据自身情况和税务目标，选择合适的计量方法，并确保其符合会计准则和税法规定。

上述会计技术税收策划的常见方法能够帮助企业在合法合规的前提下，通过合理运用会计原则和方法来降低税负，提高经济效益。企业在进行税收策划时，需要充分考虑市场物价水平、企业的税负状况以及税法规定,以实现税收策划的最优化。同时,企业必须确保所有操作都符合相关法律法规,避免因违规操作而产生法律风险。通过合理选择会计技术,企业能够在合法合规的前提下,有效降低税负,增强竞争力。

二、利用固定资产加速折旧税收优惠

(一)税收策划思路

在税务策划中,选择合适的固定资产折旧方法对于企业税负和财务状况有着显著影响。表1列出了几种常见的折旧方法及其特点。

表1 固定资产折旧扣除方法

折旧方法名称	定义	计算公式	特点	适用情况
直线法	按照固定资产的使用年限平均分摊折旧费用	年折旧额 =(固定资产原值 - 预计净残值)/ 预计使用年限	折旧额在固定资产使用年限内各期相等,计算简单,税负均衡	适用于折旧对成本影响不敏感的情况
双倍余额递减法	一种加速折旧方法,不考虑预计净残值,按照双倍的直线法折旧率计算折旧	年折旧率 = 2 ÷ 预计使用寿命(年)× 100%	早期折旧额较高,后期较低	适用于早期收益较高的固定资产
年数总和法	将固定资产的原值减去预计净残值后的余额,乘以一个逐年递减的分数计算每年的折旧额	年折旧率 = 尚可使用年限 ÷ 预计使用寿命的年数总和 × 100%	折旧额逐年递减,早期折旧额较高	适用于期望早期获得较高折旧额的情况
工作量法	根据固定资产的实际使用情况来计算折旧,即根据实际工作量来分摊固定资产的成本	每单位工作量的折旧额 =(固定资产原值 - 预计净残值)/ 预计总工作量	折旧额与资产的实际使用情况密切相关	适用于使用频率和强度不均的固定资产,如车辆、机械等

续表

折旧方法名称	定义	计算公式	特点	适用情况
缩短折旧年限法	通过将资产正常折旧年限缩短至原年限的60%（如正常年限为5年缩短为3年），从而加速资产折旧的一种方法，目的是提前反映资产价值的减少	年折旧率=（1-预计净残值率）÷缩短后的折旧年限	加速折旧：前期折旧额高，后期逐渐减少，使成本更快分摊，简化操作：无需复杂计算，直接缩短年限即可应用	适用于技术更新快的资产、短期收益需求、高频替换资产

（二）折旧方法与税收策划

甲公司新购进一台机器设备，原值为40万元，预计残值率为3%，经税务机关核定，该设备的折旧年限为5年。

1. 直线法

年折旧率=（1-3%）÷5=19.4%

月折旧率=19.4%÷12=1.617%

预计净残值=400 000×3%=12 000（元）

每年折旧额=（400 000-12 000）÷5=77 600（元）

或=400 000×19.4%=7 7600（元）

2. 缩短折旧年限法

该设备最短的折旧年限为正常折旧年限的60%，即3年。

年折旧率=（1-3%）÷3=32.33%

月折旧率=32.33%÷12=2.69%

预计净残值=400 000×3%=12 000（元）

每年折旧额=（400 000-12 000）÷3=129 333（元）

或=400 000×（1-3%）÷3=129 333（元）

3. 双倍余额递减法

年折旧率=（2÷5）×100%=40%

采用双倍余额递减法，每年提取折旧额如表2所示。

表 2 双倍余额递减法下每年提取折旧额

年份	折旧率	年折旧额	账面净值
第一年	40%	160 000 元(400 000×40%)	240 000 元
第二年	40%	96 000 元(240 000×40%)	144 000 元
第三年	40%	57 600 元(144 000×40%)	86 400 元
第四年	50%	37 200 元(74 400×50%)	49 200 元
第五年	50%	37 200 元(74 400×50%)	12 000 元

注:86 400-400 000×3%=74 400(元)。

4. 年数总和法

年折旧率=尚可使用年数÷预计使用年限的年数总和×100%,每年提取折旧额如表 3 所示。

表 3 年数总和法下每年提取折旧额

年份	折旧率	年折旧额	账面净值
第一年	5/15	129 333 元(388 000×5÷15)	270 667 元
第二年	4/15	103 467 元(388 000×4÷15)	167 200 元
第三年	3/15	77 600 元(388 000×3÷15)	89 600 元
第四年	2/15	51 733 元(388 000×2÷15)	37 867 元
第五年	1/15	25 867 元(388 000×1÷15)	12 000 元

注:400 000×(1-3%)=388 000(元)。

假设在提取折旧之前,企业每年的税前利润均为 1 077 600 元。企业所得税税率为 25%。那么,采用不同方法计算出的折旧额和所得税额如表 4 所示。

从这些计算结果中可以明显看出,尽管企业对某一特定固定资产采用不同的折旧提取方法,其在资产的整个使用年限内提取的总折旧额以及相应抵扣的所得税额是一致的。差异仅在于每年抵扣的应税所得额和所得税额不同。以本案例为例,在第一年年末,通过直线法、缩短折旧年限、双倍余额递减法和年数总和法计算的应缴所得税额分别为 250 000 元、237 066.75 元、229 400 元和 237 066.75 元。显然,双倍余额递减法在第一年提供了最大的税收优惠,其次是年数总和法和缩短折旧年限法,而直线法的税收优惠最小。

表 4 不同折旧方法的比较

年份	直线法			缩短折旧年限			双倍余额递减法			年数总和法		
	折旧额	税前利润	所得税额	折旧额	税前利润	所得税额	折旧额	税前利润	所得税额	折旧额	税前利润	所得税额
第一年	77 600	1 000 000	250 000	129 333	948 267	237 066.75	160 000	917 600	229 400	129 333	948 267	237 066.75
第二年	77 600	1 000 000	250 000	129 333	948 267	237 066.75	96 000	981 600	245 400	103 467	974 133	243 533.25
第三年	77 600	1 000 000	250 000	129 334*	948 266	237 066.50	57 600	1 020 000	255 000	77 600	1 000 000	250 000.0
第四年	77 600	1 000 000	250 000	0	1 077 600	269 400	37 200	1 040 400	260 100	51 733	1 025 867	256 466.7
第五年	77 600	1 000 000	250 000	0	1 077 600	269 400	37 200	1 040 400	260 100	25 867	1 051 733	262 933.2
合计	388 000	5 000 000	1 250 000	388 000	5 000 000	1 250 000	388 000	5 000 000	1 250 000	388 000	5 000 000	1 250 000

注:尾数调整:400 000−12 000−129 333×2 = 129 334(元)。

然而，这种排序在特定情况下可能会有所不同。例如，如果案例中的企业在前两年享受免税政策，而在后续年份按照25%的税率缴纳企业所得税，那么在5年内，采用直线法、缩短折旧年限法、双倍余额递减法和年数总和法提取折旧的总应缴所得税额分别为750 000元、775 866.50元、775 200元和769 400元。从企业所有者的角度来看，直线法在5年总税负上是最优选择，其次是年数总和法，再次是双倍余额递减法，最后是缩短折旧年限法。

当然，从企业经营者的角度来看，情况可能并非如此。以第四年为例，四种方法下的应缴企业所得税额分别为250 000元、269 400元、260 100元和256 466.7元。尽管三种加速折旧方法导致当年企业所缴纳的企业所得税超过了非加速折旧方法，但加速折旧为企业经营者提供了额外的财务灵活性。这是因为已经完全折旧的固定资产仍在为企业服务，而没有额外占用企业的资金。这些资产的存在为未来可能的经营亏损提供了补偿途径。因此，为了维持一个较为宽松的财务环境，即使在税收减免期间，许多企业经营者也倾向于选择加速折旧的方法。

三、融资租赁与加速折旧结合的税收策划方案

传统的税收策划方案主要集中在企业自身购入固定资产并选择合适的加速折旧方法。然而，将融资租赁与加速折旧结合，可以为企业提供更灵活的税收策划方案，并扩大受益企业范围。

（一）具体方案

企业：与租赁公司签订融资租赁合同，租入符合加速折旧条件的固定资产。根据税收政策，企业可以将租赁费用作为当期成本费用扣除，从而降低税前利润，减轻税负。

租赁公司：作为出租方，租赁公司可以将固定资产的折旧费用作为成本费用扣除，并获得税收优惠。同时，租赁公司可以将这部分税收优惠转化为更优惠的租赁条款，吸引更多企业进行融资租赁。

金融机构：作为融资方，金融机构可以为租赁公司提供融资支持，并通过租赁公司的税收优惠获得间接收益。

（二）方案实施步骤

首先，企业选择融资租赁。企业根据自身需求，选择合适的租赁公司，并签订融资租赁合同，租入符合加速折旧条件的固定资产。

其次，租赁公司确定租赁方案。租赁公司根据企业的需求和固定资产的折旧情况，制定租赁方案，包括租赁期限、租金支付方式等。

再次，企业支付租金并享受税收优惠。企业按照租赁协议支付租金，并将租

费用作为当期成本费用扣除,从而降低税前利润,减轻税负。

最后,租赁公司计提折旧并享受税收优惠。租赁公司根据税收政策,将固定资产的折旧费用作为成本费用扣除,并获得税收优惠。

(三)方案优势

一是扩大政策受益范围。该方案突破了传统加速折旧政策的限制,使得那些不符合直接享受加速折旧优惠条件的企业,也能通过融资租赁这一间接途径,享受到税收减免的好处,从而拓宽了税收优惠的覆盖面。

二是提升资金运用效率。企业无需一次性投入巨额资金购置固定资产,有效减轻了资金的即时压力,使得企业能够更加灵活地调配资金,提高资金周转率和使用效率,进一步激发企业的投资活力。

三是有效减轻税务负担。企业可将支付的租赁费用计入当期成本,而租赁公司则可将资产折旧计入成本费用,双方均可享受税收抵扣,实现税负的双重降低,这对于企业和租赁公司来说是一种双赢的税务安排。

四是优化企业财务结构。通过融资租赁的方式,企业不仅能够改善资产负债表,降低资产负债率,还能增强企业的财务稳健性,提升企业在面对市场波动时的抗风险能力,为企业的长期发展和财务安全提供坚实基础。

(四)"节税租赁"模式

加速折旧对企业固定资产租赁融资产生了显著影响,特别是在融资租赁的"融物"与"融资"功能之间造成了一定的失衡。首先,新政的实施导致融资租赁的"融物"功能被弱化。由于新政未将通过直接租赁方式引进的资产纳入加速折旧的优惠范围,企业无法直接通过租赁方式享受到政策带来的设备投资成本降低,这降低了融资租赁在设备投资方面的吸引力,削弱了其"融物"功能。其次,新政强化了融资租赁的"融资"功能。为了享受加速折旧的税收优惠,企业更倾向于选择售后回租等间接融资方式,从而强化了融资租赁的"融资"功能。

影响这一现象的原因主要在于政策规定和企业需求。加速折旧新政明确规定适用于"新购进"的固定资产,而直接租赁方式属于"融物"范畴,不符合政策规定,因此无法享受加速折旧优惠。同时,许多企业希望通过享受加速折旧优惠来降低设备投资成本,因此更倾向于选择售后回租等间接融资方式。

这种变化可能导致融资租赁行业发展失衡,融资租赁的"融物"功能被削弱,可能阻碍市场的多元化发展。此外,企业设备投资可能受到限制,由于融资租赁"融物"功能的减弱,企业可能无法通过融资租赁方式获得所需的设备,从而限制其设备投资和技术升级。这些后果表明,加速折旧新政在促进企业固定资产投资的同时,也对融资租赁行业的发展带来了新的挑战。对此,可从以下三个方面加以完善:

一是允许出租人享受加速折旧优惠。建议政策允许租赁公司（出租人）享受加速折旧优惠，并将其作为成本费用扣除，从而降低租赁成本，提高融资租赁的吸引力。

二是出租人将税收优惠转让给承租人。出租人可以将享受的加速折旧优惠以降低租金的方式转让给承租人，使得承租人也能享受到税收优惠，降低设备引进成本。

三是建立税收优惠共享机制。可以考虑建立一种税收优惠共享机制，例如租赁公司享受的加速折旧优惠一部分由承租人承担，从而实现税收优惠的普惠性。

（五）实施"节税租赁"模式的挑战

一是税收征管难度加大。允许出租人享受加速折旧优惠，需要加强税收征管，确保租赁公司正确申报和使用税收优惠。

二是需要完善相关法律法规。建立税收优惠共享机制，需要完善相关法律法规，明确各方权利义务，确保制度的公平性和可操作性。

总而言之，"节税租赁"模式是一种具有创新性的税收策划方案。通过建立"节税租赁"模式，可以更好地发挥融资租赁和加速折旧政策的协同效应，促进实体经济发展，并提高政策的普惠性。

四、总结

在这篇深入探讨盈余管理与税收策划的文章中，我们揭开了会计技术在企业财务策略中的神秘面纱，揭示了其在税收策划中的核心作用。通过细致分析会计政策选择、盈余管理技巧以及会计估计方法的运用，我们不仅展示了企业如何在法律框架内巧妙地调整财务报表，以优化税负和增强市场竞争力，而且还提出了结合融资租赁与加速折旧的创新税收策划方案，这一方案有望为企业带来更广阔的税收优惠空间。

文章的探讨不仅限于理论层面，更通过实际案例分析，展示了不同折旧方法对企业税收影响的具体差异，以及"节税租赁"模式在实际操作中的潜力与挑战。我们认识到，尽管实施"节税租赁"模式可能会增加税收征管的复杂性，但这一模式的推广对于扩大政策受益范围、提高融资租赁吸引力、引导资金流向实体经济具有重要意义。

总结而言，盈余管理不仅是企业财务报表背后的艺术，更是企业战略规划中的关键一环。它要求企业在遵守法律法规的前提下，灵活运用会计技术，以实现税收策划的最优化。随着税收政策的不断演变和市场环境的日新月异，企业必须不断适应和创新，以保持其在激烈的市场竞争中的领先地位。本文的探讨和分析，旨在为企业提供实用的税收策划策略,同时也为政策制定者提供政策调整的参考,共同推动企业财务管理的进步和经济发展的繁荣。

参考文献

[1]彭飞,蔡靖,吴华清,等.横向公平对企业异常投资的治理效应:基于税负不平等的研究[J].中国工业经济,2024(7):142-161.

[2]史亚雅,梁上坤,叶文平,等.有限合伙协议架构企业的盈余管理之谜:长期导向还是机会主义?[J].管理世界,2024,40(4):215-237.

[3]万源星,王怡舒,咸赞栎,等.加计扣除优惠与研发支出会计政策选择:兼顾税收规避、盈余管理动机视角[J].科研管理,2023,44(8):129-138.

[4]刘笑霞,李明辉."反向混改"与民营企业盈余管理[J].经济管理,2023,45(5):189-208.

[5]徐芮.并购重组业绩承诺期间真实盈余管理行为研究:以XX智能为例[J].经济研究导刊,2023(9):102-105.

[6]刘贯春,叶永卫,陈肖雄,等.固定资产折旧、税收筹划与异常投资[J].经济研究,2023,58(4):23-40.

[7]王建文,张玥瑾.税收筹划对企业可持续增长的影响研究:基于研发投入视角[J].华东经济管理,2022,36(11):95-104.

[8]黄瑞.基于会计估计变更视角的盈余管理研究[D].重庆:重庆大学,2022.

[9]蔡昌.新时代税收筹划方法论:普适方法与操作技术[J].财会月刊,2021(7):116-122.

[10]蔡昌.新时代税收筹划方法论:思想脉络与框架构建[J].财会月刊,2021(5):134-139.

税收抵免政策创新及其对中国的启示

朱永兴①

摘　要：发展新兴产业、壮大未来产业、升级传统产业是发展新质生产力的关键着力点之一。在国际税收领域，企业所得税税收抵免的创新性政策，在保证符合GloBE规则的基础上，促进了新技术和新产业的发展。本文分析可转让税收抵免和可退还税收抵免创新性政策的典型经验，提出应优化我国现行税收优惠政策、创新税收抵免政策、积极开展特定产业或特定类型企业的试点税改，为我国新质生产力发展提供良好的制度环境和营商环境。

关键词：制造业企业　企业所得税　税收抵免　国际税收

2022年8月16日，美国出台《通货膨胀削减法案》（Inflation Reduction Act，IRA），为税收优惠政策如何促进制造业高质量发展提供了新思路。IRA是美国促进国内制造业发展和清洁能源生产的重要法案。根据清洁投资监测（the Clean Investment Monitor，CIM）的数据，自2022年8月以来，美国先进制造业企业获得了大量投资，以清洁能源和汽车技术制造为代表，2024年二者共获得1 330亿美元投资，比2022年增长了52%。而根据美国绿色金融机构Crux的估算，自2023年中期美国国税局（Internal Revenue Service，IRS）出台可转让税收抵免（transferable tax credits，TTCs）政策以来，已有约200亿美元的清洁能源和制造业税收获得了抵免，使得相关产业的资本积累显著提高。除产业资本得到发展外，美国相关产业的产能也得到了迅速扩张。以风能和太阳能为例，美国能源信息署（Energy Information Administration，EIA）预计，从2023年到2025年，风能和太阳能的装机容量将增加33%，达到300兆瓦以上。此外，根据美国清洁能源协会（the American Clean Power Association，ACP）的数据，清洁能源项目的装机容量已达到创纪录的170兆瓦。同时，中小企业的参与也是产能扩大的重要原因之一。根据Crux统计，截至2024年8月，可转让税收抵免政策促成了超过90亿美元的商业投标，涵盖了所有能源和制造业，且超过50%的抵免额低于5 000万美元，对中小企业的培育壮大意义重大。在此基础上，相关产业的良性市场竞争也日益活跃。截至2024年8月，70%

---

① 朱永兴，江苏高邮人，中国财政科学研究院博士研究生，研究方向为财税理论与政策。

的市场参与者参与了税收抵免额的转让交易，提高了市场活跃度和企业流动性。以上成绩的背后，都与税收抵免的创新密切相关。税收抵免对于新兴产业和高端制造业的资本积累尤为重要，因为这些产业的发展通常不宜采取税收中性原则，而是应当采取一定的倾斜政策，创新性税收抵免政策正是优化此类产业成本收益比的有效工具之一。

一、可转让税收抵免

为了让市场充分实现税收抵免的价值，IRA 引入了可转让性税收抵免的新机制，允许将 11 项联邦清洁能源和先进制造业生产的税收抵免（见表 1）以现金形式出售。TTCs 可以向投资可再生能源和先进制造业的公司提供数十亿美元的资金，这些基于 TTCs 的额度可以成为特定项目非常重要的资金来源；企业可以将它们出售给买家，买家将用它们来减少自己的纳税义务。理论上，这是一个双赢的局面：卖方筹集资金，买方降低实际税负。

表 1 IRA 允许转让的 11 项能源税收抵免

序号	法条	抵免项目
1	第 30C 条	替代燃料加油财产抵免
2	第 45 条	可再生能源生产信用（PTC）
3	第 45Q 条	碳捕获信用额
4	第 45U 条	零排放核电生产信用
5	第 45V 条	清洁氢气生产信贷
6	第 45X 条	先进制造业生产信贷
7	第 45Y 条	清洁电力生产信贷
8	第 45Z 条	清洁燃料生产信贷
9	第 48 条	能源投资税收抵免（ITC）
10	第 48C 条	符合条件的先进能源项目信贷
11	第 48E 条	清洁电力投资信贷

资料来源：https://home.treasury.gov/policy-issues/inflation-reduction-act/ira-related-tax-guidance。

在 TTCs 申请和执行方面，根据美国国税局的规定，任何"符合资格的纳税人"都可以享受 TTCs，这意味着免税组织通常没有资格。公司甚至个人都可以购买税收抵免。虽然买家可以是个人，但他们将受到主动和被动活动的限制——这意味着 TTCs 的额度只能用于抵消被动、非投资收入的税负。一些之前参与过税收股权市场的高净值个人和家族理财师可能会发现,如果可以将付款时间安排在更接近纳税申报日期,TTCs 交易可能会很有吸引力。但总体而言,个人使用 TTCs 的空间将较为有限。

希望进行 TTCs 交易的合格实体可以采取以下步骤①:①进行符合条件的投资。确定并开展可产生符合条件的抵免额度的项目投资。②向美国国税局完成电子预申报注册。这将包括提供有关纳税人、预期合格抵免额和合格抵免投资项目的信息。完成此过程后,美国国税局将为每个合格抵免项目提供一个注册号。③及时完成预申报,以便在提交纳税申报表时获得有效的注册号。④提交纳税申报表。提交确定符合条件的税收抵免的纳税年度的纳税申报表,表明符合条件的抵免已转让给第三方,并包括转让选择声明和指南要求的其他信息。纳税申报表必须包括相关符合条件的抵免额度的注册号,并且必须在纳税申报表的截止日期(包括延期)之前提交。

根据以上步骤,申请 TTCs 需要以下文件:卖方和买方填写转让选择声明,包括注册号,该声明附在卖方和买方的纳税申报单上。重要的是,根据美国财政部的指导,受让人在计算其预估税额时可以考虑其已购买或打算购买的抵免额。此过程主要影响申报,并不妨碍交易的签署和融资。在定价方面,抵免额度通常以低于面值的折扣出售,以美元的美分表示(例如,0.93 美元的 TTCs 价格表示税收抵免面值的 7%折扣)。TTCs 的内部收益率特别高,公司往往采取将抵免购买时间尽可能接近其季度预估付款的策略。大多数纳税人都会留出现金来支付税款,包括季度预估付款,而这些资金通常无法产生回报,因此企业原本无需在纳税和投资之间作出选择。但 TTCs 政策出台后,企业储备现金突然有能力产生真正的现金回报,使 TTCs 成为一项具有独特吸引力的投资。

当然,TTCs 的实际运行受到以下因素的制约:

(一)制度成本

作为一项创新性激励政策,其对于政府部门、企业的管理和理解都存在一定要求。政府部门需要制定解释性法规和其他指导文件,并且建立相应资质审核平台。与此同时,额外的技术性指导对政府来说是一个沉重的负担,但纳税单位在合规性和收益性之间取得平衡时,需要政府对于法律和执行方式进行指导。

(二)资金成本

自 IRA 实施以来,通货膨胀率不断上升,为控制通货膨胀率,政府采取了一系列加息政策,这些政策共同推高了借贷成本以及劳动力和生产资料成本。在某些

---
① 并非每一个项目都涉及以上所有步骤。

情况下,成本比原先的估计高出 40%甚至更多,导致 TTCs 的投资激励效应被部分乃至完全抵消。

(三)监管成本

由于 TTCs 主要针对新能源行业和先进制造业,而这些行业受到众多政府部门监管,因此几乎所有符合抵免条件的项目都需要获得联邦、州和其他监管机构(联邦能源管理委员会、海洋管理局、州公用事业委员会等)的批准才能进行建设和运营。因此,许多许可机构在资源有限的情况下处理大量许可申请,可能会导致 TTCs 执行周期拉长。政策制定者需要在保证监管效能的基础上,尽可能地简化项目审批。目前,部分联邦和州机构已采取行政措施来改进流程,但国会仍在考虑更全面的许可改革。

(四)供应链限制

2020 年以来,全球供应链安全受到主客观因素的持续冲击,虽然新能源项目和先进制造业发展可以享受 TTCs,但美国部分项目建设过程中缺少核心设备、技术和原材料,由此导致项目建设进度放缓,或持续推高项目建设成本,最终导致 TTCs 难以执行或激励效应被削弱。

(五)期限错配

虽然投资者能够获得税收抵免的额度,但抵免本身只有在项目完成后才会产生,并且只能在项目投入使用的那一年的特定时间范围内进行货币化转让。有资格获得税收抵免的公司通常需要为其他项目筹集资金,因此他们希望尽快转让其抵免额度。但是,买家希望推迟这一进程,以更好地匹配他们的纳税时间。

综合执行、定价和制约因素等方面,TTCs 的运用存在以下风险:①真实交易审查风险;②抵免额度执行风险;③抵免资格审查风险;④抵免额度定价风险。基于以上风险,IRA 对一系列期限问题作了安排,首先赋予税收抵免购买者将可转让税收抵免结转和回溯 3 年的权利,这意味着购买者在购买抵免额度后,未来有充足的纳税申报时间使用抵免额度,甚至可以将税收抵免额度结转并应用于既往。但是,结转并运用于既往并不像将抵免额度应用于上一年的纳税申报表那样简单。未使用的税收抵免额度必须首先应用于结转期间最早的纳税年度,即当前纳税年度的 3 年之前。然后,任何未使用的税收节省都可以分配给当前年度前 2 年的纳税年度,最后分配给最后一年的纳税申报表(见图 1)。公司将在这些期间提交纳税申报表,因此将税收抵免额度应用于前几年必然需要重新申报多达 3 个前纳税年度的税款,因此可能是一个极其复杂的过程,引致一定的纳税风险。

在定价方面,TTCs 的典型定价结构是出让方通常会承担交易费用,最高限额为商定的上限。除了这些固定成本外,TTCs 的总购买价格还包括与保险和交易费用相关的成本。保险费用可能占信用额的 1.75%至 3.5%(取决于交易规模和风

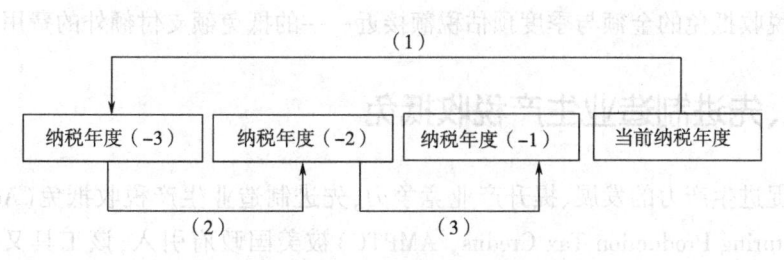

```
                              (1)
        ┌──────────────────────────────────────┐
        ↓                                      │
┌──────────────┐  ┌──────────────┐  ┌──────────────┐  ┌──────────────┐
│ 纳税年度（-3）│  │ 纳税年度（-2）│  │ 纳税年度（-1）│  │  当前纳税年度 │
└──────────────┘  └──────────────┘  └──────────────┘  └──────────────┘
                         ↑                  ↑
                        (2)                (3)
```

图 1 抵免额度回溯使用规则

险),交易费用在 0.5% 至 3% 之间。举例而言,如果出让方以 0.90 美元的总价(比抵免额低 10%)出售抵免额度,以抵免额度 1.75% 的价格购买保险,并向中介或经纪人支付抵免额度 1.25% 的费用,则出让方将获得 0.87 美元的净收益。如果抵免额度的购买方在进行交易时产生一定数额的额外咨询费,并且出让方同意承担这些费用,那么这些成本也将从 TTCs 的交易中扣除,以估算出让方的收益。

对于 TTCs 的生效期,则与不同类型的经济活动相关。对于投资税收抵免(Investment Tax Credit, ITC),TTCs 是在建设完工并投入使用时产生的。重要的是,打算申请 ITC 但有定期多年建设时间表的项目,可以申请合格生产支出(Qualified production expenditure, QPE)的部分抵免。这些 QPE 抵免不能出售或转让,且只有在项目投入使用当年产生的 ITC 才可以转让。作为特定类型的 TTCs,生产税抵免(Production Tax Credit, PTC)是在项目投入使用并开始提供有效产能后产生的。根据 IRA 的政策,每个生产单位都会产生 PTC,期限通常较长(根据 IRA 的规定,一般为 10 年)。投资者可以以 TTCs 交易或税收权益交易的形式,远期出售未来 PTC。通常,投资者会在远期交易中出售其未来 PTC,以尽量降低设施在一年内无法产生足够产能以满足所需 PTC 交易的风险。每年产生的过剩 PTC 也可以作为"现货"PTC 出售,这些现货必须在产生它们的纳税年度再次转让和使用。由于 TTCs 必须用于抵消产生抵免当年的税款,因此抵免额度购买者有动力在纳税年度结束时尽可能地进行交易(此时纳税义务较为确定)。

在纳税义务发生时间方面,根据美国国税局(IRS)的要求,在指定的抵免额转让日期之前购买合格抵免额的合同,且承诺满足以现金支付的要求,只要所有现金支付都在合格纳税人确定指定抵免额的纳税年度的第一天开始,到完成转让选择的声明截止日期之间,这期间都属于纳税义务发生时间。在快速发展的 TTCs 市场中,最大的挑战之一是期限错配问题。出让方希望尽可能提前获得确定性交易时间,购买方则希望尽可能接近所得税季度预缴额。当前应对期限错配问题的方案是预先的承诺性交易,即购买方可以预先承诺未来的交易合同,出让方可以向贷款人和其他方承诺短期现金流的稳定,从而缓解期限错配问题。换言之,在当前的 TTCs 定价机制中,期限的风险因素已经被纳入,TTCs 的购买方将为期限风险低——税收抵免的金额与季度预估税额接近——的抵免额支付额外的费用。

二、先进制造业生产税收抵免

为促进生产力的发展、提升产业竞争力,先进制造业生产税收抵免(Advanced Manufacturing Production Tax Credits, AMPTC)被美国政府引入,该工具又被称为45X税收抵免,其本质也是一种TTCs,且由于其针对先进制造业,因此是当下市场上最受欢迎和可交易的抵免之一。根据美国《国内税收法典》(Internal Revenue Code, IRC)第45X条规定,美国国内生产太阳能组件、风能组件、电池组件或关键矿物精炼或回收的企业,有权获得生产税收抵免。45X税收抵免的价值是根据每单位生产量、每单位电力容量的固定金额或生产成本的百分比计算得出的,且45X税收抵免是可转让的,许多企业发现可转让性是最大限度利用这些税收抵免效益的有效方式。根据美国法律规定,45X税收抵免于2023年初生效,并持续到2032年底。对于大多数成品而言,抵免价值会在以后几年逐步减少:2030年为其价值的75%,2031年为其价值的50%,2032年为其价值的25%。但是,关键矿产不属于逐步取消的范围。此外,美国符合条件的任何制造业企业均可获得45X税收抵免(见表2),其国内制造业企业包括位于美国或美国领土(包括波多黎各、关岛、北马里亚纳群岛、美属萨摩亚或美属维尔京群岛)。而对先进制造业的定义,则强调制造过程是"将投入物实质性地转变为完整且独特的合格组件",而不仅仅是"轻微组装"或"表面修改"。同时,成品必须在美国生产,但子部件或组成元素(例如钢材、框架、电气元件等)无需在美国采购。最后,必须将制造的部件出售给第三方才能获得AMPTC。

表2 45X税收抵免政策适用的制造业类型

太阳能组件	太阳能模块、光伏电池(薄膜和晶体)、光伏晶片、太阳能级多晶硅、扭矩管(用于太阳能跟踪装置)、结构紧固件(用于太阳能跟踪装置)和聚合物背板
风能组件	叶片、机舱、塔筒、海上风电基础(固定和浮动平台)以及海上风电船
逆变器	中央逆变器、商用逆变器、分布式风电逆变器、微型逆变器、家用逆变器和公用事业逆变器
合格的电池组件	电极活性材料、电池单元和电池模块
适用的关键矿物	铝、锑、砷、重晶石、铍、铋、铈、铬、钴、镝、铒、铕、萤石、钆、镓、锗、石墨、铪、钬、铟、铱、镧、锂、镥、镁、锰、钕、镍、铌、钯、铂、镨、铼、铷、钌、钐、钪、钽、碲、铽、铥、锡、钛、钨、钒、镱、钇、锌、锆

资料来源:https://home.treasury.gov/policy-issues/inflation-reduction-act/ira-related-tax-guidance。

在抵免额度的计算方面,针对以上不同产品,45X 税收抵免的计算方法也存在差异,具体有三种主要方法用于计算相关产品的抵免额度。45X 税收抵免额度可以根据每个组件尺寸或重量的固定值、每单位电容量得出的值(例如每瓦特美分)或生产成本的百分比来确定,且每种 45X 税收抵免合格产品都有相应的每单位税收抵免额,每单位税收抵免额乘以一定时期内生产的产品量(确保出售给第三方),即可得出该时期内产生的税收抵免总额。例如:太阳能子部件的抵免额度是根据产品的尺寸或重量计算的,需要仔细测试和分析才能确定抵免额度。太阳能级多晶硅每公斤可获得 3 美元的抵免额度,而太阳能晶片每平方米可获得 12 美元的抵免额度。太阳能电池板等成品组件的抵免额度是根据其电输出单位计算的。例如,太阳能模块每直流瓦可获得 7 美分的额度。关键矿物的抵免额度通常相当于生产成本的 10%。

在具体申请 45X 税收抵免时,制造过程、生产的商品以及向第三方销售的记录文件是确保制造业企业能够可靠地计算其 AMPTC 值的关键组成部分。其中,制造过程必须是"任何提供合格组件的生产",而非"现成常规的制造"。在交易过程中,税收抵免出让方应确保有明确的文件说明哪个实体有权申请。根据以上政策细节可知,制造业企业必须确保其产品符合相关法律的定义,并确定相关的 AMPTC 值。最后,必须将合格的产品出售给无关的第三方,才能产生 45X 税收抵免。此外,45X 税收抵免按年生成和申领,制造业企业必须确保申领的抵免额度与在给定年份内销售给第三方的合格产品挂钩。特别地,产品可能在前一个纳税年度生产,但在销售之前,企业无权申请与产品相关的 45X 税收抵免。在具体享受政策时,既可以选择直接支付,还可以选择转移抵免。直接支付是指纳税人可以在自己的纳税申报单上享受 45X 税收抵免,如果这样做导致多缴税款,还可以选择从国税局获得退款。要申请直接支付,纳税人必须完成每个项目的预申报注册,并在年度纳税申报表中提交 3800 表。选择在纳税年度直接支付的企业通常被推定在随后的四个纳税年度直接支付,除非他们撤销选择并选择转移抵免。一旦撤销,纳税人就不能叠加享受前期税收抵免的剩余额度。此外,制造业企业计算出纳税年度内产生的 45X 抵免总额,并在年度纳税申报表中申报该金额。根据 IRS 政策,退税只会在收到纳税申报表后按年度发放,而不会在季度预估纳税申报表后按季度发放。

在具体交易过程中,45X 税收抵免是可转让税收抵免市场中最受欢迎且交易便捷性较高的税收抵免之一。企业转让其抵免的时间没有限制——只要产生抵免,就可以在转让市场上交易。与直接支付类似,为了转移抵免,纳税人必须完成预先登记流程,为每个设施提交表格 7207,并在年度申报表中提交表格 3800。为了将税收抵免转移给受让方,纳税人通常会估算其年产量的 45 倍,并直接或通过中介（如金融机构、税务公司或公开市场）找到受让方。出让方可以在与潜在受让方接触之前，通过安排尽职调查项目、法律备忘录和销售文件，确保其抵免具有高度可交易性。一般而言，规模较大的交易（年度信用额度超过5 000万美元）往往定价最高。45X税收抵免的交易量约为其面值的92%至95%，并且按季度结算（对于上一季度产生的信用，则为延期结算）的情况相对较为常见。考虑到货币的时间价值，较高的定价和及时结算可以使可转让性成为公司索取45X抵免最具成本效益的机制。

对于出让方而言，45X税收抵免是一种转移税收抵免，交易相对简单，可以最大限度地提高45X税收抵免的价值。同时作为一项创新性税收激励，其于2022年IRA通过后生效，但美国历史悠久的税收抵免政策和相关行业已迅速接受了这些创新，并认为其在交易中清晰、结构合理且易于尽职调查。另外，45X税收抵免交易也往往易于执行，所有相关方都易于尽职调查。与其他常见税收抵免（如ITC）不同，45X税收抵免不包含未来重新获得抵免的风险。一旦企业能够证明其产品符合45X税收抵免条件且产品已售出，他们通常可以申请和转让相应的税收抵免。而对于受让方而言，其通常期望出让方承担尽职调查相关的费用以及可能需要的任何保险，同时，受让方利用45X税收抵免可以促进其进行再投资。而在交易过程中，美国企业越来越多地选择赔偿税收抵免交易，而不是购买保险。在2024年上半年，约40%的45X交易包含某种形式的保险，而60%的交易包含母公司担保。此外，45X税收抵免合同可以跨期签订，即受让方可以选择签订多年期税收抵免合同。但与其他PTC不同，其他PTC通常签订10年期税收抵免合同，而45X税收抵免交易更常见的是2至3年期等较短期的期限。相较于其他期限较长的PTC合同，这种较短期限的抵免合同对于那些无法提前10年预测未来税务负担的受让方来说颇具吸引力。

在税收风险方面，与IRA中许多税收抵免政策一样，45X税收抵免政策是新事物，因此官方的监管和优化具有不确定性。对于特定45X税收抵免合同而言，最显著和可预见的风险与抵免的资格和抵免额的计算有关。在45X税收抵免的交易过程中，出让方和受让方需要重点评估几个重要因素：①各方必须确保生产的产品是符合抵免条件的，并且制造过程包括对符合条件的产品进行实质性改造（而不仅仅是组装）。税收抵免出让方通常会提供制造阶段的信息，包括有关任何子组件及其来源、改造方式和成品性质的信息。例如，如果给定组件的税收抵免是按每瓦计算的，则出让方应提供验证最终产品电容量的信息。②如果纳税人申请由合同制造商（无论是承包商还是制造商）产生的45X税收抵免，出让方必须确保有45X税收抵免转让的文件。在任何情况下，都应仔细审查出让方的商业结构，以确保他们有权产生和转让税收抵免。③出让方和受让方需要被审查销售记录，以确保产品已出售给第三方,从而产生税收抵免。受让方收到产品的时间,可能与出让方认定的产品已售出的时间有所延迟,这种期限差异可能会在确定某一年末产生的税收抵免额时产生影响。基于此,出让方应使用一致的方法来确定产品已出售,即客户获得产品控制权的时间点或产品离开工厂的时间点(无论出让方是否负责交付产品)。

在政策效果方面,Crux 的研究表明,每 1 美元的联邦税收抵免都会带动 5 美元的私人部门投资。自 2022 年以来,TTCs 已经催化了超过 5 000 亿美元的私人资本,预计 2024 年抵免转移交易额将达到 250 亿美元。其背后的原理是,TTCs 通常会带动其他形式的私人部门融资,从而降低资金成本。税收抵免的受让方还可以与出让方建立其他金融或商业关系,例如,在出让税收抵免的同时出售相关产品。可转让性使得企业可以将税收抵免出让给其他企业以稳定现金流。出让抵免额可降低资金成本,并允许制造业企业更快地回收资金。受让抵免额的企业可获得小额折扣,以换取资本注入。这些基于市场机制的交易相较于传统的政府补助或退税更加高效便利:①推动对能源和制造业基础设施的关键投资;②催化更加多样性的能源基础设施和安全的供应链;③扩大了融资渠道,特别是对于缺乏税收股权投资渠道的中小型企业;④推动对能源和制造业基础设施的必要投资。根据美国官方估计,未来 10 年,美国经济将投资高达 1 万亿美元,推动人工智能(AI)、云计算和国内制造业的复苏,投资者和制造业企业需要稳定的政策环境制定投资计划。自 2022 年以来,AMPTC 促进了营商环境的改善和稳定,且相关政策预计将延续 10 多年,能够使相关产业发展和技术迭代均获益,刺激投资、建设,以及经济增长和就业改善。其中,45X 税收抵免被看作一项重大税收激励,未来 10 年税收抵免的价值正清晰可见地支持美国企业的长期投资决策。根据清洁投资监测(CIM)的数据,自包含 45X 税收抵免在内的 IRA 通过以来,美国制造业投资增长了 305%,从 2020 年至 2022 年的 220 亿美元增至 2023 年至 2024 年的 890 亿美元。

三、合格可退还税收抵免

合格可退还税收抵免(Qualified Refundable Tax Credit,QRTC)是 BEPS 行动计划支柱二(又称全球最低税模范规则)引进的规则。根据全球最低税模范规则要求,QRTC 是指以下方式设计的可退还税收抵免:成员实体(Constituent Entity)在满足授予抵免的司法管辖区法律规定的获得抵免条件之日起 4 年内,必须以现金形式支付或以现金等价物形式提供。其中,只能退还部分的税收抵免也属于 QRTC,但前提是自成员实体满足授予抵免的司法管辖区法律规定的获得抵免条件之日起 4 年内,必须以现金形式支付或以现金等价物形式提供。QRTC 不包括根据合格归集税（Qualified Imputation Tax）或不合格可退还归集税（Disqualified Refundable Imputation Tax）可抵免或退还的任何税额。简言之，QRTC 是一种满足一定条件下的税收优惠政策，其计算的是成员实体的全球反税基侵蚀规则收入（Global Anti-Base Erosion, GloBE），也即增加成员实体利润总额的收入，而非 QRTC 的税务优惠则不能计算在成员实体的 GloBE 收入内，而是涵盖在税费（Covered Tax）的扣减项。其前提是满足优惠条件的 4 年内，相关国家必须以现金或其等价物向纳税人支付。根据全球最低税规则的结果，纳税人就 QRTC 的全球最低税不利影响将会远少于非 QRTC。换言之，纳税人不会由于 QRTC 而大量增加全球最低税税负。因此，对面临全球最低税的跨国企业来说，取得的税收优惠是否属于 QRTC 至关重要，同样，各国在企业所得税税收优惠政策的设计上，也越来越考虑 QRTC 框架，以确保跨国企业能够真正享受税收优惠。

在美国政府针对特定人群（大学生、低收入家庭）或特定行为（生育、国际贸易）出台 RTCzc 政策的基础上，新加坡在促进生产力发展领域进行了创新，成为利用 QRTC 框架的典型国家之一。为吸引有质量的投资，新加坡政府允许符合资格的企业在本地设立或扩展制造业设施、商品贸易、研发和创新，以及脱碳活动时，能够享有可退还投资税收抵免（Refundable Investment Credit, RIC）。它于 2024 年推出，旨在提升新加坡的投资吸引力，鼓励企业在关键经济领域和新增长领域进行投资，为新加坡带来实质性的经济增长。目前，该政策通过新加坡经济发展局（EDB）和新加坡企业发展局（Enterprise SG）以批准方式执行。概括而言，RIC 是一项可退还现金的税务抵免优惠政策，符合 QRTC 框架。企业在新加坡进行高价值和实质性经济活动的新投资时，抵免应缴的企业所得税，政策存续期为 10 年，未使用的部分将在企业满足条件后的 4 年内，以现金形式退还给企业，退还额度与企业对新加坡经济贡献的大小和质量相关。在新加坡投资越多或投资质量越高的公司，将可获得越多抵免额。同时，新加坡政府还根据产业发展和行业生命周期，动态调整享受该项税收优惠政策的产业范围，确保税收优惠政策与产业发展和国民经济结构匹配。

在 RIC 政策下，企业若进行新设施投资、设立数字服务、专业服务和供应链管理领域的业务，进行研发工作，以及实施去碳化方案等，当中所涉及的开支可以获得可退还的投资税收减免，每个项目的减免比率可高达 50%。除了可以用来抵消应缴的企业所得税外，若企业未使用相关补贴，新加坡政府也会在企业满足补贴条件后的 4 年内，以现金形式退还给企业。特别地，税收抵免和税项宽免（Tax Relief）不同，前者是直接减少应纳税额，后者则减少应纳税所得额。根据全球反税基侵蚀规则（Base Erosion and Profit Shifting, BEPS），RIC 在企业的有效税率下被当作收入，因此不会造成公司有效税率的下滑。换言之，公司理论上在享受 RIC 的税收优惠时,其名义有效税率仍会高于 15% 的最低标准。因此,RIC 可谓是另辟蹊径,只针对公司在合格期内为合格项目产生的合格支出(见表 3),让新加坡名义有效税率符合 BEPS 规定的情况下,提高对跨国企业的吸引力以及本地区跨国企业的竞争力。此外,由于 RIC 的受益范围存在一定约束,即必须投资于政府规定的特定领域才能享受,因此这也是一种创新性产业政策,激励公司投资于现代新兴产业、高端制造业和低碳绿色产业等领域。

表3 RIC 支持的经济活动和合格支出

经济领域	典型活动	合格支出
新的生产能力	新制造工厂、低碳能源生产	资本性支出(如建筑物、机器设备、软件)
生产性服务业	建立数字服务、专业服务和供应链管理	人力成本 培训费用
总部经济	区域或全球总部	专业费用 无形资产成本
科技创新	实质性研发和创新投资	在新加坡外包工作的费用 材料和消耗品
脱碳生产	实质性脱碳投资	运费和物流费用

资料来源:https://www.iras.gov.sg/schemes/disbursement-schemes/refundable-investment-credit-(ric)。

四、对中国的启示

我国作为全球工业门类最为完备的国家,拥有强大的工业制造能力和先进的生产力水平。但是,我国现行税制导致企业生产关系网络难以形成规模优势,产业链、供应链、价值链等还有补短板、锻长板的需求。基于全球当前在企业所得税领域的创新性政策,我国需要在以下方面进行企业所得税税制的优化。

(一)科学评估并完善税收优惠政策

从国际上看,我国的企业所得税制度需要满足全球最低税率的要求;从国内维度看,企业所得税制度应更加契合全国统一大市场的建设。目前,我国企业所得税的税收优惠政策较为碎片化,相关税收优惠政策存在一定的不确定性,不能保证连续性和稳定性。部分政策变化会导致名义税率、实际税率随之改变,从而对企业用于创新、研发以及聘用高新技术人才的投入产生不利影响,给企业长期发展造成一定制度合规成本。而美国的税收优惠则更加注重制度建设,在满足名义税率不低于全球监管要求的基础上,提高本国企业的竞争力。与此同时,以新加坡为代表的在某一产业领域存在优势的国家也在跟随,进行应对性税制创新。我国也应积极吸收借鉴全球各国企业所得税税制最新发展趋势,科学辩证理解名义税率与实际税率的区别,评估现行税收优惠政策的实施背景和效果,将部分政策转化为制度安排,并吸收全球最新经验,采取制度性建设,切实有效培育我国各类市场主体的发展环境,优化我国的营商环境。

(二)创新企业所得税税收抵免政策体系

从我国当前税制分析,绝大多数观点认为增值税抵扣链条的理顺有助于强链补链扩链,但全球当前日益丰富的创新性所得税抵免政策表明,基于市场机制的所得税税收抵免政策也有助于促投资、稳就业,在保证政府产业政策执行的同时,促进国民经济竞争力和科技水平的提高。与此同时,投资性税收抵免、生产性税收抵免日益获得全球各国的认可,可转让税收抵免和可退还税收抵免工具的发展也日益丰富,这都需要我国因地制宜创新我国的企业所得税优惠政策体系。我国可以结合全球经验,将税收抵免政策与产业发展、人才激励、技术迭代、落后产能淘汰等其他目标结合,使其共同服务于新质生产力的发展。

(三)积极实施特定产业或企业的税改试点

为避免税制重大调整对于国民经济的影响,我国可以选择特定行业、特定类型企业开展企业所得税税收抵免政策的创新,如新质生产力包含的战略性新兴产业和未来产业。前者包括新一代信息技术、新能源、新材料、高端装备、新能源汽车、绿色环保、民用航空、船舶与海洋工程装备。后者包括元宇宙、脑机接口、量子信息、人形机器人、生成式人工智能、生物制造、未来显示、未来网络、新型储能。还可以针对"专精特新"企业率先开展企业所得税抵免政策的试点创新。以上行业和企业往往都具有技术新、潜力大、规模小的特点,因此这一类型企业较少受到GloBE规则的制约,但由于其对产业链、技术链和价值链的发展至关重要,如果能够选择特定行业或特定类型企业进行试点,具有较大政策执行空间,同时也能够发挥"链主"企业和税收优惠的双重杠杆效应,促进我国产业高质量发展。

参考文献

[1]孟晓雨,罗文淇,陈曦,等.全球最低税实施的影响评估:基于BVD-Osiris和国别(地区)报告数据的测算分析(下)[J].国际税收,2024(10):33-36.

[2]孟晓雨,罗文淇,陈曦,等.全球最低税实施的影响评估:基于BVD-Osiris和国别报告数据的测算分析(上)[J].国际税收,2024(9):31-43.

[3]刘奇超,王萌,沈涛.新一轮财税体制改革之税制改革框架构思:总体取向与重点路径[J].清华金融评论,2024(4):48-50.

[4]管治华,宋晨泽.全球最低税:实施进展、影响评估以及应对思考[J].税务研究,2024(6):98-106.

[5]何平. 促进小微企业发展的税收优惠政策评析：实行"降成本"政策以来小微企业税收优惠取得明显成效[J]. 价格理论与实践,2024(10):33-37,159.

[6]黄树民,宋敬波,周琼,等."专精特新"中小企业上市培育税收政策及服务研究：基于重庆市"专精特新"中小企业的调查[J]. 税务研究,2023(6):44-49.

税收策划视角下收入递延策略浅析

李欣慧①

摘　要：目前我国企业面临的市场竞争日益扩大，如何有效降低企业成本、提升生产效益和运营效率，是企业面临的关键挑战之一。由于税负在公司运营成本中占有重要比例，合理管理税收成本对于增加公司总体收益至关重要。税收负担的任何变动都会对公司利润造成影响。通过合理的企业所得税策划，可以有效降低税务成本和税务风险，提升经营效益，最终实现公司价值的最大化。基于上述考虑，本文将研究焦点集中于一家制造业企业，在理论分析的基础上对其当前的企业所得税纳税策划进行评估，旨在检验策划方法是否有效并提出具有针对性的改进措施。

关键词：税收策划　递延纳税　固定资产折旧

一、文献综述

（一）关于税收策划的认知

唐腾翔与唐向（1997）首次提出从政府视角出发进行税收筹划，强调政府应支持企业参与此类活动，视其为宏观调控的有效工具，这有助于缓解各方对税收规划的抗拒。徐泓和杜江（1995）同样鼓励会计人员积极参与税收筹划，但强调必须合法合规，明确区分税收筹划与逃税行为。刘建民（2001）和谭光荣（2001）也都指出了税收筹划与偷税漏税之间的区别。朱钦德（2002）认为，依据税法和税收政策进行规划，如何享受优惠成为切实可行的税务规划途径。王树锋（2014）对纳税筹划的定义给出了更为全面的阐释，深入分析了其在政府和企业层面所带来的正面效应，即如何增加企业的税务效益及促进国家税制改革。卜华（2018）等则基于委托理论，指出税收筹划有助于提升企业价值。

（二）关于企业所得税策划运用方面

牛草林（2009）从税基和税率角度讨论了两种公司所得税筹划方式，提出它们应作为筹划的基本起点。李玲（2009）补充了延迟纳税的第三视角，分析指出对于

---

① 李欣慧，中国社会科学院大学应用经济学院硕士研究生。

居民企业,在税率稳定时,税收水平是影响税负的关键因素。根据税法规定,应纳税所得可通过调整收入和增加支出确定。因此,以收益与费用的调节为核心进行设计颇具探讨价值。企业所得税税率式的筹划则侧重于理解和运用税收政策。

(三)关于企业所得税税收筹划方法

多位国内外专家从不同税种及融资、投资、运营、分配等角度研究了税务筹划。廖康礼和张永杰(2011)探讨了运营阶段的区分性税收筹划,特别是固定资产折旧方式对所得税的影响。张牧扬、刘烨、李殊琦(2018)聚焦"营改增",分析企业如何合理避税与利润分配。王玉娟(2020)总结了不同企业组织模式下的纳税筹划结果及规则,为纳税人提供参考。石绍宾(2020)指出设备使用年限差异影响折旧费用。张云华(2020)强调成功的税收筹划需获得税务部门认可,并指出争议源于对筹划主体的认识不清。

鉴于上述原因,本文将研究焦点集中于某制造业企业,在理论分析的基础上对其当前的企业所得税纳税策划展开研究。

二、理论基础

(一)博弈理论

博弈理论描述了在特定约束条件下,多个不特定个体通过分析对方的策略来制定自身策略的过程。在税收管理领域,这一理论同样适用,其中政府与纳税企业构成了主要的博弈双方,各自为了实现自身目标而采取不同的策略。一方面,国家为了促进社会经济发展,需确保税收体系的有效运行,保证税款的全面征收,并通过立法建立稳定的征税机构,在必要时调整政策。另一方面,企业为最大化经济效益,会寻求合法途径减轻税收负担。在这个过程中,合理的税收策划成为企业降低应税金额的常用方法,既符合法规要求,又实现了企业的经济利益。

(二)契约理论

在法律关系中,"契约"作为合同连接多个社会主体。经济学中的契约理论视所有交易和制度为合约,专注于特定交易环境下不同行动者间的经济行为及其结果,旨在解决道德风险和逆向选择问题,追求价值最大化。契约理论分为完备与不完备两类:完备契约允许通过合同详细规划;而不完备契约由于设计人员无法全面预测未来,需将决策和控制权赋予较大投入方以规避风险。基于完备契约理论,企业在开展税收策划时,应综合评估收益与风险,并合理设计其经营架构以支持税收策划。依据不完备契约理论,企业则需对税收策划策略进行及时和动态的调整,以适应变化的情况。总之,企业在进行税收策划时,应明确了解其整体策划管理目标,避免因短期利益而牺牲长远发展。

(三)递延纳税原理

递延纳税策划是纳税人通过合理推迟缴税时间来获得货币的时间价值。这种方法并非旨在直接降低税负,而是通过合法延迟纳税,既有助于改善现金流,又能减少利息支出。

递延纳税主要有两种方法:一是推迟收入的确认;二是尽早确认费用。关于收入确认,可以通过不同的销售与结算方式控制纳税义务的发生时间,例如可以通过签订合同的方式进行分期销售,按照合同约定的时间缴纳税款。关于成本费用的确认,可以通过加速折旧、提前确认费用等减少当期缴纳的税款。

三、纳税策划方案

(一)通过推迟纳税义务时间实现递延纳税

当企业的销售活动接近月底或年底时,可以考虑调整交货时间,并全面评估各种结算方式及其影响。通过与客户的沟通协调,争取适当延迟交货、结算或开票的时间。这样做有助于在本期末合理推迟销售收入的确认,从而实现减轻当期税收负担的目标。此外,推迟纳税义务的截止日期也是达成这一目标的重要手段。公司应谨慎应用权责发生制原则,严密监控长期赊销和托收承付等销售业务,避免因应收账款累积而导致大量非现金形式的销售收入。合理的销售政策应在遵循会计准则的基础上,充分考虑企业的具体运营状况,确保收入确认、损益计算和现金流管理之间的和谐统一。通过优化这些流程,企业可以在合法合规的前提下,尽量降低当期利润和收入额,实现递延纳税的效果,进而提升资金使用效率和财务灵活性。

A 公司成立于 1999 年,是一家专注于木门窗制造的私营股份制制造企业。公司主要业务涵盖门窗加工、玻璃制造、塑料制品生产、门窗安装、金属门窗工程、废料处理、货物进出口及建筑施工。注册资本为 9 480 万元,员工数约 1 000 人。2022 年 12 月,A 公司与合作伙伴签署了一份销售合同,双方在合同中约定将采用分期付款的方式进行交易。在整体销售方案里,合同总金额设定为 1 176 万元,2022 年 12 月收取货款 500 万元,2023 年 3 月收取货款 300 万元,2023 年 6 月收取货款 376 万元,总额占了 A 公司年度销售收入总额的 1.27%。此笔收入将分三期确认,500 万元纳入 2022 年的应税所得,用于计算和缴纳企业所得税。A 公司在销售及视同销售业务中适用的增值税税率为 13%,企业所得税税率为 25%。2022 年,A 公司的销售毛利率为 48.74%。根据上述条件,可以实际计算出此次销售活动所需的税费。

销售毛利 = 500×48.87% = 243.7(万元)

当期应缴纳的增值税额 = 500×13% = 65(万元)

应缴纳的城市维护建设税和教育费附加以及地方教育费附加 = 65×(7%+3%+2%)
= 7.8(万元)

当期企业所得税应缴纳税额 = (243.7-7.8)×25% = 58.98(万元)

如果企业为了尽快拿到现金而否决分期付款方式选择以直接支付的方式,那么合同总额 1 176 万元应当全部划入 2022 年的应纳税所得额中,全额计算企业所得税。

销售毛利 = 1 176×48.74% = 573.18(万元)

应缴纳增值税 = 1 176×13% = 152.88(万元)

应缴纳的城市维护建设税和教育费附加以及地方教育费附加 = 152.88×(7%+3%+2%)
= 18.35(万元)

应缴纳企业所得税税额 = (573.18-18.35)×25% = 138.71(万元)

A 公司在 2022 年 12 月确认了这笔收入,按照 1 176 万元的数额确定营业收入,两种方案相比较可以得出, A 公司在 2022 年度整体汇算清缴时少缴纳企业所得税 138.71-58.98 = 79.73(万元),递延纳税率为(79.93/138.71)×100% = 57.62%。 A 公司通过有效的策划,针对这笔销售业务实现了当期纳税的延迟,递延缴纳税款达到了 178.16 万元。根据计算,2022 年公司的资金流转利润率是 8.37%。采用分期收款的方式后,这一策略相当于为公司提供了一笔约 178 万元的无息贷款,在经营周转中免费使用该款项,预计可额外获利大约 178×8.37% = 14.9 万元。这样的税务策划有助于加速资金周转,充分利用这部分资金的时间价值,有效缓解企业的生产经营压力。总体而言,通过分批确认收入来延缓纳税时间的方法是行之有效的。

(二)通过成本费用支出延迟纳税

企业支出并非单纯的成本消耗,部分项目具备税收策划的功能,甚至能够调整应纳税所得额。A 公司在制定企业所得税纳税策划方案时,应着眼于各项支出,在确保符合税法规定和权责发生制会计原则的前提下,尽可能地将支出转化为税前列支,从而实现税负的最优化,并避免因纳税调整带来的额外负担,例如缩短公司固定资产折旧年限或固定资产采取加速折旧的方法。

1. 缩短 A 公司固定资产折旧年限

合理降低企业所得税应缴金额的关键在于优化成本费用管理,从而提高税前扣除率。这需要根据公司制定的企业所得税纳税计划,选择合适的固定资产折旧会计处理方法,因为不同的方法会产生显著不同的结果。固定资产,作为企业长期用于生产经营活动的耐用资产,涵盖各种工具、机器设备和房屋建筑物等。对于制造业等行业而言,固定资产是企业生存和发展的基石,其更新换代和技术先进性直接影响企业产品研发和生产效率,进而决定企业的市场竞争力。先进的固定资产不仅能够提高生产效率，降低生产成本，还能支持企业进行技术创新，开发出具有核心竞争优势的产品，从而在激烈的市场竞争中脱颖而出。固定资产折旧是企业成本支出的重要组成部分，其管理方式的优化体现在折旧方法和年限的选择上。税法实施条例根据设备性质和耐用程度，规定了建议的折旧年限范围。A公司在制定固定资产折旧政策时，需要综合考虑自身实际情况，对比分析不同折旧方法和年限的影响，并权衡相关会计准则，最终选择最合适的会计处理方法，以实现成本管理的最优化。A公司作为传统制造业企业，其固定资产折旧对税收策划至关重要。除折旧方法外，折旧时间的选择也直接影响税负。缩短折旧年限可考虑时间价值，实现节税效果，使纳税额更加公允。

A公司在购置新的固定资产时，其使用寿命的确定主要依据《税收征收管理法》的相关规定。公司会严格按照该法规的要求，对不同类型的固定资产进行折旧会计处理，以确保税务处理的合规性和准确性。具体情况如表1所示。

表1 A公司按类别汇总的固定资产折旧情况

种类	折旧年限(年)	净残值率(%)	折旧率(%)	折旧方式
房屋及其他建筑物	20	5	4.55~4.75	年限平均法
机器设备	10	5	9.00~9.50	年限平均法
运输设备	5	5	18~19	年限平均法
电子设备及其他	5	5	18~19	年限平均法
固定资产装修	5	5	20	年限平均法

A公司于2021年投资1 000万元购置了一批生产设备，计划使用年限为5年，预计净残值率为5%，并设定投资收益率为10%。公司采用年限平均法对该批次设备进行折旧计提，以确保税务处理的合规性和准确性。具体计算如下所示：

$$年折旧率 = (1-5\%)/5 \times 100\% = 19\%$$

$$年折旧额 = 1\,000 \times 19\% = 190(万元)$$

将设备折旧年限设定为5年期限的固定资产折旧情况以及对企业所得税后期缴纳的影响情况如表2所示。

表2 该生产设备折旧年限为5年时的折旧情况 单位：万元

折旧年份	固定资产原值	折旧率(%)	计提折旧额	企业所得税税率	折旧额抵税值	复利现值系数	折旧抵税额现值
2022	1 000	19	190	25%	47.5	0.900 1	42.75
2023	1 000	19	190	25%	47.5	0.826 3	39.25

续表

折旧年份	固定资产原值	折旧率(%)	计提折旧额	企业所得税税率	折旧额抵税值	复利现值系数	折旧抵税额现值
2024	1 000	19	190	25%	47.5	0.751 4	35.69
2025	1 000	19	190	25%	47.5	0.683 1	32.45
2026	1 000	19	190	25%	47.5	0.602 8	28.63
合计	—	—	950		237.5	—	178.77

税法中只规定了各类固定资产最小折旧年限,并给出相应范围,因此公司设置的折旧年限只要不低于最低折旧年限即可。例如将折旧年限由5年改为4年,此时年折旧率变成23.75%,因此年折旧额的金额为1 000×23.75% = 237.5(万元)。使用年限设置为4年之后,折旧值相应发生改变,并产生相应的影响,如表3所示。

表3 该生产设备使用年限为4年时的折旧情况   单位:万元

折旧年份	固定资产原值	折旧率(%)	计提折旧额	企业所得税税率	折旧额抵税值	复利现值系数	折旧抵税额现值
2022	1 000	23.75	237.5	25%	59.375	0.900 1	53.44
2023	1 000	23.75	237.5	25%	59.375	0.826 3	49.06
2024	1 000	23.75	237.5	25%	59.375	0.751 4	44.61
2025	1 000	23.75	237.5	25%	59.375	0.683 1	40.56
合计	—	—	950		237.5	—	187.67

若将设备的折旧年限设为4年,其折旧额可用于抵扣企业所得税的现值为187.67万元。与5年折旧年限相比,4年折旧年限能使税额抵扣增加8.9万元。分析不同折旧年限的计算结果表明,选择4年作为折旧年限比5年更有利于提高税额抵扣效果。

2. 采用双倍余额递减法进行加速折旧

基于对A公司固定资产管理规定的研究,针对2021年购入的生产设备,公司实施了5年的年限平均折旧法,并设定了5%的预计净残值率。生产设备在运营中的快速损耗,往往导致其较早报废。因此,A公司可以在合法合规的前提下,与财务及税务规划部门协商,考虑转换为加速折旧的方法,将年限平均法转变为双倍余额递减法。年限平均法需考虑固定资产残值的影响,但是双倍余额递减法无需将残值纳入在内,将投资回报率设置为10%,并对二者折旧额与折旧现值进行分析比对。

当 A 公司使用年限平均法计提折旧时,

年折旧率=(1-5%)/5×100%=19%

年折旧额=1 000×19%=190(万元)

表4　固定资产使用年限平均法的折旧情况以及对企业所得税缴纳的影响

单位:万元

折旧年份	计提折旧额	折旧额抵税值	复利现值系数	折旧抵税额现值
2022	190	47.5	0.900 1	42.75
2023	190	47.5	0.826 3	39.25
2024	190	47.5	0.751 4	35.69
2025	190	47.5	0.683 1	32.45
2026	190	47.5	0.602 8	28.63
合计	950	237.5	—	178.77

A 公司若采取年限平均法,则最终折旧抵税额现值为 178.77 万元。若 A 公司采用双倍余额递减法,以每一期初的固定资产账面余额为基础计算固定资产的折旧,结果如下所示:

2022 年-2024 年折旧率=2/5×100%=40%

2022 年计提折旧额=1 000×40%=400(万元)

以此类推得出 2023 年、2024 年折旧额分别为 240 万元、144 万元。

由于双倍余额递减法下,折旧期限的最后两年折旧额相同,因此参考直线法计算:

2025 年、2026 年折旧额=(1 000-400-240-144-1 000×5%)/2=83(万元)。

表5　固定资产使用双倍余额递减法的折旧情况以及对企业所得税的影响

单位:万元

折旧年份	折旧额	折旧额抵税值	复利现值系数	折旧抵税额现值
2022	400	100	0.900 1	90.01
2023	240	60	0.826 3	49.58
2024	144	36	0.751 4	27.05
2025	83	20.75	0.683 1	14.17
2026	83	20.75	0.602 8	12.51
合计	950	237.5	—	193.32

如果公司选择用双倍余额递减法对固定资产计提折旧,那么最终的折旧税额现值为 193.32 万元。二者对比之下可以发现,年限平均值法下的折旧抵税额现值为 178.77 万元,而双倍余额递减法下的折旧抵税额现值为 193.32 万元,相比之下节省了 14.55 万元的税额。随着 10% 的投资回报率并且早期的折旧金额越大,双倍余额递减法下的折旧抵税现值会比年限平均法大,对于税额的抵减效果更优并且获得更大的时间价值。

为了应对设备可能的提前报废,A 公司应在设备使用初期尽快提足折旧,从而减少上一纳税年度的税负并优化资金利用。财务人员需要掌握固定资产折旧的税收优惠,根据公司具体情况选择最合适的折旧方法和年限。在决定采用加速折旧法之前,应该评估其对公司经营状况的适应性,以确保税收策划的有效性和财务策略与业务运营的和谐。通过这种方式,A 公司可以更好地利用资金的时间价值,实现长期的财务健康和业务发展。

四、结论及建议

本文以 A 公司的经营财务状况和纳税情况为基础,参考以往年度税收策划方法选择了两种方法进行检验,旨在评估所选方法是否行之有效。在制定新的纳税策划方案时,首要任务是理解应纳税所得额计算公式中的各项因素,如收入、成本和费用支出,以及税收优惠政策的影响及其对企业应税所得可能产生的变动。基于这些考量,本文提出了针对 A 公司的企业所得税纳税策划方案,并比较了实施前后可能出现的结果差异。结果表明,通过推迟销售义务的发生时间以及采用缩短固定资产折旧年限或选用双倍余额递减法的方式都可以延迟缴纳税款的时间。但是,在税务策划的过程中,仍存在涉税风险。因此,本文提出以下几点建议:

(一)企业所得税纳税策划应保持灵活性

尽管纳税策划方案旨在支持企业的长期发展,但其并非固定不变。为了确保方案的有效性,A 公司需结合自身的生产经营实际情况,密切关注税收政策的变化,并灵活调整策划方案。这不仅有助于强化税务风险控制,还能显著提升策划效果。反之,如果未能及时响应变化,策划计划可能会失效,从而对公司造成广泛影响。在制定税收策划方案时,除了考量当前的政策外,A 公司还需预见未来的业务活动和运营趋势。因此,保持策划方案的灵活性以适应各种不确定因素,对于确保税收策划的可行性和实效性至关重要。

(二)完善固定资产管理制度,提高财务人员专业能力

企业应完善固定资产管理制度。企业应该通过配备专门人员、设置专门账簿的方式对固定资产进行管理,根据用途对公司的固定资产进行分类并分开管理分

别核算,方便对于不同的固定资产采取不同的加速折旧政策。企业在招聘工作人员的过程中应当着重考察财务人员的工作能力以及个人的专业素质,要求对税法、企业现状、税额预测以及税收风险点有清晰的认知。税务策划人员在保证方案设计符合法律法规及合理性的同时,还应严格遵守职业道德,坚守职业底线。为了促进专业能力的持续提升,A公司可以定期对税务策划人员进行评估,基于以往的培训,检查他们的专业知识水平,采取激励制度从而激发员工主动学习的积极性。

(三)建立与税务机关的沟通协调机制

为了确保纳税方案的合法性,税务机关将对其进行严密监控。因此,公司应主动与税务部门交流,尤其是及时了解最新的税收优惠政策,确保策划活动符合法律法规,为公司争取更多的策划空间。企业在成长阶段,其税收情况将受到税务主管部门的持续监管。如果纳税策划导致应缴税额减少,可能引发税务机关的关注和后续的风险稽查。

因此,A公司在制定纳税策划方案前,其策划人员需深入学习相关税法和税务机构的解释,保证方案的合理性和合法性。此外,应基于当前税收征收管理的整体形势,进行全面合理的策划。在税务审计过程中,企业应积极配合,提供必要的信息和支持。对于税收规划中的问题,税务人员应及时解答;如遇双方对同一税收优惠条款有不同的理解,可上报主管部门寻求批准。

参考文献

[1]唐腾翔,唐向,郭秀亮. 地方税结构的国际研究及借鉴[J]. 税务研究,1997(2):58-61.

[2]徐泓,杜江. 浅论纳税筹划[J]. 四川会计,1995(2):6-7.

[3]刘建民,谭光荣,谭久均. 纳税筹划系列之一:纳税筹划、避税与偷税[J]. 时代财会,2001(1):42-43.

[4]朱钦德. 纳税筹划与税收政策[J]. 会计之友,2002(4):44.

[5]王树锋. 纳税会计与税收筹划[M]. 北京:机械工业出版社,2014.

[6]卜华,宋建华,杨婷如. 企业纳税筹划能提高企业价值吗?:基于代理理论框架的研究[J]. 财会研究,2018(9):38-43.

[7]牛草林. 企业所得税税务筹划误区与防范[J]. 财会通讯,2009(35):129-130.

[8]李玲. 对企业所得税税基的纳税筹划分析[J]. 会计之友(中旬刊),2009(10):52-53.

[9]廖康礼,张永杰. 固定资产折旧对企业财务的影响[J]. 商业会计,2011

(14):43-44.

[10]张牧扬,刘烨,李殊琦."营改增"与企业避税盈余管理[J].财会月刊,2018(24):64-73.

[11]王玉娟.企业组织形式的税收筹划研究[J].财会通讯,2020(12):152-155.

[12]石绍宾,沈青,鞠镇远.加速折旧政策对制造业投资的激励效应[J].税务研究,2020(2):16-22.

[13]张云华.企业纳税筹划认识的六大误区[J].财会月刊,2020(34):52-53.

第三部分

中国税务师行业发展报告 2024

引 言

2024年是我国税制改革深入进行的一年,税收制度改革不断深化,税收征管体制持续优化,纳税服务和税务执法的规范性、便捷性、精准性不断提升,涉税服务不断向高质量发展推进。我国税务师行业在国家税务总局党委坚强领导下,在中国注册税务师协会的积极引导下蓬勃发展。税务师考试从2016年到2024年总报考人数为535.7万余人,报考人数从2016年的17.6万人增长到2024年的80.9万人,考试人数和科次均实现大幅增长,表明行业影响力日益扩大,税务师职能作用日益明显。截至2024年底,全国已有超过9 000家税务师事务所,全行业从业人员11.5万余人,其中税务师5万余人。目前全国等级税务师事务所中5A级51家,4A级45家,业务收入突破290亿元,行业收入总额近5年连续增长。在涉税专业服务市场开放的背景下,税务师行业的行业优势明显,并呈高速发展的态势。

本报告由北京哲学社会科学国家税收法律研究基地主编,在北京哲学社会科学国家税收法律研究基地首席专家郝如玉指导下,由北京哲学社会科学国家税收法律研究基地主任曹静韬和副主任丁芸教授负责相关编写组织工作。税务师行业发展报告系统全面地介绍了我国的税务师行业:第一章是税务师行业发展概览,第二章是部分国家税务师发展情况及经验借鉴,第三章是国内税务师行业现状分析,第四章是新发展格局下税务师行业机遇、挑战与高质量发展。发展报告由北京哲学社会科学国家税收法律研究基地副主任丁芸教授、中国社会科学院大学李欣慧、王思媛编写。

本书发展报告部分参考借鉴了大量的资料,笔者已尽可能地在引用之处标出文献来源,在此再次表示感谢。

第一章 税务师行业发展概览

一、税务师行业概述

(一)税务师

税务师是指参加全国统一考试,成绩合格,取得税务师职业资格证书并经登记的、从事涉税鉴证和涉税服务活动的专业技术人员[1]。2014年7月,国务院取消了注册税务师职业资格许可。2015年11月,在总结原注册税务师职业资格制度实施情况的基础上,人力资源和社会保障部、国家税务总局制定了《税务师职业资格制度暂行规定》和《税务师职业资格考试实施办法》,税务师职业资格仍属于国家职业资格,纳入全国专业技术人员职业资格证书制度统一规划[2]。通过税务师职业资格考试并取得职业资格证书的人员,表明其已具备从事涉税专业服务的职业能力和水平。税务师资格的取得实行考试和认定制度,中国注册税务师协会具体承担税务师职业资格考试的评价与管理工作[3]。税务师职业资格证书实行登记服务制度,税务师职业资格证书登记服务的具体工作由中国注册税务师协会负责。

税务师行业是伴随社会主义市场经济的建立而发展起来的新兴行业,是社会主义市场分工的必然产物。在中国经济蓬勃向上的同时,一方面由于经济运行到一定阶段所产生的内在需求,另一方面因为与世界经济接轨的客观需要,政府管理经济的模式发生了深刻的转变,宏观调控成为主导,与此同时,各行业自律性组织——行业协会及其专业机构的建设得到了进一步加强。其中,税务师行业由于有助于政府建立市场经济体制尤其是健全服务市场体系,保障新税制实施,加快税收征管改革,适应改革开放,而得到国家的重视。在此基础上,中国税务咨询协会经过多年的实践,2003年8月经民政部批准更名为"中国注册税务师协会",并与中国注册会计师协会分业管理,这是中国税务师行业发展的一座里程碑。2023年9月,国家税务总局正式印发《涉税专业服务基本准则(试行)》和《涉税专业服务职业道德守则(试行)》,首次以规范性文件形式规范涉税专业服务执业行为,提出

---

[1] 从注册税务师的专业作用看注税行业立法的重要性,http://www.cctaa.cn/hyxw/ztzl/zyyjiu/2014-08-28/11831.html。

[2] 国家税务总局"税务师职业资格制度和考试办法"在线访谈,http://www.cctaa.cn/2015ksbm/2015-11-20/13439.html。

[3] 税务师职业资格考试实施办法,https://ksbm.ecctaa.com/cms/detail-CMS201 605 171 700 000 014 003.html。

从事涉税专业服务的基本遵循,明确涉税服务从业者的职业操守,为促进涉税专业服务行业规范发展提供了行为准则和执业依据,也为涉税专业服务法治化、规范化、标准化发展奠定了制度基础。涉税专业服务行业迎来规范发展"新行规",标志着涉税专业服务执业规范建设正式迈入了新发展时期。

(二)税务师行业的特征

1. 主体资格的特定性

在涉税服务法律关系中,涉税服务行为发生的主体资格是特定的。这包含两个方面的内容:一是代理人必须是经批准具有税务代理执业资格的税务师和税务师事务所;二是被代理人必须是负有纳税义务或扣缴税款义务的纳税人或扣缴义务人。主体资格的特定性是税务师职业的法定要求。

2. 代理活动的公正性

税务师是与征纳双方都不存在利益关系的独立第三方涉税服务专业人员。税务师在开展相关业务的过程中,要站在客观、公正的立场上,以税法为依据,以服务为宗旨,既要保障纳税人的合法权益,又不能损害国家的利益。公正性是税务师职业的根本要求,是税务师行业得以存续发展的重要前提。

3. 法律的约束性

税务师从事的涉税专业服务与法律服务、会计审计服务一样,是负有法律责任的契约行为。税务师与委托人之间需要签订具有法律约束力的业务约定书,在执业过程中,其行为受到税法及其他相关法律的约束。

4. 执业活动的知识性和专业性

税务师从事的涉税服务是知识密集型和实践密集型的专业活动。首先,执业的税务师要具备丰富的知识,不局限于税法、法律、财会、金融等专业知识;其次,执业的税务师要具有一定的实践经验,具备综合分析能力,其执业过程和程序都是专业、规范的,体现出涉税服务的专业性。

5. 执业内容的确定性

税务师承接业务的范围是由国家以法律、行政法规和行政规章的形式确定的。税务师不得超过规定的内容从事涉税服务活动,也不得代理应由税务机关行使的行政职权。

6. 税收法律责任的不转嫁性

税务代理关系的建立并不改变纳税人、扣缴义务人对其本身所固有的税收法律责任的承担。在代理过程中产生的税收法律责任,无论是纳税人、扣缴义务人的原因,还是税务师的原因,其承担者均应为纳税人或扣缴义务人。但是,这种法律责任的不转嫁性并不意味着税务师在执业过程中可以对纳税人、扣缴义务人的权益不负责任,不承担任何代理过错。如果因税务师的过错而造成了损失,委托方可以通过民事诉讼程序向代理人提出赔偿要求。

7. 执业的有偿服务性

税务师行业是伴随市场经济的发展而产生并发展起来的,既服务于纳税人和扣缴义务人,又间接地服务于税务机关,服务于社会,它同样以获得收益为目标。税务师在执业过程中付出了体力劳动和脑力劳动,应该获得相应的报酬。

(三)税务师的执业准则

税务师和税务师事务所提供涉税服务,应遵循以下原则:

1. 合法原则

税务师事务所必须是依法成立的,并在税务机关进行行政登记;从事涉税服务的税务师必须是参加全国统一税务师资格考试且成绩合格的涉税服务人员;提供涉税服务的过程和结果应当符合法律规定,不得损害国家税收利益和其他相关主体的合法权益。合法原则是税务师执业的重要原则。

2. 合理原则

合理原则又称客观公正原则,是指税务师提供的涉税服务应当符合税法立法目的,合乎事理常规。税务师在实施涉税服务的过程中,要公正、客观地为纳税人、扣缴义务人代办涉税事宜,不得偏袒或迁就。

3. 独立原则

税务师在其权限内能够独立地履行自身的职责,不受其他组织机构和个人团体的干预。税务师从事具体代理活动不受纳税人和扣缴义务人控制,也不受税务机关左右,应严格按照税法的规定,独立地处理受托业务。

4. 胜任原则

税务师在承接业务和执业中,应当审慎评价委托人的业务要求和自身的专业能力,妥善处理超出自身专业能力的业务委托。合理的人员配备能够达到事半功倍的效果,既能够节约业务成本,又能够为委托人提供优质的服务。

5. 责任原则

税务师在执业过程中应当抱着为委托人负责的态度实施服务程序,控制执业风险,承担执业责任。此外,税务师对委托人的企业信息及相关的资料负有保密的责任,应当依照法律规定和约定履行保密义务。

(四)税务师提供服务的主要程序

1. 业务承接

税务师应当按照《注册税务师业务承接规则(试行)》的要求承接涉税服务业务。在签订业务约定书之前,税务师应当与委托人进行沟通,了解委托背景、目的、目标等特定事项的具体内容。在进行充分的沟通和讨论之后,税务师应当按照《涉税业务约定规则(试行)》的要求起草业务约定书。业务约定书包括但不限于以下内容:委托背景,委托人的需求,服务目标,服务团队,服务程序,服务成果体现形式、提交方式和时间,业务收费,权利和义务,以及法律责任。

2. 业务计划

涉税服务的业务计划有四个要求:

第一,业务计划应当根据服务目标,按照《注册税务师业务计划规则(试行)》制订,业务简单、风险较小的服务项目可以简化。

第二,税务师应在充分理解委托原因、背景、目标的基础上,制订业务计划。

第三,税务师应将服务总目标分解成若干阶段,然后确定各阶段的子目标,再据此细化各阶段的工作事项。

第四,在项目计划形成后,税务师应当与委托人进行沟通,得到委托人确认后再实施。

3. 业务实施

业务实施应以委托人目标实现为导向,根据委托目标,确定涉及相关法律法规范围,分析实现委托人目标应具备的法定条件,分析委托人现有条件与法定条件的差异和差异原因,提出消除差异的方法和建议。在业务实施前,项目组成员应当对业务约定书和业务计划进行讨论,使项目成员都能了解项目目标及各自所承担的任务和责任。项目启动后,项目负责人应当按项目计划对项目的进展、成本、质量、风险进行控制。

需要强调的是,当发现委托人提供的资料和陈述严重偏离业务约定书的内容,对委托目标实现有重大影响时,税务师应当与委托人讨论修改委托目标和业务约定书的其他内容,如不能达成共识,则终止项目。

4. 业务报告

在项目结束时,税务师需要根据项目制定相应的业务报告。业务报告的基本要求包括以下内容:

第一,应向委托人告知涉税服务业务报告的起草原因和所要达到的具体目的。

第二,业务报告的内容和要素要完整,目录要清晰;在具体分析表述中,论述的内容要与大小标题的内容相对应。

第三，业务报告中，除了写明分析过程和业务结论外，还应列明相应的依据(委托人的事实和法律法规)。涉及的法律法规可以作为业务报告的附件。

第四，在报告中，针对业务约定书确定的目标，税务师要明确告诉其结论和建议。

第五，在报告中，要告知委托人在使用业务报告时应注意的事项，以避免委托人不当使用业务报告给税务师事务所带来风险。

二、税务师税务所概述

(一)税务师事务所

税务师行业是涉税专业服务的主力军，也是助力依法治税、促进企业合规经营、优化税收营商环境的重要力量。随着高质量推进中国式现代化的持续深入，税务师行业在助力税务部门优化税费服务、提高征管效能、参与协同共治等方面发挥着越来越重要的作用，也面临着新形势新任务新要求。

为持续深化拓展税收共治格局，促进涉税专业服务规范发展，助力优化税收营商环境，国家税务总局制定了《涉税专业服务基本准则(试行)》和《涉税专业服务职业道德守则(试行)》。涉税专业服务机构包括税务师事务所和从事涉税专业服务的会计师事务所、律师事务所、代理记账机构、税务代理公司、财税类咨询公司等机构，涉税服务人员包含这些机构中从事涉税专业服务的人员。税务师行业作为涉税专业服务行业的主力军，应起到示范引领作用。

税务师事务所作为专业的涉税服务机构，积极服务纳税人、缴费人和政府机关，在熟练掌握税法的基础上提供专业化的服务。国务院 2014 年将税务师职业资格调整为水平评价类，但对涉税服务的要求并未降低。我国税法体系呈现出庞大且复杂的特点，所涉及的税种数量多，各税种的税率、计税方法等呈现较大的差异，而且及时跟进经济发展需要作出相应政策调整，由此对涉税专业服务人员提出了更高的要求，不仅要有丰富的财税专业知识，还要求能够灵活运用各类税收优惠政策。推进涉税服务的标准化建设，能够有序推进政府部门对行业的监管，甚至通过持续推进和不断完善标准化建设，从而成为国家强制性标准，促进涉税服务行业的专业化、标准化发展。

税务师事务所作为专业机构，在日常开展涉税业务时，从专业化的视角着手，以中税协发布的指引制定相关的标准，能够达到规范执业行为、防范政策风险的目的。涉税服务行业本身具有专业性，行业协会更是给予业务指引，实施服务标准化建设，亦是行业自律组织促进会员依法诚信发展的切实需要。

税务师事务所向客户提供涉税服务，如顾问咨询、代理记账、涉税鉴证、纳税策划等,通过开展标准化建设,对各项服务设计模板标准,在实践操作中逐条落实并记录,例如提供几次上门服务、服务内容、达到的要求、预期的利益、纠纷处理等。通过涉税服务标准化建设,进一步提升服务质量,立足于客户的需求,不断完善服务标准,促进整个行业的规范化发展。

(二)税务师事务所的种类

参照我国会计师事务所的设置情况,结合《公司法》的规定,我国的税务师事务所根据出资者的不同,分为有限责任税务师事务所和合伙税务师事务所。前者是指按有关规定由单位发起设立,发起单位以其出资额对税务师事务所承担责任,税务师事务所以其全部资产对其债务承担责任的一类税务师事务所;后者是指税务师事务所的债务由合伙人按比例或者协议和约定,以各自的财产承担责任的一类税务师事务所[①]。无论按照哪种分类方法,税务师事务所的人员构成大体一致,即由所长、副所长、部门经理、注册税务师、业务助理人员和其他工作人员组成。

根据 2017 年国家税务总局关于发布《税务师事务所行政登记规程(试行)》(以下简称《规程》)的公告,税务师事务所股东或合伙人向注册会计师和律师开放;《规程》对税务师事务所出资额(注册资本)、合伙人或者股东的人数、年龄、从业经历、从业人员的人数、职业资格等均不作要求,仅就税务师事务所的组织形式作出了规定。税务师事务所采取合伙制或者有限责任制组织形式的,除国家税务总局另有规定外,应当具备下列条件:

第一,合伙人或者股东由税务师、注册会计师、律师担任,其中税务师占比应高于 50%。

第二,有限责任制税务师事务所的法定代表人由股东担任。

第三,税务师、注册会计师、律师不能同时在两家以上的税务师事务所担任合伙人、股东或者从业。

第四,税务师事务所字号不得与已经进行行政登记的税务师事务所字号重复。

(三)涉税专业服务范围

涉税专业服务是指涉税专业服务机构接受委托,利用专业知识和技能,就涉税事项向委托人提供的税务代理等服务。涉税专业服务机构从事涉税业务,应当遵守税收法律法规以及相关税收规定,遵循涉税专业服务业务规范。我国的涉税专业服务机构可以从事下列涉税业务:纳税申报代理、一般税务咨询、专业税务顾问、税收策划、涉税鉴证、纳税情况审查、其他税务事项代理和其他涉税服务。

2020 年 7 月 30 日,中国注册税务师协会组织制定了《企业重组税收策划业务指引(试行)》等四项执业规范,这些政策是根据 13 号公告等有关规定、结合行业

[①] 合伙制税务师事务所又可以分为普通合伙税务师事务所和特殊普通合伙税务师事务所。

实际制定的,目的是规范税务师行业执业行为,推动行业涉税专业服务标准化。

1. 纳税申报代理

1) 纳税申报代理业务的界定

纳税申报代理业务,是指税务师事务所接受纳税人、扣缴义务人、缴费人委托,双方确立代理关系,指派本机构涉税服务人员对委托人提供的资料进行归集和专业判断,代理委托人进行纳税申报和缴费申报准备,签署纳税申报表、扣缴税款报告表、缴费申报表以及相关文件,并完成纳税申报的服务行为。

2) 纳税申报代理业务的流程

代理纳税申报,应执行以下基本流程:①与委托人签订纳税申报代理业务委托协议;②从委托人处取得当期代理纳税申报的资料;③对资料和数据进行专业判断;④计算当期相关税种(费)的应纳税(费)额;⑤填制纳税申报表及其附列资料;⑥进行纳税申报准备;⑦确认和签署申报表;⑧进行纳税申报后续管理。

2. 一般税务咨询

一般税务咨询是指税务师通过电话、书面、晤谈、网络咨询等方式对纳税人、扣缴义务人的日常办税事项提供税务咨询服务。税务咨询服务涉及内容广泛,咨询、服务形式多样。

税务咨询以税收方面的疑难问题为主导,具体包括:①税收法律规定方面的咨询;②税收政策运用方面的咨询;③办税实务方面的咨询;④涉税会计处理方面的咨询;⑤税务动态方面的咨询。

3. 专业税务顾问

1) 专业税务顾问业务的界定

专业税务顾问业务是指税务师事务所接受委托人的委托,指派税务师事务所的涉税服务人员,就委托的特定涉税事项提供专项税务咨询服务或者为委托人提供长期税务顾问服务。

2) 专项税务咨询服务

专项税务咨询服务是指通过一定业务程序取得委托人的业务事实证据和有关法律法规,并对业务事实证据与法律法规进行对比分析得出结论(结果),将结论(结果)或者根据结论(结果)提出的建议,以书面形式提供给委托人的服务。专项税务咨询服务包括但不限于以下服务:涉税尽职审慎性调查,纳税风险评估,资本市场特殊税务处理合规性审核,以及与特别纳税调整事项有关的服务等。

3) 长期税务顾问服务

长期税务顾问服务是指对委托人在接受委托时尚不能确定的具体税务事项提供期限不少于一年的咨询服务。长期税务顾问服务包括但不限于以下服务:税务信息提供,税务政策解释和运用咨询,办税事项提醒和风险提示,涉税措施的评价和建议,代表委托人向税务机关咨询问题和协商税务处理事宜等。

4) 专业税务顾问业务的执业原则

第一,合法性原则。该原则要求服务过程和服务成果不违反法律法规。第二,合理性原则。该原则要求分析的依据以及服务成果合乎常理。第三,特定目标原则。该原则要求以委托人的委托目标为核心,开展专业税务顾问服务。第四,胜任原则。该原则要求慎重考虑胜任能力,指派具有专业胜任能力的人员提供服务。

4. 税收策划

1) 税收策划业务的定义

税收策划业务是依据国家税收政策及其他相关法律法规和相关规定,为满足委托人特定目标提供的税收策划方案和纳税计划。税收策划业务的内容包括:①配合委托人战略发展需要和重大经营调整;②适应委托人日常事项经营模式变化;③接受委托办理委托人企业重组及投融资事项;④接受委托办理委托人其他拟开展的业务或拟实施的特定交易事项。

2) 税收策划业务的种类

税收策划业务的种类包括:①战略规划税收策划;②经营活动税收策划;③企业重组税收策划;④投融资税收策划;⑤其他事项税收策划。

3) 税收策划业务的执业原则

税收策划业务的执业原则同专业税务顾问业务的执业原则,这里不再赘述。

4) 税收策划服务的业务流程

税收策划服务的业务流程包括了解业务目标、制订业务计划、收集项目资料、确定法律依据、测算数据结果、制订策划方案、进行方案综合辩证分析。

5. 涉税鉴证

1) 涉税鉴证业务的定义

涉税鉴证业务是指鉴证人接受委托,按照税收法律法规以及相关规定,对被鉴证人涉税事项的合法性、合理性进行鉴定和证明,并出具书面专业意见。

2) 涉税鉴证业务的种类

涉税鉴证业务包括企业注销登记鉴证、土地增值税清算鉴证、企业资产损失税前扣除鉴证、研发费用税前加计扣除鉴证、高新技术企业专项认定鉴证、涉税交易事项鉴证、涉税会计事项鉴证、税收权利与义务事项鉴证以及其他涉税事项鉴证。

6. 纳税情况审查业务

1) 纳税情况审查业务的定义

纳税情况审查业务,是指税务师事务所接受行政机关、司法机关的委托,指派本所有资质的涉税服务人员,依法对纳税人、扣缴义务人等的纳税情况进行审查并得出专业结论。

2）纳税情况审查业务的内容

纳税情况审查业务包括海关委托保税核查、海关委托稽查、企业信息公示委托纳税情况审查、税务机关委托纳税情况审查、司法机关委托纳税情况审查等。

3）纳税情况审查业务的流程

税务师事务所提供纳税情况审查服务，应当执行业务承接、业务计划、业务实施、业务记录、业务成果、质量监控与复核等一般流程，包括但不限于以下内容：①调查了解委托审查事项的环境和特征；②搜集评价既定标准的适用性；③判断审查证据和风险；④出具专项业务报告。

7. 其他税务事项代理业务

1）其他税务事项代理业务的定义

其他税务事项代理业务，是指税务师事务所接受纳税人、扣缴义务人（以下简称"委托人"）的委托，在其权限内，以委托人的名义代为办理信息报告、发票办理、优惠办理、证明办理、国际税收、清税注销、涉税争议、建账记账等纳税事项的服务活动。

2）其他税务事项代理业务的流程

税务师事务所及其涉税服务人员提供其他税务事项代理服务，应当执行业务承接、业务计划、归集资料、专业判断、实施办理、反馈结果、业务记录、业务成果等一般流程。

8. 其他涉税服务

其他涉税服务是指涉税专业服务机构及其从事涉税服务人员向纳税人、扣缴义务人以及其他单位和个人提供的除纳税申报代理、一般税务咨询、专业税务顾问、税收策划、涉税鉴证、纳税情况审查、其他税务事项代理以外的涉税服务。其他涉税服务业务的种类包括涉税培训、税收信息化管理咨询服务等。

（四）税务机关对涉税专业服务机构采取的监管措施[①]

当前，我国涉税专业服务行业的自律监管面临着全新的环境，执业监管和行业监管更加严格，数字化转型更加迅速，行业监管的政策体系更加完善和完整。全新的监管环境要求涉税专业服务必须恪守基本准则和职业道德守则，守正不阿、守正笃行、守正创新[②]。国家税务总局发布《涉税专业服务基本准则（试行）》（以下简称《基本准则》）和《涉税专业服务职业道德守则（试行）》（以下简称《职业道德守

---

① 国家税务总局公告 2017 年第 13 号涉税服务有哪些？都要如何做？http://www.shui5.cn/article/80/111874.html。

② 曲军，李晶．强化行业自律：以涉税专业服务现代化服务于税收现代化[J]．注册税务师，2023（12）：15-17．

则》),这两份文件是国家税务总局自 2017 年构建起覆盖所有涉税专业服务主体的监管体系以来,首次以规范性文件形式规范涉税专业服务执业行为,提出从事涉税专业服务的基本遵循,明确涉税服务从业者的职业操守,标志着涉税专业服务执业规范建设正式迈入了新发展时期。税务机关建立行政登记、实名制管理、业务信息采集、检查和调查、信用评价、公告与推送等制度,同时加强对税务师行业协会的监督指导,建立与其他相关行业协会的工作联系制度,推动行业协会加强自律管理,形成较为完整的涉税专业服务监管制度体系。

1. 税务师事务所的行政登记

《规程》规定,行政相对人办理税务师事务所行政登记仅须向税务机关提交一张表格,这简化了报送资料,极大地便利了行政相对人。行政相对人办理税务师事务所行政登记时,应当自取得营业执照之日起 20 个工作日内向所在地省税务机关提交下列材料:①税务师事务所行政登记表;②营业执照复印件;③国家税务总局规定的其他材料。

省税务机关自受理材料之日起 20 个工作日内办理税务师事务所行政登记。符合行政登记条件的,将税务师事务所名称、合伙人或者股东、执行事务合伙人或者法定代表人、职业资格人员等有关信息在门户网站公示,公示期不得少于 5 个工作日。公示期满无异议或者公示期内有异议、但经调查异议不实的,予以行政登记,颁发纸质登记证书或者电子证书,证书编号使用统一社会信用代码。省税务机关在门户网站、电子税务局和办税服务场所对取得登记证书的税务师事务所的相关信息进行公告,同时将税务师事务所行政登记表报送国家税务总局,抄送省税务师行业协会。不符合行政登记条件或者公示期内有异议、经调查确不符合行政登记条件的,出具税务师事务所行政登记不予登记通知书并公告,同时将有关材料抄送市场监督管理部门。

根据国务院第 91 次常务会议将"税务师事务所设立审批"调整为"具有行政登记性质的事项"的决定,税务机关应当对税务师事务所实施行政登记管理。未经行政登记不得使用"税务师事务所"名称,不能享有税务师事务所的合法权益。税务师事务所合伙人或者股东由税务师、注册会计师、律师担任,税务师占比应高于50%,国家税务总局另有规定的除外。从事涉税专业服务的会计师事务所和律师事务所,依法取得会计师事务所执业证书或律师事务所执业许可证,视同行政登记,不需要单独向税务机关办理行政登记。

2. 税务师事务所的实名制管理

税务机关对涉税专业服务机构及其从事涉税服务人员进行实名制管理。通过信息采集,建立对涉税专业服务机构及其从事涉税服务人员的分类管理,确立涉税专业服务机构及其从事涉税服务人员与纳税人(扣缴义务人)的代理关系,区分纳税人自有办税人员和涉税专业服务机构代理办税人员,实现对涉税专业服务机构及其从事涉税服务人员和纳税人(扣缴义务人)的全面动态实名信息管理。

3. 涉税专业服务机构对服务总体情况的报送

涉税专业服务机构应当以年度报告形式,向税务机关报送从事涉税专业服务的总体情况。税务师事务所、会计师事务所、律师事务所从事专业税务顾问、税收策划、涉税鉴证、纳税情况审查业务,应当在完成业务的次月向税务机关单独报送相关业务信息。

4. 对违反法律法规及相关规定的涉税专业服务机构及其涉税服务人员的处理

税务机关视情节轻重,对违反法律法规及相关规定的涉税专业服务机构及其涉税服务人员采取以下处理措施:责令限期改正或予以约谈;列为重点监管对象;降低信用等级或纳入信用记录;暂停受理或不予受理其所代理的涉税业务;纳入涉税服务失信名录;予以公告并向社会信用平台推送。此外,对税务师事务所还可以宣布税务师事务所行政登记证书无效,提请市场监督管理部门吊销其营业执照,提请全国税务师行业协会取消税务师职业资格证书登记,收回其职业资格证书并向社会公告;对其他涉税专业服务机构及其涉税服务人员,还可由税务机关提请其他行业主管部门及行业协会予以相应处理。

5. 对涉税专业服务机构加入税务师行业协会的规定

按照自愿原则,税务师事务所可自愿加入税务师行业协会。从事涉税专业服务的会计师事务所、律师事务所、代理记账机构可自愿加入税务师行业协会税务代理人分会;鼓励其他没有加入任何行业协会的涉税专业服务机构自愿加入税务师行业协会税务代理人分会。加入税务师行业协会的涉税专业服务机构,应当接受税务师行业协会的自律管理,享有税务师行业协会提供的相关服务。

三、税务师行业发展历程

税务师行业是知识密集、技术密集型的新兴现代服务业。税务师行业的主要职能,就是以税法为依据,运用税务专业特长,为纳税人、税务机关和社会公众提供优质涉税专业服务,维护国家税收利益、纳税人合法权益和社会主义市场经济秩序。经过30多年实践,税务师行业的业务覆盖各税种、涵盖各类纳税人,形成以纳税申报代理、一般税务咨询、专业税务顾问、税收策划、涉税鉴证、纳税情况审查等为主的涉税业务服务体系,在优化纳税服务、提高征管效能、防范涉税风险和强化社会监督等方面发挥着不可或缺的作用。

回顾行业发展历程,国家出台的一系列法律法规制度保障了行业持续健康发展。1992年,全国人大通过了《中华人民共和国税收征收管理法》,首次明确了税务代理人的法律地位。1994年,国家税务总局颁布《税务代理试行办法》,对税务师事务所的设立条件和程序都作出了明确规定。1995年,中税协前身中国税务咨询协会成立。1996年,人事部和国家税务总局联合印发了《注册税务师资格制度暂行规定》,明确了注册税务师资格属国家专业技术人员执业资格,纳入国家统一规划管理。1999年至2000年,根据国务院关于经济鉴证类社会中介机构与政府部门实行脱钩改制的要求,在国家税务总局的部署下,税务代理机构完成了清理整顿和脱钩改制工作,使税务代理机构成为涉税服务市场的主体,极大地推进了我国税务师行业的规范发展。2005年底,国家税务总局发布了行业第一个部门规章《注册税务师管理暂行办法》,明确了注册税务师和税务师事务所的性质、地位、权利、义务、业务范围及管理体制等,为加强行业监管,充分发挥注册税务师积极作用,推进行业健康规范发展提供了制度保障。2014年至2017年,按照国务院"放管服"改革要求,注册税务师职业资格由准入类调整为水平评价类;税务师事务所设立的行政审批调整为具有行政登记性质的事项;出台《涉税专业服务监管办法(试行)》等系列规定,逐步构建起覆盖税务师事务所等各类涉税专业服务机构的监管制度体系,为税务师行业转型升级带来了挑战与机遇。

2025年2月25日至26日,中国注册税务师协会第七届理事会第三次会议暨2025年行业工作会议在北京召开。会议以习近平新时代中国特色社会主义思想为指导,深入学习贯彻党的二十大、二十届二中三中全会、中央经济工作会议、中央社会工作会议精神以及全国税务工作会议、全国税务系统全面从严治党工作会议部署要求,总结2024年行业工作成效,部署2025年重点工作任务。

刘丽坚会长作了题为"守正创新 砥砺前行 奋力推动税务师行业高质量发展行稳致远"的工作报告。报告总结了全行业2024年行业党建、服务大局、行业发展、自律监管和协会建设等方面取得的显著成效,据初步统计,截至2024年底,全行业共有单位会员9 901家、个人会员59 096人、非执业会员179 408人,分别较上年度增加5.42%、7.3%和15.09 %,行业高等级事务所增至1 748户;行业党员10 988人、基层党组织1 332个,分别较上年度增加1.58%、1.83%。2024年税务师职业资格考试报名人数80.9万人,报考科次200.6万科,3.5万人取得税务师职业资格证书。2024年举办线上线下会员业务培训班307场,培训会员12.4万人次。

报告分析了行业面临的新形势新要求,要求全行业要切实把思想和行动统一到习近平总书记近期在民营企业座谈会上的重要讲话精神上来,统一到党的二十届三中全会、中央经济工作会议和中央社会工作会议部署上来,统一到全国税务工作会议、全国税务系统全面从严治党工作会议工作安排上来,积极应对监管日益趋严和人工智能迅猛发展所带来的机遇与挑战,坚持以党建引领行业稳健发展、以夯基础促税协建设全面发展、以优服务促行业创新发展、以强监管促行业合规发展。

报告对 2025 年工作提出了"以更好发挥税务师行业高质量服务中国式现代化税务实践为首要任务,以服务数字化转型条件下税费征管'强基工程'为首要担当,顺应人工智能发展趋势,以党建为引领、夯基础、优服务、强监管、促发展"的总体要求,并部署了加强党建引领、拓展业务领域、促进合规诚信、提升会员服务、推进人才队伍建设、扩大行业影响力、加强税协自身建设七个方面共 21 项重点工作任务。

四、税务师行业大事记

(一)2023 年税务师行业大事记

2 月 20 日,中税协召开会议研究贯彻落实《关于进一步加强财会监督工作的意见》(以下简称《意见》)相关要求。中国注册税务师行业党委副书记、中税协常务副会长谢滨主持召开本次会议,认真学习《意见》全文及关于税务师行业的有关要求,就中税协如何贯彻落实《意见》进行了研究讨论。会议指出,以习近平同志为核心的党中央总揽全局、审时度势,对坚持和完善党和国家监督体系作出重大制度安排,将财会监督作为党和国家监督体系的重要组成部分,为推进新时代财会监督工作高质量发展指明了前进方向、提供了根本遵循。会议要求,行业各级党组织要组织广大党员和从业人员深入学习宣传贯彻《意见》精神,牢牢把握《意见》给行业发展带来的重大历史机遇;中税协迅速成立贯彻落实《意见》工作专班,制定工作实施方案,确保《意见》有关要求落地见效,推动税务师行业实现高质量发展。

3 月 13 日,中国注册税务师协会召开座谈会,传达学习贯彻十四届全国人大一次会议和全国政协十四届一次会议精神。会议提出,税务师事务所要坚持以习近平新时代中国特色社会主义思想为指导,深入学习贯彻党的二十大精神和全国两会精神,坚持和加强党的全面领导,推进全面从严治党向纵深发展。中税协要持续强化行业自律监管,进一步规范涉税专业服务秩序,整治行业突出问题,推动行业诚信经营,严肃查处会员执业中的违法违规行为并持续曝光,全面提升行业自律监督水平,维护税务师行业良好社会形象。

4 月 19 日至 21 日,中国注册税务师协会召开全国税务师行业会员工作会议,意在深入贯彻中办、国办印发的《关于进一步加强财会监督工作的意见》,切实强化行业协会自律监管作用,高质量推动 2023 年工作任务落实落细。会议指出,要认真扎实开展学习贯彻习近平新时代中国特色社会主义思想主题教育,贯彻落实税务总局党委的重要指示批示精神;不断加强行业党的建设,持续强化诚信道德建设,发挥涉税专业服务主力军作用;强化自律监督作用,常态长效推进巡视整改任务,引导税务师行业守牢纪律规矩红线底线。

4 月 23 日,中国注册税务师行业党委认真开展主题教育,进一步加强行业党建和自律监管。按照学做结合、查改贯通的思路,行业党委谋划了行动方案。一是认真开展行业党委主题教育。二是加力推进行业党建规范化建设。三是加大违规案件曝光力度,持续开展税务师行业警示教育。四是扎实开展税务师行业专项检查。扎实开展税务师事务所执业监督情况专项检查,严厉打击重大涉税专业服务违法违规行为。五是持续健全行业自律监管制度机制。抓紧研究制定税务师行业自律检查办法、税务师行业业务报备管理办法,修订完善等级税务师事务所认定办法、百强税务师事务所综合评价排名办法等,进一步深化"互联网+自律监管",利用大数据和信息化手段,不断提升行业自律监管效能。

4月26日,中国注册税务师行业党委召开学习贯彻习近平新时代中国特色社会主义思想主题教育动员会暨党建工作重点任务推进会。税务总局党委委员、副局长、中国注册税务师行业党委书记饶立新作动员部署,税务总局主题教育办有关负责同志到会指导。会议指出,按照中央统一部署,根据税务总局党委的要求,先在中国注册税务师行业党委和省级税务师行业党委开展主题教育。中国注册税务师行业党委在税务总局主题教育领导小组及办公室的指导下开展主题教育,省级税务师行业党委在省级税务局主题教育领导小组及办公室指导下开展主题教育,同时接受中国注册税务师行业党委主题教育领导小组及办公室督促指导。

5月11日,中税协和北税协联合开展调查研究,中国注册税务师行业党委副书记党若祥、北京市注册税务师行业党委常务副书记、协会会长胡军联合带队到北京盈科瑞诚税务师事务所党支部和北京致同税务师事务所党支部开展调研。调研组通过实地查看、座谈交流等方式详细了解2个事务所党支部在支部建设、党员发展、诚信道德建设等方面的情况,征求了事务所党支部对税务师行业发展工作的意见建议,并就推动税务师立法、增进涉外税务交流、提升税务师专业素质等方面工作进行了深入探讨交流。

6月8日,按照中国注册税务师行业党委主题教育工作安排,中国注册税务师协会在北京召开全国税务师行业警示教育大会,旨在深入贯彻落实中办、国办《关于进一步加强财会监督工作的意见》以及税务总局党委关于加强税务师行业自律监管的部署要求。会议通报了有关违法违规典型案例,强调了全行业要以深入开展学习贯彻习近平新时代中国特色社会主义思想主题教育为契机,严守职业道德,明确了进一步加强行业自律的有关要求和惩戒行业违法违规行为的具体措施,引导全行业依法诚信执业,维护良好的税收秩序,为推动经济社会高质量发展作出积极贡献。

6月16日,中国注册税务师协会"一基地两委员会"和香港税务学会联络处在前海国际税务师大厦正式揭牌,以中税网税务师事务所、中职信会计师事务所为代表的18家重点机构同时集中入驻前海。中国注册税务师协会会长宋兰、常务副会长谢滨、副会长李林军、深圳市政府副秘书长刘昂、香港立法会议员黄俊硕、香港税务学会会长刘昭华、澳门税务学会理事长黄慧斌、国家税务总局深圳市税务局局长郭晓林、前海管理局常务副局长黄晓鹏等出席活动。这是继2月10日国际税务师大厦揭牌以来前海涉税服务业集聚区建设的又一重大成果。

6月29日，为隆重庆祝中国共产党成立102周年，中税协党支部召开党员（扩大）会议，全体工作人员参加了会议。会议集中学习《习近平新时代中国特色社会主义思想专题摘编》，中国注册税务师行业党委副书记、中税协常务副会长、中税协党支部书记谢滨以《学习习近平新时代中国特色社会主义思想 推动行业高质量发展》为题讲授了专题党课。

7月13日，中税协与来访的香港税务学会在京举行会谈，中税协常务副会长谢滨、副会长李亚民会见了香港税务学会刘昭华会长一行24人。中税协秘书处办公室、法规准则部、会员管理部、教育培训部、宣传编辑部相关负责同志及12位中税协特邀会员代表参加了会谈。双方在业务合作方面进行了沟通，还就在内地推行香港特许税务师考试、开展跨境涉税业务培训等话题进行了交流探讨。双方表示，两会将进一步加强信息沟通与分享，继续深化交流互鉴与务实合作，以国际化业务为重点，共同促进双方会员的深度合作交流。

7月25日至28日，中国注册税务师协会举办全国税务师行业自律监管工作培训班。此次培训期间，中税协自律监管部主任关迎军对今后加强行业自律监管的内容和方法进行辅导，对下半年将要开展的自律检查、警示教育、涉税业务报备、加强行业诚信道德建设以及"四类"违法违规行为问题专项整治工作进行详细部署。参训人员还分别围绕如何建立行业监管敢于"说出来、管起来、严下去"的长效机制、加强行业诚信道德建设存在的问题及解决办法以及税务师行业业务指引执行情况等问题展开积极讨论，同时对当前税务师行业发展所遇到的问题提出了意见建议。

10月31日至11月2日，中税协副会长蓝逢辉率中税协代表团赴日本东京参加2023年亚洲—大洋洲税务师协会（英文简称"AOTCA"，下同）会议。中税协代表团由北京、天津、河北、吉林、上海、江苏、浙江、安徽、陕西、新疆10个分团组成，共计76名代表参会。本次会议由日本税理士联合会承办，共有中国注册税务师协会、日本税理士联合会、韩国税务士会、澳大利亚公共会计师协会、菲律宾税务管理协会、香港会计师公会等19个国家及地区的协会，500多名代表参加会议。在AOTCA理事会和第二十届会员代表大会上，各成员组织代表对AOTCA 2022年度业务报告、财务报告、审计报告等报告进行了审议，并确定2024年AOTCA会议将在中国杭州市召开。

11月2日，中国注册税务师协会第七次全国会员代表大会在北京召开。中国注册税务师协会副会长谢滨主持会议。中央组织部、中央统战部和民政部等有关领导同志,税务总局办公厅、人事司等司局负责同志,中国税务学会、中国国际税收研究会相关负责同志,全国各省、自治区、直辖市和计划单列市税协以及税务师事务所,相关科研院所、行业协会、高校代表参加会议。大会听取了中国注册税务师协会第六届理事会工作报告、财务报告,通过了章程修改草案,选举产生了第七届理事会。

11月18日至19日,2023年度全国税务师职业资格考试如期举行。中税协副会长兼秘书长郑江平,副会长谢滨,中税协副会长、北京市税协会长胡军在税务师考试指挥中心督促协调考试组织实施,召开考试工作联席会议,对全国考点考场进行线上巡考。国家税务总局纳税服务司、人力资源和社会保障部专业技术人员管理司相关同志参加巡考和联席会议。

11月23日,"专业服务 赋能发展"前海企业对接系列活动第一场——企业境外投资"投融管退"全商业周期税务要点讲座在前海国际税务师大厦举行,吸引了中集、比亚迪、丰巢、招商局港口等近200名企业代表参加。该讲座由中税协、国家税务总局深圳市税务局、前海管理局共同主办,中国注册税务师协会副会长、全国政协委员、信永中和集团总裁宋朝学,中国注册税务师协会副秘书长张维华出席活动并致辞。

12月11至15日,中国注册税务师协会举办2023年地方税协管理人员综合能力提升培训班。中税协会长刘丽坚出席培训班开班式作开班讲话,并主持召开座谈会,听取各地税协有关负责同志关于推进行业高质量发展和做好明年工作的意见建议。深圳市税务局党委书记、局长、中税协副会长郭晓林致欢迎词。中税协副会长兼秘书长郑江平主持开班式,并受刘丽坚会长委托在培训班结束时作了总结讲话。来自各地税协的会长、副会长、秘书长等70多人参加了此次培训。

(二)2024年税务师行业大事记

2月15日,中国注册税务师协会在北京召开专题会议,深入学习贯彻中共中央办公厅、国务院办公厅印发的《关于进一步加强财会监督工作的意见》。会议由中国注册税务师行业党委书记、中税协会长刘丽坚主持,重点讨论如何通过加强财会监督引领税务师行业实现高质量发展。会议要求,中税协迅速成立专项工作组,制定落实方案,加强对会员单位的指导培训,确保《意见》精神落到实处。

3月12日,全国税务师事务所负责人座谈会在广州举行,集中学习贯彻十四届全国人大二次会议和全国政协十四届二次会议精神。会议提出,税务师行业要全面对接国家财税政策要求,深化党建工作与行业发展融合,加强服务质量监管,推动诚信建设,探索数字化赋能,为经济社会发展提供高质量的涉税专业服务。

4月10日,中税协在上海启动"税务师行业数字化转型专项行动计划"。会上，发布了《税务师行业数字化转型白皮书》，明确了未来三年行业数字化发展方向。白皮书提出，要通过构建行业统一的数据平台，利用大数据和人工智能技术提高涉税服务质量，推动行业整体服务效率提升。

4月25日，中国注册税务师行业党委召开主题教育专题研讨会，聚焦党建工作与行业发展的深度融合。会议强调，要继续深化党对行业发展的领导作用，指导各级税协完善党建制度建设，严格落实"三会一课"制度。会议同时宣布，将对重点税务师事务所的党建工作进行专项指导。

5月10日，中税协在杭州举办"国际税务服务论坛"。论坛邀请来自国际知名税务服务机构的专家，以及共建"一带一路"国家的税务学者和实践者，就国际税收合作、跨境税务服务的机遇与挑战等议题展开深入探讨。中税协常务副会长谢滨在开幕致辞中表示，税务师行业应积极拓展国际化视野，为企业"走出去"提供专业支持。

6月5日，根据年度工作计划，全国税务师行业自律检查工作在全国范围内展开。此次检查以"强化诚信执业、规范市场秩序"为主题，重点针对执业过程中可能存在的违规操作、不规范行为等进行全面检查。中税协要求各地方税协高度重视，严格按照检查方案执行。

6月28日，中国注册税务师协会与香港税务学会在前海国际税务师大厦联合举办"粤港澳大湾区税务创新发展论坛"。与会代表围绕大湾区税制对接、跨境税务服务创新、税收协同治理等议题展开讨论，并提出多项合作建议。

7月18日至20日，中税协在长沙举办"全国税务师行业自律监管高级研讨班"。研讨班围绕行业自律监管的重点内容、违规行为的预防与查处、诚信道德建设等议题展开。与会代表通过分组讨论，对如何构建行业长效监管机制、推动行业诚信道德建设提出了宝贵建议。

8月10日，中税协发布《税务师事务所综合服务能力评价办法（2024修订版）》，进一步完善税务师事务所服务能力和执业质量的评价指标体系。新修订办法明确了诚信经营和服务创新作为评价核心指标，旨在提升税务师事务所的社会公信力。

9月15日，中税协在北京召开"全国税务师行业党建示范单位建设推进会"，提出在全国范围内树立一批党建工作与业务发展深度融合的先进典型，以点带面提升行业党建水平。与会代表表示，党建工作已经成为推动行业高质量发展的重要引擎。

10月16日至18日，2024年亚洲—大洋洲税务师协会（AOTCA）会议在杭州成功举办。本次会议以"数字经济与国际税收"为主题，吸引了来自20个国家和地区的400多名代表参会。中税协在会上正式接任AOTCA轮值主席单位，并宣布2025

年将举办更大规模的国际税务服务峰会。

11月5日,中国注册税务师协会第八次全国会员代表大会在北京召开。大会听取并审议通过了第七届理事会工作报告、财务报告和章程修改草案。会议选举产生了第八届理事会,并提出要在未来五年内实现行业管理和服务体系的全面升级。

11月18日至19日,2024年度全国税务师职业资格考试如期举行。考试覆盖全国400多个考点,超过80万人报考。中税协副会长谢滨、中税协秘书长郑江平等领导在考试指挥中心实时督导,确保考试的顺利进行。

12月10日至15日,中税协在深圳举办全国地方税协管理人员综合能力提升培训班。培训班内容涵盖行业政策解读、自律监管经验分享、数字化转型案例分析等。中税协会长刘丽坚在开班讲话中强调,地方税协要切实提高综合管理能力,全面落实行业高质量发展目标。

五、税务师行业规范文件梳理

(一)《涉税专业服务监管办法(试行)》

2017年5月5日,国家税务总局公告2017年第13号发布了《涉税专业服务监管办法(试行)》(以下简称《监管办法》),建立了事中留痕、事后评价的涉税专业服务监管体系。依据《监管办法》,国家税务总局制定了《关于采集涉税专业服务基本信息和业务信息有关事项的公告》(以下简称《公告》)。

1.《监管办法》的主要内容

《监管办法》建立了事中留痕、事后评价的涉税专业服务监管体系,以规范税务服务行业的行为准则和服务质量。其中规定了涉税专业服务机构和从业人员应当遵守的服务质量要求,包括服务的准确性、及时性、完整性等方面的要求;明确了从事涉税专业服务的机构和人员的责任和义务,要求他们遵守法律法规、提供真实有效的服务、保护客户权益等;规定了税务部门对涉税专业服务的监管措施,包括监督检查、信息收集和分析、违规行为的处罚等。

2.《监管办法》的意义

《监管办法》的提出在规范行业秩序、加大监管力度、保护纳税人权益、提升行业声誉、提高税收征管效率上有着重要意义。一是为贯彻落实国务院简政放权、放管结合、优化服务工作要求,税务机关将全面开放涉税专业服务市场,建立健全监管制度,优化服务措施,不断提高监管水平,《监管办法》的出台有利于促进涉税专业服务规范发展,维护国家税收利益,保护纳税人合法权益。二是贯彻落实中办、国办印发的《深化国税、地税征管体制改革方案》要求,《监管办法》的出台将为涉税专业服务机构在优化纳税服务、提高征管效能等方面充分发挥作用,提供制度保障。三是为贯彻落实国务院行政审批制度改革要求,取消税务师事务所设立审批后,《监管办法》的出台将在制度上明确税务师事务所行政登记制度,有利于促进税务师行业转型升级健康发展。

3.《公告》的意义

《公告》旨在规范涉税专业服务行业,加强对涉税专业服务机构和人员的监管,维护税务市场秩序,提升服务质量。《公告》是《监管办法》的配套制度之一,是落实涉税专业服务实名制管理和业务信息采集制度的具体规定。采集涉税专业服务基本信息和业务信息,是税务机关对涉税专业服务机构及其从事涉税服务人员的执业行为进行事中事后监管的重要前提,也有利于强化其责任意识,促使其依法诚信执业,从而规范涉税专业服务市场,保护国家税收利益和纳税人合法权益,更好地发挥涉税专业服务在优化纳税服务、提高征管效能等方面的积极作用。

(二)《涉税专业服务信用评价管理办法(试行)》

为加强涉税专业服务信用管理,促进涉税专业服务机构及其从事涉税服务人员依法诚信执业,根据《社会信用体系建设规划纲要(2014—2020年)》和《涉税专业服务监管办法(试行)》(国家税务总局公告2017年第13号发布),国家税务总局制定了《涉税专业服务信用评价管理办法(试行)》(以下简称《信用办法》)。

1.《信用办法》的主要内容

《信用办法》共六章22条。第一章"总则"主要明确《信用办法》制定的目的和依据,涉税专业服务信用管理的定义、职责分工、联合激励和惩戒等内容。第二章"信用积分"明确税务机关对涉税专业服务机构及其从事涉税服务人员进行信用积分,同时明确涉税专业服务信用信息的分类、范围、来源和采集渠道,确定积分标准、评价周期和跨区域经营的涉税专业服务机构信用信息的归集地。第三章"信用等级"明确税务机关对涉税专业服务机构根据信用积分情况进行信用等级评价,规定信用等级评价的具体范围、分档标准、有效期,同时规定税务机关进行信用等级调整的情形和纳入涉税服务失信名录的情形。第四章"信用信息公告查询"明确信用信息披露的内容、渠道、查询范围和复核制度。第五章"结果运用"明确税务机关根据涉税专业服务机构和从事涉税服务人员信用状况采取的分类服务和监管措施。第六章"附则"明确《信用办法》的施行时间。

2.《信用办法》的意义及影响

《信用办法》的出台对税务服务行业和纳税人都具有重要意义。首先,通过建立信用评价体系,可以有效促进税务服务机构和从业人员遵循规范,提高服务质量和水平,提升纳税人的满意度和信任度,进而促进税收征管工作的顺利开展;其次,对评价结果进行公示,能够增加行业的透明度,改善市场竞争环境,促使各方主体更加注重诚信经营,维护行业良好秩序;再次,通过对评价结果的奖惩机制,可以鼓励优质服务机构的发展,激励从业人员提高服务水平,同时对失信行为进行严厉处罚,有效遏制不良行为的发生,保护纳税人合法权益;最后,该管理办法的实施将推动税务服务行业朝着更加规范化、专业化、市场化方向发展,提升整个行业的形象和声誉,为构建和谐税收社会提供有力保障。

(三)《涉税专业服务基本准则(试行)》及《涉税专业服务职业道德守则(试行)》

为深入开展学习贯彻习近平新时代中国特色社会主义思想主题教育,全面贯彻党的二十大精神,认真落实中办、国办印发的《关于进一步深化税收征管改革的意见》和《关于进一步加强财会监督工作的意见》,持续深化拓展税收共治格局,促进涉税专业服务规范发展,助力优化税收营商环境,根据《中华人民共和国税收征收管理法》及其实施细则和《涉税专业服务监管办法(试行)》,国家税务总局制定了《涉税专业服务基本准则(试行)》和《涉税专业服务职业道德守则(试行)》,自2023年10月1日起施行。

1.《基本准则》和《职业道德守则》的适用范围

涉税专业服务机构及其涉税服务人员在中华人民共和国境内从事涉税专业服务,应当遵守《基本准则》和《职业道德守则》。其中,涉税专业服务机构是指税务师事务所和从事涉税专业服务的会计师事务所、律师事务所、代理记账机构、税务代理公司、财税类咨询公司等机构;涉税服务人员是指在涉税专业服务机构中从事涉税专业服务的人员;涉税专业服务是指涉税专业服务机构接受委托,利用专业知识和技能,就涉税事项向委托人提供的税务代理等服务。

2.《基本准则》和《职业道德守则》的主要内容

《基本准则》共五章29条。一方面,围绕基本要求、依法执业、信息报送、实名执业、诚信执业、执业原则、质量管理提出基本遵循;另一方面,对涉税专业服务业务承接与业务实施中的合规执业、流程管控和质量管理设定基本标准。

《职业道德守则》倡导对涉税专业服务机构及其涉税服务人员道德引领、信用约束和稳健经营,从诚信守法、廉洁从业、客观公正、独立审慎、专业能力、信息保密、数据安全等方面明确十二条执业纪律和职业道德的具体要求以及从事涉税专业服务的禁止行为。

3.《基本准则》和《职业道德守则》所规定的涉税业务范围变化

考虑到税务机关正在完善相关监管规定,根据税务总局等13部门《关于推进纳税缴费便利化改革优化税收营商环境若干措施的通知》(税总发〔2020〕48号)和税务总局《关于开展 2023 年"便民办税春风行动"的意见》(税总纳服发〔2023〕1 号)有关要求,结合发票电子化改革需要和涉税专业服务行业数字化发展趋势,在《涉税专业服务监管办法(试行)》规定的纳税申报代理、一般税务咨询、专业税务顾问、税收策划、涉税鉴证、纳税情况审查、其他税务事项代理、其他涉税服务八项业务的基础上,将其他涉税服务中的"发票服务"单独列出,这样涉税业务扩围至九项。

第二章 部分国家税务师发展情况及经验借鉴

一、部分国家税务师发展比较

(一)英国

1. 税务代理情况

纳税人可以授权代理来处理税务事务,代理的职责范围包括:就客户的信息与英国税务海关总署(Her Majesty's Revenue and Customs,HMRC)交谈或交换;收发客户的纳税信件、表格和纳税申报。税务代理或顾问,可以是执业会计师或专业的税务顾问、朋友、亲戚或者志愿组织成员。税务代理必须被个人或公司正式授权以代表他们处理税务问题①。税务代理人通常是经过专业培训并持有相关资格证书的专业人士,例如注册会计师(Chartered Accountant)、特许公认会计师(ACCA)或其他具有税务咨询资质的专业人员。税务代理必须遵循 HMRC 设定的规定以及《税收管理法》(Taxation Management Act 1970)和其他专项法规,并且保持高标准的职业道德和服务质量。除此以外,英国还引入了一项名为"VAT 税务代表"的特殊制度。此制度要求某些特定情况下(如海外卖家)必须委任一名位于英国境内的 VAT 税务代表来处理与 HMRC 相关的所有事务。该税务代表对纳税人的 VAT 有连带责任,如果纳税人未能按时缴纳税款,HMRC 有权向税务代表追讨。这意味着 VAT 税务代表不仅需要确保客户遵守 VAT 规定,还要承担因客户违约而产生的潜在财务风险②。

2. 取消"非英居籍"对税务代理的影响

2024 年 7 月 29 日,英国财政部发布政策性文件,宣布将自 2025 年 4 月 6 日起取消"非英居籍"(Non-UK Domiciled)的有关税收认定系统和相关税收优惠,并将实施一套全新的、基于"居住地"(Residence)区分的税收身份规划系统③。这意味着长期居住在英国的人士即使不是英国公民,也可能需要为其全球范围内的资产缴纳遗产税。现有的非英国居籍人士可以选择的"汇入制"将被废除,新制度将根

---

① 中国居民赴英国投资税收指南。
② https://www.gov.uk/hmrc-internal-manuals/vat-registration-manual/vatreg37500。
③ Autumn Budget 2024: Overview of tax legislation and rates (OOTLAR) [EB/OL]. https://www.gov.uk/government/publications/autumn-budget-2024-overview-of-tax-legislation-and-rates-ootlar/841ddc37-58e0-4d3f-9b53-123e8903d274。

据个人的居住地而非居籍来确定税收责任,即新来英国的居民(在过去十年中未在英国居住)将在前四年免于对海外收入和收益(FIG)缴纳英国税①。为了适应当前复杂多变的全球经济格局以及实现建立一个更加公正透明且可持续发展的税收体系的目标,HMRC 从多方面考量颁布该政策,通过改变部分高净值人士借"非英居籍"身份避税、破坏公平的状况,促进税制公平,提升政府公信力。与此同时,"非英籍制度的废除"将会对大量拥有海外资产而享受低税率的纳税人征税,此举将增加政府的财政收入。新政策的实施同时有利于促进国际税收合作,防止税基侵蚀与其他国家应对跨境偷逃漏税问题,堵塞税收征管漏洞。

伴随着该项政策的实施,移居英国的人士在成为税务居民后的第五年开始就需要为其全球收入和资本利得缴纳英国税。这意味着税务代理人需要更加深入地了解客户的全球资产分布情况,为纳税人提供税务咨询服务并为其规划出最优纳税方案。协助纳税人精准申报纳税适应新的税收政策,减少因信息不对称存在的税收风险点,还需周期性检查纳税人税务合规状况,保证其税务行为严守英国税法。税务代理机构需对政策保持敏感度,应当加强与 HMRC 之间的合作与联系,充当征税机构与纳税人之间的纽带,在征纳双方之间寻找一个平衡点,实现征、纳、中介三方良性互动,实现共同利益最大化。

(二)美国

1. 税务代理的业务范围

税务代理是指持有联邦从业执照的税务人员。当美国国内收入局向纳税人收集信息、进行税务稽查或纳税人发起上诉时,税务代理可以代表纳税人面对美国国内收入局处理相关事项。根据财政部的授权,税务代理有权为个人、合伙企业、公司、地产、信托公司和任何有纳税申报要求的实体提供税务咨询服务,并准备纳税申报表。与律师和注册会计师不同的是,税务代理必须向美国国内收入局证明他们在税务、代表权和职业道德等方面的能力,才可以代表纳税人处理相关税务事项,而律师和注册会计师仅需获得地方各州许可。此外,律师和注册会计师可以选择是否专门从事税务工作,而税务代理均需专门从事税务工作②。

2. 税务代理的资格标准

成为一名税务代理,首先需要申请获得申报人税务识别号(Preparer Tax Identification Number,PTIN),然后在特殊注册考试(Special Enrollment Examination)网站上申请考试,并在考试通过后进行交费及注册。除此之外,美国国税局还要求

---

① Budget 2024: Changes to Non-Domicile Tax Status 2024 [EB/OL]. https://albertgoodman.co.uk/insights/budget-2024-changes-to-non-domiciled-taxation.
② https://www.irs.gov/publications/p947zhs.

税务代理每年续期 PTIN,每三年完成 72 小时的继续教育,且每年继续教育的时长不应少于 16 小时。每年必须完成 2 小时的道德或职业操守课程以及测试,并更新作为税务代理的从业状态。因复杂的专业知识及严格的持证要求,目前登记有执照的税务代理大约只有 68 139 名[①]。每个税务代理须勤奋工作、恪尽职守,不论在书面或口头上,都要保持所代理涉税业务的正确性。如果税务代理知晓其客户没有遵从美国联邦税法,或在纳税申报、提供资料、宣誓及口供或提供其他法定文件等方面出现错误或遗漏,应立即告知客户其存在违规的情形,以及可能带来的后果。如果税务代理知晓纳税申报表或退税申请书存在问题,应立即指出且拒绝在这些文件上签名。这些问题包括:第一,申报内容缺乏合理性;第二,可能存在少报税的情况;第三,故意少报税,有意无视相关法规。每个税务代理必须按照要求,第一时间向美国国税局提供所需的信息资料,否则必须立即向美国国税局报告,并提供拥有该信息的联络方的相关信息,必要时可进行相应的调查。在美国国税局依法获取所需信息时,税务代理不能加以干扰。如果美国国税局官员有理由相信一名税务代理违反了规定,可向上级递交疑似违法行为的书面报告。此外,任何人获取到税务代理的违法信息时,也可以向美国国税局进行举报。

3. 严格准入标准

美国国税局(IRS)在 2024 年 1 月 19 日恢复了受理验收代理人申请,并对原有的纸质申请程序进行了现代化改进,转为电子申请流程[②]。这一改革显著提高了申请效率,将正确提交的申请处理时间从原来的 120 天缩短到了 60 天。此外,所有新的和续约申请人必须完成强制性的 ITIN 验收代理人培训,以确保他们具备必要的职能,这表明 IRS 正在通过加强准入标准来提升服务质量。因此,税务代理人要加强与 IRS 的沟通与联系,加强职业技能培训,以提升自身职业素养。

(三)日本

1. 税理士的业务范围

根据税理士法的规定,在纳税人的请求下,税理士可以从事以下涉税业务(不包括印花税、注册与许可税、关税等):

(1)税务中介。税务中介扮演中间人或助理的角色,从事以下业务:一是向税务机关提交申报、申请、诉求和行政复议;二是就涉税办理或税务检查或税务处理与税务机关进行交涉和陈述。

(2)涉税材料的准备,即准备向税务机关提交申报表、申请书、诉求书、行政复

---

① 中国居民赴美国投资指南, https://liaoning.chinatax.gov.cn/module/download/downfile.jsp?classid=0&showname=%E7%BE%8E%E5%9B%BD.pdf&filename=4d567cca3e3c4ab6b42cedd886c0f849.pdf.

② https://www.irs.gov/zh-hans/individuals/itin-acceptance-agent-program-changes.

议书等。

(3) 税务咨询，主要是指涉税材料填报和涉税事项办理的咨询。

(4) 税理士助理的任务。税理士助理可以协助税理士或税理士公司从事相关业务。

(5) 在诉讼程序中协助陈述。在涉及相关税收事务时，税理士可以随同律师出现在法庭并作口头陈述。

2. 准入制度

任何人只有在税理士协会注册取得税理士资格后才能从事相关业务。以下人员可以注册成为税理士：

(1) 通过税理士职业资格考试的人。税收委员会每年都举办税理士职业资格考试，以评价应试者的知识水平和实务能力。考试范围主要包括：财务会计、账簿管理理论、财务报告理论；税法（应试者任选三个科目，个人所得税法和企业所得税法必选）；遗产税法、消费税法或酒税法、国税征收法、住民税或事业税、地方财产税。通过五个科目（两个财务会计科目和三个税法科目）考试的应试者，就可以注册获得税理士资格。应试者不需要一次通过全部五个科目的考试。

(2) 免除税理士职业资格考试的人。享受免考资格的人包括：通过注册会计师考试的人可以免考财务会计科目；从事税务工作一定时间的人可以免考税法科目；如果候选人免考所有科目，意味着他与通过考试的人员一样具有申请注册成为税理士的资格。

3. 税理士职责

税理士法旨在要求税理士作为税收业务的专家帮助纳税人依法履行义务。法律明确规定了其使命，同时对税理士业务进行监管。税理士必须维护好市场秩序。如果税理士违反了法律规定，将接受以下处分：

1) 纪律处分

这是根据财务省法令采取的管理处分，包括三类纪律处分：训斥；暂停业务一年以下；吊销税理士资格。

2) 法律处分

在某些情况下，税理士将受到法律处分。如违反了严禁偷逃税咨询的条款，将判处不超过 3 年的监禁或不超过 200 万日元的罚金；违反了保密条款，将判处不超过两年的监禁和不超过 100 万日元的罚金。

4. 税理士公司

以往税理士都是独立开展业务。从 2002 年 4 月开始，为方便纳税人，税理士能够以公司形式开展业务。只有税理士能够成为税理士公司的成员。这是一种特殊的经营模式，他们有相同的特点，就是按照商法规定有不受数量限制的合伙人。

税理士公司的义务包括:提交公司注册设立的通知;惩罚条款的应用;提交成员变化情况的通知。

5. 监管

由于税理士的使命是促进纳税遵从,他们的业务本质上具有高度的行政管理色彩,并对纳税人和税务管理产生强烈影响。所以,国税厅厅长有权对日本税理士协会总会、税理士协会和税理士加以监管,以保证业务的规范有序开展。根据管理权限,国税厅可以要求日本税理士协会总会和税理士协会提供必要的报告、提供正确的指导和取缔税理士错误的操作。

(四)韩国

韩国的税务代理制度是"税务士制度"。韩国于1961年9月制定了《税务士法》。《税务士法》规定,税务士的业务范围包括有关税收的申报、申请、请求(包括申请、异议,请求审查和请求审判)等代理;编制税务调整计算书和其他有关税务文件;为纳税申报而代行记账;有关税收商议或咨询;其他附属于上述业务的事务。《税务士法》规定,具备下列各项之一者,具有税务士的资格:税务士资格考试合格者;公认会计师;律师;从事国税(关税除外)行政业务工作10年以上者。具有税务士资格者开办业务时要在财政部设立的税务士名册上登记注册。税务士为了组织起来办理业务,提高信誉,可以设立3人以上税务士组成的集体税务士事务所。韩国税务士在韩国经济的发展中充当了重要角色[①]。

(五)德国

1. 税务代理概况

纳税人可获得第三方的帮助以履行其税务义务。然而,给予这种专业援助的特权是由法律授权的人员和公司持有的。被授权提供所有与税务事项相关的协助的团队主要包括税务咨询师、审计师和注册会计师以及上述人员所组成的公司(合伙企业、税务咨询公司、律师事务所、审计公司和会计师事务所)。不在德国设立机构,而在欧盟成员国或欧洲经济区的缔约国设立的机构,和根据成立国法律在税务上提供专业协助的人被授权在德国提供临时和偶尔的税务协助。在首次提供税务服务时,只有当税务代理人员收到书面通知后,才能在德国境内提供税务服务。其他人、企业或实体也可以在满足某些条件的情况下对税务方面提供有限的援助。例如,允许贸易组织设立服务设施,以解决其成员的税务问题。建筑物和其他财产的管理人员处理与其管理的物品相关的税务事宜。银行建议客户进行投资并通知

[①] 中国居民赴韩国投资指南, https://gtm-cn-2r42llmgk0b. liaoning. chinatax. gov. cn/module/download/downfile. jsp? classid = 0&showname =% E9% 9F% A9% E5% 9B% BD. pdf&filename = 81d09ebbddc24185992d00955a9729c1. pdf。

客户,例如关于所得税和国家储蓄溢价的影响。商会、财产协会、房地产协会和其他具有专业性质的组织,向其会员提供与专业代理有关的税务事宜,以及有关进口关税或征收区域内商品消费的协助。其他商业经营者就与海关程序有关的进口关税提供协助。致力于协助会员缴纳工资税的协会在其法定权力范围内履行职责。

2. 德国税务代理市场现状

德国的税务代理人员一般在会计师事务所或者律师事务所从业,也有很大一部分人从事独立业务。由于法律规定相关业务一定要通过税务师进行办理,以及由于德国税制的复杂性,通常公司或者个人都会雇用税务师处理业务。德国税务代理机构除全球闻名的会计师事务所外,还有一大批服务中小型企业的会计师事务所。如某集团是总部位于德国的专门服务中小型企业的事务所,在德国100多个城市有超过130家分支机构。在欧盟其他国家也有相应的分支机构,服务提供比较灵活①。

(六)澳大利亚

1. 准入制度

各州都有一个税务代理委员会负责税务代理的注册、更新、暂停营业以及注销。税务代理的注册申请必须提交给相应的委员会(例如,税务代理或其总部办公室所在州的委员会),自然人、合伙企业或公司均可以申请注册成为税务代理。纳税人可以通过联系委员会确认一个税务代理是否已注册。税务代理的注册有效期持续3年(除非注销或暂停营业)。因此,税务代理必须每3年重新申请注册。注册成为税务代理最低要求是拥有在技校学院或更高等教育机构(或相等的教育机构)两年全职学习(或四年兼职学习)的文凭、证书或研究生学历。一般来说,申请注册成为税务代理必须在之前的5年里总共有至少12个月全职从事相关行业的经验(某些情况下,需要在之前的5年里有2年的相关行业经验)。

2. 业务范围

税务代理可以为其客户提供以下服务:

(1)代表客户申请澳大利亚商业号码和其他的注册事项;

(2)代表公司、信托、合伙企业或其他机构申请税务号码;

(3)查阅和更新客户的澳大利亚商业号码的详情;

(4)为客户填报和递交税务申报表;

(5)代表客户申请税务裁定和应对税务局检查;

---

① 中国居民赴德国投资指南,https://gtm-cn-2r42llmgk0b.liaoning.chinatax.gov.cn/module/download/downfile.jsp?classid=0&showname=%E5%BE%7B%E5%9B%7B%BD.pdf&filename=6dce6d6c59494c9eb5cefd24c04a9efa.pdf。

（6）代表客户就税务争议提出税务诉讼等。

税务代理可以使用 AUSkey 登录税务专业服务系统代其客户申请澳大利亚商业号码，并通过税务专业服务系统或联系澳大利亚商业注册部门更新其客户的详细信息。如果客户的商业模式发生变化，其澳大利亚商业号码可能需要注销。税务代理可以在代其客户申请澳大利亚商业号码的同时，申请办理预缴税金、商品及服务税的注册以及申请客户的企业名称，也可以同时代大多数企业和机构申请税务号码。

3. 监管制度

税务代理委员会可以在税务代理发生下列行为时吊销或暂停其营业许可：

（1）税务代理提供了错误的申报表（除非税务代理向委员会证明其对错误不知情或由于疏忽导致）；

（2）税务代理未准确代理委托人的业务；

（3）税务代理失职；

（4）税务代理或注册代理不符合代表纳税人准备纳税申报表的条件。因税务代理疏忽导致客户需要支付罚款、行政处罚或滞纳金的，税务代理需要偿还客户相关处罚金额。

4. 澳大利亚税务代理市场现状

税务从业人员委员会（TPB）是澳大利亚税务代理注册登记的审核机构。截至 2022 年 6 月 30 日，税务从业人员为 62 340 人，其中税务代理 45 333 人，商业活动报表代理（BAS）17 007 人。在这几类税务从业人员中，税务代理在税法方面更加专业。在税务从业人员委员会注册的税务代理有资格建议和处理更广泛的税务问题，包括但不限于所得税申报表、商品及服务税相关问题、税收减免等。

随着信息技术的发展，澳大利亚税务局（ATO）大力推进征管数字化转型，澳大利亚税务代理行业也在积极拥抱数字化转型。ATO 持续优化 myTax 平台及其他数字工具的功能，使得用户能够更加便捷地完成报税和其他相关事务，降低纳税人涉税风险。与此同时，通过注册税务代理人递交报税表也成为一种常见的选择，能够增强税务合规性，驱动税务代理人提升专业能力。

二、国际税务师发展的经验借鉴

（一）完善税务师法律体系建设

日本、韩国、德国等国家都有专门的税务代理法律，为税务代理行业的健康、有序发展提供了有力的法律保障。我国应加快税务代理相关法律的立法进程，明确税务师的法律地位、权利义务和执业范围等，为行业的规范发展提供法律支持。推动行业立法进程。日本《税理士法》、韩国《税务士法》和德国《税务顾问法》都从税务代理制度、从业人员资格考试、从业人员的权利义务、执业范围和违规惩戒等各个方面作了严格详细的规定，从法律层面将税务代理制度加以确立，为行业健康可持续发展提供了有力保障。党的二十届三中全会指出要完善中国特色社会主义法治体系，推动构建全国统一大市场。推动市场基础制度规则统一、市场监管公平统一、市场设施高标准连通。

一是完善要素市场制度和规则，推动生产要素畅通流动、各类资源高效配置、市场潜力充分释放。在全国统一大市场的构建进程中，统一的税收服务至关重要，推动（注册）税务师立法势在必行。借助立法手段，确立统一标准也有利于完善税务师行业的相关制度，从而有力地服务于全国统一大市场建设，保障税收服务的规范性与一致性，促进市场的高效有序运转。

二是健全推动经济高质量发展体制机制需要税务师参与。税务师作为连接政府与企业之间的桥梁，不仅能够帮助企业理解和应用最新的税收法规和优惠政策，从而降低企业的税负成本，而且可以帮助税务部门实现合规征管，有利于优化营商环境，促进市场活力与创新。

三是国际合作的需要。税务师行业立法将推动行业规范化、专业化发展，为我国在国际税收规则制定与协调中提供有力的专业人才与智力支持。税务师凭借丰富的实践经验与深入的理论研究，能更好地分析国际税收动态，为政府参与国际税收谈判（如 BEPS 行动计划后续实施细则制定、数字经济税收规则研讨等）提供基于我国国情与企业实际需求的政策建议，增强我国在国际税收规则制定过程中的话语权与影响力，使国际税收规则更合理反映我国经济利益与发展诉求。立法规范下的税务师行业可在国际税收合作中发挥积极桥梁作用。通过与国际同行交流合作，参与国际税务组织活动，促进我国与其他国家在税收征管互助、信息交换、争端解决等方面的双边与多边合作。例如，在跨境税收审计、转让定价调查等领域，协助我国税务机关与国外同行建立更高效协作机制，提升国际税收征管合作效率，共同应对跨国企业逃避税等全球性税收问题，维护国际税收秩序公平公正。

四是深化税收征管的需要。立法推动建立税务师执业统一标准流程，确保其业务操作与税务征管要求无缝对接。从税务代理、涉税鉴证到税收策划等业务，规范的税务师服务能为税务机关提供标准化涉税信息，降低征纳双方信息不对称程度与沟通成本。税务师行业立法促使税务师提升专业素养与服务水平，为纳税人提供高质量涉税服务。在税收政策解读、纳税申报辅导、税务风险防控等方面，税务师能帮助纳税人准确理解与执行税收法规，降低纳税风险与成本，增强纳税人纳税遵从意愿与能力。

(二)细化行业规范以及拓展业务范围

1. 细化行业规范

税务代理是一个宽泛的概念,其从业范围包括一切税务事宜。实务中,我国税务事宜包括税务诉讼、税务代理、税务咨询等。大部分发达国家的税务代理行业具有较为细化的行业规范。英国的税务代理职责范围被详细界定,无论是与税务机关的沟通协调,还是纳税申报的具体操作,都有明确的程序和规范。这确保了税务代理在处理涉税事务时的专业性和准确性,避免了因职责不清或操作不规范而引发的问题。日本的税理士制度则在税务中介、材料准备等业务环节制定了细致入微的准则。例如,在税务中介业务中,严格规定税理士与税务机关的沟通方式、频率以及信息传递的格式,使得税务中介服务高效且有序。美国税务代理依据不同专业领域和服务对象进行细分,如专注于企业税务策划的代理与从事个人税务咨询的代理在知识储备和技能要求上有明显差异。同时,通过特定考试和认证来证明其在相应领域的专业能力。我国税务师行业正处于快速发展的关键时期,市场规模不断扩大,但也面临着业务标准参差不齐的困境,细化行业规范迫在眉睫。

第一,通过细化业务规范条例能筑牢税收防线,保障国家税收利益,同时精准维护纳税人合法权益,稳定税收秩序。

第二,细化业务规范可以推动标准化服务流程与专业能力提升,显著提高行业专业水平与服务质量。

第三,细化业务规范可以有力规范市场秩序,杜绝不正当竞争,提升行业信誉,营造公平竞争环境。因此,细化我国税务师业务规范已成为提升行业整体质量、提高市场认可度的必要举措之一。

2. 拓展业务范围

我国数字经济的飞速发展在全球范围内独树一帜,这为税务师行业带来了前所未有的机遇和挑战,税务代理的业务范围也应当与时俱进适当扩大。在数据资产税务处理方面,由于数据资产的独特性质,其价值评估成为一大难题。税务师需要综合考虑多方面因素来协助企业确定数据资产的价值评估方法。高质量的数据往往能够为企业带来更大的价值,在税务处理上也需要相应的考虑。应用场景和市场需求同样不可忽视,数据在不同的应用场景下其价值实现方式和程度也会有所不同。基于这些因素确定数据资产的价值后,税务师还需依据我国现行税收政策,如企业所得税法中关于无形资产的税务处理规定,来确定数据资产的税务处理方式,包括是否应计入应税所得、适用何种税率等。对于电商平台,其税务合规问题错综复杂。电商平台的销售模式多样,包括自营模式、第三方商家入驻模式以及混合模式等,不同模式下的增值税、所得税处理存在很大差异。在跨境业务方面,要加强对企业境外投资税收策划、跨境电商税务风险管理等服务,助力企业"走出去",提升国际竞争力,适应我国经济深度融入全球经济体系的趋势,推动贸易自由化与投资便利化。税务师行业应当夯实自身职业素养,与时俱进不断更新知识体系,适应数字经济时代与国际合作的发展趋势。

(三)组建高素质的人才队伍

1. 考试制度和淘汰制度

借鉴一些发达国家的经验,我国税务师考试可以增加实习或工作经验审核环节,可考虑采用多样化的考试方式,如增加实践操作环节、面试等,全面考查考生的专业能力。对于因能力不足、长期不执业或不符合行业要求的税务师,制定明确的退出机制和流程。借鉴澳大利亚等国的经验,对税务师的违法违规行为加大处罚力度,如提高罚款金额、延长暂停执业期限甚至吊销执业资格等。同时,建立专门的监督执法队伍,加强对违规行为的查处和跟踪,确保惩戒措施得到及时有效的执行。

2. 完善继续教育

税收政策法规变化频繁,但部分后续教育课程内容有待更新,应及时满足税务师对新知识、新技能的需求。与国外相比,我国税务师行业在国际交流与合作方面相对较少,税务师缺乏了解国际税收规则和先进税务理念的机会,不利于提升我国税务师行业的国际化水平。建立动态的后续教育课程体系,密切关注税收政策法规的变化,及时更新培训教材和课程内容,确保税务师能够及时掌握最新的税务知识和技能。同时,根据不同层次和业务领域的税务师需求,提供个性化的培训内容,提高培训的针对性。积极与国际税务组织和国外税务代理机构开展交流与合作,为税务师提供参加国际培训、学术交流、实习考察等机会,拓宽税务师的国际视野。引进国际先进的税务培训课程和教材,借鉴国外优秀的税务教育经验,提升我国税务师后续教育的质量和水平。

(四)完善惩戒制约机制

充分利用大数据、人工智能等技术建立税务师行业信息化监管平台,实现对税务师执业行为的实时监控和数据分析,加强对于税务师行业的信息监管。对于行业自律监管,需进一步完善行业自律监管制度,明确会员违规行为的认定标准和惩戒程序,提高行业自律监管的规范性和有效性。行业协会应加强对会员的日常管理和监督,开展定期和不定期的自律检查,及时发现和处理违规行为。加强税务、财政、司法、市场监管等部门之间的协同合作,建立跨部门联合监管机制,形成监管合力。

(五)制定合理的收费及赔偿保险制度

在发达国家,根据市场经济的原则,税务中介机构都会制定比较合理的收费制度,收费的数额取决于提供服务的具体内容和完成服务所需的时间,并经过中介机构与纳税人的协商。此外,在发达国家,税务中介也会有优惠服务,如日本就存在法律援助等优惠服务项目。

纳税人和税务中介有时候也会产生问题,主要是选择方向和信息不对等问题,这些问题会产生一定的风险,影响纳税人的权益。对此,发达国家会有一定的赔偿制度,纳税人根据业务的避险能力,制定一定的保险额。如果因为税务人员主观性的错误而造成了纳税人利益受损,那么可以按照赔偿标准弥补纳税人受损的部分。

日本的《税理士法》规定,税理士对于业务活动可能出现的赔偿责任必须适当地投保。一般来说,税理士必须考虑该项业务可能出现的各种风险,在自我责任方面确定合适的保险金额。若因没有投保而出现被害人要求赔偿的事件,则属于违反执业义务,有可能被取消执业资格。

奥地利的《经济受托士职业法》规定,经济受托士从事业务时,必须投保职业责任赔偿保险。注册会计师兼税理士最低投保35万奥地利先令,账簿检查士兼税理士者最低投保25万奥地利先令,税理士最低投保15万奥地利先令。

第三章 国内税务师行业现状分析

截至 2023 年底,税务师事务所 9 392 家,从业人员 11 万余人,执业税务师 5 万余人。

一、现状分析

(一)行政监管和行业自律更加严格

涉税专业服务执业监管和行业监管在国家治理体系中占有重要地位,它们不仅关乎全面从严治党、维护政令畅通、财经秩序规范,还直接影响着经济社会的持续健康发展。同时,这些监管机制在推进税收领域的放管服改革、完善税务监管体系、打造法治化国际化营商环境以及服务市场主体发展等方面发挥着不可替代的作用。

为了加强涉税专业服务的监管,2023 年 2 月,中办、国办发布了《关于进一步加强财会监督工作的意见》,提出提升财会监督效能,发挥中介机构执业监督作用,并特别要求税务师事务所等中介机构严格依法履行审计鉴证、资产评估、税收服务、会计服务等职责,保证独立、客观、公正、规范的执业行为。国家税务总局在 2024 年发布了《涉税专业服务管理办法(试行)(征求意见稿)》,旨在进一步规范涉税专业服务行为,加强行业管理,保护纳税人合法权益,并促进市场公平竞争。该办法明确了涉税专业服务机构及人员的服务范围和服务要求,强调了实名制管理和信用风险管理的重要性。明确规定了税务机关对涉税专业服务机构实施行政登记管理的要求,确保只有符合条件的机构才能从事相关业务,提高了行业准入门槛。伴随着政策的不断落实,执业监管和行业监管不断加强,提高了涉税专业服务的规范性、便捷性和精准性。在当前税收征管体系持续完善的进程中,通过深入推进精确执法、精细服务、精准监管以及精诚共治等关键举措,旨在全方位确保涉税专业服务机构及其从业人员严格依照法律、行政法规、部门规章以及规范性文件的规定,合规开展涉税专业服务工作。与此同时,涉税专业服务机构肩负着如实报告机构及人员身份信息、执业资质信息的重要责任,并需按照既定规定,及时、准确地向税务机关进行报送。这不仅是对监管要求的切实履行,更是维护行业规范、保障服务质量的基础环节。通过建立完善且健全的风险控制机制与质量管理制度实现降低潜在风险、提升管理质量的目标,依靠精准有效的风险控制机制,提前识别、预警各类可能出现的风险,并加以化解。涉税专业服务机构及其人员也应不断提升职业素养并遵循职业道德标准,为纳税人提供更加专业的涉税专业服务。

(二)数字化转型迅速推进

在当今数字化浪潮的推动下,税务领域正经历着深刻的变革。随着"金税四期"的正式上线,税务管理成功迈入数字化与智能化深度融合的崭新时代。在快速发展的数字技术支持下,涉税专业服务主体可以在线完成税务代理等多项业务,更大程度地拓展了服务主体、服务内容和服务范围。涉税专业服务机构及其涉税服务人员从最初协助纳税人办理基础涉税事项的辅助者,转变为利用数字技术提供税务咨询等个性化服务的技术提供者。不仅如此,云计算、人工智能、区块链等一系列先进技术,也在税务服务领域得到了广泛且深入的应用。以智能算法为例,其在税务数据分析中的应用,能够对海量的税务数据进行深度挖掘与精准分析。通过对数据的智能解读,税务服务机构可以更精准地把握纳税人需求,从而为纳税人提供更为个性化、精细化的服务,实现从传统粗放式服务向现代精准化服务的转变。新时代的新征程中,数字化给涉税专业服务行业带来了巨大机遇,同时也带来了巨大挑战。为了适应数字化转型的要求,涉税专业服务机构及其涉税服务人员必须通过教育培训和工作实践,持续学习当前法律法规政策知识、相关理论基础知识,努力掌握税务、财务会计、相关法律、信息技术知识以及其他相关领域的知识,并保持一定的专业水准。他们必须高度重视在涉税专业服务实践中获取并积累业务经验和创新方法,以专业技能水平和专业胜任能力为委托人提供具有专业水准的涉税服务。在数字化转型的背景下,涉税专业服务机构及其涉税服务人员只有不断提高服务标准和职业道德标准,才能够具备提供涉税专业服务的能力。

(三)专业服务水平不断提高

2015年国务院第91次常务会议将"税务师事务所设立审批"调整为其他权力事项中"具有行政登记性质的事项"以来,人力资源社会保障部和国家税务总局相继发布了《税务师职业资格制度暂行规定》和《税务师执业资格考试实施办法》,到2017年国家税务总局发布《涉税专业服务监管办法(试行)》及配套制度,我国涉税专业服务行政监管体系逐渐建立。2024年4月17日,人力资源社会保障部联合其他八个相关部门共同发布《加快数字人才培育支撑数字经济发展行动方案(2024—2026年)》。该方案通过对现有法律法规的梳理总结,明确了税务师事务所在多个新业务领域的合法合规操作路径,同时表明需要发挥律师事务所、会计师事务所、税务师事务所等专业服务机构和有关行业协会的作用,推进市场主体托管机制创新,共同构建更加完善的税收服务体系。2024年9月6日,中国注册税务师协会(简称"中税协")秘书处发布了《税务师事务所业务拓展参考文件汇编》,强调了各地方税协应当发挥桥梁纽带的作用,加强与其他相关部门之间的沟通协调,引导税务师事务所在遵守法律法规的前提下积极开拓新业务领域,提高行业的整体竞争力。该文件不仅为税务师事务所提供了宝贵的业务拓展参考,也为整个涉税服务行业的规范化、专业化建设作出了重要贡献。随着税收政策的变化和市场需求的增长,税务师的业务领域也逐渐拓宽,各类税务师行业协会、专业论坛等组织的活动日益活跃,为税务师提供了有力的平台,促进了整个涉税专业服务行业的合作与交流。在提升管理服务方面,举办地方税协主要领导研讨班,邀请相关领域的领导和专家讲授财税改革、社会组织建设、行业发展推动、事务所管理及税收大数据等课题,进一步强化了地方税协领导扎实开展协会各项工作、防范重大风险的意识和能力;为提升各地税协宣传、监管和财务岗位的胜任能力,分别举办了行业通讯员培训班、自律监管培训班和财务人员能力提升班,对来自各地税协的300余人进行了相关培训,进一步夯实了地方税协履职尽责的人才基础。

二、行业发展亮点

(一)科技创新应用

近10年来,中税协始终高度重视信息化建设,持续加大投入力度,尤其是2024年,中税协对全行业统一云服务平台进行了深度优化与完善。该平台整合了税务师考试、行业管理、业务支持、服务及内部管理等多个子系统。可以预见,传统的一般税务咨询、代理等基础性业务未来将逐步被AI工具取代,这将倒逼税务师事务所加快业务转型升级,深耕跨境税务、并购重组等需要深度专业判断的领域,提供AI难以替代的高附加值解决方案。同时,税务师事务所也应善于运用AI工具,为企业提供税务健康诊断、长期战略规划等更具前瞻性的服务。人工智能并非税务师的替代者,而是推动行业重塑的重要催化剂。主动拥抱技术变革、聚焦专业深度、构建"人机协同"新模式,将成为税务师行业在智能时代保持核心竞争力的关键。行业协会未来将积极搭建行业交流平台,方便会员分享使用AI工具的经验与心得,共同攻克技术应用上的难题;同时,加强与第三方技术团队的合作,定制适配行业共性需求的应用方案,推动人工智能更好地服务于税务师行业,为行业创新发展注入新动力。

(二)专业化与多元化发展

专业化方面,国家税务总局发布了《涉税专业服务基本准则(试行)》和《涉税专业服务职业道德守则(试行)》,明确了涉税专业服务的基本遵循、业务承接、业务实施等方面的要求,并从职业操守和专业胜任能力方面进行了严格规定。这些文件的出台旨在优化涉税专业服务领域的执业环境,确保从业人员能够依法合规地提供高质量的专业服务。税务师事务所聚焦特定领域,如跨境税务、知识产权税务、新能源税务等,提供精准的解决方案。税务师行业对专业知识和技能的要求越来越高。税务师考试不仅涵盖税法基本原理、各税种法律、法规和规章,还涉及国际税收、涉税服务实务等多领域知识。此外,税务师需要具备专业税务顾问、税收策划、涉税鉴证和纳税情况审查等专项业务的专业资质。

多元化方面,税务师行业的业务不仅局限于传统的税务策划和申报服务,还向咨询、审计、财务管理等领域延伸,实现跨领域融合。税务师事务所积极与会计师事务所、律师事务所、企业管理咨询机构等建立合作关系,实现资源共享和优势互补。这种合作模式能够为客户提供一站式、综合性的解决方案,满足企业在税务、财务、法律等多方面的需求。除此以外,更有一些税务师事务所通过建立税务共享服务中心,整合税务资源,实现涉税事务的集中处理。这种模式利用信息化手段提高税务处理效率,降低企业税务成本,同时提升服务质量。

(三)市场需求与行业影响力不断扩大

近年来,税务师行业市场规模不断扩大,2023年中国税务市场规模已达数十亿元,预计未来5年复合增速将保持在8%~10%,总规模有望突破千亿元。这一增长主要得益于国内经济的稳步复苏、税收政策的优化以及企业对专业化税务服务需求的提升。税务师从2016年到2024年总报考人数为535.7万余人,报考人数从2016年的17.6万人增长到2024年的80.9万人,考试人数和科次均实现大幅增长,税务师行业影响力不断增强。截至2023年12月31日,全国共有税务师事务所9 392户,与2022年度用户8 802户相比净增加590户,增长率6.7%;近5年的数量平均增长率为8.89%。2023年度,税务师行业经营收入突破290亿元,行业收入总额近5年连续增长,事务所数量稳步增长,从业人员队伍不断壮大。

第四章　新发展格局下税务师行业机遇、挑战与高质量发展

一、解决瓶颈问题，注重人才培养

（一）专业能力、服务水平要求更高

在当前经济全球化与信息化深入发展的背景下，税务师行业面临的外部环境更加复杂多变。一方面，全球范围内的税制改革以及国际税收协定的变化，如数字服务税的引入、经济合作与发展组织（OECD）主导的 BEPS 行动计划、全球最低税率规则等，要求税务师对国际税务政策有深入的理解，并能够提供具有全球视野的涉税服务。因此，税务师不仅需要掌握最新的国际税收动态，还需要具备灵活应对复杂跨境税务问题的能力。另一方面，国内经济转型升级的过程中，企业在数字经济、绿色经济、新兴产业等领域的涉税需求日益复杂化，对税务师的服务提出了更高的要求。企业期望税务师能够提供定制化、精准化和前瞻性的税务解决方案，不仅涵盖传统的税务策划，还包括风险控制、成本优化、税收合规等综合服务。因此，税务师不仅需要熟悉税法，还需精通财务分析、法律合规以及信息技术等多学科知识，以实现税务策划、税收风险防控和涉税合规管理的一体化服务。同时，新技术的广泛应用对税务师的专业能力提出了全新的挑战，尤其是在运用大数据、人工智能、区块链等技术进行税务分析和决策支持方面，需要税务师具备更高的技术应用能力。

为了满足这些日益增长的需求和更高的标准，税务师事务所需要构建系统化、全方位的人才培养计划。首先，应引进高端技术专家和国际税务领域的学者作为顾问，通过定期的专业培训和技术讲座为团队注入最新的行业知识和技术支持。其次，加强与高校和研究机构的深度合作，特别是联合开设税务与科技交叉学科的课程，比如区块链技术在税务审计中的应用、人工智能驱动的税务风险管理等。通过理论与实践的结合，培养既懂政策法规、又能熟练运用科技手段处理复杂涉税问题的复合型人才。最后，定期组织模拟案例分析和真实业务演练。例如，针对跨国公司税收策划中的转让定价问题设计专项演练，或针对数字经济企业的税务合规需求模拟操作流程。这些实训活动可以有效提高税务师应对多样化业务需求的能力，增强其解决复杂问题的能力。

税务师事务所还需重点关注新技术对服务能力的提升。例如，利用大数据技术进行精准的税务分析，协助企业优化纳税方案；运用人工智能简化税务申报流

程,通过智能系统快速生成报表、分析税务风险,提高工作效率;通过区块链技术构建可信的涉税信息共享平台,加强涉税信息的真实性和安全性,降低信息错误或遗漏的风险。此外,税务师还需密切关注税务政策的动态变化,特别是在全球经济波动和国内产业结构调整的背景下,及时为客户提供合规性建议和政策应对策略。

在新技术的加持下,税务服务的深度和广度将得到显著提升。例如,通过构建智能化税务服务平台,税务师能够实时追踪客户的税务数据变化,动态调整税务规划方案,为企业提供更加灵活和高效的税务支持。税务师事务所还可以探索基于技术的个性化服务模式,为不同行业的客户量身定制税务解决方案,从而满足中小微企业、跨国公司等多类型客户的需求,助力企业在复杂多变的经济环境中保持竞争力。

综合来看,税务师行业面临的专业能力和服务水平要求正在迅速提升。只有通过构建完善的人才培养体系、紧跟技术发展和政策变化,税务师事务所才能在行业竞争中占据优势,为客户创造更多价值,同时推动整个行业的高质量发展。

(二)税务师人才队伍建设不足

1. 高端复合型人才短缺

在当前的行业发展中,高端复合型人才的短缺成为制约税务师行业进一步发展的重要瓶颈。税务服务需求已从传统的税务申报转向综合性解决方案,包括国际税务策划、数字经济税务合规以及税务风险管理等复杂领域。然而,这些需求对从业者的专业素质提出了更高的要求,不仅需要熟悉税收法律法规,还需具备国际税务、财务管理和信息技术等跨领域的知识储备。此外,能够熟练运用前沿技术(如人工智能、大数据分析)的税务师在市场上供不应求,导致一些事务所在高端服务领域的市场竞争中处于被动地位。

为解决这一问题,税务师事务行业应统筹抓好高层次人才队伍建设。增强领军、高端人才选拔的针对性,完善培养课程体系,加强管理能力训练,开发提升战略眼光和国际视野的精品课程。尤其是要顺应人工智能工具迅猛发展的趋势,组织有关人工智能工具应用的系列培训,大力培养一批既懂税务业务,又熟悉信息技术的复合型人才。同时,探索建立税务师等级制度,完善人才激励机制。加强领军、高端人才使用,引导其反哺行业、服务社会。进一步优化完善中税协官网人才招聘专栏,加大专栏宣传推介力度,助力事务所引进高素质人才。

2. 人才培养机制有待提升

行业内部初级和中级从业者的培养机制尚未完善,导致基层从业者的能力无法适应不断变化的行业需求。许多初级从业者对税收政策的解读能力和实务操作能力有限,难以胜任复杂业务;中级从业者的管理能力和问题解决能力不足,限制了他们的职业发展。尤其是在中小型事务所中,员工流动率较高,人才梯队建设长期滞后。

对此，事务所需加强针对初级和中级从业者的职业发展支持。可以设计分阶段的培养路径，从基础能力训练到进阶实务指导，逐步提升从业人员的专业能力。例如，通过设置新人导师制度，帮助初级人员在实际操作中快速积累经验；针对中级从业者，可以提供管理能力培训、专项业务实训等高级课程，帮助他们突破职业发展瓶颈。

3. 行业间人才竞争的挑战

税务师事务所在吸引和留住优秀人才方面，还面临着来自会计师事务所、律师事务所等专业服务机构的竞争。为应对这一挑战，税务师事务所需优化薪酬体系，增加绩效奖励，尤其是在高技术、高附加值的税务服务领域，应对核心人才提供更具吸引力的薪资待遇。同时，事务所应重视塑造行业品牌形象，通过举办行业展览、社会公益活动以及线上传播等多种形式，提升社会公众对税务师行业的认可度。

4. 国际化人才的紧迫需求

随着中国企业"走出去"战略的深入推进和国际税收政策变化的加速，税务师事务所在国际化人才方面的需求显得尤为紧迫。在全球税务协定（如 BEPS 行动计划、数字服务税、全球最低税率规则）框架下，企业对国际税务服务的需求不断增长，这对事务所在国际税收咨询、争议解决和跨境税收策划等领域的人才储备提出了更高要求。

事务所需要建立系统的国际化人才培养体系。例如，与国际税务组织和国外知名事务所合作，为税务师提供海外培训和实践机会，帮助他们掌握全球视角下的税务管理技能。此外，可以鼓励从业者获取国际权威认证（如 ADIT、CTA 等），增强他们在国际业务中的竞争力。同时，应逐步引进外籍税务专家，为事务所的国际业务提供直接支持。

5. 持续教育与技能更新的重要性

在政策频繁更新和技术快速发展的环境下，税务师需不断提升自身的知识和技能，才能跟上行业的变化步伐。然而，目前行业内对继续教育的重视程度和支持力度仍有待提高。许多从业者在面对新的税务法规或技术工具时，缺乏系统的学习机会，影响了执业效率和服务质量。

行业协会和事务所需联合建立常态化的继续教育体系。例如，定期举办线上线下结合的培训课程，覆盖最新税收政策、技术工具使用以及实务操作指导。同时，可以通过建立行业学习平台，为从业者提供开放式的学习资源库，方便他们随时获取知识更新。此外，事务所还应鼓励员工参加行业会议和研讨会，与同行交流学习，拓宽视野。

6. 软技能培养的核心作用

除了专业能力外,税务师还需要具备出色的软技能,如沟通能力、团队协作能力和创新能力。这些软技能不仅能够帮助税务师在服务客户时更高效地解决问题,还能提高事务所内部的工作效率和客户满意度。例如,在与客户沟通时,税务师需要用简洁易懂的语言解释复杂的税务问题,同时提供可操作性强的解决方案;在团队合作中,税务师需具备组织协调能力,确保多方资源的高效整合。

行业协会可以通过组织软技能专题培训课程、案例分享会以及情景模拟训练,帮助从业者提升这些关键能力。同时,事务所可以通过建立绩效考核机制,将软技能表现纳入员工的评价体系,激励从业者不断提升综合素质。

综上所述,税务师行业的人才队伍建设需要从多个维度同时发力,包括高端人才的培养、初中级人才的梯队建设、国际化人才的储备以及软硬技能的全面提升。通过这些举措,税务师事务所可以为行业打造一支结构合理、专业过硬、综合素质高的人才队伍,为行业的长远发展奠定坚实基础。

(三)推动学术研究与实务结合

1. 行业发展对学术研究的紧迫需求

税务师行业作为现代经济的重要组成部分,其发展已不再局限于传统的税务申报和代理服务,而是延伸到税务策划、跨境税务合规、税务风险管理以及新兴的数字税收领域。然而,当前行业学术研究的深度和广度还远未满足实践需求。一方面,对于诸如全球最低税率规则、数字服务税等国际税收规则的变化,行业缺乏全面的理论分析和政策应对框架;另一方面,在国内"双碳"目标、数字经济快速发展等背景下,行业需要在绿色税务激励、智能税务服务等领域获得理论支持,但现有研究资源的不足使得从业者在面对这些新兴需求时难以找到明确的解决思路。此外,由于行业研究的滞后性,许多从业人员只能凭借经验应对复杂的税务问题,而缺乏理论依据的支持,不仅影响服务质量,也限制了行业整体的创新能力。

针对这一紧迫需求,行业需要系统性地提升学术研究的广度和深度,为实践提供更强的理论支撑。例如,可以加强对于国际税务争议解决机制的研究,结合全球化趋势,探索不同司法体系下的税务风险管理策略;在国内,针对数字经济和新兴产业的税收政策,可通过定量分析和定性研究,预测政策变化对行业和企业的影响,为事务所和客户提供前瞻性建议。

2. 加强多方合作推动深度研究

为了提升学术研究的质量,行业需要通过与高校、科研机构以及政府部门的多方合作,实现资源的优化整合。

与高校合作:高校是学术研究的核心力量,税务师事务所可以与国内外知名高校合作设立税务研究中心或专项实验室，重点研究国际税务、跨境税务争议以及税务技术的应用等前沿问题。例如，与法律学院联合研究全球税收协定的法律效力，与计算机学院合作开发基于区块链的税务审计系统。高校还可以开设跨学科的硕士和博士项目，培养既有理论深度又具备实践能力的高级研究型人才。

与科研机构合作：经济研究所、财税研究所等科研机构拥有丰富的政策研究经验，事务所可以与这些机构联合申报国家级课题，研究当前热点税务问题，如绿色税务政策的执行效果评估、国际税收规则下的反避税策略等，为行业提供科学依据。

与政府部门合作：行业需要积极与税务机关和财政部门建立合作关系，通过政策试点、联合调研等方式，推动学术研究的实践化。例如，事务所可以协助政府开展某项税收政策的实施效果评估，通过对政策数据的深入分析，提出改进建议，同时也为学术研究积累真实案例和数据支持。

3. 构建行业研究联盟与专项基金

学术研究需要稳定的资源支持和多方协作，行业可以通过构建研究联盟和设立专项基金，推动研究的可持续发展。

研究联盟：行业协会可以牵头成立跨机构的研究联盟，吸纳高校、科研机构、政府部门以及事务所的优秀人才参与。联盟可以定期举办学术研讨会，围绕全球税务治理、智能化税务服务等前沿话题开展讨论，并形成研究成果的共享机制。例如，针对跨境税务策划的复杂性，联盟可以组织专家组联合撰写分析报告，为行业提供统一的理论框架和实践工具。

专项基金：通过设立专项研究基金，为学术机构、独立研究者以及事务所提供资金支持。例如，基金可以针对数字经济税收、绿色税收政策等重点领域开展专项资助，并要求研究成果具有明确的应用价值，能够转化为具体的服务模式或行业标准。

4. 搭建成果转化桥梁

为了实现学术研究向实际操作的高效转化，行业需要搭建系统性的成果转化平台，让理论创新能够快速应用于实践。

制定行业标准：研究成果应当转化为具体的行业标准和操作规范。例如，针对国际税务服务的最佳实践，可以制定统一的服务流程和标准化操作手册，提升行业的专业性和服务质量。

开发培训课程：结合最新研究成果设计有针对性的业务培训课程，帮助从业者掌握新理论、新工具。例如，可以开展跨境税务争议解决的专项培训，结合实际案例分析，为从业人员提供直接可用的技能提升机会。

出版实践手册：通过编撰和出版实践手册，将学术研究的核心成果以易懂的形式呈现,例如《数字税收政策解读手册》《绿色税收筹划指南》等,为从业者提供便捷的参考资料。

5. 构建案例库与行业研讨平台

真实案例是理论与实践的桥梁,构建系统化的案例库和知识分享平台能够进一步促进学术与实务的结合。

案例库建设:税务师行业可以建立全国性的案例数据库,覆盖税务策划、风险管理、税务争议等多个领域,并按照行业分类进行系统整理。例如,将跨国公司在不同国家的税务争议案例汇总并进行对比分析,为从业者提供参考和借鉴。

行业研讨会:定期举办区域性或全国性的行业研讨会,邀请国内外专家分享案例和研究成果。例如,围绕国际税务合规问题,组织专题研讨,探讨全球范围内的税收协调策略。

案例出版物:通过出版案例研究报告,将行业的成功经验和失败教训以书籍或白皮书形式发布,为从业者提供权威的参考工具。

6. 建立开放的学术资源平台

为了促进知识共享与研究成果的广泛传播,行业需要建立开放的学术资源平台,提供系统化的学习资源。

数据工具:平台可以整合行业内外的税务数据资源,开发税务风险评估工具和政策影响分析模型,为从业者提供技术支持。

政策模板:设计标准化的政策解读模板,将复杂的税收法规解读为易于理解的操作性文件,为事务所和客户提供高效服务。

案例库共享:将案例数据库与平台整合,提供在线查询和下载功能,方便从业者随时获取案例信息。

7. 推动研究成果助力新业务拓展

学术研究不仅应满足现有业务的需求,还应推动行业在新兴领域的拓展。

数字经济税务服务:通过研究电商税务合规和数字服务税的影响,开发定制化的服务产品,帮助企业在全球范围内实现税务合规。

绿色税务激励:通过研究绿色税收政策的实际效果,为企业提供节能减排税务规划服务,帮助企业享受政策红利的同时履行社会责任。

智能化税务服务:基于研究开发人工智能驱动的税务咨询系统或区块链技术支持的税务合规平台,为客户提供更加高效、精准的服务。

综上所述,推动学术研究与实务结合是税务师行业实现高质量发展的关键路径。通过深化研究合作、构建成果转化机制和开放资源平台,税务师行业将能够在理论与实践的互动中实现创新突破,为行业发展注入新的活力,同时为企业税务管理和国家经济治理提供科学支撑。

二、加快立法步伐,规范行业发展

(一)税务师行业立法的时代背景

1. 法律环境对行业规范化和可持续性的关键作用

法律环境是税务师行业发展的基石,直接影响行业规范化和可持续发展的进程。一个健全的法律体系可以为行业设立明确的行为准则、执业标准和违规惩戒机制,从而提升行业的专业性和公信力。特别是在我国经济进入高质量发展阶段的背景下,税务师行业的职能已经从传统的税务代理扩展到更高价值的综合服务,包括税收策划、税务风险管理、税务争议解决等。这种职能的延展不仅使得服务内容更复杂,也对行业的合规性和服务能力提出了更高要求。然而,现有的法律法规体系在许多新兴领域仍存在缺失,无法有效规范行业发展。例如,随着企业对国际税收策划的需求快速增长,跨境税务服务的法律依据显得尤为重要,而目前我国法律在这一领域尚未明确事务所的执业范围和责任界限,导致许多事务所难以开展此类服务,甚至可能面临法律风险。

与此同时,法律环境的不足还影响了税务师行业对客户的保护能力。对于企业而言,复杂的税务服务涉及大量的商业信息和财务数据,如果缺乏明确的法律保障,可能会出现信息泄露或服务失误引发的法律纠纷。这不仅对客户利益造成损害,也不利于行业的信誉提升。因此,建立完善的法律体系能够明确从业者的权利和义务,为税务师提供更加清晰的执业指引,同时为客户提供更高水平的服务保障。

2. 现有立法不足对行业发展的限制

当前,我国税务师行业的立法相对滞后,难以满足行业日益复杂的需求。首先,在跨境税务服务领域,国际税收规则的频繁变化对行业提出了更高要求,但国内尚未建立完整的法律框架来规范事务所的国际化服务。例如,OECD主导的BEPS行动计划、全球最低税率规则等国际税收政策逐步实施,这些变化迫使企业和事务所不得不迅速调整税收策划策略,但国内法律对跨境税收服务的执业内容和责任划分尚未作出明确规定,导致许多事务所在国际业务中面临操作风险。此外,数字经济的发展对传统税收法律提出了全新的挑战,例如区块链技术在税务合规中的应用、大数据驱动的税务审计等,行业内对这些新领域的法律支持几乎为空白。这使得事务所在新兴领域的服务拓展受阻,无法充分挖掘市场潜力。

其次,行业的法律环境不健全还体现在从业者的职业保护和责任追究机制方面。许多税务师在服务过程中可能因客户信息的不准确或政策变化造成失误,但现有法律缺乏对从业者执业责任的细化规定,事务所在面对法律纠纷时常常处于被动。此外,对于违规行为的法律惩戒机制也不完善,难以对失信行为形成有效震慑,导致行业内竞争秩序紊乱,影响整体发展质量。

3. 国际对比:税务师行业立法的借鉴意义

在国际范围内,许多发达国家已经形成了较为完善的税务师行业法律体系,这为中国行业立法提供了宝贵的借鉴经验。以美国为例,其通过美国国税局(IRS)对注册税务师的执业范围、法律责任以及违规处罚进行了全面规范,不仅保障了从业者的合法权益,还提高了客户对税务服务的信任度。英国则通过独立的税务中介监管立法,确保了税务服务的公开透明,明确了从业者与客户之间的权责划分。日本则通过税务代理士法对从业者的职业道德、服务标准和违规行为的法律后果进行了详细规定,为行业的健康发展提供了强有力的法律保障。

相比之下,中国税务师行业的法律体系尚未达到同等水平,这导致事务所在国际竞争中面临较大劣势。例如,在国际税收协定谈判中,由于缺乏清晰的法律依据,中国事务所的专业意见难以被有效采纳。此外,在处理国际税务争议时,事务所无法依赖完善的法律框架支持其客户权益,降低了中国企业在全球市场中的竞争力。因此,中国税务师行业应结合国际经验,尽快完善自身的法律体系,不仅为行业的国内规范化发展提供保障,也为事务所在国际市场中的拓展奠定基础。

4. 行业立法的时代背景与紧迫性

税务师行业的立法需求不仅来自国内经济发展和技术革命的推动,也受到国际税收环境变化的直接影响。随着全球化进程的深入,国际税收规则的复杂性和不确定性日益增加,税务师事务所在跨境服务中的法律需求变得更加突出。例如,随着BEPS行动计划的实施,跨国企业的税收合规压力大幅增加,事务所需要明确的法律指引来帮助客户优化税务结构并避免潜在风险。

同时,国内"双碳"目标、数字经济快速发展等国家战略对税务师行业提出了新的要求。例如,在绿色税收政策领域,需要通过立法明确事务所在协助企业节能减排、享受税收优惠中的职责范围;在数字经济领域,需要通过法律明确数字服务税的实施规则,以及事务所如何支持企业在政策框架内合规运作。这些变化表明,税务师行业的法律需求已不局限于传统业务,而是涉及多个新兴领域和高端服务环节,行业立法必须紧跟时代步伐,才能满足未来发展的需要。

5. 行业立法的重要意义与未来方向

税务师行业立法的完善具有多重意义。首先,通过立法可以明确事务所的执业范围、责任界限以及从业者的职业规范,为行业建立良好的执业秩序。这不仅有助于防范潜在的法律风险,也能提升事务所的服务能力和社会公信力。其次,完善的法律体系可以吸引更多高质量人才进入行业,为行业的长期发展提供人力保障。最后,法律体系的建立还能够提高税务师行业在国际市场中的竞争力,通过参与国际税收治理和政策制定,为中国企业争取更多的国际话语权。

未来,行业立法应重点围绕以下方向:

规范执业范围:针对跨境税务服务、数字经济税务以及绿色税收政策等新兴领域,立法应明确事务所的服务内容和责任划分,避免执业冲突和法律风险。

加强执业责任:通过法律对税务师的职业道德和执业行为进行规范,建立严格的惩戒机制,确保行业的诚信和透明度。

支持新兴领域发展:通过立法为数字税务服务、人工智能驱动的税务管理等创新业务提供政策支持,鼓励行业技术转型。

提升国际竞争力:通过完善法律体系,提高事务所在国际税收协定谈判、跨境争议解决中的参与度,增强行业的国际影响力。

综上所述,税务师行业的立法是实现行业高质量发展的重要保障。在当前国内外环境快速变化的背景下,行业立法的完善不仅能够规范现有市场,还能为未来的技术创新和国际化发展提供坚实的法律基础。通过及时健全法律体系,税务师行业将能够更好地服务于国家经济战略和企业发展需求,真正实现规范化、专业化和国际化的目标。

(二)推进行业立法的必要性

1. 为行业健康发展提供法律保障

税务师行业立法是行业健康发展的重要基础。通过明确执业范围、权责界限以及准入条件,法律可以有效规范市场行为,防止恶性竞争。例如,在税务策划和税务代理服务中,由于缺乏明确的法律规定,一些从业者可能以不当手段竞争客户,导致市场秩序混乱。立法能够通过设立清晰的执业规则,划定服务边界,确保市场的公平竞争。此外,明确从业资格的准入条件,可以有效过滤不合格的从业者,提升整个行业的服务质量。例如,法律可以规定税务师必须通过专业资格考试并参加持续教育,以保持专业能力的更新和提升。

通过立法还可以建立健全的惩戒机制,对恶意竞争、虚假宣传以及违法违规行为进行有效打击。例如,针对提供虚假涉税服务或故意误导客户的行为,法律可以规定严厉的处罚措施,如吊销执业资格、经济罚款等。这不仅能够保护纳税人的合法权益,还能提升行业的整体公信力和规范性。

2. 提升公众对税务师行业的认可度与信任度

税务师行业作为专业服务领域,其发展依赖于社会公众对行业的认可和信任。行业立法能够通过明确的执业标准和职业道德规范,提升税务师在公众心目中的权威性。例如,法律可以对税务师的执业行为进行严格约束,规定税务师在提供服务时必须以合法合规为基本原则,严禁协助客户进行恶意避税或虚假申报等行为。这些规定能够树立行业的专业形象,让社会公众对税务师的服务产生信任感。

此外，立法还可以通过规范税务师的责任和义务，为纳税人提供更可靠的保障。例如，法律可以规定税务师在提供服务中对客户信息的保密义务，并明确其在业务失误或违规时的赔偿责任。这些措施能够有效提升公众对税务师服务的安全感和依赖度，从而为行业赢得更广泛的社会认可。

3. 增强行业的国际竞争力

在经济全球化的背景下，税务师行业不仅需要服务国内市场，还需要帮助中国企业"走出去"，并支持外资企业"引进来"。然而，国际市场对税务服务的专业性和规范性要求较高，缺乏完善立法的行业在国际竞争中往往处于不利地位。例如，在跨境税务策划和国际税收争议解决中，外国企业或机构通常更倾向选择法律体系完善、规则明确的国家和服务机构。如果没有健全的行业立法，税务师事务所在国际业务中将难以获得客户的信任和认可，进而影响中国企业的国际化进程。

健全的行业立法能够为事务所参与国际税务服务提供强有力的法律支撑。例如，通过明确税务师在跨境业务中的责任界限，事务所可以更放心地拓展国际市场业务。此外，立法可以为事务所与国际税务组织的合作提供法律依据，例如参与全球税收治理规则的制定、参与多边税务争议的解决等。通过立法，中国税务师行业将能够更好地参与国际税收治理，在国际税务合作中增强话语权，为中国企业争取更多的利益和机会。

4. 建立完善的监管体系

行业立法的另一个重要作用是为税务师事务所建立完善的监管体系，从而提升行业的透明度和合规性。通过立法，可以明确税务师事务所的监管主体、监管方式以及监管范围。例如，可以规定税务机关或行业协会作为监管主体，对事务所的执业行为进行定期检查，并对重大违规行为进行公开通报。此外，法律可以要求事务所建立内部合规管理制度，包括设立专门的合规部门、制定详细的合规操作手册等，从而确保事务所在业务流程、客户管理和信息披露等方面的合法性和规范性。

针对违法违规行为，法律可以设立具体的处罚条款。例如，针对事务所提供虚假涉税服务的行为，可以规定从经济罚款到吊销执业资格的多级处罚措施，并将处罚信息纳入信用体系，形成对行业违规行为的有效震慑。同时，法律还可以规定纳税人在遭遇不当服务时的申诉渠道和救济方式，确保纳税人的权益得到有效保护。

5. 促进事务所内部治理与服务专业化

行业立法还能够推动税务师事务所内部治理的优化，提高其在业务流程、员工管理以及客户服务方面的专业化水平。例如，法律可以规定事务所在内部管理中必须建立风险管理机制，包括定期对客户的涉税数据进行核查和评估，及时发现潜在问题并采取预防措施。此外，法律还可以要求事务所在人员管理上遵循透明化和公平化的原则，例如明确员工的职业发展路径、实施绩效评价制度等，从而提升员工的积极性和专业能力。

在客户服务方面，法律可以对事务所的服务流程进行标准化规定。例如，可以要求事务所在与客户签订服务合同时，必须详细说明服务内容、收费标准以及可能的风险，并为客户提供清晰的税务咨询记录。这些措施不仅能够提升客户对服务的满意度，还能够提高事务所自身的服务质量和市场竞争力。

6. 推动行业创新与可持续发展

立法不仅是对现有行业秩序的规范，更是推动行业创新与可持续发展的重要手段。通过立法，可以为事务所在新兴领域的服务创新提供法律支持。例如，在数字经济和人工智能快速发展的背景下，行业立法可以为事务所开展基于大数据分析的税务服务、利用区块链技术的税务审计服务等提供明确的法律依据。此外，法律可以为事务所在研发新技术、新服务模式时提供知识产权保护，鼓励事务所在技术创新中投入更多资源。

同时，行业立法还可以支持绿色税收政策的实施，鼓励事务所参与绿色税务服务的推广。例如，通过法律规定事务所在节能减排项目中的税收咨询职责，为企业提供专业的绿色税务规划服务。这不仅能够为行业开辟新的业务领域，也能够为国家的"双碳"目标贡献力量。

总之，税务师行业立法的推进具有多重意义，包括规范市场行为、提升行业信誉、增强国际竞争力以及推动事务所的内部治理与创新发展。通过建立健全的法律体系，行业不仅能够更好地适应当前的经济环境和市场需求，还能够为未来的发展奠定坚实的法律基础。在全球税收规则变化和技术革新的背景下，行业立法的重要性越发凸显，其实施将对税务师行业的长期健康发展起到重要的推动作用。

（三）现实问题与实施措施

1. 兼顾各相关方的诉求

税务师行业立法会涉及多方主体，包括纳税人、税务机关、税务师事务所以及社会公众。这些利益相关方的诉求和关注点各有不同，甚至可能存在矛盾。例如，纳税人希望立法能更好地保护其合法权益，包括在税务争议中享有申诉权、信息安全权和公平待遇；税务机关则更倾向于通过立法强化税收征管的权威性和效率，减少税务违规行为并维护国家税收利益；税务师事务所则期待通过立法明确执业范围、责任界限和行业规则，降低执业风险，同时提升行业竞争力。

立法者需要在设计法律条款时充分考虑各方的需求。例如，在保护纳税人权益的同时，也要为税务机关留出执法空间，以确保税收公平与效率。可以引入平衡机制，例如建立税务争议的调解制度，允许纳税人和税务机关在中立第三方的主持下进行协商解决。此外，还可以通过设置利益协调委员会，将各方代表纳入立法过程，为法律文本的最终确定提供多方参与的保障。

2. 行业协会在立法中的积极作用

行业协会在立法推进过程中扮演着至关重要的角色,其作用体现在政策研究、意见征集和立法宣传等方面。

政策研究:行业协会可以组织专项研究,全面梳理税务师行业的现状与问题。例如,通过数据调研揭示事务所在跨境税务服务、数字经济税务合规等新兴领域面临的具体障碍,并结合国际经验提出可行性建议。研究成果不仅可以为立法部门提供科学依据,也能够增强立法的针对性和实践性。

意见征集:行业协会可以利用其广泛的会员网络,收集事务所和从业者的意见。例如,通过问卷调查、座谈会和线上讨论等多种形式,广泛听取行业内外的声音,确保法律条款设计既能反映行业需求,又能满足公众期待。这一过程还能够提升行业对立法的参与感和认同感。

立法宣传:行业协会还可以通过举办研讨会、发布政策解读文章等方式,向行业内外宣传立法的重要性和核心内容。例如,可以邀请立法专家解读税务师执业范围的界定、新增信用评价体系的实施细则等,让从业者和公众对立法内容有更深入的了解,从而为法律的实施创造良好的社会环境。

3. 立法实施后的配套工作

法律的实施不仅依赖于文本本身,还需要一系列配套工作来确保其落地。

制定实施细则:法律条款的宏观指导性需要通过具体的实施细则来落地。例如,对于跨境税务服务的执业范围,实施细则可以进一步明确事务所在各类服务中的操作流程和风险控制要求;对于信用评价体系,实施细则可以规定评分的标准、评估周期以及申诉渠道等内容。

开展法律培训:行业协会和监管机构应联合组织法律培训,帮助从业人员快速掌握新法律的内容和要求。例如,可以为事务所管理层开设合规管理专项课程,为一线从业者提供执业规范和案例分析的指导。这些培训应覆盖线上线下多种形式,确保法律知识能够迅速传递到行业的每一个角落。

加强执法监督:法律的执行需要强有力的监管体系支持。例如,可以借鉴国外经验,设立独立的税务服务监管机构,专门负责监督法律实施情况和处理违法违规行为。监管机构可以通过定期审计、现场检查和投诉受理等手段,确保事务所和从业者严格遵守法律规定。此外,监管机构还可以发布年度执法报告,对行业合规情况进行总结,并公开典型案例以起到警示作用。

4. 搭建公众监督平台

公众监督是法律实施中的重要补充力量,通过广泛的社会参与可以提高行业透明度和法律执行效果。

评价系统:开发一个公开的行业监督平台,允许客户对事务所的服务进行匿名评价,并对评价结果进行排名和展示。这种透明化机制不仅能够帮助客户选择高质量服务,也能对事务所形成竞争压力,促使其提高服务水平。

举报机制:公众监督平台还可以设立举报渠道,允许客户或社会公众对事务所的违规行为进行举报。例如,对于虚假申报、信息泄露等行为,平台可以收集线索并交由监管机构处理,从而形成全方位的监督网络。

知识普及:平台还可以通过在线问答和政策解读栏目,向公众普及税务师行业的基本知识和法律框架,提升社会对行业的理解和信任。

现实问题和实施措施是税务师行业立法推进过程中的关键环节。通过平衡各方利益、发挥行业协会的作用、试点探索中国特色监管模式,并加强配套工作和公众监督,行业立法将能够有效解决当前的法律空白与实践困境,为税务师行业的规范化、专业化发展奠定坚实基础。立法的成功实施不仅能够提升行业竞争力,还将为国家税收治理和经济发展提供有力支持。

三、加强职业道德建设,完善自律管理

(一)职业道德建设

1. 职业道德建设的重要性

职业道德是税务师行业健康发展的根本保障,它直接影响着行业的规范化、专业化和社会公信力。税务师行业的特殊性在于,它既是客户和税务机关之间的桥梁,也是国家税收秩序的重要维护者。从业人员在执业过程中,不仅要为客户争取合法的税收权益,还需履行维护国家税收利益的职责。在这一双重角色中,职业道德显得尤为重要,因为它决定了税务师在执业过程中能否平衡各方利益、处理复杂问题并作出正确决策。

职业道德的缺失可能带来严重后果。例如,一些税务师事务所为了争夺客户,可能会协助企业进行非法避税或提供虚假税务申报服务,这种行为不仅损害了国家利益,还会对行业声誉造成负面影响。此外,职业道德的薄弱还可能导致从业者在面对利益诱惑时无法坚守底线,从而陷入法律纠纷或丧失职业资格。因此,加强职业道德建设不仅是行业规范发展的需要,也是行业长久生存和竞争力提升的关键所在。

2. 职业道德建设的核心内容

职业道德建设应当明确核心内容,以便从业者在执业过程中有清晰的行为指引。

合法合规:合法合规是职业道德建设的基本要求,税务师必须严格遵守国家法律法规,杜绝协助客户进行非法避税、逃税行为。同时,应积极帮助客户完成合法

合规的税务申报和策划服务,维护国家税收秩序。

诚信公正:税务师在执业过程中需始终坚持诚信原则,客观分析客户的实际需求,提供真实可靠的专业建议。不得因私利而隐瞒、扭曲或误导客户信息。

专业严谨:作为专业服务提供者,税务师需要具备高度的责任心和专业精神,确保在服务过程中对客户数据进行详细审查和核实,最大限度地降低因疏忽而导致的风险。

保密义务:税务师需严格遵守客户信息保密原则,未经授权不得泄露客户的商业机密和涉税信息。这不仅是职业道德的核心要求,也是法律的明确规定,违反这一原则将面临法律责任和行业惩戒。

3. 制定统一的职业道德准则

行业协会应当在职业道德建设中发挥主导作用,通过制定统一的职业道德准则,为从业者提供明确的行为规范和执业标准。例如,协会可以根据国内外先进经验,制定《税务师职业道德行为准则》,为从业者的日常工作提供具体指导。这些准则应涵盖以下内容:

在税收策划中,明确税务师不得协助客户设计涉及非法避税或不符合税收政策要求的方案;在税务争议处理中,要求税务师以解决问题为导向,避免激化争议或偏袒任何一方;在跨境税务服务中,规定税务师应遵守国际税收协定,确保服务内容符合法律规定并维护国家利益。

这些准则应当具有可操作性,并通过立法或行业规范形式进行强制执行,以提高从业者的自律意识和法律责任感。同时,应设立职业道德委员会,对违规行为进行监督和调查,确保准则得到全面落实。

4. 宣传教育与培训

职业道德建设需要通过持续的宣传和教育来强化从业者的意识和行为习惯。

专题培训:行业协会和事务所可以定期组织职业道德专题培训,邀请法律专家和资深从业者讲解职业道德的重要性及其实践方法。例如,可以结合真实案例分析,说明违规行为可能导致的法律后果、声誉损失和经济处罚,帮助从业者深刻认识职业道德的价值。

宣传材料:编写《职业道德手册》或制作生动的视频材料,以简明易懂的方式向从业者普及职业道德规范。这些材料可以覆盖新入职的从业者培训以及事务所日常学习。

线上教育平台:开发职业道德在线学习平台,为从业者提供随时随地的学习机会。例如,可以通过定期更新的在线课程和考试,加强从业者对职业道德规范的理解,并将学习结果纳入个人职业档案。

5. 案例分析与警示教育

通过案例分析和警示教育，可以直观地向从业者展示职业道德失范的后果以及坚持职业道德的长远价值。例如，收集税务师行业内外的典型违规案例，将其整理成教材，供从业者学习和讨论。案例应涵盖：税务策划中的虚假信息行为及其引发的法律纠纷；因泄露客户信息而导致客户损失和声誉受损的真实案例；因协助企业逃税而遭受处罚的从业者个人经历等。

此外，还可以通过情景模拟训练，让从业者在模拟环境中体验职业道德决策的复杂性，并学习如何在利益冲突中坚持道德原则。这种形式的教育更具互动性和参与性，能够加深从业者的理解和认同感。

6. 建立职业道德评优机制

为了鼓励从业者践行职业道德，可以在行业内部建立职业道德评优机制。行业协会可以设立"职业道德标兵""诚信服务奖"等荣誉，每年评选表现突出的个人或事务所。例如，评选标准可以包括客户满意度、服务质量、合规记录等方面。评选结果可以通过行业大会、媒体宣传等形式进行广泛传播，树立标杆榜样，激励其他从业者学习。

此外，可以设立"职业道德数据库"，记录获奖者的事迹并进行公开展示。这不仅可以扩大职业道德模范的影响力，还能为行业塑造崇尚诚信、重视专业的文化氛围提供持续动力。

7. 建立职业道德监督与惩戒机制

为了保证职业道德建设的长效性，还需要建立严密的监督与惩戒机制。

监督机制：行业协会可以设立独立的职业道德监督委员会，负责受理公众举报、调查违规行为并发布处理结果。例如，可以通过设立热线电话和在线举报平台，方便客户和公众对事务所及从业者的违规行为进行举报。

惩戒措施：针对违反职业道德的行为，应根据情节轻重采取不同的惩戒手段。例如，对初次违规者可以采取警告、强制培训等方式；对严重违规者可以吊销执业资格并公开通报。此外，可以将惩戒记录纳入从业者的信用档案，并与行业招聘系统对接，以形成有效的约束和警示。

8. 营造良好的行业文化氛围

职业道德建设的最终目标是形成诚信、公正的行业文化氛围。事务所可以在内部设立职业道德宣传日，通过张贴标语、举办座谈会等方式提升从业者对职业道德的关注。此外，事务所领导层应率先垂范，将职业道德纳入企业价值观，贯穿于事务所的管理和发展中。从业者则需通过日常学习和实践，将职业道德内化为执业习惯，真正做到诚信、公正。

职业道德建设是税务师行业长远发展的重要基石。通过制定统一的职业道德准则、加强宣传教育、建立评优机制以及强化监督与惩戒,行业能够培养和塑造一支具有高道德标准和专业能力的从业队伍。良好的职业道德文化氛围不仅能够增强行业的社会信任,也能提升税务师行业的整体竞争力,为国家税收治理和社会经济发展提供坚实支撑。

(二)执业诚信与责任

1. 执业诚信的核心地位

诚信是税务师行业的立业之本,是行业发展的基石。在税务师的执业过程中,诚信贯穿于服务的每一个环节,包括对客户信息的保密、服务内容的准确性以及政策解读的合法合规性。税务师不仅需要维护委托人的合法权益,还需以保障国家税收利益为己任,因此执业诚信是实现这一平衡的关键。

如果缺乏诚信,税务师行业将面临严重的信用危机。例如,不诚信的从业者可能会泄露客户的商业机密,导致客户蒙受经济损失甚至面临法律风险;也可能因不专业或失信行为提供错误的税收策划方案,给客户和国家税收造成双重损失。因此,诚信不仅是从业人员个人的职业操守问题,更关乎整个行业的生存与发展。

2. 执业诚信的具体要求

执业诚信不仅是一种道德理念,还需要通过具体的行为准则来体现:

信息保密:税务师必须对客户提供的财务和税务信息严格保密。未经客户授权,任何人不得将这些信息用于其他目的,也不得擅自泄露给第三方。信息泄露不仅损害客户利益,还可能给事务所带来法律纠纷和声誉损失。

真实准确:税务师在服务过程中应提供真实、准确的建议和数据,避免因主观故意或疏忽大意导致的错误。例如,在税收策划中,不得故意隐瞒政策风险,也不得夸大税务优惠的效果。

合法合规:所有执业行为必须符合法律法规的要求,税务师不得协助客户进行违法避税或逃税行为。诚信不仅体现在对客户负责,也体现在对国家税收制度的尊重与维护上。

3. 建立全面的诚信档案管理系统

为提升行业诚信水平,行业协会应建立全面的诚信档案管理系统,将每位从业人员的执业记录纳入统一的信用评价体系。

执业记录归档:系统应对从业者的执业历史进行全面记录,包括客户评价、税务机关反馈、业务质量审查等内容。例如,记录税务师是否按时完成客户的税务申报、是否遵守相关法律法规等。

信用评价体系:根据执业记录对从业人员进行分级评价,构建从业人员的信用档案。例如,可采用积分制,根据从业者的诚信行为加分,而对于违规行为则扣分。评分结果应公开透明,并通过行业协会网站等渠道向社会披露。

动态更新:信用评价体系应具备实时动态更新功能,确保从业者的最新执业行为能够及时反映在档案中。这不仅有助于事务所招聘时参考从业者的诚信记录,也能为客户选择服务提供依据。

4. 诚信行为的激励与失信行为的惩戒

为鼓励从业者恪守诚信原则,行业协会需建立相应的激励与惩戒机制:

激励机制:对于长期保持高信用评分的从业者,协会可给予表彰和奖励。例如,设立"诚信执业奖",每年评选一批诚信模范,给予荣誉证书和奖金奖励。此外,高信用评分的从业者可享受更多的职业发展机会,例如优先推荐参与高端项目或行业交流活动。

惩戒机制:对于严重失信的从业者,行业协会需采取严厉措施。例如,吊销其执业资格,并将其违规行为向社会公开通报,形成震慑效果。此外,还可将严重失信行为纳入行业信用系统,限制其未来在税务服务领域的执业资格。

5. 与税务机关合作建立信息共享机制

为了加强对从业者执业行为的动态监管,行业协会应与税务机关合作,建立实时的信息共享机制:

信息互通:税务机关可以向行业协会通报从业人员在执业过程中是否存在违规行为或不良记录,协会则可根据这些信息对信用档案进行更新。例如,当税务机关发现税务师在代理申报过程中存在虚假申报或隐瞒收入的行为时,可立即将信息传递给协会,以便采取相应惩戒措施。

数据支持:税务机关可以为协会提供税务政策和法规的最新动态,协会则可利用这些信息开发培训课程和操作指南,帮助从业者更好地理解和执行政策,减少因政策理解错误导致的诚信问题。

6. 强化从业人员诚信意识的教育与培训

诚信教育是执业诚信建设的重要基础。行业协会和事务所需通过多种形式提高从业人员的诚信意识:

职业道德培训:协会应将诚信教育纳入从业人员的必修课程。例如,结合案例分析讲解诚信在税务服务中的重要性,以及失信行为可能带来的法律后果和职业风险。

诚信守则签署:要求每位从业者在执业前签署诚信执业承诺书,明确承诺遵守行业诚信准则。通过这一仪式化的方式,可以强化从业者对诚信责任的认知。

持续学习机制:建立诚信教育的持续学习机制,例如通过线上课程、年度考核等方式,定期对从业者进行诚信意识的再培训和考核。

7. 推动全社会对执业诚信的关注

执业诚信不仅需要行业内部的推动,也需要社会公众的广泛参与。协会可通过宣传活动,提高社会对税务师诚信建设的关注度:

诚信宣传月:每年举办"执业诚信宣传月"活动,通过媒体报道、公益广告等形式向公众传递诚信理念,提升社会对税务师行业的信任度。

公众举报奖励机制:协会可设立公众举报平台,接受社会对从业者失信行为的举报,并对有效举报者给予奖励。这种方式既能增强监管效果,也能让社会公众参与到行业诚信建设中来。

执业诚信是税务师行业的基石,是维系客户信任、维护国家利益和推动行业健康发展的关键因素。通过建立诚信档案管理系统、完善激励与惩戒机制、强化信息共享以及推进诚信教育,行业能够有效提升从业人员的诚信水平,塑造诚信为本的行业文化。在此基础上,税务师行业将能够更好地服务客户、履行社会责任,为国家税收治理和经济发展作出更大贡献。

四、把握变革机遇,科技引领未来

(一)新环境下的新机遇

1. 数字经济驱动行业创新发展

数字经济正成为推动税务师行业升级转型的重要力量。随着信息技术的不断进步,大数据、人工智能、云计算等技术在各行业的应用逐步深化,为税务师行业带来了前所未有的机遇。通过数字化技术的赋能,税务服务的效率和质量得以显著提升。例如,税务师可以利用人工智能技术快速筛选海量的财务数据,从中识别潜在的税务风险,并在短时间内制定具有针对性的税务策划方案。这种技术驱动的智能化服务,不仅降低了传统人工操作的时间成本,还提高了税务方案的精准性,为客户创造了更大的价值。

此外,大数据技术使税务师能够基于海量数据开展趋势分析和政策解读。例如,通过分析企业的历史税务数据、行业平均税负水平以及税收政策变动对企业的影响,税务师可以为客户提供更具前瞻性的税收策划方案。数字经济环境下的技术应用,不仅拓宽了税务服务的深度和广度,还为行业创新发展提供了新的动能。

2. 税务机关数字化改革的助推作用

税务机关数字化水平的提升也为税务师行业的数字化转型提供了强有力的支持。近年来,税务机关推出了诸如电子税务局、区块链发票等一系列数字化改革措施,这些技术创新为税务师行业的数字化服务创造了更便捷的操作环境。

电子税务局和数电票的普及:税务师可以通过电子税务局在线完成税务申报、税务备案等业务,无需再耗费大量时间进行线下操作。这种全流程在线化的服务模式,不仅提升了办税效率,还降低了人为操作的失误风险。

区块链技术的应用:区块链发票的推行极大地提高了发票管理的透明度和可靠性。税务师可以借助区块链技术实时获取发票的真实性验证信息,从而更加精准地开展涉税审计和合规检查。

税收数据共享平台:税务机关推出的税收数据共享平台,为税务师提供了更多可供分析和使用的数据资源。例如,通过税收数据共享平台,税务师可以更轻松地获取客户的税收记录,从而提高税务策划和合规管理的效率。

这些数字化改革措施不仅使税务师行业的工作流程更加高效和智能,也为行业的服务模式转型提供了重要的技术支撑。

3. 新兴领域的业务需求增长

数字化技术的普及还拓展了税务师行业的业务范围,特别是在电子商务和跨境电商领域。随着全球电子商务的快速增长,企业在数字经济环境下的税务合规需求日益复杂化,这为税务师行业带来了更多的机会。

电子商务税收管理:传统税务服务主要集中在实体企业,而电子商务的发展催生了新的税务管理需求。例如,平台型电商企业需要在复杂的税收政策框架下进行税务策划,同时还需确保平台上所有商户的税务申报合规。这些复杂的管理需求为税务师事务所提供了广阔的市场空间。

跨境电商税务合规:随着跨境电商的快速发展,企业需要应对多国税收政策的差异化要求。税务师可以通过提供跨境税务策划、出口退税管理以及国际税收争议解决等服务,帮助企业实现全球范围内的税务合规。例如,在应对不同国家的数字服务税或增值税时,税务师可以为企业提供具体的政策解读和申报指导,从而降低企业的合规成本和税务风险。

数字资产税收规划:随着区块链技术和数字货币的崛起,越来越多的企业开始涉足数字资产相关业务。税务师可以为这些企业提供数字资产的税收规划服务,例如如何在符合法律要求的前提下减轻其数字资产交易的税务负担。

这些新兴领域的业务需求为税务师行业创造了大量的增量市场,同时也推动了行业服务向高端化和专业化方向发展。

4. 国际税务服务的拓展机遇

全球化背景下的数字经济发展,还为税务师行业开拓国际业务提供了新的契机。随着OECD主导的BEPS(税基侵蚀与利润转移)行动计划的逐步实施以及全球最低税率规则的推进,跨国企业对国际税务服务的需求不断增长。这为税务师行业提供了参与全球税收治理、为跨国企业提供专业税务服务的良好机会。例如,税务师可以为跨国公司提供税务结构优化服务,帮助其在遵守多边税收协定的前提下实现税务成本的最小化。同时,税务师还可以参与国际税收争议的解决,为企业提供包括税务争议谈判、仲裁等在内的全方位支持。

在"一带一路"倡议的推动下,中国企业"走出去"战略和海外投资的增长,也为税务师行业的国际化服务提供了巨大的发展空间。税务师可以帮助中国企业应对不同国家和地区的税收政策变化,提供从税务策划到政策风险控制的一站式解决方案。这些国际化需求的快速增长,进一步拓宽了税务师行业的业务边界,为行业的长期发展注入了新动力。

数字经济的崛起为税务师行业提供了新的发展机遇。从技术创新带来的服务智能化,到税务机关数字化改革的助推,再到新兴领域的市场需求增长以及国际化业务的拓展,税务师行业在新环境下拥有广阔的发展空间。通过积极拥抱数字化转型,探索新兴领域的服务模式,税务师行业将能够在未来的竞争中占据更有利的地位,为客户提供更高效、更专业的税务服务。

(二)数字化与智能化服务

1. 税务服务数字化转型的趋势与必要性

随着数字经济的快速发展,数字化和智能化服务已成为税务师行业提升效率和竞争力的必然选择。传统税务服务模式在处理复杂数据、应对动态政策变化以及满足客户个性化需求方面存在一定局限,而数字化技术的引入能够显著改善这一现状。例如,税务管理软件能够快速处理海量的财务和税务数据,进行智能分析和实时监控,帮助税务师识别潜在的税务风险并提出有针对性的解决方案。此外,数字化技术能够优化工作流程,降低人工操作的错误率,进一步提高服务的准确性和可靠性。

数字化转型不仅是技术的升级,更是行业发展模式的深刻变革。通过数字化手段,税务师事务所能够为客户提供更高效、更透明、更智能的服务体验,同时也能降低事务所的运营成本,从而增强市场竞争力。因此,税务服务数字化转型已成为行业发展的核心趋势。

2. 新技术在税务服务中的具体应用

在数字化和智能化服务过程中,多项新技术的应用正在改变税务师行业的服务模式:

税务管理软件的应用:税务管理软件是数字化转型的重要工具之一。这些软件可以对客户的税务数据进行全面分析和智能预测。例如,通过对客户的历史财务数据和行业平均税负水平进行比较,税务管理软件能够帮助税务师发现税务风险点并提出优化方案。此外,实时监控功能可以对企业的财务状况进行动态跟踪,及时预警潜在的税务合规问题,确保企业能够在政策变化中保持合规状态。

区块链技术的引入：区块链技术在税务服务中的应用正在迅速推广。其去中心化、不可篡改的特点能够提升涉税信息的透明度和可信度。例如，在税务审计中，区块链记录的真实数据能够为税务师提供可靠的审计依据。此外，区块链技术还能提高税务数据的安全性，降低信息泄露的风险，为客户提供更好的服务保障。

人工智能与机器学习的应用：人工智能（AI）技术正在为税务服务智能化提供新的可能性。例如，AI算法可以自动分析税收政策的变化，并根据客户的业务特点生成个性化的税务策划建议；机器学习技术则可以通过对历史案例的学习，预测未来的税务风险，为客户提供更具前瞻性的合规建议。这些智能化服务不仅提高了税务师的工作效率，也提升了客户的满意度。

3. 行业协会的推动与支持

数字化和智能化服务的普及离不开行业协会的推动和支持。协会应在技术培训、标准制定等方面发挥积极作用：

技术培训：行业协会应定期举办数字化业务培训，帮助从业人员掌握最新的技术工具和方法。例如，通过线上课程、线下工作坊等形式，培训从业人员使用税务管理软件、区块链工具和AI算法。此外，协会可以引入国际先进经验，邀请国外专家讲解数字化转型案例，帮助从业者拓宽视野并提升技术水平。

技能竞赛：为激发从业人员的学习热情，行业协会可以举办税务数字化技能竞赛。例如，比赛内容可以包括数据分析工具的使用、智能化税务策划方案设计以及数字化服务案例解决能力等。通过竞赛，不仅能够提高从业人员的技术能力，还能在行业内形成良好的学习和竞争氛围。

标准制定：数字化转型需要明确的技术规范和操作标准，行业协会应牵头制定相关标准。例如，在税务管理软件的使用中，协会可以设定数据输入、分析、输出的统一规范；在区块链技术应用中，可以规定数据存储和访问的安全标准。这些标准有助于行业内部形成统一的操作流程，提高服务质量和效率。

4. 数字化转型面临的挑战与应对措施

尽管数字化转型为税务师行业带来了诸多机遇，但在推进过程中仍面临一些挑战：

技术成本：新技术的引入通常需要高昂的投入，包括软件采购、硬件升级以及员工培训成本。对此，行业协会可以联合事务所申请专项资金支持，或者与技术供应商合作，推出针对中小型事务所的优惠技术方案。

技术适配性：数字化技术的普及程度在行业内存在不平衡，一些中小事务所可能因资源限制而难以快速适应新技术。因此，行业协会可以组织技术共享计划，鼓励大型事务所与中小事务所合作，共享技术资源和应用经验。

人才短缺：数字化转型需要高素质的复合型人才，而当前行业内具备数字化技能的从业者数量不足。为解决这一问题，行业协会可以与高校合作，开设税务与信息技术交叉学科课程，为行业培养数字化人才。同时，事务所也应设立内部培训机制，鼓励员工持续学习和提升技能。

5. 数字化与智能化服务的未来展望

随着技术的不断进步，数字化和智能化服务将在税务师行业中占据越来越重要的地位。未来，税务师事务所可以通过构建智能化税务服务平台，实现服务的全流程自动化和个性化。例如，客户可以通过平台在线提交数据，系统自动生成税务策划建议，并实时跟踪政策变化对企业的影响。

此外，数字化转型还将推动行业向国际化发展。通过数字化工具，税务师事务所能够更高效地为跨国企业提供税务服务，参与全球税收治理，为行业开拓新的市场空间。

数字化与智能化服务正在重塑税务师行业的发展格局。通过技术创新和行业协会的支持，税务师事务所能够在数字化转型中提高服务效率和竞争力，满足客户日益增长的多样化需求。尽管转型过程中存在挑战，但通过协同合作、技术共享和人才培养，行业将能够在数字化时代实现持续的高质量发展。

五、建设质量强国，推动行业高质量发展

（一）行业法治化建设

1. 法治化建设的重要性

完善的法治体系是税务师行业高质量发展的重要保障。税务师行业作为税务专业服务的重要组成部分，其发展需要在法律框架下实现规范化和制度化。法治化建设不仅可以明确行业的执业范围、权利义务和行为规范，还能有效防范行业内的违规行为，提升行业的整体公信力。此外，随着税收政策和经济环境的日益复杂，税务师行业在涉税服务中的作用逐渐扩大，而现有的法律法规尚未完全覆盖行业发展的新需求。例如，在数字经济和跨境税务服务领域，现行法律缺乏针对性的规定，导致税务师事务所在实际操作中面临诸多法律和合规风险。

因此，推进行业法治化建设，不仅是规范行业行为、防控执业风险的必然要求，也是提升行业竞争力、促进行业长远发展的战略举措。通过建立健全的法律体系，税务师行业能够在复杂多变的政策环境中更好地发挥其专业优势，为客户和国家税收治理提供高质量的服务。

2. 税务师行业参与政策制定的必要性

税务政策的制定和修订直接关系到税务师行业的发展。税务师事务所和从业

者在实际服务中积累了大量的实务经验,能够从操作层面为政策制定提供宝贵的建议。例如,一些政策虽然目标明确,但在执行过程中因缺乏可操作性而影响了实际效果。在这种情况下,税务师可以通过行业协会或直接参与政策讨论,提出优化建议,确保政策的公平性和可行性。

具体来说,税务师行业在以下方面可以积极参与政策制定:

政策细化与解读:在制定新税收政策时,税务师可以从实务角度提出细化建议。例如,在税务申报的流程设计中,税务师可以通过自身的操作经验,协助税务机关优化申报系统和申报要求,提高政策的操作性。

风险评估与预警:税务师行业可以帮助税务机关评估政策实施可能带来的潜在风险。例如,一些税收政策可能对特定行业或企业规模产生过度负担,税务师能够通过数据分析提出调整建议,从而实现政策目标的最大化。

国际税务规则制定:在全球化背景下,税务师行业还可以通过参与国际税务规则的制定,为国家争取更多的话语权。例如,在多边税务协定谈判中,税务师行业可以提供有关国际税收策划和税务争议解决的专业意见,帮助政府设计更具竞争力的政策框架。

3. 行业法治化的重点内容

推进税务师行业法治化建设,需要明确法律框架的重点内容:

执业范围与责任界定:法律应明确税务师的服务范围,包括税务策划、税务争议解决、跨境税务服务等内容。同时,法律还需界定税务师的执业责任,特别是在错误申报、信息披露和税务风险评估中的法律后果,以确保行业的诚信和专业性。

行业准入与监管:法律应规定税务师行业的准入条件,例如从业资格认证、事务所设立要求等。此外,还需建立严格的行业监管制度,对事务所的执业行为进行定期检查和评价,防范违规行为。

违规处罚机制:针对违法违规行为,法律应设立分级处罚机制。例如,对轻微违规行为可采取警告或罚款措施,而对于严重失信或违法行为则应吊销执业资格,并对责任人追究法律责任。

4. 行业协会在法治化建设中的作用

行业协会是推动税务师行业法治化建设的重要力量,应在政策研究、意见征集和法治宣传等方面发挥积极作用:

政策研究:行业协会应组织专业团队,研究国内外税务师行业的法律体系,为本行业法治化建设提供理论支持。例如,可以围绕数字税务服务、跨境税收策划等热点问题开展专项研究,为立法部门提供具体建议。

意见征集:行业协会可以通过问卷调查、座谈会等形式,广泛收集从业者对法治化建设的意见和建议。例如,可以了解事务所在实际操作中遇到的法律空白或模糊地带,并将相关意见整理提交给立法部门。

法治宣传:协会可以通过举办法治宣传活动,提高从业者对法律的理解和遵守意识。例如,可以出版法律解读手册、举办法律培训课程,并结合实际案例讲解法律条款的具体适用。

税务师行业的法治化建设还可以借鉴国际先进经验。例如,美国的注册税务师制度通过立法明确了从业资格认证和执业范围,并设立独立的监管机构负责行业监督;英国通过法律对税务服务的透明度和合规性进行了严格规定,并通过法律框架支持税务师参与国际税收协定谈判;日本则通过税务代理士法,详细规范了从业者的职业行为和法律责任。这些经验可为中国税务师行业法治化建设提供重要的参考。

行业法治化建设是税务师行业实现高质量发展的关键举措。只有建立健全的法律体系,明确执业范围与责任、规范行业准入与监管、强化违规处罚机制,税务师行业才能在规范中谋求创新发展。此外,税务师行业还可通过参与政策制定、加强协同机制、借鉴国际经验,更好地适应经济社会的变化需求,在服务客户的同时推动国家税收治理的现代化和国际化。

(二)市场化、规范化、专业化建设

1. 市场化建设:提升行业竞争力

税务师行业的市场化是行业发展的重要方向。通过市场化建设,事务所能够更好地满足客户的多样化需求,并在激烈的市场竞争中保持优势。

细分市场与定制化服务:税务师事务所可以根据客户规模、行业特点、业务类型等因素细分市场,提供更加精准的定制化服务。例如,针对大型跨国企业,可以提供国际税务策划、跨境税务合规等高端服务;针对中小企业,可以设计成本优化、税收优惠政策申报等实用性强的服务方案;针对新兴行业,如电子商务和数字经济企业,可以开发涵盖税务合规和政策咨询的全流程服务。这种差异化的服务模式有助于事务所更高效地满足客户需求,同时提升其市场占有率。

创新服务模式:事务所还可以探索线上线下相结合的服务模式。例如,借助数字化技术开发在线税务服务平台,提供税务申报、政策解读和风险评估等一站式服务;同时,通过线下专家团队为客户提供高端税务咨询和税务争议解决等定制化服务。这种线上线下融合的模式,不仅能够提升客户体验,还能扩大事务所的服务覆盖范围。

品牌建设与宣传:事务所在市场化过程中,还需注重品牌建设。例如,通过举办行业论坛、发布专业研究报告、参与公益活动等方式,提升事务所的社会影响力和公众认可度。品牌的提升不仅能帮助事务所吸引优质客户,还能增强其在市场中的竞争力。

2. 规范化建设：推动行业自律管理

规范化是税务师行业健康发展的重要基础。在市场竞争中，行业规范化管理能够为客户提供更高质量的服务保障，同时提升行业整体的公信力和社会形象。

制定统一的服务标准：行业协会应牵头制定统一的服务标准与流程。例如，针对不同类型的税务服务（如税务策划、税务申报、税务审计等），明确服务内容、操作步骤和质量控制要求。这些标准不仅能为从业人员提供清晰的操作指引，还能帮助客户明确服务的具体内容和预期效果。

确保从业者具备必要的专业能力和职业素养。例如，要求税务师事务所必须通过资质认证，并定期接受行业协会的审查；从业者需通过专业资格考试，并完成必要的实务培训。可以有效提升行业门槛，维护市场秩序。

强化自律管理与监督：行业协会可以设立专门的自律管理部门，对事务所的服务行为进行日常监督。例如，通过设立投诉受理平台、组织行业检查、发布年度合规报告等方式，及时发现并纠正违规行为。此外，还可通过制定失信行为惩戒机制，对违规事务所和从业者进行公开通报或吊销执业资格，从而提高行业的规范化水平。

3. 专业化建设：提升服务质量与附加值

专业化是税务师事务所提升核心竞争力的关键。随着客户需求的多样化和复杂化，事务所需要不断提高自身的专业能力，以满足高端市场的需求。

培养专业人才：事务所需注重高素质税务人才的培养。可以通过引进高级税务专家、国际税务学者以及技术研发人才，提升事务所在专业服务和技术应用方面的能力。此外，事务所还需建立内部人才培养机制，例如开设专项培训课程、组织业务竞赛、资助员工参加国际税务资格认证等，确保团队专业能力的持续提升。

细分业务领域：事务所可以根据市场需求和自身优势细分业务领域，发展专项服务团队。例如，组建国际税务团队，专注于跨境税收策划、出口退税和国际税收争议解决；成立数字税务团队，提供区块链发票管理、大数据税务分析等新兴服务；开设绿色税务团队，帮助企业制定符合"双碳"目标的税务规划。这种专业化分工不仅能提升服务质量，还能帮助事务所更快占领新兴市场。

拓展涉税服务新领域：随着国家"两新"政策的加力扩围，税务师行业要协同税务机关，帮助"两新"政策适用主体用好用足税收优惠，持续开展"反向开票"政策辅导；打造精准"服务链"助推重点"产业链"，聚焦先进制造、科技创新、绿色发展、小微企业等重大战略、重点领域解决涉税疑难问题，助力重点产业优化升级；聚焦新一代信息技术等新兴行业和人工智能等未来产业，为企业提供适应数智化转型的税务解决方案和涉税服务产品。

技术与服务融合：事务所需积极引入新技术，将专业服务与技术手段相结合，例如,通过开发智能税务分析系统,提升税务策划方案的精准性;通过区块链技术提高税务信息管理的透明度和安全性;通过人工智能技术优化客户咨询和政策解读流程。技术与服务的融合能够显著提升服务效率和客户满意度,为事务所带来更多的竞争优势。

4. 行业协会的引导与支持

行业协会在推动市场化、规范化和专业化建设中应发挥重要作用:

资源整合:协会可以整合行业内外资源,为事务所提供政策咨询、技术支持和市场信息。例如,定期发布行业研究报告,帮助事务所了解市场趋势和客户需求;组织技术交流活动,为事务所引入最新的税务服务工具和技术方案。

标准制定:协会应牵头制定行业标准和操作规范,为事务所提供统一的服务指南。例如,制定税务策划流程的操作细则、税务申报审核的质量标准等。这些标准既能规范事务所的服务行为,也能提高行业整体的服务水平。

组织培训:协会应定期举办专业培训和技能竞赛,帮助从业人员掌握最新的政策、技术和业务操作方法。例如,通过培训课程普及数字税务技术,通过技能竞赛激励从业人员提升专业能力。这些活动能够提高行业整体的专业化水平,为事务所培养更多高素质人才。

5. 应对市场化、规范化、专业化建设的挑战

在推进市场化、规范化和专业化建设的过程中,税务师行业可能面临以下挑战:

市场竞争加剧:随着市场化进程的加快,事务所之间的竞争将更加激烈,部分事务所可能因缺乏差异化竞争优势而面临生存压力。对此,事务所需通过细分市场、创新服务模式等方式增强自身竞争力。

规范执行难度:行业规范化需要全体从业者的共同参与,但在实际执行中可能面临部分事务所或从业者的不配合。对此,行业协会应加强宣传和引导,同时建立严格的惩戒机制,确保规范要求得到全面落实。

专业人才短缺:专业化建设需要大量高素质人才,但目前行业内具备专业能力和技术技能的从业者相对不足。行业协会和事务所应通过校企合作、设立奖学金、开设专项培训等方式加大人才培养力度,缓解人才短缺问题。

市场化、规范化和专业化建设是税务师行业高质量发展的三大支柱。通过细分市场、创新服务模式、制定统一标准、加强人才培养,税务师事务所能够在激烈的市场竞争中脱颖而出。同时,行业协会应发挥引导和支持作用,为事务所提供政策支持和资源整合服务,共同推动行业的健康可持续发展。

(三)数字化与国际化建设

1. 数字化建设:加速行业智能化转型

数字化是税务师行业发展的重要引擎,通过数字化技术的深度应用,行业能够大幅提升服务效率、精准度和客户体验。

智能化服务的推进:税务师行业需要加快数字化转型,推动服务的智能化升级。例如,事务所可以引入智能税务管理系统,利用大数据和人工智能技术对客户的税务数据进行自动分析,识别潜在的税务风险并生成优化方案。区块链技术的应用也可以提升涉税信息的透明度和安全性,例如通过区块链发票确保数据真实性,减少虚假发票问题。

全流程数字化管理:数字化不仅能优化税务师事务所的外部服务,还能改进其内部管理。例如,事务所可以采用数字化客户关系管理(CRM)系统,实现客户资料、业务进程和服务反馈的集中管理;通过财务管理软件,实现事务所内部运营的高效化和透明化。此外,通过搭建云端协作平台,事务所内部团队可以实现无缝协作,提高工作效率。

开发数字化增值服务:数字化技术还为税务师事务所开辟了新的业务增长点。例如,事务所可以为客户提供实时的税务政策动态跟踪服务,通过智能算法预测政策变化对客户的影响。此外,事务所可以开发自助式税务工具,例如在线税务申报助手或税务合规自测工具,满足中小企业和个体客户的多样化需求。

数字化技能培训:数字化转型的成功离不开从业者数字化技能的提升。行业协会和事务所需要定期组织技术培训,例如培训从业人员掌握税务管理软件的操作、学习区块链技术的应用方法、熟悉人工智能分析工具等。此外,事务所还可以鼓励员工参加外部技术认证课程,为行业培养更多兼具税务知识和数字化能力的复合型人才。

2. 国际化建设:融入国际税收服务体系

在经济全球化背景下,税务师行业需要加强国际化建设,提升在国际税务服务市场的竞争力和话语权。

参与国际税务合作与交流:税务师事务所和行业协会应积极参与国际税务会议、论坛和合作项目,例如 OECD 主导的国际税务规则研讨会、跨国税务争议解决合作等。这不仅有助于事务所了解全球税务政策动态,还能提升中国税务师行业在国际舞台上的影响力。此外,通过与国际知名税务师事务所的合作,事务所可以学习其先进的服务模式和技术应用,推动自身服务的国际化升级。

引入国际税务人才:国际化建设需要高水平的专业人才支撑。事务所可以通过引进海外税务专家、聘请国际税务顾问等方式,提升国际税务服务能力。例如,事务所可以设立国际税务服务团队,专注于跨境税务策划、国际税收争议解决和多边税务协定解读等业务。此外,还可以与高校合作开设国际税务课程,为行业储备具备国际化视野的专业人才。

拓展跨境税务服务领域:随着中国企业"走出去"和跨境电商的快速发展,企业在海外市场的税务合规需求不断增长。这为税务师事务所提供了广阔的发展空间。例如,事务所可以为跨国企业提供全球范围内的税务结构优化服务,帮助其降低税务成本;为跨境电商企业提供出口退税管理、数字服务税申报等专业服务;为企业在共建"一带一路"国家的投资项目提供税收政策咨询和风险评估。

国际化服务标准的建立:国际化服务需要统一的标准作为支撑。行业协会应牵头制定国际化服务标准,例如跨境税务策划的操作指南、多边税务争议解决的服务流程、国际税务咨询的质量控制标准等。这些标准能够提升事务所的服务规范性和专业性,有助于其在国际市场中赢得客户信任。

3. 数字化与国际化的融合发展

数字化和国际化建设并非孤立,而是可以相辅相成的。

建立全球化的数字服务平台:税务师事务所可以搭建国际化的数字服务平台,为跨国企业提供一站式税务服务。例如,平台可以集成全球税务政策数据库,帮助企业实时了解各国的税收法规;提供在线税务申报和合规监控工具,帮助企业快速响应政策变化并降低税务风险。

利用数字技术提升国际税务服务效率:数字化技术能够显著提升国际税务服务的效率。例如,事务所可以通过大数据分析工具,为客户提供不同国家税收政策的对比分析;通过人工智能技术预测国际税务政策变化对企业的潜在影响;通过区块链技术简化跨境税务争议的证据链管理,降低纠纷处理的复杂性。

4. 推动行业协会的引导作用

行业协会应在数字化与国际化建设中发挥重要引导作用:

数字化转型支持:协会可以整合行业资源,为事务所提供数字化转型的技术支持和案例参考。例如,发布数字化转型指南,组织数字化技术交流会,分享成功实践经验。

国际化合作平台:协会可以搭建行业国际化合作平台,促进事务所与国际税务机构的对接。例如,通过举办国际税务论坛,为国内事务所创造与海外专家和机构交流的机会;通过设立国际合作基金,支持事务所参与国际税务服务项目。

数字化与国际化建设是税务师行业未来发展的两大方向。通过推动数字化转型,事务所能够提高服务的智能化水平和效率;通过加强国际化建设,事务所能够拓展业务范围、提升国际竞争力。两者的有机结合,将推动税务师行业实现更高质量的发展,为客户和国家税收治理提供更全面、更高效的服务支持。

参考文献

[1]曲军,李晶.强化行业自律以涉税专业服务现代化服务于税收现代化[J].注册税务师,2023(12):15-17.

[2]袁小强.以诚信促发展以品质铸形象[J].注册税务师,2023(12):18-20.

[3]万方.数字化转型助推税务师行业健康高质量发展[J].注册税务师,2023(6):14-16.

[4]税务师行业信息化建设取得新发展[J].注册税务师,2023(10):25-28.

[5]曲军.税务师行业如何实现"非接触式"涉税专业服务[J].注册税务师,2020(5):5-6.

[6]王婷婷,李婷.税务师事务所参与企业破产管理研究[J].注册税务师,2024(4):65-67.

[7]顾小波.从各国税务代理制的主要内容看我国税务代理的发展方向[J].税务研究,1996(11):30-36.

[8]为中国式现代化提供强大动力和制度保障:从党的二十届三中全会决定看进一步全面深化改革聚力攻坚[J].财经界,2024(22):8-13.

[9]王丽娟.税收治理现代化视角下税务代理行业发展研究[J].财会学习,2023(24):113-115.

[10]李佳,张春宇,高洪成.《民法典》视域中完善税务代理制度的对策研究[J].税务研究,2021(2):104-108.

[11]胡耘通.持续推进税务师行业高质量发展[J].注册税务师,2024(11):69-72.

[12]本刊特约评论员.学习贯彻落实党的二十届三中全会精神开启税务师行业高质量发展新篇章[J].注册税务师,2024(7):1.

[13]本刊特约评论员.为推动税务师行业高质量发展谋新篇开新局[J].注册税务师,2024(4):1.

[14]佟钧.以科学理性务实的精神探索税务师行业高质量发展路径:记中国注册税务师协会税务师行业高质量发展对话[J].注册税务师,2024(4):11-14.

[15]马波.落实两会精神助力税务师行业高质量发展[J].注册税务师,2024(4):35-37.

[16]本刊特约评论员.增强税法遵从意识推进税务师行业高质量发展[J].注册税务师,2024(2):1.

[17]吴小强.税法为先 遵从为要 税务师行业高质量发展大有可为[J].注册税务师,2024(2):11-13.

[18]孙培山.税务师行业高质量发展服务税收现代化措施及施行方略的思考[J].注册税务师,2023(4):64-66.

[19]蔡昌,李长君.对新发展格局下推进税务师行业高质量发展的思考[J].注册税务师,2021(9):7-9.

[20]汤凤林.新发展格局下税务师行业的发展机遇及应对策略[J].注册税务师,2021(9):10-12.

[21]赵岩.新发展格局下税务师行业应在新机中谋新策[J].注册税务师,2021(9):16-18.

[22]苏继程.为服务双循环新发展格局提供优质涉税专业服务[J].注册税务师,2021(9):19-20.

[23]赖中芒.守正创新促进税务师行业高质量发展[J].注册税务师,2020(2):68-69.